Das große Buch der Ozeane

Das große Buch der Ozeane

Verlag DAS BESTE Stuttgart · Zürich · Wien

Folgenden Personen, Firmen und Institutionen ist der Verlag für Rat und Unterstützung zu besonderem Dank verpflichtet:

Prof. Dr. Gotthilf Hempel, Institut für Meereskunde an der Universität Kiel

Dr. Johannes Ulrich, Institut für Meereskunde an der Universität Kiel

Dr. Gerd von Wahlert, Staatl. Museum für Naturkunde, Stuttgart

Altonaer Museum, Hamburg

Biologische Anstalt Helgoland

Draeger-Werk, Lübeck

Deutsche Gesellschaft zur Rettung Schiffbrüchiger, Bremen

Verband der Deutschen Hochseefischereien, Bremerhaven

Deutsches Hydrographisches Institut, Hamburg

Deutsches Museum, München

Armco Steel Corporation, Middletown, Ohio, USA

Corning Glass Works, New York, USA

General Dynamics, Electric Boat Division, Groton, Conn., USA

The International Oceanographic Foundation, Miami, Florida, USA

Lamont Geological Observatory, Palisades, N.Y., USA

Mote Marine Laboratory, Sarasota, Florida, USA

National Science Foundation, Washington, D.C., USA

Pilkington Brothers Ltd., St. Helens, Lancashire, England

Scripps Institution of Oceanography, La Jolla, California, USA

US Naval Oceanographic Office, Washington, D.C., USA

Woods Hole Oceanographic Institution, Woods Hole, Mass., USA

Dritte, revidierte Auflage 1978

ISBN 3 87070 136 6

© 1970 by VERLAG DAS BESTE GmbH, Stuttgart · Zürich · Wien

Printed in Germany

Inhalt

Heinz Conradis

Kapitel III Schiffe und Entdecker

Hans O. Lange

Kapitel IV Von Hafen zu Hafen

Hanns-Wolf Rackl

Kapitel V   Der Mensch taucht

Wolfgang Schwoerbel

Kapitel VI   Schiffe für die Tiefsee

Cord-Christian Troebst

Kapitel VII   Zukunft unter Wasser

Robert Gerwin

DER SIEBTE ERDTEIL

„Die Weltkarte hat keine weißen Flecken mehr!" Triumphierend oder auch mit bedauerndem Unterton, weil die alte Erde kühnem Forschergeist angeblich keine lohnenden Ziele mehr zu bieten habe, wurde 1957/58 das Zeitalter der Entdeckungen für beendet erklärt. Das Internationale Geophysikalische Jahr war abgeschlossen und mit ihm eines seiner bedeutendsten Unternehmen: die erste umfassende Erforschung der Antarktis, des letzten bis dahin fast unbekannten Kontinents.

Doch während die Epoche der großen Eroberungen zu Lande ihrem Ende entgegenging, hatte längst ein neuer und aufregender Abschnitt der Entdeckungsgeschichte begonnen. Vor rund 100 Jahren hatten ein paar Männer damit angefangen, von Bord ihrer Schiffe aus mit häufig unzureichenden Geräten in die weiten Räume des mächtigsten „Erdteils" unseres Planeten hinabzutasten: in das Weltmeer. Ihre Messungen und Untersuchungen und die Beute, die sie mit Schleppnetzen und Greifern aus dem Wasser oder vom Boden des Meeres heraufholten, verbesserten allmählich die buchstäblich „oberflächlichen" Kenntnisse über den Ozean. Aber noch bis in unsere Zeit hinein hielten viele Meeresforscher den Stoßseufzer eines ihrer Kollegen für nur leicht übertrieben: „Über den Ozean wissen wir nicht viel mehr als ein Mann, der in stockdunkler Nacht in ein paar tausend Meter Höhe über eine unbekannte Gegend hinwegfliegt, sich mit behelfsmäßigen Geräten einige Blätter, ein paar Zweige, Steine, vielleicht sogar einen Hut, eine Blechbüchse und ein Kinderspielzeug heraufangelt und versucht, sich nach diesen Zufallsfunden ein Bild von der Landschaft da unten zu machen."

Aus den Anfängen um die Mitte des 19. Jahrhunderts hat sich die Meeresforschung zum aufwendigsten wissenschaftlichen Unternehmen nach der Weltraumfahrt entwickelt, nachdem man sie lange als die etwas verstaubte Wissenschaft einiger Sonderlinge angesehen hatte. Besonders nach dem Zweiten Weltkrieg erkannten

Die Urgewalt und die Schönheit des Meeres haben den Menschen immer fasziniert. Heute lockt der Ozean mit neuen Verheißungen: Seine dunklen Tiefen sind uns zugänglich geworden, enorme Reichtümer warten darauf, gehoben zu werden.

die Nationen die Bedeutung des sogenannten „siebten Kontinents", der rund 71 Prozent, das heißt mehr als zwei Drittel, der Erdoberfläche bedeckt und dessen Rauminhalt etwa achtzehnmal so groß ist wie alle die über dem Meeresspiegel liegenden Landmassen zusammen. Den einzelnen Expeditionen europäischer und amerikanischer Ozeanographen — unter diesem Sammelbegriff werden die Geologen, Biologen, Physiker, Chemiker und anderen Spezialisten der Meeresforschung zusammengefaßt — folgten gemeinschaftliche Anstrengungen vieler Völker der Welt.

Im Internationalen Geophysikalischen Jahr war eine Flotte von 80 Forschungsschiffen ausgelaufen, um dem Meer neue Geheimnisse zu entreißen, und heute gibt es in aller Welt schon rund 500 solcher Laborschiffe in verschiedenen Größen, die ein Riesenarsenal von neuen und komplizierten Geräten einsetzen können: Präzisionsecholote, Tiefseekameras, Bohrgeräte für den Meeresgrund, Spezialnetze und Greifer, Meßgeräte für Strömungen, Druck, Dichte, Salzgehalt und Temperaturen, mit Batteriestrom und wohl bald auch mit Atomenergie betriebene Meßbojen, die laufend wichtige Informationen sammeln und per Funk zum Festland weitergeben, und viele andere.

Die Ozeanographen haben uns bis heute ein zwar unvollständiges, doch erstaunlich vielfältiges Bild der großen Wasserwelt vermittelt: Sie fanden erdumspannende Gebirge, mächtige Vulkankegel und klaffende Gräben, wo man früher nur öde, von Wassermassen bedeckte Ebenen vermutet hatte. Aus Zonen, die man wegen des gewaltigen Wasserdrucks lange für absolut lebensfeindlich gehalten hatte, förderte man unbekannte Tiere zutage. Die Forscher konnten nachweisen, daß sich ein globales System von Strömungen, vergleichbar dem Wind- und Wetterkreislauf über der Erdoberfläche, durch alle Schichten des Meeres zieht. Sie stießen auf reiche Rohstofflager, die die des Festlandes oft um ein Vielfaches übertreffen, auf neue Fischereigebiete, und in Jahrmillionen alten Ablagerungsschichten des Meeresbodens fanden sie eine unvergleichliche Chronik der Geschichte der Erde und des Lebens auf ihr.

Solange es ihnen aber verwehrt war, selbst in die Tiefen des Ozeans hinabzufahren und die fremde Welt mit

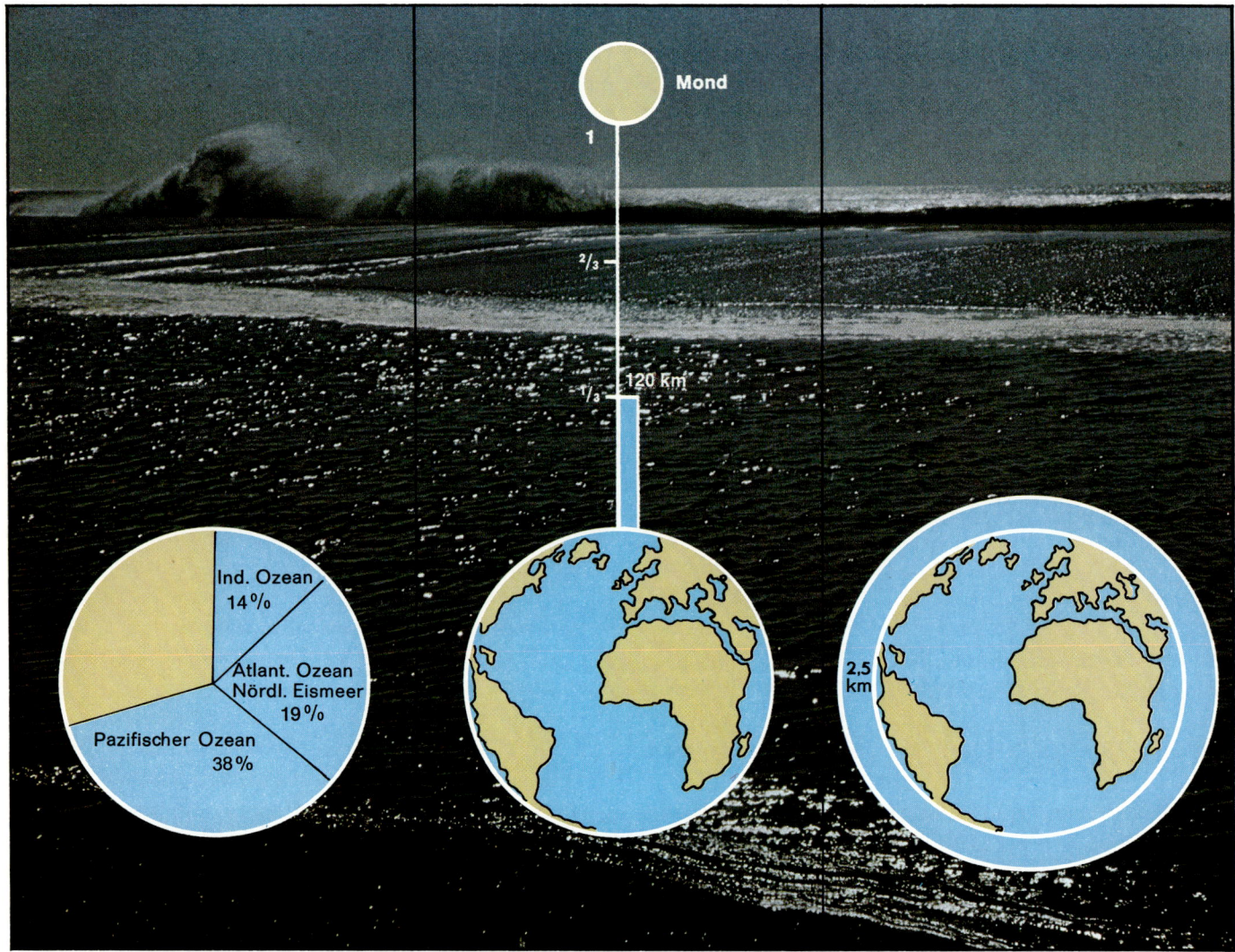

Rund 71 Prozent der Erdoberfläche sind vom Ozean bedeckt. Seine Wassermassen – fast 1,4 Milliarden Kubikkilometer – reichten aus, um eine etwa 130 000 Kilometer hohe Wassersäule von fast 120 Kilometer Durchmesser zu errichten. Das entspricht einem Drittel der Entfernung Erde–Mond. Wäre unser Globus vollkommen glatt, könnte man ihn mit einer fast 2500 Meter dicken Meerwasserschicht bedecken.

eigenen Augen zu sehen, hielten viele Meeresforscher ihr Bemühen allerdings für Stückwerk. Sie brauchten Fahrzeuge, mit denen sie sich im Wasser bewegen konnten.

Natürlich hatte es nicht an Versuchen gefehlt, dieses Problem zu lösen: Vor mehr als dreißig Jahren war der Amerikaner William Beebe in einer dickwandigen, an einem Seil hängenden Stahlkugel fast 1000 Meter tief in das Meer getaucht. Der Schweizer Auguste Piccard kam mit einem Tauchfahrzeug, das wie ein Ballon senkrecht auf- und absteigen konnte, im Jahre 1948 auf eine Tiefe von fast eineinhalb Kilometern, und fünfzehn Jahre später gelang es seinem Sohn Jacques, mit einem nach demselben Prinzip gebauten Apparat eine der tiefsten Stellen des Ozeans zu erreichen.

Aber diese Tauchapparate hatten einen großen Nachteil: Sie konnten nur in senkrechter Richtung bewegt werden. Was die Ozeanographen brauchten, waren frei bewegliche Schiffe, durch deren Bullaugen sie die Land-

schaft der Tiefsee und ihre Bewohner beobachten konnten. Um die Mitte der fünfziger Jahre gingen Erfinder und Ingenieure daran, diesen Traum zu erfüllen: Zuerst in Frankreich und bald darauf in den Vereinigten Staaten entstanden die ersten sicheren Boote für Tiefen, in die selbst die modernsten militärischen U-Boote nicht vordringen können, und heute durchforscht schon eine stattliche Flotte von mehr als dreißig wirklichen „Tiefseeschiffen" verschiedener Größe die Weltmeere. In ihnen können die Wissenschaftler, geschützt gegen Druck, Kälte und andere Gefahren, sicher ihrer Arbeit nachgehen. Viele weitere Schiffe dieser Art sind geplant oder werden bereits gebaut.

Hinter den gewaltigen Anstrengungen, mit denen die Industrienationen der Welt, voran die USA und die Sowjetunion (die amerikanische Regierung gab im Jahre 1968 allein 437 Millionen Dollar für ozeanographische Zwecke aus), die Erforschung der Ozeane vorantreiben, stehen sehr verschiedene Gründe. Zum reinen Wissensdrang der Forscher kommt militärisches Sicherheitsstreben, denn in den Tiefen des Meeres sieht man das Schlachtfeld der Zukunft. Neu entstehende Industrien setzen große Hoffnungen auf das „Neuland Ozean", und natürlich spielt, wie beim Wettlauf zum Mond, auch nationales Prestige eine Rolle.

Der wichtigste Grund aber ist, daß der Mensch Mittel und Wege finden muß, den Reichtum des Meeres zu nutzen. Die Rohstoff- und Nahrungsreserven der großen marinen Vorratskammer müssen erschlossen werden, damit die 6 Milliarden Menschen versorgt werden können, die im Jahre 2000 auf der Erde leben werden. Alle Fachleute sind sich über diese Forderung einig, Meinungsverschiedenheiten gibt es nur über das mögliche Ausmaß einer solchen Erschließung. Dr. Milner B. Schaefer, Leiter einer Forschungsabteilung der *Scripps Institution of Oceanography* in San Diego, Kalifornien, hält schon eine Vervierfachung der heutigen Fischfänge der Welt für ausreichend, um die für das Jahr 2000 vorausgesagte „Eiweißlücke" zu schließen. Andere Experten fürchten allerdings eine Überfischung der Ozeane und empfehlen, bisher unbeachtete Nahrungsreserven der Meere, etwa das Plankton, für den Menschen nutzbar zu machen.

Um aber die Schätze des Meeres heben zu können, genügt es nicht, den Untergrund zu erforschen, seine Tiefen auszuloten und seine Bewohner kennenzulernen. Der Mensch muß vielmehr in der Lage sein, sich im Meer zu bewegen und darin zu arbeiten.

Auch hier sind die ersten Schritte getan. Schon stehen stählerne Unterwasserhäuser auf dem Grund flacher Meereszonen, zeitweilige Wohnstätten für „Fischmenschen" oder Aquanauten, die die Lebensbedingungen auf dem Meeresgrund erproben und beweisen, daß der menschliche Körper sich unter bestimmten Voraussetzungen der fremden Umgebung anpassen kann. Mehrere Wochen lang haben Aquanauten in mehr als 100 Meter Tiefe gelebt und im Wasser gearbeitet, ehe sie wieder an die Oberfläche zurückkamen.

„Unsere Zeit", so schreibt der Amerikaner Gardner Soule, „wurde als die Ära des Erdöls, der Chemie, des Atoms und der Raumfahrt bezeichnet. Alles das ist unsere Zeit, aber sie ist mehr: Sie ist vor allem auch die Ära des Meeres. Der Weg zum Meeresboden ist frei, gleich, um welchen Teil und welche Tiefe es sich handelt. Erstmalig in seiner Geschichte kann der Mensch in die Abgründe hinabsteigen — und lebend zurückkehren!"

Es ist kein Zufall, daß dieses wissenschaftliche und technische Abenteuer in einer Zeit beginnt, in der Menschen auch in den Weltraum vorstoßen. Die Erfahrungen mit der Raumfahrt haben zum Teil die Fortschritte der Tiefseeforschung erst ermöglicht. Beim Raumflug wurden Materialien erprobt und Techniken getestet, die man auch für den „inneren Raum", wie die Tiefsee genannt wird, benutzen kann; ja einige der Pioniere, die heute in

das Meer vordringen, haben ihre ersten Erfahrungen mit einer feindlichen Umwelt im Weltraum gemacht. Zu ihnen gehört Scott Carpenter, einer der ersten Amerikaner, die in einer Kapsel um die Erde flogen, und einer der ersten, die im Jahre 1965 dreißig Tage lang in fast 70 Meter Tiefe in einem Haus auf dem Meeresgrund gelebt und es zu Ausflügen und Arbeiten unter Wasser verlassen haben.

In einem Interview erklärte Carpenter kürzlich, warum die Arbeit im Meer ihn so fasziniert: „Ich bin überzeugt", sagte er, „daß die Menschen schon in naher Zukunft, sagen wir in den kommenden fünfzig Jahren, mehr von der Erschließung des Meeresbodens haben werden als von der Eroberung unserer benachbarten Himmelskörper. Der ergiebigste Teil des Meeresgrundes, der Boden des flachen Schelfmeeres, liegt höchstens 200 Meter tief. Das Schelfmeer ist der flachste Teil des Ozeans, es bedeckt einen durchschnittlich 75 Kilometer breiten Streifen, größtenteils versunkenes Land, am Rande der Kontinente. Aber bis zu unserem nächsten Nachbargestirn sind es etwa 385 000 Kilometer — das ist ein Verhältnis von fast eins zu zwei Millionen. Weil aber der Schelfboden so ergiebig ist und in greifbarer Nähe liegt, werden unsere Bemühungen dort viel rascher belohnt als da draußen. Der Schelf ist riesengroß — alle Gebiete zusammengenommen erreichen die Ausdehnung Afrikas —, und von dort wird die Nahrung für die beständig wachsende Zahl von Menschen auf der Erde kommen. Auch andere Schätze werden wir heben, Öl zum Beispiel oder mineralische und chemische Rohstoffe, und wir

Das amerikanische Forschungstauchboot DEEPSTAR 4000 gehört zu der ständig wachsenden Flotte von Fahrzeugen, mit denen viele Nationen der Welt die unbekannten Räume der Tiefsee erkunden und nutzbar machen.

Wie sehr die ozeanischen Wassermassen das Antlitz der Erde prägen, zeigt diese Aufnahme unseres Globus aus dem Weltraum. Das Meer – hier der Atlantik zwischen Südamerika, links unten, und Afrika, rechts oben – macht die Erde zum „blauen Planeten". Seine Wasser sind es, die das Leben auf der Erde ermöglicht haben und durch ihren ewigen Kreislauf erhalten.

werden einen großen Teil unserer Arbeit unter Wasser verrichten."

Umgekehrt wird die Ozeanforschung aber auch der Weltraumforschung neue Impulse geben. Wenn es den Meeresforschern eines Tages gelingen sollte, aus den Bodenablagerungen der Tiefe und dem Untergrund Aufschlüsse über die Entstehung der Erde und ihr wahres Alter zu gewinnen, werden sie damit vielleicht auch den Schlüssel für viele ungelöste Rätsel des Weltalls und seiner Geschichte in der Hand halten.

Sieben Meere oder drei Ozeane

„Die Erde sieht aus wie ein blauer Edelstein auf schwarzem Samt!" Hingerissen schilderte Kommandant Frank Borman aus der Apollo-8-Kapsel, die in den Weihnachtstagen des Jahres 1968 den Mond umkreiste, den phantastischen Anblick seines Heimatgestirns aus rund 380 000 Kilometer Entfernung. Und nur wenige Tage später wurde auch uns gewöhnlichen Sterblichen wenig-

stens ein Abglanz des überwältigenden optischen Erlebnisses zuteil, das Borman und seine Kameraden Lovell und Anders im Weltall hatten: Auf den Farbphotos, die sie mit nach Hause brachten, sehen wir unseren prachtvoll leuchtenden Planeten, zum Teil von weißen Wolkenfeldern bedeckt, über dem Mondhorizont stehen. Tiefblau überstrahlen seine Wasserflächen das Grün und Braun der Kontinente. Die Sieben Meere beherrschen das Bild unserer Heimat Erde.

Die Sieben Meere — fast selbstverständlich gebrauchen wir diesen Begriff, obwohl jeder Globus uns zeigt, daß alle Meere in Wirklichkeit ein einziges zusammenhängendes Ganzes sind. Zu allen Zeiten haben die Geographen das eine Weltmeer in verschiedene Gebiete aufgeteilt. Schon im Altertum, als man sich die Erde noch als eine von Wasser umringte Scheibe vorstellte, sprach man von den „Sieben Meeren" und meinte damit das Mittelmeer, das Rote Meer, das chinesische, das west- und ostafrikanische Meer, den Indischen Ozean und den Persischen Golf. Später verschwand dieser Begriff und tauchte erst — mit neuem Inhalt — im 19. Jahrhundert wieder auf. Peter Freuchen, einer der großen modernen Schriftsteller des Meeres, erzählt davon:

„Die Sieben Meere, das ist ein sehr altes und zugleich ganz junges Wort ... Die Alten der Welt um das Mittelmeer kannten sieben große Wasserflächen, und sie dachten, daß dies wirklich alles sei. Man war damals davon überzeugt, daß die Erdenwelt vorwiegend aus Festland bestehe — sechs Siebentel Land, ein Siebentel Meer, wie die Bibel schreibt. Für lange Zeiten mußte das genügen. Doch dann begann das große Zeitalter der Entdeckungen, und es zeigte sich, daß die Alten sich doch recht geirrt hatten. Immer neue Meere kamen ins Gesichtsfeld des Menschen und erhielten neue Namen. Damit ging der alte Begriff von den Sieben Meeren verloren.

Erst im Jahre 1896 tauchte er wieder auf. Rudyard Kipling, der englische Dichter, suchte nach einem Titel für einen neuen Band Gedichte, und er wählte die ‚Sieben Meere‘. Kipling war ein berühmter Mann, und so kam es, daß sich der von ihm wiederaufgenommene Begriff durchsetzte. Auch die Geographen übernahmen ihn und überlegten, wie man denn das eine Weltmeer in sieben Teile gliedern könne.

Schlägt man einen Atlas auf, so wimmelt es auf den Karten von ‚Meeren‘ und Meeresteilen, die den Namen ‚Meer‘ oder ‚See‘ tragen. Da gibt es das Mittelländische Meer und das Rote Meer, das Antillenmeer und das Rossmeer, das Ägäische Meer und die Karibische See, die Ostsee und die Nordsee. Eine Karte des Mittelmeers, das selbst nicht groß genug ist, um unter die Sieben Meere von heute zählen zu können, zeigt nicht weniger als sechs verschiedene ‚Meere‘: das Ligurische, Tyrrhenische, Adriatische, Ionische, Ägäische und das Marmara-Meer. Zum noch kleineren Schwarzen Meer gehört das gegen die wirklichen Meere geradezu winzige Asowsche Meer. Die Sieben Meere aber, von denen wir heute sprechen, sind in Wirklichkeit Ozeane.“

Die Sieben Meere der Neuzeit sind: das Nördliche Eismeer und das Südliche Eismeer, der Nord- und der Südatlantik, der Nord- und der Südpazifik und der Indische Ozean, alle samt ihren Rand- und Nebenmeeren. Diese heute noch in der Seefahrt gebräuchliche Einteilung mit der Scheidelinie des Äquators zwischen den nördlichen und südlichen Hälften der beiden größten Ozeane war durchaus keine Laune der Geographen.

„Die Natur selbst“, schreibt Peter Freuchen, „scheidet die Hälften beider Ozeane durch die in der Äquatorzone gelegenen Kalmen oder Doldrums voneinander, einen breiten, in seinen Grenzen nicht ganz beständigen Gürtel schwacher, veränderlicher Winde und häufiger Windstillen, der sich zwischen die Gebiete vorwiegend regelmäßiger Wind- und Strömungssysteme auf der Nord- und Südhalbkugel schiebt. Nördlich der äquatorialen Kalmen läuft diese Bewegung betont im Uhrzeigersinne rechts herum, im Süden drehen sich Winde und Meeresströme in entgegengesetzte Richtung, also links herum.“

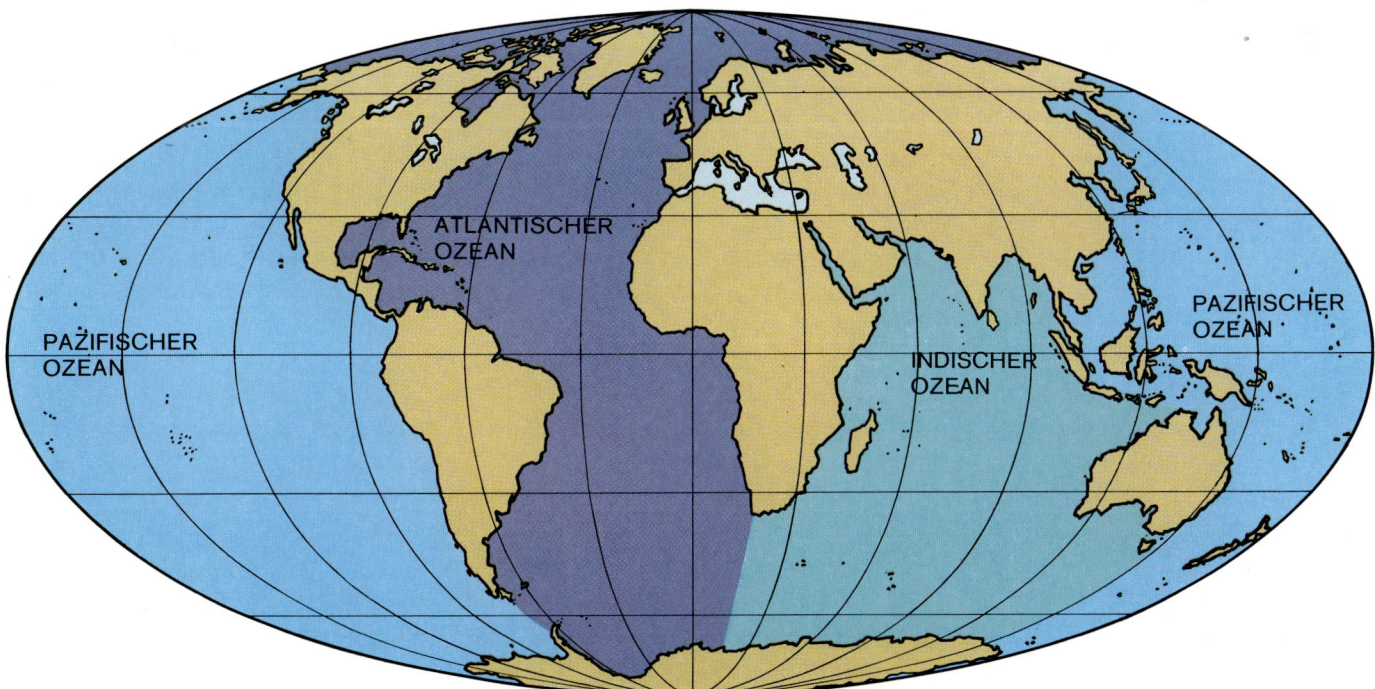

Weil den drei Ozeanen rund um die Antarktis die im Norden gegebenen natürlichen Grenzen fehlen, wurden sie von den Geographen eingeteilt, wie diese Karte es zeigt. Der Pazifische Ozean beansprucht allein gut die Hälfte der gesamten Ozeanfläche von 361 Millionen Quadratkilometern. Auf den Atlantik mit dem Nördlichen Eismeer entfallen etwa 27, auf den Indischen Ozean 20 Prozent. Rand- und Nebenmeere werden mitgezählt.

*Die Eisberge, charakteristische Zeichen für die polaren Meere, bilden eine ständige Gefahr für die Schiffahrt.
Die Kälte, die sie ausstrahlen, führt zur Bildung von gefährlichen Nebeln. In ihrer Nähe entstehen durch
Schmelzwasser und niedrige Temperaturen aber auch ideale Lebensbedingungen für das pflanzliche und tierische
Plankton des Meeres. Wo Eisberge sind, wimmelt der Ozean von kleinen und großen Lebewesen.*

Je mehr die Ozeanographen aber über die großen Zusammenhänge der Meereswelt erfuhren, über die Strömungen der Tiefe, über den Austausch der Stoffe und den Kreislauf des Lebens, um so unbefriedigender erschien ihnen diese Grenzziehung. Das Südliche Eismeer ist zum Beispiel ein breiter Wassergürtel rings um die Antarktis und nach allen Seiten, zu den großen Ozeanen hin also, weit geöffnet. Ihm wollten die Wissenschaftler keine Selbständigkeit zugestehen, und heute sprechen viele von ihnen statt vom Südlichen Eismeer von den antarktischen Regionen des Atlantischen, des Pazifischen und des Indischen Ozeans. Die Südspitzen von Afrika, Südamerika und Australien, genauer: der Insel Tasmanien, markieren ungefähr die Grenzen der antarktischen Regionen der drei großen Meere.

Schwieriger liegt der Fall beim Nördlichen Eismeer. Es ist kein Wassergürtel um einen großen Kontinent, sondern genau das Gegenteil: ein Meer, das ringsum von Land eingeschlossen ist. Dennoch plädieren viele Fachleute dafür, es dem Atlantischen Ozean zuzurech-

nen, denn der Meeresarm zwischen Grönland und Skandinavien, so sagen sie, ist so breit, daß er mehr verbindet als trennt. Außerdem haben die kalten Gewässer, die vom Norden in den mittleren Atlantik einfließen, ebenso große Bedeutung für seinen Charakter wie die antarktischen Gewässer für den Pazifik, den Indischen Ozean und den südlichen Atlantik. So spricht die Mehrzahl der heutigen Meereskundler von den drei großen Meeren Atlantik, Pazifik und Indischer Ozean mit ihren Rand- und Nebenmeeren.

Auf hoher See, fern von jeder Küste, gibt es nur sehr wenige, auf den ersten Blick erkennbare typische Kennzeichen für ein bestimmtes Meer. Der Schiffsreisende, der von einem Ozean in einen anderen fährt, wird vergeblich nach Merkmalen suchen, die ihm seinen Grenzübertritt anzeigen, es sei denn, er kommt in die kalten Zonen, wo bizarre und zerklüftete Eisberge und Treibeisfelder die Nähe des Nordpolargebietes oder mächtige schwimmende Tafelberge aus Eis mit senk-

recht abfallenden Kanten die Nähe des antarktischen Kontinents ankündigen.

Einige Pflanzen oder typische Tiere können dem Fachmann vielleicht Hinweise geben, wo sein Schiff ungefähr steht, aber die meisten Eigentümlichkeiten der einzelnen Meere sind auch für ihn unsichtbar. Er muß sie durch Messungen und Analysen bestimmen: Winde, Strömungen, Temperaturen, Salzgehalt und viele andere. Ist sein Schiff mit den geeigneten Geräten und Instrumenten ausgerüstet, kann er allerdings eine Menge von besonderen Eigenschaften feststellen:

Der nördliche Atlantik ist zum Beispiel der salzhaltigste Ozeanteil. Sein durchschnittlicher Salzgehalt von 37,9 Promille wird nur von dem des Roten Meeres und des Persischen Golfes (beide 40 Promille) übertroffen. Das Rote Meer und der Persische Golf sind aber keine Ozeane, sondern nur Teile des Indischen Ozeans, in denen durch hohe Verdunstung allmählich ein starker Salzgehalt entsteht.

Die Salzigkeit des Atlantiks hängt unter anderem mit einer Tatsache zusammen, die ihn ebenfalls von allen anderen Meeren unterscheidet: Er ist der zuflußreichste aller Ozeane, denn in ihn münden die meisten großen Ströme der Welt: der Amazonas, der Kongo, der Mississippi, der Parana und viele europäische Flüsse, um nur einige zu nennen. Die Ströme tragen mit ihrem Wasser auch gewaltige Mengen von gelösten Mineralen, die sie aus dem Gestein der Kontinente ausgewaschen haben, in den Atlantik.

Der hohe Anteil an Salzen und Mineralen hat übrigens einen sehr segensreichen Effekt: Er ist die Ursache für eine üppige Entfaltung tierischen und pflanzlichen Lebens im Meer; ohne ihn gäbe es dort kaum die gewaltigen Herings-, Dorsch- und Thunfischschwärme, die den Atlantik zum immer noch wichtigsten Fischerei-Ozean der Welt machen.

Zu den eigenartigsten, sichtbaren Erscheinungen des Atlantiks, über den die verkehrsreichsten Seehandelswege der Erde führen, gehört die rund 1500 Kilometer lange und doppelt so breite Sargasso-See, die sich zwischen den Bermudas und den Jungfrauen-Inseln der Kleinen Antillen und ostwärts bis in die Mitte des Ozeans erstreckt. Mitten in dem wegen seiner Stürme und seiner Wildheit berüchtigten Meer, eingekreist von den großen atlantischen Strömungen, dem Äquatorialstrom, dem

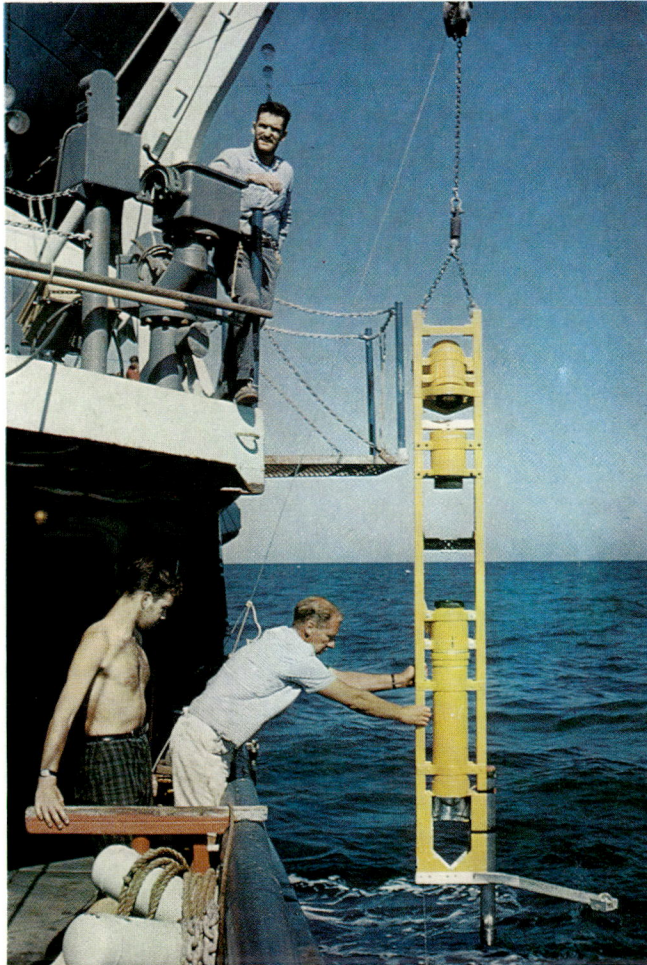

Eine Fülle komplizierter technischer Geräte steht den modernen Ozeanographen zur Verfügung. Die Bilder zeigen, von oben nach unten: eine für Monate festverankerte Boje, die Informationen über Wind und Wetter sammelt; eine Tiefseekamera, die in sonst noch unerreichbaren Tiefen photographiert; einen Greifer, mit dem Bodenproben heraufgeholt werden, und eine auf dem Ozeanboden installierte Fernsehkamera zur Beobachtung der marinen Tierwelt.

Golfstrom und dem Kanarenstrom, liegt ein riesiges Gebiet, dessen unheimliche Ruhe Anlaß für manches Seemannsgarn gewesen ist.

„Kolumbus war der erste Mensch", so erzählt Peter Freuchen, „der die Sargasso-See gesehen hatte. Er trug in sein Logbuch ein, daß das Wasser bedeckt war von großen Büscheln Beerentang. Nach diesem Beerentang, der lateinisch ‚sargassum' heißt, hat die Sargasso-See ihren Namen bekommen. Die Anhäufung des Tangs rührt daher, daß hier inmitten der großen Wind- und Strömungssysteme des Nordatlantik ein Stillwassergebiet liegt.

Die Winde meiden die Sargasso-See. Es gibt dort nicht viele Wolken, Regen fällt wenig. Die Sonne erwärmt das träge Wasser auf 20 bis 25 Grad im Jahresdurchschnitt, und der Tang, der hier wächst und jedes Jahr mehr wird, scheint sich kaum von der Stelle zu bewegen. Vom Wellenschlag von den Klippen in Florida und Westindien losgerissen, wird er vom Golfstrom mitgeführt, erst nord-, dann ostwärts, und dort, wo sich der Golfstrom Europa zuwendet, treiben große Mengen ab und kommen in der Sargasso-See zur Ruhe.

Manche Schauermär haben die Fahrensleute aus diesem stillen Meeresgebiet mitgebracht. Da heißt es, die Sargasso-See sei der Friedhof der Wracks und die Meeresgeister oder -dämonen brächten sie zur ewigen Ruhe hierher, wo immer das Schiff auch verlorengegangen sei. Noch schlimmer sind die Geschichten von Schiffen, die sich in den Tangwiesen festgefahren haben sollen und nun verurteilt seien, in weiten Kreisbögen langsam dahinzutreiben, bemannt von den Geistern ihrer Besatzungen. Natürlich steckt auch in dieser Sage ein Körnchen Wahrheit, denn der Seemann bekam ja wirklich hin und wieder Wracks in Sicht, deren ganze Crew von einer Seuche dahingerafft oder verdurstet war. Aber die Geschichten wurden immer mehr ausgesponnen, und durch die Jahrhunderte entstanden so die Fabeln von den in der Sargasso-See festgehaltenen, vom Tang überwucherten Gespensterschiffen. Selbst Dampfer, in deren Schrauben sich der Tang verwickelt hatte, sollten dort bis ans Ende ihrer Tage dahintreiben ... Wahr davon ist nichts — nirgends sind die Tangwiesen so dicht, daß sie auch nur das kleinste Schiff behindern könnten."

Wie sehr die großen Ozeane trotz aller Unterschiede eine Einheit bilden, in der alle Teile voneinander abhängig sind, zeigt die Tatsache, daß der Pazifik ständig gewaltige Wassermengen aus dem Atlantik empfängt und gewissermaßen verbraucht. Dieser größte aller Ozeane, der zwischen der Beringstraße im Norden und dem antarktischen Kap Adare rund 15 500 Kilometer lang und zwischen Panama und Mindanao annähernd 17 200 Kilometer breit ist, bezieht aus den Strömen und Flüssen, die in ihn münden, etwa ein Viertel der Wassermenge, die der Atlantik aufnimmt. Aber diese Zuflüsse können die verdunstenden Mengen nicht ersetzen.

Magellan, der erste Weltumsegler, hat dem Pazifischen, dem „Stillen" Ozean seinen Namen gegeben. Wir wissen nicht genau, warum; der Italiener Antonio Pigafetta, der Magellan auf der Reise um die Welt begleitete, schrieb nur lakonisch in sein Tagebuch: „Wir verließen die Meerenge (die Magellanstraße) und kamen in ein großes Meer, das wir später ‚Stilles Meer' nannten."

Wahrscheinlich war der große Entdecker, nachdem er im Atlantik und später in der Meeresstraße zwischen Südamerika und Feuerland gefährliche Stürme überstanden hatte, einfach vom Anblick des ruhig und glatt vor ihm liegenden Ozeans überwältigt.

In Widerspruch zu seinem Namen ist der Pazifik jedoch ein ausgesprochen unruhiges Meer. Die meisten schweren See- und Erdbeben der Erde haben ihren Ursprung in den unsteten Rand- und Bruchzonen seines Bodens, und die verheerendsten Flutwellen, die „Tsunamis", rasen durch seine weiten Räume. Allein in der Bucht von Tokio werden täglich vier kleinere Erdstöße registriert, und noch 1960 wurden trotz eines modernen Warnsystems an der chilenischen Küste Tausende von Menschen durch eine Flutwelle getötet. Ungeachtet seiner zerstörerischen Gewalten aber gilt der Pazifische Ozean, vor allem sein äquatorialer und südwestlicher Teil, als ein Traummeer, als das Meer der glücklichen Inseln. Namen wie Tahiti und Hawaii wecken Gedanken an den Zauber der Südsee, an einsame Atolle unter der Tropensonne, an weiße Strände, auf denen sich Palmen in warmen östlichen Brisen wiegen, an die Gewürzinseln, die einst die Eroberer lockten.

Und in der Tat ist der Pazifik das Meer der Inseln; in ihm sind sie zahlreicher als in allen anderen Ozeanen zusammen. Hunderte von winzigen Eilanden, oft nur von Tieren bewohnt, sind über seine Flächen verstreut; andere sind die Heimat lebensfroher Südseevölker, und die größeren bilden Inselstaaten wie Japan, die Philippinen oder Neuguinea. Nur am Südwestrand der Sargasso-See und vor der westafrikanischen Küste gibt es im Atlantik ähnliche Inselparadiese. Andere, meist karge winzige Eilande in diesem Ozean sind die höchsten Punkte einer atemberaubend großartigen Landschaft unter dem Meer, in die der Mensch in unserer Zeit vorzudringen beginnt.

Landschaften unter Wasser

Der erste Anstoß, sich mit der Welt tief unter den Wogen des Meeres ernsthaft zu befassen, kam zu einer Zeit, als man die Oberflächen aller Meere und ihre Küsten längst kannte und in den Seekarten verzeichnet hatte, und er ging von der Technik aus. Die Telegraphie hatte ihren Siegeszug angetreten, brachte Länder und Völker einander näher. Nur die großen Ozeane mußten noch überwunden werden — durch Seekabel.

Green Island vor der nordaustralischen Küste ist eine der zahllosen, für den Pazifischen Ozean typischen Koralleninseln. Vom Grunde des Pazifik steigen Tausende von Vulkankegeln auf, ideale Bauplätze für riff- und inselbildende Korallentiere. Die kleine grüne Insel ist ein Teil des Großen Barriereriffs, des mit 2500 km Länge gewaltigsten Bauwerks der Erde, geschaffen von Tieren.

Ein wagemutiger amerikanischer Geldmann namens Cyrus Field hatte in den fünfziger Jahren des 19. Jahrhunderts den Plan gefaßt, ein Telegraphenkabel durch den Atlantik zu legen. Um dieses Vorhaben aber auszuführen, mußte man wenigstens eine ungefähre Vorstellung von der Beschaffenheit des Meeresbodens haben, auf den man das Kabel betten wollte.

Cyrus Field hatte das Glück, in seinem Lande einen genialen Helfer für die Lösung dieses Problems zu finden: den Marineleutnant Matthew Fontaine Maury. Dieser Mann, der von der Idee einer systematischen Erforschung der Meere geradezu besessen war und als einer der Väter der modernen Ozeanographie gilt, hatte schon als blutjunger Seemann damit begonnen, auf eigene Faust Beobachtungen zu sammeln sowie Messungen vorzunehmen und zu registrieren.

Die amerikanische Marineleitung wurde auf Maury aufmerksam. Beeindruckt von seinen Argumenten und seinem Eifer, nahm sie seinen Vorschlag auf, Forschungsschiffe für Untersuchungen aller Art — unter anderm auch für planmäßige Tiefenlotungen — auszurüsten. Gleichzeitig wurde damit begonnen, die Logbücher zahlreicher Handels- und Kriegsschiffe auszuwerten. Das Handlot, der uralte, aus einer langen Hanfleine und

einem schweren Gewicht bestehende Tiefenmesser aller Seefahrer, wurde nun nicht mehr nur in der Nähe der Küsten und gefährlicher Riffe und Untiefen über die Bordwand hinuntergelassen, sondern laufend auch auf offener See. Immer mehr Lotungsergebnisse und Positionsangaben bedeckten allmählich die Seekarten, und aus dem Mosaik dieser Zahlen ergab sich ein überraschendes Bild, das einer alten, oft angezweifelten Behauptung endgültig den Garaus machte: Der Boden des Meeres war keineswegs eine einzige platte, eintönige Ebene, sondern an sehr verschiedenen landschaftlichen Formen mindestens so reich wie das Festland. Dort unten fanden Maury und seine Nachfolger mächtige Bergmassive, tiefe Einschnitte und natürlich auch ebene Flächen.

Die Pionierleistungen Maurys weckten in vielen anderen Ländern das Interesse an der Tiefsee; sie eröffneten das Zeitalter der Meeresforschung. „Die unbekannten Helden dieser Zeit", so schreibt Rhodes Fairbridge, Professor für Geologie an der Columbia-Universität in New York und Verfasser einer umfassenden ozeanographischen Enzyklopädie, „waren die Mannschaften auf den Vermessungsschiffen der Marinen, besonders der Royal Navy, die systematisch den Grund des Weltmeeres, die Schelfe der Kontinente, Küsten und Riffe vermaßen. Sie leisteten so genaue Arbeit, daß die zu Beginn dieses Jahrhunderts gewonnenen Grunderkenntnisse über den Ozean bis heute, wo wir uns elektronischer Geräte bedienen, unverändert geblieben sind."

In den siebziger Jahren des 19. Jahrhunderts wurde das alte Handlot, das selbst inzwischen verbessert worden war, durch eine Lotmaschine ersetzt. Feiner Stahldraht wurde von einer Dampfwinde abgespult, und sobald das Lotgewicht am unteren Ende den Grund berührte, löste es sich vom Draht, und der verringerte Zug stoppte die Winde. Die Länge des abgelaufenen Drahtes war das Maß für die Wassertiefe. Aber trotz aller Verbesserungen war das große, heute noch nicht ganz abgeschlossene Vermessungswerk mühselig und zeitraubend. Für Tiefseelotungen brauchten die Seeleute gutes Wetter und eine ruhige See, um das Schiff auf Position zu halten. Veränderte es seinen Standort während der Lotungen, die oft Stunden dauerten, so wurden die Ergebnisse unzuverlässig. So ist es durchaus nicht erstaunlich, daß eine der ersten deutschen Tiefenkarten der Weltmeere, die 1912 vom Berliner Institut für Meereskunde herausgebracht wurde, auf nur 6000 Tiefseelotungen beruhte. Wenn moderne Kartographen ein einigermaßen exaktes Bodenprofil — etwa vom Grund des Atlantischen Ozeans zwischen Brasilien und der Kongoküste — aufzeichnen wollen, brauchen sie für einen einzigen Breitengrad zwischen 1500 und 2000 Lotungen. — Heute können die Kartenzeichner die gewaltige Zahl von neuen Lotungsergebnissen aus allen Weltmeeren, die täglich in den internationalen hydrographischen Instituten und Sammelzentren für meereskundliche Informationen eingehen, kaum noch schnell genug verarbeiten. Seit der deutsche Physiker Alexander Behm im Jahre 1919 das erste brauchbare Echolot konstruierte, kann jedes Schiff — und fast alle Schiffe sind mit dem Echolot ausgerüstet — während der Fahrt ununterbrochen den Grund mit Schallwellen abtasten und sein Profil durch den Echographen, ein Gerät, das die Bodenlinien auf eine Papierrolle zeichnet, sichtbar machen. Die modernsten Variationen dieser Schallortungsgeräte, Präzisionsecholote genannt, arbeiten mit Ultraschall und erlauben Lotungen bis in die tiefsten Regionen des Ozeans.

Die Bodenformen, die auf den Echogrammen erscheinen, entsprechen allerdings nicht immer der wirklichen Gestalt des ursprünglichen Meeresgrundes. In Jahrmillionen haben sich in vielen Gebieten des Weltmeeres mächtige, manchmal über 10 Kilometer dicke Schichten von Sinkstoffen oder Sedimenten auf dem alten Felsgrund abgelagert und seine schroffen Formen eingeebnet. Die Sedimente reflektieren die vom herkömmlichen Echolot ausgestrahlten Schallwellen und verbergen, was sie unter sich begraben haben.

Seit vor rund fünfzig Jahren das Echolot zur Vermessung der Meeresböden eingeführt wurde, gewinnen die Ozeanographen ein immer genaueres Bild von den Formen des Meeresbodens. Unser Bild zeigt ein Echogramm, die vom Echolot exakt auf ein Papierband gezeichneten Umrisse der Berge und Täler einer „Unterwasserlandschaft" vor der amerikanischen Ostküste.

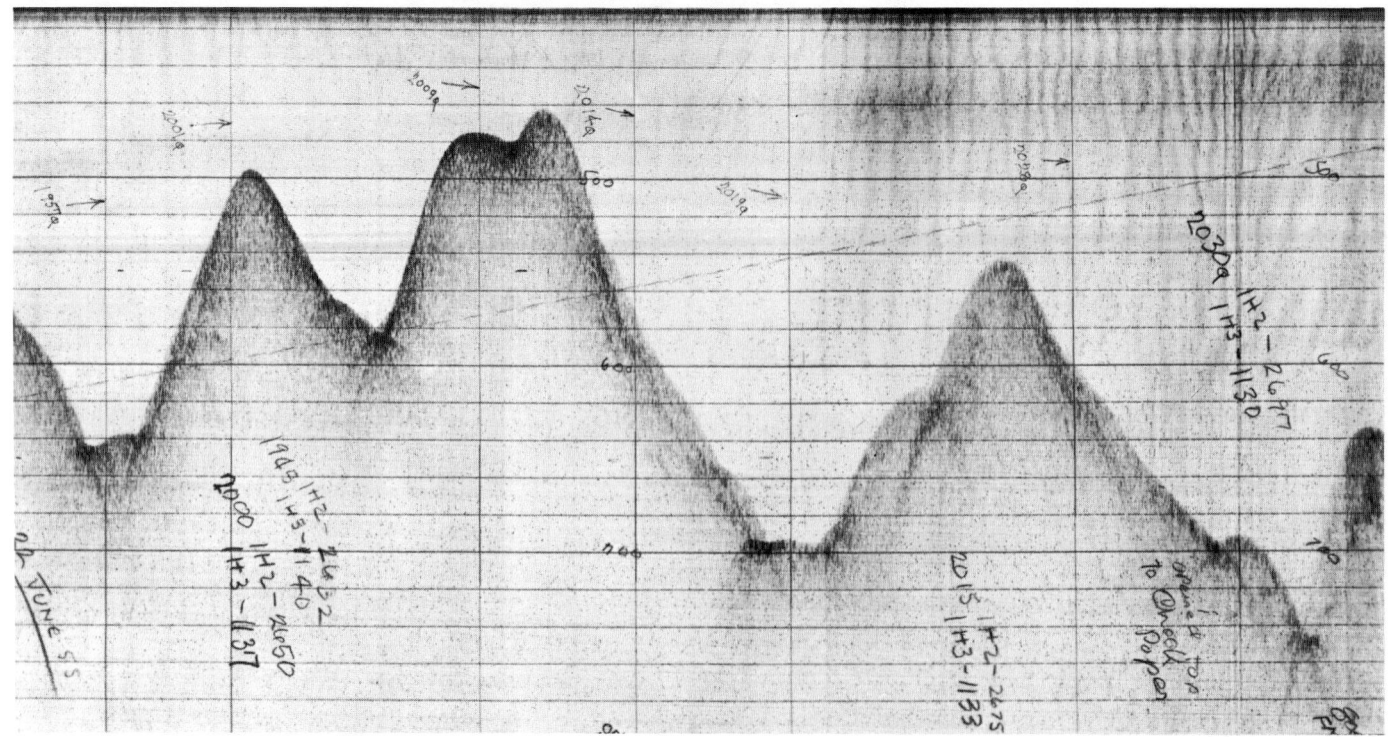

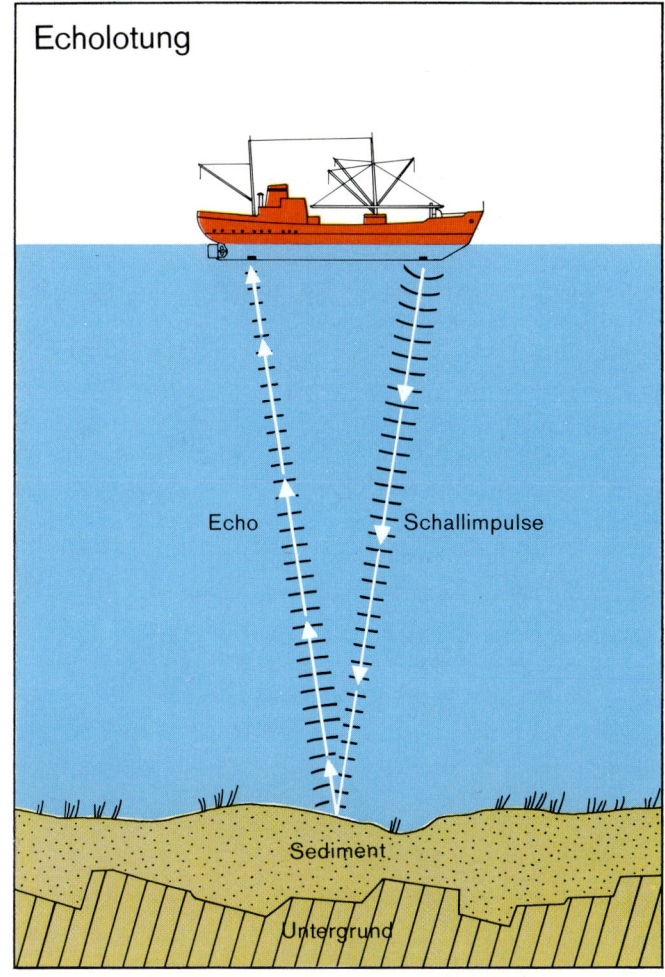

Echolotung

Echo — Schallimpulse

Sediment

Untergrund

Bei der Echolotung werden Schallimpulse, die das fahrende Schiff nach unten strahlt, vom Meeresboden reflektiert. Aus der Zeitdauer bis zur Rückkehr der Schallwellen zum Schiff läßt sich die Wassertiefe errechnen. Die Schallwellen tasten außerdem die Form des Meeresbodens ab.

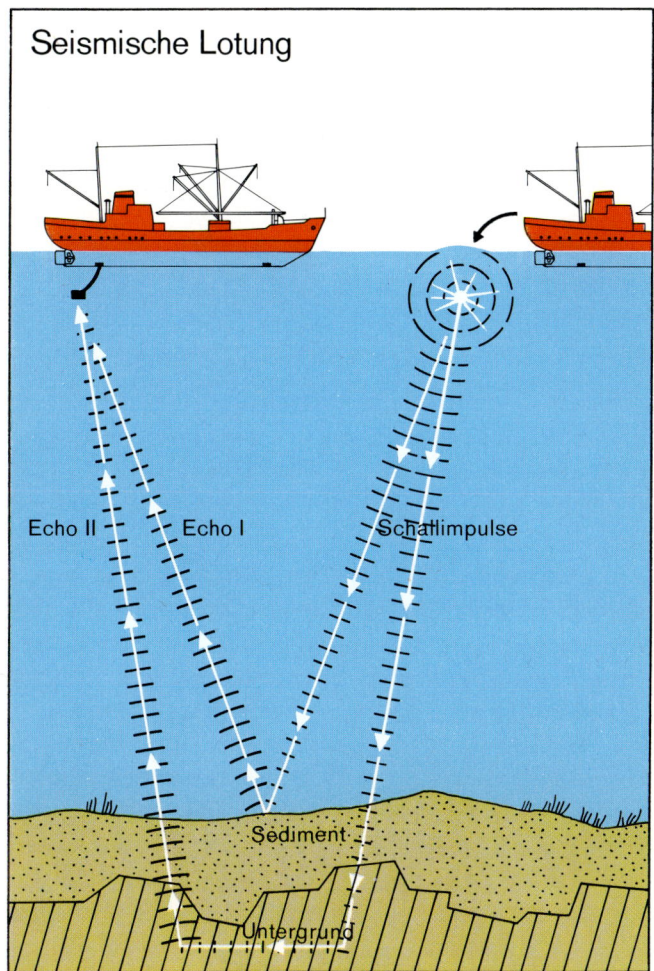

Seismische Lotung

Echo II — Echo I — Schallimpulse

Sediment

Untergrund

Die Druckwellen von Sprengstoff- oder Preßluft-explosionen werden vom Ozeanboden reflektiert, ein Teil von ihnen dringt aber auch tiefer ein. Das Echo der in den Untergrund eingedrungenen Wellen gibt unter anderem Aufschluß über den geologischen Aufbau des Meeresbodens.

Um diese Decke zu durchdringen, die im Atlantik durchschnittlich 650 Meter und im Pazifik etwa 300 Meter dick ist, entwickelte Dr. Maurice Ewing, ein bedeutender amerikanischer Meeresforscher, eine neue Technik, die im Prinzip wie die Echolotung arbeitet: die Sprengseismik. Zwei Schiffe fahren dabei in gleichbleibender Entfernung hintereinander her. Von Bord des einen Schiffes werden in bestimmten Zeitabständen Dynamit- und TNT-Sprengladungen ins Wasser geworfen, die in geringer Tiefe explodieren. Die Schallwellen der Explosion, die man neuerdings auch durch Preßluft erzeugt, werden zuerst von der Oberfläche der Sedimentschicht und etwas später vom darunterliegenden Felsgrund zurückgeworfen. Mit einem Horchgerät, dem Hydrophon, fängt das zweite Schiff die reflektierten Wellen auf. Aus dem zeitlichen Abstand der zurücklaufenden Schallwellen und der durch Echolotung gemessenen Wassertiefe in dem zu erforschenden Meeresgebiet läßt sich die Dicke der Sedimente ziemlich genau errechnen.

„Nur etwa 2 Prozent des Tiefseebodens", so klagte noch vor wenigen Jahren Dr. Roger Revelle, der zeitweilig Leiter des großen amerikanischen Scripps-Instituts für Meeresforschung war, „sind einigermaßen bekannt. Wir kennen heute den Meeresgrund so gut wie vor ein paar hundert Jahren die neuen Kontinente."

Echolotung und Sprengseismik sind die technischen Mittel, diesen Zustand rasch und unablässig zu ändern. Schon heute sind die Wissenschaftler in der Lage, auf Grund ihrer Daten das plastische Bild eines aus schroffen Gebirgen, Brüchen und Gräben, sanftwelligen Hügellandschaften, mächtigen Hochplateaus und weiten Ebenen bestehenden Ozeanbodens zu entwerfen, das Bild einer Landschaft, die sich unter anderem dadurch auszeichnet, daß ihre Konturen oft viel schärfer und schroffer sind als die der Kontinente. Das hat seinen Grund: Während die Gebirge der Erde seit ihrer Entstehung der Erosion, der Wirkung von Wasser und Wind, von Frost und Hitze, ausgesetzt gewesen und allmählich zerrieben

Landschaften unter Wasser
I. Atlantik und Ostpazifik

Wenn das Wasser des Ozeans durchsichtig bis auf den Grund
wäre und keine Wolkenfelder den Blick auf Meere und Kontinente versperrten, böte die Erde den Astronauten im Weltraum
dieses erstaunliche Bild. Was keines Menschen Auge je in
Wirklichkeit erblicken wird, hat die moderne ozeanographische
Forschung mit den Mitteln der Tiefenlotung darstellbar gemacht:
die phantastische Welt unter dem Meeresspiegel.

Das auffälligste Merkmal dieser „Landschaft" ist ein gewaltiges,
rund 10 000 Kilometer langes und durchschnittlich 1500 Kilometer breites Gebirge, das sich von Island bis um die Südspitze
Afrikas herum durch den ganzen Atlantik zieht. Dabei ist es nur
etwa der sechste Teil eines riesigen Gebirgsystems, das sich
durch alle Meere rund um den Globus spannt; es besteht aus
basaltischen Gesteinen, die aus dem Erdinnern hochgequollen
sind. Zu beiden Seiten der zerklüfteten Hänge des Mittelatlantischen Rückens, wie das Gebirge im Atlantik heißt, dehnen sich
breite Plateaus und mächtige Ebenen. Vereinzelte Kuppen oder
ganze Bergmassive, deren höchste Spitzen Inseln wie die Azoren oder die Kapverden bilden, ragen von ihnen empor. Unter
der Kammlinie des Mittelatlantischen Rückens, neben dem der
Himalaja oder die Anden zwergenhaft wirken, klafft ein 20 bis
50 Kilometer breiter Graben mit steilen Flanken; seine Sohle
liegt rund 4000 Meter unter dem Meeresspiegel und etwa 2000
Meter tiefer als der Kamm des Rückens. Aus dieser Zone, so
haben die Meeresforscher in den letzten Jahren festgestellt, tritt
jener Nachschub an Gestein an die Oberfläche des Meeresgrundes, der die Ausweitung des Ozeanbodens bewirkt. Zahlreiche
Querbrüche weisen auf die lebhaften tektonischen Verschiebungen in der Tiefe hin.

Breite Schelfe, vom Meer überflutete Teile der Festlandsblöcke,
tragen Skandinavien, die Britischen Inseln oder Island; vor
anderen Küsten sind die Schelfe häufig sehr schmal und von
tief ausgeschliffenen Cañons zerfurcht, oder sie fehlen sogar
ganz, wie zum Beispiel vor der südamerikanischen Pazifikküste.
Dort gehen die Hänge der Anden, der fast 4000 Meter lange
Kontinentalabhang und die Wände des Atacama-Tiefseegra-
bens beinahe stufenlos ineinander über. Zwischen der Graben-
sohle und den Gebirgskämmen der Anden bestehen Höhenunterschiede von rund 13 Kilometern.

Tiefseegräben sind im Atlantischen Ozean seltener als im
Pazifik; die tiefste Stelle, die Milwaukee-Tiefe im Puerto-Rico-
Graben, liegt 9219 Meter unter dem Meeresspiegel.

Reliefkarte der Weltmeere, westliche Hemisphäre
Maßstab 1:64 000 000. Relief stark überhöht
Ausführung: H. C. Berann. Nach Unterlagen von Prof. Bruce Heezen (Lamont
Geological Observatory) und Marie Tharpe (U. S. Naval Oceanographic Office)
© Verlag DAS BESTE GmbH, Stuttgart

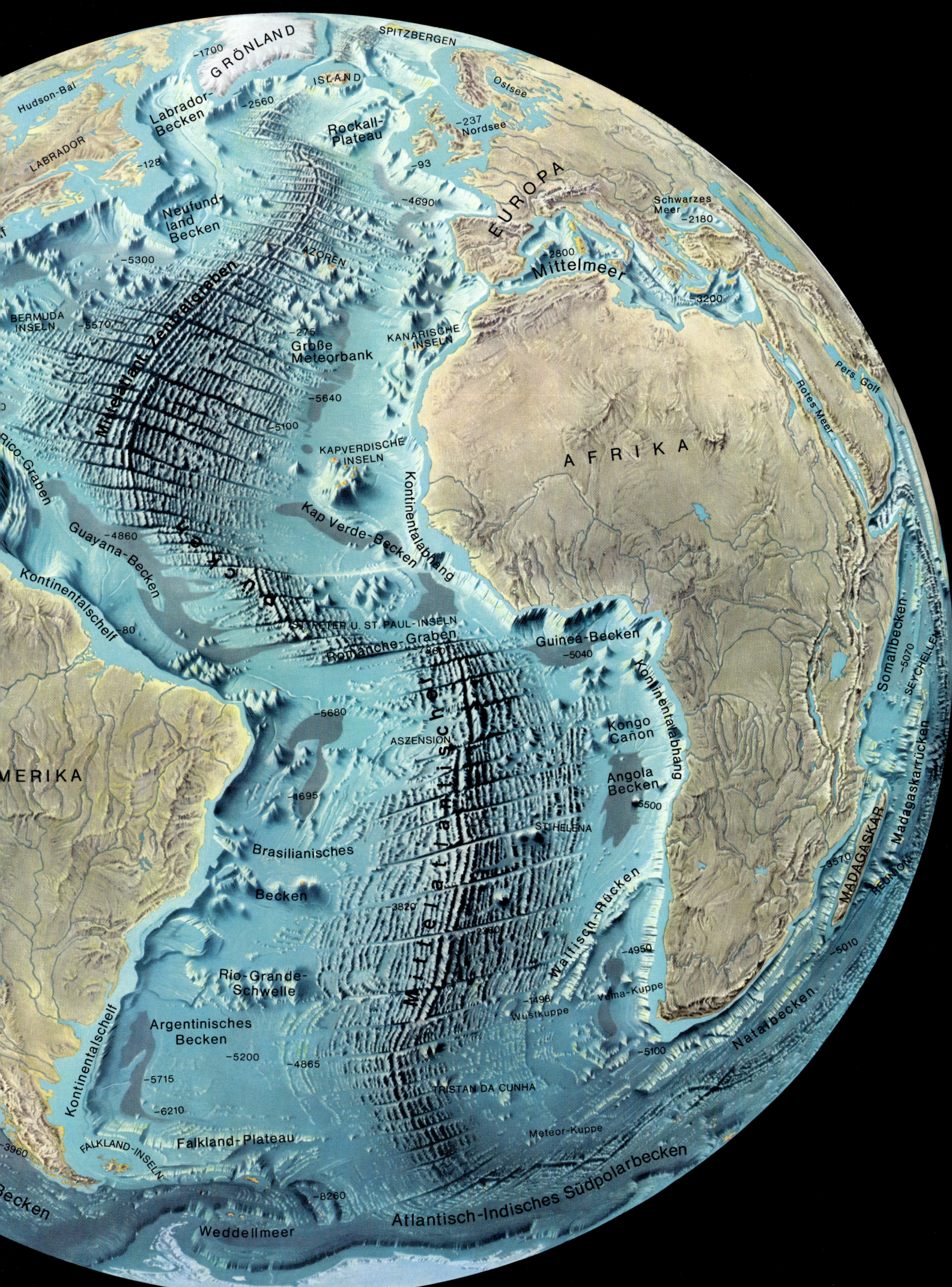

worden sind, ragen die Felsmassen der Ozeanberge in einen Raum hinein, in dem es keine Jahreszeiten und keine nennenswerten Temperaturschwankungen und damit keine Zerstörung gibt. Könnte man alles Wasser der Ozeane verdampfen und alle Wolken verschwinden lassen, so würde ein Beobachter im Weltraum unsere Erde etwa so sehen, wie Kartographen sie heute auf Grund der neuesten Forschungsergebnisse zeichnen können.

Am Rand der Kontinente

Die beiden Karten auf den Seiten 20/21 und 24/25 zeigen deutlich, daß die Kontinente im allgemeinen nicht an ihren Küstenlinien enden, sondern meist unter der Wasseroberfläche noch einige zehn, hundert oder unter Umständen viele tausend Kilometer weit ins Meer hinausreichen. Erst dort fällt der Grund plötzlich steil ab; von einer Wassertiefe zwischen 150 und 200 Metern geht es plötzlich auf 4000 Meter und mehr hinunter. Hier enden die Kontinente wirklich, und es sieht so aus, als herrsche auf der Erde ständig Überschwemmung. In der Tat sind viele dieser flachen Meeresgebiete früher Festland gewesen. Von der Doggerbank in der Nordsee förderte man Baumreste, Torf und sogar primitive Werkzeuge von Steinzeitmenschen herauf: Der Grund der Nordsee ist versunkenes Land.

Die sanft abfallenden Küstenbereiche bis zum steilen Kontinentalabhang werden als die Schelfe des Weltmeeres bezeichnet. Sie haben zusammen eine Ausdehnung von rund 28 Millionen Quadratkilometern. Die Kontinente sind insgesamt also in Wirklichkeit nicht 148, sondern 176 Millionen Quadratkilometer groß, liegen aber zu 16 Prozent unter Wasser. Die durchschnittliche Breite ihrer Schelfe beträgt zwar nur 75 Kilometer, doch wird sie im nördlichen Teil Europas und in den Meeren rund um die Arktis gewaltig überschritten. Erst weit vor den Britischen Inseln und der Küste Skandinaviens senkt sich der Kontinentalabhang zur Tiefsee hinab.

Die modernen Meeresforscher und die meisten der am Meer interessierten Industrien widmen den größten Teil ihrer Anstrengungen den Schelfgebieten; denn diese sind die großen Produktionsräume tierischen und pflanzlichen Lebens des Meeres und daher für die Fischerei und die Gewinnung anderer Nahrung am wichtigsten; wahrscheinlich sind sie auch die an mineralischen Rohstoffen reichsten Gebiete.

„Von allen Teilen der See", schreibt Rachel L. Carson in ihrem berühmten Buch „Geheimnisse des Meeres", „ist der Schelf von unmittelbarster Bedeutung für den Menschen als eine Quelle materieller Güter. Die großen Fischereigebiete der Welt beschränken sich mit wenigen Ausnahmen auf diese verhältnismäßig seichten Gewässer über der Kontinentalstufe. Auf ihren überfluteten Ebenen werden Tange geerntet, aus denen eine Menge

Rohstoffe für Nahrungsmittel, Drogen und andere Handelsartikel gewonnen werden. Während die auf dem Kontinent von früheren Meeren zurückgelassenen Erdölreserven sich allmählich erschöpfen, beschäftigen sich die Geologen mehr und mehr mit dem Öl, das bis jetzt (zum größten Teil) noch ungenutzt unter diesen Grenzgebieten des Meeres ruht."

Zu den erstaunlichsten Bodenformen der Schelfe gehören tief eingeschnittene scharfe Furchen im kilometerhohen Kontinentalabhang. Diese Cañons, wie man sie nach den imposanten Felsschluchten im US-Bundesstaat Arizona genannt hat, zählen zu den eindrucksvollsten geologischen Formationen der Erdkruste überhaupt und liegen häufig vor den Mündungen großer Festlandsströme.

Die Mündung des Hudson-Stromes setzt sich am Meeresgrund beispielsweise als „Hudson-Cañon" fort. Fast 300 Kilometer lang, ist diese Furche im Kontinentalabhang an einer Stelle 1350 Meter tief, und ihr Ausgang liegt seewärts 3500 Meter unter dem Meeresspiegel. Wo der Kongo in den Atlantik strömt, gibt es einen ähnlichen Einschnitt, dessen Sohle 1500 Meter tiefer liegt als der Schelfboden. An seinem oberen Rand ist dieser Cañon nur 5 Kilometer breit — seine Hänge sind fast so steil wie die der berühmtesten Cañons der Welt.

Wie diese in allen Meeren der Welt vorhandenen Hangfurchen entstanden sind, läßt sich bis heute nur vermuten. Wo ein Cañon das Bett eines Flusses bis in die Tiefsee hinein verlängert, hält man Sprünge in der Erdkruste für die Ursache, denn auch auf dem Festland folgen Flußläufe häufig solchen Sprüngen oder Rissen. Der Rheintalgraben, das etwa 300 Kilometer lange und 35 Kilometer breite Gebiet zwischen Vogesen und Schwarzwald, Pfalz und Odenwald, ist offenbar ein solcher Sprung, der sich auch heute noch verbreitert.

Wo allerdings kontinentale Ströme fehlen, wie beispielsweise beim Monterey-Cañon an der kalifornischen Küste, müssen andere Kräfte am Werk gewesen sein. Die Ozeanographen vermuten, daß alle paar Jahre gewaltige lawinenartige Strömungen unter Wasser in Bewegung geraten und die Cañons gewissermaßen ausschleifen. „Wenn Schlamm und Sand vom Wasser aufgewühlt werden", so erklärt C. P. Idyll, ein Wissenschaftler des Meeresforschungsinstitutes Miami, solche Vorgänge, „entsteht ein Gemisch, das schwerer ist als das Meerwasser und den Kontinentalabhang hinunterstürzt. Auf diese Weise werden Sand und Geröll in die Tiefsee gerissen. Wissenschaftler, die sich mit solchen ,Dichteströmen' beschäftigt haben, glauben, daß dabei gewaltige Geschwindigkeiten erreicht werden, und man kann sich vorstellen, daß starke und schnelle Strömungen, die Massen von mahlendem Sand und Gestein mitführen, die Cañons ausschleifen."

Eine Schlammlawine wäre vor Jahren dem französischen Meeresforscher und Mitbegründer der modernen

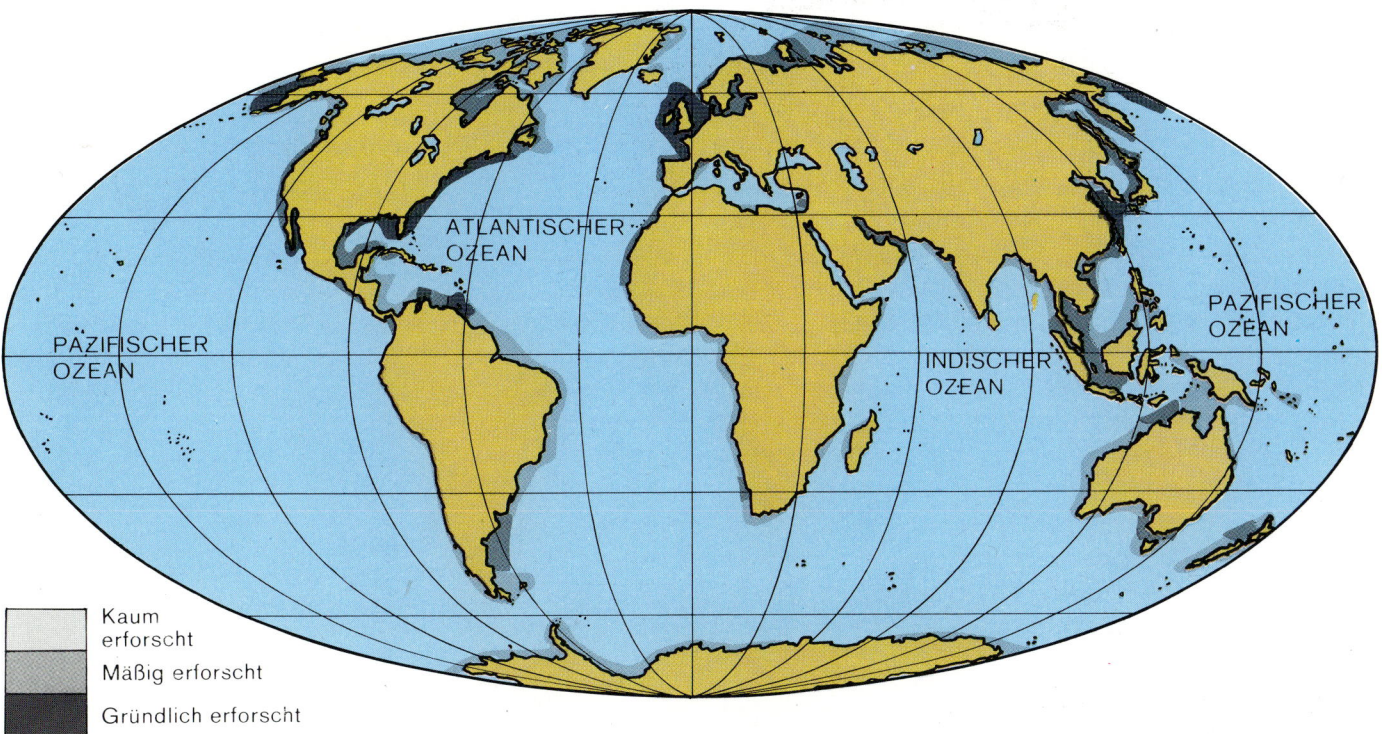

Kaum
erforscht

Mäßig erforscht

Gründlich erforscht

Die jetzt schon und in nächster Zukunft erreichbaren Schätze des Meeres liegen zum größten Teil im Schelfmeergebiet, jenem Flachmeerstreifen rund um die Kontinente, der eine durchschnittliche Breite von 75 Kilometern hat. Alle Schelfe der Erde haben zusammen eine Fläche, die etwa der Afrikas entspricht. Erst ein Bruchteil dieser Fläche ist heute genau erforscht.

Tauchtechnik, Jacques Yves Cousteau, fast zum Verhängnis geworden. Er geriet mit seiner „Tauchenden Untertasse", einem Tiefseeboot, in einen Cañon und stieß gegen den Steilhang. Ein stürzender Schlammbrokken löste im Nu eine große Lawine aus, die das Tauchboot in mehreren hundert Metern Tiefe unter sich begrub und festhielt. Erst nach stundenlangem bangem Warten und schwierigen Manövern gelang es ihm und seinem Begleiter Georges Houot, den ersten Augenzeugen eines untermeerischen Lawinensturzes, das Fahrzeug wieder freizubekommen. Zu dem Geologen, der den gefährlichen Cañon ausgelotet hatte, sagte Cousteau nach der Rückkehr lakonisch: „Erinnern Sie sich noch an den Cañon vor der Küste von Toulon, den Sie so sorgfältig vermessen haben? Sie werden es noch einmal machen müssen. Wir haben ihn zum Einsturz gebracht."

Die seltsame Erscheinung der Dichteströme, deren Erforschung gerade erst begonnen hat, erklärt nach Ansicht vieler Fachleute auch ein Ereignis, das schon vier Jahrzehnte zurückliegt. Im November 1929 brachen nach einem Erdbeben südlich der Neufundlandbank 13 Seekabel. Der Moment des Bruches konnte durch die Kabelüberwachungsstellen für jeden Strang auf die Minute genau errechnet werden. Fast gleichzeitig mit dem Beben brachen die ersten acht Kabel, die zu beiden Seiten des Bebenherdes lagen, während sich die anderen Brüche mit zunehmender Entfernung vom Herd des Erdbebens ver-

zögerten. Das letzte Kabel brach rund 13 Stunden nach dem Beben.

Maurice Ewing und sein Kollege Bruce C. Heezen vom Lamont Geological Observatory bei New York deuten diese Brüche als Folge untermeerischer Lawinen, die, vom Erdbeben in Bewegung gebracht, mit hoher Geschwindigkeit über den Meeresboden rasten.

Auf dem Grund der Tiefsee

Jenseits gewaltiger Geröllhalden, die sich am Fuße der Festlandsabhänge angesammelt haben, beginnen die weitläufigen Ebenen, die in allen Ozeanen etwa in der gleichen Tiefe von rund 4000 bis 6000 Metern liegen.

Die mächtigen Sedimentschichten, die diese Ebenen bedecken oder sie überhaupt erst geschaffen haben, indem sie die Täler noch tiefer liegender Formationen allmählich auffüllten, werden von den Meeresforschern als eine der wertvollsten natürlichen „Chroniken" der Erdgeschichte betrachtet und heute intensiver denn je studiert. Viele der biologischen, chemischen und physikalischen Vorgänge seit der Geburt der Erde sind in diesem Buch aufgezeichnet, und selbst kosmische Ereignisse haben seit Millionen von Jahren ihre Schriftzeichen in ihm hinterlassen.

Die Ablagerungen bestehen aus feinsten Schwebeteilchen, die mit dem Wasser der Flüsse in die Ozeane

Landschaften unter Wasser
II. Indischer und Pazifischer Ozean

Die Tiefseelandschaft des Indischen Ozeans weist im wesentlichen die gleichen Züge auf, die für den Atlantischen Ozean charakteristisch sind. Der riesige Höhenzug des Mittelatlantischen Rückens setzt sich hier bis in den Zentralindischen Rücken fort; die große Schlucht entlang der Kammlinie, der Mittelozeanische Zentralgraben zieht sich weiter bis in den Golf von Aden und in das Rote Meer. Ähnlich findet der Graben des Ostpazifischen Rückens, der vor der mittelamerikanischen Küste einen Teil des großen Gebirges im Ozean bildet, seine Verlängerung im Golf von Kalifornien. Das Rote Meer und der Golf von Kalifornien werden von den Geologen als „jugendliche Meere" angesehen; die Gräben, die sich tief in sie hineinziehen, verbreitern sich allmählich zu größeren Meeresbecken.

Vulkanische Kuppen und Tiefseegräben sind im Indischen Ozean wie im Atlantik seltener als im Pazifik, dessen Grund mit Tausenden von Kuppen übersät ist. Fachleute schätzen ihre Zahl auf weit über 10 000. Einige, wie zum Beispiel Hawaii, ragen mit ihren Gipfeln weit über die See; auf Hunderten anderer, die dicht unter der Oberfläche enden, haben Korallen Atolle entstehen lassen, die meisten aber bleiben weit unter dem Meeresspiegel. Die tiefsten Gräben des Weltmeeres liegen im Westen des Pazifischen Ozeans in den großen Erdbebengürteln der Erde, die die pazifischen Regionen zu den unruhigsten Zonen unseres Planeten machen. Bei den Marianen gähnen Abgründe, deren tiefste Stellen über 10 Kilometer tief unter den Wellen liegen. Die Witjas-Tiefe im Marianengraben, benannt nach einem russischen Forschungsschiff, das sie auslotete, ist die tiefste bis jetzt bekannte Stelle im Ozean: Die russischen Ozeanographen maßen 11 022 Meter.

Die Entstehung der im Atlantik, Indischen Ozean und Pazifik so verschiedenen Bodenformationen hängt nach Ansicht vieler Fachleute mit den unterschiedlichen Ausbreitungsgeschwindigkeiten der Böden zusammen. Der Boden im Pazifik breitet sich nur langsam aus, was zur Bildung von schroffen und steilen Formationen und dicken Schichten vulkanischen Materials führt. Wo der Boden sich rasch ausbreitet wie im Atlantischen Ozean, entstehen flachere Formen und dünnere vulkanische Schichten.

Reliefkarte der Weltmeere, östliche Hemisphäre
Maßstab 1:64 000 000. Relief stark überhöht
Ausführung: H. C. Berann. Nach Unterlagen von Prof. Bruce Heezen (Lamont Geological Observatory) und Marie Tharpe (U. S. Naval Oceanographic Office)
© Verlag DAS BESTE GmbH, Stuttgart

Nach den neuesten Ergebnissen der Tiefseeforschung liegen 53,7 Prozent der gesamten Erdoberfläche — die Ozeanböden mitgerechnet — in
einer Tiefe zwischen 3000 und 6000 Metern unter
dem Meeresspiegel. Die Bodenfläche in diesem
Bereich ist mit rund 274 Millionen Quadratkilometern
so groß, daß man bequem neunmal den afrikanischen
Kontinent darauf unterbringen könnte! Etwa fünf
Prozent der Erdoberfläche liegen in Tiefenzonen
zwischen 6000 und rund 11 000 Metern.

kamen, aus Staub, den die Winde herantrugen, aus den
Kalk- und Kieselschalen der Milliarden und aber Milliarden von Einzellern, die in den oberen, durchleuchteten Wasserschichten des Meeres lebten, und aus den
Resten größerer Tiere. Die Asche gewaltiger Vulkan-
ausbrüche ist — zum Beispiel in den vulkanreichen Gebieten des Pazifik — ein wesentlicher Bestandteil der
Sedimente, und winzige metallische und glasartige Me-
teoriten zeugen von Epochen der Erdgeschichte, in denen
wahre Schauerregen kosmischen Materials auf unseren
Planeten niedergingen. Die Sedimente der Schelfe enthalten grobes Erosionsmaterial von den Festländern und
die Reste des tierischen und pflanzlichen Lebens aller
Zeiten im Meer.

Nicht immer liegen diese Schichten aus organischen
und anorganischen Ablagerungen so sauber getrennt
übereinander, daß die Forscher ohne weiteres zu ein-
deutigen Schlüssen kämen. Längst vergangene Strömungen haben große Mengen von Sinkstoffen aus einem
Ozean in den anderen verfrachtet, junge Sedimente aufgewühlt und sie an anderer Stelle wieder abgesetzt. Eisberge transportieren seit Jahrtausenden eingefrorenes
Geröll und Felsgestein der Kontinente, über die ihre
Muttergletscher hinweggekrochen sind, bis weit in die
Mitte der Ozeane und laden ihre Fracht ab, wenn sie
schmelzen. Wo sich die Sedimente aber relativ ungestört
setzen können, bilden sie mit einer durchschnittlichen
Wachstumsgeschwindigkeit von 2—3 Zentimetern pro
Jahrtausend Schicht über Schicht.

Die Geologen bedienen sich des Kolbenlots, einer langen Stahlröhre, die von einem Gewicht in das weiche
Sediment hineingetrieben wird, um bis zu 30 Meter lange
Sedimentkerne herauszubohren — oder besser: herauszu-
stanzen. Ein einziger Bohrkern enthält die Hinterlassen-
schaft von 1 Million Jahren Erd- und Lebensgeschichte.
Millimeterdünne Scheibchen, die man den Kernen ent-
nimmt, geben in der mikroskopischen und chemischen
Analyse Aufschluß über Zeiten, die Hunderttausende
von Jahren zurückliegen; das Zerfallsstadium radioakti-
ver Bestandteile erlaubt außerdem, genau die Epoche
zu errechnen, in der das Sediment sich gebildet hat.

Über lange Zeiträume hinweg lassen sich beispielsweise große Klimaschwankungen für einzelne Meeresteile nachweisen, indem man nach den Resten bestimmter mikroskopisch kleiner Lebewesen forscht. Unter den
guterhaltenen planktonischen Überbleibseln finden sich
die Kalkschalen von Foraminiferen, winzigen Einzellern,
die nur in warmen Gewässern leben, und solche, die für
Kaltwasser typisch sind. Die erwähnten dünnen Scheiben
werden ausgewaschen, bis nur die Foraminiferenschalen
übrigbleiben, man berechnet ihren prozentualen Anteil
am gesamten Sediment, und je nach Vorkommen dieser
oder jener Art in einer bestimmten Epoche kann man auf
ehemals warmes oder kaltes Klima im betreffenden
Meeresgebiet schließen.

Geheimnisvolle Berge im Ozean

Die drei Männer mit ihren Tauchgeräten auf dem Rücken kamen sich vor wie auf einem fremden Planeten, als sie auf dem Gipfel des Berges standen und sich in der seltsamen Landschaft umsahen. „So ungefähr", sagte einer von ihnen später, „wird der Mond auf die ersten Menschen wirken, die ihn betreten. Als ich mich dem Gipfel näherte und daran dachte, daß noch nie ein Mensch hier unten gewesen war, fühlte ich mich wirklich wie ein Mondfahrer. Ich war sehr aufgeregt, und mir schien, als hätte ich mich unendlich weit von der irdischen Welt entfernt."

Der Gipfel des Berges war kahl und nur mit grobem Sand und Geröll bedeckt, und er lag ziemlich dicht unter der Oberfläche des Südchinesischen Meeres, westlich der Philippinen-Insel Palawan. Die drei Männer, die ihn — als die ersten „Unterwasserbergsteiger" der Welt — von oben her betreten hatten, waren amerikanische Geologen und Biologen, die den Auftrag hatten, Gesteinsproben zu sammeln und zu erkunden, welche Lebewesen den Berg bewohnten.

„Während wir, rund 66 Seemeilen von der nächsten Küste entfernt, langsam über die dunkle See fuhren, hatten wir plötzlich nur noch etwa 15 Meter Wasser unter dem Kiel unseres Mutterschiffes", notierte Dr. Stewart, der Leiter der Expedition, hinterher in seinem Tagebuch. „Wir waren auf eine Erhebung gestoßen, die steil wie das Empire State Building vom Meeresboden dort unten aufragt."

Nachdem Stewart und seine beiden Kollegen Dick Rogers und Paul Larsen sich durch Messungen überzeugt hatten, daß dort unten keine lebensgefährlichen Strömungen herrschten, stiegen sie mit ihren Atemgeräten ab „in eine sehr unirdische Landschaft, in der wir aber durchaus nicht allein waren", wie Stewart berichtet. „Über dem Gipfel wimmelte es von bunten tropischen Fischchen, die sich meist über vereinzelten, aber üppigen Korallengruppen aufhielten, über ‚Gärten' in dieser Mondlandschaft, von denen auch wir uns angezogen fühlten."

Während Rogers Unterwasseraufnahmen machte, begannen Stewart und Larsen Gesteinsproben zu sammeln. Dazu mußten sie bis an den Rand der Gipfelfläche schwimmen und den schroffen Hang hinabtauchen, um dort nach Felsgesteinen zu suchen. „Als wir uns dem Rand näherten", so Stewarts Bericht, „blickten wir in das blaugraue Wasser der Tiefe hinunter. Über der jäh abfallenden Kante angekommen, sahen wir die steilen Flanken des Berges im meilentiefen Wasser verschwinden. Wir tauchten noch fünfzehn Meter tiefer, aber dort fanden wir wie oben kein Felsgestein, sondern nur Korallenkalk. Als wir danach auf den Gipfel zurückkehrten, hatten wir das Gefühl, wieder auf vertrautem Boden zu stehen. Die ‚Mondlandschaft' wirkte auf einmal gar

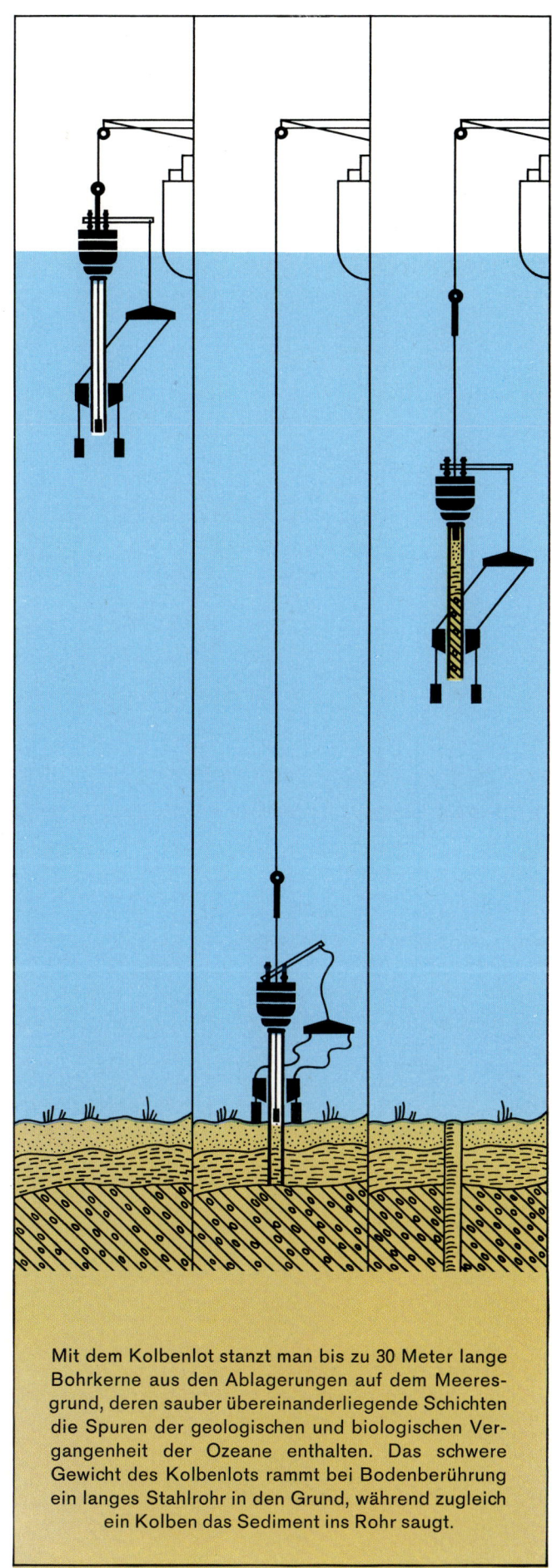

Mit dem Kolbenlot stanzt man bis zu 30 Meter lange Bohrkerne aus den Ablagerungen auf dem Meeresgrund, deren sauber übereinanderliegende Schichten die Spuren der geologischen und biologischen Vergangenheit der Ozeane enthalten. Das schwere Gewicht des Kolbenlots rammt bei Bodenberührung ein langes Stahlrohr in den Grund, während zugleich ein Kolben das Sediment ins Rohr saugt.

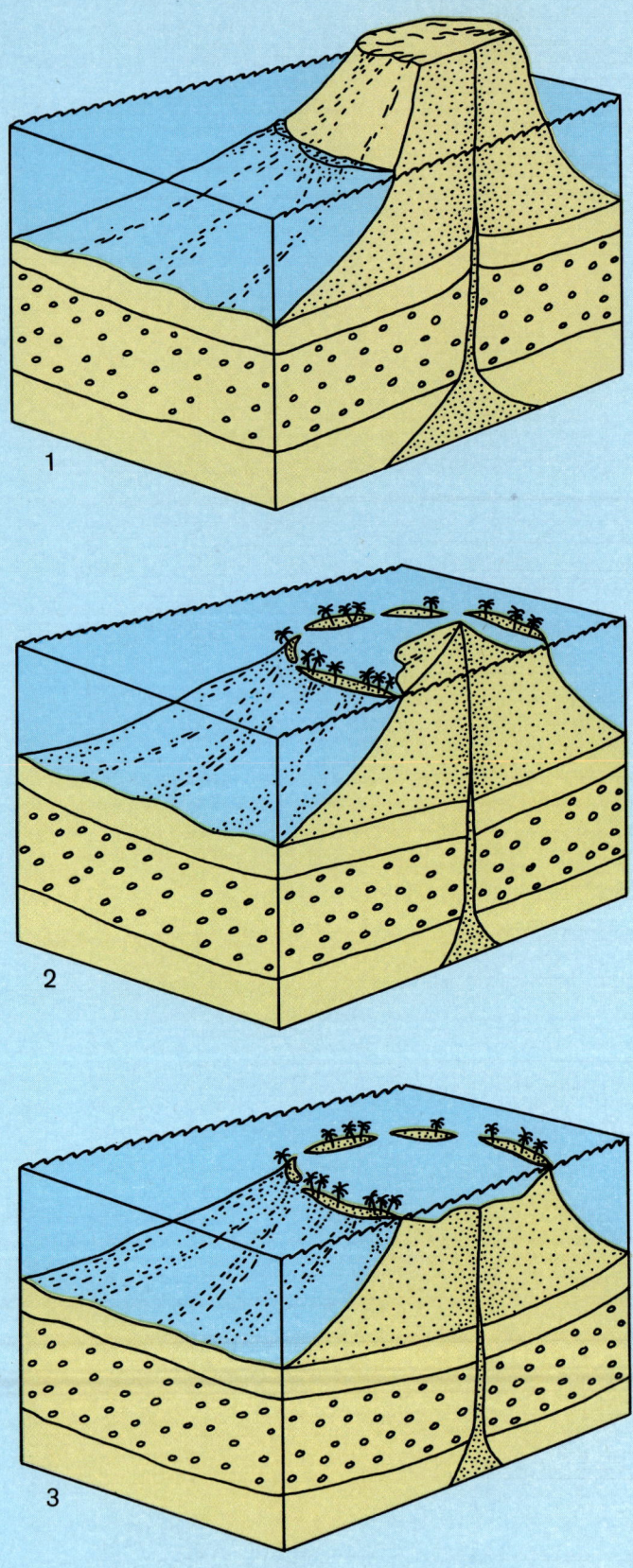

Vom Vulkanberg zum Atoll

1 Ein Vulkan ist aus dem Meeresgrund aufgestiegen. Allmählich ist sein Krater zusammengefallen, und durch Erosion wurde seine Spitze abgeflacht.

2 Langsam sackt der Vulkankegel weiter in die Tiefe. Wetter und Wellen zerstören ihn nach und nach an der Oberfläche, während an seinen Flanken Korallenbauten entstehen.

3 Die Korallen haben das Atoll geformt. Das alte Vulkanplateau ist unter den Wellen verschwunden und bildet den Boden der Lagune.

nicht mehr so unheimlich, nachdem wir den steilen Hang und das gespenstische Licht dort unten gesehen hatten."

Ungefähr drei Jahre nach diesem Ausflug amerikanischer Meeresforscher auf einen Berg unter dem Meer kehrte das deutsche Forschungsschiff *Meteor II*, eines der modernsten unter den ozeanographischen Spezialschiffen der Welt, von einer Expedition zurück, die man mit dem Namen „Atlantische Kuppenfahrt 1967" bezeichnet hatte.

Fast sieben Monate lang hatten 92 Wissenschaftler und Techniker an Bord der *Meteor* einen Unterwasserberg erforscht, der wie die von Dr. Stewart und seinen Kollegen besuchte Erhebung steil und einsam aus der Tiefe aufsteigt und dessen äußere Flächen ebenfalls kein Felsgestein aufweisen. Mitten im Atlantik, auf halbem Wege zwischen den Azoren und den Kanarischen Inseln, ragt dieser Berg fast 4000 Meter vom Ozeanboden empor. Sein Gipfel liegt immer noch 300 Meter unter der Oberfläche des Meeres, das hier eine Tiefe von 4300 Metern hat.

Das durch viele bahnbrechende Expeditionen berühmt gewordene frühere deutsche Forschungsschiff *Meteor I* hatte diesen Berg im Jahre 1938 entdeckt und ihn damals als die „Große Meteorbank" bezeichnet. In allen Meeren fand man inzwischen solche frei stehenden Kuppen oder Guyots, wie sie nach dem schweizerisch-amerikanischen Geologen Arnold Guyot heißen, und im Pazifischen Ozean sind sie so häufig, daß man sie als die typischsten Kennzeichen der pazifischen Unterseelandschaft bezeichnen kann. Die Geologen glauben, mit einer geschätzten Zahl von 20 000 solcher Erhebungen in allen Weltmeeren nicht zu hoch zu greifen, denn erst 10 Prozent des Meeresraumes sind bisher nach Guyots durchforscht worden, und 1400 solcher Kuppen wurden in Karten verzeichnet.

Daß fast 100 Ozeanforscher einem einzigen, seit zwei Jahrzehnten bekannten Unterwasserberg, von dessen Art es Tausende in allen Meeren gibt, sieben Monate harter Arbeit widmeten, muß gute Gründe haben. In der Tat sind die Guyots höchst interessante Studienobjekte. Ihre abgeflachten Spitzen oder Plateaus, durch die sie sich gegenüber anderen Bergen unter dem Meer auszeichnen – die Große Meteorbank hat eine Gipfelfläche von über 1000 Quadratkilomtern, man könnte Hamburg mit allen Randsiedlungen daraufstellen –, sind beispielsweise ideale Plätze für das Studium der Lebewesen des Meeres. Auf der Großen Meteorbank fanden die Biologen eine Reihe von Lebensformen, die sonst nur auf dem weit entfernten Schelf in viel geringerer Wassertiefe vorkommen. Noch ist nicht geklärt, wie sie auf die Bank gelangt sind und dort leben können. Die Geophysiker, die sich mit den Strömungen und physikalischen Eigenschaften des Meerwassers beschäftigen, sehen in diesem Guyot so etwas wie einen Versuchskörper in einem riesigen Strömungskanal, und die Hochebene dient ihnen

als Standort für komplizierte Meßgeräte, die hier mitten im weiten Meer in relativ geringer Tiefe fest verankert werden können.

Vor allem aber ging es den Fachleuten von der *Meteor* darum, zu ergründen, warum diese Berge an ihren Ober- und Hangflächen nicht aus Fels, sondern nur aus dem Kalk abgestorbener Korallen bestehen, was auch Dr. Stewart und seine Kollegen bei ihrer Gipfelbesteigung im Südchinesischen Meer festgestellt hatten. Können Korallen mehrere tausend Meter hohe Berge aufbauen? Sind die Guyots vulkanischen Ursprungs oder abgesplitterte Reste der Kontinente, sind sie unter dem Meeresboden oder unter den Sedimenten mit dem Festland verbunden? Und wie konnten in einem Raum, in dem es keine so starken Erosionskräfte gibt wie auf dem Lande, ihre platten Hochflächen entstehen? Wenn Brandung und Wellenschlag die Plateaus eingeebnet haben, warum liegen sie heute so tief unter der Oberfläche des Meeres? Ist der Meeresspiegel gestiegen, oder sind die Berge abgesackt? Auf Grund ihrer seismologischen Untersuchungen und ihrer Bodenproben konnten die Wissenschaftler der *Meteor* nach der Kuppenfahrt über die Geschichte der Großen Meteorbank berichten:

Vor rund 40 Millionen Jahren hat hier ein Vulkan, der als Insel über den Meeresspiegel ragte wie heute Madeira oder Teneriffa, aufgehört, Lavamassen auszuspeien. Allmählich wurde seine Spitze durch Wetter und Wellen zerstört und eingeebnet, und nach langen Zeiten der Ruhe begann der Abstieg des Berges in die Tiefe. Der Ozeanboden, der dünnste Teil der Erdkruste, konnte die Last des Vulkans nicht mehr tragen und senkte sich allmählich in den Untergrund.

Der Atlantische Ozean war damals in diesen Regionen ein tropisches Meer, in dem überall Korallen wucherten wie heute in allen warmen Meeren auch. Die Hohltiere siedelten sich in Tiefen von über zehn Metern rundherum an den Flanken des sinkenden Berges an und bauten aus ihren Kalkstöcken ein Ringatoll auf. Da die vulkanische Insel immer weiter sank und die Korallen schließlich die lichtarmen Tiefen erreichten, in denen sie nicht leben konnten, mußten sie ihre Stöcke immer wieder oben anbauen. Aus dem ursprünglichen Ringbau, dem Atoll, wurde ein immer breiterer Siedlungsstreifen, der schließlich die ganze, nun unter dem Meeresspiegel verschwundene Insel überwucherte. Aus dem einstigen

In einem Inferno von gewaltigen Dampfwolken und schwarzem Aschenregen wurde im November 1963 südlich von Island die Insel Surtsey geboren – ein Beispiel für die Entstehung der unzähligen Vulkaninseln im Ozean. Fast ein Jahr später spuckte die Insel immer noch Lava, und Ende Mai 1965 wuchs in ihrer Nähe eine Tochterinsel aus der See, die nach ein paar Monaten wieder verschwand. Surtsey hat heute eine Fläche von 2,8 Quadratkilometern.

spitzen Kegel war ein Plateau von 30 Kilometer Durchmesser geworden, das in seiner ganzen Ausdehnung immer noch weiter nach oben wuchs, also dicker und dikker wurde. Schließlich ereilte die Korallen aber doch ihr Schicksal: der obere Rand ihrer mächtigen Kolonie sank so rasch unter die Lichtgrenze in etwa 150 Meter Tiefe, daß sie aufgeben mußten. Übrig blieb die gewaltige Masse ihrer ehemaligen Behausungen, und die Hochfläche, die sie aufgebaut hatten, ist um weitere 250 bis 300 Meter abgesunken.

Ob die Große Meteorbank, die man eigentlich als Tafelberg bezeichnen müßte, auch heute noch weiter sinkt, konnten die deutschen Geologen noch nicht feststellen. Vielleicht reicht ihre Wurzel inzwischen so tief in die zähflüssige Masse des Erdmantels unter dem Ozeanboden hinab, daß ein „hydrostatisches Gleichgewicht" hergestellt ist.

Der ruhelose Meeresgrund

Will man den amerikanischen Geologen Dr. Stewart und seine Kollegen als die ersten „Alpinisten" des Ozeans bezeichnen, so gebührt zwei anderen Männern, dem Schweizer Jacques Piccard und dem amerikanischen Marineleutnant Don Walsh, der Titel der ersten „Höhlenforscher des Meeres". Als sie am 23. Januar 1960 um 13.06 Uhr, nach fast fünfstündiger senkrechter Fahrt, aus ihrer Tauchmaschine *Trieste* über eine Telephonleitung zum Mutterschiff an der Oberfläche meldeten: „Wir befinden uns auf dem Grund des Challenger-Tiefs", waren sie in eine jener riesigen, klaffenden Schluchten des Meeresbodens eingedrungen, gegen die selbst die größten Cañons der Schelfküsten nur Furchen in der Erdoberfläche sind — in einen Tiefseegraben.

Erst wenige Jahre vor dem bis heute ungebrochenen Tiefseetauchrekord von Piccard und Walsh (10 916 Meter) entdeckt, gehören die Tiefseegräben zu den rätselhaftesten Erscheinungen der Landschaft unter Wasser. Von ihrer Erforschung verspricht man sich Antworten auf viele Fragen, die die Geologen heute bewegen: Trifft es zu, daß der Ozeanboden sich bewegt und verändert? Ist es möglich, daß die Erde sich ausdehnt? Wandern die Kontinente, und hängt die Entstehung der Tiefseegräben mit ihrer Wanderung zusammen?

Gewaltige Kräfte im Innern der Erde pressen den Untergrund der Meere auseinander, so daß z.B. Europa und Amerika sich pro Jahr um etwa 4 Zentimeter voneinander entfernen. Neues Gesteinsmaterial aus dem Erdinnern baut untermeerische Gebirge auf, an den Rändern der Kontinente entstehen Tiefseegräben und Auffaltungen.

Wahrscheinlich sind diese Gräben — steilwandige, im Querschnitt V-förmige, erstaunlicherweise fast in allen Meeren gleich tiefe und Hunderte von Kilometern lange Schluchten — auf Veränderungen der Erdkruste zurückzuführen. Von den 21 nicht durch Sedimente zugeschütteten, also jungen Tiefseegräben des Weltmeeres, die bis jetzt vermessen wurden, liegen nämlich allein 15 im erdbebenreichsten Meer der Welt, im Pazifischen Ozean; im Atlantik gibt es nur 4 und im Indischen Ozean sogar nur 2 Tiefseegräben. Da die Gräben außerdem unmittelbar vor den Rändern der Kontinente oder großer Inselblöcke (z. B. vor der südamerikanischen Westküste, am Rande des Malaiischen Archipels oder vor den Inseln im Karibischen Meer) zu finden sind, vermuten die Geologen, daß sie durch Verschiebungen des Ozeanbodens entstanden.

Im Erdmantel, der fast 3000 Kilometer dicken, aus zähflüssigen Gesteinen bestehenden Schicht zwischen den Kontinenten und Ozeanböden einerseits und dem Erdkern andererseits, so behaupten einige Experten, gibt es gewaltige, unendlich langsam aufwallende und wieder absinkende Ströme von Gesteinsmaterial, das durch die vom Erdkern abgegebene Wärme bewegt wird. Die in sich geschlossenen Kreisläufe dieser „Konvektionsströme", die sich mit dem Umwälzen eines dicken Breies in einem Topf über dem Feuer vergleichen lassen, könnten Teile des schweren, aber nur rund 5000 Meter dicken Ozeanbodens unter die Kontinente ziehen. Dieser Bewegung, so meinen die Geologen, setzen die Kontinentalblöcke, die im zähflüssigen Material des Erdmantels schwimmen wie Eisberge im Wasser, an ihren Rändern Widerstand entgegen. Dadurch entsteht am Festlandsrand eine Art Stauzone; der Ozeanboden wird von der Konvektionsströmung in die Tiefe gezogen und bildet so den Tiefseegraben. Dieser Hypothese halten andere Geologen aber entgegen, daß die Sedimente in älteren Tiefseegräben durch den Druck zumindest leicht aufgewölbt oder hochgedrückt worden sein müßten, während Untersuchungen im Peru-Chile-Graben gezeigt haben, daß die Ablagerungen dort eine glatte Ebene bilden.

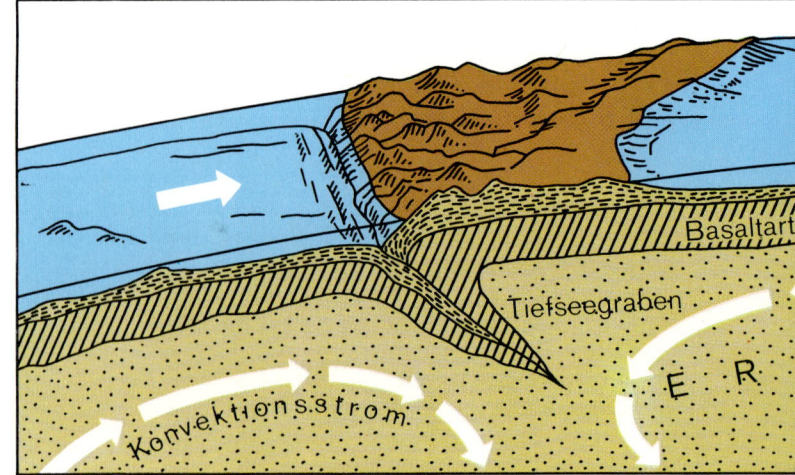

Noch weiß man also nicht genau, wie die Tiefseegräben entstanden sind, aber trotz mancher Einwände besteht bei den meisten Geologen kaum Zweifel, daß der Boden des Meeres in Bewegung ist. Die Frage nach dem notwendigen „Nachschub" für das Material, das nach ihrer Meinung unter den Kontinenten verschwindet, beantworten sie mit dem Hinweis auf eine Zone im Ozean, in der beständig neues Gestein aus dem Erdinnern an die Oberfläche quelle. Das mächtige Beweisstück für diese Behauptung, so sagen sie, liegt mitten im Meer: der Mittelozeanische Rücken.

Die Kabelleger, die vor rund 100 Jahren den Atlantik ausloteten, stießen als erste auf Spuren dieses Rückens oder Gebirges, das zu den markantesten Zügen im Antlitz der Erde gehören würde, wenn das Wasser des Meeres es unserem Blick nicht entzöge. Die Lote, die stetig Tiefen zwischen 4000 und 5000 Metern anzeigten, nachdem die Schiffe den Kontinentalabhang passiert hatten, senkten sich mitten im Atlantik, zwischen den Britischen Inseln und Neufundland, plötzlich nur noch 2000 Meter tief. Man glaubte damals, ein untermeerisches Hochplateau entdeckt zu haben, das vom Meeresboden rund 2 Kilometer hoch aufsteigt, und nannte dieses Gebiet das „Telegraphenplateau"; noch heute liegen hier viele der Seekabel, die Europa und Amerika verbinden. Weiter südlich fand man wenig später eine ähnliche Erhebung, das Azorenplateau, dessen höchste Gipfel als die Inseln der Azoren über den Meeresspiegel ragen.

Die rasch wachsende Zahl von Lotungen und Messungen im Atlantik zeigte bald immer deutlicher, daß beide Plateaus nur Teile eines Gebirgszuges sind, der sich durch den ganzen Atlantik zieht. Von Jan Mayen, nördlich von Island, bis zu den Inseln nahe dem antarktischen Kontinent erstreckt sich dieser Mittelatlantische Rücken, ein Teil des Mittelozeanischen Rückens, durch das Meer und wird nur an einer Stelle, in der Nähe des Äquators, durch den querlaufenden Romanche-Graben unterbrochen. Viele seiner Gipfel sind so hoch, daß sie

wie die Azoren Inseln bilden: Aszensión, die Felseneilande St. Peter und St. Paul, Tristan da Cunha und Bouvet zum Beispiel.

Ein eigenartiges Merkmal dieses Rückens ist eine tiefe Schlucht, die an die Platzlinie eines in der Mitte aufgewölbten Topfkuchens erinnert: Sie liegt genau auf seiner Kammlinie und folgt ihr von Norden nach Süden durch den ganzen Atlantik. Die Sohle dieser zwischen 20 und 50 Kilometer breiten Schlucht liegt durchschnittlich 2000 Meter tiefer als der Kamm, über dem wiederum 2000 Meter Wasser stehen.

Östlich und westlich des Mittelatlantischen Zentralgrabens, wie diese Schlucht heißt, fanden die Geologen breite, zerklüftete Plateaus, die allmählich zu den Tiefsee-Ebenen abfallen und schließlich in sie übergehen. Die Täler sind dort nur noch ein paar hundert Meter tief, und in Abständen von 10 bis 30 Kilometern ragen einzelne Bergspitzen über die weiten Flächen empor.

Der rund 10 000 Kilometer lange Rücken im Atlantik, dessen durchschnittliche Breite von 1500 Kilometern der Entfernung von der Nordsee bis zur Adria entspricht, ist aber selbst wieder nur ein Teil eines erdumspannenden Gebirgssystems. Vom Südatlantik aus zieht es sich um Afrika herum und geht im Indischen Ozean in den Zentralindischen Rücken über, dessen Grabenspalte sich durch den Golf von Aden bis ins Rote Meer fortsetzt. Es läuft dann nach Südosten weiter, stößt mitten zwischen Australien und der Antarktis in den Pazifischen Ozean vor, erstreckt sich von dort weiter nach Osten durch den südlichen Pazifik, um endlich nach Norden abzuknicken und im Golf von Kalifornien zu enden. Noch sind, besonders im Pazifik, die Beobachtungen zu spärlich, um exakte Zahlenangaben zuzulassen, aber man schätzt die Länge dieses größten Gebirges der Welt auf rund 60 000 bis 80 000 Kilometer. Seine Grundfläche entspricht etwa der Ausdehnung aller Kontinente.

In der jüngsten Zeit mehren sich die Anhaltspunkte für die Theorie, daß der Mittelozeanische Rücken auf andere Weise entstanden ist als die Auffaltungen und

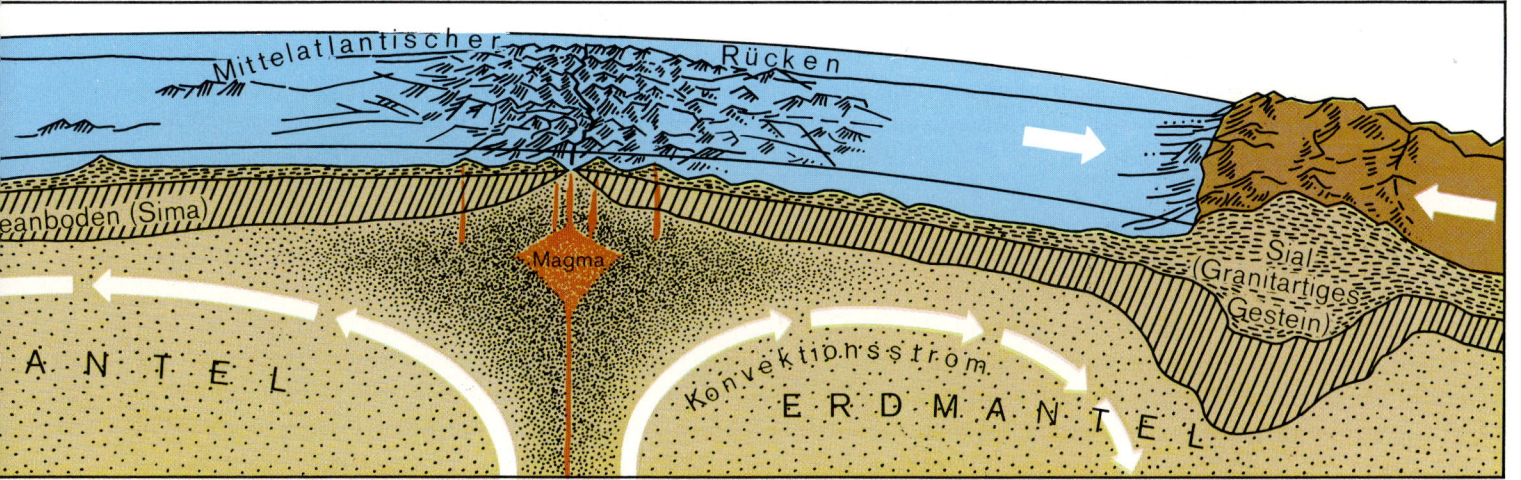

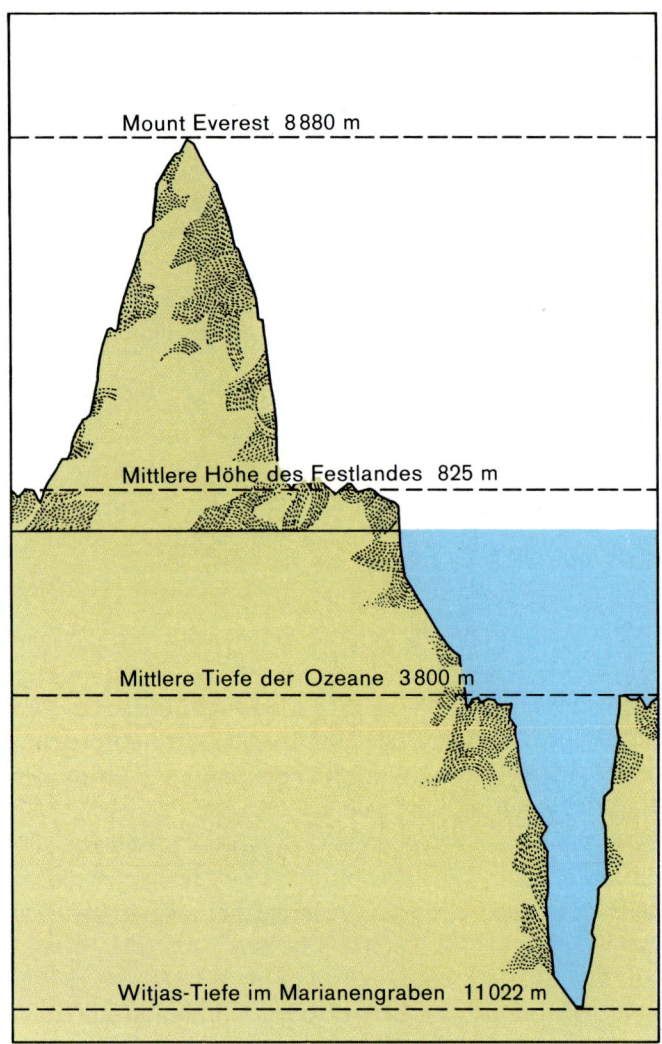

Die Unterschiede zwischen den Höhen der Festländer und den Tiefen der Meeresböden sind gewaltig: Die mittlere Höhe der Kontinente beträgt 825 Meter, die mittlere Meerestiefe dagegen fast 3800 Meter! Die höchste Festlandserhebung (Mount Everest) bleibt um rund 2500 Meter hinter dem tiefsten Abgrund des Meeres (Witjas-Tiefe im Marianengraben = 11 022 Meter) zurück.

Aufwölbungen, die das Antlitz der Kontinente prägen, und Geologen in aller Welt konzentrieren heute einen großen Teil ihrer Anstrengungen darauf, schlüssige Beweise für diese Theorie zu sammeln.

Die vulkanischen Gesteine des Meeresbodens tragen einen gewissermaßen „eingefrorenen" Magnetkompaß in sich, der es den Geologen erlaubt, Rückschlüsse auf die Lage des Magnetfeldes der Erde zur Zeit der Erstarrung des Gesteins zu ziehen. Vulkanische Lava enthält nämlich winzige eisenhaltige Einschlüsse, die sich bei einer bestimmten Temperatur kurz vor dem Erkalten auf das Magnetfeld der Erde einstellen wie Magnetnadeln. Die Geologen wissen, daß die magnetischen Pole der Erde im Laufe der Erdgeschichte immer wieder radikal ihre Lage geändert haben; allein in den letzten 4,4 Millionen Jahren haben Nord- und Südpol neunmal ihren Platz

getauscht. Da man durch radioaktive Messungen außerdem das Alter der Gesteine feststellen kann, ergibt sich aus der Richtung der magnetisierten Teile und dem Alter der Felsformationen, aus denen die „Kuchenkruste" zu beiden Seiten des atlantischen Zentralgrabens besteht, folgendes Bild: Unmittelbar östlich und westlich des Grabens liegen sehr junge Gesteine, aber mit zunehmendem Abstand von der großen Platzwunde im Meer und in den tieferen Schichten werden sie immer älter. Diese Erscheinungen, die zu beiden Seiten des Grabens eine symmetrische Übereinstimmung zeigen, sind für die Forscher Grund genug zu der Ansicht, daß im Gebiet des Zentralgrabens laufend — wenn auch langsam — flüssiges Gestein aus dem Erdinnern quillt, erstarrt und schließlich vom nachströmenden Material zur Seite gedrängt wird. Für diese Ansicht spricht außerdem die Tatsache, daß die Sedimente, die sonst die Unebenheiten des Ozeanbodens über weite Räume bedecken, über den Gesteinen des atlantischen Rückens sehr dünn und also verhältnismäßig jung sind, auch zwischen den einzelnen Felsschichten.

Im Frühjahr 1969 ging eine gemeinsame Expedition mehrerer amerikanischer Meeresforschungsinstitute zu Ende, während derer mit dem eigens für dieses Unternehmen gebauten Bohrschiff *Glomar Challenger* zahlreiche Tiefseebohrungen vorgenommen wurden. Die Geologen waren dem Mittelatlantischen Rücken mit ihren Bohrgeräten buchstäblich auf den Grund gegangen und konnten nachweisen, daß wirklich neuer Ozeanboden in diesem Bereich entsteht.

Die Kontinente treiben

Die neuen Forschungsergebnisse der Wissenschaftler von der *Glomar Challenger* haben einem Gedanken neue Nahrung gegeben, der schon vor 350 Jahren zum erstenmal auftauchte und seitdem abwechselnd verworfen und aufs neue diskutiert worden ist: daß die Kontinente der Erde einmal ein Ganzes waren und sich im Laufe von Jahrmillionen voneinander entfernt haben.

Wer den Globus betrachtet, braucht nur wenig Phantasie, um festzustellen, daß die in den südlichen Atlantik vorstoßende Nase Südamerikas gut in die gegenüberliegende Einbuchtung Afrikas paßt. Etwas weniger nahtlos, aber immer noch befriedigend, wenn man nicht zu kleinlich ist, lassen sich im Norden Amerika, Grönland und Europa zusammenfügen, und Australien, die Antarktis, Madagaskar und Indien können in diesem Puzzlespiel an die Südostküste Afrikas angeschlossen werden.

Der berühmte britische Staatsmann und Naturwissenschaftler Francis Bacon meinte schon 1620, daß die merkwürdige Übereinstimmung der Festlandsumrisse zu beiden Seiten des Atlantischen Ozeans doch einen bestimmten Grund haben müsse, und immer wieder haben sich nach ihm Naturforscher von dem Gedanken faszinieren lassen, die Küsten Afrikas und Südamerikas und andere seien die Bruchlinien eines alten, zerrissenen Urkontinents.

Im Jahre 1919 trat schließlich der deutsche Geophysiker Alfred Wegener mit seiner Hypothese von der *Kontinentaldrift* auf den Plan und entfachte einen wissenschaftlichen Streit, der erst in unseren Jahren zugunsten seiner Anhänger auszugehen scheint.

Wegener und die Verfechter seiner Idee stützten sich unter anderem auf die Befunde von Botanikern und Zoologen, die auffällige und ohne die Kontinentaldrift kaum erklärbare Ähnlichkeiten zwischen den Pflanzen und Tieren in Südamerika und Afrika feststellten, auf die Argumente von Geologen, die in weit voneinander entfernten Kontinenten die Reste von 450 bis 650 Millionen Jahre alten Urgebirgsblöcken aus dem gleichen Material entdeckten, und auch auf die Wanderungen des magnetischen Pols. Heute wissen wir, daß Alfred Wegeners Vorstellung im Prinzip wahrscheinlich richtig war, daß er sich allerdings irrte, was die wirklichen Ursachen der Kontinentaldrift angeht. Welche Standpunkte die Geologen gegenwärtig vertreten, hat der amerikanische Meeresforscher Robert S. Dietz zusammengefaßt:

„Ich bin Meeresgeologe und begründe mein Ja zur Kontinentaldrift mit einigen überraschenden Entdeckungen auf dem Meeresboden: Die Dicke der Sedimentdecke auf dem Grund müßte, wenn sie sich zu allen Zeiten mit dem gleichen Tempo gebildet hätte wie heute, dem Alter des Ozeans entsprechen. Hätte der Meeresgrund ewig unverändert dagelegen, müßte er von sehr mächtigen Sedimentschichten bedeckt sein, aber in Wirklichkeit sind diese Schichten erstaunlich dünn. Der Meeresgrund muß also zerstört oder umgestaltet worden sein.

Eine weitere aufschlußreiche Beobachtung: Die Granitschicht (das Sial) der Kontinente ist sehr dick, während sie unter den Meeren so gut wie fehlt. Daraus kann man schließen, daß das leichtere Gestein der Festlandsblöcke, die auf dem schwereren des Erdmantels schwimmen, auseinandergerissen wurde, als die Kontinente sich trennten, so daß kein Granit unter dem Meer zurückblieb. Viele Felsformationen am Meeresboden sind überdies erstaunlich jung, wie man auf Grund ihrer Versteinerungen und durch radioaktive Messungen nachweisen kann.

Die Fossilien Afrikas und Südamerikas lassen darauf schließen, daß vor 150 Millionen Jahren auf beiden Kontinenten die gleichen Geschöpfe gelebt haben, die sich erst später, im Laufe der Evolution, verschieden entwickelten. Also kann man annehmen, daß beide Landmassen vor Zeiten eins waren, dann auseinanderbrachen und daß damit auch die weitere Entwicklung der Tiere und Pflanzen verschiedene Wege einschlug. Dennoch betrachten viele Geologen diese Erklärung mit Skepsis. Die Paläontologen halten die Drift zwar für eine aus-

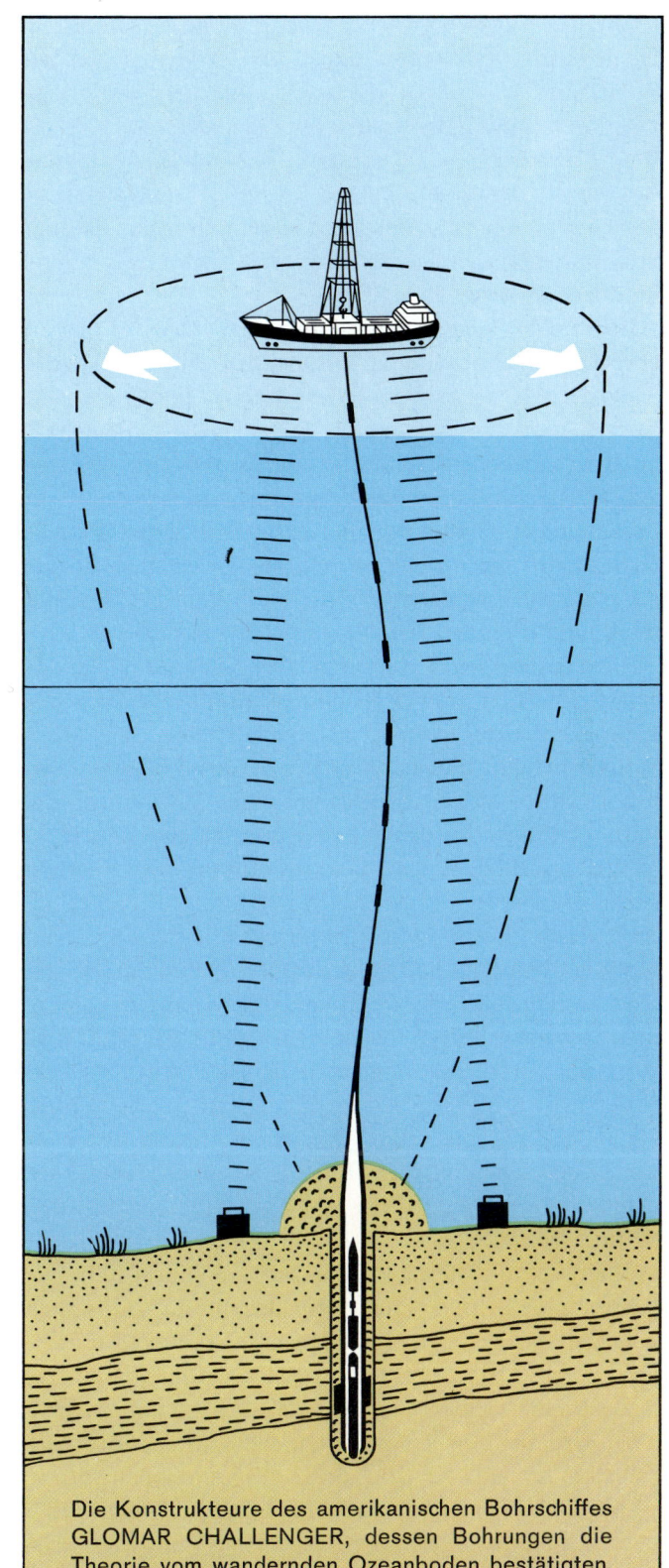

Die Konstrukteure des amerikanischen Bohrschiffes GLOMAR CHALLENGER, dessen Bohrungen die Theorie vom wandernden Ozeanboden bestätigten, fanden eine geniale Lösung, um ihr Schiff immer senkrecht über dem Bohrloch in 6000 Meter Tiefe zu halten: Eine elektronische Steueranlage empfängt laufend die Signale von automatischen Schallgebern auf dem Meeresgrund und steuert acht im Bug und Heck der GLOMAR CHALLENGER installierte Düsen. So wird vermieden, daß das Schiff um mehr als 1 Prozent der Länge des Bohrgestänges versetzt wird und nicht mehr einwandfrei arbeitet.

reichende, nicht aber für die einzig mögliche Erklärung. Sie sagen — und haben dabei eine gewisse Logik auf ihrer Seite —, daß es eigentlich einfacher wäre, Tiere und Pflanzen auf Baumstämmen oder anderem Treibgut über die Ozeane gelangen als Kontinente driften zu lassen. Und ebenso einleuchtend ist die Erklärung, daß die Lebewesen über Landengen wie den heutigen Isthmus von Panama von einem Kontinent in einen anderen hinüberwanderten.

Aber allen Einwänden zum Trotz sieht es so aus, als sprächen mehr und mehr Beweise für Alfred Wegeners Theorie. Wir haben zum Beispiel gelernt, daß die Kontinente nicht im Erdmantel tief verankerte Felsblöcke sind, sondern daß eine dünne Grenzschicht, die Mohorovicic-Diskontinuität oder kurz Moho genannt, dazwischenliegt. Ohne Frage liegen die Kontinente so hoch, weil sie von geringerer Dichte, also leichter sind; man kann sie mit Eisbergen vergleichen. Nun bleibt allerdings die bohrende Frage: Treiben sie auch wie Eisberge?

Unsere tägliche Erfahrung lehrt, daß große Gegenstände nur sehr schwer zu bewegen sind, und es widerspricht unserem Gefühl, uns vorzustellen, daß ganze Kontinente hin und her bewegt werden könnten. Aber unser Gefühl wehrt sich auch gegen die Vorstellung, daß unsere Erde, von nichts gehalten, um die Sonne kreist ...

Wenn wirklich Konvektionsströmungen im Innern der Erde vorhanden sind, könnten sie, riesigen Förderbändern gleich, durchaus die Kontinente mitschleppen. Auch Eisberge bewegen sich ja nicht aus eigener Kraft, sondern werden von der Strömung des Meeres mitgenommen. Von der Größe des Gegenstandes ist ein solches Transportverfahren völlig unabhängig, ein ganz großer Eisberg wird ebenso befördert wie eine kleine Scholle. Im Jahre 1927 trieb zum Beispiel ein Eisberg von mehr als 25 000 Quadratkilometer Fläche — größer als das deutsche Bundesland Hessen — an der argentinischen Küste vorüber.

Wir wissen heute außerdem, daß zumindest Teile von Kontinenten driften: Zum Beispiel treibt Südkalifornien, bezogen auf die Lage Nordamerikas, in nördlicher Richtung. Diese Drift trägt Los Angeles jedes Jahr um fast 5 Zentimeter näher an San Francisco heran. Wegener irrte, indem er den Vergleich mit den Eisbergen ablehnte. Er nahm an, daß die Kontinente gewissermaßen wie riesige Schiffe durch den Erdmantel pflügen, angetrieben von Kräften wie der „Westwanderung" und der „Polflucht". Derartige Kräfte sind zwar vorhanden, aber viel zu unbedeutend. Sie haben in diesem Zusammenhang nur bewirkt, daß die Theorie von der Kontinentaldrift jahrelang in Mißkredit geriet.

Indien wird von allen Verfechtern der Kontinentaldrift-Theorie als ein Teil Gondwanalands angesehen, obwohl es heute zu Asien gehört. Die Geologen haben herausgefunden, daß Indiens Felsgesteine sich von denen des übrigen Asien sehr unterscheiden, und sie nehmen

So verwandelte sich das Antlitz der Erde

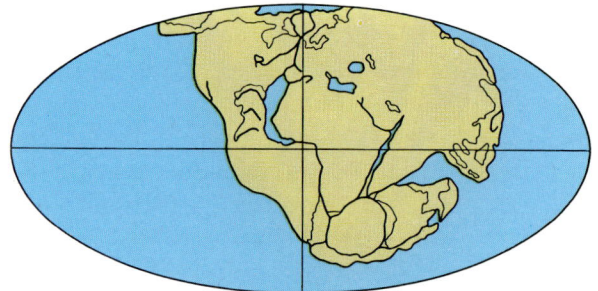

Vor etwa 200 Millionen Jahren

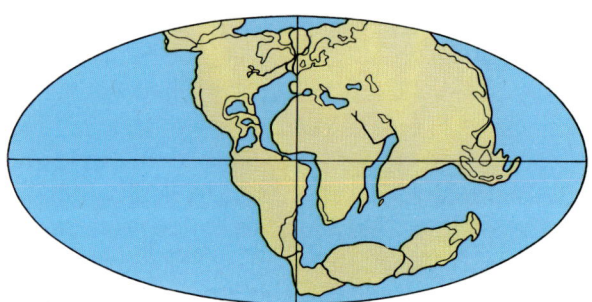

Vor etwa 50 Millionen Jahren

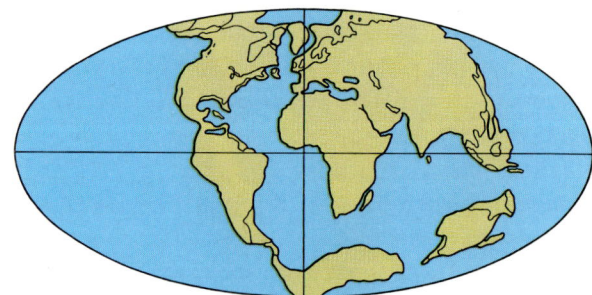

Vor rund 5 Millionen Jahren

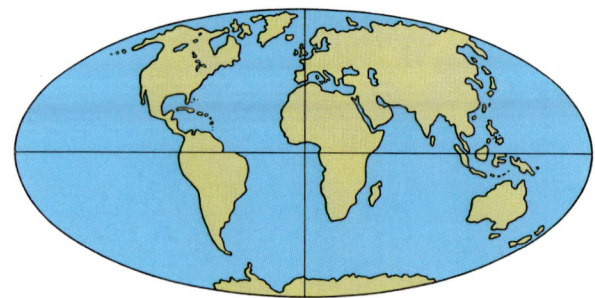

Nach der Wegenerschen Theorie von der Kontinentalverschiebung sind die Festlandsmassen im Laufe von vielen Jahrmillionen so auseinandergerückt, wie diese vier Karten es zeigen. Neueste Forschungen haben ergeben, daß die Ausbreitung der Ozeanböden, die auch heute noch andauert, die Ursache der Verschiebung ist.

an, daß Indien sich bei seiner Norddrift in die heutige Lage sozusagen von unten her gegen den Leib Asiens gestemmt und dabei den Himalaya und das Hochland von Tibet emporgedrückt hat. Das klingt vielleicht phantastisch, aber es ist durchaus wahrscheinlich. Tibet liegt rund 4500 Meter höher als Indien, das entspricht etwa der Höhe des Kontinentalabhanges. Blickt man von Darjeeling aus nach Norden auf den Wall des Himalaya, so hat man die einzige festländische Böschung der Welt vor Augen, die so hoch ist wie jener Abhang unter Wasser, der sich um alle Kontinente zieht. Bei seinem „Anprall" hat der indische Subkontinent die asiatische Landplatte unterlaufen und im Laufe der Zeit ein Stück Kontinent über das andere getürmt.

Ich bin der Ansicht, daß Gondwanaland und Laurasia mitten in der Zeit der Dinosaurier, also vor rund 140 Millionen Jahren, auseinandergebrochen sind und begonnen haben, sich zu trennen. In der nördlichen Erdhälfte drehte sich Nordamerika um einen im südöstlichen Alaska gelegenen Angelpunkt von Eurasien weg, nachdem Kanada sich zuvor Europa genähert hatte.

Die südlichen Kontinente, die zusammen Gondwanaland bildeten und ihren Mittelpunkt im Zentrum des heutigen Indischen Ozeans hatten, wurden durch einen x-förmigen Riß geteilt, von dem aus Indien, Südamerika mit Afrika, die Antarktis und Australien in alle vier Himmelsrichtungen wanderten. Etwas später fielen auch Südamerika und Afrika auseinander und bewegten sich weiter westwärts. Wahrscheinlich vollzog sich die Verteilung der einzelnen Bruchstücke in großen Zügen bis zum Ende des Mesozoikums, also bis vor rund 60 Millionen Jahren."

Auch wenn heute eindeutig festzustehen scheint, daß die Kontinente gewandert sind und sogar noch weiterwandern — Nordamerika, so wird behauptet, bewege sich allmählich in Richtung Ostasien —, können alle Fragen nach den letzten Ursachen dieser Vorgänge noch nicht endgültig beantwortet werden. Während Geologen der einen Richtung erklären, die zähflüssigen Konvektionsströmungen im Innern der Erde erzeugten die notwendigen Kräfte, meinen andere, die Erde habe sich seit ihrer Entstehung laufend ausgedehnt wie ein Luftballon, den ein Kind aufbläst. Wie jede erhitzte Masse habe unser Globus schon vor dem Auseinanderbrechen der Superkontinente an Umfang zugenommen und nehme immer noch weiter zu.

Auf Grund ihrer Forschungen im Atlantik behaupten die Wissenschaftler der *Glomar Challenger*-Expedition, daß Amerika und Europa im Jahre 2000 rund 30 Zentimeter weiter voneinander entfernt sein werden als heute und daß die Wanderungsgeschwindigkeit sich in den verschiedenen Epochen der Erdgeschichte immer wieder verändert hat. Die Hypothese von der stetigen Ausdehnung der Erde führt zu dem Schluß, daß die alten Superkontinente nichts anderes waren als Reste einer granitenen Kruste, die unseren einst viel kleineren Planeten einmal völlig umschlossen hat wie die dicke Schale eine Orange. Als die Erde sich dehnte, wuchs die Kruste nicht mit. Sie wurde zu einem zuerst zusammenhängenden und später auseinanderbrechenden Kontinent, der heute nur noch etwa drei Zehntel der Oberfläche unseres Planeten bedeckt.

Die dünnen Tiefseeböden, vielleicht zu vergleichen mit der weißen Haut zwischen der Orangenschale und dem Fruchtfleisch, blieben als dünne Membrane über dem Erdmantel erhalten und hatten nur noch eine Wasserschicht zu tragen. Ernst zu nehmende Einwände lassen die Hypothese von einer immer größer werdenden Erde allerdings fragwürdig erscheinen. So hätte beispielsweise die Ausdehnung zur Folge haben müssen, daß die Umdrehungsgeschwindigkeit der Erde sich verringert hätte und daß die Tage länger geworden wären. Demzufolge hätte ein Tag vor etwa einer Milliarde Jahren nur etwa zwanzig Stunden gedauert. Eine solche Zeitdehnung erscheint aber den Astronomen unwahrscheinlich.

Wasser - das selbstverständliche Wunder

Im Januar 1969 erschienen in der Weltpresse Berichte über den sensationellen Plan zweier amerikanischer Weltraumforscher, irdisches Leben auf den rund 40 Millionen Kilometer entfernten Planeten Venus zu verpflanzen. Dazu müßte die Venus, auf der gewaltige Hitzegrade herrschen und die von einer Atmosphäre giftiger Gase umgeben ist, erst bewohnbar gemacht werden — nämlich durch Wasser.

Bestimmte auf der Erde lebende Algen, die extreme Hitze vertragen und Stickstoff verbrauchen, wären, so meinen die beiden Wissenschaftler, die geeigneten Pioniere für eine solche Kolonisierung. Man könnte diese Algen in großen Mengen auf der Erde züchten und in besonderen Weltraumtransportern tonnenweise auf die Venus befördern. Dort würden sie in der Stickstoffatmosphäre des Planeten leben, sich reichlich vermehren und schließlich absterben. Ihre Körperzellen würden in Kohlenstoff und Wasser zerfallen, und aus den winzigen, von den Algen produzierten Wassermengen könnten sich nach und nach erste Rinnsale und endlich Flüsse, Seen, Meere bilden...

Was immer man von solchen phantastischen Plänen halten mag — sie zeigen, daß wir uns organisches Leben ohne Wasser nicht vorstellen können. Und ohne Wasser, das heißt: ohne die Ozeane, die den weitaus größten Teil der Erde bedecken, wäre unser Planet in der Tat nichts anderes als ein Klumpen toter Materie wie die anderen Gestirne auch. Von hundert Lebewesen der Erde sind rund neunzig im Wasser zu Hause, die meisten von ihnen in den Meeren, die von der Oberfläche bis in die tiefsten Tiefen bewohnt sind und einen 300mal größeren Lebensraum bilden als die Kontinente.

Pflanzen und niedere Tiere bestehen zu rund 90 Prozent, die höheren Tiere — auch wir Menschen — zu fast 70 Prozent aus Wasser, jener chemischen Verbindung, die der wichtigste Träger und Vermittler aller Lebensprozesse ist. Dem Wasser verdanken wir nicht nur die Erhaltung, sondern auch die Entstehung allen Lebens. Im Urozean regte sich irgendwann vor Jahrmilliarden die erste lebende Zelle, in einem Augenblick, in dem Temperatur, Druck und andere günstige Umstände zusammenwirkten und aus einer Anhäufung anorganischer Stoffe organisches Plasma formten.

Jeder Mensch trägt in seinem Blut noch Spuren jenes fernen Ursprungs in sich. „Meerwasser und Blut", so schreibt der amerikanische Meeresforscher und Schriftsteller William Cromie, „sind einander erstaunlich ähnlich. Die Körperflüssigkeiten von Quallen und Krebsen, von Haien, Fischen, Fröschen, Hunden und Menschen enthalten die gleichen Salze in fast den gleichen Mischungsverhältnissen wie das Wasser der See. Einige wirbellose Tiere des Meeres, die Seesterne zum Beispiel, können ihr ‚Blut' sogar vorübergehend durch Meerwasser ersetzen. Mit anderen Worten: Unser Blut und die Körpersäfte der Tiere sind nicht mehr und nicht weniger als verändertes Seewasser. Weil alle Geschöpfe aus dem Meer stammen und entfernt miteinander verwandt sind, sollte das eigentlich nicht überraschen. Als das Leben entstand, hatte das Meer einen Salzgehalt von etwa 1 Prozent, und dieses Wasser drang in die Körper und den Stoffwechsel der ersten Organismen ein. Über die Hunderte von Jahrmillionen der Entwicklung hinweg, die in höchst unterschiedliche Richtungen führte, hat sich dieser Gehalt an Salzen und anderen Stoffen nicht verändert."

Woher stammt aber das Wasser, das unsere Erde erst bewohnbar macht und offenbar den meisten anderen Gestirnen fehlt oder in sehr geringen Mengen, oft nur als Eis oder Nebel, auf ihnen vorhanden ist? Als die Erde entstand, gab es noch keine Algen oder andere Lebewesen, die durch ihren Zerfall Kohlenstoff und Wasser hätten produzieren können — von den geringen Mengen, die dabei zustande kommen können, einmal abgesehen. Waren die 1,4 Milliarden Kubikkilometer Wasser der Meere von Beginn an da? Oder sind sie erst später auf die Erde gelangt?

Diese Fragen wird man erst beantworten können, wenn die Wissenschaft das Rätsel von der Entstehung der Erde selbst gelöst hat. Von dem deutschen Philosophen Immanuel Kant und dem französischen Astronomen Simon Pierre Laplace stammt die Hypothese, im Weltraum rotierende Staubmassen hätten sich zu einem riesigen Urgestirn verdichtet, das irgendwann zerplatzt sei, und seine in alle Richtungen des Raums verstreuten Bruchstücke seien zu Planeten geworden. Immer neue Hypothesen folgten der Kant-Laplaceschen Idee, wurden verworfen und neu diskutiert. Heute treffen die meisten Physiker sich in der Ansicht, daß unsere Erde vor rund viereinhalb Milliarden Jahren aus einem gewaltigen Wirbel interstellarer Gase entstanden sei, die sich erst verflüssigten und später zu fester Materie wurden.

„Zu diesem Zeitpunkt", so schreibt der deutsche Schriftsteller Herbert Wendt in seinem Buch „Quellen, Ströme, Meere", „wurde das Wasser geboren... Der glühende Planet Erde zog seine Bahn, eingehüllt in dichte Gaswolken, geschüttelt vom Wogen und Fluten des schmelzflüssigen Magmas. Zahlreiche Gase entwichen ins Weltall, andere aber blieben in der Erdatmosphäre zurück — zu unserem Glück auch Wasserstoff, Sauerstoff und Kohlenstoff. Allmählich sanken die Temperaturen — auf 1000, auf 500 und schließlich auf 374,2 Grad Celsius. Und da geschah es: Nach den Gesetzen der Chemie gingen Wasserstoff und Sauerstoff bei Erreichen dieser ‚kritischen Temperatur' eine feste Verbindung ein. Sie wurden zu H_2O — die Geburt des Wassers vollzog sich.

Die Zeit des großen Regens brach an, die erste und größte Sintflut, die je auf der Erde stattgefunden hat. Über der wilden, chaotischen, zerrissenen Erdoberfläche wogte undurchsichtiger Wasserdampf, kühlte ab, wurde zu Regen und stürzte auf die heißen Zacken, Schollen und Gesteinsblöcke. Schon auf halbem Wege verdampfte das Wasser wieder, kühlte erneut ab, rauschte erneut vom Himmel — Hunderte von Millionen Jahre lang.

Endlich war die Erdkruste so weit abgekühlt, daß das abregnende Wasser nicht mehr kochte und in die Atmosphäre entwich, sondern auf der Erde stehenblieb und in ihre Falten und Klüfte hineinrann. Und nun regnete und regnete es, bis rund eineinhalb Trillionen Tonnen Wasser gefallen waren. Kochend heiß überschwemmte es die Gesteine, fraß sich in sie ein, schliff ihre Zacken ab, wälzte Sand und Schutt und Schlamm vor sich her und sammelte sich in den großen, narbenartigen Senken und Becken, die bei der Erkaltung der Erde entstanden waren, zu dampfenden, zischenden, wogenden Urmeeren."

Der Urozean enthielt nach dem Ende dieser ersten großen Sintflut allerdings sehr viel weniger Wasser als heute. Ein Viertel der gesamten Wassermenge der Ozeane, so behaupten einige Geologen, ist erst im letzten Vierzigstel der Erdgeschichte aus dem Innern unseres Planeten durch Spalten und Risse der Erdkruste in den Ozean eingedrungen und hat den Meeresspiegel so weit gehoben, daß die Ränder der Kontinente überspült wurden. „Wenn die Meere weiter mit dieser Geschwin-

Sonnenuntergang über dem Wattenmeer an der deutschen Nordseeküste — ewiger Dreiklang von Sonne, See und festem Land

Der Colorado-Fluß, der in den Golf von Kalifornien mündet, ist einer von den Tausenden von Flüssen und Strömen, die aus dem Gestein und dem Boden der Festländer ausgewaschene Mineralstoffe, von denen alles marine Leben abhängt, in den Ozean transportieren. Deutlich ist auf diesem aus 264 Kilometer Höhe aufgenommenen Photo zu sehen, wie das hellere, an Schwemmstoffen reiche Flußwasser sich im Meer verteilt.

digkeit steigen", schreibt der amerikanische Meeresforscher C. P. Idyll, „wird es nach weiteren 100 Millionen Jahren kein trockenes Land mehr geben."

Gegenwärtig müßten große Teile der Küstengebiete tief unter Wasser stehen, wäre zum Beispiel Hamburg eine Stadt auf dem Meeresgrunde, wenn nicht gewaltige Massen des Ozeanwassers als Eis gebunden wären. Die vier großen Eiszeiten des Quartärs, der jüngsten geologischen Epoche, in denen das Eis von den Polen aus weit über die Kontinente vordrang und sich wieder zurückzog, ließen auch den Meeresspiegel abwechselnd sinken und steigen. Versteinerte Tiere und Pflanzen des Meeres weitab von allen heutigen Küsten sowie Kreide- und Salzablagerungen mitten auf unseren Kontinenten sind Zeugnisse dieser mächtigen Ebben und Fluten, die sich vor Jahrmillionen und noch vor Jahrtausenden ereigneten. Die Festlandsmassen, die unsere unruhige Erde dauernd in Bewegung hält, haben sich im Laufe der Erdgeschichte außerdem immer wieder gehoben und

gesenkt. Auch diese Erscheinung spielt eine große Rolle für das Steigen und Fallen des Meeresspiegels an vielen Küsten der Welt.

Heute leben wir in einer Zwischeneiszeit, in der nur die Gebiete rund um die Pole von Eismassen bedeckt sind; mehr als 90 Prozent dieses Eises liegen allein über der Antarktis. Nach unterschiedlichen Schätzungen müßten die Ozeane zwischen 65 und 160 Meter steigen, wenn dieses Eis einmal schmelzen sollte.

„Die allmähliche Erwärmung unseres Klimas seit etwa 1850", so C. P. Idyll, „ließ den Meeresspiegel rings um die Welt in einhundert Jahren um rund 10 Zentimeter steigen. Das Gegenteil war während der Eiszeiten der Fall, als mehr Wasser gefroren war: Auf dem Höhepunkt der letzten Eiszeit stand das Wasser 100 bis 150 Meter niedriger als jetzt. Was noch vor etwa 17 000 Jahren trockenes Land war, ist heute überfluteter Schelf. Als das Eis zurückwich, eroberte sich das Schmelzwasser der Gletscher das Festland — gemächlich, wenn die Temperaturen niedrig lagen, schneller, wenn es wärmer wurde. Seinen höchsten Stand erreichte der Ozean in jener Zeit, die zwischen 17 000 und 6 000 Jahre zurückliegt; damals standen viele unserer heutigen Küstenländer tief unter Wasser.

Auf eine solche Katastrophe könnten sich die Berichte der Bibel über die Sintflut beziehen. Häufig wurden sie als Legenden abgetan, aber die Gelehrten stießen immer wieder auf überraschende Übereinstimmungen mit ähnlichen Berichten aus verschiedenen Kulturen. Nicht nur die Bibel, sondern auch babylonische, griechische, hethitische, keltische, isländische, burmesische, chinesische, malaiische, polynesische und indianische Überlieferungen erzählen von ungeheuerlichen Überschwemmungen. Vielleicht gehen diese uralten Mythen auf einen und denselben katastrophalen Anstieg des Meeresspiegels an allen Küsten der Welt zurück; vielleicht wurde damals das Land am Saum des Meeres überflutet, an dem sich seit jeher die Kulturen angesiedelt hatten."

Das Wasser des Ozeans verwandelte nicht nur die Erdoberfläche, sondern im Laufe der Jahrmilliarden auch sich selbst. Seine einzigartige Fähigkeit, feste Stoffe zu lösen, machte aus dem reinen Element, als das es vom Himmel gefallen war, salziges, bitteres Meerwasser. Es wurde zu jenem besonderen Lebenssaft, der in die Adern seiner Geschöpfe einging, und zu einer an Phosphaten und Nitraten reichen Nährsuppe.

Jahr für Jahr schaffen allein die Flüsse rund 2,5 Milliarden Tonnen gelöster Stoffe ins Meer. Wolken und Winde, unter Wasser aufbrechende Vulkane und Quellströme sowie Staubfälle aus dem Kosmos tragen dazu bei, daß die Konzentration der Salze und Minerale im Meerwasser sich ständig erhöht. Während die Wassermassen, die von den Kontinenten in die Ozeane fließen, zum Teil wieder verdunsten und in den Kreislauf von Wasser, Nebel und Regen zurückkehren, bleiben rund 96 Prozent der Salze im Meer zurück. Nur 4 Prozent werden, von Wellen und Brandungen versprüht und von landwärts wehenden Winden transportiert, wieder aufs Festland getragen. Wer an stürmischen Tagen auf einem Deich oder einer Mole steht, spürt auf der Zunge den salzig-bitteren Geschmack dieser Stoffe.

Wie ungeheuer groß die Ozeane sind, wie enorm die Menge ihrer Wassermassen ist, wird deutlich, wenn man sich vor Augen hält, daß der ursprüngliche Salzgehalt der Urmeere von 1 Prozent sich im Laufe von vier Milliarden Jahren trotz der gewaltigen Zufuhr vom Festland nur auf 3,5 Prozent erhöht hat. Immerhin würde die gesamte heute im Meer vorhandene Menge von Salzen ausreichen, um sie als 120 Meter dicke Schicht gleichmäßig über alle Landflächen zu verteilen — es sind rund 50 Billiarden (in Zahlen: 50 000 000 000 000 000) Tonnen.

Die Zuflüsse von den Festländern, das salzfreie Schmelzwasser aus den Polargebieten und die Verdun-

stung führen in den einzelnen Meeresteilen und ihren Tiefen zu sehr unterschiedlichen Salzgehalten, die höchst merkwürdige Folgen haben. Ein hoher Salzgehalt macht das Wasser dichter, das heißt, er erhöht sein Gewicht. Zwischen Wasserschichten von verschiedener Dichte entsteht Bewegung, schwereres Wasser sinkt, leichtes steigt auf. Hinzu kommen die Temperaturunterschiede, die gleichfalls zu Dichteunterschieden führen. Tief im Ozean werden gewaltige Wassermengen verlagert, ohne daß an der Oberfläche etwas davon zu erkennen ist. Mächtige „interne Wellen", die kein Wind und kein Sturm verursacht hat, bewegen sich durch den Ozean — Erscheinungen, deren genaue Kenntnis im Zeitalter der U-Boote unentbehrlich geworden ist. Unterseeboote, die von einer solchen Welle plötzlich erfaßt und unter ihre zulässige Tauchtiefe gedrückt werden, sind verloren. Sie geraten in Zonen mit zu hohem Druck und werden zermalmt wie das im Frühjahr 1963 mit 129 Mann untergegangene Atom-U-Boot *Thresher*, das vermutlich einer internen Welle zum Opfer gefallen ist.

Neun Tage lang durchpflügten im Frühjahr 1968 amerikanische Kriegsschiffe und U-Boote, unterstützt von Flugzeugen, die grauen Fluten des Atlantiks im Azorengebiet — auf der Suche nach dem seit dem 27. Mai vermißten Atom-U-Boot *Scorpion*, das aus dieser Gegend die letzten Meldungen abgegeben hatte, bevor es verschwand. Die Suche mußte erfolglos abgebrochen werden;

Die Kenntnis der Wellen und Strömungen in den Tiefen des Meeres ist lebenswichtig für die wissenschaftlichen und militärischen U-Boote, die im Ozean operieren. Ein Taucher verteilt Farbe im Wasser, anhand deren Verteilung Strömungen festgestellt werden.

man fand nirgendwo Spuren, weder einen Ölfleck noch treibende Wrackteile.

Wie fünf Jahre vorher nach dem Untergang der *Thresher* begannen die militärischen Dienststellen und Experten der Meeresforschung eine Diskussion über die möglichen Ursachen des spurlosen Verschwindens von 99 Seeleuten und ihrem wertvollen Schiff. Um festzustellen, wie es zu dem Unglück gekommen war, beschloß man, auf dem Meeresboden nach Trümmern der *Scorpion* zu suchen. Wie aber konnte man erfahren, wo diese Überreste lagen?

Die amerikanische Marine hatte zu dieser Zeit bereits ein System entwickelt, mit dessen Hilfe eine Standortermittlung möglich war. Seit Atomsprengköpfe von U-Booten aus gestartet werden können, zählen Unterwasser-Horchanlagen, die an den Küsten und auf dem Kontinentalschelf installiert sind, genauso zur militärischen Frühwarneinrichtung der amerikanischen Landesverteidigung wie die Radaranlagen. Unter der Bezeichnung SOFAR (Sound Fixing and Ranging) wurde ein Warnsystem geschaffen, mit dessen Hilfe Schiffsgeräusche und Explosionen unter Wasser über Tausende von Kilometern geortet werden können. Anschleichende feindliche U-Boote lassen sich auf diese Weise frühzeitig ausmachen, und in Seenot geratene Flugzeuge und Schiffe mit defekten Funkanlagen können eine SOFAR-Sprengladung zur Explosion bringen, deren Schallwellen mit einer durchschnittlichen Geschwindigkeit von 1,5 Kilometer pro Sekunde die Horchstationen erreichen. Aus der Zeitdifferenz, mit der der Schall bei den verschiedenen Stationen eintrifft, kann man den Unglücksort ungefähr errechnen.

Die Besatzung der *Scorpion*, die möglicherweise auch von einer internen Welle erfaßt wurde, konnte eine SOFAR-Sprengladung offenbar nicht mehr zünden. Aber da das Schiff wie alle Unterseeboote nur für eine bestimmte Tauchtiefe gebaut war, „implodierte" es, als es seine maximale Tauchtiefe überschritten hatte, das heißt, es zerbarst durch Druck von außen und nicht, wie bei einer Explosion, durch Druck von innen. Diese Implosion der *Scorpion* muß sich in etwa 650 Meter Tiefe ereignet haben — die SOFAR-Stationen registrierten am 27. Mai 1968 entsprechende Schallsignale, die aber zu schwach und vieldeutig waren, um klar erkennen zu lassen, ob sie von der Implosion der *Scorpion* stammten und auf welcher Position das Schiff gesunken war. Immerhin kamen die Schallzeichen aus dem Raum, aus dem sich das U-Boot zuletzt gemeldet hatte, und man begann zu experimentieren.

Sprengkörper, deren Explosionsstärke der Implosion der *Scorpion* entsprach, wurden in dem betreffenden atlantischen Seegebiet in etwa 650 Meter Tiefe gezündet. Die Küstenstationen beobachteten die eintreffenden Schallsignale und verglichen ihre Muster mit dem, was man am 27. Mai gehört hatte. Durch immer genauere

Korrekturen wurde schließlich exakt das Signalmuster vom 27. Mai erreicht. Schritt für Schritt tastete man sich an den vermutlichen Ort des Unterganges heran, und als man an der gefundenen Stelle den Meeresboden mit Tiefseekameras photographierte, entdeckte man in der Tat die Trümmer des zerborstenen U-Bootes. Sie lagen 3000 Meter tief am Abhang des Mittelatlantischen Rükkens, etwa 750 Kilometer südwestlich der Azoren.

Dieses erstaunlich genaue Ergebnis beruht auf einer überraschenden Eigenschaft des Ozeanwassers: Ganz allgemein leitet Wasser Schall sehr gut, das wußten die Physiker seit langem, und auf diese Tatsache gründet sich die ganze Echolottechnik, bei der Ultraschallwellen nach unten abgestrahlt und vom Meeresboden reflektiert werden. Daß der Schall aber in horizontaler Richtung besonders weit wandern kann, wurde während des Zweiten Weltkrieges entdeckt.

Als die Zerstörer und U-Bootjäger der amerikanischen Marine mit Unterwasserhorchgeräten ausgerüstet wurden, um damit die Motorengeräusche feindlicher U-Boote aufzuspüren, machten sie eine merkwürdige Beobachtung: Hin und wieder geschah es, daß sie ein geortetes U-Boot plötzlich wieder verloren. Es war wie von einer „Zone des Schweigens" verschluckt, kein Laut war mehr von ihm zu hören. Dabei konnte es nicht in Tiefen hinabgetaucht sein, aus denen die Geräusche nicht mehr heraufdrangen. Alle U-Boote hatten ganz bestimmte Tauchtiefen einzuhalten, wenn sie nicht vom Wasserdruck zermalmt werden wollten, und auch der Gegner wußte, wie tief sie hinuntergehen durften.

Die Ozeanforscher interessierten sich für dieses Problem und fanden heraus, daß es im Meer horizontale Schichtungen von unterschiedlicher Schalleitfähigkeit gibt. Warme Wasserschichten leiten den Schall rasch weiter, kältere langsamer. Wo warme und kalte Wasserschichten übereinanderliegen, dringt der Schall aus den kalten Schichten nicht in die darüberliegenden warmen ein, sondern er wird an der Grenzlinie wie von einem Spiegel reflektiert. So erklärte sich schließlich das Verschwinden der U-Boote in den „Zonen des Schweigens": Sie waren aus warmen Wasserschichten in kältere hineingefahren, aus denen die von ihnen verursachten Schallwellen nicht mehr herausdringen konnten.

Durch die dauernde Reflektion innerhalb des kälteren Schallkanals, so stellten die Meeresforscher außerdem fest, verlieren die Schallwellen nur sehr wenig von ihrer Energie und können über gewaltige Entfernungen durchs Meer wandern.

Im März 1960 unternahm das amerikanische Forschungsschiff *Vema* die ersten bahnbrechenden Versuche mit den eigenartigen Schallkanälen des Ozeans. Vor der Westküste Australiens wurden in Abständen von 5 Minuten drei 20 Kilogramm schwere Sprengladungen im Wasser zur Explosion gebracht. Um die gleiche Zeit waren auf den 19 000 Kilometer entfernten Bermuda-

Das Weltmeer ist die große Wetterküche der Erde. Der Ozean und das Luftmeer über ihm bilden zusammen einen riesigen Wärmeregler, eine globale Dampfmaschine, die von der Sonne angetrieben wird und in der ohne Unterlaß gewaltige Energien hin und her bewegt werden.

Inseln im nördlichen Atlantik die Unterwassermikrophone einer Beobachtungsstation eingeschaltet. Nach jeweils 3 Stunden und 24 Minuten trafen dort über den Schallkanal die vor der Küste Australiens erzeugten Schallwellen ein. Sie waren nicht nur quer durch den Indischen Ozean gelaufen, sondern hatten ihren Weg noch um Südafrika und quer durch den Atlantik fortgesetzt — sie waren einmal um die halbe Erde gelaufen.

Wetterküche Ozean

Unter den Strahlen der Sonne, die gut 99 Prozent der Wärmeenergie unseres Planeten liefert, verdunsten täglich Millionen Tonnen Ozeanwasser. Aus ihm bilden sich die Wolkenfelder, die wir als breite weiße Schleier, als Streifen oder Wirbel auf den Photos der Astronauten über den tiefblauen Flächen der See erkennen. Ein Teil dieser Wolken regnet schon über den Meeren wieder ab, die übrigen aber treiben mit dem Wind über die Kontinente.

Als Regen oder Schnee fällt ihr Wasser auf den Boden nieder, dringt in ihn ein, wird in den Stoffwechsel der

Lebewesen auf der Erde aufgenommen und wieder ausgeschieden; es sammelt sich in Bächen und Flüssen und kehrt in ihnen ins Meer zurück. Dieser unablässige Austausch des Wassers vom Land zum Meer und umgekehrt erhält nicht nur alles Leben zu Wasser und zu Lande, sondern er bestimmt auch wesentlich die Bedingungen mit, unter denen alle Pflanzen und Tiere existieren — er formt Wetter und Klima.

Die ozeanischen Wassermassen können enorme Mengen von Sonnenenergie, also Wärme, speichern und sie langsam wieder abgeben, ohne daß ihre Temperatur wesentlich steigt oder sinkt. Wärme und Temperatur sind nämlich zwei sehr verschiedene Dinge. Als Wärme bezeichnen wir eine bestimmte, von einem Körper aufgenommene Energiemenge, während die Temperatur nur die Maßeinheit für den Zustand darstellt, der mit dieser Energiemenge erreicht ist. Dabei kommt es aber auf den Stoff an, der erwärmt wird. Ein Beispiel macht den Unterschied klar: Wenn man zwei gleich große Mengen von Wasser und Eisen über einer Flamme erhitzt, bekommen beide die gleiche Wärmemenge. Doch das Eisen wird viel schneller heiß (erreicht eine höhere

Temperatur) als das Wasser, das zwar ebensoviel Wärme aufnimmt, dabei aber nicht wesentlich heißer wird. Nimmt man nun Wasser und Eisen von der Flamme, so kann man feststellen, daß das Metall rasch wieder abkühlt, während die Wassertemperatur lange Zeit fast unverändert bleibt — das Wasser hält seine Wärme fest.

Diese Eigenschaft macht den Ozean zum großen Wetter- und Klimaregulator der Erde. Während das Festland sich bei Tage unter der Sonneneinstrahlung erwärmt, wird das Meer nur wenig aufgeheizt. Die warme Luft über dem Land steigt auf und zieht kühlere Luft vom Meer nach; bei sonnigem Wetter weht daher an der Küste fast immer eine frische Seebrise. Nachts kehrt sich dieser Vorgang um: Die Luft über dem Land kühlt sich rasch ab, weil die Sonneneinstrahlung fehlt, das wärmere Meerwasser aber heizt die Luft über seiner Oberfläche auf, die hochsteigt und nun die kalte Luft vom Land aufs Meer hinauszieht. Dieser Wechselvorgang bestimmt vor allem in küstennahen Landstrichen das tägliche Wetter und erzeugt örtliche Winde und Stürme.

Aus der ozeanischen Wetterküche stammt aber nicht nur das Wetter, sondern sie beeinflußt auch das Klima auf den Kontinenten. Was sich im täglichen Wechsel in den Küstengebieten vollzieht, gilt im großen auch für Jahreszeiten und ganze Kontinente. Im Sommer speichert der Ozean Wärme, die er im Winter allmählich an die Luft abgibt. Andererseits mäßigt seine Erwärmung nach der kalten Jahreszeit die sommerliche Hitze. Kälte und Wärme, Regen, Schnee oder Trockenheit, Luftfeuchtigkeit und Luftdruck sind die Produkte eines unablässigen Austausches von Wärme, Kälte und verdunstetem Wasser zwischen dem Meer und dem „Luftozean", der

Benjamin Franklin (1706–1790), der amerikanische Staatsmann, Schriftsteller und Naturforscher, ließ gegen Ende des 18. Jahrhunderts diese erste Karte des Golfstromes zeichnen. Für die Schiffahrt im nördlichen Atlantik bedeutete die Kenntnis dieses „Flusses im Ozean" erhebliche Zeitersparnis. Die Rolle des Golfstromes für das nord- und mitteleuropäische Klima wurde erst in unserer Zeit genau erforscht.

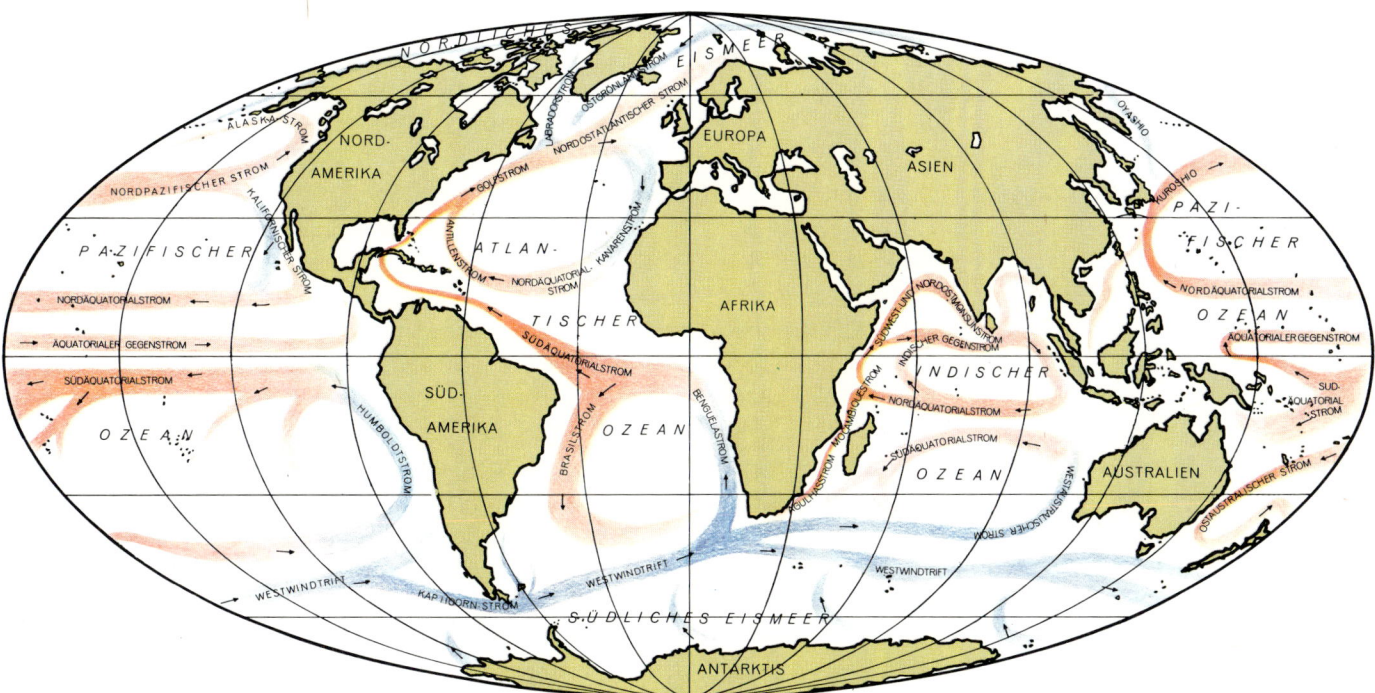

Alle Ozeane der Welt sind durch einen mächtigen Kreislauf von kalten und warmen Strömungen miteinander verbunden. Die großen Windsysteme, die Rotation der Erde und die durch Temperatur und Salzgehalt bedingte unterschiedliche Wasserdichte sind die Ursachen der Meeresströmungen. Zonen, in denen warme (rot) und kalte (blau) Meeresströmungen zusammentreffen, sind besonders reich an Plankton und Fischen und daher die wichtigsten Fanggebiete der Fischerei.

die Erde umgibt. Das Wasser- und das Luftmeer bilden zusammen einen riesigen Wärmeregler, eine globale Dampfmaschine, die von der Sonne angetrieben wird und in der ohne Unterlaß enorme Energiemengen hin und her bewegt werden.

Den Transport von Wärme oder Kälte im Luftmeer kann jedes Kind wahrnehmen, wir spüren das Strömen der Luftmassen als Wind oder Sturm, während die entsprechenden Bewegungen des warmen oder kalten Wassers im Ozean keineswegs so leicht zu beobachten sind. Sie wurden auch erst spät untersucht.

Mit der Erforschung des Golfstroms zum Beispiel, der „Warmwasserheizung" des nördlichen Europa, wurde erst vor rund 200 Jahren begonnen: In den siebziger Jahren des 18. Jahrhunderts häuften sich im königlichen Schatzamt in London die Beschwerden der Zollbehörde von Boston, daß die Postschiffe aus dem britischen Mutterland immer mit großer Verspätung in dem Haupthafen der amerikanischen Kolonie einträfen. Sie brauchten, so hieß es, für den Weg über den Atlantik zwei Wochen länger als andere Schiffe.

Benjamin Franklin, der berühmte Forscher und Mitschöpfer der amerikanischen Verfassung, war damals Generalpostmeister der britischen Kolonien in Nordamerika. Ihn mußte dieser Vorwurf besonders interessieren, und er ging der Sache nach. Von Kapitän Timothy Folger, einem Walfänger von der Insel Nantucket, erfuhr Franklin, daß eine starke östliche Strömung, ein „Fluß im Ozean", die Ursache der langen Reisedauer sei.

Die Walfänger und Handelsschiffer machten sich diese Strömung zunutze, wenn sie von der amerikanischen Küste ostwärts kreuzten, und sie mieden sie, wenn sie nach Westen segelten. Die englischen Postschiffer aber wußten nichts davon, oder sie wollten nichts davon wissen und waren zu stolz, sich belehren zu lassen. „Wir kennen die Strömung recht gut", sagte Kapitän Folger, „denn wenn wir den Wal jagen, der wohl zu beiden Seiten, nie aber in ihrer Mitte anzutreffen ist, segeln wir an ihrem Rand entlang und überqueren sie nicht selten. Dabei treffen wir darin gelegentlich auf die Paketfahrer, die mitten im Strom fahren und sich gegen ihn stemmen. Wir haben ihnen oft gesagt, daß sie dabei gegen eine gut drei Knoten schnelle Strömung anlaufen, und ihnen geraten, diese zu durchkreuzen. Aber sie waren zu gescheit, um sich von einfachen amerikanischen Fischern einen Rat geben zu lassen."

Benjamin Franklin ließ daraufhin eine Karte des Golfstromes anfertigen, die erste exakte Karte dieses „Flusses im Meer", und er empfahl den anfangs widerstrebenden englischen Kapitänen, auf ihrer Fahrt nach Westen seine hemmende Kraft zu meiden, sich bei der Rückfahrt aber schneller von ihm heim nach Europa tragen zu lassen. Es dauerte nicht lange, bis allen Schiffskapitänen auf der Atlantikroute diese Praxis selbstverständlich wurde.

Nach diesem Auftakt begannen die Seeleute sich mehr und mehr für die Strömungen auch anderer Ozeane zu interessieren. Matthew Fontaine Maury, der Mann, der so viel für die Erforschung der Meerestiefen und des Ozeanbodens geleistet hat, gehörte auch zu den ersten, die sich um eine genaue Kenntnis der mächtigen Zirkulationssysteme in den Meeren bemühten.

Im Jahre 1832 begann Maury, aus Logbüchern der Marine Angaben über Strömungen, Winde und Temperaturen zu sammeln und sie zu ordnen. Als er 1842 Chef des Karten- und Gerätedepots der amerikanischen Marine geworden war, überredete er die Kapitäne, nach einer bestimmten Norm in gleichen Zeitabständen bestimmte Messungen vorzunehmen. Für diese Mühe erhielten sie kostenlos die nach ihren eigenen Beobachtungen angefertigten Wind- und Strömungskarten, die 1847 zum erstenmal erschienen und enorme Verbesserungen für die Seefahrt mit sich brachten. Die durchschnittliche Reisezeit eines Segelschiffes von Rio de Janeiro nach New York ließ sich von 55 auf 35 Tage verkürzen, weil die Schiffer nun neuentdeckte Strömungen meiden oder nutzen konnten, und für die Reise von New York nach San Franzisko — damals noch über den langen Weg um Kap Horn — brauchten die Seeleute statt 183 nur noch 135 Tage. Geheimtips für günstige Schiffahrtsrouten, die bisher nur unter der Hand weitergegeben worden waren, standen nun allen zur Verfügung, und alle hatten den Nutzen davon. Nicht ohne Grund nannte man Maury den „Pfadfinder des Meeres" — schon im Jahre 1856 arbeiteten über 1000 Navigatoren auf Handels- und Kriegsschiffen an seinem Programm.

Die Rolle der Meeresströmungen für Wetter und Klima wurde allerdings noch später erkannt. Die modernen Meeresforscher haben entdeckt, daß der Golfstrom keineswegs eine breite, gleichmäßig in ihrem „Bett" dahinfließende Strömung ist, sondern daß er sich auf seinem Weg von Westen nach Osten oft verzweigt, in Wirbel auflöst, daß Teile von ihm in andere Strömungssysteme eingehen und daß das Bild von der „Warmwasserheizung Nordeuropas" nicht zu wörtlich genommen werden darf.

Diese wohl bekannteste aller Meeresströmungen, die bei ihrem Weg aus dem Golf von Mexiko mit einer Geschwindigkeit von rund 9 Stundenkilometern durch die enge Floridastraße fließt, in diesem Gebiet fast 1600 Meter tief ist und täglich tausendmal mehr Wasser transportiert als der Mississippi, hat durchaus keine angenehme Badetemperatur, wenn sie Nordeuropa erreicht; vor der norwegischen Küste beträgt die Sommerdurchschnittstemperatur nur etwa 12 Grad. Seine für das nordeuropäische Klima wohltuende Wirkung entfaltet der Golfstrom, indem seine relativ hohe Temperatur über dem Nordatlantik sehr viel Wasser verdunsten läßt und so eine Luftströmung erzeugt, die fast das ganze Jahr über die Kaltluft aus Zentralasien von Mittel- und Nordeuropa nach Osten abdrängt. Alle paar Jahre gibt es geringfügige Abweichungen von diesem System — dann treten in Mitteleuropa strenge winterliche Frostperioden auf,

und die Europäer bekommen zu spüren, wie kalt es ohne den Golfstrom sein würde.

„The Sun State" — den Staat der Sonne pflegen die Bürger Kaliforniens ihr schönes Land zu nennen, und in der Phantasie aller, die Kalifornien nur vom Hörensagen kennen, ist es auch ein Land der ewigen Sonne am blauen Meer. Wenn man dann wirklich an einem Sommertag die kalifornische Küste erreicht, muß man sich wundern: Aus einem sonnigen und heiteren Hinterland kommt man in einen Landstrich, der besonders im Sommer alles andere als einladend wirkt. Mitten im Juli bläst ein unangenehm kalter Wind vom Pazifik durch die Straßen San Franziskos, und ständig treiben dicke Nebelschwaden heran. In Los Angeles ist es zwar ein wenig wärmer, aber auch dort herrschen Dunst und Nebel. Das Wasser des Meeres sieht man an solchen Tagen nur, wenn man direkt am Strand steht, und der angeblich so schöne Pazifische Ozean sieht genauso grau und unheimlich aus wie jedes andere Meer bei schlechtem Wetter.

Die Ursache dieser trüben Sommertage an der kalifornischen Küste ist ein kalter Meeresstrom, der aus dem nördlichen Pazifik kommt und an der amerikanischen Küste entlang von Norden nach Süden fließt. Seine Wassermassen sind so kalt, daß die darüberhinstreichende, ursprünglich warme Landluft ihre Feuchtigkeit in Form feiner Nebeltröpfchen ausscheidet. Und selbst die Sonne kann die Meeresoberfläche in diesen Regionen nicht erwärmen, weil aus der Tiefe des Meeres ständig kaltes Wasser aufsteigt.

An der Westküste Südamerikas fließt das kalte Wasser des Humboldtstromes von Süden nach Norden. Wenn man per Schiff vor der Küste Ecuadors den Äquator passiert, braucht man plötzlich warme Kleidung — mitten in den Tropen hat das Wasser auf einmal die für diese Breiten erstaunlich niedrige Temperatur von 15 bis 18 Grad Celsius. Hin und wieder gibt es auch hier vorübergehende Störungen des Stromsystems; ein warmer äquatorialer Gegenstrom, der sich normalerweise auf der Höhe des Äquators nach Norden wendet, stößt nach Süden vor und verdrängt vor der peruanischen Küste den kalten, nährstoffreichen Humboldtstrom. In dem „unfruchtbaren" warmen Wasser gehen viele Meerestiere zugrunde, die an kaltes Wasser gebunden sind; ein Massensterben von Fischen und anderen Meerestieren beginnt. Der Schwefelwasserstoff, der bei ihrer Verwesung frei wird, tritt dann so konzentriert auf, daß weißgestrichene Schiffsrümpfe sich dunkel verfärben.

Lange Zeit wurden die Strömungen der Ozeane nur als eine zweidimensionale Erscheinung angesehen; nur was an der Oberfläche oder dicht unter ihr vor sich ging, war mit den Instrumenten der Meeresforscher meßbar. Doch allmählich stellte sich immer dringlicher die Frage, ob der große Kreislauf der ozeanischen Wassermassen überhaupt in Gang bleiben könne, wenn Teile davon nicht auch in den Tiefen des Meeres versinken und an anderer Stelle wieder aufsteigen.

Heute kennt man viele ozeanische Bereiche, in denen sich kalte und salzreiche Wassermassen in großen Tiefen mitten in ein Ozeanbecken hineinschieben, über den Meeresboden kriechen und an einigen Stellen, besonders vor den Kontinentalrändern, wieder nach oben strömen. Erst vor wenigen Jahren entdeckten britische und amerikanische Ozeanographen im westlichen Atlantik eine Tiefseeströmung, die sich unter dem Südäquatorialstrom in entgegengesetzter Richtung bewegt und ihn an Mächtigkeit weit übertrifft. Die Erforschung der Tiefenströmungen in den Ozeanen steckt noch in ihren Anfängen, aber immerhin wissen die Meeresforscher heute, daß den Strömungen an der Oberfläche ein mächtiges „inneres" Strömungssystem entspricht.

Nach einer Theorie des amerikanischen Ozeanographen Henry Stommel vom amerikanischen Institut für Technologie in Massachussetts stammt das kalte Wasser der Tiefe aus den arktischen und antarktischen Meeresgebieten. Kaltes Wasser ist schwerer als warmes, weil es eine höhere Dichte hat, und auch salzreiches Wasser hat ein höheres Gewicht als salzarmes. Wo sich Eis bildet, wie in den Polargebieten, erhöht sich der Salzgehalt des übrigen Wassers, weil bei der Eiskristallisation das Salz im Wasser zurückbleibt. Kälte und Salzgehalt machen das Wasser so schwer, daß es in die Tiefe sinkt und sich nun langsam auf dem Meeresboden entlangwälzt.

Um solche Tiefenströmungen zu verfolgen, hat der britische Ozeanograph John Swallow einen Schwimmkörper entwickelt, der so eingestellt werden kann, daß er ständig in Wasser von einer bestimmten Dichte schwebt und von der Strömung getragen wird. Ein Schallgeber, der in kurzen Abständen Ultraschallimpulse aussendet, erlaubt es, den Weg des Schwimmkörpers von Bord eines Forschungsschiffes aus zu verfolgen. Auf diese Weise hat man verschiedene Tiefenströme nachweisen können. Nur für den Weg und die Schnelligkeit, mit der die eisigen Bodengewässer — vor allem die der Antarktis — durch die Ozeanbecken wandern, liegen noch keine genauen Zahlen vor. Einige Wissenschaftler meinen, das kalte Wasser brauche drei Jahrhunderte, um den Äquator zu erreichen, andere sprechen sogar von rund 1500 Jahren.

Diese Tiefseeströme genauer zu kennen, zu wissen, woher sie kommen und wohin sie gehen, in wie großen Mengen und wie schnell sie ihr Wasser von einem Meeresteil in den anderen transportieren, ist ein wichtiges Ziel der modernen Meeresforscher. Die Strömungen der Tiefe transportieren nämlich nicht nur Salze und Nährstoffe und sorgen damit für die „Düngung" von Gewässern, in denen unzählige Meerestiere Nahrung brauchen — sie befördern auch verderbenbringende Materialien wie die Pflanzengifte von den Festländern und atomare Abfallprodukte, die man irgendwo in scheinbar ungefährlichen Tiefen versenkt, unter Umständen in Gebiete, in denen sie Pflanzen, Tieren und Menschen gefährlich werden können.

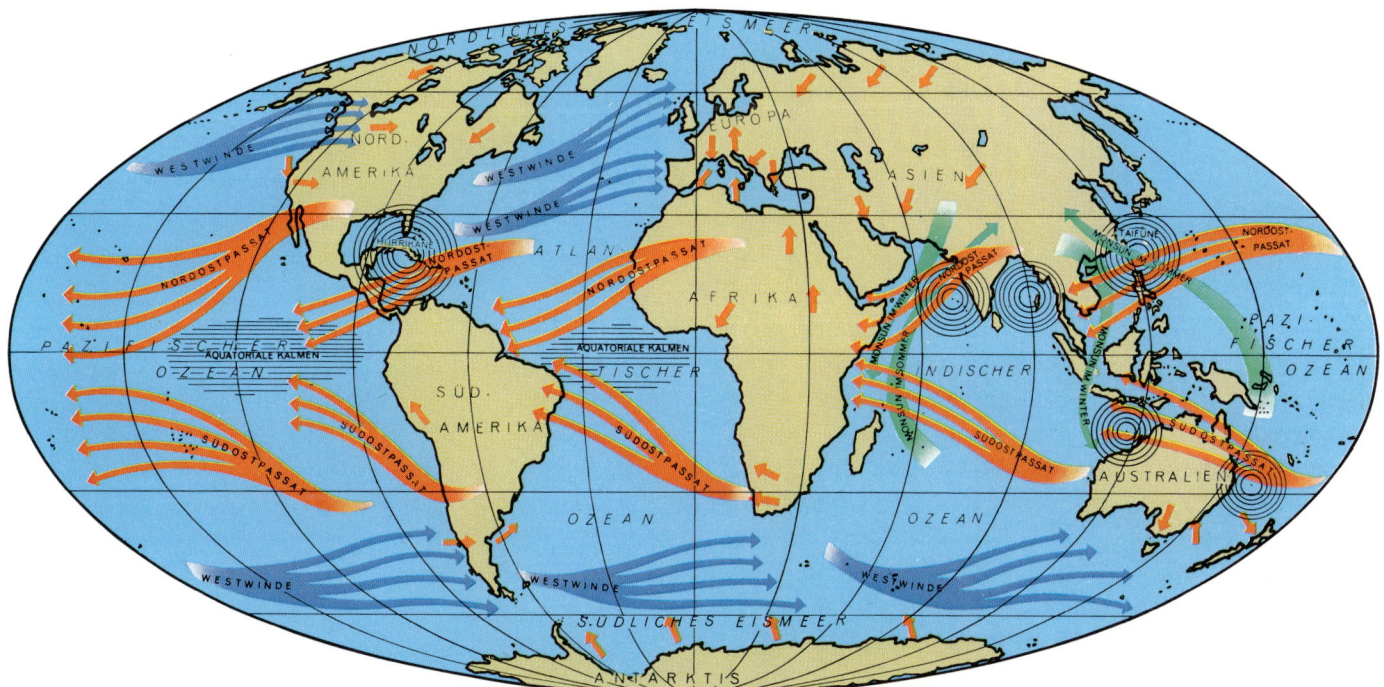

Die großen Windsysteme umlaufen die Erde in Bahnen, die, abgesehen von einigen jahreszeitlichen Abweichungen, ziemlich unveränderlich bleiben. Wie für die Meeresströmungen, spielt die Erdumdrehung auch für die warmen Winde in Äquatornähe (rot) und die kalten Winde der nördlichen und südlichen Hemisphäre (blau) eine wichtige Rolle.

46

Wie wird das weitverzweigte System von Oberflächen- und Tiefenströmungen, der große Kreislauf der Ozeane, in Bewegung gesetzt und in Gang gehalten?

Winde und Stürme, die je nach Jahreszeit ziemlich gleichmäßig über den Ozean blasen, schieben das Wasser der Oberfläche vor sich her — die Nord- und Südäquatorialströme im Pazifik und Atlantik, die gewissermaßen das Rückgrat der Strömungssysteme bilden, werden von den stetigen Passatwinden angetrieben.

Im Indischen Ozean läßt sich sehr deutlich verfolgen, wie die Strömungen im Laufe eines Jahres je nach Richtung der Monsunwinde zweimal ihre Richtung ändern. Wenn der Monsun von Juli bis Oktober von Südwesten kommt, verschwindet im Indischen Ozean der vorher westwärts gerichtete Nordäquatorialstrom und wird durch den ostwärts strömenden Monsunstrom ersetzt. Weht der Monsun im Winter aus nordöstlicher Richtung, also genau entgegengesetzt, dann wird der westwärts fließende Nordäquatorialstrom wieder in Gang gesetzt, und der Monsunstrom verschwindet.

Rings um die Antarktis besteht eine kräftige, in sich geschlossene Strömung, die ganz offensichtlich von dem in gleicher Richtung wehenden Westwindgürtel bewegt wird. Bis zur intensiven Erforschung der Antarktis während des Internationalen Geophysikalischen Jahres 1957/58 vermutete man, daß die östliche Kreisströmung rund um den antarktischen Kontinent durch eine mächtige gegenläufige Tiefenströmung ausgeglichen würde, aber die Beobachtungen haben gezeigt, daß hier das Wasser in seiner ganzen Tiefe, von der Oberfläche bis zum Meeresboden, nach Osten fließt.

Die Winde allein reichen aber als Antrieb für die Meeresströmungen nicht aus, denn die Energiemenge, die vom Wind auf das Wasser übertragen werden kann, ist nur verhältnismäßig gering. Eine zweite Kraft tritt zu der des Windes hinzu: die von der Erdrotation ausgelöste Corioliskraft, die der französische Physiker Gaspard Coriolis im Jahre 1835 entdeckte. Die Drehung der Erde bewirkt unter anderem, daß Geschosse auf der nördlichen Halbkugel auf ihrer Flugbahn nach rechts abweichen, während sie auf der südlichen Erdhälfte nach links abdrehen. Flüsse werden auf der nördlichen Halbkugel nach rechts gedrückt, so daß ihr Wasserstand auf der rechten Seite etwas höher ist als auf dem gegenüberliegenden Ufer, und südlich vom Äquator vollzieht sich das gleiche nach der linken Uferseite. Ähnlich werden auch die vom Wind bewegten Wassermengen der Ozeane durch die Corioliskraft mit dem Erfolg nach rechts oder links gedreht, daß beiderseits des Äquators fast spiegelbildlich symmetrische Systeme von Oberflächenströmungen herrschen. Neben Wind- und Corioliskraft spielt auch die Erwärmung des Meeres am Äquator eine Rolle. Das Wasser, das in der Nähe der Pole absinkt, muß durch neues Wasser ersetzt werden, das aus den warmen Zonen in die kalten strömt.

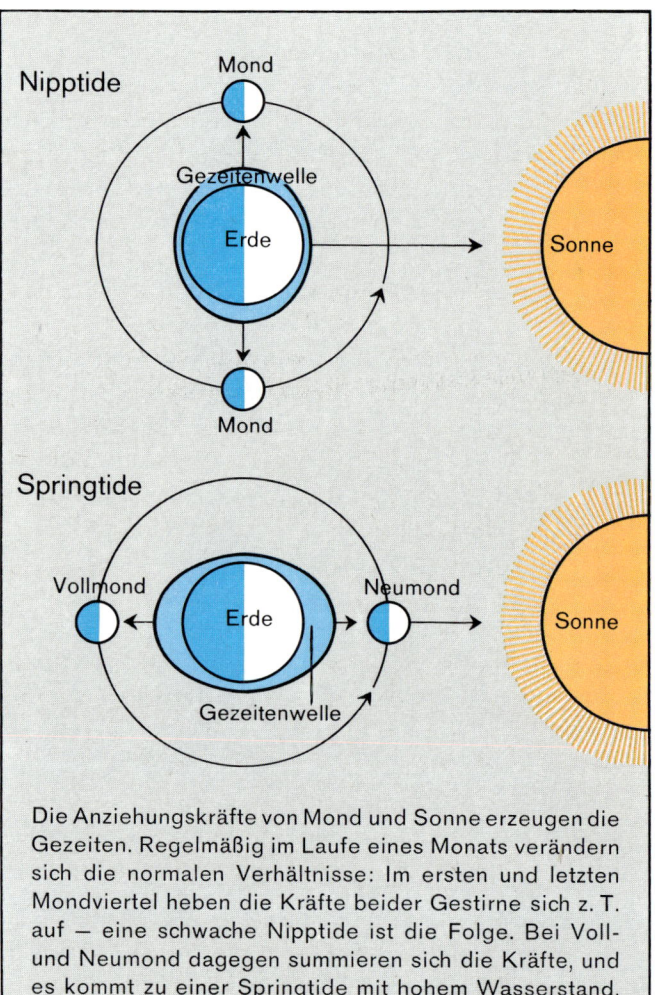

Die Anziehungskräfte von Mond und Sonne erzeugen die Gezeiten. Regelmäßig im Laufe eines Monats verändern sich die normalen Verhältnisse: Im ersten und letzten Mondviertel heben die Kräfte beider Gestirne sich z. T. auf — eine schwache Nipptide ist die Folge. Bei Voll- und Neumond dagegen summieren sich die Kräfte, und es kommt zu einer Springtide mit hohem Wasserstand.

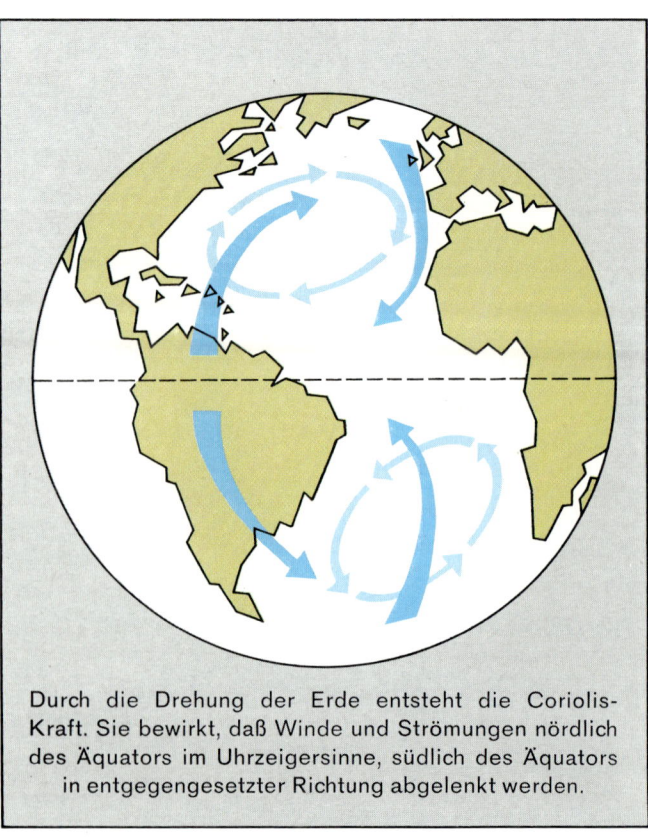

Durch die Drehung der Erde entsteht die Coriolis-Kraft. Sie bewirkt, daß Winde und Strömungen nördlich des Äquators im Uhrzeigersinne, südlich des Äquators in entgegengesetzter Richtung abgelenkt werden.

Der Pulsschlag des Meeres

Als Alexander der Große im Jahre 325 vor Christi Geburt nach einem langen Kriegszug mit seinen Truppen die Mündung des Indus und damit den Indischen Ozean erreicht hatte, machten seine Mannschaften bald eine für sie schreckenerregende Beobachtung: Entsetzt mußten sie sehen, daß ihre in der Flußmündung verankerten Schiffe wie unter dem Einfluß magischer Kräfte im Rhythmus von etwa 6 Stunden vom Wasser emporgehoben und wieder auf den Grund gesetzt wurden.

Ähnlich erging es 270 Jahre später den Truppen Julius Cäsars bei der Eroberung Britanniens. Eine durch heftigen Wind noch verstärkte Flut an der Kanalküste hob Cäsars Schiffe sieben Meter hoch, wie die Chronisten berichten, und setzte sie auf dem Strand ab. Auch die Römer waren entsetzt und verwirrt.

Die Phönizier, die Griechen und Römer, die auf ihren Reisen und Feldzügen bis an die Grenzen der damaligen Welt vorstießen, kannten aus ihrem heimatlichen Meer, dem Mittelmeer, kaum Gezeiten oder Tiden, wie die Seeleute und Ozeanographen sagen. Die geringen Unterschiede zwischen Ebbe und Flut im Mittelmeer, die selbst bei Springflut in Alexandrien nur 11 Zentimeter, in Neapel 15 Zentimeter und in Venedig 37 Zentimeter ausmachen, werden kaum spürbar. Um so mehr mußten den alten Seefahrern die Wasserstandsunterschiede von mehreren Metern auffallen. Aber was sie später daheim an den Küsten des Mittelmeers darüber zu berichten wußten, wurde nur von wenigen zur Kenntnis genommen — und schon gar nicht von den Militärs, die sich um andere Dinge zu kümmern hatten.

Einige Naturforscher der Antike ahnten aber trotz der bescheidenen Tidenhübe im Mittelmeer, daß das regelmäßige Steigen und Fallen der See auf kosmische Kräfte zurückzuführen sei. Und was lag näher, als dieses sonderbare Spiel des Wassers mit jenen Gestirnen in Zusammenhang zu bringen, die sich in immer gleichem Rhythmus den Erdbewohnern zeigten — Sonne und Mond. Vor allem der Mond, so vermuteten die Alten, der scheinbar so viele andere natürliche Vorgänge beeinflußte, mußte mit seinen Kräften auch die Ebbe und die Flut hervorrufen.

Im Jahre 1687 gab der englische Physiker Isaak Newton in seinem berühmten Werk über die mathematischen Grundlagen der Naturwissenschaft eine Erklärung für die Entstehung der Gezeiten, die der Wirklichkeit schon recht nahekam: Die Anziehungskraft des Mondes verursacht sie. Jedes Masseteilchen der Erde werde vom Mond angezogen, erklärte Newton, und die Anziehungskraft nehme mit dem Abstand des Mondes zur Erde zu oder ab. Darum bilde sich auf der dem Mond zugewandten Seite der Ozeane eine Welle, die mit der Drehung der Erde um ihre Achse um den ganzen Planeten herumlaufe.

Im Prinzip ist die Newtonsche Erklärung richtig, nur wissen wir heute, daß die Vorgänge, die Ebbe und Flut erzeugen, etwas komplizierter sind, als Newton sie sah.

Nicht nur der Mond, sondern auch die Sonne mit ihrer 26 Millionen mal größeren Masse übt auf die Erde eine Anziehungskraft aus. Theoretisch müßte also auch die Sonne einen Gezeitenhub erzeugen, eine zweite Flutwelle neben der, die der Mond hervorruft. Obwohl sie fast vierhundertmal so weit von unserem Planeten entfernt ist wie der Mond, ist sie mit rund 46 Prozent an den Anziehungskräften beteiligt; die Gezeitenwelle der Sonne geht in der des Mondes auf.

Wenn aber Sonne und Mond mit der Erde in einer Linie stehen, addieren sich diese Gewalten, und es entsteht ein ungewöhnlich hoher Gezeitenhub, eine Springflut. Während solcher Phasen sind die vereinten Anziehungskräfte so stark, daß nicht nur das Wasser des Ozeans, sondern auch die Lufthülle der Erde in Richtung auf die beiden Gestirne gewissermaßen „ausgebeult" wird. Ja, selbst die Festlandsblöcke heben sich um mehrere Zentimeter aus dem Untergrund des Erdmantels, und alle anderen Körper, wir Menschen eingeschlossen, werden, obwohl wir es nicht spüren, von den kosmischen Kräften angezogen, also leichter. Stehen die beiden Himmelskörper im rechten Winkel zueinander, so heben sich ihre Anziehungskräfte zum Teil auf, und es kommt zu einem geringen Gezeitenhub — zu einer Nippflut.

Sonderbarerweise tritt während der Flutphase der Wasserberg, dessen Höhe von den in den einzelnen Ozeanbecken vorhandenen Wassermassen und anderen Faktoren abhängt, nicht nur auf der mondzugewandten Erdseite auf, sondern auch auf der entgegengesetzten Seite entsteht eine Gezeitenwelle. Wenn zum Beispiel der Mond das Wasser des Atlantischen Ozeans hebt und entlang den Britischen Inseln Flut herrscht, läuft auch an den Küsten des südlichen Pazifik das Hochwasser auf — obwohl dort kein Mond auf den Pazifik einwirkt. Allerdings ist dieses Beispiel stark vereinfacht; eine genaue zeitliche Übereinstimmung der Tiden in den entgegengesetzten Gebieten der Erde gibt es nicht. Viele verschiedene Faktoren wie die Größen der Ozeane, ihre Tiefen, ihre Küsten- und Bodenformen beschleunigen oder verzögern Ebbe und Flut.

Warum aber entsteht ein Wasserberg in einem Meer, über dem kein Mond steht? Wiederum vereinfacht, läßt sich diese Erscheinung etwa so erklären: Nicht nur das Ozeanwasser auf der Erdoberfläche, sondern die ganze Masse unseres Planeten unterliegt ja der Anziehung durch den Mond. Nun wirkt dessen Kraft auf der ihm zugewandten Seite natürlich am stärksten. Gegen den Erdmittelpunkt und darüber hinaus nimmt sie stetig ab, und auf der mondabgewandten Seite ist sie so viel geringer, daß die Wassermassen dort gewissermaßen ein Stück im Raum zurückbleiben; sie türmen sich infolgedessen zu einem zweiten Flutberg auf. Anders ausgedrückt: Auf der Seite unseres Planeten, die dem Mond zunächst liegt, zieht der Trabant das Wasser ein Stück von der Erde fort zu sich her. Und auf der entgegengesetzten Seite zieht er, umgekehrt, die Erde vom Wasser fort, so daß dort ebenfalls der Abstand zwischen der Erdkruste und der Wasseroberfläche, der Wasserstand also, zunimmt.

Wer zum erstenmal eine der kleinen Inseln vor der deutschen Nordseeküste besucht, wird verwundert feststellen, daß er keineswegs jeden Tag um die gleiche Zeit mit dem Fährschiff vom Festland zur Insel hinüberfahren kann, sondern daß der Fahrplan täglich eine andere Abfahrtszeit verzeichnet. Die Schiffe im Pendelverkehr zwischen dem Festland und den Inseln müssen ausgebaggerten Rinnen oder natürlichen „Prielen" im Wattenmeer folgen, um genügend Wasser unter dem Kiel zu haben. Da das Watt auch bei Flut nur von wenigen Metern Wasser bedeckt ist, heißt es, den Moment des höchsten Wasserstandes abzuwarten – der sich von Tag zu Tag um durchschnittlich 50 Minuten verspätet. Hoch- und Niedrigwasser folgen also nicht genau je 6 Stunden aufeinander, sondern in 24 Stunden und 50 Minuten gibt es zweimal Flut und zweimal Ebbe. Diese Verspätung hängt damit zusammen, daß der Mond die Erde in der gleichen Richtung umkreist, wie sich diese um ihre eigene Achse dreht. Nach jeder Umdrehung ist der Mond also bereits ein Stückchen weitergerückt. Daraus ergibt sich eine Zeitdifferenz, nach der die Inselschiffer an der Nordseeküste ihren Fahrplan einrichten müssen.

In Gegenden mit besonders starken Tidenhüben können Buchten und Häfen vollkommen „trockenfallen".
In diesem kleinen Fischerhafen an der Küste von Neuschottland steht das Wasser bei Ebbe um 5 bis 6 Meter tiefer als bei Flut.

Die Gezeitenhübe – die Unterschiede zwischen dem niedrigsten und dem höchsten Wasserstand bei normalen Tiden – weichen an den verschiedenen Küsten der Welt erstaunlich voneinander ab. In Nebenmeeren wie dem Mittelmeer wird der Hub kaum sichtbar; an den Küsten offener, großer Meeresbecken steigt oder fällt das Wasser oft nur um einige Dezimeter, während in flache Randmeere und enge Buchten nach dem tiefsten Wasserstand Flutwellen von mehr als 10 Meter Höhe hereinströmen können. Auch die Gezeitenfolgen sind nicht an allen Küsten gleich. Während in Europa Flut und Ebbe zweimal täglich auftreten, gibt es z. B. im Golf von Mexiko jeden Tag nur je einmal ein Steigen und Fallen des Wassers mit knapp einem Meter Tidenhub.

Den Fischern entlang der Fundy-Bucht zwischen Neubraunschweig und Neuschottland in Kanada beschert zum Beispiel eine rauschend in die enge Bucht drängende Gezeitenwelle täglich zweimal leichte Fänge. Zwischen meterhohen Holzgerüsten hängen die Fischer Stellnetze auf und warten die Flutwelle ab, die mit einer Geschwindigkeit von fast 12 Stundenkilometern und mit einer eineinhalb Meter hohen Wasserwand an ihrer Spitze heranrast, bis die Flut ihren höchsten Stand von etwa 12 bis 15 Metern erreicht hat. Wenn später wieder die Ebbe herrscht, brauchen die Fischer nur mit Pferdekarren auf die trocken liegenden Bänke zu fahren und die mit der Flut in die Bucht gekommenen Fische einzusammeln, die in den Netzen hängenblieben.

Sprungwellen oder Boren, wie man diese mauerartig aufgetürmten Fronten solcher Flutwellen nennt, wälzen sich oft mit solcher Wucht flußaufwärts, daß sie aussehen wie Wasserfälle. Brausend und schäumend rast mit jeder Flut eine Bore den Tsientang-Fluß südlich von Schanghai herauf. Die ansässigen Flußschiffer lassen sich von der bis zu 8 Meter hohen Welle auf besonders gebauten Sampans meilenweit und schnell den Fluß hinauftragen. In Frankreich treten Boren gelegentlich in den Mündungen der Seine, der Orne und der Gironde auf, in England in der Nähe der Severn- und der Trent-Mündung, während sie in deutschen Strömen so gut wie nie vorkommen.

Auch in einem verhältnismäßig geschlossenen Meeresteil wie der Nordsee gibt es noch beträchtliche Unterschiede in den Gezeitenhöhen. Im Ärmelkanal erreicht die normale Flut an einigen Stellen Höhen von 10 Metern und mehr, während an der deutschen Nordseeküste Tidenhübe von 3 bis 4 Metern die Regel sind. Diese Wasserstandsunterschiede zwingen die Hafenbauer, die Seehäfen in einigen Gebieten als Dockhäfen anzulegen; in die Dockhäfen London, Liverpool und Bremerhaven können größere Seeschiffe zum Beispiel nur bei Hochwasser einlaufen. Sobald die Ebbe einsetzt, werden die Hafenbecken durch Schleusen geschlossen, damit ihr Wasserspiegel nicht absinkt und Schiffe mit größerem Tiefgang nicht auf Grund geraten.

Während sich an den meisten Küsten der Welt die Rückkehr der Flut nur durch das allmähliche Steigen des Wasserspiegels ankündigt, strömt das Meer mit einer meterhohen Sprungwelle oder Bore in die Fundy-Bucht an der neuschottischen Küste. Scharen von Seevögeln stürzen sich auf die Nahrung, die das zurückkehrende Wasser des Meeres aus der offenen See in die Bucht trägt.

Schrecken der Sturmflut

Schon die Gewalt der normalen Gezeiten, ihr stetiges Fallen und Steigen nagt an den Küsten des Meeres, zerfrißt allmählich felsige Ufer, schwemmt Sandbänke auf flache Strände und trägt sie wieder fort. Der Mensch schützt sein Land dort, wo es sich nur wenige Meter über den Meeresspiegel erhebt, durch kostspielige Deichbauten gegen diese zerstörerischen Kräfte, aber immer wieder zeigt es sich, daß diese Bauwerke nicht standhalten können, wenn Stürme und Orkane den ungewöhnlich hohen Wasserstand einer Springflut zur vernichtenden Sturmflut steigern.

Kaum ein Küstengebiet der Welt wird so oft von Sturmfluten berannt und zerstört wie die Nordseeküste von Holland bis Dänemark. Wenn im Frühjahr oder im Herbst die meistens aus nordwestlicher Richtung wehenden Stürme Orkanstärke erreichen und Mond und Sonne die Gezeitenwelle gleichzeitig zu einer Springflut auftürmen, herrscht an den Beobachtungsstellen entlang der Nordsee Alarmstufe I. Der Winddruck kann so stark werden, daß die durch die Springflut ohnehin schon höher als normal stehenden Wassermassen in der Deut-

schen Bucht, in den Mündungen der Flüsse und in kleineren Buchten mit dem Ebbstrom nur sehr langsam ins Meer zurückkehren oder gar aufgestaut werden. Mit der nächsten Flut steigt der Wasserstand aufs neue, und schließlich schlagen die vom Sturm aufgewühlten Fluten über Deichkronen, Mauern und Schleusentore, dringen in das tiefliegende Land hinter den Befestigungen vor, reißen sie ein. Ungehemmt ergießen sich nun gewaltige Wogen von Seewasser über fruchtbares Weide- und Ackerland.

Die Sturmfluten an der Nordsee haben das Bild der holländischen, deutschen und dänischen Küsten durch die Jahrhunderte immer wieder verändert. Die Allerheiligenflut von 1170 trennte die holländischen Inseln Wieringen und Texel vom Festland und vergrößerte die vormals kleinere Zuidersee zu einem mächtigen Becken. Die Marcellusfluten der Jahre 1267, 1277, 1287, 1362 und 1377 überschwemmten weite Gebiete Ostfrieslands, nachdem eine Sturmflut im November 1218 den Jadebusen aufgerissen hatte. Die nordfriesischen Halligen sind nichts weiter als Reste der ehemaligen Insel Nordstrand, die 1634 der See zum Opfer fiel, und in der Neujahrs-Sturmflut des Jahres 1855 verschwand ein Teil der

Insel Wangerooge in den Wogen. Noch heute findet man bei Ebbe am Weststrand der Insel die mittlerweile rund und dünn geschliffenen Ziegelsteine von Alt-Wangerooge im Sand und Schlick.

Die große Sturmflut, die 1953 die Küste der Niederlande heimsuchte, ist den Holländern noch in ebenso schrecklicher Erinnerung wie den Bewohnern Hamburgs die Flutkatastrophe in der Nacht vom 16. auf den 17. Februar des Jahres 1962.

Vollmond und Sonne hatten in der Nacht des 31. Januar 1953 eine Springflut verursacht, die das Wasser fünf Meter hoch gegen die Deiche der holländischen Küste schob. Gleichzeitig wehte der Wind, aus einem Sturmtief von Schottland kommend, auf das Gebiet der Springflut zu. Er war stetig und kräftig genug, um einen fast 1000 Kilometer langen Wasserwall aufzutürmen, der sich zwischen Skandinavien und England unaufhaltsam auf die niederländische Küste zu bewegte.

Von den Seedeichen anfangs noch aufgehalten, schoben sich Fluten in die engen Mündungen von Maas und Schelde, der Schwall türmte sich in ihnen höher und höher, übersprang schließlich die Deiche und begann an ihren ungeschützten Rückseiten sein Zerstörungswerk. In Kürze gaben die Deiche an mehr als hundert Stellen

nach. Das Wasser brach mit solcher Wucht über das Land herein, daß tonnenschwere Lasten kilometerweit fortgeschleppt, massive Häuser wie Spielzeug weggeschwemmt wurden. Mehrere Inseln und mehr als hunderttausend Hektar wertvolles Ackerland waren, als der Morgen graute, von Seewasser bedeckt. Rund 1000 Menschen waren ertrunken, 40 000 weitere hatten Hab und Gut und Obdach verloren.

Ähnliche Flut- und Sturmverhältnisse hatten die Flutwellen in der Nacht des 16. Februar 1962 in die Elbmündung und 60 Kilometer weit bis nach Hamburg gedrückt. Das Wasser stieg mit ungewöhnlicher Schnelligkeit 5,70 Meter über den Normalstand, rund 4 Meter über den mittleren Hochwasserstand. Dieser Belastung waren die Deiche nicht gewachsen, sie wurden überflutet und gaben nach. 300 Menschenleben in und um Hamburg forderte diese Katastrophe.

Nach diesem verhängnisvollen Ereignis wurde in Deutschland eine Kommission damit beauftragt, die höchsten unter ungünstigsten Wetter- und Flutbedingungen möglichen Wasserstände zu ermitteln, damit man die Deiche entsprechend ausbauen könnte. Die ersten Ergebnisse dieses Forschungsprogramms waren ziemlich entmutigend: Bei extrem ungünstigen Verhältnissen, so

Eine gewaltige Sturmflut suchte Ende Januar 1953 die Küste der Niederlande heim. Mehr als tausend Menschen ertranken in den Fluten, vierzigtausend Menschen wurden obdachlos, als sich die von einem heftigen Nordweststurm aufgewühlten Wogen der Nordsee über die Deiche ergossen. Flutkatastrophen wie diese und solche noch größeren Ausmaßes haben in früheren Jahrhunderten nicht selten das Bild der nordwesteuropäischen Küsten völlig verändert.

Kostspielige Deiche müssen die häufig unter dem Meeresspiegel liegenden Küsten Nordwesteuropas schützen. Deiche zu bauen und zu erhalten ist seit Jahrhunderten eine der ersten Gemeinschaftspflichten in den friesischen Ländern. Verstöße gegen diese Pflicht wurden früher oft mit dem Tode bestraft.

stellten die Wissenschaftler fest, kann das Wasser noch höher steigen als im Februar 1962. Dabei ist es wirtschaftlich wie technisch fast unmöglich, Schutzbauwerke zu errichten, die jeder nur denkbaren Sturmflut standhalten. Deshalb hat man sich für eine andere Lösung entschlossen; man legt die Deiche so an, daß sie ohne Schaden für Menschen oder Gut kurzzeitig überspült werden können. Die Katastrophe tritt ja immer erst dann ein, wenn ein Deich von den überströmenden Wassermassen bis auf den Grund zerstört und weggerissen wird. Erst dann ist das Hinterland den Wogen schutzlos ausgeliefert, denn alle noch stehenden Deiche sind in diesem Moment wertlos. Eine neue Deichbauweise sieht daher vor, daß Betonrinnen in den Deichkronen das Meerwasser überströmen lassen, ohne daß der empfindlichere Unterbau zerstört wird. Wohl kann ein solcher Deich nicht verhindern, daß Wasser ins Hinterland eindringt, aber er bleibt als Ganzes intakt; das Seewasser, das über ihn hinwegflutet, kann kaum so große Schäden anrichten wie die Wassermassen, die durch Deichbrüche ins Land strömen.

Unheimliche Gewalten

Im Sommer 1957 erschütterte ein Seebeben das Gebiet um die Pazifikinsel Oahu. Kurze Zeit später lockte ein seltsames Naturschauspiel Tausende von Menschen an den Strand und die Uferanlagen der Stadt Honolulu: So weit das Auge reichte, lagen die Korallenriffe vor der Insel frei und trocken, wo sonst nichts als Wasser zu sehen war: das Meer hatte sich urplötzlich meilenweit von der Küste zurückgezogen.

Die Leute standen staunend da und unterhielten sich über das Ereignis, anstatt das in diesem Augenblick einzig Richtige zu tun — nämlich die Beine unter die Arme zu nehmen und sich so rasch wie möglich auf den Hügeln der Insel in Sicherheit zu bringen. Denn wenig später raste eine gewaltige Flutwelle über die Korallenriffe und den Strand auf die Insel zu und brach mit ihrer ganzen Wucht über sie herein. In der Stadt Honolulu selbst richtete sie zwar verhältnismäßig geringen Schaden an, an anderen Stellen der Insel aber riß sie eine Menge Häuser fort und forderte viele Menschenleben.

Derartige Flutkatastrophen, die mit Stürmen oder Gezeiten nichts zu tun haben, kommen in den bebenreichen Zonen des Pazifischen Ozeans immer wieder vor, und stets laufen sie mehr oder weniger nach dem gleichen Schema ab: Irgendwo im Pazifik ereignet sich ein Seebeben, ein Erdbeben im Meeresuntergrund. Die Erschütterung des Ozeanbodens läßt das Meer für kurze Zeit von den Küsten zurückweichen, und wenig später läuft eine mächtige Welle durchs Meer. Sie wird von den Schiffen auf See kaum wahrgenommen. Vor jedem Hindernis staut sie sich aber so gewaltig auf, daß sich ein riesiger Flutberg hochtürmt — ein *Tsunami,* wie der japanische, von den Meeresforschern übernommene Ausdruck für die seismische Flutwelle lautet.

Der Augenzeugenbericht der jungen amerikanischen Lehrerin Marsue Fernandez, die Ende der fünfziger Jahre an der Nordostküste von Hawaii eine Flutwelle nur um Haaresbreite überlebte, läßt ahnen, wie erbarmungslos das Meer in solchen Augenblicken zuschlägt. Marsue Fernandez hatte noch nie etwas Derartiges gesehen und war von Eingeborenen auf zwei kleinere Flutwellen aufmerksam gemacht worden, die sie wegen ihrer Schwachheit eigentlich enttäuschten. Sie und ein paar Kolleginnen wollten nach diesem nicht gerade sensationellen Schauspiel gerade gehen, als es geschah:

„Wir sahen es beide im selben Augenblick", berichtete die junge Lehrerin später. „Der Ozean zog sich noch einmal zurück, diesmal sehr schnell, mit einem langen, tiefen Seufzer. Die Mulde hinter den Felsklippen, in der wir zu baden pflegten, war plötzlich trockengelegt, und links und rechts vom Leuchtturm sah man weit draußen eine gewaltige Wasserwand aufsteigen. Da überkam mich zum erstenmal Angst, eine fast lähmende Angst.

Fay und ich liefen ins Haus und schlugen die Tür hinter uns zu. Wir stürzten in die Küche, wo wir Dottie und Helen fanden. Einen Augenblick standen wir unschlüssig an der Hintertür, alle von demselben Gedanken bewegt: Sollten wir es wagen, über den fünfzig Meter breiten Rasen auf den Berghang zu flüchten? Dann schlug das Meer zu. Ein Brüllen erhob sich, als wären alle Stürme der Welt losgelassen. Ich wandte mich um und sah die braune Flut gegen die Fenster klatschen, hörte das Scherbengeklirr der eingedrückten Scheiben und das Knirschen und Krachen des nachgebenden Gebälks. Während das Haus sich schwankend verschob, klammerten wir uns an die Türpfosten, und Helen sagte: ‚Das Haus stürzt ein.‘ Sie sagte es ganz ruhig, in einem eher verwunderten als ängstlichen Ton. Kein Schrei wurde laut, wir standen nur da und stemmten die Füße gegen etwas, was sich in nichts auflöste, und dann schleuderte es uns alle vier ins Wasser. Helen bemühte sich, den Kopf über Wasser zu halten, ging aber vor meinen Augen unter. Ich griff zu und bekam sie unter der Achsel zu fassen, aber die Strömung riß sie mir aus der Hand, und sie entschwand meinem Blick."

Marsue Fernandez wurde wie durch ein Wunder gerettet, während ihre drei Freundinnen zusammen mit 173 anderen Bewohnern des kleinen Ortes Laupahoehoe für immer verschwunden blieben.

Schon mehrfach ist es vorgekommen, daß ganze Fischerdörfer, deren Männer draußen auf See ihrer Arbeit nachgingen, von Tsunamis völlig ausradiert wurden, ohne daß die Fischer etwas von der unheilvollen Woge gespürt hatten, die unter den Kielen ihrer Boote auf die Küste zu lief. Mit Geschwindigkeiten zwischen 600 und 800 Stundenkilometern rasen die pazifischen Flutwellen ungehemmt durch den weiten Meeresraum, bis sie sich in flachen Gewässern zu Höhen von 30 Metern und mehr aufbäumen und über das Land herfallen.

Der Mensch ist gegen diese Gewalten machtlos, keine Befestigung kann dem Anprall eines Tsunami standhalten, kein Bauwerk und keine Kraft seine Richtung ändern. An der Küste des Pazifischen Ozeans gibt es heute zwar moderne Warnsysteme, die sorgfältig jedes Seebeben registrieren und die Küstenbewohner bei drohender Gefahr auffordern, sich auf hoch liegendes Terrain zurückzuziehen, aber meistens sind die Opfer, die das Meer in solchen Fällen fordert, noch sehr groß: Ein Erdbeben in Alaska löste am 27. März 1964 eine seismische Flutwelle aus, die die Stadt Kodiak auf der gleichnamigen Insel fast völlig zerstörte und am folgenden Tage die kalifornische Küste erreichte, wo sie große Teile von Crescent City dem Erdboden gleichmachte. Ein Beben in Chile war im Jahre 1960 die Ursache eines gewaltigen Tsunamis, der die Tausende von Seemeilen entfernte Stadt Hilo auf Hawaii schwer verwüstete und 61 Menschen in seinen Wogen ertränkte. Die Zahl der Opfer hätte nach Ansicht vieler Experten nicht so hoch zu sein brauchen, wenn die Bevölkerung nur die über den Rundfunk verbreiteten Warnungen ernst genommen und entsprechend reagiert hätte.

Eine wirklich zuverlässige Frühwarneinrichtung für seismische Flutwellen zu entwickeln, macht den Geologen nicht geringe Schwierigkeiten. Erdbeben ereignen sich gerade im Pazifik sehr häufig, und nicht jedem Beben folgt ein Tsunami. Andererseits kündigt sich eine große Flutwelle in der Regel durch eine erste mächtige Dünungswelle an, die nicht ohne weiteres als Unheilsbote zu erkennen ist.

Von einem lokal begrenzten Ereignis ähnlicher Art, das zwar nicht unmittelbar auf ein Seebeben zurückging, aber doch die ungeheure Wucht einer Flutwelle verdeutlicht, berichtet der amerikanische Ozeanograph und Zoologe Robert C. Miller:

„Am Abend des 9. Januar 1958 verursachte ein Erdbeben in der Lituya-Bucht in Alaska einen riesigen Erdrutsch an der nordöstlichen Steilküste des Gilbert Inlet, eines Armes dieser Bucht. Dabei stürzten schätzungsweise 40 Millionen Kubikmeter Felsgestein aus einer Höhe bis zu 1000 Meter ins Meer. Die dadurch ausgelöste Flutwelle ergoß sich auf das gegenüberliegende,

Ohne Unterlaß nagen die Wellen des Meeres mit dem Steigen und Fallen von Ebbe und Flut an den Rändern des Festlandes. Strände und Sandbänke werden abgetragen und neu aufgespült, und selbst felsige Küsten — wie hier in der Bretagne — widerstehen den Kräften des Wassers nicht; die See zerfrißt sie zu bizarren Formen.

mit Wald bestandene Steilufer und rasierte bis zu einer Höhe von 525 Metern sämtliche Bäume ab. Dann flutete sie zurück und pflanzte sich außerhalb der Bucht als seismische Welle mit einer Geschwindigkeit von 100 Meilen in der Stunde fort.

Zu der Zeit hielten sich drei Fischerboote in der Bucht auf, jedes etwa 12 Meter lang und mit zwei Personen besetzt. Das erste versank sofort. Das zweite wurde über die Landzunge der Bucht hinweggetragen, nach Schätzung des Bootsbesitzers etwa 24 Meter über den Wipfeln der dort wachsenden Bäume. Der Eigentümer des dritten Bootes sah plötzlich eine etwa 30 Meter hohe Woge auf sich zurasen und versuchte schleunigst, den Anker zu lichten, aber der hatte sich zwischen Steinen festgeklemmt. So ließ er seine ganze Ankerkette aus-

laufen — annähernd 40 Faden —, startete den Motor und fuhr direkt auf die Welle zu. Glücklicherweise riß die Ankerkette, die ihn sonst wahrscheinlich unter Wasser gezogen hätte, das Schiff wirbelte herum und blieb dann mitten in der Bucht unbeschädigt zurück.

Wie die Eigentümer der beiden erhalten gebliebenen Schiffe später berichteten, hatten sie vor dem Einsetzen der großen, durch den Erdrutsch ausgelösten Woge eine kräftige Stoßwelle verspürt, die vom eigentlichen Erdbeben verursacht und vom Wasser übertragen wurde — durchaus keine ungewöhnliche Erscheinung, denn man hat auf Schiffen des öfteren derartige Wellen erlebt, die den Eindruck hinterließen, man sei auf ein Riff aufgelaufen. Allgemein ist diese Erscheinung allerdings nicht; sie hängt offenbar von der Entfernung des Schiffes zum

Erdbebenherd ab, vielleicht auch von gewissen Eigenschaften des Bebens selbst."

Den Küstenbewohnern bestimmter tropischer und subtropischer Meeresgebiete drohen Überschwemmungen von See her, die man — wie die Angriffe der Nordsee auf ihre Küsten — als Sturmfluten bezeichnen kann. Gezeiten und Springfluten spielen bei ihrer Entstehung zwar keine Rolle, aber auch sie werden von heftigen Stürmen verursacht. Extrem niedriger Luftdruck, in den Monaten September und Oktober zum Beispiel eine häufige Erscheinung in der Karibischen See, ruft gewaltige Wirbelstürme hervor, die mit verheerender Wucht und Geschwindigkeit auf die Küsten Floridas und der anderen US-Staaten am mittleren Atlantik zueilen.

Bei ihrem Weg über die See reißen diese Wirbelstürme, in Amerika Hurrikane genannt, durch ihren Sog enorme Wassermengen von der Meeresoberfläche hoch, die als mächtige Wasserwände dem Land entgegendonnern und schließlich alles unter sich begraben, was sich ihnen auf dem Ufer entgegenstellt. Oft folgen mehrere Hurrikane aufeinander, und fast drei Viertel der nach Wirbelstürmen zu beklagenden Menschenleben gehen

Das Zentrum eines Wirbelsturms aus dem Weltraum gesehen. Hurrikane oder Taifune entstehen häufig in den Sturmzentren nördlich und südlich des Äquators und schleudern riesige Wassermassen gegen die Küsten.

auf das Konto dieser Flutwellen: Am 8. September 1900 hob ein fast 200 Stundenkilometer schneller Hurrikan das Meer vor der Küste von Texas gut 5 Meter über den normalen Hochwasserstand. Ein ungeheurer Wasserschwall stürzte sich über die Deiche in die Straßen der Hafenstadt Galveston und ertränkte 6000 Menschen. 409 Menschen mußten sterben, als eine 10 Meter hohe Hurrikanwelle im September 1935 die Florida-Keys überschwemmte; eine ähnliche Katastrophe, die sich ebenfalls im September ereignete, forderte 1938 an der Küste Neuenglands 600 Menschenleben und richtete für rund 400 Millionen Dollar Sachschäden an. Im Golf von Bengalen, einem Zentrum der Wirbelstürme, forderten die Taifune — so heißen die Hurrikane in Asien — im 19. Jahrhundert Opfer, die in die Zehntausende gingen: 20 000, 50 000, ja 300 000 Menschen ertranken in den schwersten Flutwellen.

Die rastlosen Wellen

Streng physikalisch gesehen, sind die von Wirbelstürmen über das Küstenland geschleuderten oder von Seebeben aufgeworfenen Wasserschwälle keine „Wellen". Hurrikane und Tsunamis transportieren große Mengen von Seewasser von einem Ort zum anderen, während die echte Welle nichts anderes ist als eine Bewegung, die sich durch das Wasser fortpflanzt. Im Auf und Ab der Wellen wird nur die Verlagerung einer bestimmten Energie sichtbar.

Wenn eine Welle durchs Wasser läuft, wird es dabei kaum von der Stelle bewegt; ähnlich wandern Schallwellen durch die Luft, ohne auch nur den leisesten Lufthauch, geschweige denn einen Wind hervorzurufen. In einem stillen Teich, in den man einen Stein wirft, breiten sich kleine Wellen nach allen Seiten aus; Blätter und andere Dinge, die an der Oberfläche treiben, tanzen auf den Wellen nur auf und nieder, und wenn der Teich wieder ruhig daliegt, sieht man, daß die Blätter noch an derselben Stelle schwimmen wie vorher.

Dennoch hört und liest man immer wieder von gewaltigen Wellen und haushohen Wogen, die seetüchtige Schiffe unter sich begraben und für immer verschlingen, von Brechern, die Küstenbefestigungen fortreißen, und von Brandungen, die Sandbänke aufbauen und wieder verschleppen. Wie ist das möglich, wenn die Wellen doch im Grunde das Wasser nicht von der Stelle bewegen?

Zunächst sind die Wellen der Ozeane wesentlich komplizertere Gebilde als die kleinen Wellen im Teich, und selten gibt es Wogen, die ihre Entstehung und Form nur einem einzigen, stets aus der gleichen Richtung wehenden Wind verdanken. Die Winde über dem Ozean, die Väter aller Wellen, greifen meist von vielen Seiten her an und türmen Wellen verschiedener Höhe und Laufrichtung auf, die ineinander und gegeneinander laufen, sich

Frei über die offene See dahinrasende Stürme geben einen Teil ihrer Energie an das Wasser ab. Schiffe, die in solche Orkanwogen geraten, haben Kräften standzuhalten, die bei jedem einzelnen Brecher nur nach Tonnen zu messen sind. Besonders im nördlichen Atlantik, einem der wildesten Meeresgebiete der Welt, sind solche Brecher gar nicht selten, fällt manches Schiff der tobenden See zum Opfer.

vermischen und überholen. Kurze Böen reißen die Schaumkronen von den Kämmen der etwas größeren Wellen, bevor diese — genau in dem Augenblick, in dem ihre Höhe einem Siebentel des Abstandes zwischen zwei Wellenbergen entspricht — schäumend in sich zusammenfallen wollen. Durch das Hin und Her der verschiedenen Winde, deren Reibung erst kleine Rippelwellen, dann die etwas größeren, schlagenden „Katzenpfötchen" und allmählich immer länger schwingende Wellen erzeugt, entsteht oft das, was der Seemann als eine „See" bezeichnet und — bei heftigem Sturm — auch fürchtet: ein wildes Durcheinander, in dem die reine Urform der Wellen untergeht und aus dem sich in kritischen Augenblicken Wellen von beachtlicher Höhe und Kraft auftürmen können. Besonders gefährlich sind die „Kreuzseen"; sie bilden sich dort, wo lang und breit ausholende Sturmwellen, die manchmal Tausende von Kilometern weit durch das offene Meer gelaufen sind, mit den kurzen, quer gegen sie anrennenden oder ihnen entgegeneilenden Wellen lokaler Seen zusammentreffen. Zuweilen entstehen so enorm hohe, einzelne Wogen, aber sie sind

sehr selten. Viele dramatische Seegeschichten übertreiben hier. „Wenn einmal von haushohen Wellen die Rede ist", schreibt William J. Cromie, „sollte man mißtrauisch sein. Gewiß erreichen Sturmwogen hin und wieder Höhen von 15 Metern und mehr (die Höhe einer Welle ist gleich dem Abstand zwischen ihrem Kamm und dem tiefsten Punkt ihres Wellentales), aber die meisten Wellen bleiben noch unter der 4-Meter-Grenze. Im nördlichen Indischen Ozean kommen während des ganzen Sommers kaum Wellen vor, die höher als 2,5 Meter sind; im südlichen Teil dieses Meeres und in den äquatorialen Gebieten des Atlantischen und des Pazifischen Ozeans gibt es nur an etwa 36 Tagen des Jahres Wogen, die mehr als 4 Meter hoch werden. Und selbst in den unruhigsten Zonen des Weltmeers, im Nordatlantik und im antarktischen Meer, lassen sich zwischen 6 und 7 Meter hohe Wellen nur an rund 73 Tagen im Jahr beobachten; gelegentlich kann man dann allerdings auch Wellenhöhen von 13 bis 14 Metern antreffen."

Landratten sind oft sehr erstaunt, wenn sie an und nach fast windstillen Sommertagen eine lange Dünung

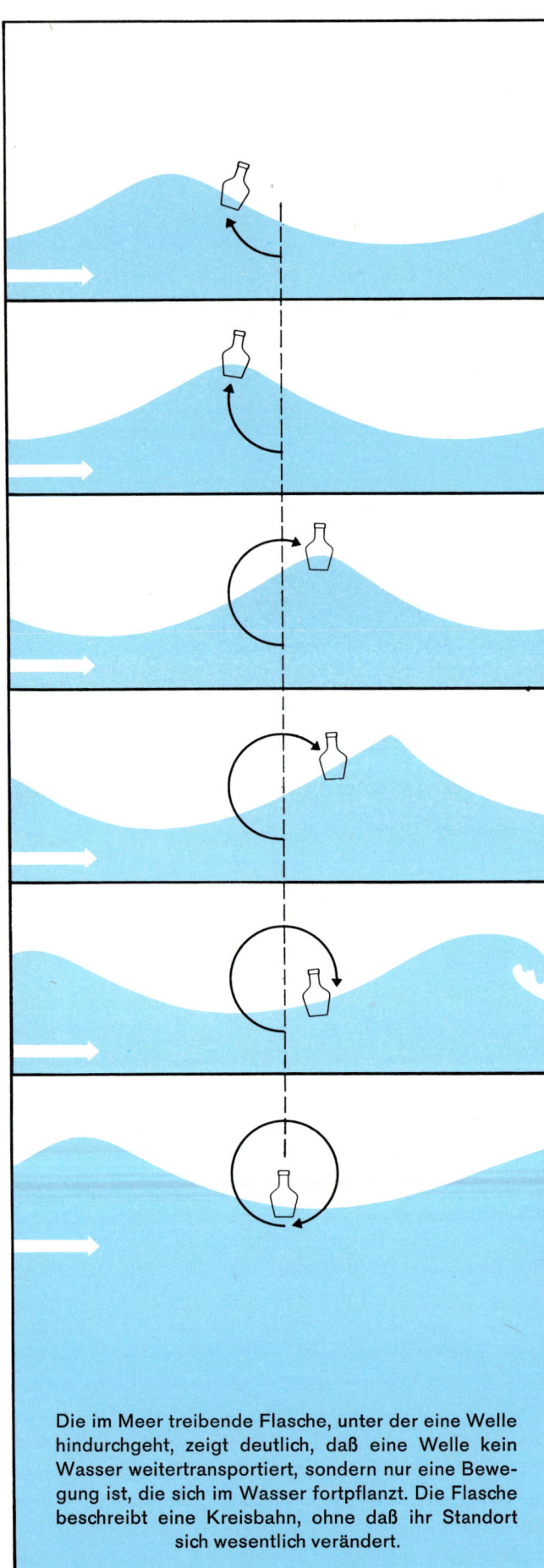

Die im Meer treibende Flasche, unter der eine Welle hindurchgeht, zeigt deutlich, daß eine Welle kein Wasser weitertransportiert, sondern nur eine Bewegung ist, die sich im Wasser fortpflanzt. Die Flasche beschreibt eine Kreisbahn, ohne daß ihr Standort sich wesentlich verändert.

heranlaufen und donnernd auf den Strand branden sehen, an dem sie ihren Urlaub genießen. Woher, so fragen sie, kommen so mächtige Wellen, wenn kein Wind über die See weht?

Die Küstenbewohner, Fischer und Seeleute wissen, daß diese Wellen weit draußen im Ozean geboren wurden. Anhaltender starker Sturm hat sie vor vielen Tagen in einer Tausende von Kilometern entfernten Sturmzone des Weltmeeres aufgebaut. Ungehindert konnten sie durch den Wasserraum eilen. Ihre Abstände wurden größer, ihre Rücken rundeten sich, je länger ihre Reise dauerte, doch setzte sich die Reibungsenergie der Winde, die in ihnen steckte, weiter und weiter fort. Ihre Macht verdanken solche Dünungswellen aber nicht der Kraft des Windes allein, sondern ebenso der Ausdehnung der freien Meeresstrecke, über die der Wind hinstreichen konnte. Er hatte eine große Wirklänge, einen großen „Fetch", wie der Fachmann mit einem englischen Wort sagt. In schmalen, engen Gewässern kann selbst der stärkste Sturm keine Dünung hervorrufen; er braucht Raum, um seine ganze Kraft und damit die der Wellen zu entfalten.

In dem Augenblick, da die gleichmäßig parallel laufenden Wellen der Dünung mit Geschwindigkeiten zwischen 50 und 70 Stundenkilometern auf eine flache Küste stoßen, ändern sie plötzlich ihre Form, ihre Richtung und ihr Tempo. Jede Welle ist nicht nur eine Bewegung des Oberflächenwassers, sondern sie hat auch eine innere Bewegung, in der die Wasserteilchen, mit der Welle laufend, eine Kreisbahn beschreiben. Der Energietransport, der durch das Wasser geht, ergreift also auch tiefere Schichten; die Welle hat einen „Tiefgang". Erreicht sie Gewässer, deren Tiefe weniger als die Hälfte des Abstandes von Wellenkamm zu Wellenkamm beträgt, so wird sie von unten nach oben abgebremst. Nachdrängend verkürzen die folgenden Wellen allmählich die Entfernungen von Kamm zu Kamm; der obere Teil der Welle bewegt sich rascher als der untere, sie wird steiler, bäumt sich auf und rast noch eine Weile weiter auf den Strand zu — eine grünschimmernde, schaumgekrönte Wasserwand. Endlich kippt sie vornüber, für Sekundenbruchteile steht ein fast durchsichtiger Wassertunnel über dem Strand, und dann donnert der Brecher auf das Ufer.

In einem Brecher oder in einer starken Brandung, wie man eine regelmäßige Folge von Brechern am Meeresstrand nennt, entladen sich die gewaltigen Energien, die die Winde irgendwo über dem Ozean den Wellen übergeben haben. Eine von einem starken Sturm aufgeworfene Welle von 6 bis 7 Meter Höhe prallt mit einer Wucht von mehr als 25 Tonnen pro Quadratmeter auf die Küste. Eine Brandungswelle von etwa eineinhalb Meter Höhe und etwa 150 Kilometer Breite enthält soviel Energie, daß damit eine mittlere Großstadt einen Tag lang mit Strom zu versorgen wäre. Solche Kräfte

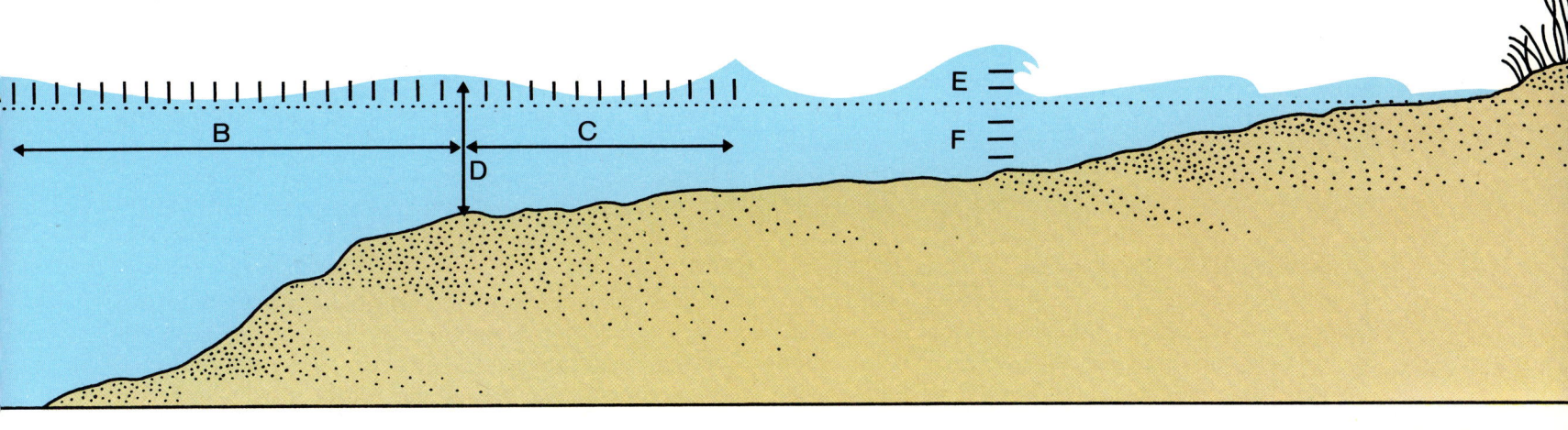

Eine Brandung entsteht, wenn eine aus dem offenen Wasser heranrollende Welle flaches Wasser erreicht
und ihre Bewegung am Grund gebremst wird. Betrug die Höhe der Welle im tiefen Wasser noch etwa $1/20$ ihrer
Länge (A, B), so verkürzt sich diese nun bis auf die doppelte Wassertiefe (C, D). Eine Spitze bäumt sich auf,
die sich in dem Augenblick überschlägt, in dem ihre Höhe im Verhältnis 3:4 zur Wassertiefe steht (E, F).

Für Sekundenbruchteile krümmt sich die Brandungswoge über dem Strand zu einem fast durchsichtigen
Wassertunnel, ehe sie schäumend zusammenbricht. Wenn die im Tunnel eingefangene Luft zusammengepreßt wird
und schließlich explodiert, entsteht oft ein dumpfer Knall, das Donnern der Brandung.

können durchaus Wellenleistungen glaubhaft machen, wie William J. Cromie sie aufzählt:

„Während eines Dezembersturmes im Jahre 1872 erreichten Wellen, deren Fetch sich fast über die ganze Länge des Nordatlantik erstreckte, die schottische Küste bei Wick. Als der Sturm seinen Höhepunkt erreicht hatte, beobachtete ein Ingenieur, wie 14 Meter hohe Wogen gegen den Wellenbrecher vor Wick anrannten. Das rund 150 Meter lange massive Bauwerk bestand aus Betonblöcken und mächtigen, bis zu 15 Tonnen schweren Felsbrocken, die einzementiert und mit langen Eisenpfählen im felsigen Untergrund verankert worden waren. Dennoch rissen die Wellen den Wellenbrecher vor den Augen des Ingenieurs von seinem Fundament, hoben ihn buchstäblich empor und luden ihn strandwärts in jenen Gewässern ab, die er hatte schützen sollen.

Eine noch größere, neue Konstruktion mit einem Gewicht von rund 5 Millionen Tonnen wurde an der Stelle des alten Wellenbrechers errichtet; fünf Jahre später wurde auch sie fortgerissen.

Es gibt viele andere belegte Beispiele für die Launenhaftigkeit und Wucht der Meereswellen: An der Einfahrt zum Amsterdamer Hafen wurde einmal ein 20 Tonnen schwerer Betonblock senkrecht hochgehoben und zweieinhalb Meter über dem Wasserspiegel auf einer Pier abgesetzt. Bei Cherbourg am Ärmelkanal warfen Wellen einen 7 Tonnen schweren Klotz über eine 6 Meter hohe Mauer.

Ein schweres, durch Wellen verursachtes Unglück ereignete sich in der Nacht des 15. Januar 1961. 28 Männer kamen in den Fluten um, als Texas Tower 4, eine der Radarstationen der amerikanischen Luftabwehr, von mächtigen Brechern ins Meer gerissen wurde.

Bei schweren Seen besteht ein großer Unterschied zwischen den Höhen der eigentlichen Wellen und den Höhen, bis zu denen Teile der Wellen hochgeworfen werden können. Wenn der sich brechende Wellenkamm sehr rasch vornüberrollt, wird manchmal vom Wasser eine Luftblase eingefangen. Unter dem Druck der enger werdenden ,Wellenlocke‘ wird die Luft komprimiert, bis sie plötzlich brüllend entweicht und eine gewaltige Fontäne hochschleudert.

Robert Stevenson, der Großvater des berühmten englischen Erzählers, hat viele Jahre seines Lebens damit verbracht, die sturmgepeitschte schottische Küste für die Schiffahrt sicherer zu machen. Nach Überwindung enormer Schwierigkeiten baute er am Bell Rock, einem der gefährlichen Punkte der Küste, einen fast 40 Meter hohen Leuchtturm. An einem windstillen Novembertag rollte aus dem Atlantik eine schwere Dünung heran. Sie brach sich am Bell Rock und schleuderte einige Wasserfetzen so hoch, daß sie die vergoldete Kugel auf dem Dach des Leuchtturms überspülten. Eine Leiter, die fast 30 Meter über dem Meeresspiegel befestigt war, wurde dabei aus ihren Halterungen gerissen.“

Gab es Atlantis?

Übereinstimmend berichten die Bibel und die Edda, altgriechische, altägyptische und andere Überlieferungen von Zeiten gewaltigen Unglücks, das über die Menschen kam. Von ungeheuerlichen Erdbeben ist die Rede, von Feuerregen und blutroter Asche, die auf die Erde niederfiel, und vor allem von Meeresfluten, die blühende Länder unter sich begruben, alte Kulturen zerstörten und ganze Völker zwangen, ihre Heimat zu verlassen.

Die modernen Geologen, die Altertumsforscher und nicht zuletzt die Meeresforscher glauben eindeutig beweisen zu können, daß sich etwa eineinhalb Jahrtausende vor Christi Geburt im östlichen Mittelmeer ein Vulkanausbruch ereignete, der selbst die gewaltigste Naturkatastrophe der Neuzeit, den Ausbruch des Inselvulkans Krakatau zwischen Sumatra und Java im Jahre 1883, in den Schatten stellt. Der Krakatau explodierte, nachdem durch Risse in seinem Sockel Meerwasser in sein glühendes Inneres eingedrungen war; seine Explosion war Tausende von Kilometern weit zu hören, Wolken von Vulkanstaub wurden in die Atmosphäre geschleudert und kreisten monatelang um die ganze Erde, und eine gigantische Flutwelle zerstörte ein paar hundert Dörfer und ertränkte 36 000 Menschen.

Der Ausbruch eines Vulkans auf der in der Nähe Kretas gelegenen Insel Santorin 1500 Jahre (oder rund 1300 Jahre, wie andere Experten meinen) v. Chr. muß noch um ein Vielfaches stärker gewesen sein als die Krakatau-Katastrophe — und er hatte weitreichende Folgen für die Entwicklung der abendländischen Geschichte: Eine hochentwickelte Kultur, das Reich der auf Kreta, Santorin und anderen benachbarten Inseln ansässigen Minoer, fiel dem Naturereignis zum Opfer; die Überlebenden aber begründeten die mykenische und damit die spätere griechische Kultur.

„Völlig vergessen“, so schreibt der amerikanische Schriftsteller Ronald Schiller, „haben aber auch die Griechen des späteren Goldenen Zeitalters weder die verschwundene Kultur noch die Katastrophe. Beides lebte in vielen Legenden fort — möglicherweise auch in der Geschichte von Atlantis.

Plato zufolge, der den Bericht später niederschrieb, hörte der athenische Gesetzgeber Solon 590 v. Chr. bei einem Aufenthalt in Ägypten, daß in längst vergangener Zeit ,in euerm Land der schönste und edelste Menschenschlag gewohnt hat, den es je gegeben hat und von dem du und deine ganze Stadt nur ein Samenkorn oder

Ein Blick auf den Rand der Caldera der Insel Santorin in der Ägäis. (Als Calderen bezeichnet man riesige Einsturzkrater von Vulkanen.) Hier sollte einst die sagenhafte Königsinsel Atlantis gelegen haben, die vor dreieinhalbtausend Jahren durch einen Vulkanausbruch zerstört wurde und im Meer versank.

Überreste seid. Aber es ereigneten sich heftige Erdbeben und Überschwemmungen, und im Regen eines Tages und einer Nacht versanken alle eure streitbaren Männer in der Erde, und die Insel Atlantis verschwand im Meer.'

Atlantis war nach diesem Bericht ein Inselkönigreich. Es soll umgerechnet 200 000 Quadratkilometer groß gewesen sein, zu groß also, um so ohne weiteres ins Mittelmeer zu passen. Plato verlegte es darum in den Ozean jenseits der Säulen des Herkules (der Straße von Gibraltar) und gab damit dem Atlantik den Namen. Nach Plato ist die Insel 9000 Jahre vor Solons Zeit versunken.

Die Archäologen haben in Platos Bericht vom verlorenen Atlantis vieles gefunden, was einfach nicht stimmen kann. Angelos Galanopoulos (ein Professor vom Seismologischen Institut in Athen, der die Untersuchungen auf Santorin leitet) ist der Meinung, Solon habe wohl das ägyptische Zeichen für ,100' irrtümlich als ,1000' gelesen und so alle Zahlenangaben verzehnfacht. Streichen wir diese eine Null, und die Katastrophe geschah 900 Jahre vor Solon — also im fünfzehnten Jahrhundert v. Chr., zur Zeit des Vulkanausbruches von Santorin. Atlantis wäre dann 20 000 Quadratkilometer groß gewesen, was eher mit der Größe der Inseln im östlichen Mittelmeer übereinstimmt.

Galanopoulos weist auch darauf hin, daß es an der griechischen Küste zwei Vorgebirge gibt, die ebenfalls ,Säulen des Herkules' hießen.

Nach der Schilderung Platos ähnelt die Ebene, auf die ,Königsstadt Atlantis' lag, sehr der Ebene auf Kreta, wo die minoische Stadt Phaistos gestanden hat. Und der Bericht über den Teil des Königreiches, der dem Meeresgott Poseidon geweiht war, mit dampfenden Erdspalten, heißen Quellen und in konzentrischen Kreisen geführten Kanälen, ,gibt genau Aussehen, Form und Größe der Insel Santorin wieder', sagt Galanopoulos. ,Spuren der Kanäle und Häfen sind auch jetzt noch auf dem Boden der Caldera, des vom Wasser bedeckten Kraters, zu erkennen.' (Die letzte Behauptung wird durch moderne Seekarten der amerikanischen Marine bestätigt.) Diese und andere Entsprechungen haben zumindest einen angesehenen Historiker zu der Bemerkung veranlaßt: ,Es scheint, als sei das Rätsel Atlantis gelöst'."

Wäre das sagenhafte versunkene Atlantis tatsächlich entdeckt, so hätte damit ein jahrtausendealter Gelehrtenstreit sein Ende gefunden. An die dreißigtausend Bücher wurden über Atlantis geschrieben, eine ganze Bibliothek über eines der ältesten und faszinierendsten Welträtsel. Ernst zu nehmende Wissenschaftler und Phantasten, von ihren Gegnern spöttisch als „Atlantomanen" bezeichnet, haben immer neue Hypothesen aufgestellt und unermüdlich nach Beweisen geforscht, seit Plato vor bald 2400 Jahren seinen Bericht über Atlantis niederschrieb. In allen Weltteilen hat man die Königsinsel gesucht: mitten im Atlantik, im Azorengebiet, in Zentralamerika, wo die alten Maya-Kulturen viele Rätsel aufgaben, immer wieder im Mittelmeerraum, im Nordmeer, im Kaukasus und an manchen anderen Stellen der Kontinente und des Ozeans.

Viele Experten waren und sind der Ansicht, daß Plato seine Geschichte von der Königsinsel erfunden und sie als ein Modell für seine Lehre von Staat und Gesellschaft benützt habe, und verweisen Atlantis ins Reich der Fabel. In den Augen anderer ist das sagenhafte Land eine Art Paradies, ein alter Glückstraum der Menschheit.

Aber die Atlantisforscher, ob Fachleute, interessierte Laien oder einfach nur Träumer, gaben nicht auf. „Es gibt kaum einen romantischeren Gedanken als den an ein altes, von einer Sintflut verschlungenes Volk, von dem nichts als eine ferne Erinnerung blieb. Wer kann sich auch der faszinierenden Vorstellung von uralten, erhalten gebliebenen Tempeln, von Palästen und Schatzkammern tief unter den Wellen des Meeres entziehen?

Dieser Längsschnitt durch Santorin und die Caldera sowie der Lageplan zeigen, daß Santorin einst viel größer war als heute. Nach der großen Katastrophe, der „Atlantis" hier zum Opfer gefallen sein soll, haben sich im Laufe der Jahrhunderte noch mehrere Vulkaneruptionen ereignet. Der große Krater muß aber vor mehreren tausend Jahren entstanden sein, denn seine Sohle ist von dicken Sedimentschichten vulkanischer Herkunft bedeckt.

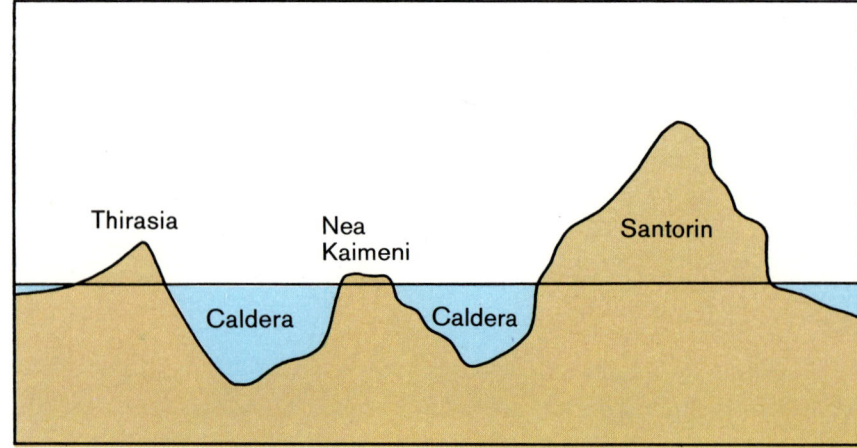

Könnte die rote Felseninsel Helgoland Atlantis gewesen sein? Fest steht, daß die Insel ein uraltes heidnisches Heiligtum war. Viele der in Platos Beschreibung von Atlantis auf dieses Eiland zutreffenden Einzelheiten können aber auch für ähnliche Felseninseln gelten.

„Die Anziehungskraft, die solche Geschichten auf die Gemüter der Menschen ausüben, erklärt wohl hinreichend, warum die Legende von Atlantis trotz des Mangels an überzeugenden Beweisen so langlebig ist", meint C. P. Idyll.

Zu den glühendsten Verfechtern einer Theorie, nach der Atlantis in der Nordsee vor der heutigen Küste Schleswig-Holsteins gelegen haben soll, gehört der Deutsche Jürgen Spanuth, ein protestantischer Geistlicher aus dem norddeutschen Küstenland, der sich jahrzehntelang mit Atlantis beschäftigt, sich durch wahre Gebirge von Literatur hindurchgearbeitet und selbst Tauchexpeditionen veranlaßt hat, bevor er 1953 ein dickes Buch über die Königsinsel veröffentlichte.

Spanuth glaubt, Atlantis müsse identisch sein mit jenem fernen Land der Phäaken, an dessen Strand der schiffbrüchige Odysseus nach langer Irrfahrt verschlagen wurde. Die Segelanweisung der Göttin Kalypso in der *Odyssee* sowie die fast gleichlautenden Beschreibungen des Landes der Atlanter (oder Phäaken, wie sie bei Homer heißen) in Platos Bericht und dem großen griechischen Epos deuten, so meint der Geistliche, auf eine versunkene Insel zwischen Helgoland und der Mündung des Flusses Eider, der im Griechischen Eridanos geheißen habe. Spanuth gründet seine Theorie auf eine Fülle von Schilderungen, die bei Homer wie bei Plato und anderen alten Autoren immer wieder auftauchen.

So soll jenes „Basileia" — das ist ein anderer Name für das Phäakenland und bedeutet einfach „Insel" — an seiner Westspitze von einem Felseneiland begrenzt gewesen sein, „das sehr hoch und wie mit dem Messer abgeschnitten aus dem Meere aufsteigt" und aus rotem, weißem und schwarzem Fels bestand. In der Nordsee gibt es nur eine einzige Insel, auf die diese Beschreibung paßt: Helgoland. Heute sehen wir nur noch den roten Felsen; weißer und schwarzer Fels aber liegt als Kreide- und Muschelkalkgestein unter der sogenannten, einst höher liegenden „Düne".

Auf Helgoland, so glaubt Spanuth, beziehen sich auch die antiken Berichte über den ungeheuren Kupferreichtum Basileias: Schräg durch den Buntsandstein der Insel zieht sich eine starke Kupferader, die extrem reines Kupfer enthält und schon in sehr früher Zeit ausgebeutet wurde. Ein heute nicht mehr vorhandenes Kliff hieß früher die „Kupferplatte".

Daß Nausikaa, die schöne Tochter des großmütigen Phäakenkönigs Alkinoos, eine Ureinwohnerin Frieslands gewesen sein soll, mag man für glaubwürdig halten oder nicht. Spanuth hat jedenfalls eine interessante Erklärung dafür zur Hand, daß Odysseus an den Strand einer Insel in einem nördlichen Meer gespült wurde: Es war der Gezeitenstrom der Eider, der ihn rettete. Immer wieder hatte der Ebbstrom des Flusses den Schiffbrüchigen ins Meer zurückgetragen, bis endlich die Flut einsetzte und den Ermatteten nun landwärts beförderte. Homer schildert diesen Vorgang in der *Odyssee*:

Er aber tauchte nun auf aus dem Gischt der tosenden Brandung,
schwamm herum und sah nach dem Land, um ebenes Ufer
irgendwo auszuspähn und friedliche Buchten des Meeres.
Da er nun also die Mündung des schon herflutenden Stromes
schwimmend erreicht, da fand er zum Landen geeignetes Ufer,
flach und ohne Felsen und vor dem Sturmwind gesichert.

In Wandbildern und Hieroglyphen des in den dreißiger Jahren ausgegrabenen Pharaonentempels Medinet Habu glaubte Spanuth schließlich weitere Beweise für seine Theorie gefunden zu haben. Der Pharao Ramses III., der von etwa 1200 bis 1168 in Ägypten herrschte, hat die Wände seines Tempels mit „Bildberichten" über einen Angriff nordischer Seevölker auf sein Reich geschmückt. „Von den Inseln im Großen Wasserkreis am Ende der Welt" sollten die Feinde gekommen sein, die von Ramses III. in einer gewaltigen Schlacht vernichtet wurden — und das Ende der Welt entsprach zu jener Zeit und noch lange danach ziemlich genau dem Gebiet der nordeuropäischen Küsten.

Die in der großen Schlacht gefangengenommenen Krieger sagten aus, daß gewaltige Naturkatastrophen sie aus ihrer Heimat vertrieben hätten. In den Hieroglyphenberichten heißt es: „Ihr Land ist vernichtet... ausgerissen und fortgeweht im Sturm... das Haupt ihrer Städte (und damit, glaubt Spanuth, sei Atlantis gemeint) zerstört..."

„Als Pastor Spanuth von den in Medinet Habu gefundenen Inschriften erfuhr", schreibt Hanns Wolf Rackl in seinem Buch „Tauchfahrt in die Vergangenheit", „war er überzeugt: Das war der Schlußstein für seine Theorie, der letzte, entscheidende Beweis. Hatte nicht Plato berichtet, Solon habe die Geschichte von Atlantis in Ägypten erfahren? Er war sicher: Plato und die Wandbilder und Hieroglyphen Ramses' III. erzählen dasselbe. Platos Atlanter, Homers Phäaken und die Nordmeerkrieger, die in Ägypten einfielen, waren bronzezeitliche Germanen gewesen, die in einem mächtigen, blühenden Reich gelebt hatten, das sich über Norddeutschland, Dänemark und Südschweden erstreckte. Seine Königsinsel Atlantis war bei einer gewaltigen Katastrophe, einem Zusammentreffen von Erdbeben und Sturmflut, östlich von Helgoland in der Nordsee versunken.

Lange Jahre trug der Pastor Beweise für seine Behauptung zusammen, Schriftstellen aus antiken Werken, Sagen, Überlieferungen, geologische und archäologische Indizien. In seinem Buch weist er auf die Gleichheit der Bewaffnung der in Medinet Habu dargestellten Krieger mit den im Gebiet seines ,Atlanterreiches' immer wieder gefundenen Waffen hin und auf vieles andere mehr. Aber ein großer Teil von Spanuths Beweisen ist heftig umstritten. Sein Buch entfachte einen leidenschaftlichen Gelehrtenstreit, es stieß auf begeisterte Zustimmung und entschiedene Ablehnung.

Nun, welcher Gedanke liegt näher, als ,Atlantis' durch die Erforschung des Meeresgrundes östlich von Helgoland nachzuweisen?

Nicht nur Platos Atlantisbericht, die Odyssee und die Inschriften von Medinet Habu ließen den Pastor vermuten, daß es östlich von Helgoland tatsächlich vor langer Zeit eine große Insel gegeben habe. Auch der Marseiller Kaufmann Pytheas, der um 350 v. Chr. eine Forschungsreise in das Nordseegebiet unternommen hatte, berichtete von einer bernsteinreichen Insel Basileia gegenüber von Germanien im Meer — eine Tagereise

vom Festland entfernt, wie Plinius später ergänzte. Meinte Pytheas mit Basileia den nach dem Abflauen der Sturmflut wieder aufgetauchten Rest des versunkenen Atlantis Platos? Und ist dieses Basileia mit der heiligen Insel ,Fositesland' der Friesen identisch, auf der die christlichen Missionare Wulfram, Willibrord und Liudger wirkten? Die Geologen sagen, im siebenten und achten Jahrhundert könne es östlich von Helgoland überhaupt keine Inseln mehr gegeben haben. Pastor Spanuth dagegen beruft sich auf eine altfriesische Überlieferung, die behauptet, die letzten Reste dieser Insel, die man später ,Uthland' und ,Südstrand' nannte, seien erst 1216 endgültig untergegangen. Eine Karte von Helgoland aus dem Jahre 1570 vermerkt östlich von Helgoland ,Steinwirk, worauff ihr Zeit sieben Kirchen sollen gestand. Können auff ein hollwasser (bei Ebbe) noch gesehen werden'.

Am Ende seiner theoretischen Forschungen besorgte sich Pastor Spanuth eine Seekarte — und fand an der Stelle, die er nach Platos Angaben für den Hügel der Königsburg von Atlantis errechnet hatte, einen Hügel mit vielen großen Steinen verzeichnet, der etliche Meter über den sonst flachen Meeresgrund aufragt. Die Geologen freilich halten diese als ,Steingrund' bezeichnete Stelle für eine Moräne. Aber noch niemand hatte den Steingrund näher untersucht. Im Sommer des Jahres 1952 brach schließlich eine Tauchexpedition dorthin auf. Am 31. Juli stieg zum erstenmal ein Taucher vom Expeditionsschiff hinunter auf den steinigen Meeresgrund. Schon nach wenigen Minuten rief er durchs Telephon:

,Ich sehe voraus einen hohen Wall aus Steinen!... Am Fuß des Walls liegen riesige Steine... Ich will versuchen, den Wall zu ersteigen... er ist mindestens zwei Meter hoch, besteht aus großen Steinen... jetzt bin ich oben... der Wall verläuft nach links und rechts völlig regelmäßig... ich erkenne jetzt einen zweiten Wall, der vollkommen parallel zu dem Wall verläuft, auf dem ich stehe.'

An den folgenden Tagen ließ Pastor Spanuth die Wälle ausmessen. Je zwölf Meter Breite und zwei bis zweieinhalb Meter Höhe ermittelte der Taucher, ferner eine Gesamtlänge der Wallanlage von einer halben Seemeile (927 Meter) und eine Breite von 250 bis 300 Meter.

Nach Abschluß der Arbeiten meinte der Taucher: ,Es ist ausgeschlossen, daß diese Wälle, die so symmetrisch sind und parallel verlaufen, auf natürliche Weise entstanden sind; ich zweifle nicht daran, daß sie von Menschenhand errichtet wurden.'

Die Gelehrten aber blieben skeptisch, denn es gibt manche Schöpfung seltsamer Naturkräfte, die jeder Laie für Menschenwerk halten würde. Zudem täuscht sich ein in archäologischer Forschungsarbeit unerfahrener Taucher auf dem Meeresgrund allzuleicht.

Pastor Spanuth ließ sich nicht entmutigen. 1953 unternahm er eine weitere Expedition zum Meeresgrund.

Salz, der im Meer am reichlichsten vorhandene mineralische Rohstoff, wird schon seit Jahrhunderten aus Seewasser gewonnen. An vielen Küsten, an denen die Sonne unbegrenzte Energie liefert, läßt man das Wasser in flachen künstlichen Tümpeln verdunsten. Zurück bleibt das wertvolle Salz.

Und diesmal gelang es dem Taucher, Feuersteinplatten zu heben, die tatsächlich von Menschenhand und Werkzeug geformt worden waren. Alle säuberlich rechteckig geformt, lagen sie auf dem Meeresgrund nebeneinander.

War damit der Beweis gefunden? Nein. Die geborgenen Steine — es ist dänischer Flintstein — mögen von versunkenen Bauwerken stammen. Vielleicht sind sie aber auch nur der Rest eines Bootes, das einst mit einer Ladung sorgfältig verstauten Baumaterials vor Dänemark gesunken war.

So lief im Jahre 1961 zum dritten Male ein Expeditionsschiff zum Steingrund aus. Die Froschmänner des Siegener Sporttaucherklubs wollten diesmal dem Bordelumer Pastor helfen. Wieder gelang es, Quader aus Flintstein zu bergen, doch eine stürmische See vereitelte alle anderen Tauchfahrten in die Meerestiefe.“

Pastor Spanuth hatte sich vorgenommen, der Nordsee das Geheimnis, das er in ihr verborgen glaubte, unter allen Umständen zu entreißen. Aber bis heute haben sich keine weiteren Anhaltspunkte für seine kühne Theorie gefunden. Die hohe Wahrscheinlichkeit, die dafür spricht, daß die griechische Insel Santorin Platos Königsinsel war, wird vielleicht auch den hartnäckigsten Verfechter der Idee, Helgoland sei Atlantis gewesen, umstimmen.

Die nasse Schatzkammer

Vor einigen Jahren berichtete der deutsche Chemiker Dr. Ernst Bayer von der Universität Tübingen über ein Experiment, das die Fachwelt aufhorchen ließ: Er hatte Gold aus dem Meerwasser gewonnen. Gold aus dem Meer — davon träumten nicht nur die Chemiker, seit man weiß, daß unter den rund 60 im Seewasser gelösten Elementen auch dieses Edelmetall vorhanden ist. Hatte Bayer endlich einen Weg gefunden, die rund 10 Millionen Tonnen Gold des Weltmeeres nutzbar zu machen?

Nun, Bayers Ausbeute war kaum dazu angetan, die alten Hoffnungen zu beflügeln. Aus 100 Litern Meerwasser hatte er nach umständlichen Verfahren ganze 1,4 millionstel Gramm des begehrten Metalls gewonnen. Einhunderttausend Tonnen Wasser geben also noch nicht einmal 1,5 Gramm Gold her. Wollte man auf diese Weise Gold aus dem Meer holen, so könnte kein Mensch es bezahlen.

In den zwanziger Jahren hatte schon einmal ein deutscher Wissenschaftler versucht, den Traum vom Gold der Meere zu verwirklichen: Professor Fritz Haber, der Direktor des Kaiser-Wilhelm-Instituts für Physikalische Chemie und Elektrochemie in Berlin. Haber glaubte an die Möglichkeit, Gold aus dem Meerwasser zu gewinnen, seit der berühmte schwedische Chemiker und Physiker Svante Arrhenius im Jahre 1902 Analysen veröffentlicht hatte, wonach in jedem Kubikmeter Meerwasser mindestens 6 Milligramm Gold gelöst sein sollten. Nach seinen Ergebnissen müßte das Weltmeer etwa 8 Trillionen Tonnen Gold enthalten, eine Menge, die uns heute unvorstellbar erscheint. Aber in jenen Jahren steckte die Meeresforschung, vor allem die chemische Erforschung des Meerwassers, noch in ihren Kinderschuhen.

Ein kleiner Bruchteil dieses Reichtums, so rechnete Haber sich aus, könnte der jungen, von Kriegsschulden hart bedrängten deutschen Republik aus ihrer finanziellen Misere helfen. Und als er erfuhr, daß irgend jemand vor Arrhenius im Ärmelkanal angeblich sogar 65 Milligramm Gold pro Tonne Seewasser festgestellt hatte, glaubte er, daß es im Meer Wasserströmungen mit besonders hohem Goldgehalt geben müsse; er sprach von „Goldadern" im Ozean.

Im Jahre 1925 begannen die ersten großen Forschungsreisen des berühmt gewordenen deutschen Expeditionsschiffes *Meteor I*. Bei den vorgesehenen systematischen Atlantiküberquerungen, die das Schiff 777 Tage lang durchführte, um den Meeresboden zu vermessen und andere ozeanographische Beobachtungen vorzunehmen, sollten die Meteor-Besatzungen auch Seewasserproben für den Gold-Professor sammeln. Die Forschungsreise erhielt so fälschlicherweise den Beinamen „Goldgräberexpedition".

Nach der Heimkehr der *Meteor* beschäftigten die Wissenschaftler in Habers Institut sich mit nichts anderem als der Analyse der mitgebrachten Wasserproben. Aber ihre Enttäuschung war groß: Die Goldkonzentration ging kaum über ein tausendstel Milligramm je Kubikmeter Wasser hinaus. Eine wirtschaftliche Goldgewinnung aus dem Ozean war damit völlig ausgeschlossen. Der krasse Widerspruch zu den Ergebnissen des Schweden Arrhenius wurde aufgeklärt, als sich herausstellte, daß die schwedischen Ozeanographen ihre Wasserproben seinerzeit in Metallflaschen gesammelt hatten. Das Seewasser hatte Goldspuren aus dem Metall gelöst und in sich aufgenommen — daher der hohe Goldanteil.

Die Hoffnung, Schätze im Wasser der Weltmeere zu finden, hat sich inzwischen dennoch erfüllt. Das große Rohstoffreservoir, das der Ozean darstellt, ist angezapft. Zwar haben Wissenschaft und Industrie noch keine rentablen Verfahren entwickelt, um an die rund 15 Milliarden Tonnen Kupfer, die 15 Milliarden Tonnen Mangan, die 20 Milliarden Tonnen Uran oder an die 500 Millionen Tonnen Silber heranzukommen, die neben vielen anderen wichtigen und kostbaren Stoffen im Seewasser gelöst sind, aber schon werden Natrium, Magnesium, Chlor und Brom in küstennahen chemischen Werken aus dem Meerwasser ausgeschieden.

Auf den Böden der Tiefsee gibt es überdies enorme Lager von Erzknollen mit einem hohen Gehalt an Mangan, Nickel, Kobalt und Kupfer. Aus Sedimenten und Sandlagern werden bereits verschiedene mineralische Rohstoffe gewonnen: Eisenerze vor der japanischen Küste, Zinn in den Gewässern des Malaiischen Archipels, Diamanten vor der Küste von Südwestafrika. Noch größere ozeanische „Goldquellen" sind die Vorkommen von Erdöl und Erdgas in den Schelfgebieten der Meere. Etwa 16 Prozent der Welterdölproduktion kommen heute schon aus Lagerstätten unter dem Meer.

Unter den britischen Flugzeugkonstrukteuren gab es große Aufregung. Der Zweite Weltkrieg war ausgebrochen. Flak und Jagdflieger hatten die ersten deutschen Kampfflugzeuge abgeschossen. Bei der Untersuchung dieser Maschinen stellten die Engländer fest, daß die Deutschen in erheblichen Mengen Magnesiumlegierungen für ihre Flugzeuge verwendeten, wo bisher Aluminiumlegierungen üblich gewesen waren. Magnesium bot große Vorteile: Es war um 35 Prozent leichter als Aluminium, und in der richtigen Legierung erreichte es auch eine größere Festigkeit. Die deutschen Flugzeugbauer konnten viele Bauteile leichter und dünner konstruieren.

Jetzt erkannte man in England, warum in Deutschland schon Jahre zuvor die Magnesiumproduktion stark gesteigert worden war. Natürlich hatten auch die Engländer immer wieder mit der Verwendung dieses Leichtmetalls geliebäugelt, aber es war ihnen zu teuer. Nun wollten sie sich seiner offensichtlichen Vorteile ebenso bedienen wie ihre Gegner, aber woher sollten sie so viel Magnesium nehmen, wie sie brauchten? Die britische Produktion belief sich höchstens auf ein Drittel der deutschen. In ihrer Not wandten sich die Engländer an die USA, aber auch die Amerikaner konnten nicht helfen. 1939 betrug ihre Magnesiumproduktion 8000 Tonnen.

Die Anfrage der Verbündeten bewirkte aber immerhin, daß man in den USA über die Steigerung der Magnesiumerzeugung nachdachte. Dr. Herbert Dow, der Chef eines großen Unternehmens der chemischen Industrie, das schon seit Jahren Brom aus dem Meerwasser produzierte, hatte sich auch über die Gewinnung von Magnesium aus dem Meer Gedanken gemacht und eine Fabrikationsanlage entwerfen lassen. Da eine solche Anlage aber nur rentabel arbeiten konnte, wenn ein genügend großer Markt für Magnesium vorhanden war, waren die Pläne vorerst beiseite gelegt worden. Denn an diesem Markt hatte es bislang gefehlt.

Als Dow von den Sorgen der Engländer hörte, wurden die alten Entwürfe wieder aus der Schublade hervorgeholt, und schon im Jahre 1941 begann auf einer Halbinsel vor dem Hafen Freeport in Texas die erste Magnesiumproduktion aus Seewasser. Mit einer Kapazität von 18 000 Tonnen pro Jahr verdreifachte die Anlage die amerikanische Magnesiumerzeugung mit einem

Erst seit dem Zweiten Weltkrieg wird Magnesium aus dem Meer gewonnen. Heute liefert die See den weitaus größten Teil dieses Leichtmetalls. Hier ein Werk im Golf von Mexiko.

Schlag. Ein Jahr später wurde, wieder bei Freeport, eine zweite Anlage in Betrieb genommen. Sie stellte jährlich 32 000 Tonnen Magnesium aus dem Meerwasser her — und innerhalb von 15 Monaten war die Produktion in den USA um das Siebenfache gestiegen. Heute kommt alles Magnesium, das in den Vereinigten Staaten verbraucht wird, etwa 70 000 Tonnen pro Jahr, aus dem Meer.

Mit einem Anteil von 1,3 Kilogramm pro Kubikmeter Wasser ist das Magnesium das dritthäufigste der im Meerwasser gelösten chemischen Elemente. Nur Chlor und Natrium, die Bestandteile des Kochsalzes, sind mit 19 Kilogramm und 10,5 Kilogramm pro Kubikmeter stärker vorhanden. In Prozenten ausgedrückt, sind die 1,3 Kilogramm Magnesium je Tonne Wasser nicht gerade eindrucksvoll, nämlich „nur" 0,13 Prozent. Man muß also gewaltige Wassermengen verarbeiten, und so werden in Freeport in jeder Minute rund 4000 Kubikmeter Wasser aus dem Golf von Mexiko durch die Anlagen gepumpt. Die Pumpen holen dieses Wasser aus den tieferen Schichten des Meeres, denn dort ist es salzhaltiger als an der Oberfläche.

Seit Beginn der vierziger Jahre hat sich an der Prozedur, mit der das Magnesium dem Meerwasser entzogen wird, wenig geändert. Das Wasser wird mit großen Mengen gelöschten Kalks versetzt; der mit Magnesium angereicherte Kalkschlamm wird mit Salzsäure behandelt und gereinigt. Durch Elektrolyse wird schließlich das reine Metall abgeschieden. Dieser Prozeß ist umständlich und rentabel nur dort durchzuführen, wo genug Kalk und billiger Strom zur Verfügung stehen. Die Chemiker sind deshalb schon lange auf der Suche nach einer einfacheren Methode zur Gewinnung von Magnesium und anderen Metallen und Mineralen aus dem Ozean.

Berechtigte Hoffnungen setzen viele Fachleute auf ein Gerät, das in fast jeder modernen Geschirrspülmaschine vorhanden ist und dort die Aufgabe hat, das verwendete Wasser von unerwünschten Bestandteilen zu befreien: auf den Ionen-Austauscher.

Dieses Gerät besteht aus Mineral- oder Kunststoffen mit einer „offenen" fischgrätartigen Molekülstruktur. An den „Grätenenden" dieser Materialien befinden sich „Ionen", das sind Atomgruppen mit einer oder mehreren elektrischen Ladungen, die verhältnismäßig leicht mit anderen Ionen gleicher Ladung sozusagen „die Plätze wechseln". Nun sind die im Meerwasser gelösten Metallverbindungen immer mehr oder weniger ionisiert, das heißt, in elektrisch geladene Teilmoleküle aufgespalten, und wenn Meerwasser über die Oberfläche eines Austauschers strömt, kommt es zu einem Platzwechsel der Ionen. Die gewonnenen Ionen lassen sich mit einer chemischen Lösung aus dem Austauscher herauswaschen und weiterverarbeiten, während der Austauscher für neue „Fischzüge" bereit ist.

Bei Experimenten des britischen Kernforschungszentrums Harwell wurde unlängst ein Ionen-Austauscher aus Glasfasern verwendet, die man mit einer bestimmten Titanverbindung behandelt hatte. Man schnitt das Material in Streifen und befestigte diese in einem Metallrahmen, den ein Schiff kreuz und quer durch den Ärmelkanal schleppte. Nachdem dieses Gerät eine Zeitlang durch das Nordseewasser gezogen worden war, holte man den Rahmen wieder heraus und stellte fest, daß die Glasfaserstreifen mit Uran angereichert waren.

Die Menge des auf diese Weise „gefischten" Urans war natürlich noch viel zu gering, um eine breite Verwendung von Ionen-Austauschern für eine industrielle Urangewinnung zu ermöglichen. Aber die Methode hat, wenn sie nur verbessert werden kann, große Vorteile: Überall, wo sich leicht große Mengen von Meerwasser an fest installierte Austauscher heranführen lassen, könnte man auf diese Weise Metalle gewinnen. Nach einer Berechnung amerikanischer Experten strömen im Wasser des Golfstroms pro Jahr nicht weniger als 2 Millionen

Tonnen Uran an der Südspitze Floridas vorbei. Dort könnte man zum Beispiel Ionen-Austauscher verankern. Allerdings sind noch eine ganze Reihe weiterer Probleme zu lösen, ehe man an diese Art der Mineral- oder Metallgewinnung denken kann. Eines von diesen Problemen besteht darin, daß die im Meerwasser lebenden Algen die Poren der Austauscher verstopfen und ihre Oberflächen verkleben würden. Die Geräte müßten in einer Tiefe installiert werden, in die kein Licht mehr dringt und in der es deshalb keine lebenden Algen mehr gibt, die die erwünschte Arbeit leisten.

Dr. John L. Mero, ein amerikanischer Fachmann für die Ausbeutung der marinen Rohstoffvorräte, sieht noch eine andere Möglichkeit: Ein Kraftwerk im nördlichen Kalifornien mit einer Leistung von 300 000 Kilowatt braucht zur Kühlung seiner Anlagen täglich 1,5 Millionen Kubikmeter Wasser. Im Laufe eines Jahres strömen dort — im Meerwasser, mit dem man kühlt — Magnesium, Brom, Bor, Aluminium, Kupfer, Uran und Molybdän im Wert von 120 Millionen DM durch die Ansaug- und Ausflußrohre. Dieses Wasser, meint Mero, könnte man gewinnbringend über Ionen-Austauscher leiten, denn die Kosten für das Heranschaffen und Ableiten des Meerwassers sind schon durch die Stromerzeugungskosten der Elektrizitätswerke gedeckt. Und allein an der kalifornischen Küste gibt es zehn solcher Kraftwerke.

Die Techniker, die während des letzten Weltkrieges bei Hanford im US-Staat Washington ein Produktionszentrum für Plutonium errichteten, hatten kaum ernsthafte Bedenken, zur Kühlung von Kernreaktoren das Wasser des nahe vorbeifließenden Columbia-Flusses zu verwenden. Den Tausenden von Kubikmetern Wasser, die der mächtige Strom in der Sekunde vorbeiführt, glaubten sie ohne weiteres 6 Kubikmeter pro Sekunde entnehmen und diese, beladen mit einer Radioaktivität von etwa 1 Mikro-Curie pro Kubikmeter, wieder in den Fluß zurückleiten zu können. Bei diesem Verdünnungsgrad konnte das Wasser des Columbia-Flusses ohne Gefahr noch als Trinkwasser gebraucht werden.

Doch man hatte die Rechnung ohne die Mikroorganismen gemacht, die im Wasser des Flusses leben und eine besondere Vorliebe für die radioaktiven Verunreinigungen des Wassers zeigen. 60 Kilometer flußabwärts von Hanford untersuchten die Chemiker einer Meßstation das vorbeiströmende Wasser und stellten überrascht fest, daß auf der Strecke zwischen Hanford und der Schöpfstelle 60 Prozent der in den Fluß abgeführten radioaktiven Stoffe „verlorengegangen" waren: Die einzelligen Kleinlebewesen und niederen Pflanzen des Wassers hatten sie gewissermaßen aufgefressen und in ihren Zellen gespeichert. Zum Beispiel fand man den von der Atomanlage ins Wasser geleiteten radioaktiven Phosphor in den Zellen von Algen wieder; sie enthielten einhunderttausendmal mehr Phosphor als normalerweise.

Was im Columbia-Fluß entdeckt und mit Hilfe der Radioaktivität leicht nachgewiesen werden konnte, ist ein Prozeß, der auch im Ozean sehr verbreitet ist. Lebende Organismen, vor allem viele niedere Tiere, hamstern chemische Stoffe in ihrer Körpersubstanz. Über die natürliche Nahrungskette gelangen diese Stoffe in hohen Konzentrationen selbstverständlich auch in das Zellgewebe höherer Tiere; so findet man hohe Blei-, Kupfer- und Zinkkonzentrationen in den Knochen von Fischen. Algen speichern Eisen, Chrom, Titan und Silber, und in Manteltieren — festsitzenden niederen Meerestieren mit einer gallertartigen, zelluloseähnlichen Körperhülle — entdeckte man das seltene Metall Vanadium in sehr starker Konzentration.

Einige Wissenschaftler haben auf Grund dieser Beobachtungen vorgeschlagen, man solle versuchen, solche „Hüttenarbeiter" unter den Meerestieren — zu ihnen gehören zum Beispiel auch viele Krebstiere sowie Muscheln — in großer Menge zu züchten und zur Gewinnung der wertvollen Metalle zu verarbeiten. Die Manteltiere könnte man später sammeln, trocknen und verbrennen, um aus ihrer Asche und den Rauchgasen das Vanadium zu gewinnen. Aber dazu reichen selbst die hohen Konzentrationen in den Körperzellen der Meerestiere bei weitem nicht aus. Solche Pläne sind utopisch.

Die Chemiker aber sind sich darüber einig, daß man von den Meerestieren lernen könnte, wie sich die begehrten Minerale und Metalle aus dem Wasser ziehen lassen. Sie meinen, daß es eines Tages möglich sein könne, diese Technik auch ohne organisches Leben anzuwenden. Das klingt etwas vermessen, aber auch eine Alge kann nicht zaubern. Um Metallatome in ihren Zellen zu speichern, muß sie sich physikalisch-chemischer Reaktionen bedienen, die den gleichen Gesetzen unterliegen, wie sie auch sonst in der Physik und in der Chemie üblich sind, und diese Reaktionen kann man nachahmen.

Überfluß im Meeresgrund

Im Sommer 1960 landeten bei Nome, im äußersten Westen Alaskas, zwei Ingenieure der Shell-Gesellschaft, um Erdölbohrungen vorzubereiten. Als sie einmal in ihrer Freizeit am Strand entlangwanderten, stießen sie auf merkwürdige Gruben, die offensichtlich von Menschen ausgehoben worden waren. Sie erkundigten sich bei den Einwohnern der Gegend und erfuhren, daß hier vor Jahrzehnten nach Gold gegraben worden war und daß dabei einige Leute ein kleines Vermögen gemacht hatten.

Die Ingenieure schauten sich den Strand daraufhin genauer an und versuchten zu erfahren, ob jemand in früheren Jahrzehnten schon einmal versucht hatte, im Strandbereich auch unter Wasser nach Gold zu schürfen. Aber daran konnte sich niemand erinnern. Das eiskalte Wasser der Bering-See schien solchen Unternehmungen auch wenig förderlich zu sein. Beim Studium alter Papiere über Kabelarbeiten in der Gegend aber entdeckten die beiden neugierig gewordenen Männer etwas später, daß Techniker der Firma Western Union vor Jahren beim Verlegen eines Kabels zwischen Alaska und Sibirien nicht weit von Nome entfernt Goldflitter im Sand des Meeresbodens gefunden hatten.

Die Shell-Ingenieure wiesen in ihren Routineberichten auf diese Beobachtungen hin und meinten dazu, es könne vielleicht sinnvoll sein, die hier seit Jahrzehnten nicht mehr betriebene Goldgräberei wiederaufzunehmen. Diesmal allerdings unter Wasser und natürlich mit dem Rüstzeug moderner Technik. Im Jahre 1961 wurde der Gesellschaft die Schürflizenz für ein Meeresgebiet von rund 20 Quadratkilometer Fläche erteilt. Der Meeresboden, den man untersuchen wollte, lag hier bis zu 20 Meter unter dem Wasserspiegel.

Im Sommer 1962 begannen die ersten geologischen Untersuchungen, und im Winter darauf führte die Gesellschaft die ersten Probebohrungen durch. Von einer zehn Meter dicken Eisschicht aus, die als Plattform für die Bohranlagen diente, trieben die Prospektoren ihr Bohrgestänge durch das Eis und das Wasser hindurch in den Untergrund. Die heraufgeholten Bodenproben wurden, wie einst bei den Goldwäschern, in fließendem Wasser ausgespült. Und man fand Gold in so vielversprechender Menge, daß schätzungsweise allein in der Tiefe dieses 20 Quadratkilometer großen Küstenstreifens mindestens 300 Tonnen Gold liegen sollen. Nach Abzug der Gewinnungskosten wäre das ein Wert von rund 600 Millionen Mark.

Für die siebziger Jahre rechnet man in Alaska auf Grund dieser Entdeckungen mit einem neuen Goldfieber, wie es im vorigen Jahrhundert schon einmal in Kanada, Alaska, Australien und Kalifornien ausgebrochen war. Der neue Goldrausch wird sich allerdings auf die Strände und den Meeresboden konzentrieren, und nur ein hoher technischer Aufwand wird lohnende Ergebnisse bringen. Allein für die nähere Umgebung von Nome wurden inzwischen 27 weitere Schürfgenehmigungen erteilt.

Dieser Schatz im Meeresgrund stammt vom Festland. In einem Zehntausende von Jahren währenden, bis in unsere Zeit andauernden Prozeß verwittert dort goldhaltiges Gestein. Von den Flüssen wird es zerschlagen und zermahlen und erreicht schließlich als Sand das Meer, wo Ebbe und Flut und die Kräfte der Wellen das Material sortieren. Der Sand wird mit der Flut an den Strand geworfen, und dabei setzen sich seine schwereren Bestandteile — darunter die Goldkörnchen — rascher ab und bleiben eher liegen als die leichteren. So kommt es zu einer Entmischung: Die schweren Bestandteile des Sandes lagern sich schließlich unten, die leichteren oben ab. Durch diesen Vorgang haben sich die goldhaltigen Sandkörner an der Küste bei Nome zu Lagerstätten gesammelt. Weil der Wasserstand sich im Laufe der Zeit

immer wieder änderte, gelangte das goldhaltige Material an verschiedene Stellen der Küstenzone. Die Lager sind überall verstreut und bilden keine geschlossenen submarinen Goldfelder.

Mit anderen wertvollen Erzen haben sich solche Prozesse an vielen ozeanischen Küsten abgespielt, und mehrere große Erzsandlager werden heute schon abgebaut. Vor Kyushu, der südlichsten Insel Japans, liegt unter flachem Wasser ein Lager von rund 1,7 Milliarden Tonnen Magnetitsand, eines der ergiebigsten in der Welt. Der Erzgehalt des Sandes beträgt stellenweise mehr als 56 Prozent. Vor den Küsten Thailands fand man eine Zinnlagerstätte, die etwa 10 Kilometer weit ins Meer hinausreicht. 93 Prozent der Weltproduktion des titanhaltigen Minerals Rutil stammen aus untermeerischen Lagern vor der australischen Küste. Titan spielt heute als Werkstoff für den Bau von Raketen und Überschallflugzeugen und in der chemischen Industrie eine wichtige Rolle. Aus der gleichen Lagerstätte stammen 77 Prozent der Weltproduktion des Minerals Zirkon. Es enthält das Metall Zirkonium, das für den Bau von Turbinen, für Kernreaktoren und für die Elektroindustrie unentbehrlich ist. Der Exportgewinn Australiens aus diesen Lagern übersteigt heute schon die beträchtliche Summe von 200 Millionen Mark im Jahr.

Angesichts dieser Tatsachen wird wohl niemand mehr jene Meeresgeologen für Phantasten halten, die die Ansicht vertreten, der traditionelle Erzbergbau werde sich allmählich immer mehr auf die Nutzung der Lagerstätten im Küstenbereich umstellen. Dafür spricht nicht nur, daß diese Reservoire zum Teil sehr umfangreich sind, sondern auch, daß ihr Metallgehalt oft ungewöhnlich hoch ist. Zudem lassen sie sich meistens einfach und billig mit Baggern und Saugpumpen abbauen.

Nicht nur Erze haben die Flüsse von den Kontinenten im Laufe der Jahrmillionen ins Meer geschwemmt, sondern auch andere feine Schwebeteilchen, die Endprodukte der Verwitterungsprozesse, die das feste Gestein der Kontinente zerstören. Es dauert lange, bis diese kleinen, vor allem aus Aluminiumsilikat bestehenden Teilchen in den Ozeanen zur Ruhe kommen und sich auf dem Boden absetzen. Dort bilden sie mit Eisenoxid die sogenannte rote Tonerde, die nicht weniger als 100 Millionen Quadratkilometer Ozeanboden bedeckt. Dieses Material, von dem pro Jahr etwa 500 Millionen Tonnen neu ins Meer geschwemmt werden, enthält 15 Prozent Aluminiumoxid, rund 0,2 Prozent Kupfer und eine ganze Reihe weiterer wertvoller Metalle, wie Nickel, Kobalt, Vanadium, Blei, Zirkonium sowie andere rare und dringend benötigte Rohstoffe.

Vorerst wird diese rote Tonerde noch nicht abgebaut und technisch verwertet; doch als möglicherweise nutzbaren Rohstoffschatz wird man die rote Tonerde ebenso im Auge behalten wie gewisse „Salzlaugentümpel", die von deutschen, amerikanischen und britischen

Ein Blick in eine Schatzkammer: ein Stück Bohrkern
aus den Sedimenten im Roten Meer. In schillernden
Farben liegen hier wertvolle metallische Ablagerungen
in sauber getrennten Schichten übereinander.

Forschern vor wenigen Jahren im Roten Meer genauer untersucht wurden. In einigen Senken des Meeresbodens unterhalb der 2000-Meter-Grenze stießen nämlich die Ozeanographen bei der Arbeit mit ihren Meßgeräten auf Wassermassen, die erstaunlicherweise sehr heiß (mit Temperaturen zwischen 44 und 56 Grad Celsius) und ungewöhnlich reich an Mineralen und Salzen sind. Der mit 4 Prozent ohnehin schon hohe Salzgehalt des Roten Meeres wurde von dieser eigentümlichen heißen Lauge weit übertroffen.

Über die Herkunft dieses Wassers ist noch nichts Genaues bekannt. Man weiß nur, daß es an solchen Stellen vorkommt, wo tiefe Klüfte und Spalten im Meeresboden vorhanden sind, beispielsweise auch über der Grabenspalte des Mittelatlantischen Rückens. Wahrscheinlich dringt Seewasser in Risse des dünnen Ozeanbodens ein, sickert durch das Gestein, aus dem es die Minerale löst, und kommt, mit Salzen aller Art gesättigt, an anderen

Stellen wieder aus dem heißen Untergrund nach oben. Wo keine starken Strömungen das heiße Wasser abtransportieren, an besonders tiefen Stellen oder in Senken, bildet sich im Laufe der Zeit eine hochkonzentrierte Sole, die sich mit dem darüberliegenden normalen Seewasser kaum vermischt.

Die Sedimente, die sich am Boden solcher „Laugentöpfe" allmählich ablagern, mußten nach Meinung der Meeresgeologen eine sehr hohe Konzentration der wertvollen Salze und Metalle enthalten, die man im heißen Wasser festgestellt hatte. Und in der Tat: Als drei berühmte Forschungsschiffe, die deutsche *Meteor*, die britische *Discovery* und die amerikanische *Chain*, vor einigen Jahren dieser Erscheinung im Roten Meer in internationaler Zusammenarbeit auf den Grund gingen, kam man zu aufregenden Ergebnissen.

Dr. 'Egon T. Degens, ein am Meeresforschungsinstitut von Woods Hole tätiger deutscher Wissenschaftler, berichtet: „Bestimmt hat noch nie ein Mensch Sedimentproben aus dem Meer hochkommen sehen, die so bunt waren wie jene, die im Herbst 1966 an Bord der *Chain* gehievt wurden. Die einzelnen Schichten, oft kaum millimeterstark, waren klar voneinander getrennt und leuchteten in phantastischen Farben ...

Die chemischen Analysen dieser Sedimente zeigten erstaunliche Ergebnisse; fast 90 Prozent der entwässerten Sedimentmasse besteht aus Metalloxyden und Schwefelverbindungen. Am reichlichsten vorhanden sind Eisen, Mangan, Zink und Kupfer, und obwohl wir nur 10 Meter tief bohren konnten, zeigten die seismischen Lotungen Sedimentdicken von über 100 Metern an ...

Dr. F. T. Manheim von der Geologischen Bundesforschungsstelle in Woods Hole erklärt, daß nach seinen Schätzungen die Schwermetallager im Roten Meer etwa 130 Millionen Tonnen Erze enthalten. Entsprechend dem Gehalt an Kupfer, Zink, Silber und Gold haben sie einen Wert von rund eineinhalb Milliarden Dollar. Dabei wurde der Geldwert des Eisens und des Mangans in dieser Berechnung noch nicht einmal berücksichtigt."

Vor der Südwestküste Afrikas kann man gelegentlich einem Ungetüm begegnen, das mit einem Schiff nur gemeinsam hat, daß es schwimmt. Es sieht fast aus wie eine Fabrik, die auf einen hundert Meter langen Transportkahn verladen wurde. Ein Gewirr von dicken Rohrleitungen und Schläuchen umschließt das stählerne Durcheinander, und an der Seite platscht ständig ein dicker Strahl von schlammigem Wasser ins Meer. Nicht weniger als 300 Tonnen Schlick werden hier pro Stunde umgewälzt, und das geschieht 24 Stunden pro Tag und 7 Tage in der Woche. Sechs mächtige Anker von je fünf Tonnen Gewicht halten diese schwimmende Fabrikanlage in ihrer Position.

Der Name dieses Schiffes, wenn man von einem solchen überhaupt sprechen will, verrät, wozu es da ist: Es heißt *Diamantkus* und wurde gebaut, um auf verhältnismäßig einfache Weise Diamanten vom Ozeanboden zu holen. Während man an Land im Durchschnitt etwa 35 Tonnen Erde und Felsen verarbeiten muß, um einen Diamanten von durchschnittlich 1 Karat zu erhalten, wird in jeder Tonne Meeresbodenschlamm ein Diamant gefunden, der bis zu 4 Karat hat. Schon mit einem Vorläufer der *Diamantkus* wurden pro Tag Diamanten im Gesamtgewicht von 700 Karat gewonnen, und zwar Steine in Schmuckqualität.

Vor der Südwestküste Afrikas wurden schon immer vereinzelt Diamanten gefunden, und die Geologen der Diamantminen Südwestafrikas waren schon lange davon überzeugt, daß sich die an Land so ertragreichen Diamantvorkommen auch unter den Fluten des Atlantischen Ozeans fortsetzen. Ein Abbau erschien jedoch unrentabel, weil man die kostbaren Steine erst in größerer Tiefe vermutete.

So erntete der britische Ingenieur Peter Keeble nur ein mitleidiges Lächeln der Fachleute, als er schon in den dreißiger Jahren unseres Jahrhunderts auf dem Meeresgrund vor den Mündungen der südwestafrikanischen Flüsse nach den kostbaren Edelsteinen fischte. Das Material, das er heraufholte, enthielt zwar nur sehr kleine Diamanten, doch für Keeble war das Beweis genug für seine Theorie, daß der Ozeanboden hier wesentlich ergiebiger sei als die erloschenen Vulkanschlote, die man an Land ausbeutet. Es gelang ihm jedoch nicht, die Diamantengesellschaften für seine Abbaupläne zu gewinnen.

Nach dem Zweiten Weltkrieg kehrte Keeble zurück, und immer noch rieten ihm die Experten, sein Vorhaben schleunigst zu vergessen. Doch 1959 hörte ein unternehmungslustiger amerikanischer Konstrukteur namens Sammy Collins von Keebles Theorie, und er schlug ihm vor, gemeinsam ein Unternehmen zur Ausbeutung der Unterwasser-Diamantvorkommen zu gründen: „The Marine Diamond Corporation". Collins hatte ein gewisses Ansehen als Konstrukteur von Unterwasser-Rohrleitungen, doch bei einem Pipeline-Projekt im Irak hatte der dynamische Texaner gerade ein Vermögen verloren. Das hinderte ihn nicht daran, sich in ein anderes Abenteuer zu stürzen.

Die neue Gesellschaft erwarb von der südafrikanischen Regierung die Schürfkonzession für den gesamten Küstenstreifen von der Oranjemündung bis zur Lüderitzbucht, ein Gebiet von etwa 300 Kilometer Länge und 5 Kilometer Breite. Bereits bei einem ersten Versuch wurden in einer Bodenprobe von 4,5 Tonnen insgesamt 9 Karat Diamanten im Wert von etwa 2000 Mark gefunden. Sofort begann man mit der Entwicklung einer geeigneten Abbautechnik. Ein Jahr später stand eine hydraulische Schürfeinrichtung zur Verfügung, die in Tiefen bis zu 30 Metern arbeiten konnte und an Bord eines ehemaligen Bergungsschiffes installiert war.

DOWB (Deep Ocean Work Boat, zu deutsch: Tiefseearbeitsboot) heißt dieses amerikanische Fahrzeug, das vor allem der Suche nach Bodenschätzen im Meeresgrund des Schelfgürtels der USA dient.

Die Fördererergebnisse waren überraschend gut, reichten aber noch nicht für einen rentablen Betrieb aus. Ein größeres Schiff, das mit einer Mannschaft von 53 Leuten drei Monate lang auf See bleiben konnte, wurde erworben und umgebaut. Dieses Schiff führte bereits zu einem vollen Erfolg, wurde aber durch einen Sturm zerschlagen und mußte aufgegeben werden.

Wieder erwarb die MDC ein größeres Schiff, und schließlich baute man die *Diamantkus*, das erste speziell für den Diamantenabbau entworfene Schiff. Es ist nicht das einzige geblieben, und heute operiert vor der südafrikanischen Küste bereits eine kleine Flotte von Diamantenschiffen. Zum Teil sind sie schon so weit automatisiert, daß man heute mit einer Besatzung von nur 17 Mann auskommt.

Die Diamantenschiffe schleppen ein langes Rohr mit ziemlich großem Durchmesser über den Boden. Unten und von der Seite her wird in das Rohr Luft gepumpt,

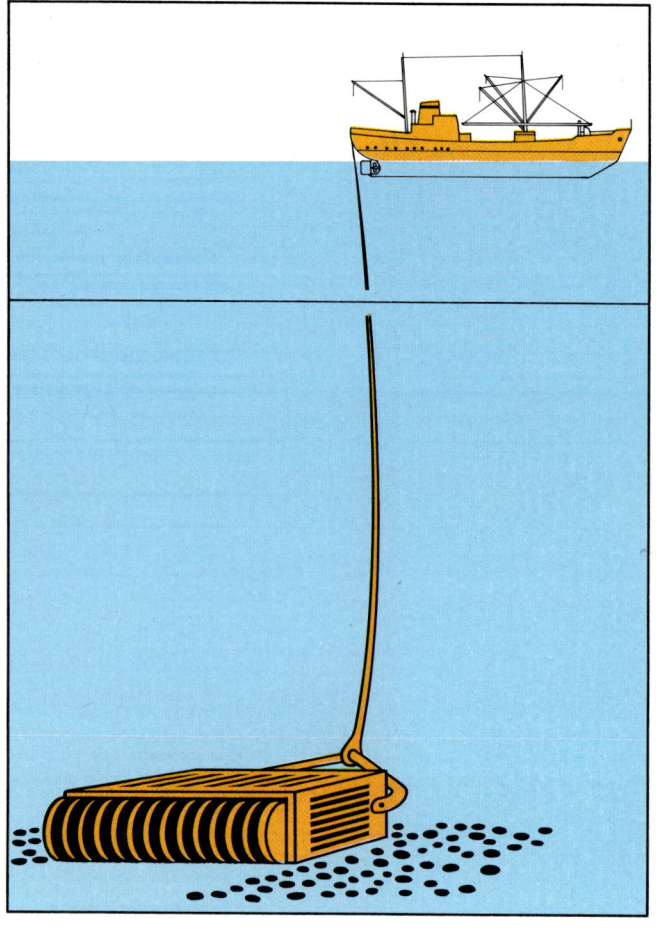

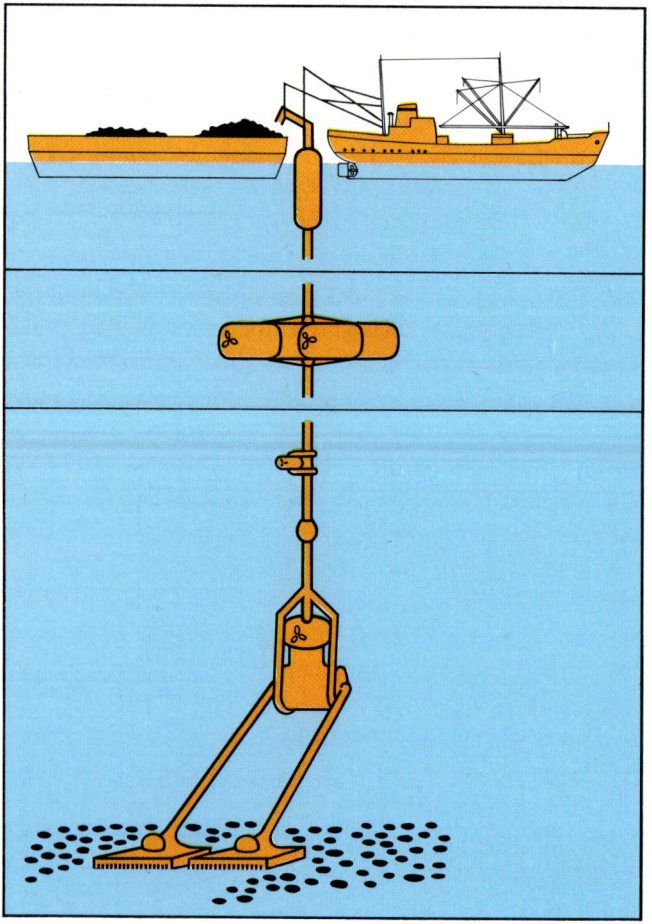

die das Wasser über dem Grund und das darin aufgewirbelte Material nach oben reißt. Zusätzlich wird der Meeresboden mit einem kräftigen Wasserstrahl bearbeitet, der das nach oben zu befördernde Material aufwühlt. An Bord des Schiffes trennt man das Wasser und das grobe Material. In sieben weiteren Stufen wird der Schlamm ausgewaschen, gesiebt und konzentriert, und was davon übrigbleibt, gelangt auf ein eingefettetes Transportband, an dem die etwa vorhandenen Diamanten hängenbleiben. Sein im Irak verlorenes Vermögen hat Collins heute mehrfach zurückgewonnen.

Die kostbaren Knollen auf dem Meeresboden

Alle diese Bodenschätze werden an Menge durch die riesigen Felder eigenartiger metallhaltiger Knollen übertroffen, die in vielen Meeren weite Strecken des Grundes bedecken. Bereits bei den Forschungsfahrten der *Challenger* in den Jahren 1873 bis 1876, die als Beginn der Tiefseeforschung in der modernen Ozeanographie gelten, wurden an verschiedenen Stellen des Atlantiks diese Gebilde entdeckt, die sich vor allem durch eine ungewöhnlich hohe Konzentration von wertvollem Mangandioxid (MnO_2) auszeichnen.

Bei Forschungsfahrten amerikanischer und russischer Expeditionen im Pazifik wurden später auch dort große Lager solcher Manganknollen entdeckt. Heute kennt man verschiedene ozeanische Gebiete, deren Böden regelrecht damit gepflastert sind, und wenn nur ein Prozent dieser Knollen einer technischen Nutzung zugeführt würde, könnte man auf diese Weise den Weltbedarf an bestimmten Metallen für Jahrhunderte und Jahrtausende decken. Der Metallwert dieser Knollen beträgt nach heutigen Weltmarktpreisen zwischen 150 und 200 DM je Tonne. Nur bekommt man sie leider nicht umsonst. Man muß sie an die Meeresoberfläche bringen und von dort per Schiff zur Verarbeitung an Land schaffen.

Die Größe der Manganknollen reicht von winzigen, stecknadelkopfgroßen Kügelchen über Knollen von Kartoffelgröße bis zu großen Gesteinsbrocken. Die größte bisher registrierte Manganknolle wog 850 Kilogramm und war in ein Telegraphenkabel verwickelt, das 1958 etwa 500 Kilometer östlich der Philippinen heraufgeholt wurde. Im allgemeinen liegt der Durchmesser der Knollen bei 3 Zentimetern. Merkwürdigerweise haben die

Techniker in den USA schlagen vor, die wertvollen Manganknollenlager auf dem Meeresgrund mit Geräten abzubauen, die gewaltigen Teppichkehrern (oben) oder überdimensionalen Staubsaugern (unten) ähneln. Über Saugrohre wird der begehrte Rohstoff in Leichter gepumpt und zur Verarbeitung an Land befördert.

Knollen eines Feldes meist etwa die gleiche Größe und sind ziemlich gleichmäßig verteilt. Auf Unterwasserphotos ist das oft gut zu erkennen.

Der Mangangehalt von 54 Knollen, die aus dem Pazifischen Ozean kamen, lag zwischen 8,2 und 41,1 Prozent, der Eisengehalt zwischen 2,4 und 26,6 Prozent. Weitere technisch interessante, in den Manganknollen enthaltene Metalle sind Kobalt, Nickel, Kupfer und Titan. Ihre maximale Konzentration lag bei diesen 54 Proben zwischen 1,6 und 2,3 Prozent.

Sägt man eine Manganknolle in der Mitte durch, dann stößt man in ihrem Zentrum meist auf die eigenartigsten Körper: kleine Gesteinsbrocken, Knochenstücke, Schwämme, Haifischzähne und ähnliche Dinge. Wie das Wachstum einer Perle in einer Muschel durch ein eingedrungenes Sandkorn ausgelöst wird, so bilden sich auch die Manganknollen um einen Fremdkörper herum. Aber man hat schon manche Manganknollen aufgeschnitten und im Zentrum keinen Fremdkörper gefunden. Vielleicht war in diesem Fall ein winziger Splitter einer älteren Knolle die Keimzelle, vielleicht setzte hier das Knollenwachstum aber auch spontan ein.

Wie diese Gebilde entstehen, weiß bis heute niemand genau, doch nimmt man an, daß Bakterien an der Anlagerung der metallischen Elemente des Meerwassers beteiligt sind und möglicherweise entscheidend zur Entstehung der rätselhaften Knollen beitragen. Diese bilden sich wahrscheinlich im Laufe von Tausenden und Hunderttausenden von Jahren. Wissenschaftler haben ausgerechnet, daß etwa 10 Millionen Tonnen Material im Laufe eines Jahres von der Natur zu Manganknollen verarbeitet werden.

Eine andere Frage ist, wie es zu der eigenartigen schalenförmigen Struktur der Knollen gekommen ist. Mitunter liegen in einer Knolle, wie bei einer Zwiebel, viele einzelne Schalen übereinander. Wenn man ein solches Gebilde zerschlägt, zerspringt es in Schalenstücke. Offensichtlich wird das Wachstum der Manganknollen periodisch unterbrochen. Aber warum und wie kommt es dazu? Ändert sich vielleicht die Zahl oder Art der Mikroorganismen, die möglicherweise bei der Bildung der Knollen die Hauptrolle spielen? Oder schwankt die Konzentration der Rohstoffe im Ozean — vielleicht auf Grund veränderter Meeresströmungen?

In verschiedenen ozeanographischen Laboratorien laufen Experimente mit dem Ziel, den Bildungsprozeß der Manganknollen künstlich einzuleiten und fortzuführen. Wenn diese Versuche Erfolg haben, hätte man den Schlüssel für neue Methoden zur Gewinnung von Rohstoffen aus dem Meer. Schlagen die Experimente fehl, so wäre das aber auch nicht so tragisch. Es bleibt dann immer noch der Abbau der von der Natur angelegten Knollenfelder. Bekannte amerikanische und europäische Firmen sind dabei, für diesen Zweck geeignete Spezialmaschinen zu entwickeln.

Viele Quadratkilometer des Ozeanbodens im Atlantik und anderen Meeren sind übersät mit solchen Knollen von Stecknadelkopfgröße bis zum Umfang eines dicken Felsbrockens. Sie enthalten Mangan, Kobalt, Nickel, Titan und andere seltene Metalle.

Schon bei den *Challenger*-Expeditionen in den siebziger Jahren des vorigen Jahrhunderts entdeckte man auf dem Meeresgrund neben den Manganklumpen noch eine zweite Art von Knollen. Sie enthielten kaum Metallverbindungen, aber bis zu 30 Prozent Phosphat, ein begehrtes Düngemittel. Wie die Manganknollen, so findet man auch die Phosphatknollen auf dem Meeresboden in mächtigen Feldern, die alle mehr oder weniger in Küstennähe auf dem Schelf liegen, also in jenen Bereichen, die noch zu den Sockeln der Kontinente zählen. Das macht ihren Abbau besonders interessant und ist zugleich ein Hinweis auf ihren Ursprung.

Die Phosphatklumpen sind Abbauprodukte organischen Lebens; ihre Felder liegen vor allem vor den Mündungen der großen Flüsse und dort, wo warme und kalte Meeresströmungen sich vermischen. In solchen Gebieten stirbt viel Plankton und anderes pflanzliches und tierisches Leben. Wo größere Mengen organischer Substanz zerfallen, gehen Phosphatverbindungen in Lösung; sie bilden im Meerwasser allmählich winzige Partikel, und daraus entstehen nach und nach größere und festere

Zusammenschlüsse, die endlich die Größe von mächtigen Knollen erreichen.

Vor der Küste Kaliforniens liegen Phosphatknollen mit einem Gewicht von einem Zentner und mehr. Die Durchschnittsgröße liegt in diesem Gebiet allerdings bei einem Durchmesser von 5 Zentimetern. Allein vor Südkalifornien ist ein Gebiet von etwa 15 000 Quadratkilometern mit insgesamt 1 Milliarde Tonnen Phosphatklumpen bedeckt. Wenn man davon ausgeht, daß zehn Prozent aller Schelfgebiete der Ozeane ähnliche Lagerstätten aufweisen, dann entspricht das einer Gesamtmenge von 300 Milliarden Tonnen Phosphat. Wenn davon wiederum nur 10 Prozent mit rationellen Methoden abgebaut werden können, ließe sich so viel Kunstdünger erzeugen, daß der gegenwärtige Verbrauch der Welt für 1000 Jahre gedeckt wäre. Die Phosphatgewinnung aus dem Meer könnte vor allem vielen küstennahen Entwicklungsländern helfen, ihre landwirtschaftliche Produktion zu steigern. Sie verfügen selten über eine Stahlindustrie, bei der Phosphate vielfach als Nebenprodukte anfallen, und der Import ist wegen der hohen Transportkosten sehr teuer. Der Abbau eines Knollenfeldes im unmittelbaren Küstenbereich wäre unter Umständen wesentlich billiger.

Vorstoß in den Untergrund

Im Golf von Mexiko gibt es neben dem Meerwasser-Magnesiumwerk in Freeport noch eine zweite, in der Welt einmalige Anlage zur Gewinnung ozeanischer Schätze. 10 Kilometer vor der Küste von Louisiana steht wie eine riesige Spinne mitten im Meer eine Stahlkonstruktion, die rund 30 Millionen Dollar gekostet und, aus der Luft betrachtet, die Form eines gewaltigen „Y" hat; jeder seiner drei Arme ist etwa 500 Meter lang. An zwei Enden befindet sich je eine Plattform mit einem Bohrturm. Der dritte Arm führt zu einem Hubschrauberlandeplatz, zu einem Quartier für 150 Arbeiter und zu einem Heizwerk mit Stromerzeugungsanlage. Das stählerne Ungetüm dient zum Abbau eines Schwefellagers von 67 bis 130 Meter Dicke, das sich über eine Fläche von etwa 100 Hektar erstreckt und in einer Tiefe von 500 bis 700 Metern unter dem Meeresboden liegt. Es gilt als eines der mächtigsten Schwefellager der Welt.

Der Schwefel wird gewissermaßen aus dem Meer herausgeschmolzen. Von den beiden Bohrtürmen aus werden drei konzentrisch ineinandergefügte Rohre in den Untergrund getrieben. Wo diese Rüssel im Schwefellager stecken, ist das äußere Rohr mit vielen Löchern versehen, durch die 175° C heißes Wasser hinausgepreßt wird. Das Wasser dringt in den Schwefel vor und bringt ihn zum Schmelzen. Der flüssige Schwefel sammelt sich weiter unten und fließt mit dem Wasser durch ähnliche Löcher in den mittleren Rohrmantel. Dort wird durch ein

dünnes drittes Rohr Preßluft in den mit Wasser vermischten flüssigen Schwefel gedrückt, so daß er nach oben gepreßt wird.

Auf der künstlichen Insel werden in einem Absetzbecken Luft und Wasser vom Schwefel getrennt, der dann, immer noch heiß, durch ein auf dem Meeresboden ausgelegtes geheiztes Rohr an Land befördert, dort gelagert und endlich in Tankwagen gepumpt wird.

Das Schwefellager im Golf von Mexiko wurde entdeckt, als eine Ölgesellschaft unterseeische Öl- und Erdgasquellen erschließen wollte. Das Erdöl hat weite Strecken der Küstenlandschaften im Golf von Mexiko, vor Kalifornien, vor Venezuela und selbst der Nordsee verändert. Mächtige Bohrinseln aus Stahl stehen auf langen Spinnenbeinen im Meer, nicht selten an Stellen, die 25 und 30 Meter tief sind; schwimmende Bohrinseln arbeiten dort, wo das Wasser zu tief ist, als daß man die Plattform auf Beine stellen könnte.

Immer noch ist diese Art der Ölgewinnung schwierig und von den Launen der See abhängig. Hurrikane haben Bohrinseln in der Karibischen See zerschmettert, schwere Seen ihre Stelzen wie Streichhölzer geknickt, und besonders in der rauhen Nordsee, in der vor allem nach Erdgas gebohrt wird, stellt der „Bergbau unter Wasser" ein heikles Unterfangen dar. Die ideale Lösung dieser Probleme wären Unterwasserbohrschiffe, von denen aus Taucher, ungestört von Wellengang und Wetter, auf dem Grund des Schelfmeeres — dort nämlich liegen die Öl- und Gasvorkommen — die Quellen erschließen und Rohrleitungen verlegen könnten, in denen das Öl oder Gas an die Oberfläche oder zum Festland transportiert wird.

Immerhin stammt heute schon fast ein Sechstel der Welterdölproduktion aus dem Meer. Die amerikanische Ölindustrie, die gewaltige Summen in die weitere Erforschung der Vorkommen und technischen Möglichkeiten für ihre Ausbeutung investiert, hat bis heute etwa 9000 Ölquellen auf dem Meeresboden erschlossen.

Wenn man sich daran erinnert, daß die heutigen Küstenlinien der Kontinente verhältnismäßig zufälligen Charakter tragen — ein Schmelzen der polaren Eiskappen oder eine vermehrte Anhäufung von Eis an den Polen würde sie sehr erheblich verschieben —, dann kann man annehmen, daß dort, wo es heute an Land solche Lagerstätten in Küstennähe gibt, sich diese auch unter dem Meer noch fortsetzen. Und so werden gegenwärtig überall dort, wo diese Voraussetzung zutrifft, die Schelfgebiete nach Öl durchsucht, etwa vor den Küsten Japans, vor Borneo und Sumatra, entlang den Küsten Libyens, Westafrikas, Nigerias und Ägyptens. Aber auch in Südamerika, vor den Küsten Perus, Ekuadors und Venezuelas, hat eine eifrige Suche eingesetzt, oft mit Erfolg. Es gibt heute Schätzungen, denen zufolge die Erdölreserven innerhalb der Schelfgebiete genauso groß sein sollen wie die Reserven der Festländer.

Wie ein riesiges Insekt steht diese Förderanlage auf langen Stelzbeinen vor der Küste von Louisiana im Golf von Mexiko. Die im Grundriß Y-förmige Konstruktion aus Stahl dient dem Abbau großer Schwefellager unter dem Meeresboden. Neben den technischen Einrichtungen trägt sie auch die Wohnquartiere für die Ingenieure und die Arbeiter. Der Schwefel wird in seiner submarinen Lagerstätte verflüssigt, durch Rohrleitungen an die Oberfläche gepreßt und von dort zu den Verarbeitungsanlagen an Land befördert.

Strom und Trinkwasser aus dem Meer

Der Gedanke an die gewaltigen Kräfte des Meeres, an Wind und Wellen, an Strömungen und Tiden und ihre Nutzung hat immer wieder phantasiebegabte Leute zu den abenteuerlichsten Plänen angeregt. Da gab es Vorschläge, bestimmte Meerengen mit Dämmen abzuriegeln, um Meeresströmungen abzulenken und so bestimmte Klimaveränderungen hervorzurufen — zum eigenen Nutzen oder zum Nachteil anderer. Beispielsweise riet während des Ersten Weltkrieges jemand in den USA dazu, zwischen der Südspitze Floridas und Kuba einen Damm ins Meer zu bauen, um den Floridastrom nach Südosten fließen zu lassen. Dadurch wäre dem Golfstrom der Nachschub des warmen Wassers aus dem Golf von Mexiko genommen, er würde sich abkühlen und vielleicht sogar verschwinden — und in Nord- und Mitteleuropa müßte sich ein sibirisches Klima entwickeln. Der Mann, der diesen Vorschlag machte, folgerte, daß eisige Winter die Deutschen zur Beendigung des Krieges zwingen würden. Er hatte aber nicht bedacht,

daß zum Beispiel die amerikanische Ostküste ebenso betroffen wäre, daß etwa in New York ein Klima wie in Alaska herrschen würde, ganz zu schweigen von den klimatischen Verhältnissen in den Ländern der damaligen Verbündeten in Europa.

Aber der Mensch hat die Kräfte des Meeres schon in seinen Dienst genommen. Ebbe und Flut erzeugen elektrischen Strom, in bescheidenem Maße allerdings, wenn man die Leistung des ersten Gezeitenkraftwerkes der Welt mit den kaum abschätzbaren Energien vergleicht, die in der „Dampfmaschine Ozean" stecken. In der Mündung des Rance-Flusses bei dem französischen Atlantikhafen St.-Malo erzeugt ein Gezeitenkraftwerk seit über zwölf Jahren viele Millionen Kilowattstunden Strom. Ebbe und Flut versorgen Teile der Bretagne mit elektrischer Energie, indem sie täglich zweimal gewaltige Wassermassen in die Staubecken des Kraftwerkes transportieren. Das Wasser strömt durch 24 große Rohre, in denen es die Turbinen der Stromgeneratoren dreht. Dabei leistet das Meerwasser doppelte Arbeit. Es treibt die Turbinen an, wenn es mit dem Flutstrom in das Staubecken eindringt, und einige Stunden später abermals, wenn der Ebbstrom wieder einsetzt.

An vielen anderen Küstenplätzen, zumal an großen Strommündungen oder in Buchten, die einen starken Gezeitenhub haben — bei St.-Malo beträgt der Unterschied zwischen Ebbe und Flut 13 bis 15 Meter —, lassen sich nach den Erfahrungen am Rance-Fluß ähnliche Kraftwerke installieren. In England gibt es Pläne für ein Gezeitenkraftwerk an der Severnmündung, und auch in der Sowjetunion, in Australien, Kanada und vielen anderen Ländern plant man derartige Kraftquellen. Wenn in den nächsten zwanzig Jahren der Strombedarf der Welt sich vervierfachen und verfünffachen wird, wie viele Berechnungen ergeben, wird der Ozean mit seinen Kräften wahrscheinlich ein wichtiger Helfer bei der Erzeugung der unentbehrlichen Energien sein.

Phantastisch, aber der Wirklichkeit sicherlich näher als die Idee von quer durch das Meer gebauten Dämmen und ähnliche Utopien mutet ein Vorschlag an, den vor Jahren einige Meeresforscher machten: Um die Trinkwasserknappheit großer Küstenstädte zu beseitigen, empfahlen sie, große Schlepper sollten einige der mächtigsten der aus Süßwasser bestehenden Eisberge aus den arktischen und antarktischen Regionen des Ozeans in die gemäßigten Breiten bugsieren. Dort vor dicht besiedelten Gebieten, in denen Süßwasser rar ist, auf Grund gesetzt, könnte ein solcher Eisberg jahrelang das begehrte Naß liefern. Er würde langsam schmelzen, und das leichte Schmelzwasser, das wegen seines Salzmangels an der Meeresoberfläche bliebe, könnte ohne große Schwierigkeiten an Land gepumpt werden. Aber auch diese Idee wurde bis zum heutigen Tage nicht verwirklicht, weil man befürchtet, daß ein riesiger Eisberg das Klima der Küstenstriche verschlechtern würde, vor denen er liegt.

Trinkwasser aus dem Meer zu beschaffen, das heißt, das Seewasser zu entsalzen, ist dennoch lebensnotwendig geworden, und der von Jahr zu Jahr steigende Wasserverbrauch in der ganzen Welt zwingt dazu, geeignete Verfahren zu entwickeln.

Schon trinken Millionen von Menschen in vielen Ländern frisches Wasser aus dem Meer und verbrauchen es im Haushalt. Annähernd 28 000 Liter Süßwasser täglich produziert eine einfache Verdampfungsanlage auf der griechischen Insel Patmos. Diese erste größere solare Destillieranlage der Welt kennt keine Energieprobleme, denn die Sonne liefert die Kraft. Nachts in überdachte Becken gepumptes Seewasser verdunstet tagsüber, und der salzfreie Wasserdampf schlägt sich innen an Dächern aus Kunststoffplatten nieder, kühlt ab und wird zu Wasser, das man auffängt und in Tanks sammelt.

Gewaltig brodelnd entweicht Erdgas aus dem Untergrund der Nordsee, wo von der Plattform „Mr. Louis" aus die mächtigen Erdgaslager in diesem Gebiet angebohrt wurden. Auch Öl liegt unter der Nordsee.

Andere Meerwasser-Entsalzungsanlagen — in Arabien und Israel, an der kalifornischen Küste und an vielen anderen trockenen Plätzen der Welt — arbeiten mit Ionen-Austauschern oder mit Verdampfungssystemen, die durch Kernkraftwerke geheizt werden. Experimente haben gezeigt, daß man durch besondere Gefrierverfahren das Salz ausscheiden kann. Selbst Lebewesen versucht man zur Trinkwassererzeugung aus der See heranzuziehen: Algen verbrauchen große Mengen der im Meerwasser gelösten Salze. Vielleicht können auch diese Pflanzen eines Tages dazu beitragen, den gewaltigen Durst der Menschen und ihrer Industrien zu löschen. Nicht selten ist dieser Durst dort am größten, wo Wasser — salzhaltiges Meerwasser allerdings — in Mengen vorhanden ist, beispielsweise in den küstennahen Trockengebieten Afrikas und des amerikanischen Kontinents.

Das internationale Wettrennen um die Schätze, die das Meer neben der Nahrung verborgen hält, hat begonnen. Die Intensität und der Aufwand, mit denen die Entwicklung voranschreitet, die ganz neue Technik, die aus diesen Anstrengungen hervorgeht, könnten in gar nicht ferner Zeit, vielleicht schon in den nächsten zehn Jahren, folgende Vision vom alltäglichen Umgang mit den Produkten des Ozeans Wirklichkeit werden lassen: Stellen wir uns eine junge Hausfrau vor, die in ihrer Küche das Mittagessen zubereitet. Der Kochtopf, den sie auf ihren Elektroherd stellt, besteht aus einer Metallegierung, deren Bestandteile samt und sonders aus dem Meer stammen — Magnesium und Nickel vielleicht. Das Kochwasser kommt aus der nächstgelegenen Meerwasserentsalzungsanlage und der Strom, den sie zum Kochen braucht, natürlich aus einem Gezeitenkraftwerk. Das Gemüse in ihrem Kochtopf wurde mit Phosphaten aus dem Ozean gedüngt, und die Seezunge, die sie zubereitet, wurde aus dem Meer gefischt (oder in einem jener großen Zuchtbecken herangefüttert, deren warmes, für die Fischzucht besonders günstiges Meerwasser aus dem Kühlsystem eines großen Kraftwerkes stammt). Gesalzen werden die Speisen mit einer Prise Meersalz. Vielleicht denkt die junge Frau in diesem Augenblick daran, daß morgen ihr Geburtstag oder ihr Hochzeitstag ist, vielleicht freut sie sich auf ein Geschenk, das ihr Mann ihr mit nach Hause bringen könnte — möglicherweise Perlen, einen goldenen Ring oder sogar einen Diamanten. Selbst dieser Schmuck könnte aus dem Meer kommen...

„The Sea around us" (Das Meer um uns) — so lautet der englische Titel eines berühmten Buches der Amerikanerin Rachel L. Carson. Dieser Titel drückt aus, was

Am Rande der Negev-Wüste erzeugt diese an ein elektrisches Kraftwerk angeschlossene Meerwasserentsalzungsanlage täglich fast 4 Millionen Liter Süßwasser. Eines Tages werden solche Anlagen vielleicht die Wüsten bewässern und fruchtbar machen, vorerst aber können sie nur das dringend benötigte Trinkwasser produzieren.

Quer durch den Rance-Fluß bei St. Malo an der französischen Bretagneküste spannt sich das erste Gezeiten-kraftwerk der Welt. Die starken Ebbe- und Flutströme in diesem Gebiet treiben 24 Turbinen an, die täglich zwischen 40 und 45 Millionen Kilowattstunden Strom erzeugen. Ähnliche Projekte sind auch in Rußland und in den USA geplant, doch sind noch viele technische Probleme zu überwinden. Den Ingenieuren, die das französische Gezeitenkraftwerk bauten, ist es zum Beispiel noch nicht gelungen, die durch unterschiedliche Gezeitenstärken entstehenden Leistungsdifferenzen auszugleichen.

jeder, der nicht direkt an einer Küste lebt, so leicht vergißt: daß unser Dasein sich nämlich auf Inseln im großen Weltozean vollzieht, daß das „Meer um uns" eine weit größere Rolle für die menschliche Existenz spielt, als wir gemeinhin wahrnehmen. In Zukunft aber wird das Meer noch mehr „um uns" sein. Die Schätze und Kräfte des Ozeans werden unser tägliches Leben beeinflussen wie nie zuvor.

Bei diesen Überlegungen taucht die Frage auf: Wem gehört es eigentlich, dieses große Meer? Die Menschheit hat sich daran gewöhnt, daß die Landflächen der Kontinente aufgeteilt wurden — in Staaten, Länder, Gemeinden, Parzellen, Grundstücke und so weiter. Was aber ist mit den weiten Wasserflächen zwischen den Festländern, was mit dem Raum zwischen Meeresspiegel und Meeresgrund, was mit dem Boden des Ozeans, in dem noch so viele Schätze schlummern? Wem gehören sie?

Man kann den Ozean nicht einfach unter ein paar Nationen aufteilen, wie das einst mit den Kolonialgebieten geschah. Aber das Problem ist kompliziert, die gerechte Verteilung schwierig. Schmale, langgestreckte Küstenländer könnten unter Umständen unverhältnismäßig günstig abschneiden, wenn man ähnlich verführe wie bei der Festsetzung der Hoheitsgrenzen an der Oberfläche des Meeres. Andere, die zwar ein ausgedehntes Hinterland, aber nur wenig Küsten haben, wären erheblich benachteiligt.

Verschiedene Nationen haben bereits die Schelfe und den Kontinentalabhang vor ihren Küsten für sich beansprucht, ohne internationale Abmachungen abzuwarten. Aber das letzte Wort in dieser Frage ist noch nicht gesprochen. Der Reichtum der Meere gehört allen und muß allen zugänglich gemacht werden. Das Recht, diese Schätze zu heben, muß für alle Völker gesichert werden.

Gerd Harms-Hausmann

LEBEN IM MEER

Aus vielen Berichten, die Seefahrer früherer Zeiten uns hinterlassen haben, spricht eine abergläubische Scheu vor den unheimlichen und gefährlichen Geschöpfen des Meeres. Wohl kannte der Fischer diejenigen Lebewesen, denen er mit Netz und Angel, mit Speer oder Reuse nachstellte, den Hering, den Dorsch, die Scholle und den Thunfisch, die Muscheln und Tintenfische. Geriet ihm aber einmal ein unbekanntes Tier ins Netz, so beförderte er das seltsame Wesen möglichst schnell in sein nasses Element zurück.

Legenden und Märchen rankten sich um viele dieser fremdartigen Geschöpfe aus einer unbekannten Welt. Im Bauch eines unheimlichen, großen Fisches sang Jonas seinen Psalm. Nordische Mythen erzählen von einem gewaltigen Seeungeheuer, das täglich zweimal die Wasser des Meeres in seinen Schlund einsaugt und wieder ausspeit und so Ebbe und Flut verursacht. Antike Sagen berichten von engen Freundschaften zwischen Delphinen und Menschen — Sagen übrigens, an deren Wirklichkeit wir heute keinen Zweifel mehr haben.

Von der Reling eines Schiffes aus nahm der Seereisende meist nur die Oberfläche des Meeres wahr, allenfalls Zeichen eines Lebens, das sich dicht unter ihr abspielte. Die Wasseroberfläche wurde als eine Grenze respektiert, jenseits deren den Menschen nur Schrecken erwarteten. „Da unten aber ists fürchterlich", dichtete Schiller, „und der Mensch versuche die Götter nicht und begehre nimmer und nimmer zu schauen, was sie gnädig bedecken mit Nacht und Grauen." Höchstens ein paar Naturforscher interessierten sich für den gelegentlichen absonderlichen Fang eines Fischers, für einen Fund am Strand, der zu wissenschaftlichen Spekulationen, aber oft auch zu wilden Phantasien reizen mochte. So beschrieb Olaus Magnus, der naturkundlich sehr interessierte Erzbischof von Uppsala, im Jahre 1556 ein sonderbares Tier des Meeres: „Seine Gestalt ist schrecklich; der Kopf, viereckig und mit Stacheln übersät, überall mit

scharfen und langen Hörnern, wie ein Baum Wurzeln hat, ist zehn Ellen lang, tiefschwarz und mit großen Augen; sein Umfang ist acht oder zehn Ellen groß; der Augapfel, eine Elle groß, ist von feurig roter Farbe ... Ein solches Ungeheuer kann leicht viele große Schiffe, mit vielen starken Seeleuten bemannt, versenken ..."

Wir wissen nicht, welches Tier Olaus Magnus meinte. Sicher beruht seine Darstellung auf Schilderungen anderer, wobei wohl die Fabulierlust der Seeleute eine Rolle spielte. Die „langen Hörner wie ein Baum Wurzeln hat" und „der Augapfel, eine Elle groß" deuten aber auf einen jener Riesentintenfische hin, die bis zu zwanzig Meter lang werden können, normalerweise jedoch nicht an die Meeresoberfläche kommen.

Wir haben wenig Ursache, über die von Furcht und Aberglauben getrübten Beobachtungen der Alten zu lächeln. Die Lebenswelt der Ozeane hält auch heute noch Überraschungen bereit, erregende Tatsachen und Zusammenhänge, die sich uns erst seit Beginn der systematischen Erforschung des Meeres erhellen. In den Schleppnetzen und Bodengreifern, die die Wissenschaftler in die Tiefe hinuntersenden, finden sich lebende Beweise für biologische Entwicklungsvorgänge, die vor Jahrmillionen stattgefunden haben.

Der Rhythmus des Lebens ähnelt in einigen Ozeanen dem des Landes. Jahreszeitliche Temperaturschwankungen können, besonders in den gemäßigten Breiten, ein Meeresgebiet von pflanzlichem und tierischem Leben geradezu bersten oder es veröden lassen. In tropischen Regionen gibt es regelrechte „Wüsten der See", weil eine nur geringe Umwälzung des Meerwassers nicht genügend Nährstoffe an die Oberfläche transportiert.

Viele Tiergruppen, die im Meer unübersehbar an Zahl und in den mannigfaltigsten Formen leben, sind weder im Süßwasser noch auf dem Lande vorhanden. Zu ihnen gehören die Stachelhäuter, die Seesterne also und ihre Verwandten, die Seeigel und Seegurken. Quallen, Korallen, Schwämme und andere niedere Tiere im Ozean verkörpern einfache Formen, über die die Entwicklung längst hinausgegangen ist, die aber immer noch weiterexistieren, als Zeugen des Lebens in Urzeiten.

Bestimmte Erscheinungen und Daseinsweisen sind überhaupt nur im Meer möglich. So die gewaltigen Wale,

Eine faszinierende Welt tut sich unter dem Meeresspiegel auf — ein Reich mit eigenen Gesetzen, einer eigenen Schönheit und Farbenpracht. Das gilt besonders für die tropischen Korallenriffe, wo auch der leuchtende Blaue Chromis lebt, ein Korallenbarsch des Westatlantiks.

die größten Lebewesen, die es gibt und je gegeben hat. Der Blauwal wird bis zu dreißig Meter lang und 150 Tonnen schwer; neben ihm wirkt ein Elefant klein. Nur im Wasser, das seinen ungeheuren Leib überall unterstützt und trägt, kann ein solcher Riese existieren. Strandet ein Wal — was nicht selten vorkommt —, so geht er an seiner eigenen Masse zugrunde. Das Gewicht seines Körpers lastet so stark auf seinem Brustkorb, daß die Muskeln nicht mehr imstande sind, ihn auszudehnen und die Lungen mit Luft zu füllen; das Tier erstickt.

Und da sind jene unzähligen winzigen Organismen — Diatomeen, Radiolarien, Foraminiferen —, die freischwebend entstehen und vergehen, ohne je in ihrem Leben festen Grund zu berühren. Auch sie haben außerhalb des Meeres kaum ein Gegenstück. Wohl treibt in der Luft über den Kontinenten eine Fülle von kleinen Tieren, von Dauereiern und Pflanzensporen; doch sie alle kommen vom festen Boden und kehren zu ihm zurück. Selbst die Süßwasserseen sind vergleichsweise arm an freischwebenden Formen.

Bemerkenswerterweise gibt es auch Fische — unter ihnen der Thunfisch —, die offenbar ständig schwimmen und niemals innehalten. Überhaupt schwimmen oder treiben die meisten Geschöpfe des offenen Ozeans in den oberen Wasserschichten und berühren nie den Meeresboden. Einige Tiere sind aber auch ganz und gar dem Grund verhaftet. So die Auster, die in früher Jugend mit einer ihrer Schalen am Boden festwächst und ihren Platz dann nicht mehr verläßt.

Im Ozean finden sich überdies Geschöpfe, die nicht zweiseitig symmetrisch gebaut sind wie die Körper der uns vertrauten Wirbeltiere, Insekten oder Würmer, sondern strahlig symmetrisch, beispielsweise die Seesterne und Seeigel. Andere Tiere sehen aus wie Blumen. Bei vielen Meerestieren sitzt der Mund zwischen den Gliedmaßen, den Armen oder Beinen — etwa bei so verschiedenartigen Geschöpfen wie den Seesternen, den Tintenfischen und dem Pfeilschwanzkrebs. Es gibt Tiere, die ihre Brut sorgsam im Maul hegen, und andere, die gelegentlich ihre Nachkommenschaft auffressen; Tiere, die sich mit Scheinfüßen durch das Wasser bewegen, und solche, die Flossen, Geißeln oder sogar eine Rückstoßvorrichtung benutzen.

Eine derartige Vielfalt tritt dem Betrachter in jeder Hinsicht entgegen. Ob man nun den Bau der Meeresbewohner untersucht, ihre Sinnesorgane, ihre Weisen zu leben, sich zu ernähren, zu verteidigen, sich zu tarnen, zu vermehren — überall herrscht ein überwältigender Reichtum an Formen, Erscheinungen, Konstruktionsprinzipien, ein tausendfaches Weiterdrängen, Sichanpassen und -umformen des Lebens. Es ist, als wollte die Natur demonstrieren, welche Fülle von Möglichkeiten sie zu verwirklichen vermag: So kann man es machen. Und so, und so. Aber es geht wiederum auch ganz anders, wenn die Umstände es verlangen.

Kein Leben ohne die Pflanzen

Die Pflanzenwelt des Meeres steht, was die Zahl der Arten und Vielfalt der Formen anlangt, gegenüber der reicheren Welt des Landes zurück. Doch die ursprünglichen pflanzlichen Daseinsweisen finden sich auch und gerade im Meer. Überhaupt gelten im Ozean die gleichen Grundgesetze des Lebens wie im Süßwasser und auf dem festen Land. Hier wie dort sind Pflanzen die Voraussetzung für die Existenz tierischen Lebens, denn nur sie können aus anorganischer Substanz diejenigen Stoffe aufbauen, die wir als organische bezeichnen und auf die alle Tiere wie auch die Menschen angewiesen sind.

Die Vegetation der Kontinente, die sich bis in die unwirtlichsten Lebensräume der Erde mannigfalt ausgebreitet hat, besteht vor allem aus Sproß- und Blütenpflanzen. In den Meeren fehlen diese „höheren Pflanzen" fast ganz. Der Ozean ist, wenn man von den Seegräsern absieht, die vom Land her eingewandert sind, das Reich der *Thallophyten* (von griechisch „thallos" = Knospe, und „phyton" = Pflanze). Diese stehen im Gegensatz zu den festländischen *Kormophyten* (von griechisch „kormos" = Stamm). Nur die Kormophyten besitzen einen Stamm, Wurzeln, Blätter und Blüten — verschiedene Teile also, die sich nicht nur äußerlich, sondern auch in ihrem inneren Aufbau voneinander unterscheiden. Anders die Thallophyten des Meeres. Scheinbar haben sie ebenfalls Stämme und deutlich erkennbare Blätter; aber in Wahrheit bestehen alle ihre Teile aus gleichartigen Zellen. Überdies fehlt ihnen das System von Gängen und Röhren, mit dessen Hilfe die Landpflanze die Nährstoffe, die sie mit den Wurzeln aufnimmt, in ihrem Körper verteilt. Bei den Thallophyten, zu denen die *Algen* und *Tange* gehören, dient vielmehr die ganze Oberfläche der Nahrungsaufnahme; im Gegensatz zu den Landpflanzen, die ihre Nahrung aus dem Boden lösen müssen, leben die Meerespflanzen in einer Nährlösung. Wenn sie wurzelähnliche Organe besitzen, so nur, um sich damit an einem bestimmten Platz festzuhalten.

Algen und Tange (die großen Formen der Braunalgen) kommen in Tausenden von Arten überall vor: als winzige *Kieselalgen* oder als steinartige *Kalkalgen*, als feingefiederte *Rotalgen* oder als *Sargassumtange*, die äußerlich höheren Pflanzen gleichen. Gewisse *Grünalgen* sehen aus wie Salatblätter, und es gibt Riesentange, die über 100 Meter lang werden. Flächig, fädig oder dreidimensional können die Körper der Algen sein, seidig zart, weich, rauh oder knorpelig und hart. An einigen Stellen überziehen ihre Vertreter schon am Flutsaum wie große Krautfelder die Felsen. Einige wuchern wie Pilzflechten auf Steinen und Gegenständen am Grund, während wieder andere als dichte Tangdickichte mancherlei Getier Schutz und Nahrung bieten.

Die Blütenpflanzen, die auf den Festländern die Hauptmasse der Vegetation ausmachen, sind im Ozean

Die großen Formen der Algen und Tange kommen hauptsächlich in flachen, küstennahen Gewässern vor.
Auf den ersten Blick ähneln sie – mit ihren Stengeln, Blättern und „Wurzeln" (Haftorganen) – den Landpflanzen,
doch sind sie ganz anders gebaut. Die langen Schläuche des Blasentangs – einer Braunalge – sind einerseits
sehr fest und zäh, andererseits aber außerordentlich geschmeidig. Heftige Stürme reißen die Tange in großen
Mengen los und türmen sie auf den Stränden meilenweit zu Wällen auf. Solche Tangansammlungen
entlang der Flutlinie können für den Strandwanderer wahre Fundgruben sein, denn es wimmelt darin häufig
von kleinen Krabben, Fischchen, Schnecken und anderem Kleingetier.

mit nur etwa 30 Arten vertreten. Sie sind vom Land her ins Meer eingewandert und leben nur dort, wo sie in weichen Böden wurzeln können und wo das Wasser so flach ist, daß sie genügend Sonnenlicht bekommen.

An manchen Stränden des Mittelmeeres kann man zuweilen merkwürdige, faust- bis fast kindskopfgroße Gebilde sehen, die dicht an dicht liegen und Flächen von ein paar hundert Quadratmetern bedecken: Kugeln aus einem filzartigen, hellbraunen Material, das sich bei näherer Betrachtung als ein Gemisch aus zahllosen kleinen Pflanzenteilen erweist. Zwischen diesen Bällen und darunter liegt das gleiche Material in Streifen und Haufen.

Diese Pflanzenteile sind zerkleinerte, von der Brandung zerpeitschte Blätter eines *Seegrases*, eines Vertreters der wenigen im Meer wachsenden Blütenpflanzen. Die Blätter werden so lange zermahlen und zerrieben, bis ihre Bestandteile im flachen Wasser einen Brei bilden. Gerät ein fester Gegenstand in den Brei, so rollt er in der Brandung auf dem Grund hin und her, und die Seegrasfasern setzen sich an ihm fest. Haben erst einige einen Halt gefunden, so vergrößert sich die Kugel sehr schnell, ähnlich einem Schneeball, der im feuchten Schnee gerollt wird. Im Innern eines solchen Seeballes findet man häufig einen Pinienzapfen oder einen andern Kern, etwa einen alten Strumpf, ein Stück Tauwerk.

Meist sind die Seegräser, die auch kriechende Wurzelstöcke ausbilden können, ganz von Wasser bedeckt. Sie wurzeln in geringer Tiefe im Sand oder Schlamm und überwachsen oft weite Flächen, die von oben aussehen wie wogende Getreidefelder.

An nördlichen Küsten wird Seegras selten höher als hohe Graspflanzen des Festlandes; überhaupt sieht es dort oft recht grasähnlich aus. Nur in den wärmeren und tropischen Meeren gedeiht das größere, mit seinen breiten Blättern an Schilf erinnernde *Neptungras*, aus dem sich die erwähnten Seebälle formen. Über solche unterseeische Wiesen kann man lange hinwegschwimmen,

ohne etwas anderes zu sehen als die in der Strömung
nickenden oder still im Wasser stehenden Blätter. Aber
der Schein trügt. Die Seegraswiesen wimmeln von vielerlei meist kleinem Getier.

Im Seegras vor Miami hat man einmal die Häufigkeit
einiger Tierarten gezählt und ist zu phantastisch hohen
Zahlen gekommen. So fand man pro Quadratmeter 8170
Exemplare von zwei Arten kleinerer Muscheln, ferner
20 960 kleine Schnecken und 72 Garnelen. Das bedeutet: Auf einem Quadratkilometer leben über 20,9 Milliarden Schnecken. Und 72 Millionen Garnelen.

Große Pflanzen, die im, beziehungsweise direkt am
flachen Wasser tropischer Meere wachsen, geben einigen
echten Meerestieren Lebensraum und Nahrung: die
Mangroven und die *Palmen*. Mangroven gedeihen an
vielen tropischen Küsten im flachen Gezeitenbereich; es
sind Sträucher und Bäume, deren Stelzwurzeln im
Schlamm stecken und ein dichtes, von Menschen kaum
zu durchdringendes Verhau bilden. Mit diesen Wurzeln
verankern sich die Bäume nicht nur im Boden, sondern
sie atmen auch mit ihnen; der Aufnahme von Nährstoffen aus dem Schlamm hingegen dienen die Spitzen
der Hauptwurzeln. Die besondere Art der Atmung ist
deshalb notwendig, weil der Schlamm sehr wenig Sauerstoff enthält; er wird nie durchlüftet, und die in ihm reichlich vorhandenen Bakterien brauchen die Sauerstoffvor-
räte bei der Verarbeitung von verwesendem Material auf.

Die tierischen Bewohner des Mangrovenreiches kriechen, krabbeln und hüpfen nicht nur auf den mitunter
trockenfallenden Schlammflächen umher, sondern auch
auf den Wurzeln und Stämmen der Pflanzen. Es sind
Weichtiere, eine große Zahl von Krabben und der
Schlammspringer, ein Fisch, der seinen Schwanz und die
Brustflossen wie Beine benutzen kann.

Auch die königlichen Palmen, die nicht mehr im flachen Wasser, sondern oberhalb der Hochwasserzone siedeln, bekommen in bestimmten tropischen Gegenden gelegentlich Besuch aus dem Meer: vom „*Palmendieb*“,
einer Krabbe, die bis in die hoch gelegenen Fruchtstände
klettert, mit ihren kräftigen Scheren die Früchte abzwickt,
wieder heruntersteigt und öffnet und verzehrt.

Die Verbreitung der Palmen, die man noch auf den
kleinsten Koralleninseln, fernab von allen Kontinenten,
findet und die zu den ersten Besiedlern neuer Inseln gehören, besorgen die Meeresströmungen, indem sie die
Früchte von Strand zu Strand befördern. Harte Schalen
und faserige Hüllen schützen die Palmfrucht vor dem zu
frühen Eindringen des Seewassers und gegen Stöße in
der Brandung, die sie gegen die Riffe schleudert. Erst
wenn die Frucht hoch einen Strand hinauf gespült worden ist, kann der auswachsende Keimling Fuß fassen.
Während der ersten Entwicklungszeit ernährt er sich von
den reichlichen Vorräten des fleischigen Kernes und der
Milch, die von Menschen und Tieren gleichermaßen
geschätzt werden.

Vegetation unter den Wellen des Meeres

Bei den Algen ist die Gruppe der Grünalgen besonders artenreich. Zu ihr gehören sowohl einzellige Formen wie auch verschiedenartige Vielzeller. Die Schirmalge (links oben) siedelt sich an der Küste auf Steinen, Hölzern und Muscheln an. Die fein verästelte Fächeralge (links unten) kommt in Tiefen bis 20 Meter vor. Dem in unseren Wäldern lebenden Bovist ähnelt die Beutel- oder Schwammalge (rechts oben), ein kugeliges, hohles, fleischiges Gebilde von etwa 20 cm Durchmesser.

Eine Länge von weit über hundert Metern kann die riesige Braunalge Macrocystis (unten) erreichen, die damit alle Landpflanzen übertrifft. Dort, wo die „Blätter" (Thalluslappen) an dem langen Stiel sitzen, befinden sich Schwimmblasen, die die Pflanze im Wasser tragen.

Seegras (rechts unten) wächst in flachem Wasser und bietet mancherlei Getier Nahrung und Unterschlupf. Eigentlich ist es gar kein Gras; seinen Namen hat es lediglich auf Grund seiner langen, grünen Blätter bekommen. Immerhin gehören Seegräser zu den höheren Pflanzen (Blütenpflanzen). Als solche haben sie regelrechte Wurzeln. Befruchtet werden sie durch die Strömungen des Wassers, die den Pollen von einer Pflanze zur anderen tragen.

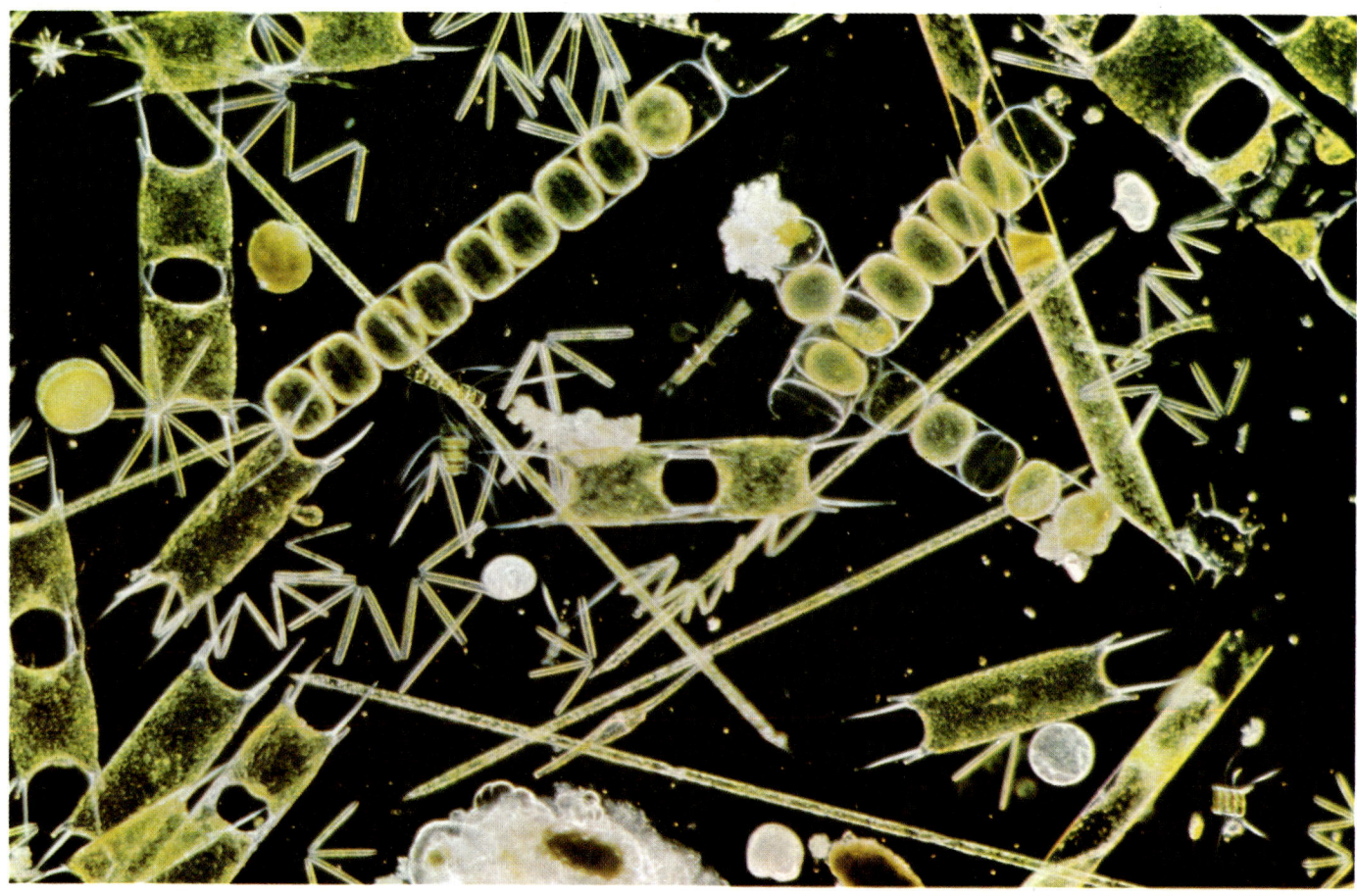

Diatomeen sind einzellige Pflanzen, die in so unglaublich vielen Formen und in so riesigen Massen vorkommen, daß man sie als das eigentliche „Weidegras des Meeres" bezeichnet hat. Es gibt rund 10 000 Arten von Diatomeen. Da ihre Zellwände verkieselt sind, heißen diese interessanten und hübsch anzusehenden Lebewesen auch Kieselalgen. Oft schließen sie sich zu Ketten, Bändern oder anderen, verzweigten Mustern zusammen, und sie vermehren sich und sterben wie viele Landpflanzen im Rhythmus der Jahreszeiten.

Das unübersehbare Plankton

Die Algen sind die Hauptproduzenten der Ozeane; sie stehen am Anfang der großen Nahrungskette, jener langen Reihe, in der die Pflanzen von den Tieren und die Schwächeren von den Stärkeren gefressen werden. Genauer gesagt, sind es ihre winzigsten Vertreter, die einzelligen Algen, die im Wasser treiben. Sie gehören zum *Plankton* — wie die Wissenschaft die zahllosen pflanzlichen und tierischen Kleinlebewesen (Phytoplankton und Zooplankton) im Meer zusammenfassend nennt. Obwohl jene Algen oft bloß aus einer einzigen Zelle bestehen und nur Bruchteile eines Millimeters groß sind, übertrifft ihre Masse diejenige der großen Pflanzen in den verhältnismäßig schmalen Flachwassergürteln um ein Vielfaches. Der Grund dafür liegt in ihrer ungeheuren Menge. „Dem Plankton", schreibt der amerikanische Fachmann William J. Cromie, „gehört eine so große Zahl lebender Organismen an, wie sie sonst auf der Erde nicht mehr zu finden ist. Und das tierische Plankton bildet eine mannigfaltigere und ausgedehntere Gruppe als sonst irgendeine im Reich des Lebens. Fast jeder größere Tierstamm ist hier vertreten. Berücksichtigt man auch die Pflanzen, so existiert der größere Teil aller Lebewesen auf unserem Planeten als fast unsichtbarer Staub, der im Ozean verstreut ist."

Nur an der Oberfläche des Meeres bis in eine Tiefe von weniger als 100 Metern vermögen die einzelligen Pflanzen zu existieren. Denn sie brauchen das Sonnenlicht, um mit Hilfe ihres Chlorophylls (Blattgrün) aus anorganischen Stoffen, aus Kohlendioxid und Wasser, organische Kohlenstoffverbindungen aufzubauen (*Photosynthese*). Alle Lebewesen benötigen diese „Kohlehydrate", aber allein die Pflanzen können sie herstellen. Die Algen nehmen dabei Phosphor, Stickstoff, Kalium, Kalzium, Silizium, Eisen und andere Elemente aus dem Wasser auf und geben Sauerstoff ab. Man hat errechnet, daß auf diese Weise in den Ozeanen alljährlich nicht weniger als rund 15 Milliarden Tonnen Kohlenstoff zu organischer Substanz verarbeitet werden. Pro Quadratmeter Meeresoberfläche bringt das pflanzliche Plankton durchschnittlich etwa ebensoviel davon hervor wie die Pflanzen auf dem Land: etwa 400 Gramm im Jahr. Doch ist die Produktion im Meer wie auf den Kontinenten sehr

Myriaden winziger Tierchen – die Larven von Tausenden von verschiedenen Arten, eine ganze Zwergenwelt von Fischchen, kleinen Schnecken, Quallen, Tintenfischen, Würmern, Krebstieren und anderen –, zusammen als das Zooplankton bezeichnet, verwandeln die Urproduktion des pflanzlichen Planktons (Phytoplankton) in Eiweißnahrung für die größeren Meerestiere. Ruderfußkrebschen, die mit ihren borstigen Körperanhängseln im Wasser schweben, fressen hier Diatomeen.

ungleich verteilt. Auch im Ozean gibt es weite Wüsten neben reichen Weidegebieten.

Die abgestorbenen Reste von Pflanzen wie auch von Tieren sinken allmählich abwärts. Sie werden gefressen, verdaut, umgeformt, abgebaut oder aber von Bakterien zersetzt. Am Ende dieses Prozesses ist die organische Substanz wieder „mineralisiert", also in anorganische Stoffe zerlegt, vor allem in Phosphate, Nitrate und Kohlendioxid. Aufsteigende Strömungen tragen die wertvollen Düngestoffe an vielen Stellen erneut an die Meeresoberfläche, wo sie den Pflanzen wieder zur Verfügung stehen. Der Kreislauf hat sich geschlossen.

Dort, wo solches aufwallende Tiefenwasser mit seinem hohen Mineralgehalt in die obere Meereszone eintritt, ist die Zahl der Planktonalgen naturgemäß besonders groß. An ihnen tun sich unzählige tierische Kleinlebewesen gütlich, die ebenfalls zum Plankton gehören. In ihrem Gefolge wiederum treten große Ansammlungen von Fischen auf, so daß diese Stellen zu ergiebigen Fischgründen werden.

Der Bericht des amerikanischen Naturforschers Robert Cushman Murphy, der vor der Küste von Kolumbien

von dem Schoner *Askoy* aus einmal eine derartige explosive Lebensfülle an der Wasseroberfläche beobachtete, veranschaulicht, was sich auf einer derartigen fetten „Meeresweide" abspielen kann.

„Plötzlich schien uns auf jeder Seite und in einer merkwürdig ungewissen Entfernung vom Schiff eine dunkle Linie wie eine Wand vorrückenden Wassers zu umschließen.. Wir konnten das Spritzen und Murren der aufgewühlten Oberfläche aus der Nähe hören ... Darauf erblickten wir einen schimmernden Schaum, betupft mit leuchtenden Punkten, auf der langsam herankommenden Dünung oder Welle zur Linken. Meinen Gefährten und mir kamen unbegründete Gedanken an Seebeben ... Als uns jedoch die dunkle, weiß umrandete Drohung erreichte, erwies sie sich als eine Fläche tanzenden Wassers, das seine kleinen Kämme nicht höher als etwa dreißig Zentimeter aufwarf und gegen die Stahlflanken der *Askoy* trommelte ... Nun kam aus der Dunkelheit an Steuerbord ein scharfer, zischender Laut, und ihm folgte ein seltsames Seufzen und Schnaufen ... Was da seufzte, war eine Menge schwarzer Wale, vielleicht hunderte, die unser Schiff begleiteten, sich hin und her wälzten, um unter der *Askoy* durchzukommen ... Wir konnten das bacchanalische Geräusch ihres Rumorens und Rülpsens hören. In dem langen Strahl des Scheinwerfers zeigte es sich, daß das Zischen von dem Aufspringen kleiner Fische kam. Nach allen Richtungen, so weit das Licht reichte, schossen sie in die Luft empor und prasselten wie Hagel wieder herunter ...

Die ganze Oberfläche kochte vor Leben. Larven scherenloser Hummern, bunte Quallen, Ketten junger Manteltierchen, kleine heringsartige Fische, ein silbriger Beilfisch, dessen Gesicht abgebissen war, Ruderfische, die mit dem Kopf nach unten hingen, leuchtende Laternenfische mit glänzenden Lichtporen, rote und violette schwimmende Krebse, andere Geschöpfe, die wir auf den ersten Blick nicht benennen konnten, und vieles, was zu klein war, als daß man es überhaupt deutlich hätte wahrnehmen können ...

Ein allgemeiner Hexenkessel entwickelte sich. Die kleinen Fische fraßen wirbellose Tiere oder weideten das Plankton ab, Tintenfische verfolgten und fingen Fische verschiedener Größe, und die schwarzen Wale taten sich zweifellos an den Tintenfischen gütlich ...

Während die Nacht fortschritt, ließen die erstaunlichen Manifestationen des Überflusses und des allgemeinen Verschlingens fast unmerklich nach. Schließlich befand sich die *Askoy* wiederum in Gewässern, die so still und unbewegt erschienen wie Öl."

Aber die Pflanzen sind nicht nur Nahrung oder Nahrungsgrundlage für alles tierische Leben; noch etwas anderes macht sie den tierischen Organismen im Meer unentbehrlich. Diese verbrauchen Sauerstoff. Auf dem Land entnehmen sie ihn der Atemluft, im Meer dem Wasser. Auch Pflanzen atmen Sauerstoff ein, aber sie erzeugen ihn in noch größerer Menge: Er fällt bei der Photosynthese ab, mit der sie organische Substanzen herstellen. Dieser von pflanzlichen Stoffwechselvorgängen herrührende Sauerstoff, der ins Wasser und in die Atmosphäre abgegeben wird, hat die ursprüngliche sauerstoffarme Luft unseres Erdballs überhaupt erst zur Atemluft gemacht und damit tierisches Leben ermöglicht. Überdies haben die vom Sauerstoff gebildeten Ozonmoleküle in den oberen Schichten der Erdatmosphäre zunächst einen Schutzfilter gegen die ultravioletten Strahlen des Sonnenlichts bilden müssen, die sonst vernichtend wirken. Erst dadurch konnten Lebewesen aus dem Schutz des Wassers heraustreten und das Land besiedeln. So hängt in doppelter Weise alles Leben auf dem Land und im Meer davon ab, daß es Pflanzen gibt.

Eine jener Algengruppen, die als Nahrung für viele Arten von Meerestieren unentbehrlich sind, kann jeder kennenlernen, ohne ins Wasser hinabzutauchen oder an einem Strand Beobachtungen anzustellen: die *Kieselalgen* oder *Diatomeen*. Schon im Aquarium treten sie als bräunlicher Überzug auf Wänden, Boden, Steinen und Korallen auf.

Kieselalgen heißen sie, weil ihre einzelligen Körper von Schalen aus Silikat oder Kieselsäure umhüllt sind. Diese Gehäuse, die selbst bei den größten Diatomeen nicht mehr als einen halben Millimeter Durchmesser erreichen, haben eine höchst vielfältige und oft wunderschöne Gestalt. Sehr häufig ist die aus zwei Schalen zusammengesetzte Form der „Pillenschachtel", die breit und flach, aber auch gestreckt und hoch sein kann. Andere Diatomeen haben beinahe kugelrunde oder sogar nadelförmig ausgebildete Gehäuse mit Poren, die in Mustern angeordnet sind. Durch sie steht das Plasma der Zelle mit dem Wasser in Verbindung. Winzige Zacken und wimpernartige Anhängsel geben diesen Geschöpfen manchmal ein bizarres Aussehen, besonders dann, wenn mehrere Diatomeen kettenförmig aneinander haften.

Die Silikatschalen der Diatomeen bestehen aus zwei Hälften, von denen eine meistens kleiner ist als die andere. Teilt sich die Alge, so bekommt jedes Tochterlebewesen eine Schalenhälfte mit und produziert dazu wieder eine neue, kleinere. Auf solche Weise können die Zellen im Laufe mehrerer Teilungen so klein werden, daß diese Art der Vermehrung nicht mehr fortgesetzt werden kann. Die Natur hat aber für diesen Fall einen zweiten Weg der Fortpflanzung bereit: Das Plasma der Alge zieht sich zusammen und erzeugt kleine Sporen, die die alte Schale verlassen und wiederum neue zweischalige Diatomeen aufbauen.

Die Kieselalgen finden sich im Ozean in so ungeheuren Mengen, daß ihre Schalen — in denen die Plasmazellen abgestorben sind — weite Teile des Meeresbodens bedecken. Vor allem in den Gebieten um die Antarktis und im nördlichen Pazifik findet sich der kalkarme Diatomeenschlamm als Ablagerung in der Tiefsee.

Diatomeenschalen, die in früheren Erdzeitaltern jahrmillionenlang auf den Grund gesunken waren, sind an manchen Stellen wieder zum Vorschein gekommen, dort nämlich, wo einst vom Meer bedeckte Flächen sich gehoben haben und zu Teilen des Festlandes geworden sind. Dieses Material — jedes einzelne Körnchen davon ist die Schale einer Kieselalge — nennt man Kieselgur. Es kommt beispielsweise in der Lüneburger Heide und am Vogelsberg vor. Solche Ablagerungen flacher Meere und großer Seen werden heute abgebaut und dienen vielfältigen Zwecken. Man braucht Kieselgur zur Herstellung von Dynamit, als Klebe- und Poliermittel und als Filtrierstoff; es ist in der Zündmasse von Streichholzköpfen enthalten und wird überdies für bestimmte Heilmittel verwendet.

Die Zahl der lebenden Kieselalgen im Meer schwankt mit den Jahreszeiten, denn auch diese winzigen Pflanzen haben teil an der Ruhe des Winters und vermehren sich kraftvoll im Frühling. Die Stürme des Winters und der Vorfrühlingszeit haben die See immer wieder tief aufgewühlt, in den Schelfgebieten oft bis auf den Grund. Die kalten oberen Wasserschichten haben wärmeren aus

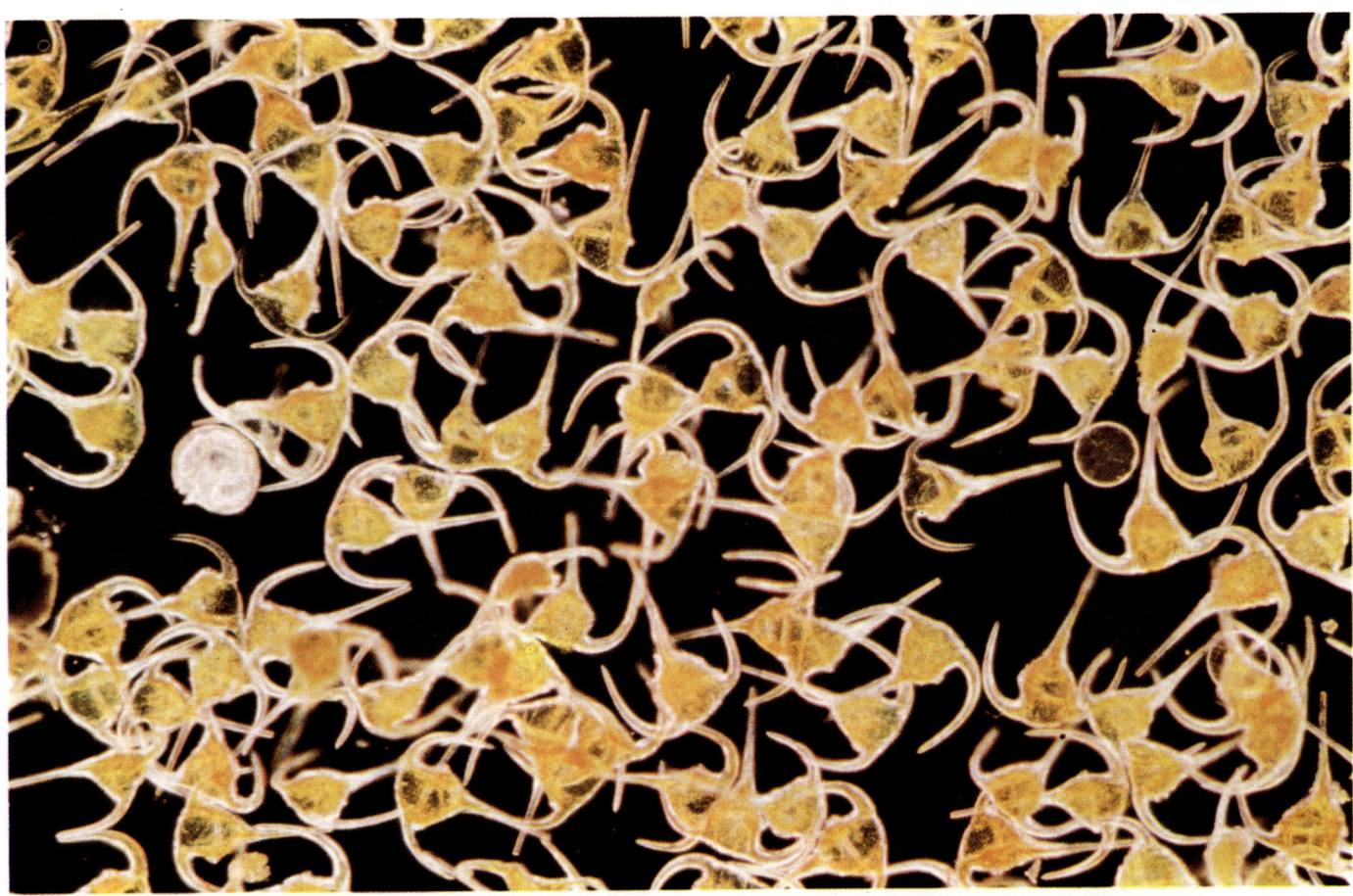

Die einzelligen Panzerflagellaten stehen gewissermaßen auf der Grenzlinie zwischen Pflanze und Tier. Mit kleinen Schwebefortsätzen ausgestattete Wesen, die sich mit einer Geißel aktiv fortbewegen können, erzeugen durch Photosynthese mit Hilfe des Blattgrüns Kohlehydrate in ihren Körpern, andere fressen die im Meerwasser schwebenden Eiweißstoffe abgestorbener Tiere. Ein lichtempfindliches Organ in ihrem Körper hilft den Flagellaten, das Sonnenlicht zu finden, auf das sie angewiesen sind.

der Tiefe Platz gemacht, und dieser allgemeine Austausch hat die Oberflächengewässer reichlich mit frischen Nährstoffen versorgt. Üppige Nahrung und das Sonnenlicht bieten dem Plankton ideale Lebensbedingungen.

„In einem plötzlichen Erwachen", so schreibt Rachel Carson, „dessen Geschwindigkeit etwas Unglaubliches hat, fangen die einfachsten Gewächse des Meeres an, sich zu vervielfältigen. Ihre Vermehrung erreicht astronomische Ausmaße. Die Frühlingssee gehört den Diatomeen und dem ganzen übrigen mikroskopischen Pflanzenleben des Planktons. Infolge der wilden Intensität seines Wachstums bedeckt es weite Strecken des Ozeans mit dem lebendigen Teppich seiner Zellen. Meilenweit sieht das Wasser nun braun oder grün aus, da seine gesamte Oberfläche die Farbe der kleinen Pigmentkörnchen annimmt, die in jeder Pflanzenzelle vorhanden sind.

Nur für eine kurze Zeit behalten die Pflanzen diese unbeschränkte Oberherrschaft über die Meere. Ihrem Vervielfältigungsausbruch folgt sofort eine ähnliche Vermehrung der kleinen Tiere des Planktons ... Das Oberflächenwasser wird jetzt im Frühling zu einer riesigen Kinderstube. Von den Hügeln und Tälern der weit unten liegenden Ränder des Kontinents und von den überall vorhandenen Untiefen und Sandbänken steigen die Eier oder die Larven und Jungen vieler Tiere auf, und selbst diejenigen, die in erwachsenem Zustand zu einem seßhaften Leben auf den Meeresgrund niedersinken, verbringen die ersten Wochen ihres Lebens als frei umherschwimmende Planktonjäger ... Die Nachkommenschaft von Fischen, Krabben, Muscheln und Röhrenwürmern mischt sich für eine Weile unter die lebenslänglichen Mitglieder des Planktons.

Bei diesem gierigen und ständigen Verzehr ist das Weidegelände bald abgegrast. Die Diatomeen werden immer seltener und mit ihnen die anderen einfachen Pflanzen. Gelegentlich aber gibt es noch ein paar kurze Fruchtbarkeitsausbrüche in dieser oder jener Form, die in einer plötzlichen Zellteilungsorgie ganze Gebiete des Meeres für sich beanspruchen. Die Gewässer weisen eine Zeitlang große Flecken brauner, gallertartiger Massen auf, und die Netze der Fischer kommen triefend von braunem Schleim, doch ohne Fische herauf. Die Heringe haben sich, gleichsam voll Ekel vor diesen schlechtriechenden Pflanzen, davongemacht."

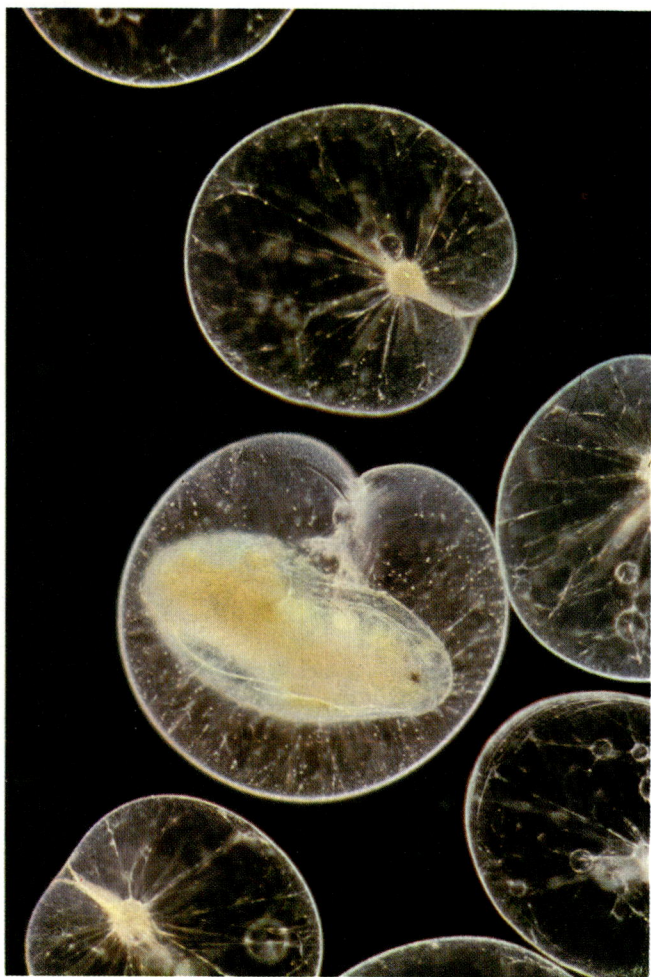

*Der Flagellat Noctiluca ruft das Meeresleuchten hervor,
indem er, sobald das Wasser heftiger bewegt wird, ein
kaltes Licht aussendet. Am Grunde einer Einkerbung
in dem Zellkörper sitzt der „Mund", der die Nahrung,
meist pflanzlicher Art, aufnimmt.*

Auf der Grenze
zwischen Pflanze und Tier

Nicht bei allen Formen der einzelligen Lebewesen läßt
sich sagen, ob diese oder jene Art nun ins Tierreich ge-
höre oder zu den Pflanzen. So müssen die *Flagellaten*,
trotz ihres deutschen Namens „Geißeltierchen", teilweise
den Pflanzen zugerechnet werden. Eines der wesentlich-
sten Unterscheidungsmerkmale ist dabei die Ernährungs-
weise: Die pflanzlichen Einzeller — zum Beispiel die
Diatomeen — ernähren sich als „Produzenten" organischer Substanz von anorganischen, mineralischen Stoffen
und Kohlendioxid. Die tierischen Einzeller hingegen —
Wurzelfüßer (unter ihnen die Amöben), *Foraminiferen*
(Porentierchen), *Radiolarien* (Strahlentierchen) — müssen
organische Substanz fressen; sie sind, im Gegensatz zu
den Produzenten, die „Zehrer". Natürlich dienen sie
selbst auch wieder anderen Tieren zur Nahrung.

Unter den Geißeltierchen nun gibt es einige Arten, die
sich von organischen Stoffen ernähren; andere hingegen
enthalten, wie die Pflanzen, in ihrem Innern Blattgrün
und sind infolgedessen — ausschließlich oder zusätzlich
zu organischer Ernährung — zur Photosynthese fähig,
also zur Erzeugung von Kohlehydraten mit Hilfe des
Sonnenlichtes. Deshalb leben sie im durchleuchteten
Oberflächenwasser oder an seichten Stellen im Sand. Oft
kommen sie gerade dort besonders reichlich vor, wo die
Diatomeen abgestorben sind. Man nimmt daher an, daß
sie entweder weniger Nährsalze brauchen als die Kieselalgen oder sogar von deren Auflösungsprodukten leben.

Wie ihr Name schon andeutet, besitzen die Geißeltierchen lange Geißeln (1—4 oder noch mehr), mit deren
Hilfe sie verhältnismäßig rasch von der Stelle kommen.
Eine einzelne Geißel befindet sich zumeist vorn. Viele
Male in der Sekunde peitscht sie das Wasser mit einer
seitwärts schlagenden Bewegung nach hinten, krümmt sich
dann ein und gleitet wieder in die gestreckte, vorwärts
gerichtete Ausgangsstellung zurück. In andern Fällen
vollzieht sie aber auch eine schraubende Drehung, erzeugt dadurch eine nach hinten gerichtete Wasserströmung und treibt das Tier auf diese Weise voran.

Wie die Algen treten die Flagellaten in Massen auf.
Ihrer großen Zahl wegen sind sie ebenfalls eine wichtige
Nahrung sowohl für viele Fische wie für andere Tiere,
von denen die Fische leben.

Hin und wieder machen die Flagellaten sich auch dem
Menschen direkt bemerkbar. Besonders an den Küsten
warmer Meere kommt es manchmal zu einem plötzlichen
großen Fischsterben, das die Folge einer zeitweiligen ungeheuren Vermehrung bestimmter Flagellatenarten ist.
Nicht weniger als 50 000 dieser Geschöpfe finden sich
dann in einem einzigen Kubikzentimeter Wasser. Meilenweit sind zu solchen Zeiten See und Strand bedeckt
mit toten und verendenden Fischen. Früher nahm man
an, daß die winzigen Geißeltierchen die Kiemen der
Fische verstopfen, so daß diese ersticken. Heute aber
weiß man genauer, was vorgeht: Die Flagellaten scheiden ein Gift aus, das die Atmung lähmt und die Atem-
organe der Fische zerstört. Wenn sie überhandnehmen,
können sie sogar dem Menschen lästig werden. Steht
man an einem Meeresteil, der von der *Roten Flut*
befallen ist, und weht der Wind von See her, so verspürt
man ein unangenehmes Brennen auf den Schleimhäuten
von Nase, Augen und Mund.

„Rote Flut" oder englisch „Red Tide" sagt man,
weil jene Tiere — am häufigsten die Art *Gymnodinium
brevis* — das Wasser rot färben.

Einige Wissenschaftler glauben an einen Zusammenhang zwischen dem Auftreten der Roten Flut und der
Entstehung des Erdöls. Viele der Kleinlebewesen im
Ozean enthalten nämlich ein Öltröpfchen in ihrem Körper, das ihnen den notwendigen Auftrieb gibt; auch andere Meerestiere sind sehr fetthaltig. Es könnte sein, daß

sich die Anhäufungen von toten Tieren, die nach Katastrophen wie der eben beschriebenen am Meeresboden entstehen, allmählich und unter dem Druck darüberliegender Bodenschichten in Erdöllager verwandelt haben. Ob aber „Rote Fluten" tatsächlich auch in früheren Erdzeitaltern aufgetreten sind, ist noch nicht geklärt.

Eine friedlichere und schönere Lebensäußerung der Geißeltierchen kennt jeder, der an der Küste in einer Sommernacht einmal ein Meeresleuchten erlebt hat. *Noctiluca,* auf deutsch „Nachtlaternchen", heißt der Flagellat, der es verursacht. Wenn er gereizt wird, strahlt er ein schimmerndes Licht aus — und jede Erschütterung des Wassers bedeutet eine Reizung. So bringen die Bewegungen eines Schwimmers oder der Aufprall der Brandung Tausende kleiner Geißeltierchen zum Leuchten. Und wenn man in einem dunklen Raum eine Wasserprobe schüttelt, die solche für das bloße Auge unsichtbaren Lebewesen enthält, beginnt sie zu phosphoreszieren, solange die Flagellaten darin noch am Leben sind. Dieses Selbstleuchten eines lebendigen Wesens — an Land kennen wir es vom Glühwürmchen — wird wissenschaftlich als Biolumineszenz bezeichnet. Es ist eine Eigenschaft, die viele Meerestiere haben, vor allem solche, die in den ewig dunklen Räumen der Tiefsee leben.

Diese und viele andere Einzeller bestehen — im Gegensatz zu den Körpern uns vertrauter Pflanzen und Tiere, die aus Millionen und Milliarden von Zellen aufgebaut sind — ihren Namen entsprechend nur aus einer einzigen Zelle, die alle Lebensfunktionen, wie Nahrungsaufnahme, Verdauung und Fortpflanzung, ausübt. In jedem Tropfen aus einem Süßwassertümpel kann man unter dem Mikroskop die *Amöben* oder Wurzelfüßer betrachten, die den Umriß ihres weichen, durch kein Skelett geformten Körpers sehr langsam, doch unaufhörlich verändern und sich mittels ausgestreckter „Schein-" oder „Wurzelfüße" durch ihre kleine Welt bewegen. Auch im Meer gibt es solche Tiere, doch spielen ihre nicht „nackten", sondern mit einem durchbrochenen Skelett bedeckten Verwandten, die *Foraminiferen,* im Nahrungshaushalt der Meere eine weitaus größere Rolle.

Die Kalkskelette der frei im Wasser schwebenden Foraminiferen gehören zu den schönsten Kunstwerken, die die Natur hervorgebracht hat. Sie schützen den zarten lebendigen Zellkörper, der seine winzigen Wurzelfüßchen durch feine Poren ins Wasser streckt. Die Foraminiferen vermehren sich durch Sporen. Diese entwickeln zunächst eine winzige Schale mit nur einer einzigen Kammer und bilden dann allmählich immer neue, meist in Spiralform angelegte Kammern hinzu, so daß die Schalen häufig an Schneckenhäuser erinnern. Ausgestorbene Foraminiferenarten haben auf diese Weise Kalkgerüste von fast zwei Zentimeter Durchmesser aufgebaut.

Am Grund der Ozeane finden sich Kalkschalen abgestorbener Foraminiferen in gewaltigen Bänken und Lagern. Von einer über die ganze Welt verbreiteten Form,

Porentierchen oder Foraminiferen kommen nur im Meer vor. Ihre wie winzige Filigranschmuckstücke geformten Schalen sind in Kammern unterteilt und zumeist mit einem Loch oder vielen Poren versehen, durch die das Tier seine „Wurzelfüßchen" herausstreckt.

der *Globigerina,* gibt es so viele Skelette, daß 30 Prozent des gesamten Meeresbodens von ihnen bedeckt sind. Sowohl die Kreideklippen von Dover am Ärmelkanal als auch die Kreidefelsen der Insel Rügen bestehen zum größten Teil aus diesen Schalen, die seit Jahrmillionen in endlosem „Schneefall" zu Boden sinken. Für die ozeanographische Forschung und die Paläontologie stellt der Globigerinenschlamm eine Chronik der Erd- und Lebensgeschichte dar, denn Skelette der Globigerina werden sowohl in ganz alten wie auch in ganz jungen Ablagerungen gefunden. Ein Gramm Foraminiferen-Gestein enthält ungefähr 100 000 einzelne Schalen. Die Zahl vermittelt eine Vorstellung davon, wie reich die Meere an diesen Lebewesen sind. Weit über 1000 Arten sind heute bekannt, und immer noch werden neue entdeckt. Die meisten von ihnen schweben als Plankton im freien Wasser.

Wunderschön sehen auch die Skelettschalen der Strahlentierchen oder *Radiolarien* aus, die zwar nicht so häu-

Die lange Nahrungskette

Das Plankton — jenes unermeßliche Heer pflanzlicher und tierischer Kleinlebewesen, das in den oberen Regionen des Meeres schwimmt und treibt — bildet die Nahrungsgrundlage all der anderen, größeren Lebewesen; es ist die Basis der großen „Freßpyramide". Zuunterst in dieser Pyramide befindet sich das pflanzliche Plankton. Von ihm ernähren sich viele Angehörige des „Zooplankton". Diese Lebewesen dienen zunächst kleineren Fischen als Nahrung: den Heringen, Sardinen, Anchovis und anderen. Von den Kleinen leben dann die Großen, die Lachse, Seehechte, Dorsche, Zackenbarsche, Thune, Tintenfische und Pottwale. Am Ende dieser Reihe, in der einer den anderen frißt, befinden sich — neben Möwen, Robben, Eisbären und weiteren „von außen kommenden" Tieren — die mächtigsten Räuber des Meeres wie die Haie etwa und die Schwertwale — und der Mensch. Die großen Bartenwale tun sich interessanterweise viel weiter unten an der Nahrungskette gütlich: Sie leben vom „Krill", kleinen, garnelenartigen Tieren, die ebenfalls zum Plankton zählen, und von Ruderschnecken.

FREDY KNORR

So pflanzenhaft sie sich auch ausnehmen – Schwämme sind primitive Tiere. Ihre Zellen bilden noch keinen echten Organismus, sondern jede ernährt sich einzeln. Trotz des einfachen Bauplans gibt es recht verschiedenartige Schwämme: hohe und flache, schlanke und knollige. Oben ein Kalkschwamm aus dem Mittelmeer, dem ein Skelett aus Kalk Halt gibt; unten ein Röhrenschwamm.

fig sind wie die Foraminiferen, dafür aber besser erhalten bleiben. Ihre Schalen bestehen nämlich nicht aus Kalk, der sich in den tiefen Schichten des Ozeans auflöst, sondern aus Kieselsäure. Man schätzt, daß etwa 5 Prozent des Meeresbodens von Radiolarienschlamm bedeckt sind. Vor allem im Nordpazifik gibt es auf dem Tiefseeboden Hunderte von Kilometern lange und breite Streifen solcher Ablagerungen.

Ein Tier aus vielen Tieren

Zwischen den Einzellern und der Welt der vielzelligen Kreaturen steht eine Gruppe von Geschöpfen, von denen wohl jeder eines kennt und mitunter gebraucht: die *Schwämme.* Ihre Zuordnung zum Reich der Tiere oder dem der Pflanzen hat den Naturforschern einiges Kopfzerbrechen gemacht.

Bis ins 18. Jahrhundert hinein wurden sie für alles mögliche gehalten: für verfestigten Meeresschaum, für die Nester irgendwelcher Seetiere oder für Pflanzen. Der griechische Philosoph Aristoteles hatte schon rund dreihundert Jahre vor Christi Geburt im Schwamm das Gerüst eines Tieres vermutet, aber erst der Engländer John Ellis fand 1786 endgültig die Lösung: Ein Schwamm ist in der Tat ein tierisches Gebilde. Ellis hatte nämlich beobachtet, daß aus den Löchern eines lebenden Schwammes Wasser ausgestoßen wird.

Allerdings fehlen dem Schwamm einige Eigenschaften echter Tiere. In mancher Hinsicht gleicht er einer Kolonie von einzelligen Lebewesen, die sich ihre Selbständigkeit so weit bewahrt haben, daß jede einzelne Zelle noch für sich selbst frißt und verdaut.

Die Zellen, welche die inneren Kammern eines Schwammes auskleiden, besitzen je eine Geißel. Damit holen sie sich wie Geißeltierchen ihre Nahrungsbrocken aus dem Wasser, das durch die vereinte Wirkung von unzähligen Schlägen durch den Schwammkörper und sein Röhrensystem hindurchgepumpt wird. Geißeltierchen und auch viele seßhafte mehrzellige Tiere, die ihre Nahrung dem Seewasser entnehmen, sind darauf angewiesen, daß Strömungen ihnen Nahrungspartikel bis unmittelbar in den Bereich ihrer Geißeln oder Tentakeln tragen. Die Schwämme aber können, dank der von ihren Geißelzellen gemeinsam erzeugten kräftigeren Wasserbewegung auch im Stillwasser leben, sofern es nur Nahrung enthält: Die Pumpwirkung der Kolonie führt ständig frisches, das heißt mit Nahrung beladenes Wasser durch den Körper und damit in den Bereich der nahrungsuchenden Zellen.

Schwämme gibt es in Klumpenform oder als krustenartigen Überzug auf Holzwerk, Steinen oder Korallen; sie können hochragen und wie Pflanzen oder Geweihe aussehen oder — von einem wie Pilzgeflecht im Boden wuchernden Gewebe aus — meterhohe becherförmige

Gebilde aufbauen. Zerschneidet man Schwämme, so sieht man in ihrem Innern die Kanäle, die das Wasser zu einem zentralen Hohlraum führen und durch gewöhnlich oben liegende Öffnungen wieder ausströmen lassen. Wenn ein Taucher an einen großen Schwamm heranschwimmt und aus einer Flasche Tinte verspritzt, verschwindet sie in den zahllosen Öffnungen und kommt als etwas verdünnte blaue Wolke oben aus dem Hauptkanal wieder zum Vorschein.

Die Skelettelemente, die den Schwammkörper versteifen, können aus Kalk, aus Kieselsäure oder Horn bestehen. *Kalkschwämme* sind oft herrlich anzusehende Gebilde mit filigranzart gebauten Skeletten, aber sie sind, wie auch die *Kieselschwämme*, ohne wirtschaftliche Bedeutung. *Hornschwämme* dagegen werden überall in den warmen Meeren gefischt und kommen auf den Markt. Bei den Badeschwämmen besteht das Skelett nur aus weichen Hornfäden; enthält es harte Einschlüsse wie beim *Pferdeschwamm*, so kann man das Gebilde lediglich zur Tierpflege oder für ähnliche Zwecke verwenden.

Die Schwammfischerei war ursprünglich im Mittelmeer heimisch. Heute hat sie sich weit ausgedehnt, wie der folgende Bericht des amerikanischen Meeresbiologen Norman J. Berrill zeigt:

„Auch die Schwämme tragen dazu bei, die Dinge nicht allein interessanter, sondern auch komplizierter zu machen. Wenn man einen lebenden Schwamm nimmt, ihn zerteilt und dann die Stücke langsam durch Müllergaze (ein kräftiges, feinmaschiges, bei der Mehlfabrikation verwendetes Gewebe) in Meerwasser preßt, dann zerfallen die Schwammgewebe in ihre Zellbestandteile. Nach einer Weile sinken die einzelnen Zellen auf den Boden des Gefäßes, wo sie einen dichten Schleier bilden. Läßt man das Gefäß über Nacht stehen, dann ist am Morgen der Schleier verschwunden, und an seine Stelle sind zahlreiche winzige Zellinseln getreten. Irgendwie sind die Zellen in Bewegung geraten und haben sich in Gruppen zusammengeschlossen; weiter geschieht scheinbar nichts. Werden sie zwei bis drei Wochen hindurch gesund erhalten, dann entdeckt man plötzlich, daß die meisten Stückchen winzige Schwämme geworden sind, mit der ganzen zarten Organisation und Struktur eines Schwammes. Und hatte man etwa in der Suspension die Zellen zweier verschiedener Schwammarten durcheinandergemischt, so ist zu erwarten, daß die Zellen sich säuberlich scheiden, so daß jeder neue kleine Schwamm entweder von der einen oder von der anderen Art, aber kein Mischprodukt ist.

Es nimmt nicht wunder, daß neue Schwämme wachsen, wo alte ausgerissen wurden. Der Schwamm ist eines jener Tiere, das durch Überfischen nicht ausgerottet werden kann, obwohl Schwämme von gangbarer Größe und Qualität leicht in zu großen Mengen gesammelt werden. Ausnahmsweise ist hier eine Krankheit ein weit tödlicherer Feind als der Mensch.

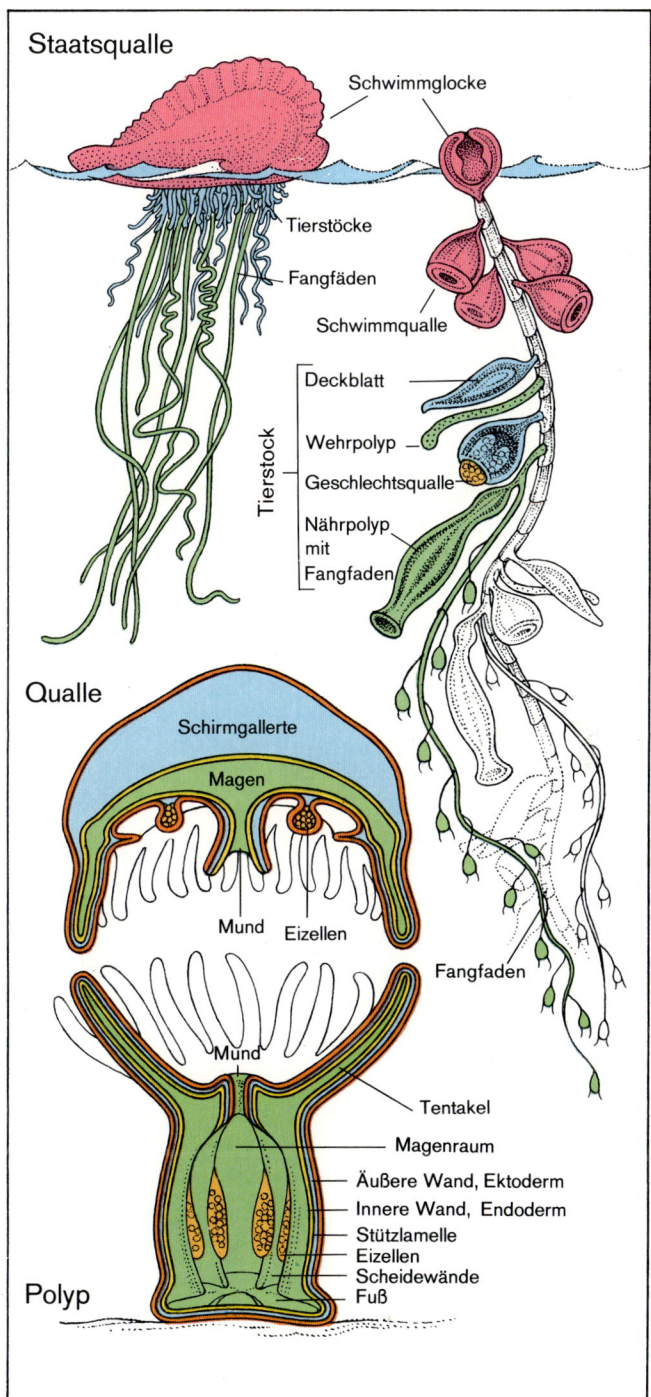

So verschiedenartig Quallen und Polypen auch aussehen – sie sind beide nach dem gleichen Prinzip gebaut. Ihr sackartiger Körper umfaßt einen größeren Hohlraum (grün), in dem die Nahrung verdaut wird und der auch die Geschlechtszellen aufnimmt. Umgeben wird dieser Raum, der bis in die Tentakel hineinreicht, von einer doppelten Wand, zwischen der sich eine stützende Schicht (blau) befindet. Diese Schicht bildet bei der Qualle auch den gallertartigen Teil des Schirmes. Keine Einzeltiere, sondern Tierkolonien sind die Staatsquallen (oben, Gesamtansicht links, Detail rechts), zu denen die Portugiesische Galeere gehört. Jede Tiergruppe hat innerhalb des Stockes eine besondere Funktion, zum Beispiel den Nahrungsfang, die Fortpflanzung, die Erzeugung von Gas für die Schwimmblase usw. (Zu den Seiten 94/95)

Schwammfischer tauchen in die warmen Gewässer des Golfs von Mexiko und der Bahamainseln sowie ins östliche Mittelmeer hinab, oft nur ungenügend geschützt gegen den Druck des tiefen Wassers. Ihr Beruf ist sehr anstrengend und mühselig, trotzdem vererbt er sich durch Generationen, und ein Besuch in Tarpon Springs, an der Golfküste von Florida, verdeutlicht, wie hier die aus dem Mittelmeer nach Amerika gekommenen griechischen Schwammfischer an ihren Traditionen festhalten: Fast jedes Fischerboot, das da neben dem Schwammmarkt vor Anker liegt, trägt einen griechischen Namen, und sein Bau mutet die westliche Welt fremdartig an.

Inmitten der Untiefen und Riffe der Bahamas werden Schwämme jetzt sogar gezüchtet. Sie werden zerschnitten und die Stücke, mit Draht fest an Zementblöcke gebunden, in die Lagune gepflanzt. Nach ein paar Jahren hat sich jedes Stück zu einem wohlgebildeten Schwamm entwickelt, der getrocknet, gebleicht und verkauft werden kann. Selbst in unseren Tagen der Ersatzprodukte hat sich das Bedürfnis nach dem Echten erhalten."

Blumen des Meeres

In vielen Seewasseraquarien sieht man seltsame Lebewesen, die — unbeschreiblich zart oder kräftig leuchtend gefärbt — einen dichten Kranz von Tentakeln wie Blütenblätter im Wasser ausbreiten. „Blumentiere" wurden sie daher lange genannt, bis man einsah, daß es sich bei ihnen um echte Tiere handelt und daß sie nichts mit den Blumen gemein haben, denen sie so ähnlich sind.

Auf den ersten Blick ist kaum zu erkennen, daß diese Blumen der See, die auf Steinen und Pfählen sitzenden *Seerosen* und *Seenelken*, mit ganz anders aussehenden Geschöpfen des Meeres eng verwandt sind — nämlich mit den *Quallen*, den *Riffkorallen*, die in südlichen Meeren Riffe und ganze Inseln aufbauen, und den *Edelkorallen*, die Rohmaterial für Schmuck und Andenken liefern. Sie alle gehören — zusammen mit den Süßwasserpolypen — zu der Gruppe der *Hohltiere*.

In ihnen hat man gewissermaßen einfache Modelle von einem mehrzelligen Tier vor sich. Ihre Grundform ist ein doppelter Sack. Dabei liegt eine Gewebelage außen, die andere innen, und zwischen beiden befindet sich eine Stützsubstanz. (Bei Quallen besteht der größte Teil des gallertartigen Körpers aus dieser Substanz.) Nach dem Innenraum des Sackes haben die Hohltiere ihren Namen. In ihm wird die aufgenommene Nahrung verdaut; in ihm sammeln sich die Ausscheidungen, und in ihn hinein werden bei vielen Arten die männlichen und weiblichen Geschlechtszellen aus den Geschlechtsorganen ausgestoßen.

Durch eine verschließbare Öffnung ist die Körperhöhle mit der Außenwelt verbunden. Diese Öffnung dient zugleich als Mund und als After. Damit nun dem Tiersack

Nahrung zugeführt werden kann, ist eine Vorrichtung nötig, die vorüberkommende Tiere festhält. So stehen denn rings um die Mund-After-Öffnung die Fangarme, die vorbeikommende Tiere festhalten, lähmen und in den Magen-Darm-Raum befördern, wo sie von Fermentsäften verdaut werden.

Die Wissenschaftler unterscheiden nach dem Bau der Geschöpfe drei Klassen von Hohltieren. Die Vertreter der ersten, die *Hydrozoen*, treten zumeist in Polypenform auf, als kleine, oft kaum einen Millimeter große Tiere, die uns gleich eine andere Eigentümlichkeit dieses Stammes vorführen: Die Einzeltiere leben zumeist nicht getrennt, sondern in Stöcken und Kolonien. Sie vermehren sich ungeschlechtlich, indem sie sich unvollkommen teilen. Aus diesem Prozeß gehen mehrere Tiere hervor, die zeitlebens miteinander verbunden bleiben und eine gemeinsame feste Hülle besitzen. Solche *Hydroid-Polypenstöcke* können wie Gräser oder Moose aussehen und wie dichte Flechten alle möglichen Gegenstände im Wasser überziehen: Felsen, Steine und sogar Muschelschalen.

Nicht alle Tiere eines derartigen Polypenstockes aber sind in Bau und Funktion gleich. Manche von ihnen strecken ihre Fangarme ins Wasser und sorgen für Nahrung, mit der sie nicht nur sich selbst, sondern auch die

Schön, aber gefährlich ist die Edelsteinrose, die zu den Aktinien gehört. Mehr als 1000 Arten sind von dieser Gattung bekannt. Die Tiere können sich auf einer Unterlage anheften, vermögen auf ihr aber auch langsam weiterzukriechen.

durch ihre Ausläufer mit ihnen verbundenen Geschwistertiere ernähren. Andere haben sich ganz auf die Fortpflanzung spezialisiert. Sie bilden Quallen, die sich ablösen und als freischwimmende Tiere Geschlechtszellen erzeugen, aus deren Vereinigung Larven und später wieder Polypen hervorgehen.

Bei einigen Arten wiederum lösen sich die Quallen nicht ab, sondern sie bleiben an dem Polypen, aus dem sie hervorwachsen, und erzeugen dort die Geschlechtszellen. Die Larven werden gleich von dem Polypenstock aus entlassen und gründen sofort neue Kolonien, ohne frei umherzuschwimmen.

Bei einer weiteren Art von Polypenstöcken werden erkennbare Quallen erst gar nicht ausgebildet; es entstehen vielmehr Knospen, in denen — wie sonst bei den Quallen — die Keimzellen reifen.

Die Stockbildung mancher Polypenarten hat eine Parallele bei den sogenannten *Staatsquallen*. Nach einem über die Wasseroberfläche ragenden Schwimmkörper, der wie ein Segel wirkt, tragen manche von ihnen so prächtige Namen wie *Segler unter dem Winde* oder *Portugiesische Galeere*. Sie sehen aus wie „richtige" einzelne Tiere, sind aber trotz einer gewissen äußerlichen Ähnlichkeit mit den Quallen in Wahrheit treibende Polypenkolonien,

deren Angehörige einen „Staat" bilden. Dieser besteht aus Hunderten von einzelnen, aber miteinander verbundenen Tieren, die innerhalb der Gemeinschaft gruppenweise verschiedene Funktionen ausüben und dementsprechend unterschiedlich gebaut sind.

So wird zum Beispiel eine Schwimmblase im oberen Teil der Kolonie von bestimmten Polypen, die sich auf diese eine Aufgabe spezialisiert haben, mit Gas oder einer Flüssigkeit gefüllt, die leichter als Seewasser ist. Dadurch entsteht ein Auftrieb, der die ganze Kolonie schwebend erhält. Auf der Unterseite dieser Schwimmapparate finden sich andere Polypen, die durch Knospung auseinander hervorgegangen sind und dem Fang, also der Ernährung des Staates dienen. Sie können bis zu 20 Meter lange, nesselnde Tentakel bilden, die ins Wasser herabhängen und es nach geeigneter Beute durchkämmen. Streift ein Fisch nur einen von diesen Tentakeln, so schießen sofort zahllose giftgefüllte, lähmende Pfeile hervor. Fangarme ziehen das bewegungsunfähige Tier dann nach oben, wo Freßpolypen es mit Hilfe von Fermenten auflösen. Die verdaute Nahrung wird dann an die übrigen Mitglieder des „Staates" weitergegeben.

Während die Hydroidpolypen den festen Boden des Meeres, die Staatsquallen hingegen die weite Hochsee

Wie zarte Bäumchen sehen manche Kolonien der Hydroidpolypen aus. Oft sitzen die Stöcke, wie hier, auf einem Schwamm, der für eine nahrungtragende Wasserströmung sorgt. Auf der Polypenkolonie weidet eine Nacktkiemerschnecke.

Bei der Portugiesischen Galeere, einer Staatsqualle mit besonders wirksamen Nesselbatterien, hält sich zuweilen ein Fisch der Gattung Nomeus auf. Offenbar ist er gegen das Gift immun und läßt sich von dem wehrhaften Hohltier schützen.

besiedelten, haben die Vertreter der nächsten Hohltier-
klasse beides getan, dabei aber in erster Linie das freie
Wasser für sich erobert: die Schirmquallen. Außer den
freilebenden, von denen in der Nordsee die *Ohrenqualle*
und die *Kompaßqualle* die bekanntesten sind, gibt es
auch am Boden sitzende, kriechende oder sogar fest-
gewachsene Quallen, die wie die Polypen Fangarme ins
Wasser strecken.

Während die seßhaften Hydroidpolypen sich entweder
durch Teilung vermehren oder Geschlechtszellen erzeugen können, pflanzen ihre Vettern, die freischwimmen-

den Quallen, sich allein geschlechtlich fort. Einer der
augenfälligsten Beweise für die nahe Verwandtschaft
zwischen diesen beiden Gruppen ist die Tatsache, daß
im Leben vieler Hohltiere beide Daseinsformen miteinander abwechseln.

Ein gutes Beispiel bietet die *Ohrenqualle*, die oft einen
Durchmesser von einem halben Meter erreicht. Zu bestimmten Jahreszeiten kann man sie an der Oberfläche
der Nordsee treiben und schwimmen sehen. Ihren Namen hat sie von vier ohrenförmigen Geschlechtsorganen,
die bläulich in ihrem wäßrigen Gallertkörper schimmern.

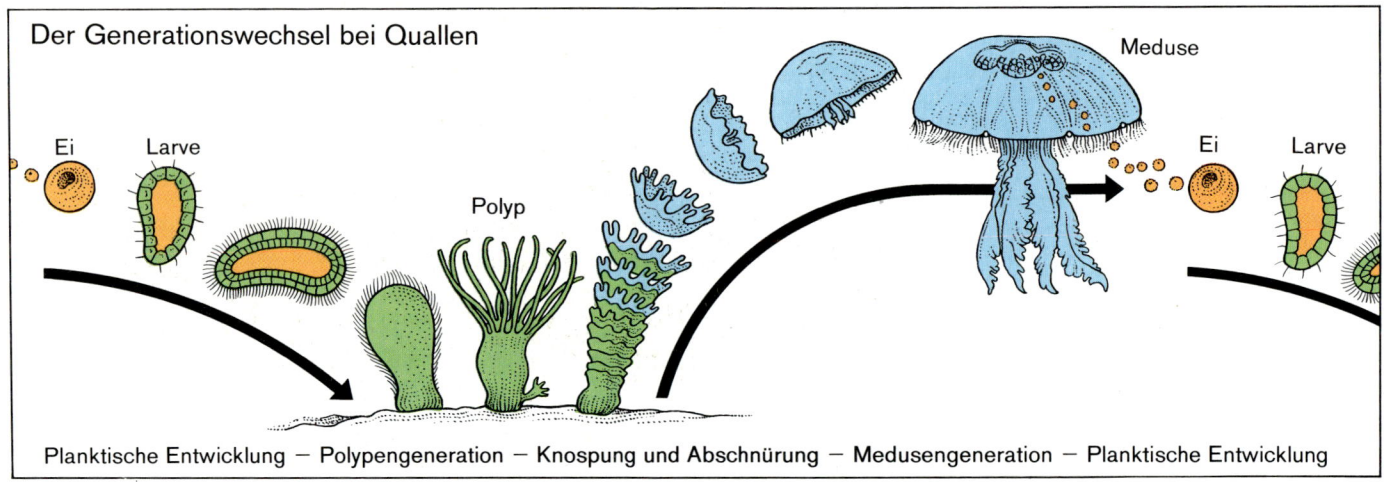

*Die enge Verwandtschaft zwischen Polypen und Quallen zeigt sich auch darin, daß einige Polypen Quallen hervor-
bringen, während andererseits Scheibenquallen aus Polypen entstehen. In Wahrheit ist der Lebenszyklus
solcher Tiere noch komplizierter. Eine Scheibenqualle entläßt aus ihren Geschlechtsorganen Eier und Samen,
die sich vereinigen. Es entstehen bewimperte Larven, die seßhaft werden und sich in Polypen umwandeln. Diese
stellen nur ein Übergangsstadium dar. Sie schnüren sich oben ein – oft an mehreren Stellen gleichzeitig –, so daß
scheiben- oder glockenförmige Gebilde entstehen. Sobald sie sich abgelöst haben, werden sie zu neuen Quallen.*

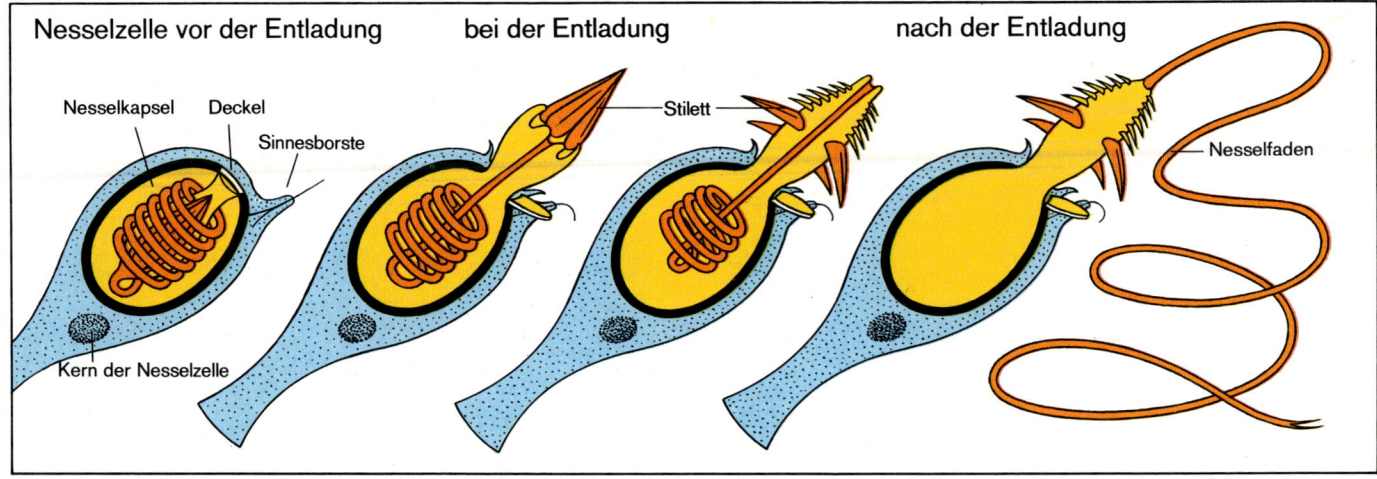

*Die Nesselzellen der Hohltiere sind raffiniert konstruierte Waffen. In jeder liegt, eingestülpt wie ein nach innen
gezogener Handschuhfinger, ein aufgerollter Schlauch. Berührt ein vorbeikommendes Lebewesen den Auslöser, ein
feines Härchen oben an der Zelle, so springt ein Deckel auf, und durch den Druck einer Flüssigkeit in der
Zellkapsel schießt der Schlauch nach außen. Dieser heftet sich nun mit einer klebrigen Substanz an das Beutetier.
Oder er ist mit Stacheln besetzt, die in den Körper des Opfers eindringen. Dort spreizen sie sich auseinander,
so daß der Schlauch nicht mehr zurückgezogen werden kann. Aus seinem Vorderende tritt nun ein Gift aus.*

Aus ihnen werden Ei- und Samenzellen frei, die sich vereinigen und kleine Larven hervorbringen. Die freischwimmende Larve setzt sich irgendwo fest und entwickelt sich zu einem ungeschlechtlichen Polypen mit acht Fangarmen. Dieser beginnt bald, seinen Körper in übereinanderliegende Scheiben zu gliedern; wie ein Tellerstapel sieht das Tier nun aus. Nach und nach löst sich ein „Teller" nach dem anderen ab und wird zu einer kleinen Qualle. Aus ihr wächst, in einer Reihe von Entwicklungsvorgängen, endlich eine neue Ohrenqualle heran. Derart wechselt die geschlechtliche Fortpflanzung hier mit der ungeschlechtlichen ab: Die Quallen vermehren sich durch die Vereinigung ihrer Keimzellen; die Polypen teilen sich. Der „Sohn" ähnelt in diesem Falle nicht dem Vater, sondern dem Großvater.

Wie die Quallen tragen alle Hohltiere, mit Ausnahme der Rippenquallen, Nesselzellen. Diese gehören zu den kompliziertesten mechanischen Konstruktionen des Tierreichs und kommen in verschiedenen Formen vor; es gibt wickelnde, klebende und stechende. Die Wickelzellen arbeiten mit langen Schnüren, die sich um die Beute schlingen; die Klebezellen haften mit einem Klebstoff fest; die stechenden Zellen dringen mit nadelscharfer Spitze in die Beute ein und lassen dort ein lähmendes Gift einfließen. Die Wirkung kann unterschiedlich sein, je nach der Art des Tieres und nach der Zahl der „explodierten" Zellen.

Selbst winzige Polypen vermögen mit diesen Waffen gleich große Wasserflöhe zu überwältigen. Die Tentakel großer Quallen können Menschen schwere Verbrennungen zufügen und unter Umständen den Tod verursachen, wenn der Betroffene früher, oft ohne es zu wissen, durch ähnliche Nesselgifte und darauffolgende Reaktionen seines Körpers hochgradig empfindlich geworden ist.

Zu den gefährlichsten Quallen gehören die *Würfel-* oder *Feuerquallen*, auch Seewespen genannt, die in wärmeren Gewässern vorkommen und ihren Namen nach der Gestalt ihres würfelförmigen Schirmes erhalten haben. Wahrscheinlich erzeugen sie unter allen wirbellosen Tieren das wirksamste Gift. Sogar einen ausgewachsenen Mann kann es rasch töten. Es ist vorgekommen, daß das Opfer im flachen Wasser attackiert

Quallen bewegen sich nach dem Rückstoßprinzip mit rhythmisch pumpenden Bewegungen ihres Schirmes oder eines vom Schirm herabhängenden, kreisförmigen Behanges durch ihr Element. In dem Schirm sind Muskeln ringförmig angeordnet. Ziehen sie sich zusammen, so wird das Wasser aus der Glocke herausgetrieben, und das Tier schwimmt ein Stück weiter. Allerdings vermag eine Qualle im wesentlichen nur aufwärts oder abwärts zu steigen; im übrigen ist sie den Bewegungen des Wassers mehr oder weniger ausgeliefert. Das untere Bild zeigt die sehr gefährliche Feuerqualle; darüber eine Knollenqualle; ganz oben eine Lungenqualle.

Bis zu 200 Tentakel säumen die Mundöffnung der kräftigen Seerose. Unablässig streckt das Tier während der Nacht diese tödlichen Fangarme ins Wasser. Da es seiner Beute nicht folgen kann, muß es auf unvorsichtige Opfer warten.

Wie harmlose Blütenstempel sehen die Tentakel der Seeanemone aus, aber die rundlichen Köpfe sind gespickt mit nesselnden Zellen, die bei einem Menschen, der sie berührt, Blasen auf der Haut und Fieber hervorrufen können

wurde und schon starb, ehe es auch nur die wenigen Meter bis zum Strand zurückgelegt hatte.

Die farbenprächtigsten, wohl bekanntesten und wichtigsten Hohltiere gehören der dritten Klasse dieses Tierstammes an: derjenigen der Blumen- und Korallentiere. Ihr Bau läßt sich am besten an einer *Seerose* klarmachen, wie man sie in jedem größeren Schauaquarium und auch in manchem Liebhaberbecken antrifft. Seerosen sind zumeist zylindrisch und besitzen auf ihrer oberen Fläche einen Kranz von dicken oder dünnen Tentakeln um die Mundöffnung. Sind die Fangarme so zahlreich und so dünn wie bei den Seenelken, dann werden nicht größere Tiere oder Brocken erbeutet, sondern Kleinlebewesen, die im Wasser umhertreiben.

Die *Seerosen, Seeanemonen* und *Seenelken* leben einzeln, auch wenn sie oft dicht nebeneinander stehen. Sie können sich durch Teilung vermehren und erhebliche Größen erreichen, wie die Riffanemonen, deren Scheibendurchmesser manchmal bis zu einem Meter betragen; gewöhnlich bilden sie aber keine Tierstöcke.

Normalerweise leben die Blumentiere allenfalls von kleineren Fischen. Daß sie aber auch größere Beute nicht verschmähen, zeigt ein Vorfall, der sich im Aquarium von Niagara Falls im amerikanischen Staat New York ereignete. Dort war ein 75 Zentimeter langer Leopardenhai einer Seeanemone zu nahe gekommen und hatte einige ihrer Tentakel gestreift. Diese entleerten prompt ihre Giftbatterien; andere Tentakel griffen mit zu, und

bald hing der Hai bewegungsunfähig an dem Hohltier, das nun ohne weiteres begann, sich den beachtlichen Fisch einzuverleiben. Obwohl die Anemone immerhin einen Durchmesser von 20 Zentimetern hatte, konnte sie zunächst nur den Kopf des Haies aufnehmen und mit ihren ätzenden Körpersäften verdauen; der Rest der Beute befand sich noch außerhalb. Da griff eine Mitbewohnerin des Aquariums, eine mächtige Königskrabbe, ein. Sie packte den Hai und versuchte, ihn der Anemone zu entreißen. Aber vergebens — unbeirrt zog das Hohltier seine Beute weiter und weiter in seinen aufs äußerste gedehnten Körpersack hinein. Bis Angestellte des Instituts ihm schließlich die Reste des Hais fortnahmen, aus Angst, es könnte sich überfressen.

Die Seerosen in den Aquarien stehen meistens aufrecht und geben damit keinen ganz naturgetreuen Eindruck von der Lebensweise der Polypen. Im Meer nämlich hängen sie oft von überragenden Felsvorsprüngen herab, oder sie stehen waagerecht von Steilwänden ab. Jeder Taucher weiß, daß eine von oben leblos wirkende Felsküste unter Vorsprüngen sowie unter Decken von Grotten und Nischen ein buntes Leben beherbergt und mit Hohltieren, Schwämmen, Seescheiden und anderen Geschöpfen dicht besiedelt sein kann.

Norman J. Berrill entdeckte einmal bei Ebbe unter einer sonst vom Wasser bedeckten Klippe eine nur dreißig Zentimeter hohe Höhle, deren Deckenbewuchs sich in dem darunterliegenden Wasser spiegelte:

Eine Qualle ist dieser Seeanemone zu nahe gekommen. Die Fangarme halten sie fest und ziehen sie in die Körperhöhle des Blumentieres, wo die Beute langsam verdaut wird. Alles Unverdauliche wird von der Anemone später wieder ausgestoßen.

Der Clownfisch darf sich furchtlos in die blütenweißen Tentakel einer Seeanemone kuscheln. Er genießt den Schutz der gefährlichen Tentakel und lockt dafür wahrscheinlich andere Fische in die Nähe des für ihn so freundlichen Hohltieres.

„Hier waren meine Anemonen, überall hingen sie herab, als grüne, als weiße marmorgeäderte Säulen, in Pastellrosa und warmen Brauntönungen, und sie alle reichten hinab bis zu ihrem Spiegelbild im Wasser. Kleiner als die Anemonen und zwischen ihnen verstreut, hingen schlanke, orange- und rosenrote Finger aus Weichkorallen wie Edelsteine auf einem buntfarbigen Prunkmantel. Ein Maßwerk federiger Polypen schmiegte sich an jedes Stückchen Felsen zwischen Anemonen und Korallen. Ein verborgenes, nicht für menschliche Augen bestimmtes Schauspiel, schimmernde Phantasiegebilde eines Feenlandes. Einmal schon hatte ich etwas Ähnliches erschaut: in den Höhlen von Cheddar, wo Stalaktiten und Stalagmiten in der Wasserspiegelung der niedrigen Grotten einander entgegenwachsen.

Viele der Anemonen schienen so groß zu sein, wie sie überhaupt werden können, und mochten Jahrhunderte alt sein. Die meisten Tiere und Pflanzen entstehen, wachsen eine Zeitlang, vermehren sich und sterben, wenn ihre Stunde geschlagen hat. Eine Maus ist im Alter von zwei Jahren ein Zittergreis. Und wenn sie verhungert, verhungert sie auf die gleiche Art wie wir. Das Fleisch schrumpft ein, nicht aber das Knochengerüst, und zuletzt fallen Haut und Knochen zusammen. Bei den Anemonen ist es anders. Sie können ungestraft, sogar behaglich verhungern, bewahren dabei ihre Gestalt und Symmetrie und werden nur immer kleiner. Ein Bekannter von mir, der bei sich zu Hause in einem Aquarium Anemonen hielt, zog in den Krieg und überließ sie zwei bis drei

Jahre sich selbst. Als er zurückkam, waren sie noch am Leben, nur ganz klein geworden, und das Meerwasser war infolge der Verdunstung konzentriert.

Die Größe einer Anemone ist also offenbar nicht maßgebend, sie entspricht mehr der Nahrungsaufnahme als ihrem Alter. In der Edinburgher Universität gibt es zwei Anemonen, die kurz vor 1860 als stattliche, gesunde Exemplare in vorgerücktem, doch unbestimmtem Alter gesammelt worden waren. Als man zuletzt von ihnen hörte, zählten sie einige achtzig Jahre und vermehrten sich mit unverminderter Kraft. Es scheint kein Grund vorhanden zu sein, warum Anemonen eines natürlichen Todes im Meer sterben sollten, denn nichts läßt auf irgendwelche Vergreisungserscheinungen schließen. Doch allzu häufig ereignen sich Unfälle, und einige der seltsamen Dinge, die eine Anemone vollbringen kann, lassen sich nur als Ausgleich für stets drohende Katastrophen erklären.

Eine der Federanemonen vor mir lag in Geburtswehen höchst ungewöhnlicher Art. Ihr Leib war zusammengekrampft, und auch die Randpartie der Basis war etwas einwärtsgezogen. Dabei hatte sie einen Kranz kleiner, der Basis entstammender Gewebefragmente zurückgelassen, die wie ein Diadem den mütterlichen Leib umgaben. Im Verlauf der nächsten zwei Wochen würde sich bei jedem Stückchen ein Mund und ein Tentakelkranz entwickeln, und zum Schluß würde etwa ein Dutzend neue Anemonen die alte umringen. Diesen Vorgang nennt man Teilung, und er ist im Dasein der beiden häufigsten

Anemonenarten an der Atlantikküste nicht ungewöhnlich. Dabei gibt es zwei Möglichkeiten: Entweder löst sich ein Kranz Gewebefragmente ab, ohne daß die Mutter sich fortbewegt, oder die Anemone gleitet über den Felsen und läßt kleine Stücke hinter sich zurück.

In beiden Fällen haben wir es mit Auswirkungen einer ursprünglichen Veranlagung des Anemonengewebes zu tun, nämlich mit der Fähigkeit eines Teilstücks, sich zu einem neuen Ganzen zu entwickeln. Es gibt eine japanische Anemone, die imstande ist, ihre Tentakel abzuwerfen und eine neue Garnitur zu entwickeln, während aus jedem abgestoßenen Tentakel eine neue Anemone wird. Es ist, als hätte ein Mann an einer Kreissäge einen Finger eingebüßt, und nun wüchse ihm nicht nur ein neuer, sondern der abgeschnittene Finger entwickelte sich allmählich zu einem fünf Zentimeter hohen Männchen, mit der Befähigung, zu wachsen und schließlich als eine Replik seines ehemaligen Besitzers dazustehen."

Fast überall, wo es in warmen Meeren Seeanemonen gibt, lebt auch ein kleiner Fisch, der sich in ihre gefährlichen Arme geradezu gemütlich hineinzukuscheln scheint, ohne daß ihm etwas geschieht: das kleine, leuchtend rot gefärbte und mit bunten Streifen und Flecken verzierte *Clown-* oder *Anemonenfischchen.* Bei Gefahr flüchtet es sich in den Schutz der stachel- und giftbewehrten Fangarme; es schläft dort und vertraut seinem Wirt sogar seine Eier an, bis die Jungen schlüpfen.

Noch ist das Rätsel dieses eigenartigen Zusammenlebens nicht gelöst; doch nehmen die Wissenschaftler an, daß der Anemonenfisch einen Schleim absondert, der die Seeanemone daran hindert, ihre Giftapparate in Tätigkeit zu setzen. Man hat Anemonenfische aus dem Indischen Ozean zusammen mit Seeanemonen aus dem Mittelmeer und sogar aus der Nordsee, die für jeden anderen Fisch gefährlich sind, in ein Aquarium gebracht. Und obwohl diese Hohltiere vorher niemals mit Anemonen-

Ein ideales Versteck für viele Fische bietet der über drei Meter weit ausladende Schirm dieser mächtigen Koralle in einem Südseeriff. Von Tausenden kleiner Einzelwesen aufgebaut, trotzt dieser Stock den Wellen und Stürmen, die sich in der geringen Tiefe, in der er lebt, noch bemerkbar machen. Fehlte ihm allerdings das Licht der Sonne für längere Zeit, so müßte er zugrunde gehen.

fischen Bekanntschaft geschlossen hatten, ließen sie sie unbehelligt in ihren Armen ruhen. Welchen Sinn die Beziehung hat, ist ebenfalls ein Geheimnis. Der Anemonenfisch genießt immerhin einen verläßlichen Schutz; aber was hat die Anemone davon? Vielleicht lassen andere Fische sich durch den Anemonenfisch verlocken, in die Reichweite der Tentakel zu schwimmen?

Eng verwandt mit den Quallen und Blumentieren sind die *Korallen*, kolonienbildende Polypen, die nun aber — wie auch die Seerosen — das Entwicklungsstadium der freischwimmenden Quallen, das für andere Hohltiere typisch ist, nicht mehr kennen. Im Körperhohlraum der Korallen entstehen durch geschlechtliche Vermehrung Larven, die ins Wasser ausschwärmen, sich an freien Plätzen niederlassen und zu neuen Korallenpolypen werden. Diese sind einzeln oft winzig; gemeinsam können sie jedoch ganze Inseln aufbauen.

Von den Angehörigen einer Korallenkolonie wird ein Skelett abgeschieden, das manchmal weich und biegsam ist; so bei den *Leder-* und *Hornkorallen*, deren Mittelmeerformen von Tauchern als Mitbringsel geschätzt werden. Nahe verwandt mit den Hornkorallen sind auch die bis zu zwei Meter hohen *Seefedern* — leuchtende Vertreter von ihnen leben noch im Schlamm der Tiefsee — und die *Orgelkorallen*. Die Einzeltiere der Orgelkoralle sitzen in Röhren, die durch horizontal verlaufende Wände untereinander verstrebt sind. Jede neu heranwachsende Generation siedelt über den alten Röhren, so daß nun Stockwerk auf Stockwerk entsteht. Auf diese Weise erhält der Bau der Orgelkoralle sein typisches Aussehen. Das Kalkmaterial des Stockes ist dunkelrot gefärbt, und aus den Löchern sehen die leuchtend grünen Korallenpolypen heraus. Nähert sich ein Taucher einer solchen Koralle, so verschwinden die Polypen sofort in ihren Löchern, und der eben noch grüne Stock sieht plötzlich rot aus.

Ein besonders wertvolles Mitglied dieser Korallengruppe ist die *Rote Edelkoralle*, die seit langem gefischt und zu Schmuckstücken verarbeitet wird.

Die Wuchsformen der einzelnen Korallenarten sind höchst unterschiedlich und darüber hinaus noch von Standortbedingungen abhängig. Hier gibt es krustenbildende Formen und die mächtigen Blöcke der *Hirnkorallen*, deren Oberflächen in Windungen gelegt sind, so daß ein solcher Stock wie das versteinerte Gehirn eines Riesentieres aussieht; dort leben Korallenstöcke, die mächtige, weit ausladende Schaufeln bilden und deswegen *Elchkorallen* heißen. Andere wiederum, dünne und weitverzweigte Stöcke, werden wegen ihrer typischen Form *Hirschgeweihkorallen* genannt.

Diese alle und noch viele andere gehören zu den vielfältigen, in den warmen Meeren verbreiteten *Steinkorallen*, die mit ihren Tierstöcken ganze Felsen und gewaltige Riffe errichten. Das imposanteste Werk der

Nur für den Bruchteil einer Sekunde konnte der Unterwasserphotograph die winzigen einzelnen Polypen einer Edelkoralle sehen und photographieren. Im nächsten Moment waren die Tiere im Stock verschwunden, und nur noch das Skelett der Koralle lag wie tot vor ihm.

Steinkorallen ist das Große Barriereriff vor der australischen Pazifikküste. Es ist rund 2000 Kilometer lang und zwischen 300 und 2000 Meter breit. Seit 50 Millionen Jahren wirken die Korallenpolypen an diesem gewaltigsten Bau, den Menschen oder Tiere je geschaffen haben, und er wird nie vollendet sein, da seine Urheber ihre Arbeit unablässig fortsetzen.

Gliederwürmer, die sich teilen

Sobald im November der Vollmond über die Südsee allmählich wieder abzunehmen beginnt, kommt eine sonderbare Unruhe über die Küstenbewohner einiger Samoa-Inseln. Sie beobachten in der Abenddämmerung gespannt das Meer, machen ihre Boote klar und legen Netze, Körbe und Schöpfgeräte bereit, um soviel wie möglich von dem Überfluß ernten zu können, mit dem die See sie seit Menschengedenken jedes Jahr um diese Zeit überhäuft.

Die Spannung erreicht ihren Höhepunkt, wenn sich an einem bestimmten Abend das Wasser vor ihrem Strand langsam trübt und milchig färbt, und sie löst sich schließlich in ein wildes Getümmel von paddelnden, fischenden und schöpfenden Menschen auf, die ihre Boote und Gefäße mit Tausenden und Abertausenden fingerlanger Würmer füllen, von denen es nun an der Oberfläche des Meeres nur so wimmelt. Nach dem Fang beginnt an Land ein gewaltiges Schmausen. Die Würmer werden gesotten, gebraten, in Brotfruchtblättern gebacken und mit großem Behagen verspeist; ja einige unter den Samoanern essen sie sogar am liebsten roh.

Die fiedrigen Tentakelkränze, die der prachtvoll gefärbte Schraubenwurm ins Wasser ausbreitet und bei Gefahr blitzschnell in seine Röhre zieht, dienen zum Fangen der Nahrung und sind gleichzeitig die Kiemen dieses Tieres aus dem Stamm der Gliederwürmer

Die Hast, mit der die Samoaner ihre Ernte einbringen, erklärt sich aus der Tatsache, daß sie nur während einiger Nächte im Jahr jeweils eine oder höchstens zwei Stunden lang auf ihre Weise von der Hochzeitsfeier eines Geschöpfes profitieren können, das zu der Gruppe der *Gliederwürmer* gehört. Diese Tiergruppe, mit über 80 000 Arten überall dort vertreten, wo auf der Erde Leben überhaupt möglich ist, steht am Anfang einer Entwicklungsprozesses, der den größten aller Tierstämme hervorgebracht hat — nämlich die Insekten.

Der Wurm, der den Insulanern regelmäßig ihr großes Fest beschert, heißt *Palolo*. Doch was sie in jener Mondnacht in ihre Boote schöpfen, ist nur eine Hälfte dieses sonderbaren Wesens. Wenn nämlich die Zeit der Fortpflanzung gekommen ist, streckt der Palolo seinen prall mit Eiern oder Samen gefüllten Hinterleib aus einem Bodenversteck hervor und löst ihn ab. Darauf steigt der Hinterleib zur Oberfläche auf, wo schon zahllose andere Palolo-Hälften treiben, bis sie platzen und ihren Inhalt ins Wasser ergießen. Der zurückgebliebene Vorderleib kehrt in sein Versteck zurück, um im Laufe eines Jahres einen neuen Hinterleib hervorzubringen und ihn — sobald das Mondlicht im nächsten Herbst wiederum zur

Vereinigung ruft — erneut zur Hochzeit emporzuschikken. Verblüffend und bisher ungeklärt ist die zeitliche Steuerung dieses Vorgangs, die streng an die Mondphasen gebunden ist.

Die meisten Gliederwürmer leben am oder im Boden. Einige schütten ihre Eier oder entlassen ihre Larven ins freie Wasser, worauf diese sich unbewohnte Plätze suchen und dort zu neuen Würmern heranwachsen. Andere machen sich selbst auf die Reise, um geeignete Kinderstuben zu finden. Die Kriechfortsätze an den einzelnen Segmenten ihres gegliederten Körpers werden dann zu breiteren Ruderbeinen, und die sonst meist am Boden kriechenden Würmer können mit ihnen zum Ort der Paarung schwimmen.

Wenn der Ebbstrom an unseren Küsten die Sand- und Schlickwatten freigegeben hat, ist der Boden oft kilometerweit mit dicht an dicht liegenden Häufchen aus dünnen Sandschnüren bedeckt. Sie zeigen, daß hier der *Wattwurm* oder *Pier* zu Hause ist, einer der häufigen Gliederwürmer der Nordsee. Bei trocken liegendem Watt ruht er ganz unten im Bogen seiner selbstgebauten, U-förmigen Wohnröhre. Sobald das Wasser zurückkehrt, kommt er hervor, um Sand und Schlick zu fressen, denn er ernährt sich von den darin enthaltenen Kleinlebewesen und sonstiger organischer Substanz. Der ungenießbare Sand wird ausgeschieden und zu jenen merkwürdigen Knäueln aufgehäufelt.

Wie der Wattwurm, der als beliebter Angelköder von Fischern ausgegraben wird, müssen auch andere auf glat-

Borstenwürmer, entfernte Verwandte des Regenwurmes, leben in allen Tiefenzonen der Ozeane. Viele von ihnen sind Fleischfresser, die ihre Beute mit kräftigen, scharfen Kiefern überwältigen können. Andere sind außerdem mit zahlreichen giftigen Borsten besetzt.

ten Sand- und Schlickflächen lebende Gliederwürmer sich ihre Behausungen selbst schaffen und sie mit einem „Zement" aus Schleim, Steinchen und Muschelschill auskleiden. Im Mittelmeer hingegen, dessen Boden häufig Spalten, Schründe und andere Verstecke bietet, findet man eine ganze Reihe von Gliederwürmern, die sich in solchen natürlichen Wohnungen ansiedeln. Auch die Kanäle der Schwämme sind beliebte Behausungen, und wenn ein griechischer Schwammfischer im Innern eines Schwammes einen Gliederwurm findet, achtet er sorgfältig darauf, daß das Tier unverletzt herauskriecht oder herausgeschüttelt wird und wieder ins Meer zurückgelangt. Nach einer alten Überlieferung gilt der Wurm nämlich als die Seele des Schwammes.

Zu den röhrenbauenden Würmern des Mittelmeeres zählen auch die *Schraubenwürmer,* deren Schönheit jeden Taucher entzückt und die man oft in Aquarien bewundern kann. Aus ihren frei ins Wasser ragenden Röhren, die gut eine Spanne lang sind, steht ein spiralig geformter, wunderschön bunt gefärbter Kranz kleiner gefiederter Tentakel hervor, der an eine exotische Blume erinnert. Dies sind umgebildete Mundgliedmaßen, mit denen die Würmer atmen und aus dem Meerwasser ihre Nahrung, feinste organische Partikel, herausfiltern. Bei jeder Störung zieht sich der Wurm blitzschnell in seine Röhre zurück, und man muß eine Weile warten, bis seine „Federblüte" sich wieder zu voller Pracht entfaltet. Manche dieser seßhaften Tiere leuchten in der Dunkelheit. Ihr phosphoreszierendes Licht soll offenbar Beute anlocken.

Die vielgestaltigen Krebstiere

Sofern er nicht gerade ein Samoaner ist, wird es für einen Feinschmecker kaum einen Grund geben, Palolowürmer und Krebs- oder Krustentiere einander gleichzusetzen. Für den Biologen aber sind beide – Gliederwurm und Krebs – trotz aller Unterschiede Kinder der gleichen großen Stammgruppe der *Gliedertiere.* Ihr gehören nicht nur die Spinnen, Skorpione, Milben und mehr als 700 000 bekannte Insektenarten an, sondern auch die *Krebstiere;* im Stamm der Gliederfüßer bilden sie mit etwa 25 000 bekannten Arten, von denen die meisten im Meere leben, eine stattliche Gruppe.

Alle Krebstiere – ob winzige, mit dem bloßen Auge kaum sichtbare Ruderfüßer, ob Krabben von der Größe einer Münze oder halbmeterlange Hummern – produzieren Eier, aus denen Larven schlüpfen. In der Gesellschaft zahlloser Krebstierchen, die zeitlebens sehr klein bleiben und im Plankton leben, sind diese Larven vorübergehend ein Hauptbestandteil des Planktons, wichtig für die Ernährung vieler Meerestiere und damit auch für die Fischerei. Den ausgewachsenen Großkrebsen, die auf dem Meeresboden leben, sieht man es nicht mehr an, daß sie einen Teil ihrer Jugend im Plankton verbrachten. Denn die Larven von Krabben, Hummern und Langusten sind keineswegs Miniaturausgaben ihrer Eltern, sondern ähneln eher ihren Vettern, den Planktonkrebschen, mit denen sie eine Weile die Kinderstube teilen.

Kleinkrebse kennen wir aus dem Süßwasser – als Wasserflöhe und Hüpferlinge, die ein begehrtes Futter

Unermüdlich öffnen und schließen sich die harten Panzerhälften der Entenmuscheln, strudeln die zarten Rankenfüße dieser Krebstiere, die eigentlich wie Muscheln aussehen und immer in Gruppen auf einem Stiel sitzen, Nahrung aus ihrer Umgebung und frisches Atemwasser heran

Die unglaubliche Festigkeit, mit der die Seepocken sich an alle möglichen harten Unterlagen im Meerwasser anheften, ist auf ein besonderes Leimsekret der Tiere zurückzuführen. Laborversuche sollen das Geheimnis dieses Klebstoffes lüften, damit man ihn künstlich nachmachen kann.

für Aquarienfische sind. Die *Blattfüßer*, zu denen unser Wasserfloh gehört, spielen im Meer eine unbedeutende Rolle. Die marinen Verwandten des Hüpferlings, die *Copepoden* oder *Ruderfußkrebse*, leben dagegen in so ungeheuren Mengen im Meer, daß jeder Versuch, sie zu beziffern, fehlschlagen muß. Sie sind die wichtigste Nahrung vieler Schwarmfische. Allein von den Heringen des Nordmeeres werden jährlich viele Millionen Tonnen millimetergroßer Ruderfußkrebschen der Gattung *Calanus* gefressen.

Ruderfußkrebse sind aber nicht nur Bewohner des freien Wassers, sondern manche leben auch als Parasiten an größeren Tieren — zuweilen sogar als wurmartige Formen, etwa wenn sie in Mundhöhlen und Kiemen ihrer Wirtstiere haften und sich von deren Körpersäften ernähren. Viele Fische können die ungebetenen Gäste nur mit Hilfe von „Kammerjägern" loswerden, bestimmten anderen Fischen sowie Garnelen.

Der Krebstiergruppe der *Rankenfüßer* gehören einige Geschöpfe an, die sich von alters her bei den Seeleuten in aller Welt höchst unbeliebt gemacht haben: die Seepocken und Entenmuscheln. Die *Seepocken* kann man als ungefähr zentimeterhohe weiße Kegel überall an Steinen, Pfählen und Uferbefestigungen sehen; oft sitzen sie noch oberhalb der Mittelwasserlinie und in der Spritzzone — kleine, steinharte und unglaublich fest haftende Wesen, über deren Lebensweise man erst etwas erfährt, wenn sie sich unter Wasser öffnen. Zwischen ihren weißen Schalenplatten kommen dann zwei zarte Ranken-

füße zum Vorschein, die mit regelmäßigem Schlagen das Wasser nach Nahrung durchkämmen. Auf ähnliche Weise ernährt sich auch der freischwimmende Wasserfloh: Er schlägt mit seinen Ruderbeinen und fängt so die winzigen Partikel aus dem Wasser, von denen er lebt.

Verhaßt sind die Seepocken den Seeleuten, weil sie sich auch auf Schiffsrümpfen ansiedeln, einen fahrthemmenden Überzug bilden, ja sogar die Schiffsunterseite allmählich zerstören. Auch wenn es jetzt Farbanstriche gibt, die diesen Tieren für eine Weile den Aufenthalt auf der Schiffshaut verleiden, müssen die Schiffe doch immer noch von Zeit zu Zeit ins Dock und mühsam von den festhaftenden Passagieren befreit werden.

Andere Seepocken, mit einem Durchmesser von etwa drei bis fünf Zentimetern, leben als Parasiten auf den Walen. Obwohl sie sich tief in die Haut und die Speckschicht eingraben, weiß man nicht, ob sie den großen Säugern tatsächlich Beschwerden verursachen. Manche Fachleute nehmen aber an, daß die Wale sich von diesen und anderen Schmarotzern befreien wollen, wenn sie gelegentlich hoch aus dem Wasser emporschießen und sich mit gewaltigem Klatschen auf die Oberfläche zurückfallen lassen.

Weil ihr auf einem biegsamen Stiel sitzender Panzer der Schale einer Muschel ähnelt, und weil man ihn früher für ein Gänse- oder Entenei hielt, trägt die *Entenmuschel* gleich die Namen von zwei Tieren, mit denen sie zoologisch nichts gemein hat. Im Mittelalter hielt man diese Geschöpfe, die auf Felsen, Bootsrümpfen und anderen festen Gegenständen siedeln, für Baumfrüchte und

Viele der winzigen Krustentiere, die einen beträchtlichen Teil der planktonischen Tierwelt ausmachen, sind die Larven großer Krebse und Krabben wie die Zoea (rechts im Bild). Andere sind – wie der Krillkrebs auf der linken Seite – auch als erwachsene Tiere nur wenige Zentimeter groß.

Fast alle Garnelen sind gute Schwimmer, aber da ihnen sehr viele Meerestiere nachstellen, brauchen sie den Schutz der Tarnung. Diese Garnele aus tropischen Gewässern paßt sich ihrer Umgebung durch Körperfärbung und -musterung vollkommen an.

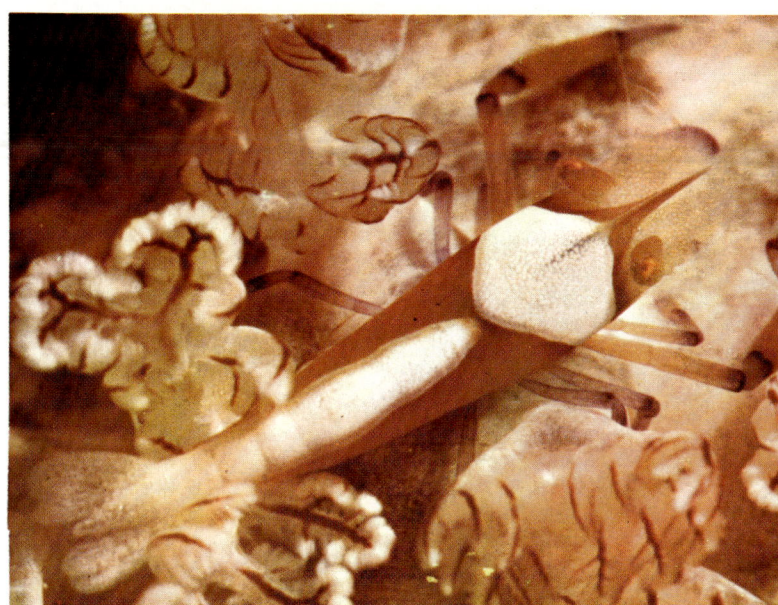

Der amerikanische Hummer gehört zu den stattlichsten seiner Art und erreicht ein beträchtliches Alter. Vor der Küste von Neuengland wurde einmal ein Exemplar gefangen, das gut 22 Kilogramm wog und nach Meinung einiger Experten wenigstens 50 Jahre alt sein mußte. Während des Sommers leben die Hummern meist in festen Revieren, aber zu Beginn des Winters unternehmen sie weite Wanderzüge.

das Treibholz, auf dem man sie fand, für abgebrochene Äste. Nach einer alten Überlieferung sollten aus diesen Früchten die Bernikelgänse entstehen, eine Wasservogelart, deren Brutplätze und Nester noch nie ein Mensch gesehen hatte. Und weil sie nun angeblich aus Baumfrüchten hervorkamen, galten Bernikelgänse nicht als Tiere und durften also auch in der Fastenzeit als pflanzliche Kost verzehrt werden.

Das an unseren Küsten wirtschaftlich wichtigste Krebstier ist die *Sandgarnele*, die zwar nur ein paar Zentimeter lang wird, aber in solchen Mengen vorkommt, daß die deutschen Fischer jährlich rund 30 000 Tonnen dieser zarten Geschöpfe – die auch als Granat bezeichnet und unter dem zoologisch falschen Namen „Krabben" verkauft werden – anlanden können. Eine noch wichtigere Rolle spielen an den Küsten der USA verschiedene größere Garnelenarten, allgemein als *Shrimp* bezeichnet.

Die Sandgarnelen leben in großen Schwärmen dicht über dem Grund und werden von den „Krabbenfischern" mit feinmaschigen Schleppnetzen gefangen. Noch auf See kommt die Beute in Siedekessel, wo sich die Tiere, wie alle gekochten Krebse, rötlich färben. Der kräftige Hinterleibsmuskel – er ist so lang wie ein Fingerglied und ermöglicht es der Garnele, bei Gefahr mit plötzlichem Schwanzschlag rückwärts durchs Wasser fortzuschnellen – wird aus dem Chitinpanzer gelöst und zu allerlei schmackhaften Krabbengerichten verarbeitet. Allzu kleine Garnelen sortiert man aus und verkauft sie zermahlen als Viehfutter.

Von den Garnelen gibt es zahlreiche Arten, und sie finden sich in allen Meeren. Ihre Größen und Färbungen sind ebenso verschieden wie ihre Lebensgewohnheiten, die sie ihren bevorzugten Standorten angepaßt haben. Die Sandgarnele der Nordsee ruht, wenn sie nicht mit Hilfe ihrer fünf Beinpaare über dem Grund schwimmt, gern eingegraben im Sand, so daß nur ihre Augen und ihre Antennen hervorsehen. Die *Steingarnele* hingegen liebt es, auf felsigem Grund herumzukriechen, und der im Mittelmeer lebende *Muschelfreund*, der ein für seine Größe recht stattliches Scherenpaar trägt, zieht sich häufig in Steckmuscheln und in die Öffnungen größerer Schwämme zurück. Fast alle Garnelen sind trotz ihrer Vorliebe für das Leben am Boden gute Schwimmer, überdies eine beliebte Nahrung vieler Tiere.

In stärkerem Maße als andere Garnelen haben die Angehörigen der kleinen Gattung *Hippolyte*, die sich in Küstengewässern zwischen Seegras und Algen aufhalten, die bemerkenswerte Fähigkeit, zum Zweck der Tarnung ihre Farbe zu wechseln. Während die Tierchen nachts bläulich aussehen, passen sie sich am Tage den Pflanzen an, auf denen sie sitzen; sie sind dann grün, braun, rötlich, in bestimmten Fällen sogar orange oder rotweiß gefärbt. Ja diese Garnelen zeichnen selbst die Fleckenmuster, die bestimmte Algen auf den Seegrasblättern bilden, minuziös nach. Da ihr Körper im übrigen durchsichtig ist, wird sein Umriß durch diese Zeichnung in besonders starkem Maße aufgelöst. Gesteuert wird der Farbwechsel offenbar durch Hormone, die ihrerseits durch Zentren im Zentralnervensystem und in den Augenstielen beeinflußt werden.

Recht wehrhafte Tiere sind die *Hummern* und *Langusten*, beide Angehörige der Gruppe der Langschwanz-Panzerkrebse. Die zwei mächtigen Scheren des Hummers, von denen die eine als schlankere Greifschere, die andere als massige Knackzange ausgebildet ist, werden von vielen Räubern gefürchtet. Auch der starke Panzer schreckt viele ab. Die Langusten, die nur kleinere Greifscheren haben, bedienen sich ihrer langen Antennen, um Störenfriede abzuwehren. Meist nur mit dem Vorderleib aus Höhlen und Spalten ragend, können sie sich Angreifer mit diesen „Lanzen" vom Leibe halten und zum Beispiel Fische restlos verwirren, wenn nicht sogar verletzen.

Einige Kraken nehmen es allerdings mit den Langschwanzkrebsen auf: Sie fesseln ihr Opfer mit ihren Armen, heften sich mit den Saugnäpfen fest auf seinen Panzer und versuchen, mit ihren papageienschnabelartigen Mundwerkzeugen die empfindlichen Stellen zwischen den Panzergliedern zu treffen.

Die gewaltigen Schalen erschweren den Hummern und Langusten das Schwimmen; doch ermöglichen sie es ihnen andererseits, sich an felsigen Küsten in der Brandungszone aufzuhalten, ohne zerschmettert zu werden. Dort leben sie tagsüber in Höhlen und unter Steinen. Erst abends kommen sie aus ihren Verstecken und kriechen auf dem Boden herum, um Muscheln aufzubrechen oder anderes Getier zu jagen. Kriechend legen die großen Tiere erstaunlich weite Strecken zurück. Nur in Notfällen machen sie von ihrer Fähigkeit Gebrauch, wie die Garnelen mit einem Schwanzschlag davonzuschnellen.

Zum beiderseitigen Vorteil gehen Einsiedlerkrebse und Seeanemonen häufig Lebensgemeinschaften ein. Die Anemone nimmt an den Mahlzeiten des Krebses teil und schützt diesen dafür vor solchen Feinden, die ihre Tentakel fürchten müssen.

Eines der sonderbarsten Geschöpfe in der an originellen Vertretern reichen Gruppe der Krebse ist der *Einsiedlerkrebs*. Zwar hat er einen deutlich ausgebildeten Schwanz, doch ist dieser — im Gegensatz zu dem der Langschwanzkrebse — weich, also ungeschützt, und seltsam spiralig gewunden.

Da dieser Krebs nicht schwimmen, sondern nur kriechen kann, müßte er dauernd in einer Höhle leben, um vor Räubern sicher zu sein, wenn er nicht einen Weg gefunden hätte, das Einsiedlerdasein mit dem Leben eines frei umherstreifenden Wanderers zu vereinen: Er sucht sich verlassene Schneckenhäuser, birgt in ihnen seinen weichen Schwanz und schleppt so seine eigene „Höhle" ständig mit sich herum. Mit bestimmten Gliedmaßen seines Hinterleibs hält er das Schneckenhaus fest. Einige Arten können sich sogar ganz in ihr Gehäuse zurückziehen und die Öffnung mit ihren Scheren dicht verschließen. Ein weiterer Vorteil dieser seltsamen Wohnung ist, daß sie eine gewisse Menge Wasser enthält, das die Kiemen des Tieres feucht hält, wenn es vorübergehend auf dem Trockenen weilt, was bei vielen Einsiedlerarten oft vorkommt.

Manche dieser Krebse verlassen sich aber nicht auf den Schutz ihres Schneckenhauses allein, sondern nehmen noch eine Seerose als Mieterin auf, vor deren nesselnden Tentakeln die meisten Räuber Respekt haben. Die Seerose sitzt oben auf dem Schneckenhaus und genießt ihrerseits den Vorteil, daß der Krebs sie in Gewässer trägt, in denen nicht zahllose Artgenossen ihr die Beute streitig machen können.

In den Gezeitenzonen fast aller warmen Meere leben Scharen von Winkerkrabben in selbstgegrabenen Gängen, die sie bei Flut mit Schlammklumpen verschließen. Wenn die Männchen nicht gerade fressen, tragen sie mit ihren Scheren Zweikämpfe aus.

Seine kräftigen Scheren, mit denen er empfindlich kneifen kann, haben dem Taschenkrebs an der deutschen Nordseeküste den Namen „Knieper" eingebracht. Taschenkrebse können bis zu 30 cm groß werden, ihr Fleisch ist sehr wohlschmeckend.

Das häusliche Leben bringt allerdings auch Probleme für den Einsiedlerkrebs. Da er wächst, muß er sich wie alle Krebse von Zeit zu Zeit häuten, das heißt, den alten Panzer abwerfen und darauf warten, daß die neue, bereits unter der früheren angelegte Schale sich allmählich härtet. Weil das alte Schneckenhaus ihm dann zu klein wird, ist er gezwungen, sich ein neues zu suchen. Dabei kommt es oft zu erbitterten Kämpfen mit wohnungssuchenden Artgenossen, und es kann geschehen, daß der eine Rivale schon mit seinem Hinterleib in das umkämpfte Schneckenhaus schlüpft, während er und sein Gegner einander mit ihren Scheren noch fest umklammert halten. Der Unterlegene gibt sich gewöhnlich damit zufrieden, vorerst in das von seinem Widersacher eben verlassene Haus einzuziehen.

Hatte der Einsiedlerkrebs auf seinem früheren Haus eine Seerose, so ergibt sich ein zweites Problem: Sie soll mit, aber freiwillig zieht sie nicht um. Der Hausherr muß sie also umpflanzen. Er streichelt und massiert seine Untermieterin so lange mit seinen Scheren, bis sie sich packen und auf die neue Wohnung setzen läßt. Nur wer je versucht hat, eine Seerose von ihrem Platz zu entfernen, kann ermessen, wie feinfühlig und geduldig der Krebs mit seiner Hausgenossin umgehen muß, denn normalerweise läßt sich ein solches Blumentier lieber in Stücke reißen, als seine Haftscheibe freiwillig von ihrer Unterlage zu lösen.

Es gibt allerdings Seerosen, die ihrem Wirt solche Mühen ersparen. Sie sondern an ihrer Fußscheibe einen festen Überzug ab und schieben ihn langsam über den Rand des Schneckenhauses hinaus. Auf diese Weise bauen sie gewissermaßen an und erweitern das Gehäuse, das mit dem Wachstum des Einsiedlers Schritt hält.

Die größte Gruppe unter den höheren Krebsen bilden mit rund 4500 Arten die *Krabben*. Sie haben fast gar keinen Schwanz mehr. Wenn man an einem Nordseestrand einer *Strandkrabbe* begegnet — von den Einheimischen auch „Dwarslöper", hochdeutsch „Querläufer" genannt, weil sie sehr schnell seitwärts laufen kann —, dann muß man das Tier schon auf den Rücken legen, um den rückgebildeten, unter den Leib gekrümmten Schwanzrest zu sehen.

Bei zahlreichen Krabben sind die Beine zu zweckmäßigen Werkzeugen ausgebildet; einige von ihnen haben Ruderbeine und sind ausgezeichnete Schwimmer. Oft rudern sie in großen Scharen an der Oberfläche des Meeres dahin. Andere können sich blitzschnell in den Sand oder Schlamm eingraben, wenn Gefahr droht.

Bei den Weibchen vieler Arten erfüllt auch der unter den Bauch geklappte Hinterleib noch eine eigenartige Aufgabe. Er ist an seinem Ende zu einer kleinen Schüssel verbreitert und dient so als „Wiege" für Nachkommenschaft. Die befruchteten Eier — bei der amerikanischen Blaukrabbe sind es gar bis zu zwei Millionen — werden in diesen Brutraum gelegt und vom Weibchen herumgetragen, bis die Larven schlüpfen.

An den Küsten vieler warmer Meere stößt der Strandwanderer gelegentlich auf große Scharen von kleinen, buntgefärbten Krabben, die sich sehr merkwürdig ver-

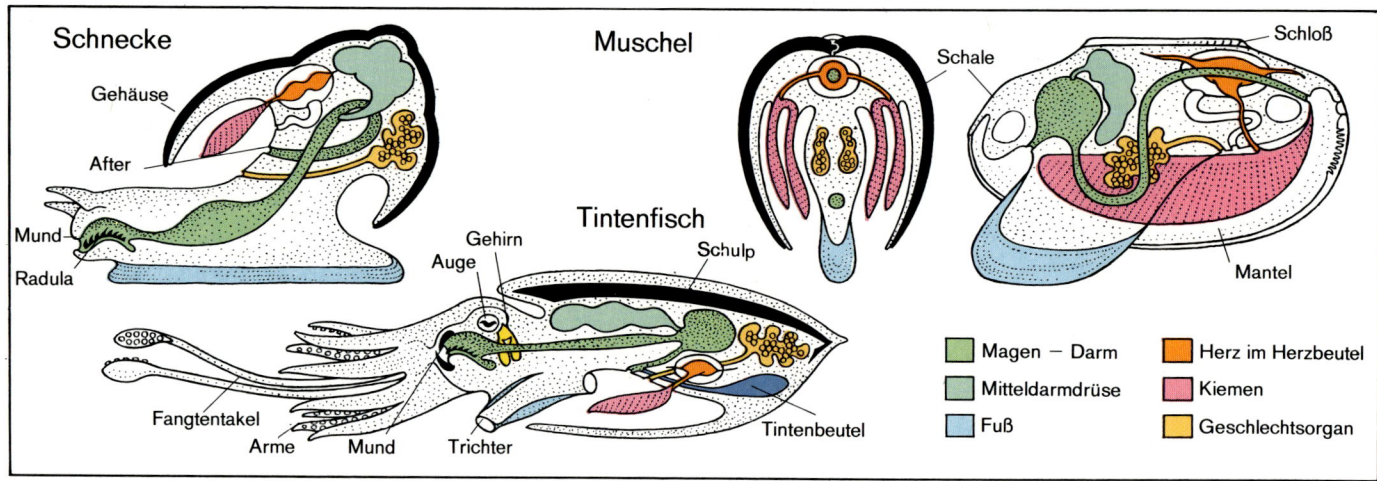

Der Körperbau der Weichtiere: Zwischen dem Tintenfisch mit seiner gewissen Intelligenz und Seh- und Bewegungsfähigkeit, der langsamen Schnecke und der hirnlosen Muschel scheint es auf den ersten Blick kaum Gemeinsamkeiten zu geben. Wie nahe diese Weichtiere aber miteinander verwandt sind, läßt ihr Körperbau erkennen: Schnecke wie Muschel besitzen einen muskulösen Fuß, der beim Tintenfisch zum Trichter umgeformt ist. Eine Mantelhöhle, in die bei den meisten Weichtieren die Geschlechtsorgane münden, schützt die zarten Kiemen, und das Herz liegt in einem diesem Stamm eigentümlichen Herzbeutel. Vom äußeren Gehäuse der Schnecke oder der Muschel ist dem Tintenfisch der innenliegende Kalkschulp als Körperstütze geblieben.

halten. Die Tierchen, von denen oft mehr als 50 auf einem Quadratmeter versammelt sind, scheinen höchst erregt. Erst aus der Nähe erkennt man, warum die kleine Gesellschaft so unruhig wirkt: Bei einem Teil der Krabben ist eine der beiden Scheren riesenhaft vergrößert, und diese Schere wird in Abständen von Sekundenbruchteilen rhythmisch auf und ab bewegt. Auf solche Weise locken die Männchen der *Winkerkrabbe*, wie diese sonderbaren Tiere heißen, die Weibchen zur Paarung. Manchmal hören sie ganz unvermittelt auf zu winken und beginnen, wie wild umherzurennen und Höhlen zu graben, in denen sie verschwinden und deren Eingänge sie mit einem Schlammklumpen verschließen.

Die Reiterkrabben, die vorwiegend an tropischen Küsten leben, aber auch im Mittelmeer vorkommen, zeichnen sich durch ein merkwürdiges Fluchtgebaren aus. Auf hochgestelzten Beinen rasen sie seitwärts mit einer Geschwindigkeit über den Sand, die ihnen den Namen „Kaninchen unter den Krebsen" eingetragen hat, und sind urplötzlich wie vom Erdboden verschluckt. Ebenso rasch, wie sie laufen, können sie sich nämlich mit ihren Hinterbeinen in den Sand eingraben.

Andere Krabben sind Meister der Tarnung; sie tragen Muscheln, Algen und Tangbüschel auf ihren Rückenpanzern. Die Lebewesen siedeln sich nicht etwa selbst dort an; vielmehr werden sie von den Krabben an speziellen Borsten und Stacheln des Panzers befestigt. Einigen Arten sagt man nach, daß sie die Tiere oder Pflanzenteile in erster Linie als Schilde verwenden, und man will schon beobachtet haben, daß angreifende Räuber den Schild packten, und die Krabbe entkam.

Die *Wollkrabbe* des Mittelmeeres, rund 5 Zentimeter lang, schneidet sich mit ihren Scheren Stücke aus

Schwämmen aus, die genau auf ihren Panzer passen, und hält sie dann mit den hinteren Beinen auf ihm fest. Diese Beine sitzen viel weiter oben am Körper als die andern und sind überdies, damit sie ihren besonderen Zweck besser erfüllen können, verkürzt und umgestaltet. Wird die Krabbe trotz ihrer Tarnung einmal entdeckt und zur raschen Flucht gezwungen, so wirft sie den hinderlichen Schwamm ab.

Die wirtschaftliche Bedeutung der Krabben, die an den deutschen Küsten zu finden sind, ist gering, wenn es auch wenigstens eine Krabbe gibt, deren Größe und Wohlgeschmack den systematischen Fang lohnen würde: den *Taschenkrebs*, der ein Gewicht von einem Pfund erreicht. In der Brandungszone ist er zwischen Steinen und an Buhnen zu finden, wo er Seesterne, Miesmuscheln und selbst größere Bodenfische frißt. Die Bewohner der Küsten und Inseln wissen sein Fleisch zu schätzen, aber auf den Markt des Binnenlandes kommt er in Deutschland — im Gegensatz zu anderen europäischen Ländern — nur selten.

Wirtschaftlich bedeutend im negativen Sinne ist dagegen eine Krabbe, die erst seit gut sechzig Jahren in europäischen Gewässern vorkommt und vermutlich aus China eingeschleppt wurde: die *Wollhandkrabbe*. Zu den Meerestieren darf man sie vielleicht deshalb noch zählen, weil ihre Weibchen im Meer laichen. Die heranwachsenden jungen Krabben wandern dann allmählich über die Gezeiten- und Brackwasserzone ins Süßwasser und legen sogar weite Entfernungen auf dem Lande zurück, wobei einige bis tief ins Binnenland gelangen.

Die Wollhandkrabben — so genannt, weil die Scheren der Männchen einen wollenen Pelz tragen — haben sich so rasch und in solcher Zähl vermehrt, daß schon zwanzig Jahre nach ihrem ersten Auftreten im deutschen Küstengebiet mehr als 40 Millionen Tiere jährlich in der Elbe gefangen wurden. Bei den Fischern sind diese Krabben als Netzräuber verrufen, denn obwohl sie sich vorwiegend von Pflanzen, Muscheln, Schnecken ernähren, machen sie sich auch gerne über die in Netzen und Reusen gefangenen Fische her. Aber noch weitaus schädlicher sind die Wollhandkrabben, weil sie in den Gezeitenzonen der Flüsse, so an der Unterelbe, tiefe Wohnröhren in die Deichbefestigungen graben und diese Bauten der zerstörenden Gewalt des Wassers aussetzen.

Tintenfische sind intelligent

Den Stamm der *Weichtiere* oder Mollusken macht nicht allein seine 400 bis 500 Millionen Jahre lange Lebensgeschichte, machen nicht nur die über 100 000 bekannten Schnecken-, Muscheln- und Tintenfischarten, die in ihm zusammengefaßt werden, zu einer der interessantesten

großen Gruppen des Tierreiches; staunenswert ist auch die Fülle der Entwicklungsstufen, die sich in diesem Stamm vereinigen. Er umfaßt so verschiedene Geschöpfe wie die zeitlebens festsitzende Auster, langsam kriechende Schnecken und — am faszinierendsten von allen — die beweglichen *Tintenfische.*

Ihre Fähigkeit, geradezu tänzerisch graziös zu schwimmen, verdanken die *Kalmare* und andere Tintenfische zarten Flossensäumen, die sich an ihren Flanken waagerecht hinziehen und durch Wellenbewegungen den Körper antreiben. Daneben besitzen alle Tintenfische noch eine Art Düsentriebwerk: Ihr Bauch bildet eine Höhle — die Mantelhöhle —, in der die Kiemen hängen. Erweitert das Tier diesen Raum, so saugt es damit durch einen vorn liegenden Spalt Atemwasser an. Dieses wird an den Kiemen vorbeigepumpt und dann durch eine trichterförmige Röhre, die sich unter dem Kopf befindet, wieder hinausgedrückt. Bei Gefahr ziehen kräftige Muskeln die Mantelwand ruckartig zusammen, so daß das Wasser mit hohem Druck aus dem Trichter herausschießt. Da-

In gewaltigen Schwärmen folgen die kleinen zehnarmigen Kalmare aus der Familie Loligo marmora den Wanderzügen kleiner Fische und Planktontiere. Sie sind außerordentlich schnelle und geschickte Dauerschwimmer und vollführen im Schwarm unglaublich exakte Schwenk- und Bewegungsmanöver. Nur zur Laichzeit, wenn die Tiere erschöpft sind, können Taucher sich den Tieren nähern, ohne daß sie fliehen.

*Die Gemeine Sepia hält sich besonders gern in Seegras-
wiesen oder anderen Pflanzenansammlungen auf.
An vielen Küsten wird dem Tier nachgestellt, weil sein
Fleisch gut schmeckt und weil man aus dem Inhalt
seines Tintenbeutels die Sepiatusche herstellt.*

*In panischer Flucht bemüht sich dieser Krake oder
Oktopus, sich den Blicken seiner Verfolger zu entziehen,
indem er seine Hautfarbe dem Untergrund so weit wie
möglich angleicht. Kraken können – je nach ihrer
Gemütsverfassung – ihre Farbe rasch wechseln.*

durch entsteht ein starker Rückstoß, der das Tier schnell davontreibt. Besonders der längliche, stromlinienförmig gebaute Kalmar entwickelt auf diese Weise eine beacht-liche Geschwindigkeit. Das pfeilförmige Hinterende teilt dabei das Wasser, während die langen Arme nachgezo-gen werden. Doch kann der Trichter auch nach hinten gerichtet werden, so daß das Tier sich dann — allerdings etwas langsamer — nach vorn bewegt. Gelegentlich kommt es vor, daß Tintenfische auf der Flucht vor Räu-bern nach oben über die Meeresoberfläche hinausschie-ßen und manchmal sogar in einem Boot landen.

Anders als die Kalmare, die zu den Dauerschwimmern unter den Tintenfischen gehören, ziehen die *Kraken* das ruhige Leben am Boden vor. Auf ihren acht mit zahl-reichen Saugnäpfen besetzten Armen kriechen sie — wie-wohl sie auch schwimmen können — am Grund oder auf Felsen umher, oder sie lauern in Höhlen auf Krebs-tiere, ihre Lieblingsbeute. Dabei sind ihnen als Unter-schlupf alle möglichen Gefäße ebenso lieb wie natürliche Spalten und Löcher in Felsen und Riffen. Unterwasser-archäologen wissen ein Lied davon zu singen, wie un-gern Kraken die leeren Amphoren versunkener antiker Schiffe räumen und wie energisch sie manchmal ihre Wohnungen verteidigen. Dann klammern sie sich an die Arme der Taucher, was zwar selten lebensgefährlich, aber doch unangenehm werden kann: Der Griff ihrer Saugnäpfe hinterläßt schon nach wenigen Sekunden rote Flecken auf der Haut.

Die Fischer der Mittelmeerländer, in denen Tinten-fische aller Art gern gegessen werden, machen sich diese

Gewohnheit der Kraken zunutze, indem sie an langen Leinen Töpfe und Krüge auf den Meeresboden hinab-lassen. Wenn sie die Leinen nach einiger Zeit wieder ein-holen, sind viele der Töpfe von Tintenfischen besetzt. In ihrer Angst, den eben erst eroberten Unterschlupf zu verlieren, verlassen die Tiere die Gefäße auch dann nicht, wenn sie mit ihnen in die Höhe gezogen werden.

Den acht oder zehn Armen der Kraken und Kalmare, die ja gesteuert werden müssen, entsprechen große, aus-gezeichnet funktionierende Augen sowie ein hochentwik-keltes Gehirn und Nervensystem — weit besser als das der Schnecken und Muscheln. Tintenfische gehören des-halb zu den intelligentesten Tieren außerhalb des Stammes der Wirbeltiere. Ihr Gehirn ermöglicht es ihnen, einen sehr leistungsfähigen Bewegungsapparat zu gebrauchen und auf die feste Schale zu verzichten, mit der ihre Ver-wandten, die Schnecken und Muscheln, sich schützen.

Tintenfische vergangener Epochen der Erdgeschichte besaßen übrigens noch solche Schalen: posthornförmige, langgestreckte oder spiralig aufgerollte Gehäuse, deren Versteinerungen wir als *Ammoniten* oder Ammonshör-ner in Ablagerungen des Festlandes finden. Ihrer horn-artig gewundenen Form wegen wurden sie nach dem widderköpfigen Gott Ammon der alten Ägypter benannt. Die heutigen Tintenfische sind aber Nachkommen der Belemniten. Sie tragen zumeist einen flachen Schulp als Skelett im Innern ihres Körpers.

Zu den merkwürdigsten Leistungen der Kopffüßer, wie die Tintenfische wegen der Lage ihrer Arme am Kopf auch genannt werden, gehört die Fähigkeit und

Gewohnheit einiger Arten, sich Wohnreviere anzulegen. Der französische Meeresforscher Jacques-Yves Cousteau hat einmal beobachtet, daß Kraken am Boden des Roten Meeres regelrechte „Zäune" aus Steinchen im Quadrat um ihre Standorte gebaut und so eine Siedlung angelegt hatten, die eine gewisse Ähnlichkeit mit den sorgsam gegeneinander abgegrenzten Grundstücken einer Vorstadt zeigte.

Daß Tintenfische tatsächlich eine Intelligenz besitzen, die an die höherer Wirbeltiere heranreicht, zeigte ein Versuch: Ein Krake entkorkte wiederholt eine Flasche, in die man Köder eingeschlossen hatte, und holte sich die Nahrung heraus!

Erstaunlich ist auch der Begattungsvorgang bei einigen Tintenfischen. Zumeist führt das Tintenfischmännchen nach einem Balzspiel mit einem zum Begattungsorgan umgewandelten Arm ein kleines Samenpäckchen in den Körper des Weibchens ein. Bei einer sehr kleinen Art aber trennt sich der Begattungsarm sogar vom Körper des Männchens ab und wandert selbständig wie ein Wurm in die Mantelhöhle des Weibchens.

Wenn die Eier dort befruchtet sind, werden sie in Klumpen oder Schnüren an festen Gegenständen abgelegt oder aufgehängt. Nun kümmern sich die Weibchen einiger Arten auch weiter um ihren Nachwuchs: Sie bleiben monatelang bei den Eiern und pflegen sie, bis die Jungen schlüpfen. Sie reinigen mit ihren Armen die Eihüllen von Schmutz und schicken aus den Trichtern regelmäßig einen Strahl Wasser über das Gelege.

Bevor ein Tintenfisch im freien Wasser dazu übergeht, sich mit seinen Armen, Saugnäpfen und seinem harten Schnabel gegen einen Angreifer zu verteidigen, setzt er eine andere Waffe ein: seine vernebelnde „Tinte". Das ist ein dunkler Farbstoff, der in einer besonderen Drüse erzeugt wird. (Bis zur Erfindung synthetischer Farben lieferte diese Tinte die sogenannte Sepiatusche; denn Sepia ist der lateinische Name des im Mittelmeer häufigsten Tintenfisches.) Wird das Tier angegriffen und zur Flucht gezwungen, so stößt es — zusammen mit dem Wasser, dessen Rückstoß es forttreibt — diesen Farbstoff als dunkle Wolke aus. In ruhigem Wasser bleibt sie eine Weile als geschlossenes Gebilde stehen und zieht unter Umständen den Verfolger auf sich, während der Tintenfisch entflieht.

Eine raffinierte Variante zeigen, wie der französische Wissenschaftler L. Cuénot berichtet, manchmal kleinere Tintenfische: „Im Sommer ruhen in Buchten mit

Eifersüchtig hütet der Oktopus das Revier vor seiner Höhle. Der Seestern, den ein Taucher ihm sozusagen vor die Haustür gelegt hat, wird mißtrauisch beäugt, dann mit einem der von Saugnäpfen bedeckten Arme gepackt und weit fortgeschoben. Der Oktopus entfaltet dabei seine breiten Hautlappen zwischen den Fangarmen.

*Manch grausige Schauergeschichte rankt sich um die
Riesentintenfische. Sie sollen schon Fischer in ihren Booten
angegriffen haben, aber nur sehr selten haben Menschen
diese Ungetüme zu Gesicht bekommen. Im Magen
eines Pottwals wurde dieser mächtige Kalmar gefunden,
der mitsamt seinen Fangarmen rund 12 Meter lang war.*

geringer Tiefe und Sandboden die kleinen Sepien auf
dem Grund, fast unsichtbar, da sie gleich gefärbt sind
wie der Untergrund. Rückt man auf sie zu, so wird das
Tier plötzlich dunkel, flieht und wirft ein winziges Wölk-
chen dichter Tinte aus, das die vorherige Lage des dunkel gewordenen Tieres anzeigt; dieses hat inzwischen
eine rasche Wendung seitwärts gemacht, ist wieder hell
geworden und hat sich am Boden niedergelassen — einen
bis zwei Meter entfernt. Sandkörner machen die Tarnung
vollständig. Wenn man die Sepia verfolgt, so wiederholt sie das Manöver mehrmals, bis ihr Tintenvorrat
erschöpft ist."

Aber nicht nur zu solchen Täuschungsmanövern dient
die Tinte, sondern sie enthält auch Stoffe, die auf das
Geruchsorgan der Muränen — Hauptfeinde der Tintenfische in warmen Meeren — lähmend wirkt. Einmal
setzte man einen solchen angriffslustigen Räuber zusammen mit einem achtarmigen Tintenfisch in ein Aquarium.
Der Oktopus geriet sogleich in Erregung, und die Muräne machte sich auf die Suche nach der Beute, die sie
witterte. Als sie bis auf einen knappen halben Meter an
den Tintenfisch herangekommen war, setzte dieser eine
dunkle Wolke ab und schoß davon. Die Muräne suchte
weiter. Aber selbst als die Wolke sich längst verflüchtigt
hatte und die Muräne buchstäblich mit ihrer Nase auf
den Gegner stieß, erkannte sie ihn nicht: Ihr Geruchssinn war durch die Tinte völlig gestört worden — und
blieb es länger als eine Stunde.

Auch in der Tiefsee gibt es Tintenfische. Hier, in völliger Dunkelheit, hätte ein schwarzer Farbstoff keinen

Sinn mehr. Folgerichtig kehrt die Natur hier das Prinzip
um: Die „Tintenflüssigkeit" leuchtet hell und zieht infolgedessen, sobald sie ausgestoßen ist, die Aufmerksamkeit des Angreifers auf sich, blendet ihn wohl sogar.

Zusätzlich zu dem Schutz durch den Farbstoff verfügen
viele Tintenfische, wie eben bereits angedeutet, über ein
hervorragendes Anpassungs- und Tarnvermögen. In
ihrer Haut tragen sie Zellen mit verschiedenfarbigen
Pigmenten — gewissermaßen runde, durchsichtige, mit
einer bestimmten Farbe ganz gefüllte Beutel. An ihrem
Rande greifen jeweils viele Muskelstränge an. Sind sie
entspannt, so schnurrt die Zelle zu einem winzigen Punkt
zusammen, und die Farbe kommt praktisch nicht zur
Geltung. Treten die Muskeln hingegen in Tätigkeit, dann
ziehen sie die Zelle — wie Feuerwehrleute ein Sprung-
tuch aus Gummi — nach allen Seiten auseinander, so
daß sie nun einen größeren, sternartigen Fleck bildet.
Solche Zellen sind beim Tintenfisch in mehreren Lagen
übereinander angeordnet, wobei jede ihre eigene Farbe
hat. Indem das Tier Farben von verschiedenen Lagen
kombiniert, kann es alle möglichen Tönungen und Muster hervorbringen, und zwar wesentlich schneller und
vielfältiger als selbst das berühmte Chamäleon.

Mit Hilfe dieser Vorrichtung vermag der Tintenfisch
sich willkürlich und sehr rasch der Färbung seiner Umgebung anzupassen. Während beispielsweise der Gemeine Tintenfisch auf einem sandigen Boden hell und
gesprenkelt aussieht, wählt er kräftige Schwarzweißtöne,
sobald er über einen dunklen Steingrund schwimmt, auf
dem Muschelschalen liegen. Auch wenn ein Krake in
Erregung gerät — sei es, daß er Angst hat, sei es, daß er
gereizt wird, sei es während der Liebeswerbung —,
nimmt seine Haut jeweils andere Farben an.

Sehr hübsch zeigt diese Fähigkeit ein Bericht der australischen Taucherin und Unterwasserphotographin Valerie
Taylor, die den Oktopus den „klügsten und zutraulich-
sten unter den Kaltblütlern der Erde" nennt. Sie machte
einmal die Bekanntschaft eines liebenswerten Kraken,
den sie zärtlich *Velvet* (Samt) nannte, weil er „sich
anfühlte wie Samt von der teuersten Sorte".

Valerie Taylor filmte zusammen mit ihrem Ehemann
Ron die Unterwasserwelt des Großen Barriereriffs bei
den Heron-Inseln, östlich von Australien. Ron war eines
Tages gerade im Begriff, seinen letzten Meter Film abzu-
drehen, „als sich plötzlich ein bräunliches, klumpiges
Korallenstückchen auf Zehenspitzen stellte und ein paar
Meter weitertrippelte. Dort verwandelte es sich auf einmal in ein violettes, stacheliges Stück Koralle. Fasziniert
schwamm ich hinunter, um mir die Sache genauer anzusehen, und zu meinem Erstaunen blickte die Koralle
mich aus scheinbar bösartigen Augen an.

Ich streckte eine Hand aus, um sie zu berühren; da
versuchte ein starker Wasserstrahl — vergeblich — die
Hand wegzuspülen. Als ich den weichen Körper anfaßte,

erschrak der Oktopus, und eine purpurne Wolke nahm mir plötzlich die Sicht. Die Wolke verschwand allmählich wieder, und ich konnte gerade noch sehen, wie das erschreckte Tier sich auf Korallengeröll niederließ, um dort sofort eine graue, fleckige Färbung anzunehmen.

Dieser Zauberkünstler verdiente es, gefilmt zu werden, und ich winkte Ron heran. Aufgeregt zeigte ich auf das graue Korallen-Kraken-Häufchen, und Ron, der ziemlich verwirrt schien, kam ihm zu nahe. Jedenfalls sah ich auf einmal nur noch eine mächtige, purpurrote Wolke mit Flossen und einen meterlangen Oktopus, der wie wahnsinnig davonsauste: Ron hatte seinen neuen Filmstar versehentlich mit seiner Kamera gerammt. Der Krake war nun so durcheinander, daß er nicht mehr wußte, was er tun sollte. Ohne jeden Erfolg versuchte er rasch nacheinander, sich als eine blaue Geweihkoralle, eine braune Hirnkoralle und eine rosa Tafelkoralle auszugeben. Schließlich suchte er auf einer braunen Tafelkoralle Zuflucht, die tatsächlich ganz gut zu ihm paßte. Ron mit seinem Tauchgerät blieb ihm auf den Fersen.

Die nächste halbe Stunde war die reine Komödie. Ron hatte nun seinen Oktopus (den er schon lange gesucht hatte), aber der sah einfach nicht wie ein Oktopus aus, sondern manchmal korallenähnlicher als jede Koralle. Das war für Ron ein Problem, und es konnte nur gelöst werden, wenn er seinen Star dauernd in Bewegung hielt. Eine merkwürdige Unterwasserjagd begann; es ging hinein in das Korallengestrüpp und wieder heraus, bis der kleine Bursche schließlich das Spiel einfach aufgab. Keiner seiner Tricks hatte gewirkt; die große silbrige Kamera mit ihrem runden, schwarzen Auge war nicht abzuschütteln. Zuletzt hockte er bloß noch da — ein ausgepumpter, brauner Krake auf einer blauen Koralle. Vergnügt drehte Ron seinen Film ab.“

Die Brandung des Pazifischen Ozeans hat in diesem Stückchen Küstenfelsen, dessen Formen und Farben einem abstrakten Gemälde gleichen, Mulden und Rinnen ausgewaschen. Dort, in der Spritzzone, ist der Lebensraum der urtümlichen Napfschnecken. Mit ihrem starken Saugfuß an die felsige Unterlage geheftet, trotzen die Tiere der Austrocknung durch Sonne und Luft. Nur die Brecher der Brandung, die für Sekunden über sie hinwegrollen, versorgen sie mit dem unentbehrlichen Wasser.

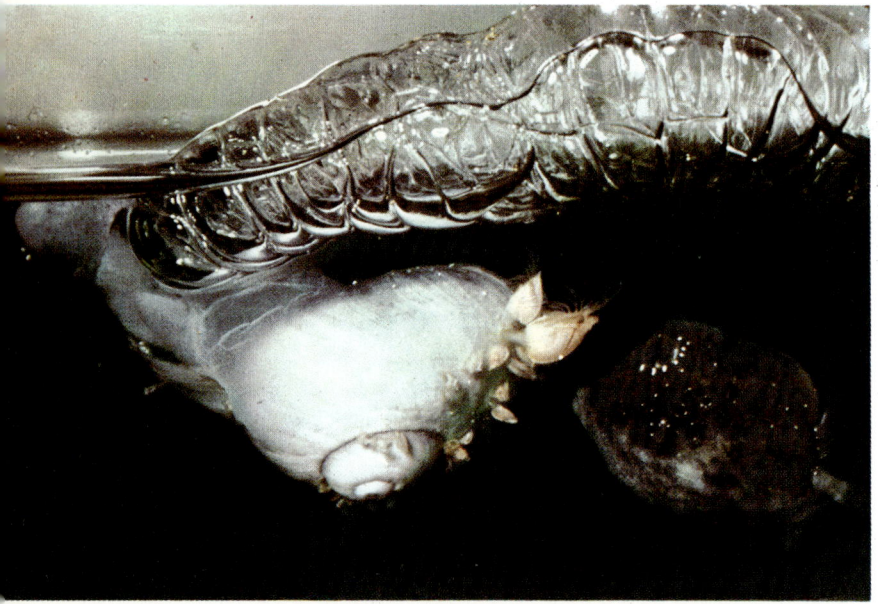

114

Selbst unter den Schnecken gibt es Räuber

Während einer Exkursion auf eine kleine, unbewohnte Insel vor der mexikanischen Küste wollte der berühmte amerikanische Tiefseetaucher und Naturforscher William Beebe einmal eine unzugängliche, glatte Felsplatte besteigen, auf der er Nester des Tölpels, eines Seevogels, vermutete. Dazu bediente er sich eines außerordentlich originellen Hilfsmittels:

„Ich kletterte zu dem geschütztesten Platz, den ich an der Flutlinie finden konnte", so berichtet Beebe, „und begann, mit Hammer und Meißel aus unserer Gerätetasche ein paar Riesennapfschnecken zu bearbeiten. Da ich im Gebrauch von Werkzeugen weit weniger geschickt bin als eine Jagdwespe oder ein Höhlenmensch der Vorzeit, rief ich sehr bald meinen Gefährten Pe zu Hilfe, der mit jedem Ding alles machen kann ...

Nach ein paar wohlgezielten Hammerschlägen konnte Pe mir die erste losgelöste, völlig unbeschädigte Molluske überreichen. Schnell, ehe sie sich zusammenrollen konnte, griff ich zu, hob den Arm und warf das Tier mitsamt seiner dicken Schale von drei Pfund Gewicht auf die Felsplatte über mir. Binnen kürzester Frist hatte es Halt gewonnen und sich der Fläche mit so festem Griff verhaftet, daß keines Menschen Kraft es ohne mechanische Hilfsmittel wieder losbrechen konnte. Napfschnecke auf Napfschnecke folgte, und indem ich sie wechselweise übereinander anordnete, hatte ich bald eine Reihe von Stützen für meine Füße beisammen, die auch nicht schlüpfriger und unsicherer waren als die Stufen, die Alpinisten ins Gletschereis schlagen.

Die frühesten bekannten Napfschnecken lebten vor etwa fünfhundert Millionen Jahren, und alle Generationen hindurch haben sie die gleichen erstaunlichen Muskeln entwickelt, die jetzt dem ungeheuren Gewicht und Sog der stärksten Brandungswellen trotzen. Als ich hinaufstieg, kann ihnen mein leichtes Gewicht kaum mehr bedeutet haben als der Tritt der vorerwähnten Fliegen und Geckos."

Die *Napf-* oder *Mützenschnecken* — von deren Fähigkeit, sich fast unlösbar an die felsige Unterlage zu heften, William Beebe so ungewöhnlichen Gebrauch machte — sind Lebewesen jener Grenzlinie zwischen Land und Wasser, in der vielerlei Getier sich dem Dasein sowohl

Drei sehr verschiedene Angehörige des mit vielen tausend Arten im Meer vertretenen Stammes der Schnecken. Oben eine Floß- oder Veilchenschnecke an ihrem aus Luftblasen selbst gebauten Floß. In der Mitte: Eine der in tropischen Meeren häufigen Spinnenschnecken mit ihren gestielten Augen. Bild unten: Zwei getigerte Kaurischnecken, die ihren zottigen Mantelsaum ausgestülpt haben.

im Wasser als auch auf dem Trockenen angepaßt hat. Mit ihrem stark entwickelten Saugfuß und der harten, kegelförmigen Schale, die mehr an eine Muschel erinnert als an ein spiraliges Schneckenhaus, können die Napfschnecken ebensogut in der Brandung auf den Felsen umherkriechen, ohne zerschmettert zu werden, wie sie sich bei Ebbe hermetisch gegen Sonne und Hitze zu verschließen vermögen, um unbeschadet die Rückkehr der Flut abzuwarten.

Vorwiegend in den wärmeren Meeren lebend, gehören diese sonderbaren Tiere zu den ältesten Bewohnern des Ozeans, den sogenannten *Altschnecken*. Sie sind Kriecher und Pflanzenfresser und bewegen sich kaum merklich über die auf den Felsen wachsenden Algenwiesen, die sie mit ihrer Raspelzunge abweiden.

Ein paar nahe Verwandte der Napfschnecken sind bei Feinschmeckern so begehrt, daß zum Beispiel in Kalifornien ihre Ausrottung durch strenge Gesetze verhindert werden muß: die *Abalones* oder *Meerohren*, die wegen der ohrenähnlichen Form ihrer Schalen so heißen und fünfundzwanzig bis dreißig Zentimeter groß werden.

Nicht alle Schnecken sind harmlose Pflanzenfresser; es gibt unter ihnen auch einige recht räuberische Wesen: Die *Schraub-* und die *Kegelschnecken* lähmen Seesterne, Seescheiden und andere Beutetiere durch Speichelgifte und bohren sogar Muscheln mit einem besonderen Apparat ihres Mundes an, einer speziell ausgebildeten Radula (Reibzunge). Diese besteht normalerweise aus vielen in Reihen angeordneten und miteinander verbundenen Zähnchen, mit denen die Schnecke sich von Pflanzen oder auch von Tieren Nahrung herunterraspelt. Bei den Kegelschnecken hingegen sind die Zähne zu kleinen, hohlen Harpunen ausgebildet. Sie können rasch herausgeschleudert werden und dringen in das Opfer ein, worauf aus einer besonderen Drüse Gift in die Wunde fließt und das Opfer lähmt oder sogar tötet.

Andere Vertreter dieser vielfältigen Sippe halten ganz und gar nicht das sprichwörtliche „Schneckentempo" ein: Eine *Riesenflügelschnecke* des Indischen Ozeans kann regelrecht springen, indem sie sich mit Hilfe ihres Fußmuskels vom Boden stemmt. Wenn das Tier gereizt wird, kann es sein mit langen Dornen bewehrtes Gehäuse so hin und her schleudern, daß es ratsam ist, seinen Schlägen auszuweichen.

Die *Spinnenschnecke*, die im Indischen Ozean und im westlichen Pazifik zahlreich vorkommt, hat besonders leistungsfähige Augen. Sie steckt in einem bizarr geformten, rötlich geflammten Gehäuse, das manche Menschen als Zimmerschmuck verwenden. Wenn das Tier seinen weichen, verwundbaren Körper so weit in dieses Haus zurückgezogen hat, daß er nicht mehr sichtbar ist, kann es auf Stielen zwei Augen vorstrecken und seine Umgebung inspizieren. Überdies befinden sich an den Stielen noch kleinere Fortsätze, die offenbar für Geruchs- und Tastreize empfänglich sind. Die Augen können beide

einem und demselben Gegenstand zugewandt, aber auch in ganz verschiedene Richtungen gestreckt werden; ihre Wirksamkeit reicht wohl an die Augen mancher niederer Wirbeltiere heran. Die Netzhaut enthält in der Mitte nicht weniger als rund 30 000 Sehzellen pro Quadratmillimeter (die menschliche Netzhaut etwa 600 000).

Manche Meeresschnecken haben seit Jahrhunderten im kulturhistorischen Bereich eine gewisse Rolle gespielt. Die *Purpurschnecke* lieferte schon den Phöniziern, später den Römern und den katholischen Kirchenfürsten die Farbe für herrscherliche Gewänder. Der Kardinalspurpur geht also zurück auf eine uralte heidnische Symbolfarbe. Aus der *Sturmhaube*, einer *Tonnenschnecke*, schnitt man Kameen, oder man stellte sie als Zimmerschmuck auf. Manche andere Schneckenart liefert wertvollen Perlmutt. In Afrika und Indonesien wurden die Schalen der „*Kaurimuscheln*" — die aber Schnecken sind! — jahrhundertelang als Geld verwendet, und in einigen Regionen der Südsee und Innerafrikas akzeptierte man auf Schnüre gezogene Muscheln bis in unsere Zeit als Zahlungsmittel.

Neben den oft prächtigen schalentragenden Schnecken kennen wir an Land jene schlichten nackten Tiere, die auf den Gartenwegen glänzende Schleimspuren hinterlassen. Im Vergleich mit diesen nicht eben besonders hübschen Verwandten sind die zahlreichen *Nacktschnecken* des Meeres, die in allen nur denkbaren Farben und Formen, dazu gepunktet, gestreift oder marmoriert vorkommen, geradezu phantastisch schön. Sie leben auf Polypenkolonien, die sie abfressen, aber auch auf Meerespflanzen, von denen sie tierische Kleinlebewesen abweiden, und sehen dort oft aus wie bizarre Blüten. Dieser Eindruck entsteht durch zahlreiche Wucherungen und sackartige Anhängsel auf ihrer Haut; dabei handelt es sich um ihre Atmungsorgane oder Kiemen, die bei ihnen seltsamerweise außen liegen.

Eine Familie dieser zarten Tiere sind die *Fadenschnecken* oder *Aeolidier*. Sie tragen in ihren Rückensäcken Nesselzellen, die sie aber nicht etwa selber hervorbringen. Man nimmt an, daß die Zellen von gefressenen Polypen stammen und von den Weichtieren in den eigenen Körper eingelagert wurden. Der Schweizer Zoologe Adolf Portmann, der sich eingehend mit den bunten Fadenschnecken beschäftigt hat, schreibt über dieses erstaunliche Phänomen:

„Es ist ein seltsames Verhältnis: Da erwirbt sich eine Organismengruppe, die Polypen, eine ganz besondere, stets explosionsbereite Waffe und scheint darum gefeit gegen alle Feinde ringsum, da sie ja den Gegner mit wahren Salven ätzender Giftgeschosse empfangen kann. Aber trotzdem ersteht auch diesen Unnahbaren ein Feind, der gegen das Gift immun ist und ohne Zaudern auf den festsitzenden Polypenkolonien und Seeanemonen zur Weide geht. Ja die Schnecke zieht sogar aus

Seehasen heißen diese rund 30 cm langen Meeresschnecken wegen ihrer langen, hasenohrähnlichen vier Fühler. Mit weichen Schlägen ihrer lappigen Fußsäume, die fast wie Flossen aussehen, können sie graziös durch das Wasser schweben. Die Schneckenschale ist bei diesen Tieren – ähnlich wie bei den Tintenfischen – zurückgebildet und vom Mantel überwachsen. Wie Tintenfische können die Seehasen bei Gefahr ein farbiges Sekret ausstoßen.

ihrer Beute noch den Nutzen, die scharfen Waffenzellen unversehrt zu lassen und sie zu neuen Batterien in ihren Rückensäcken zusammenzustellen. Nun entlädt die Schnecke die gestohlenen Waffen gegen ihre eigenen Feinde!"

Mit dem merkwürdigen Namen *Seehase* bezeichnet man eine Schnecke, die unter ihresgleichen ein Riese ist. Die großen Fühler ihres bis zu 30 Zentimeter langen Körpers, der wie beim Tintenfisch durch einen eingelagerten, flachen Schalenkörper gestützt wird, erinnern tatsächlich an Hasenohren. Einem Tintenfisch ähnelt der Seehase auch, wenn er mit dem Schlag seiner seitlichen Flossensäume durch das Wasser schwimmt. Und noch etwas hat diese große Schnecke mit den Kopffüßern gemeinsam: Sie vermag ebenfalls eine Tintenwolke aus ihrer Mantelhöhle auszustoßen, sobald sie sich in Gefahr wähnt.

Schwimmen und treiben kann — im Gegensatz zu den übrigen meist kriechenden Schnecken — auch die unscheinbare *Flügelschnecke*, der „Schmetterling des Ozeans", wie sie wegen ihrer blattartigen Ruderorgane am Kopf genannt wird. Nur ein paar Millimeter bis einen Zentimeter lang und als planktonische Lebewesen nur blaß gefärbt, so bevölkert diese Schnecke vor allem die Meere der Arktis und der Antarktis in solchen Massen, daß sie neben den Ruderfußkrebsen die Hauptnahrung der riesigen Blauwale bilden. *Whalaat,* zu deutsch „Waläsung", werden die Flügelschnecken von den norwegischen Walfängern genannt, die wissen, daß bei großen Ansammlungen dieser kleinen Tiere der Wal nicht weit sein kann. In gewaltigen Mengen fressen die Wale das Whalaat; ein Blauwalmagen kann einige Tonnen Flügelschnecken enthalten.

Mag es in der letzten großen Gruppe der Weichtiere, unter den *Muscheln*, auch einige Arten geben, die ihren Standort verlassen und eine kleine Strecke weit schwimmen können, so sind die Muscheln doch vor allem Bodentiere. Überall im Meer kommen sie vor, selbst in Tiefen von einigen tausend Metern. Verglichen mit dem Formenreichtum der Schnecken, erscheint ihr Reich weit weniger differenziert. Fast alle Muscheln — es gibt etwa 25 000 Arten — haben zwei Schalen. Sie ernähren sich, indem sie Wasser durch ihren Körper pumpen und ihm feinste Schwebestoffe entnehmen. Außerdem strömt das Wasser über ihre blattförmigen, wie ein zartes Gitterwerk aussehenden Kiemen.

Einige Muscheln, vor allem jene Arten, die sich in den Grund eingraben, haben besondere Schläuche, die über den Boden ausgestreckt werden und das Wasser einsaugen. Oft stellen sie die einzige Verbindung des Tieres mit der Außenwelt dar. Wenn man bei Ebbe über das Watt geht, kann man vor sich im Sand wohl einmal kleine Wasserstrahlen aufspritzen sehen. An diesen Punkten stecken *Klaffmuscheln*. Wird der Boden erschüttert, so ziehen sie ihren Körper zusammen, bergen ihre Schläuche zwischen den Schalen, und stoßen dabei das Wasser aus den Schläuchen aus.

Muscheln leben aber nicht nur in weichem Sand oder im Schlickboden, sondern auch auf oder sogar in festem Gestein. Mit feinen, von besonderen Drüsen erzeugten Fäden, dem sogenannten Byssus, heftet sich beispielsweise die als Speisemuschel geschätzte *Miesmuschel* an Steine, Buhnen und Pfähle — zuweilen in solchen Massen, daß auf wenigen Quadratmetern Fläche Tausende kleinerer und größerer Muscheln versammelt sind. Auf Pfahlgerüsten in der Gezeitenzone oder in ruhigen Buchten werden Miesmuscheln in so großen Mengen gezüchtet, daß z. B. Holland und Spanien diese Zucht zu einer Exportindustrie entwickeln konnten. Die wohlschmeckenden und sehr eiweißhaltigen Weichtiere, die dicht an dicht auf ihren Zuchtbänken heranwachsen, werden bei der intensiven Pflege meist größer als die frei lebenden.

Die Byssusproduktion der Miesmuschel ist recht gering im Vergleich mit den bis zu einem Meter langen, seidigen, goldglänzenden Fäden bestimmter Muscheln des Mittelmeeres. Diese Fäden waren früher in Italien als Perückenmaterial sehr beliebt. Und schon die Römer stellten daraus kostbare Gewebe her oder verarbeiteten sie zu Stoffen, die gegen Rheuma schützen sollten.

Die edlere *Auster* — edler vielleicht nur, weil ihre Wildformen seltener als die der Miesmuschel sind — züchtet man in vielen Ländern der Welt auf besonderen Austerbänken. Neben räuberischen Seesternen und allerlei Krankheiten gibt es jetzt eine weitere Gefahr für sie: die Verunreinigung des Meeres durch industrielle Abwässer. Denn die Auster liebt wie alle Muscheltiere sauberes Wasser. Allerdings müssen die Austern, die heutzutage in vielen Ländern gezüchtet werden, vielfach vorlieb nehmen mit durch Abwässer verunreinigten

Von der Oberfläche bis unter die Tausend-Meter-Grenze bevölkern gewaltige Mengen von Ruder- oder Flügelschnecken das Meer. Die zarten Gebilde sind nur wenige Millimeter groß, bilden aber ihrer großen Zahl wegen die Nahrung vieler Meerestiere.

Von allerlei Algen bewachsen, steckt die Schinkenmuschel im sandigen und schlammigen Grund stiller Mittelmeerbuchten. Gelegentlich findet man winzige Perlen in diesen fast meterlangen Mollusken, aber die Beute lohnt selten.

Aufgestört durch einen hungrigen Seestern, suchen zwei Pilgermuscheln ihr Heil in der Flucht. Durch ein rasches Zusammenklappen ihrer Schalen erzeugen die Tiere einen Düseneffekt, der sie für eine Weile aus der Reichweite des Räubers bringt.

Die Pilgermuschel kann die Gefahr, die ihr vom Seestern droht, rechtzeitig erkennen, denn sie hat merkwürdigerweise Augen. Diese sitzen dicht an dicht zwischen den Fransen ihres Mantelsaums und können Hell und Dunkel unterscheiden oder Bewegungen wahrnehmen.

Gewässern. Bevor sie auf den Markt kommen, läßt man sie sich in Tanks mit klarem Wasser selbst reinigen.

Nicht allein die festsitzenden Austern, sondern selbst solche Muschelarten, die sich in vorhandenen Löchern im Gestein festsetzen oder sich sogar durch unermüdliches Drehen ihrer gerippten Schalen eigene Löcher in weiches Gestein bohren, sind durch Seesterne gefährdet. An den Kalkküsten des Mittelmeeres kann man den *Eisstern* bei der Jagd auf die in Löchern sitzenden *Meerdatteln*, eine wohlschmeckende Muschelart, beobachten.

Die Bewegungsmöglichkeiten der meisten Muscheln, sofern sie nicht überhaupt ganz seßhaft leben, sind zwar beschränkt, doch können einige immerhin ganz langsam auf ihren Grabfüßen, die sie aus der Schale schieben, herumkriechen. Andere klimmen gemächlich an Wasserpflanzen empor, aber nur ganz wenige — die *Pilger-* und *Kammuscheln* zum Beispiel — sind wirklich in der Lage, vor Feinden zu fliehen.

Die Kammuschel liegt gewöhnlich mit leicht geöffneten Schalen auf dem sandigen Meeresgrund und pumpt mit Hilfe von Wimpern an den Kiemen Wasser durch ihren Körper, um ihm Nahrungsteilchen und Sauerstoff zuzuführen. Auf der Flucht bedient sie sich des gleichen Antriebs wie die Tintenfische oder die Quallen, nämlich des Rückstoßes. Nähert sich etwa ein Seestern, so klappt sie rasch ihre Schalen zusammen. Dadurch wird das Wasser, das sich zwischen ihnen befindet, in einem kräftigen Strahl herausgedrückt, und der Rückstoß treibt das Tier von der Stelle: Erst hüpfend, dann flatternd schwimmend entfernt es sich aus der Reichweite des langsamen

Räubers. Gerät ein Seestern in eine Ansammlung mehrerer Kammuscheln, so kommt oft ein ganzes Muschelballett in Bewegung. Eine besondere Falte im Mantel der Kammuschel lenkt den Strahl in die gewünschte Richtung, so daß das Tier vorwärts oder rückwärts zu fliehen vermag und sich auch drehen kann.

In dem schmalen Spalt zwischen den geriffelten Schalen einer Kammuschel fallen zwei Reihen von leuchtenden Punkten auf: regelrechte Augen. Andere Muscheln haben wohl lichtempfindliche Stellen an ihrem Körper; was aber die Kammuschel hier vorweist, geht weit darüber hinaus. Ihre Augen besitzen eine richtige Linse, eine doppelte Netzhaut und dahinter obendrein eine reflektierende, verstärkende Schicht, das „Tapetum".

Diese Organe fallen nicht nur wegen ihres verhältnismäßig komplizierten Baus auf, sondern auch durch ihre Zahl. Die Blauäugige Kammuschel hat gewöhnlich hundert oder noch mehr Augen, die nahe dem Rand der Schalen in Reihen angeordnet sind. Und noch etwas rückt sie in das Blickfeld der Wissenschaft: Sie wachsen nach. Während die Kammuschel an Größe zunimmt, bilden sich unter der Oberfläche ihres Körpers, gewissermaßen auf Vorrat, immer neue Augen. Sie schieben sich allmählich nach außen und fügen sich ein, wo gerade Platz ist. Nun sprießen von der Netzhaut Nerven aus; sie wachsen nach innen und vereinigen sich. Das Regenerationsvermögen dieser Augen ist erstaunlich. Entfernt man sie alle, so hat sich nach vierzig Tagen die ganze Reihe neu gebildet. Zwar sieht die Muschel nicht wie ein Mensch, kann aber mit ihren Augen wenigstens Lichtunterschiede wahrnehmen, und sie reagiert lebhaft darauf. Gleitet beispielsweise ein dunkler Körper über sie hinweg, so „hüpft" die Muschel beiseite.

Wenn erzählt wird, daß gewisse *Riesenmuscheln* mit ihren Schalen „absichtlich" nach Tauchern schnappen, so dürfte dies reichlich übertrieben sein. Aber es gibt doch einige Muschelarten, die bei einer Berührung ihre geöffneten Schalen plötzlich zuklappen und so die Hand oder den Fuß eines unvorsichtigen Tauchers fassen können.

Zu ihnen gehört die große *Schinkenmuschel* der wärmeren Meere, die den langausgezogenen Stiel ihrer Schale im Sand des Grundes verbirgt und mit der anderen Hälfte ins Wasser ragt.

Berüchtigt für „Überfälle" auf Taucher ist die bis zu fünf Zentner schwere Riesenmuschel der Südsee und des Indischen Ozeans, die in den flachen, sonnendurchschienenen Gewässern der Korallenriffe angeblich auf ihre Opfer lauert. Dabei ernährt sich diese größte aller Muscheln in Wahrheit von Schwebestoffen im Wasser —

Groß wie ein Waschbecken und zentnerschwer ist die besonders im Gebiet des Großen Barriereriffs häufige Riesenmuschel Tridacna gigas. Ein fast armdicker Schließmuskel, der bei vielen Bewohnern der pazifischen Inseln als Delikatesse geschätzt wird, kann ihre Schalen so fest zusammenhalten, daß Tauchern nicht zu empfehlen ist, sich dem Tier unvorsichtig zu nähern. Daß Riesenmuscheln allerdings nach den Händen oder Füßen vorbeischwimmender Taucher schnappen, wie gelegentlich behauptet wird, konnte noch niemand beweisen.

120

auch wenn sie mit den vielen kleinen „Augen" an ihrem Schalenwulst scheinbar nach größerer Beute späht. Diese Augen sind nur Sammellinsen, durch die das Sonnenlicht in bestimmte Räume der Mantelhöhle geleitet wird, wo mikroskopisch kleine Algen offenbar in Symbiose mit der Muschel leben und mit Hilfe des Lichtes organische Stoffe und Sauerstoff bilden. Dennoch ist durch eine Reihe von belegten Beispielen bewiesen, daß es außerordentlich gefährlich werden kann, wenn man eine Hand zwischen den geöffneten Schalen einer Riesenmuschel steckt; denn einmal zugeschnappt, ist diese Falle nur mit einem Brecheisen wieder zu öffnen. Die amerikanische Meeresbiologin Eugenie Clark berichtet allerdings von einem Erlebnis, bei dem ein kühner Polynesier sich mit voller Absicht von einer Riesenmuschel fangen ließ:

„Siakong war noch immer nicht zurück, und so gingen Niraibui und ich nochmals hinunter. Nach ein paar Zügen sah ich ein Bild, das mir das Blut in den Adern stocken ließ. Siakong war in der Muschel eingeklemmt!

Die ‚Kinnladen' der riesigen Molluske waren geschlossen, und Siakongs Arm steckte bis zum Ellbogen drin. Der Fischer rührte sich nicht. Ich nahm an, Niraibui würde nun sofort hinunterschwimmen und wenigstens versuchen, Siakong zu retten, aber der triefäugige Kerl ließ sich einfach wieder an die Oberfläche tragen. In der Aufregung hatte ich einen noch kürzeren Atem als sonst. Ich tauchte schnaufend auf und überschüttete Niraibui mit einem Schwall aufgeregter Worte. Mein kümmerliches Japanisch geriet völlig durcheinander, und Niraibui sah mich anfangs erstaunt, dann verständnislos an. Ich wußte nicht, was ich machen sollte, und war ganz verzweifelt. Siakong saß fest und mußte in wenigen Sekunden tot sein, wenn wir nicht eine Möglichkeit fanden, ihm zu helfen. Wie konnte dieser Niraibui nur so seelenruhig wassertreten?

Noch immer schnaufend, und obwohl es eigentlich gar keinen Sinn hatte, setzte ich meine Tauchmaske wieder zurecht, um noch einmal hinunterzuschauen, doch im selben Augenblick tauchte Siakong schon neben uns auf. Er keuchte zwar, grinste aber wie gewöhnlich. Dann reckte er den Arm aus dem Wasser, den ich in den Klauen der Muschel gesehen hatte, und hielt den größten Schließmuskel empor, der mir je zu Gesicht gekommen ist. Halb lachend, halb weinend kletterte ich mit den beiden in das Boot. Niraibui hatte natürlich längst begriffen, daß die Muschel, die mindestens eine Vierteltonne schwer gewesen sein muß, unmöglich vom Grund aufzuheben war und daß Siakong ein Stück von den Schalenrändern herausbrechen, mit dem Messer hineinlangen und den Schließmuskel herausschneiden wollte. Die beiden amüsierten sich königlich, als sie hörten, welche Ängste ich ausgestanden hatte ... Schließlich saßen wir alle friedlich im Boot beisammen und kauten an dem köstlichen Schließmuskel, der so dick war wie der Oberschenkel eines ausgewachsenen Mannes."

Stachelhäuter gibt es nur im Meer

Fast überall, wo im flachen Wasser Muscheln im Sand stecken oder an den Steinen haften, sind auch die fünfarmigen, gelblich, rötlich, blau oder violett gefärbten *Seesterne* zu finden, und wer Muße und Geduld genug hat, die Lebewesen in seichten Gewässern längere Zeit zu beobachten, kann mitunter Zeuge eines Dramas werden, das sich dort unten im Zeitlupentempo zwischen Muscheln und Seesternen abspielt.

Beinahe reglos scheinen die Seesterne auf dem Grund zu liegen. Doch plötzlich nimmt man wahr, daß einer von ihnen sich auf den Weg macht. Tastend setzt er einen Arm voran, während die anderen vier nachdrükken. So schiebt er sich allmählich an sein Ziel heran: eine Muschel.

Gemächlich kriecht der Seestern schließlich auf sein Opfer, das seine Schalen rasch vor dem Feind verschließt. Auf der Muschel sitzend wie eine Henne auf ihren Eiern, eröffnet der Räuber nun einen sonderbaren, lautlosen Kampf: Mit den Saugfüßchen seiner Arme packt er die untere und obere Schale der Muschel und versucht, sie auseinanderzuziehen, während das Weichtier mit seinem Schließmuskel die Schalen krampfhaft zusammenhält. Viele Minuten lang ändert sich die Szene nicht. Doch die Muschel braucht, um nicht zu ersticken, den Sauerstoff frischen Wassers; sie muß also ihre Schalen öffnen. Auf diesen Augenblick hat der Seestern gewartet. Der für kurze Zeit gelockerte Schließmuskel hält seinem saugenden Griff nicht mehr stand. Unerbittlich zieht der Räuber die Schalen auseinander und stülpt seinen Magen in das zarte Innere der Muschel. Verdauungssäfte ergießen sich über das Opfer, töten es und verdauen es in seiner eigenen Schale.

Zusammen mit vier weiteren, höchst verschiedenartig anmutenden Tierklassen — den Haarsternen, Schlangensternen, Seeigeln und Seegurken — gehören die Seesterne zu einem Stamm, dessen Vertreter ausschließlich Bewohner des Meeres sind: zu den *Stachelhäutern*.

Die ältesten Angehörigen dieser Gruppe kennen wir aus den Ablagerungen früher Epochen der Erdgeschichte: die versteinerten *Seelilien*. Wie seltsame Blumen saßen sie auf langen Stielen am festen Boden, auf Gestein oder auf treibendem Holz, ließen ihre gefiederten Arme frei ins Wasser hängen oder fingen mit ihnen ihre Nahrung aus dem Wasser. Einige Arten der heute lebenden *Haarsterne*, die den Seelilien am nächsten stehen, besitzen in ihrer frühen Jugend noch diesen Stiel. Als ausgewachsene Tiere schwimmen sie im Wasser oder kriechen auf dem Boden. Nur in einigen besonders tiefen Regionen der Ozeane haben Haarsterne die Lebensweise ihrer Vorfahren beibehalten und sitzen zeitlebens auf einem Stiel mit einer Haftplatte. Die schlanken, mit

Räuber im Stachelkleid

Der Haarstern (links oben) steht den Seelilien nahe. Mit seinen langen, gefiederten Armen kann er schwimmen, klettern und sich festhalten.

Einen geradezu abenteuerlichen Anblick bietet das Gorgonenhaupt (links Mitte), das zu den Schlangensternen gehört. Bei ihm verzweigen sich die Arme immer wieder und bilden ein wirres Knäuel.

Die Dornenkrone (links unten), ein vielarmiger, mit giftigen Stacheln besetzter Seestern des Indopazifik, ernährt sich von Korallenpolypen und zerstört ganze Riffe. Sie stülpt ihren Magen, der so groß ist wie das ganze Tier selbst, über die Korallen und verdaut damit die Polypen. Übrig bleibt nur das Skelett, das dann allmählich zerbricht.

Seeigel graben sich gern mit Hilfe ihrer Stacheln in den Untergrund ein. Rechts oben ein Diademseeigel.

Über ein erstaunliches Abwehrmittel verfügen manche Seewalzen (rechts unten). Bei Gefahr stoßen sie die unteren Äste ihrer „Wasserlungen", die „Cuvierschen Organe", aus — lange, klebrige Schläuche, in denen der Angreifer sich verwickelt.

Will ein Seestern eine Muschel verspeisen, schiebt er sie unter sich, wobei die Körperscheibe sich aufwölbt. Die Saugfüßchen an den fünf eingestemmten Armen saugen sich an den Schalen fest und ziehen so lange, bis der Gegenzug der Muschel erlahmt. Der winzigste Spalt genügt: Schon dringt die Magenhaut des Seesterns ein und verdaut das Opfer.

Schlangensterne ernähren sich von Kleintieren und anderen Nahrungspartikeln, die im Wasser schweben. Die Mundöffnung in der Mitte der Körperscheibe ist von fünf mit feinen Zähnen besetzten Kiefern umgeben. Kräftige Muskeln bewegen sie gegeneinander. Gleich hinter dem Mund sitzt der Magen. Die Arme sind mit Stacheln bewehrt.

feinsten Fortsätzen (den „Zirren") besetzten Arme der Haarsterne und ihrer nächsten Verwandten, der *Federsterne*, dienen zwei verschiedenen Zwecken. Rhythmisch zusammengeschlagen, treiben sie das schwimmende Tier im Wasser voran; sitzt es aber fest, so klammert es sich mit einigen Armen an seine Unterlage und breitet die übrigen quer zur Wasserströmung aus, um aus ihr die genießbaren Schwebestoffe herauszufischen.

Der deutsche Meeresbiologe Prof. Dietrich B. E. Magnus hat bei Federsternen im Roten Meer noch eine andere Technik der Nahrungsbeschaffung beobachtet: Im flachen Wasser halten sie sich mit einigen Armen am Boden fest und fegen mit den anderen die Wasseroberfläche von unten ab. Dabei sammeln sie die Nahrungsteilchen ein, die der Ebbstrom herbeiträgt. Die aufgefischten Partikel werden in Rinnen an der Unterseite der Arme zur zentralen Körperscheibe geführt, in deren Mitte der Mund des Federsterns sitzt.

Wie alle Stachelhäuter sind auch die *Schlangensterne* fünfstrahlig gebaut. Sie leben vorwiegend von organischen Schwebestoffen. Ihre fünf zirrenlosen Arme gebrauchen sie in erster Linie als Kriechorgane, mit denen sie sich über Sand- und Schlammböden schieben. Die Arme sind deutlich von der rundlichen Körperscheibe abgesetzt und manchmal zehn- bis fünfzehnmal so lang wie sie. Bei einigen Arten brechen sie leicht ab, sobald man die Tiere berührt. Dieses Abwerfen der Arme ist — ähnlich wie bei den Schwänzen einiger Eidechsen —

wahrscheinlich eine Schutzmaßnahme, denn die Glieder wachsen bald wieder nach.

In nördlichen Meeren sind Schlangensterne ein häufiger Beifang in den Netzen der Fischer; sonst sieht man sie hier selten. In wärmeren Gewässern, vor allem in den Tropen, kann man sie in sehr verschiedenen Größen, Färbungen und Formen oft auch im Flachwasser finden, hin und wieder als Tiere mit merkwürdig verzweigten Armen, die ein schier unentwirrbares Knäuel von zukkenden und schlagenden kleinen Peitschen bilden. Weil diese Lebewesen an die Meduse erinnern — jene grausige Gestalt der griechischen Mythologie, die statt der Haare züngelnde Schlangen auf dem Kopf trug —, heißen sie *Medusensterne*.

Sind bei den Schlangensternen aus den Fang- und Schwimmarmen der Haarsterne schon Kriechorgane geworden, so hat die Stachelhäutergruppe der *Seesterne* die Entwicklung noch weiter vorangebracht. Mit ihren fünf Armen können diese Tiere nicht nur kriechen, sondern sich obendrein — dank zusätzlichen kleinen „Ambulakralfüßchen" — an harten Gegenständen festsaugen.

Die Arme des Seesterns gehen von einer zentralen Körperscheibe aus. Unten an der Scheibe sitzt der Mund. Auf dem Rücken befindet sich eine runde, mit Löchern versehene „Siebplatte" — manche Arten haben auch mehrere —, durch die das Tier Wasser einsaugt. Kanäle transportieren es durch den Körper und führen es zu Tausenden von kleinen Schläuchen, die an der Unter-

seite der Arme durch winzige Öffnungen aus dem Körper herausragen: das sind die Ambulakralfüßchen. In
dem Röhrensystem besitzt der Seestern eine Hydraulik,
mit der er seine Füßchen steuern kann. Je nachdem,
ob er die Röhren mit Druck belastet oder den Druck
zurücknimmt, treten die Füßchen heraus, oder sie werden eingezogen. Kleine Saugnäpfe an den Enden der
Füßchen heften sich entsprechend der Drucksteuerung
auf der Unterlage fest oder lösen ihren Halt, so daß der
Seestern selbst auf glatten oder sogar senkrechten Flächen
vorankriechen kann. Das tut er, indem er mit den
Füßchen regelrechte Schritte macht. Wie wir bereits
gesehen haben, sind diese Werkzeuge überdies höchst
zweckmäßig für die Muscheljagd.

Wenn man die fünf Arme eines Seesterns nach oben
biegt — so wie man etwa die Schalen einer sternförmig
geschälten Apfelsine wieder zusammenfügt —, dann hat
man die kugelige Grundform des *Seeigels* vor Augen.
Auf seinem Skelett erkennt man noch deutlich die in
fünf Reihen angeordneten Öffnungen für die Füßchen.
Sie befinden sich zwischen den kürzeren oder längeren
Stacheln, die der Fortbewegung dienen und dem Seeigel
seinen Namen geben. So beweglich sind sie, daß ihr
Besitzer mit ihnen „laufen" oder sich eingraben kann.
Mit seinen Füßchen findet er überdies auch auf glattem
Gestein Halt.

Viele Seeigelarten benutzen Stacheln, Füße und andere
kleine, zu Greifzangen umgeformte Körperfortsätze, um
Tang, Algen, Muschelschalen und sonstige Fremdkörper
zur Tarnung aufzuspießen und festzuhalten. So sind die
Tiere oft auch dann nicht zu erkennen, wenn sie frei auf
dem Grund liegen.

Manche Seeigel strecken einem Angreifer einen ganzen Wald von Lanzen entgegen. Während man die kurz-
stacheligen Arten durchaus anfassen kann, sofern man
ein wenig geschickt vorgeht, ist bei den langstacheligen
größte Vorsicht geboten. Die scharfen Waffen dieser
Tiere dringen ohne weiteres selbst durch dickes Segeltuch oder Leder hindurch. Ihre Stiche sind sehr schmerzhaft und verursachen Entzündungen. Beim *Lanzensee-
igel* werden die oberen Stacheln bis zu dreißig Zentimeter lang. Während das Tier auf den unteren, kürzeren
Stacheln laufen kann, richtet es die anderen in Büscheln
dorthin, wo es eine Gefahr vermutet.

Zahlreiche Seeigelarten schützen sich noch zusätzlich.
Sie bewohnen Spalten und Löcher, die sie durch stän-
diges Bewegen und Drehen ihrer Stacheln selbst graben.
Manchmal erweitern sie aber auch bereits vorhandene

*Dreht man einen Seestern auf den Rücken, so vermag
er sich wieder aufzurichten, indem er einen halben
Purzelbaum schlägt. Einige Tiere schaffen das in Sekunden; andere brauchen dazu eine ganze Stunde. Das
Exemplar, das dieses kleine Kunststück hier vorführt,
gehört zur Familie der Kissensterne.*

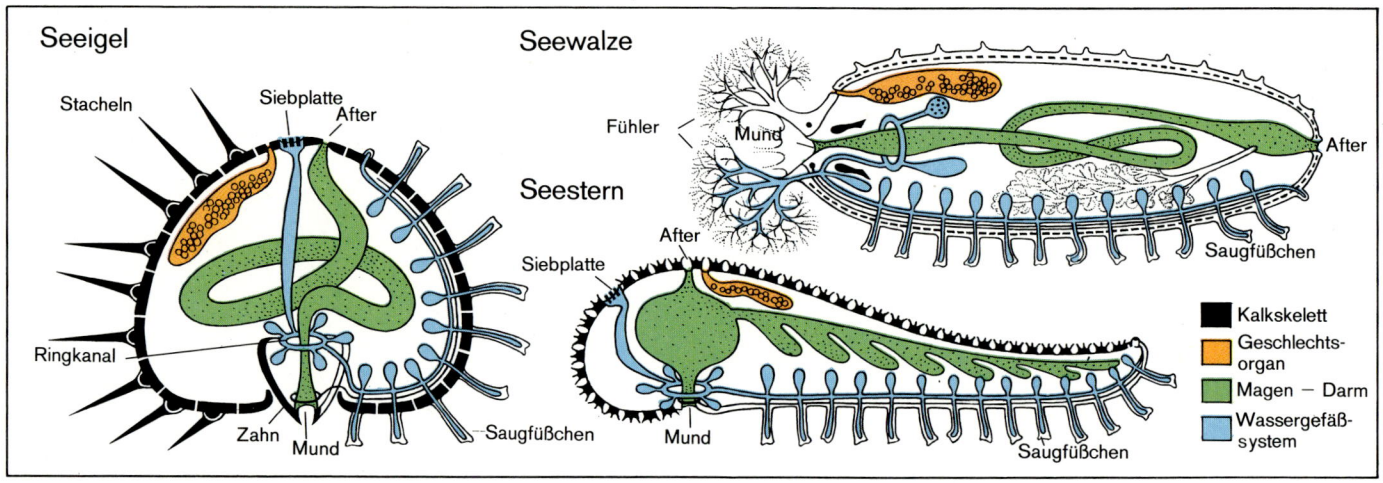

Auf den ersten Blick muten Seeigel, Seewalze und Seestern recht verschieden an. Doch ähneln sich die Baupläne dieser nahe miteinander verwandten Angehörigen des Tierstammes der Stachelhäuter bei näherem Zusehen stark. Das wird deutlicher, wenn man in jedem Fall einmal von der Achse des Verdauungskanals ausgeht. Seeigel haben die Arme der Seesterne nach oben geklappt und zu einer runden Körperwand zusammengefügt. Seewalzen wiederum sind gleichsam „umgekippte" und in die Länge gezogene Seeigel. Bei den Seesternen verzweigt sich der Magen auch in die Arme. Aus diesen Blindschläuchen mit ihren Aussackungen stammen die Verdauungssäfte. Das Wassergefäßsystem, die „Hydraulik", dient zur Steuerung der Saugfüßchen. Es besteht aus zahlreichen kleinen Schläuchen, mit denen die Stachelhäuter sich langsam fortbewegen können.

Löcher. Darin verbringen sie den Tag; in der Dämmerung verlassen sie die Höhlungen, um mit ihren Kauapparaten, die an der Unterseite ihrer runden Körper liegen, Diatomeenrasen und Algen von Felsen und Korallen herunterzuraspeln.

So haben die Seeigel die Bindung an Felsen- und Klippenregionen, in denen die ursprünglichen Seelilien lebten und die auch von den Haarsternen bevorzugt werden, noch verstärkt. Ein Teil der Schlangensterne und Seesterne hat sich dagegen von den harten Gründen gelöst und sich auf Sand- und Schlickböden angesiedelt. Seeigel, die ihnen dorthin gefolgt sind, mußten ihre Kugelform aufgeben, denn von den Wellen und Strömungen wären sie sonst hilflos umhergerollt und vertrieben worden.

Sanddollar heißt in Amerika ein solcher Seeigel, der sich der neuen Umgebung hervorragend angepaßt hat. Die Kugelform ist bei ihm in die Gestalt einer Scheibe übergegangen. So wird das Tier von den Wellen kaum herumgeworfen, sondern allmählich vom Sand, den das Wasser aufwirbelt, zugedeckt. Durch eigene Stachelbewegungen kann es sich ohne besondere Mühe stets in eine „normale" Lage bringen, nämlich sich so eingraben, daß es schräg im Sand steckt.

Eine ganz andere Lösung für das Leben sowohl auf felsigen als auch auf schlammigen Böden haben die *Seegurken* oder *Seewalzen* gefunden, die die fünfte der Stachelhäuterklassen bilden. Zwei der fünf Körpersektionen, die sie wie alle Stachelhäuter besitzen, dienen ihnen als Lagerflächen für ihre länglichen Leiber. Die Seegur-

ken, auch *Holothurien* genannt, sind also gewissermaßen auf die Seite gelegte, aber in die Länge gezogene Seeigel. Sie besitzen keinen festen Panzer, sondern bestehen vor allem aus Muskulatur. Immerhin geben oft sehr merkwürdig geformte Kalkeinlagerungen ihrem Körper doch einen gewissen Halt und Schutz.

Einige Seegurken fressen als sehr langsam kriechende Bodentiere Sand und Schlick. Das heißt, sie verdauen natürlich nur die darin enthaltene organische Substanz und scheiden, wie die Regenwürmer, den Sand wieder aus; andere fressen Algen.

Nimmt man eine Seegurke vom Meeresboden auf, so spritzt sie aus ihrer Afteröffnung an einem Ende des gestreckten Körpers zunächst alles Wasser aus, das in ihr ist. Kurz darauf geschieht etwas Erstaunliches: Das Tier stößt, ebenfalls durch den After, seinen ganzen Darm aus. Auf diese Weise schützen viele Holothurien sich vor ihren Feinden, denn so manche Raubfische nehmen mit dem Darm vorlieb und lassen die Seegurke selbst unbehelligt. Diese kriecht nach der Preisgabe ihrer Eingeweide in einen Schlupfwinkel und bildet im Laufe einiger Wochen einen neuen Darm heran. Manche Fische schätzen den Seegurkendarm so sehr, daß sie seinen Spender ins Maul fassen und ihn schütteln, bis die begehrte Mahlzeit erscheint und verzehrt werden kann. Der Hautmuskelschlauch der Seegurken ist das Material für eine Spezialität der chinesischen Küche, die auch außerhalb Chinas immer mehr Freunde findet, für den Trepang. Die Seegurken werden — ohne Darm — in Süßwasser getötet und an der Sonne getrocknet, dann gekocht, wieder getrocknet und so fort, bis nach mehrmaliger Wiederholung dieser Prozedur eine im Wasser gallertartig aufquellende Masse entsteht, aus der scharf gewürzte Suppen und andere Trepanggerichte hergestellt werden. Man sagt allerdings, daß Trepang fast geschmacklos sei und sozusagen nur die Unterlage, in diesem Falle eben eine Gallerte, für eine Suppe liefere.

Keine Regel ohne Ausnahme: Nicht alle Seegurken leben auf dem Boden, und nicht alle ernähren sich nach Art der sandfressenden Würmer. Es gibt Holothurien, die sich Tunnel in den Boden graben und höchstens ihr vorderes Ende herausstrecken. Und manche Seegurken fischen ihre Nahrung aus dem Wasser. Sie können Tentakel ausstrecken, und was an ihnen hängenbleibt, wird verspeist. Zwar haben sich auch die ältesten Stachelhäu-

ter, die Seelilien, ganz ähnlich ernährt, doch sind diese Tentakel der Holothurie etwas Neues. Die Fangarme der Seelilie wurden nämlich von den Seesternen zu Bewegungsinstrumenten und von den Seeigeln und Seegurken zur Körperwand umgebildet und konnten daher zum Erbeuten von Tieren nicht mehr benutzt werden. Holothurien, die im Wasser fischen wollten, mußten sich also einen neuen Fangapparat zulegen — eben die Tentakel.

Schließlich haben einige Tiere dieser Ordnung den Boden sogar verlassen. Ihr Körper bildet eine Art Schirm, der ähnlich wie der einer Qualle durch Pumpbewegungen einen Rückstoß und damit Auftrieb erzeugt. *Pelagothuria* heißt ein Geschöpf dieser Gruppe, das in Bewegung und Körperform einer Qualle sehr ähnlich sieht.

Der Stammbaum der Meerestiere

Im Meer, so meint die Wissenschaft, hat sich vor Hunderten von Millionen Jahren zum ersten Male Leben geregt. Zunächst entstanden vermutlich Eiweißmoleküle, dann bakterienartige Organismen. Aus ihnen haben sich möglicherweise *Pflanzen* entwickelt. *Blaualgen* sind schon in Gesteinen aus dem Präkambrium nachweisbar, das mehr als eine halbe Milliarde Jahre zurückliegt.
Andererseits führte die Entwicklung von den Bakterien über die *einzelligen Tiere* ① weiter zu den *Schwämmen* ②

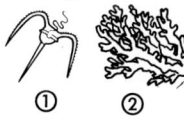 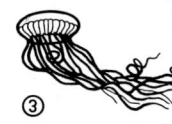

— die ja Kolonien von einzelligen Geißeltierchen sind — sowie zu den *Hohltieren*③: den Polypen und Quallen. Diesen folgten vor etwa 500 Millionen Jahren wurmähnliche Geschöpfe, von denen gleichermaßen die *Plattwür-*

mer ④ und die *Gliederwürmer* wie auch die *Mollusken* ⑤, also Schnecken, Muscheln und Tintenfische, abstammen. Gliederwürmer sind wiederum die Ahnen der Skorpione, Spinnen und *Krebstiere* ⑥.

Sucht man nun den Punkt, an dem die Entwicklung weitergegangen ist zu den Fischen und damit überhaupt zu allen Wirbeltieren, also auch zu den Lurchen, Reptilien, Vögeln und

Säugetieren, so muß man sich den *Seescheiden* ⑦ zuwenden — niederen „Manteltieren", deren länglicher, knollig-sackartiger Körper oben zwei Öffnungen aufweist, Einlaß und Auslaß für das Wasser, das in ihrem Innern durch einen Kiemendarm strömt.

Die Seescheiden haben wie die *Stachelhäuter* ⑧ (Seesterne und Seeigel) im Stammbaum der Tiere ihren Platz noch nahe bei den Plattwürmern. Entwicklungsgeschichtlich interessant sind vor allem ihre freischwimmenden Larven, und zwar deshalb, weil sie in ihrem Ruderschwanz einen zähen, biegsamen Stab besitzen, eine sogenannte Rückensaite (Chorda dorsalis). Sie stellt die einfachste Form des Rückgrats dar, das bei den Wirbeltieren zur Hauptstütze des Skeletts wird.
Wenn die Seescheidenlarve sich zum geschlechtsreifen Tier entwickelt, verschwinden Ruderschwanz und Chorda wieder. Ein Verwandter der Seescheide aber, das *Geschwänzte Manteltier*, das gleichfalls einen solchen Rückenstrang besitzt, behält ihn bereits zeitlebens. Allerdings umschließt er ihn noch nicht, wie bei den späteren Wirbeltieren, den Hauptnervenstrang; das Nervenrohr liegt bei ihm auf der Chorda. Noch deutlicher ausgeprägt findet man diesen Bauplan beim *Lanzettfischchen* ⑨, einem knapp fingerlangen, eher wurmartigen Tier, das sich im Sand küstennaher Gewässer

eingräbt. Sein Rückenstab zieht sich schon bis in den Kopf hinein, und vorn

am Nervenstrang sitzen primitive Sinnesorgane — Vorstufe eines Gehirns. Über dieses Geschöpf geht der Weg weiter zu den eigentlichen Wirbeltieren. Am Beginn der Wirbeltier-Reihe stehen die *Rundmäuler*, zu denen die schmarotzenden Neunaugen und die Inger gehören. Bei ihnen befindet sich vorn am Nervenrohr bereits ein einfaches Gehirn, darüber die erste Andeutung eines Schädels. Überdies weisen die Rundmäuler schon so etwas wie knorpeliges Skelett auf.

Die heutigen *Knorpelfische* ⑩ (Haie und Rochen) und die *Knochenfische* ⑪

— die Heringe, Aale und Hechte, die Dorsche, Barsche, Plattfische, Stichlinge, und wie sie alle heißen — entstanden vor über 300 Millionen Jahren aus gepanzerten *Urfischen*, deren Ahnen wiederum die „Kieferlosen" waren. Später stiegen einige Fische auch aufs Land, wurden zu *Reptilien* ⑫, und

diese erhoben sich zu guter Letzt, Schuppen in Federn umwandelnd, so-

gar in die Luft. Mit anderen Worten: Fische waren die Stammväter ganz neuer Geschöpfe, die ihrerseits immer weitere Wandlungen durchmachten: der *Reptilien*, *Vögel* ⑬ und *Säugetiere* ⑭.

Der Weißspitzen-Hochseehai ist ein gewandter und ausdauernder Schwimmer. Da Haie keine Schwimmblase haben, müssen sie sich, um nicht abzusinken, dauernd vorwärtsbewegen. Den Antrieb nach vorn und zudem eine hebende Kraft erzeugt die starke Schwanzflosse. Das Gewicht des Tieres ruht auf den Brustflossen, die überdies zum Steuern und Stabilisieren des Körpers dienen. Die Torpedoform verleiht dem Fisch enorme Schnelligkeit.

Die Tiger des Ozeans

Kein Tier der Weltmeere steht in einem so schlechten Ruf wie der *Hai;* seine Gefräßigkeit, seine Mordlust sind geradezu sprichwörtlich. Seeleute und Fischer verfolgen die Haie voller Haß und fangen und töten sie, wo immer sie ihrer habhaft werden können. Schwimmer und Sporttaucher müssen — vor allem in den Meeren der südlichen Erdhälfte — stets auf der Hut vor ihnen sein.

Unter den rund 250 bekannten Haiarten gibt es zwar auch völlig harmlose Vertreter, die sich von Kleingetier oder sogar vom Plankton ernähren, aber einige werden zu Recht gefürchtet. Immer wieder fallen Schiffbrüchige auf hoher See ihnen zum Opfer, werden Badende selbst an flachen Stränden von ihnen verstümmelt oder getötet. Augenzeugen berichten von dem furchtbaren „Freßrausch", in den Haie verfallen, wenn sie Blut wittern, und der sie selbst Artgenossen angreifen läßt.

Untersuchungen des amerikanischen Biologen Stewart Springer haben unlängst gezeigt, daß bei mindestens einer Art der „Kannibalismus" schon vor der Geburt die Regel ist. Wie viele Haie und andere Fische gebiert das Weibchen des Sandhais lebendige Junge. Da die Un-geborenen nicht bis zu ihrer Geburt über eine Nabelschnur durch den mütterlichen Blutkreislauf ernährt werden, hat die Natur für die Junghaie eine andere Nahrung vorgesehen: die Geschwister. Derjenige Junghai, der im Mutterleib zuerst aus einem Ei schlüpft, frißt nacheinander alle, die ihm folgen, bis er schließlich allein übrigbleibt und geboren wird.

Stewart Springer wurde übrigens ein Opfer der Freßgier eines solchen ungeborenen Sandhais: Als er die Gebärmutter eines trächtigen Weibchens geöffnet hatte, biß ihn das Jungtier in die Hand.

Einer der interessantesten neueren Berichte über Begegnungen mit Haien stammt von Jacques Yves Cousteau. Wale und Haie sind darin die Akteure eines Dramas, wie es selten oder nie zuvor von Menschen beobachtet worden ist.

Cousteau war mit der *Calypso* im Indischen Ozean unterwegs, als das Schiff in eine Herde von Pottwalen geriet. Dabei rammte es einen von ihnen, ein etwa zwanzig Tonnen schweres Tier. „Die Männer rannten nach achtern, um zu sehen, was mit dem Wal passiert war, während ich die Kopfhörer des Unterwasserortungsgerätes aufsetzte und dem schmerzlichen, mausähnlichen

Quieken lauschte — den nervösen, klagenden Schreien des Wals, den wir getroffen hatten, und den durchdringenden Antworten seiner beiden Kameraden..."

Während das verletzte Tier von zwei anderen gestützt wurde, damit es sein Atemloch über Wasser halten konnte, ereignete sich ein zweites Unglück: Ein Junges geriet an die Schiffsschraube der *Calypso* und wurde so schwer verwundet, daß sich das Kielwasser sofort blutig rot färbte. Cousteau fährt fort:

„Malle ging wieder in den Unterwasserbeobachtungsraum und blickte auf einen Blutstrom, der vor seinem Fenster vorbeifegte wie die Rauchfahne eines Flugzeugs, das von der Flak in Brand geschossen worden ist. Von oben sahen wir, daß unsere Schraube dem Wal fünf Schnitte zugefügt hatte.

Der Säugling erreichte das Rudel, und wir fühlten die Erregung der Wale. Der größte unter ihnen stieg senkrecht aus dem Wasser, und mit sehr kräftigen Schlägen seines Schwanzes hielt er sich eine ganze Weile mit mehr als einem Drittel seiner Länge über Wasser. Er starrte zur *Calypso* herüber und schätzte den Feind ab, der zwei seiner Untertanen verletzt hatte. Das Leittier glitt mit dem Schwanz zuerst zurück, und einen Augenblick später war das Rudel untergetaucht oder hatte sich zerstreut. Den tödlich verwundeten Säugling ließen sie hinter sich zurück."

Die Männer an Bord der *Calypso* töteten das Jungtier mit einem Gewehrschuß und versuchten gerade, es an Bord zu hieven, als plötzlich Haie auftauchten. Erst einer, dann immer mehr, bis es schließlich zwanzig stattliche Exemplare waren.

„Zu ihnen gesellte sich ein glänzender, fast vier Meter langer Blauhai mit einem langen, spitzen Maul und großen, ausdruckslosen Augen. Woher kamen sie in diesem weiten Raum der offenen See, in der wir viertausendachthundert Meter Wasser unter dem Kiel hatten? Was brachte sie her? Der Geruch des Blutes? Die Druckwellen des zappelnden Wals? Oder folgten sie immer Walen, um die Überreste ihrer Mahlzeiten zu bekommen und darauf zu warten, daß sie über einen kranken oder verletzten Wal herfallen konnten?

Als die Haie sich vorsichtig, ja sogar ängstlich um das Schiff und den Wal herumbewegten, hatte ich das Gefühl, daß sie sich sozusagen für immer an das Walrudel gehängt hätten. Es bedeutete eine ständige Gefahr für sie, aber auch eine unwiderstehliche Chance, etwas zu fressen zu bekommen. Die Seesäugetiere können einen Hai töten, indem sie ihn mit großer Geschwindigkeit rammen. Vielleicht ist das der Grund, warum Haie sich in achtungsvoller Entfernung von Walen halten, genauso wie es der Grund ihres im allgemeinen scheuen Verhaltens, ihrer reiflichen Überlegung und ihres Zauderns ist, ehe sie selbst auf einen toten Wal zustoßen.

Das Zögern der Haie gab uns Zeit, unseren Haikäfig herzurichten, Filme in die Kameras zu legen und die Aqualungen zu füllen. Dumas und Laban stiegen in den Käfig, und wir ließen ihn neben dem Wal ins Wasser hinab. Nach einiger Zeit lösten Malle und ich sie ab.

Das Rudel, jetzt ungefähr drei Dutzend Haie, wagte sich näher. Wir fühlten uns im Käfig nicht allzu sicher. Obwohl die starken Eisenstangen fest genug aneinandergefügt waren, um einen Hai abzuhalten, könnte doch vielleicht das Drahtseil brechen, an dem der Käfig hing.

Diese momentane Furcht wurde noch durch die zunehmende Dreistigkeit der Haie verstärkt. Die schweren Untiere schwammen zu unserem Käfig und stießen gefühllos mit ihren Nasen dagegen. Jeder hatte mindestens ein halbes Dutzend Schiffshalter an sich hängen, die im allgemeinen am Unterkiefer festsaßen, und viele Lotsenfische begleiteten sie, deren fröhliche Streifen eher in ein Aquarium gehörten als in diese blutgetränkte Wildnis.

Die Haie kreisten lauernd eine Stunde lang, ehe sich der tapferste längs der Flanken des Wals wagte. Aber er biß noch immer nicht zu. Auf dieselbe Art strichen sie um den Käfig herum. Als sie soweit zu sein schienen, mit dem Fressen anzufangen, hielt ich die Käfigtür auf, damit Malle ein besseres Schußfeld für seine Filmkamera hatte. Ich war darauf vorbereitet, sie schnell zu schließen, wenn ein Hai auf sie zu steuerte.

Hunderte Male streichelten die Haie den toten Wal mit ihren Schnauzen, bevor einer plötzlich den ersten Bissen nahm. Viele Pfund der ledernen Haut des Wals und Walspeck wurden abgetrennt, als würden sie mit einem Rasiermesser abgeschnitten. Die Orgie begann.

Da wir nur ein paar Meter davon entfernt waren, konnten wir genau sehen, wie ein Hai beißt. Wegen ihres lang überhängenden Oberkiefers hat man vermutet, daß Haie sich auf den Rücken drehen, um zu fressen. Das ist nicht notwendig der Fall. Wir sahen, wie sie sich aufrecht dem Wal näherten und ihr Maul weniger dadurch öffnen, daß sie den Unterkiefer herunterklappen, sondern daß sie die Nase in einem spitzen Winkel hochstoßen, so daß das klaffende Maul sich vor dem Kopf und nicht mehr darunter befindet. Das offene Maul, das mit spitzen, harten Zähnen dicht besetzt ist, ähnelt einer stählernen Tierfalle. Der Hai setzte seine Werkzeuge in die Haut des Wals und klemmte sie fest. Dann wurde sein ganzer Körper von wilden Zuckungen geschüttelt, was die Zähne wie Sägen wirken ließ. Es dauerte nur einen Augenblick, dann wandte der Hai sich ab und hinterließ eine tiefe, saubere, konkave Höhlung im Wal. Es war ein schrecklicher und ekelhafter Anblick.

Vielleicht war es möglich, einen ungeschützten Taucher zu filmen, wie er mitten unter den Haien schwamm, nachdem diese sich jetzt mit Walspeck und -fleisch vollgefressen hatten.

Falco und Malle gingen im Käfig mit einer Filmkamera hinab. Die Bewegungen des Rudels Haie, die von Speck und Fleisch aufgebläht waren, wurden langsamer.

Über große und äußerst kräftige Kiefer mit messerscharfen Zähnen verfügt der Weiß- oder Menschenhai. Haie können Zähne schnell ersetzen, denn diese sitzen bei ihnen nicht in den Kiefern, sondern im Zahnfleisch. Geht ein Zahn verloren, so rückt ein neuer nach.

Der Ammenhai, ein plumpes, träges Tier mit breitem Kopf, lebt in tropischen und subtropischen Küstengewässern und hält sich meistens auf dem Grund auf. Ein Schiffshalter hat sich mit Hilfe seiner Kopfplatte an diesem Tier festgesogen und begleitet es ständig.

Sie hatten praktisch ihre Fresserei beendet. Etwas mehr als neun Meter vom Käfig entfernt, schwebte ein dreieinhalb Meter langer Hai im Wasser, von dem Falco glaubte, daß er vor sich hindöse. Er öffnete die Käfigtür und schwamm hinaus, während Malle sich mit der Kamera in die Öffnung schob, um das, was geschah, aufzunehmen. Falco schwamm auf das Maul des Haies zu, dessen Augen ihn anglotzten. Als er noch gut einen Meter achtzig von dem Hai entfernt war, konnte Falco das Klicken der Filmkamera nicht mehr hören und warf schnell einen Blick zurück. Malle machte ihm mit Gesten klar, daß der Film blockiert war. Der Hai bewegte sich auf Falco zu, der in den Käfig zurückstürzte. Malle schlug hinter ihm die Tür zu, und die Nase des Hais krachte gegen die Stäbe.

Es war offensichtlich, daß kein Taucher mit dieser üblen Gesellschaft spaßen konnte, selbst dann nicht, wenn die Tiere bis zum Bersten vollgefressen waren."

Manche Haie fressen einfach alles. In ihren Mägen findet man Krabben und Schnecken, die die Räuber vom Boden aufnehmen können, ebenso häufig wie Tintenfische und Fische aller Art, darunter kleinere Artgenossen und große Rochen mit giftigen Stacheln. Anders als die meisten Seetiere, die ihre Nahrung nur in ganz bestimmten Bereichen und Tiefen des Meeres finden, nehmen solche Haie alles an, was ihnen zwischen Boden und Oberfläche freßbar erscheint. Schildkröten, deren harte

Panzer von den scharfen Magensäften des Hais offenbar mühelos verdaut werden, Seevögel, Delphine, Robben, Hundekadaver und Rinderviertel, die von Schiffen über Bord geworfen wurden, ja selbst Kohlebrocken, Blechbüchsen und leere Säcke wurden in Haimägen gefunden. Eine derartige wahllose Gefräßigkeit hat dem in fast allen Meeren verbreiteten Tigerhai den Namen eines „Müllschluckers der Meere" eingetragen, und häufig sind es Haie dieser Art, von denen die absonderlichsten Geschichten, verbürgt oder nicht, berichtet werden. Beglaubigt ist der Fall eines Tigerhais, der in Australien gefangen wurde und nach einigen Tagen der Gefangenschaft den Arm eines Mannes erbrach, der ermordet und zerstückelt in die See geworfen worden war.

Alle eindeutig wahren Berichte über Angriffe von Haien auf Menschen werden von einer Forschungsstelle des Amerikanischen Instituts für Biologie gesammelt. Diese Stelle setzt die Arbeit eines Arbeitskreises fort, der beim Kriegseintritt der USA 1941 gegründet wurde, um Schiffbrüchige und Flugzeugbesatzungen nach Möglichkeit vor Haien zu schützen.

Zu diesem Zweck wurde damals das gerade eröffnete erste große Meeresaquarium der Welt, Marineland in St. Augustine, Florida, in dem selbst die größten Haie gehalten werden konnten, für das Publikum geschlossen und als Labor verwendet.

Forscher hatten beobachtet, daß im Wasser gelöste Kupfersalze den Geruchssinn der Haie lahmzulegen

Ein ausgesprochener Bodenbewohner ist der Teppichhai oder Wobbegong. Seine Beute erlangt er durch List: Regungslos liegt er lauernd auf dem Grund, dem er – sowohl durch seine Körperfärbung als auch durch die Hautfransen an seinem Kopf – gut angepaßt ist.

Der nahezu vier Meter lange Zitronenhai, ein Vertreter der Familie der Menschenhaie, kommt in tropischen und subtropischen Meeren vor. In den Gewässern um Florida sieht man das elegante Tier gelegentlich in flachen Buchten und Flußmündungen nach Beute spähen.

schienen. Mit dem Geruchssinn aber suchen diese Räuber ihre Beute, können sie selbst winzigste Blutspuren noch über weite Entfernungen verfolgen. Wissenschaftler entwickelten nun einen Haiabwehrbeutel, der Kupfersalze enthielt, und setzten schwarze Farbe zu, damit der Schwimmer den Wirkungsbereich der Chemikalien sehen konnte. In der Tat blieben kreisende Haie oft außerhalb des so markierten Feldes. Derartige Haiabwehrpäckchen trugen Flieger für den Notfall an ihrer Kombination und Seeleute an der Schwimmweste. Später stellte es sich jedoch heraus, daß Kupfersalze einen hungrigen Hai nicht daran hindern, eine Beute zu finden und anzugreifen. Irenäus Eibl-Eibesfeldt hat das zusammen mit Hans Hass während einer Expedition im Indischen Ozean ausprobiert:

„Ein munteres Getümmel von 14 größeren und mehreren kleineren Haien umgab uns... Ich steckte einem frisch geschossenen Köderfisch ein ganzes Beutelchen Kupferazetat in das Maul. Das störte die Haie eine kurze Zeit. Einer schwamm in die blaue Wolke der sich verteilenden Chemikalie, wich aber sogleich aus, und die anderen machten ebenfalls einen Bogen. Aber dann kam auch schon der erste wieder zurück und schnappte nach dem Fisch – allerdings vergeblich. Das Beutelchen mit dem Kupferazetat fiel aber durch die heftige Bewegung aus dem Maul des Köderfisches und lag nun neben ihm. Beim nächsten Angriff packte der Hai den Köder und verschluckte ihn, obgleich die konzentrierte Kupferaze-

tatlösung noch aus dem Maul und den Kiemen des Köderfisches rauchte."

Gegen angriffslustige Haie gibt es leider immer noch zuwenig sicheren Schutz – eine erschreckende Tatsache angesichts der nie ganz auszuschließenden Schiffs- und Flugzeugunfälle. Badende und Schwimmer an den Stränden warmer Meere, auch vieler Teile des Mittelmeers, dürfen sich im allgemeinen vor Haien sicher fühlen. In haigefährdeten Gebieten sollten sie sich allerdings an die vorgeschriebenen Badeplätze halten. Dort gibt es Netzsperren, die die Fische vom Strand fernhalten, und von Wachttürmen aus können die hohen, aus dem Wasser ragenden Rückenflossen der Haie frühzeitig gesichtet werden. An einigen Stellen übernehmen sogar Spezialisten in Flugzeugen den Wachdienst.

Eine gewisse Sicherheit gegenüber den gefräßigen Räubern des Meeres scheinen tonnenförmige, fast mannshohe Schlauchboote zu bieten, die von der amerikanischen Marine entwickelt wurden. In einem Haiforschungszentrum am Golf von Mexiko in der Nähe der Stadt Tampa wurden diese Schutzvorrichtungen erprobt. In großen Meerwassertanks, in denen es von Haien wimmelt, hielten sich Testpersonen in den Schlauchbooten auf, und die Haie nahmen nicht einmal Notiz von ihnen. Offenbar konnten sie weder die Bewegungen des Menschen erspüren noch ihn wittern.

Erfahrene Taucher wie die Perlfischer der Südsee machen sich die große Schreckhaftigkeit der Haie zunutze, um sich gegen ihre Überfälle zu wehren: Sie schreien — unter Wasser — die Haie an. Auch Hans Hass hat diese Methode oft mit Erfolg angewandt, das erstemal allerdings mehr aus Todesangst als aus Erfahrung. Aber später mußte er feststellen, daß dieses Mittel nicht immer die gewünschte Wirkung hat. Vor der griechischen Küste zeigte sich ein gut vier Meter langer Hai völlig unbeeindruckt von den lautesten Schreien. Hass hatte nicht bedacht, daß er sich in den Gewässern griechischer Raubfischer aufhielt. Dort wurde mit Dynamit gefischt, und die Haie waren an kräftigere Geräusche als die Schreie eines Tauchers gewöhnt.

Der australische Arzt V. M. Coppleson, der Berichte über die an den Küsten Australiens immer noch häufigen Haiunfälle gesammelt hat, verbürgt sich für das Erlebnis eines mutigen eingeborenen Tauchers von den Tuamotu-Inseln: Als der Mann einem angriffslustigen, etwa 3,5 Meter langen Hai selbst durch die Flucht in eine Riffhöhle nicht entwischen konnte und das Tier ihm folgte, gelang es dem Bedrängten, sich auf den Rücken des Fisches zu schwingen. Rittlings auf dem Hai sitzend,

Der Hammerhai ist dem Blauhai im Körperbau sehr ähnlich, nur sein Kopf hat eine ganz andere Form: Zwei fleischige Lappen vergrößern ihn auf eine Breite von fast einem Meter. An den Enden des „Hammers" befinden sich die Augen und die Nasenöffnungen.

bohrte er seinen Finger tief in dessen Kiemenspalten. Das verängstigte Tier schoß daraufhin mit solcher Geschwindigkeit zur Oberfläche, daß es sich in der Luft überschlug. Dann tauchte es wieder auf den Boden hinab, fuhr erneut hinauf in die Luft, und zuletzt — immer mit dem Taucher als Anhängsel — steuerte es auf eine Sandbank zu und schlitterte hoch aufs Trockene. Der Eingeborene stieg nun von seinem Reittier und wankte völlig zerschunden weiter. Dann überlegte er sich die ganze Sache noch einmal und wurde darüber so wütend, daß er zu dem Hai zurückging und ihm mit der Faust einen heftigen Schlag auf die Schnauze versetzte. In diesem Augenblick schnappte der Hai zu und biß ihm die Hand ab.

Vergleicht man den Körperbau eines Hais mit dem anderer Fische, so fallen selbst dem Laien die vor den Brustflossen liegenden Kiemenspalten auf, die entfernt an die Lüftungsschlitze einer Autokarosserie erinnern.

Die Tatsache, daß Haie wie alle anderen Fische ersticken müssen, wenn kein frisches, sauerstoffhaltiges Wasser über ihre Kiemen strömen kann, machen Eingeborene einiger Südseeinseln sich bei der Jagd auf diesen Räuber zunutze, den sie als Speisefisch schätzen: Durch heftige Schläge ins Wasser werden die Tiere herangelockt. Dann werfen die Fischer ihnen Schlingen über den Kopf, die vor den breiten und nicht sehr beweglichen Brustflossen hängenbleiben. An ihrem Ende ist ein propellerartiges Holz befestigt. Flieht der Hai nun, so dreht das Holz sich entsprechend der Geschwindigkeit des Tieres. Dadurch zieht sich die Schlinge immer enger zusammen, und der Hai erstickt allmählich, weil kein frisches Wasser mehr durch seine zusammengeschnürten Kiemenspalten strömen kann. Der Fischer braucht dem geschwächten Tier nur zu folgen, es ans Boot zu ziehen und schließlich mit einem Keulenschlag zu töten. Das Holz an der Schlinge erfüllt überdies noch einen anderen Zweck. Da Haie keine Schwimmblase haben, würde ein toter oder verendender Hai ohne eine derartige „Boje" in die Tiefe sinken.

Der größte Fisch der Welt

Zu den aufregendsten Erlebnissen während der berühmten Pazifiküberquerung Thor Heyerdahls auf dem Floß *Kon-Tiki* gehört die Begegnung mit dem größten Fisch der Welt, einem Walhai. Heyerdahl berichtet:

„Es war der 24. Mai, und wir lagen und trieben in den behaglichen Dünungen ungefähr 95 Grad West und 7 Grad Süd. Es war um die Mittagszeit, und wir hatten die Innereien von zwei großen Goldmakrelen über Bord geworfen, die wir im Morgengrauen gefangen hatten. Ich gab deshalb scharf acht, während ich am Bug zu einem erfrischenden Bad untertauchte, und hielt mich an einem Tauende fest. So bekam ich einen zwei Meter

So urtümlich und riesenhaft der Walhai auch heranschwimmt – für den Menschen ist er so harmlos, daß Taucher es wagen können, sich auf seinen Rücken zu schwingen. Das gewaltige Tier lebt vorwiegend in tropischen Breiten. Mit einer Länge von dreizehn, vielleicht sogar noch mehr Metern und einem Gewicht von über zehn Tonnen ist er unter allen Fischen der größte; trotz seines gewaltig breiten Maules ernährt er sich, wie auch der Wal, von Kleintieren: von Krebschen, kleinen Fischen und anderen Geschöpfen des Planktons.

langen, dicken, braunen Fisch zu Gesicht, der neugierig durch das kristallklare Seewasser gerade auf mich zukam. Ich war rasch auf der Floßkante, saß im Sonnenschein und sah dem Fisch nach, der uns ruhig passierte, als ich ein wildes Kriegsgeheul hörte, das Knut achtern hinter der Bambushütte ausstieß. Er brüllte: ‚Hai!‘, daß sich seine Stimme in Fisteltönen brach, und da wir fast täglich Haie längs der Floßseite erlebten, ohne solches Theater, schien uns allen, daß es etwas Besonderes sein müßte, und wir eilten nach achtern. Hier hatte Knut in Hocke gesessen und seine Unaussprechlichen in den Wellen gewaschen, und als er einen Augenblick aufsah, blickte er gerade in das größte und häßlichste Antlitz, das einer von uns jemals in seinem Leben gesehen hatte. Es war dies der Schädel eines richtiggehenden Seeungeheuers, so groß und scheußlich, daß selbst ein Gespenst aus der Tiefe keinen entsprechenden Eindruck auf uns gemacht hätte. Der Schädel war breit und flach wie der eines Frosches, mit kleinen Augen auf den Seiten und einem krötenartigen Maul, das eineinhalb Meter breit

war und lange Fransen hatte, die herabhingen und in die Mundöffnung hineinflatterten. Nach rückwärts setzte sich der Schädel in einen ungeheuerlichen Körper fort, um schließlich in einem langen, dünnen Schwanz zu enden. Die spitze Schwanzflosse, die senkrecht in die Höhe stand, verriet, daß dieses Seeungeheuer kein Wal irgendeiner Gattung war. Der Körper wirkte bräunlich unter dem Wasser, aber Schädel und Körper waren dicht mit kleinen weißen Flecken besetzt. Das Monstrum kam uns ruhig und schläfrig von rückwärts nachgeschwommen. Es blinzelte wie eine Bulldogge und schlug ruhig mit dem Schwanz. Die große, runde Rückenflosse stand frei aus dem Wasser und manchmal auch die Schwanzflosse. Wenn ein Wellental kam, umspülte das Wasser den breiten Rücken wie eine Schäre. Vor dem breiten Maul schwamm ein ganzer Schwarm von zebraartig gestreiften Lotsenfischen in Fächerformation, und große Remorafische und andere Parasiten saßen festgesaugt auf dem gewaltigen Körper und ritten auf ihm durch das Wasser. Das Ganze bildete eine wunderliche

*Als Bodenfisch hat der Stachelrochen einen stark abge-
flachten Körper. Er schwimmt mit sehr graziös wirkenden
wellenartigen Bewegungen seiner zu breiten Säumen
geformten Brustflossen. Seinen Namen trägt er nach
einem gefährlichen Giftstachel am Schwanz, der oft in
der Wunde des Angreifers steckenbleibt.*

Tiergemeinschaft, die sich um etwas scharte, das einer
schwimmenden Unterwasserklippe glich.

Eine zehn Kilogramm schwere Goldmakrele hing an
sechs unserer größten Fischhaken hinter dem Floß als
Köder für den Hai. Ein Schwarm von Lotsenfischen
peilte direkt drauf los und roch an dem Kadaver, ohne
daran zu rühren, worauf sie zurückschwänzelten zu ihrem Herrn und Meister, dem Seekönig. Wie bei einem
mechanischen Ungetüm setzte sich die ungeheure Maschinerie in Gang und kam bedächtig auf das Makrelen-
fleisch zugeglitten, das wie ein kleiner, erbärmlicher
Kosthappen vor seinem Maul hing. Wir versuchten, die
Makrele hereinzuziehen, und das Seeungeheuer folgte
langsam nach bis an die Seite des Floßes. Ohne das
Maul zu öffnen, ließ es die Goldmakrele vorsichtig hin-
eingleiten, als würde es für einen so unbedeutenden Bissen nicht das ganze Scheunentor auftun. Als der Riese
damit ganz ans Floß herankam, rieb er den Rücken an
dem schweren Steuerruder, hob es aus dem Wasser,
und wir bekamen Gelegenheit, das Monstrum aus nächster Nähe zu studieren, auf so kurze Distanz, daß ich
glaubte, wir hätten alle den Verstand verloren, denn
wir lachten laut auf und schrien erregt über den vollständig unglaublichen Anblick, den wir bekamen: Selbst

Walt Disney mit all seiner Phantasie konnte kein gro-
teskeres Untier schaffen als das, das plötzlich mit seinem
Maul an der Floßkante lag und uns anblinzelte.

Das Ungeheuer war ein *Walhai,* der größte Hai und
der größte Fisch überhaupt, der heutzutage in der Welt
bekannt ist. Er ist außerordentlich selten, aber vereinzelte Exemplare wurden hier und da in den tropischen
Weltmeeren beobachtet. Der Walhai wird durchschnittlich fünfzehn Meter lang und wiegt nach Meinung der
Zoologen fünfzehn Tonnen. Man glaubt, daß große
Exemplare sogar zwanzig Meter erreichen können, und
ein harpuniertes Walhaibaby hatte eine Leber von dreihundert Kilogramm und eine Sammlung von dreitau-
send Zähnen in dem breiten Maul.

So gewaltig war das Monstrum, daß der Schädel auf
der einen Seite des Floßes sichtbar war, während die
Schwanzpartie auf der anderen aus dem Wasser ragte,
als es uns zu umkreisen begann. Und so unwahrscheinlich grotesk, träge und dumm sah das Gesicht aus, daß
wir uns nicht enthalten konnten, in Gelächter auszu-
brechen, obwohl wir sahen, daß die Bestie Muskelstränge genug hatte, um Balsastämme und Tauwerk in
Stücke zu schlagen, wenn sie uns angriff. Wieder und
wieder zog sie in engem Kreis gleichmäßig um das Floß,
während wir warteten, was geschehen würde. So glitt
sie gemütlich unter das Steuerruder, hob es in die Luft,
während das Ruder den Rücken entlangglitt. Wir standen mit Handharpunen rund um das Floß bereit, aber
sie wirkten wie Zahnstocher im Verhältnis zu dem enormen Biest, mit dem wir es zu tun hatten. Nichts deutete
darauf, daß der Walhai uns je wieder zu verlassen ge-
dächte. Er zirkelte uns ein und folgte uns wie ein treuer
Hund, dicht neben dem Floß. Etwas Entsprechendes
hatte keiner von uns weder erlebt noch auch gedacht, je
zu erleben, und das ganze Abenteuer mit dem Seeungeheuer, das um das Floß schwamm, wirkte so unnatürlich
auf uns, daß wir gar nicht richtig erfaßten, wie ernst
die Lage war. In Wirklichkeit zog der Walhai seine
Kreise nur eine kurze Zeit um uns, aber auf uns wirkte
der Besuch, als dauerte er schon einen ganzen Tag. Zum
Schluß wurde es Erich, der auf der Ecke des Floßes
stand, zuviel, und von unbedachten Zurufen aufgemun-
tert, hob er die zweieinhalb Meter lange Handharpune
hoch. Während der Walhai in langsamer Fahrt auf ihn
zugeglitten kam und seinen breiten Kopf gerade unter
der Ecke des Floßes hatte, rannte Erich die Harpune mit
allen seinen Riesenkräften gerade hinunter zwischen
seine Füße und tief hinein in den Schädelknorpel des
Riesenhais. Es dauerte eine oder zwei Sekunden, bevor
der Riese richtig begriffen hatte, was vor sich ging. Aber
dann war der langsame Idiot plötzlich in einen Berg von
Stahlmuskeln verwandelt. Wir hörten ein Sausen, als
die Fangleine über die Floßkante fuhr, und sahen eine
Wasserkaskade, als der Riese sich auf den Kopf stellte
und in die Tiefe hinunterraste. Die drei, die zunächst

standen, wurden kopfüber umgerissen, und zwei davon wurden von der Leine, die durch die Luft zischte, aufgewetzt und verbrannt. Die dicke Fangleine, die stark genug war, ein Rettungsboot festzuhalten, verklemmte sich an der Floßseite, barst aber augenblicklich wie ein Bindfaden, und wenige Sekunden später schwamm ein abgebrochener Harpunenschaft zweihundert Meter weiter an der Oberfläche. Ein Schwarm von schreckgeschlagenen Lotsenfischen jagte durch das Wasser in dem verzweifelten Versuch, ihrem alten Herrn und Meister zu folgen, und wir warteten lange, daß das Ungeheuer zurückgefahren käme wie ein rasendes U-Boot, aber wir sahen nie mehr etwas von dem Walhai."

Obwohl er so furchterregend aussieht und in der Größe nur von Walen übertroffen wird — die aber Säugetiere sind —, ist der Walhai ein harmloser Fisch, wenn man ihn mit vielen seiner räuberischen Vettern vergleicht. Wie der *Riesenhai* — der bis zu 14 Meter lang wird und von den Engländern „Basking Shark" (Sonnenbadender Hai) genannt wird, weil er sich gerne träge an der Wasseroberfläche treiben läßt — ernährt Heyerdahls „Seeungeheuer" sich von Fischen, Krebsen und Weichtieren des Planktons. Mitsamt dem Atemwasser werden die kleinen Tiere in das gewaltige Maul gesogen; das Wasser fließt über die Kiemen ab, und die Nahrung bleibt in „Planktonsieben" hängen — langen rechenartigen Fortsätzen der Kiemen, die den hornigen Barten der Wale ähnlich sind.

Die Wal- und Riesenhaie sind friedfertige Tiere, vielleicht weil diese Fischgiganten im Meer kaum Feinde haben. Beide schwimmen oder treiben oft dicht unter der Oberfläche und sind eine leichte Beute für Fischer, die es vor allem auf ihre großen, ölhaltigen Lebern abgesehen haben.

Während viele Haie Dauerschwimmer sind — von einigen Arten nimmt man an, daß sie immerzu in Bewegung sind und sogar schwimmend schlafen —, halten sich die *Rochen,* die zweite große Gruppe der Knorpelfische und den Haien nahe verwandt, am liebsten am Boden auf. Ihre flachen, meistens in einen langen, dünnen Schwanz auslaufenden Körper ruhen gern auf Sand- und Schlickgründen. Oft wühlen sie sich in den Boden ein, bis nur die hervorstehenden Augen noch sichtbar sind. Wie bei den meisten Haien liegt der Mund der Rochen auf der Körperunterseite. Mit den Brustflossen, die sich zu einem breiten Saum entwickelt haben, und mit Schlägen des Rumpfes legen sie ihre Beute frei.

Wenn die Rochen der nördlichen Meere, die *Glatt-* und die *Nagelrochen,* durch das Wasser gleiten, ist die ganze Körperscheibe mit den Flossensäumen in wellenförmiger, sehr gleichmäßiger Bewegung. Jede Welle, die den Körper durchläuft, drückt Wasser nach hinten und drängt auf diese Weise das Tier vorwärts. Die *Stech-* und *Flügelrochen* hingegen, die vor allem in den wär-

Mit seinen schlagenden, schwingenden Brustflossen scheint der Manta durch das Wasser zu „fliegen". Trotz seines bedrohlichen Namens ist der „Teufelsrochen", der eine Spannweite von mehreren Metern erreichen kann, harmlos. Er ernährt sich von Plankton, das ihm beim Schwimmen in das geöffnete Maul strömt.

meren Meeren zu Hause sind, benutzen zur Fortbewegung nur ihre stark verbreiterten Brustflossen.

Auch den Menschen gefährlich oder wenigstens unangenehm werden können die *Stechrochen* und die *Zitterrochen.* Der Schwanz des Stechrochens ist an seinem Ende mit einem Giftstachel bewehrt. Tritt man auf einen solchen Fisch, so schnellt der Schwanz nach vorn, und der Stachel schlägt ins Bein. Das Gift eines Stechrochens kann zu Muskellähmungen und sogar zum Tode führen.

Der Zitterrochen erzeugt in seinem Körper elektrische Energie. Sie entlädt sich bei Berührung in einem spürbaren Stromstoß, der aber meistens harmlos ist und bei jeder folgenden Entladung schwächer wird. Dennoch vermeiden Taucher und Fischer es, den Zitterrochen zu berühren. Die elektrischen Batterien befinden sich in den Flossen in der Nähe des Kopfes. Mit ihnen kann der Zitterrochen seine Beute betäuben und Angreifer abwehren. Schwache Stromstöße dienen offenbar — wie die Signale eines Radargerätes — zur Orientierung.

In den Tropen lebt ein Rochen, der weithin einen schlechten Ruf hat: der *Sägefisch.* Seine abenteuerliche Gestalt gibt schauerlichen Gerüchten von angebohrten Booten und von Tauchern, die mit einem Hieb der großen Säge getötet wurden, reichlich Nahrung.

Bis zu zehn Meter lang und über zwei Tonnen schwer können die lebendgebärenden Sägerochen der tropischen Meere werden. Ihr Schwert, Waffe und Werkzeug zugleich, ist bei der Geburt noch so weich, daß das Muttertier nicht verletzt wird.

Nun ist zwar die schwertähnliche, auf beiden Seiten mit Zähnen besetzte, mehr als meterlange Säge, die das Tier vorn am Kopf trägt, eine wirksame Waffe, und sie vermag bei einem Rammstoß durchaus den hölzernen Boden eines Bootes zu durchstoßen oder einen unvorsichtigen Taucher schwer zu verletzen; aber in erster Linie dient sie dem Fisch zur Beschaffung seiner Nahrung. Der Sägefisch kann damit im Grund herumwühlen und Bodengetier aufstöbern, aber auch seine Beute erschlagen. Mit hoher Geschwindigkeit stößt er in einen Schwarm und schwingt seine Säge wie einen großen Knüppel hin und her. Dabei werden viele Fische betäubt, getötet oder gar aufgespießt, und der Sägefisch kann in aller Ruhe seine Opfer verzehren. Die Anwesenheit von Beutefischen löst, wie amerikanische Fachleute beobachtet haben, offenbar die schwingenden Bewegungen der Säge aus, denn sogar bei einer Fütterung mit toten Fischen in einem Aquarium reagiert der Sägefisch auf diese Weise. Taucher, die sich zur Fütterung in der Nähe der Tiere aufhalten, müssen vor plötzlichen Schlägen mit der Säge immer auf der Hut sein.

Vergangenheit steigt aus dem Meer

Der Taxifahrer im Hafen von East London in Südafrika weigerte sich. Eine Dame mit einem Fisch in seinem Taxi — das mochte ja noch angehen, auch wenn dieser Fisch über einen Zentner wog und anderthalb Meter lang war. Aber daß er dem Träger noch beim Einladen helfen sollte — das war wirklich zuviel verlangt.

Vielleicht hat der Fahrer es schon sehr bald bereut, dieses Tier nicht wenigstens einmal berührt zu haben, denn es wurde eine Sensation. Wenn ein Tourist unserer Tage irgendwo in einem afrikanischen Dorf auf die Reste eines eben verspeisten Riesensauriers stieße, könnte das Aufsehen nicht größer sein. Denn wie die Saurier, die vor rund 60 Millionen Jahren vom Erdboden verschwanden, galt auch das Wundertier, das die Dame und ihr eingeborener Helfer in dem Taxi transportierten, als ausgestorben.

Noch Jahre später sind Wissenschaftler aus der ganzen Welt nach Südafrika gereist, um jenes Geschöpf zu betrachten, das ein Fischdampfer am 22. Dezember 1938 in East London abgeliefert hatte. Den Fischern war der ungewöhnliche Fang gleich aufgefallen. Er sah ganz anders aus als alle Fische, die sie je gesehen hatten, und was ihnen an ihm besonders seltsam vorkam, waren die Flossen. Fische haben fächerartige, von hornigen Strahlen durchzogene Flossen, die direkt auf dem Rumpf sitzen. Dieses Tier aber besaß statt dessen merkwürdige fleischige Gebilde, die aussahen wie kleine Beinstummel. Im Hafen angekommen, benachrichtigten die Leute Miß Latimer, die Leiterin des städtischen Museums. Sie fuhr sofort zum Hafen.

Als der Fisch ins Museum gebracht worden war und Miß Latimer ihn näher betrachtete, stieg in ihr ein Verdacht auf. Doch Gewißheit konnte ihr erst Professor J. L. B. Smith verschaffen, der beste Fischkenner in ganz Südafrika. Miß Latimers Nachricht erreichte ihn erst Anfang 1939. Bis er den blauen Fisch endlich sehen konnte, verging weitere Zeit. Dann aber stand fest, was Miß Latimer schon vermutet hatte: Diesen Fisch konnte es eigentlich gar nicht mehr geben. Er war ein Mitglied der Gruppe der *Quastenflosser*, die man bisher nur aus Versteinerungen kannte. Die jüngsten dieser Funde waren gut 60 bis 70 Millionen Jahre alt. Man hatte hier also ein lebendes Fossil gefangen.

Der Fisch von East London, dem Prof. Smith zu Ehren von Miß Latimer den Namen *Latimeria chalumnae* gab („chalumnae" nach dem Fundort des Tieres vor der Mündung des Chalumna-Flusses) — dieser Fisch war noch sehr lebendig gewesen, als die Fischer ihn an Bord gezogen hatten. Er hatte um sich gebissen und nach der Hand des Kapitäns geschnappt. Prof. Smith allerdings konnte nur noch die präparierte Haut bestaunen: Körperumriß, Flossen und Schuppen. Miß Latimer hatte das Tier schon im Zustand beginnender Verwesung übernommen, und da sie weder Kühleinrichtungen noch ein genügend großes Gefäß zur Konservierung besaß, mußten die Innereien des Fisches vernichtet werden. Immerhin, die Entdeckung war aufregend genug. Ehe sich die Fachwelt jedoch von ihrem anfangs ungläubigen Staunen erholt hatte, brach der Zweite Weltkrieg aus, und der „Urfisch" trat in den Hintergrund.

Nach dem Kriege stellte es sich heraus, daß die Latimeria für die eingeborenen Fischer der Komoren nichts Neues war. Ihnen ging sie zwar nicht sehr häufig, aber doch hin und wieder an die Angel, wenn sie mit ihren Handleinen in ein paar hundert Metern Tiefe fischten. Sie schätzten den Urfisch nicht sonderlich; aber gesalzen und getrocknet fanden sie ihn immerhin genießbar.

Prof. Smith hatte Flugblätter verteilen lassen und für jeden gefangenen Quastenflosser eine Belohnung von 100 Pfund versprochen. Fast auf den Tag genau vierzehn Jahre später, am 24. Dezember 1952, war die zweite Latimeria da. Ein Fischer von den Komoren hatte das Tier gefangen und wollte es am nächsten Tag auf dem Markt verkaufen. Aber ein anderer Eingeborener riet ihm, es einem Kapitän Hunt zu überlassen, bei dem er die Latimeria-Flugblätter gesehen hatte. Hunt bekam das Exemplar noch am gleichen Tag; er konservierte es mangels anderer Möglichkeiten mit Salz und schickte ein Telegramm an Smith.

Eile war geboten, wollte Smith dieses Mal den ganzen Fisch zu Gesicht bekommen; so telegraphierte er mitten in der Nacht an den damaligen südafrikanischen Premierminister Malan. Der stellte ihm sofort sein Flugzeug zur Verfügung. Am 29. Dezember war Smith bei seiner Latimeria. Ihr Rücken war aufgehackt — das ist die Methode der Eingeborenen, große Fische für das Salzen zu öffnen. Aber die inneren Organe waren da. In den folgenden Jahrzehnten wurden überdies noch viele weitere Exemplare gefangen.

Als im Jahre 1938 zum ersten Male eine stahlblaue Latimeria vor der ostafrikanischen Küste gefangen wurde, erregte der Fisch weltweites Aufsehen. Die Latimeria ist ein direkter Nachfahr der Quastenflosser, die in der Stammesgeschichte der Landwirbeltiere einen bedeutsamen Platz einnehmen: Eine Gruppe von ihnen lebt gewissermaßen in den Amphibien, Reptilien, Vögeln und Säugern fort. Schon vor mehr als 350 Millionen Jahren gab es Quastenflosser mit ihren ungewöhnlichen Flossen aus Fleisch und Knochen, aus denen sich dann Beine und Arme der Landwirbeltiere entwickelten.

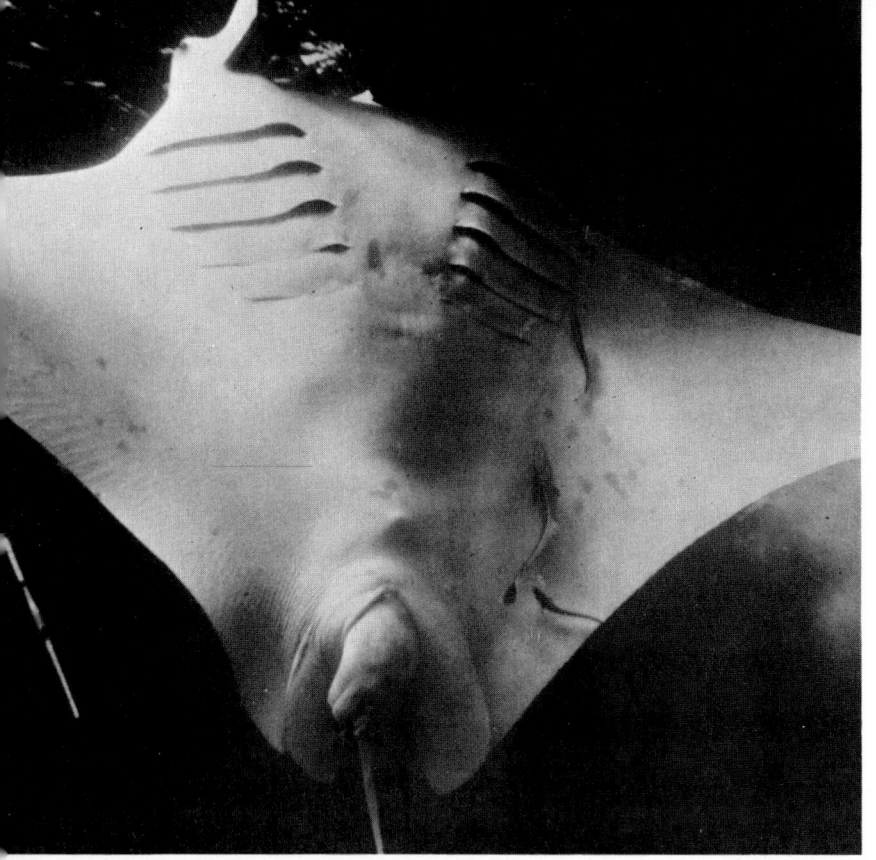

Fortpflanzung im Meer

Zeugung und Geburt der meisten Meerestiere spielen sich — entsprechend den Bedingungen des Elements, in denen diese Geschöpfe leben — ganz anders ab als bei den Tieren auf den Festländern. Ein großer Teil der Meeresbewohner, vor allem die Fische, aber auch Schnecken, Muscheln, Würmer und andere, überlassen ihre Eier und Samen dem Wasser, so daß sie sich darin vermischen. Dieser Befruchtungsvorgang bringt natürlich enorme Verluste mit sich, und die Tiere, die durch diesen Vorgang des Laichens ihre Nachkommenschaft erzeugen, müssen eine riesengroße Zahl von Eiern hervorbringen. Bei manchen sind es mehrere Millionen. Fast alle Fische wählen zum Laichen ganz bestimmte Gebiete, die meistens in Küstennähe und in bestimmten Wassertiefen liegen, wo die schlüpfenden Larven und Jungfische die richtigen Temperaturen und genug Nahrung vorfinden.

Einige Meerestiere überlassen ihre Brut jedoch nicht einfach sich selbst, sondern sorgen für Schutz. Es gibt Fische — z. B. das Seepferdchen oder den Kreuzwels —, bei denen die Männchen die befruchteten Eier in einer Körperfalte oder im Maul hüten, bis die Jungen ausschlüpfen, und von mindestens einer Tintenfischart weiß man, daß die Weibchen die Gelege bis zum Schlüpfen bewachen und sauberhalten. Alle Tiere, die sich so um ihren Nachwuchs kümmern, legen natürlich viel weniger Eier als diejenigen, die einen Teil ihrer Brut den vielen hungrigen Mäulern der Meereswelt preisgeben.

Die Trennung der Tiere in zwei Geschlechter herrscht auch bei den meisten Meerestieren vor, doch gibt es in den verschiedensten Stämmen auch Ausnahmen. Einige Fische — Zackenbarsche zum Beispiel — wechseln im Laufe ihres Lebens ihr Geschlecht. Bis zu ihrem zwölften Lebensjahr sind sie Weibchen, dann übernehmen sie für den Rest ihres Lebens männliche Funktionen. Andere Barsche sind sogar Zwitter und bringen Eier und Samen gleichzeitig hervor.

Daß alle Wale und natürlich die Robben sich wie die Säugetiere des Landes paaren und einige wenige Junge gebären, ist selbstverständlich. Diese Tiere sind in allen ihren Lebensfunktionen echte Säuger geblieben. Daneben aber gibt es auch eine ganze Reihe von Fischen — nämlich Haie und Rochen — die ebenfalls durch Paarung ihren Nachwuchs erzeugen und ihn gebären. Die männlichen Haie besitzen ein Begattungsorgan, zu dem die paarigen Bauchflossen umgebildet wurden. Die Jungen wachsen entweder in Eihüllen im Mutterleib heran, bis sie — ebenfalls in der Mutter — ausschlüpfen und dann geboren werden, oder die befruchteten Eier werden vom Muttertier an Pflanzen, Korallen oder Felsen abgelegt und reifen dort heran.

Ein Manta wird geboren (Bildserie links). Mantas sind lebendgebärende Tiere oder „ovivipar" — das heißt: Die Jungen schlüpfen im Mutterleib aus dem Ei und leben dort noch einige Zeit, bevor sie wirklich zur Welt kommen. Bei der Geburt ist das Junge zunächst noch in seine schützenden Flossen eingewickelt.

Die Nacktkiemerschnecke *Glaucus marinus* (rechts oben) — hier bei der Kopulation — ist ein Hochseebewohner. Ihre Laichschnüre legt sie an Segelquallen ab.

Kieferfische (links oben) sind Maulbrüter. Meist brüten sie so viele Eier aus, daß sie das Maul offen lassen müssen und bis zum Schlüpfen der Jungen nicht fressen können.

Katzenhaie (rechts Mitte) sind die kleinsten Haie. Bei der geschlechtlichen Vereinigung krümmt sich das Männchen um das Weibchen herum.

Die hornigen Eikapseln des Katzenhais (links unten) tragen an den Ecken lange Fäden. Das Weibchen legt die Kapseln zwischen Pflanzen oder Schwämmen ab, an denen die spiralig zusammenschnurrenden Fäden dann hängen bleiben. Die Jungen, die man in den durchsichtigen Kapseln nebst ihren Dottersäcken schon deutlich erkennen kann, schlüpfen nach neun Monaten.

Das Tintenfischmännchen — oft sind es mehrere gleichzeitig — überträgt bei der Begattung mit einem Arm einen Samenbehälter in die Mantelhöhle des Weibchens (rechts unten). Dieses legt später seine Eier in ziemlich großen, hellen Schläuchen auf dem Meeresgrund ab.

Der urtümliche Stör, dessen Knochenplatten zu beiden Seiten des Körpers an die Panzerfische längst vergangener Epochen der Lebensgeschichte erinnern, war noch vor wenigen Jahrzehnten häufiger Gast in unseren Flüssen. Heute haben Wasserverschmutzung und Flußregulierungen den Fisch vertrieben. Selbst im Schwarzen Meer, der Heimat der großen Kaviarlieferanten unter den Stören, gehen die Bestände in bedrohlicher Weise zurück. Die tieferen Wasserschichten dieses Binnenmeeres enthalten durch die Verschmutzung zu wenig Sauerstoff.

Das große Reich der Knochenfische

Von quastenflossigen Fischen, ähnlich der Latimeria, stammen alle anderen *Knochenfische* ab. Zusammen mit den *Knorpelfischen* (Haie und Rochen) sind sie aus Urfischen entstanden, die schwergepanzerten Rittern glichen. Sie besaßen Schuppen wie die meisten der heute lebenden Fische: Knochenplatten, die in der Haut entstehen, und, einander dachziegelartig überdeckend, nach hinten aus der Haut herausragen. Doch waren sie bei den Fischen der Urzeit zumeist sehr groß und von einer kräftigen Schmelzschicht überzogen, die sie zu harten, schweren Gebilden machte. Früher diente dieser Panzer vermutlich nicht nur als Schutz, sondern er stellte auch ein Außenskelett dar, das dem Fischkörper den nötigen Halt gab. Im Laufe der Jahrmillionen erstarkte das Innenskelett dann so weit, daß die Schuppen dünner werden konnten. Doch haben manche Knochenfische unserer Zeit sich erneut einen Knochenpanzer zugelegt: die Seepferdchen, die Kofferfische oder die Papageifische, die mit wiederum sehr dicken Schuppen eine feste, aber biegsame Panzerung aufbauen.

Das Gewicht der dicken Panzerplatten zwang die meisten Urfische, dicht über dem Grund oder im Bodenschlamm nach Nahrung zu suchen; für eine schnelle Fortbewegung im freien Wasser waren die Tiere zu schwer. Die heutigen *Störe* schwimmen immer noch bedächtig über den Boden der Gewässer dahin, und sie besitzen auch noch Schmelzschuppen. Urtümlich mutet

zudem die Körpergestalt der Störe an. Am langgestreckten Leib ragt hinten eine asymmetrische Schwanzflosse nach oben, so wie dies bei vielen Haifischen der Fall ist. Und wie die Haie schwimmen die Störe mit weit ausholenden Wellenschlägen von Rumpf und Schwanz, wobei die breit abgespreizten Brustflossen hier wie dort als Tragflächen für das schwere Vorderende des Körpers dienen. Der Mund sitzt auf der Unterseite des Kopfes. Vor dem Maul tragen diese Fische sensible Bartfäden, mit denen sie ihre Nahrung ertasten: Bodentiere, die sie mit ihrem ausstülpbaren Munde dann aus dem Sand freiwühlen und fressen.

In der zweiten Hälfte des vorigen Jahrhunderts wurden in Altona noch regelmäßig Störe angelandet. Im Mai 1931 holten Fischer in der Nähe von Hamburg einen Stör aus der Elbe, der zweieinhalb Zentner wog und fast 3 Meter lang war. Im gleichen Jahr wurde im Mündungsgebiet der Eider bei Friedrichstadt ein 3 Meter langes Weibchen gefangen, das 400 Pfund schwer war. Solche Fänge sind heute selten. Bau- und Regulierungsarbeiten haben den Stör aus der Unterelbe und aus den anderen Flüssen der deutschen Nordseeküste fast völlig verdrängt; in der Ostsee und ihren Zuflüssen war er nie häufig. Wenn wir jetzt in Delikatessenläden geräuchertes Störfleisch in Dosen kaufen oder in einem Restaurant Kaviar bestellen, dann kommt beides gewöhnlich aus Rußland oder Persien.

Störe werden zumeist in Flüssen gefangen, und einige Arten leben auch stets im Süßwasser. Andere aber suchen zum Laichen das Meer auf, und einige von ihnen leben ständig im Meer. So führen die Störe uns heute vor, wie die Knochenfische einst im Süßwasser entstanden und sich dann im Laufe der Erdgeschichte das Meer als Lebensraum erschlossen haben.

Die echten Meeresfische sind in drei großen Einwanderungswellen in den Ozean gekommen. Zur ersten gehörten die *Heringsfische* und die *Aale* — beide höchst unterschiedlich aussehend, aber doch mit vielen Übereinstimmungen im Körperbau. Die zweite Welle setzt sich aus mehreren Besiedlungsschüben zusammen; hier ist die wichtigste und größte Fischgruppe die der *Dorsche*. Die dritte Welle endlich waren die *Barschfische*.

Unter allen Stämmen der Wirbeltiere ist der Stamm der Knochenfische der formenreichste und vielfältigste. Zu ihm zählen schnell und ausdauernd schwimmende Räuber mit eleganten, stromlinienförmigen Körpern ebenso wie Fische, die friedlich an Pflanzen nagen, Korallen abfressen oder im Grund nach Nahrung wühlen; unscheinbare Geschöpfe ebenso wie farbenprächtige und bizarre; aber auch groteske Wesen, die gut getarnt am Grund lauern und ihre Opfer in die Fallen ihrer großen Mäuler locken. Andere Knochenfische streifen phosphoreszierend durch die Dunkelheit der Tiefsee, ständig auf der Jagd in ihrem an Nahrung armen Lebensraum.

Nebeneinander schwimmen mehrere Meter lange, zentnerschwere Riesen und Zwerge, die ausgewachsen nur ein paar Zentimeter messen. Wehrhafte Einzelgänger verteidigen ihre angestammten Reviere in erbitterten Kämpfen, während andere sich nur erhalten können, wenn sie mit Millionen von Artgenossen im Schwarm durch die Meere ziehen. Spannenlange „Giftmischer" können einem Menschen einen qualvollen Tod bereiten; andere werden ihres Nahrungswertes und ihres köstlichen Geschmacks wegen von Tieren und Menschen verfolgt. Es gibt Fische, die durch die Luft gleiten, und solche, die auf dem Grund herumspazieren oder sogar auf Bäume klettern, und viele sind ganz und gar nicht „stumm wie ein Fisch". Wo immer Meerwasser vorhanden ist, leben Knochenfische: in den arktischen Zonen so gut wie in den Gewässern am Äquator, in den unendlichen Räumen der Hochsee, in verborgenen unterseeischen Felsspalten, über oder in sandigen und schlammigen Küstenböden und in den bunten Gärten der Korallenriffe. Kein Gewässer ist ihnen zu flach oder zu tief; sie bevölkern alle Schichten — von der Oberfläche bis in die finstersten Abgründe der See, in denen manche noch völlig unbekannte Art leben mag. Zufallsfunde, ein einzelner Fang in einem Tiefseenetz, die Berichte von einigen Tiefseetauchern, das ist alles, was bis jetzt über die Bewohner der Tiefsee Aufschluß gibt.

Knorpelfische (Haie und Rochen) und Knochenfische unterscheiden sich in ihrem Körperbau nicht nur durch das knorpelige Skelett der einen und das harte Knochengerüst (die Gräten) der anderen Klasse. Sehr verschieden sehen z. B. auch die Kiemen aus: Bei den Haien und Rochen liegen sie mehr oder weniger offen in mehreren Spalten, bei den Knochenfischen dagegen sind sie, unter den schützenden Kiemendeckeln, in je einer Kiemenspalte auf jeder Körperseite zusammengefaßt. Den Haien fehlen ferner die Zunge und die Schwimmblase der Knochenfische, und ein beachtlicher Unterschied besteht zwischen den Organen und der Technik der Fortpflanzung beider Klassen, von Zwischenformen abgesehen: Die meisten Knorpelfische besitzen äußere Begattungsorgane und gebären wenige lebende Junge, die Mehrzahl der Knochenfische legt dagegen große Mengen von Eiern und Samen ins freie Wasser ab.

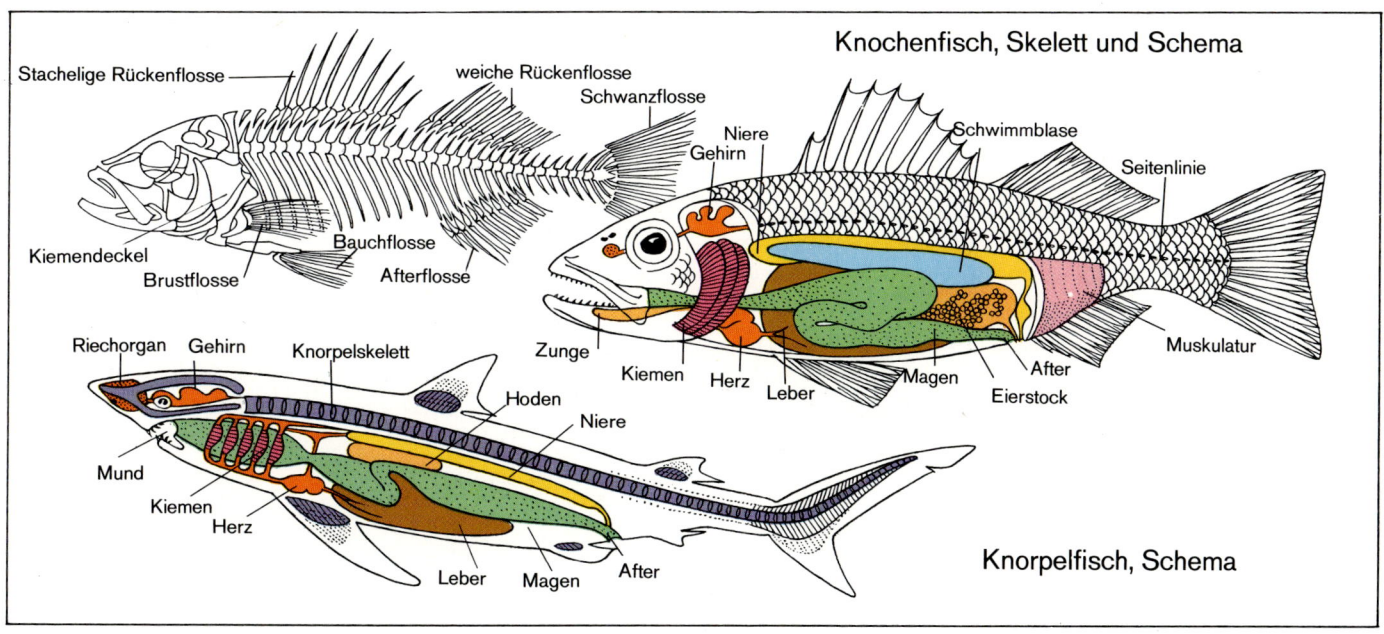

Hering, Lachs und Aal –
auch „Alltagsfische" sind interessant

Während man in vielen Aquarien überall in der Welt oft die absonderlichsten und seltensten Geschöpfe des Meeres sehen kann, fehlt fast immer ein Fisch, der im Ozean so zahlreich ist wie kaum ein anderer: der *Hering*. Er ist ein Tier des offenen Wassers und kaum in Gefangenschaft zu halten. In einem Aquarium stößt er an die Glaswände und erleidet dabei Verletzungen, an denen er zugrunde geht.

Vor allem in den Meeren der nördlichen Hemisphäre lebten die Heringe einst in riesigen Mengen. Ihre dicht unter der Oberfläche schwimmenden Schwärme reflektierten das Sonnenlicht, so daß die Fischer nach dem Widerschein an tiefhängenden Wolken den Standort eines Schwarms ausmachen konnten. Ein dänischer Mönch berichtete vor 600 Jahren, daß Heringsschwärme in der Nordsee Boote aus dem Wasser gehoben und die eingetauchten Ruder gebremst hätten. Scharen von Möwen und anderen Seevögeln, die unablässig auf die Heringe herabstürzten und Tausende von ihnen verschlangen, konnten die Massen weder aufhalten noch merklich verringern.

Dieser Reichtum ist leider in jüngster Zeit Erinnerung geworden. Die großen, wirtschaftlich bedeutenden Heringsvorkommen der Nordhalbkugel – man spricht vom nordpazifischen, nordwestatlantischen, atlanto-skandinavischen und vom Nordseehering – sind durch „Überfischung" entweder der Ausrottung nahe oder sie nehmen rapide ab. Aus der Nordsee und dem atlanto-skandinavischen Seeraum ist der Hering bereits so gut wie verschwunden, und die Bestände im Nordwestatlantik schrumpfen unaufhaltsam.

Die immer weiter verbesserten Fangtechniken und wachsende Fischereiflotten sind die Hauptursachen für das Verschwinden der „Kartoffel des Meeres". Die zunehmende Verunreinigung der nördlichen Meere verringert wahrscheinlich zusätzlich die Überlebenschancen von Brut und Jungfischen. Besorgt fragen sich daher die Fischereibiologen in aller Welt, ob der Hering – auch heute noch einer der wichtigsten Nutzfische – noch zu retten ist.

Die größten Heringsschwärme bilden sich zur Laichzeit: Dicht gedrängt streben Millionen von Heringen von ihren Freßgründen, den großen Planktongebieten der Hochsee, in die flacheren Gewässer der Schelfmeere. Sie verraten damit ihre Herkunft aus den Flüssen der Festländer. Verwandte der Heringe, die Maifische oder Finten, ziehen in jedem Frühjahr sogar bis in die Unterläufe der Weser und der Elbe.

In der Nahrungskette der Ozeane bilden unter allen Fischen die Heringsfische – zu ihnen gehören auch die Sardinen und Sardellen – das wichtigste Glied. Ihre gewaltige Zahl macht sie für viele Raubfische – Dorsche und Thunfische zum Beispiel – zur Hauptnahrung, während sie selbst vor allem Ruderfußkrebse fressen und diese so indirekt für andere Meerestiere, aber auch für den Menschen nutzbar machen. Kaum einem anderen Fisch wird von so vielen Geschöpfen dermaßen ausdauernd nachgestellt. Ohne ihre enorme Fruchtbarkeit wären die Heringsfische sicher schon längst ausgerottet. Allein die Seevögel der südamerikanischen Küsten – deren Kot, der begehrte Guano, in großen Mengen abgebaut und als wertvoller Dünger verschickt wird – verschlingen von ihnen jährlich 3 bis 4 Millionen Tonnen.

Die große Zahl der Heringseier – ein Weibchen legt bis zu 100 000 Stück – bringt es mit sich, daß jedes nur einen geringen Vorrat an Dotter enthalten kann. Die kleinen Heringslarven müssen daher schon bald ausschlüpfen und für sich selber sorgen; sie halten sich dabei an eine Nahrung, von der die meisten Jungfische in der ersten Zeit ihres Daseins leben: die mikroskopisch kleinen Planktonorganismen.

Jahrhundertelang war die Heringsfischerei von so großer Bedeutung, daß sie das Aufblühen oder den Niedergang mancher Seemacht begünstigt hat. Der Hansebund und später Holland verdankten einen großen Teil ihrer Macht dem Heringsfang und dem Heringshandel, der besonders lohnend war, als strenge Fastengebote in ganz Europa jenen Fisch mehr als heute zur Volksnahrung machten. Amsterdams Reichtum, so sagt ein treffendes Wort, gründet sich auf Heringsgräten.

Eher ein Gast als ein Eingeborener des Meeres ist der *Lachs*, ein Verwandter der Heringsfamilie. Obwohl dieser begehrte Fisch in einigen Meeren so reichlich vorkommt, daß zum Beispiel in Japan ganze Industrien und Fangflotten von der Lachsfischerei leben, gibt es ein untrügliches Zeichen dafür, daß er eigentlich ein Süßwasserfisch ist: seine alljährlichen Laichwanderungen in die Flüsse und Gebirgsbäche der Kontinente, bei denen er gewaltige Entfernungen und große Höhenunterschiede überwindet.

Wenn der Lachs auf dem Grunde eines klaren Gebirgsgewässers aus einem der Eier geschlüpft ist, die seine Eltern dort abgelegt und befruchtet haben, lebt er noch fast zwei Jahre im Süßwasser. Dann macht er sich eines Tages zusammen mit Tausenden seiner Artgenossen auf den Weg – widerwillig, wie es scheint, denn immer wieder wird berichtet, daß die jungen Lachse mit dem Schwanz voran, den Kopf ständig in Richtung ihrer Heimat, die Flüsse und Ströme hinab dem Meer zutreiben.

Drei bis vier Jahre lang bleibt der Lachs nun im Meer, wo er sich in tieferen Wasserschichten meist von Garnelen ernährt und rasch wächst. Nach dieser Zeit beginnt die Wanderung in die Laichgebiete. Fett und oft mehr als einen Meter lang geworden, sammeln die Lachse sich vor den Flußmündungen. Sie hören auf zu fressen und kennen nur noch ein Ziel: das Gewässer, aus dem sie

Die mächtigen, nach Millionen von Einzeltieren zählenden Heringsschwärme in den Meeren der nördlichen Halbkugel sind eine der Hauptnahrungsquellen der See. Norwegische Fischer benutzen häufig große Beutelnetze, die bei einem besonders reichlichen Fang so prall gefüllt sein können, daß sie reißen und der silbrige Reichtum sich wieder ins Meer ergießt. Hier versuchen die Fischer, zu retten, was noch zu retten ist, indem sie die schon eingefangene Beute, die ihnen zu entwischen droht, rasch mit kleineren Netzen an Deck ihrer Schiffe schöpfen.

stammen. Von hungrigen Räubern des Meeres bedroht, die ihnen in den Flußmündungen auflauern, von Landtieren und Fischern verfolgt, ziehen sie flußaufwärts. Während dieser Reise, die oft Tausende von Kilometern lang ist, überwinden sie meterhohe Wasserfälle und Stromschnellen, kämpfen sie gegen Strömungen oder umgehen Hindernisse. Mit sicherem Instinkt finden sie schließlich ihren Heimatfluß. Dort legen die Weibchen in den Kiesgrund an die 20 000 Eier, die dann von den Männchen befruchtet werden.

Erschöpft machen die Lachse sich auf den Rückweg ins Meer. Viele von ihnen sind so ausgezehrt, daß sie es nicht mehr erreichen. Der Kreis hat sich geschlossen, wenn — je nach der Temperatur des Heimatgewässers — die neue Generation nach zweieinhalb bis sechs Monaten schlüpft, heranwächst und eines Tages wieder meerwärts zieht.

Daß die Lachse ihren Weg aus den Tiefen des Ozeans in genau diejenigen Gewässer finden, in denen sie aufwuchsen — dies ist eines der großen Wunder der Natur. Vielleicht orientieren sie sich während der Wanderung durch das Meer nach dem Sonnenstand. An der Küste aber riechen sie ihren Heimatfluß und in dem Fluß den Bach, aus dem sie kamen. Der amerikanische Zoologe Prof. Hasler hat nachgewiesen, daß Lachse bis zu zwanzig Wasserproben unterscheiden können, die über verschiedene Wasserpflanzen geströmt sind. Wahrscheinlich erkennen die Fische also ihren Heimatbach an spezifischen Düften, die vom Boden und von den Pflanzen stammen, über die er geflossen ist.

Ähnlich rätselhaft wie die Wanderungen der Lachse sind die der *Aale,* die auch einen Teil ihres Lebens im Meer und den anderen im Süßwasser verbringen. Allerdings geht der Aal in seiner Jugend aus dem Ozean in die Flüsse und Seen des Festlands und kehrt, herangereift, zum Laichen ins Meer zurück. In jedem Frühjahr tauchen in den Flußmündungen unserer Küsten massenhaft wurmartige und fingerlange Tierchen auf, die Jungtiere des Europäischen Aals. Weil sie glasklar durchsichtig sind und nur die Augen als schwarze Pünktchen erkennen lassen, heißen sie „Glasaale". Diese Fischchen haben eine lange

Reise hinter sich. Mitten im Atlantik, in der Sargassosee, sind sie aus den Eiern geschlüpft und haben sich dann mit unfehlbarem Instinkt auf den Weg in die Heimat ihrer Eltern, in die europäischen Binnengewässer, begeben.

Nun graben sie sich in den Sandboden ein oder leben am Grund in den Fluß- und Bachmündungen. Und allmählich verwandeln sie sich. Sie werden größer, bekommen eine bräunliche Färbung und werden zu „Steigaalen", die jetzt weiter flußaufwärts ziehen — wobei die weiblichen Tiere den stärkeren Wandertrieb haben. Die Männchen bleiben gewöhnlich im Unterlauf der Flüsse, während die Weibchen sich über die Gewässer des Binnenlandes verteilen. Auf ihrem Weg überqueren sie dabei selbst schmalere Landstücke. Wenn die Aale ihren Standort erreicht haben, beginnt für sie eine ruhige Lebensphase. Tagsüber liegen sie meistens in Verstecken oder im schlammigen Boden eingegraben; nachts fressen sie kleinere Tiere oder Tierleichen, die sie auch in der Dunkelheit mit ihrem ausgeprägten Geruchssinn leicht aufspüren können.

Nach sechs bis sieben Jahren (bei den Weibchen nach acht bis zehn Jahren) widerfährt dem Aal eine neue erstaunliche Verwandlung. Der Kopf wird spitz, die Haut auf dem Rücken nimmt eine dunklere Färbung an, die Bauchseite wird silberglänzend. Die Tiere hören auf zu fressen; ihr Darmkanal bildet sich zurück, aber der Körper bleibt fest und muskulös. Aus dem „Gelbaal", wie er bisher genannt wurde, wird nun der „Blankaal", der wieder stromabwärts, meerwärts zieht. Wohin? Bis in die zwanziger Jahre unseres Jahrhunderts kannte man ihr Ziel ebensowenig, wie man wußte, woher die winzigen „Weidenblattlarven" stammen, die man im Meer fand und aus denen die Glasaale entstehen.

In der Zeit nach der Jahrhundertwende machte der dänische Professor Johannes Schmidt sich auf die Suche nach der Lösung des Rätsels. Achtzehn Jahre lang zog er seine Netze kreuz und quer durch die Küstengewässer des Atlantiks und durch den Ozean selbst, vom Ärmelkanal bis zur Chesapeake-Bucht, von Gibraltar bis nach Grönland. Zur Empörung eines in seinem nationalen Stolz gekränkten italienischen Kollegen stellte Schmidt zuerst einmal fest, daß im Mittelmeer kein Aallaich vorhanden war. Die Weidenblattlarven wanderten also durch die Straße von Gibraltar ins Mittelmeer ein.

Der Däne setzte seine Suche fort, indem er laufend Aallarven fing und deren jeweilige Größe auf Karten vermerkte. Je näher er der Mitte des Atlantischen Ozeans kam, um so kleiner wurden die Larven. Und die kleinsten, eben geschlüpften, fand er schließlich in der nährstoffreichen Sargassosee. Hier also, näher dem amerikanischen Kontinent als dem europäischen, steht die Wiege der Aale, die in Europa gefangen werden! Dorthin ziehen die laichreifen Tiere, von dort wandern dann die Larven zurück. Im gleichen Gebiet, nur etwas

weiter westlich, laichen auch die Süßwasseraale des nordamerikanischen Kontinents. Bis heute weiß niemand genau, wie die Tiere die Sargassosee finden, die sie als winzige Larven, in einem ganz anderen Stadium also und vor vielen Jahren, verlassen haben. Man kennt nicht einmal die genaue Route ihrer Wanderungen.

Wie viele andere Fragen in bezug auf das Leben der Aale, so ist auch noch ungeklärt, warum diese Fische überhaupt so weit wandern. Es gibt da aber eine Theorie, die sich auf neuere Erkenntnisse über die Geschichte des Meeres und der Kontinente gründet: In der Urzeit der Erdgeschichte bildeten Europa und Amerika eine zusammenhängende Landmasse, die sich erst allmählich im Laufe der Kontinentaldrift teilte. Die erste schmale Meeresrinne, die sich zwischen den Kontinenten auftat, war vielleicht das ursprüngliche Laichgebiet der Aale, die sich nach und nach auch die Flußläufe als Lebensraum erschlossen. Als die Kontinente ständig weiter auseinandertrieben, blieben die Aale ihren Flüssen treu — aber auch ihrer Geburtsstätte im Meer, die sie immer wieder aufsuchten, wenn für sie selbst die Zeit der Fortpflanzung kam. So ist es, über Millionen von Jahren hinweg, geblieben, obwohl nun die Kontinente Tausende von Kilometern voneinander entfernt sind.

Der „siebte Kontinent", wie der Meeresraum der Erde gelegentlich genannt wird, hält ohne Zweifel noch eine Menge wissenschaftlicher Überraschungen verborgen. Nicht alle Entdeckungen, die von Geologen, Zoologen oder ganz einfach von Tauchern gemacht werden, sind so sensationell wie der Fund des Quastenflossers Latimeria; aber jede neue Erkenntnis trägt zur Vervollständigung des noch sehr lückenhaften Bildes vom Leben im Ozean bei.

Zu den Entdeckungen der jüngsten Zeit zählt ein *Röhrenaal* aus der rund 20 Familien umfassenden Ordnung der Aalfische. Der deutsche Zoologe und Verhaltensforscher Irenäus Eibl-Eibesfeldt, der 1957 mit Hans Hass an einer Expedition mit dem Forschungsschiff *Xarifa* teilnahm, berichtet, wie er die ersten dieser Röhrenaale sah. Er tauchte damals am Addu-Atoll im Indischen Ozean.

„Langsam schwammen wir die Sandschräge hinab, und als wir in etwa 15 Meter Tiefe angelangt waren, bot sich uns ein wahrhaft erstaunlicher Anblick. So weit wir sehen konnten, war der Sandboden mit seltsamen Gebilden bewachsen. Etwa fingerdicke, 30 bis 40 Zentimeter hohe Stengel ragten aus dem Boden und wiegten sich in der leichten Strömung. Wir dachten wirklich zunächst, das wären Pflanzen. Erst als die Wesen sich vor uns in den Sand zurückzogen, wußten wir, daß es Tiere waren. Welcher Tiergruppe sie jedoch zugehörten, blieb uns zunächst verborgen. Die uns nächsten Tiere hatten sich ganz im Sand versteckt, so daß nur ein kreisrundes

Loch zu sehen war. Wir legten uns regungslos auf den Boden und warteten. Ein großer, vielborstiger Wurm, eine sogenannte ‚Seemaus', kam eilig herangekrabbelt und erkletterte meine linke Wade, wo er an einer Hautabschürfung zu nagen begann. Ein zweiter gesellte sich bald dazu. Es tat zwar recht weh, aber wir regten uns nicht.

Nach ein paar Minuten schoben sich winzige Köpfe mit großen, dunklen Augen aus den Löchern. Aufmerksam schauten sie nach links und rechts, schreckten wieder ein Stückchen zurück und rutschten dann ein kleines Stück weiter aus ihrer Röhre. Es waren Fische, Aale, eine ganze Wiese von Aalen. Jeder Aal steckte mit seinem Körperende in einer Röhre; die vorderen beiden Körperdrittel ragten frei ins Wasser, das oberste Ende leicht gekrümmt, der Kopf gegen die Strömung gerichtet. Langsam pendelten die Tiere mit dem Oberkörper hin und her und haschten da und dort ein Kleinlebewesen aus der Strömung. Eine Bewegung von uns, und sie verschwanden wieder in ihren Löchern.

Die Röhren wurden von den Tieren nie freiwillig verlassen. Sie umschlossen eng den Aalkörper; die Röhrenwände waren durch ein schleimiges Hautsekret fest zusammengekittet, so daß sie nicht einstürzten, wenn der Fisch sich zurückzog. Die Röhren waren 20 bis 60 Zentimeter voneinander entfernt.

Wir versuchten die Tiere auszugraben, aber vergebens. Sie wühlten sich schneller ein, als wir grabend folgen konnten. Nur einen scheuchten wir auf. Schlängelnd schwamm er davon, drehte sich dann schnell um und bohrte sich mit dem Schwanz voraus in den Sand, noch ehe ich zugreifen konnte.

Erst am folgenden Tag gelang es uns, einige Röhrenaale zu erbeuten. Sie waren hell sandfarben mit schwarzen Sprenkeln und zwei auffallenden schwarzen Flecken in der Höhe der Kiemenöffnung und kurz dahinter. Es war eine neue Art und neue Gattung aus der Gruppe der Röhrenaale, die aus dem Indischen Ozean bis dahin noch nicht bekannt waren. Wir widmeten die Art Hans Hass, und um auch unserem Expeditionsschiff ein Denkmal zu setzen, nannten wir den Röhrenaal später *Xarifania hassi*."

Was Irenäus Eibl-Eibesfeldt und Hans Hass beobachteten, ist für Fische recht ungewöhnlich: Daß sie nämlich in selbstgegrabenen Gehäusen leben und ihre Nahrung — Kleinlebewesen — aus dem vorbeiströmenden Wasser fangen. Beides findet man sonst nur bei

Von großen Fischen belauert, stecken die auf einer kahlen Sandfläche lebenden Röhrenaale vorsichtig ihre Köpfe über die deckungslose Fläche (Bild oben).
Bild Mitte: Die fast durchsichtige Aallarve, Weidenblattlarve genannt, braucht noch Jahre, bis aus ihr – über das Stadium des Glasaals – der ausgewachsene Aal (Bild unten) wird, der ins Süßwasser zieht.

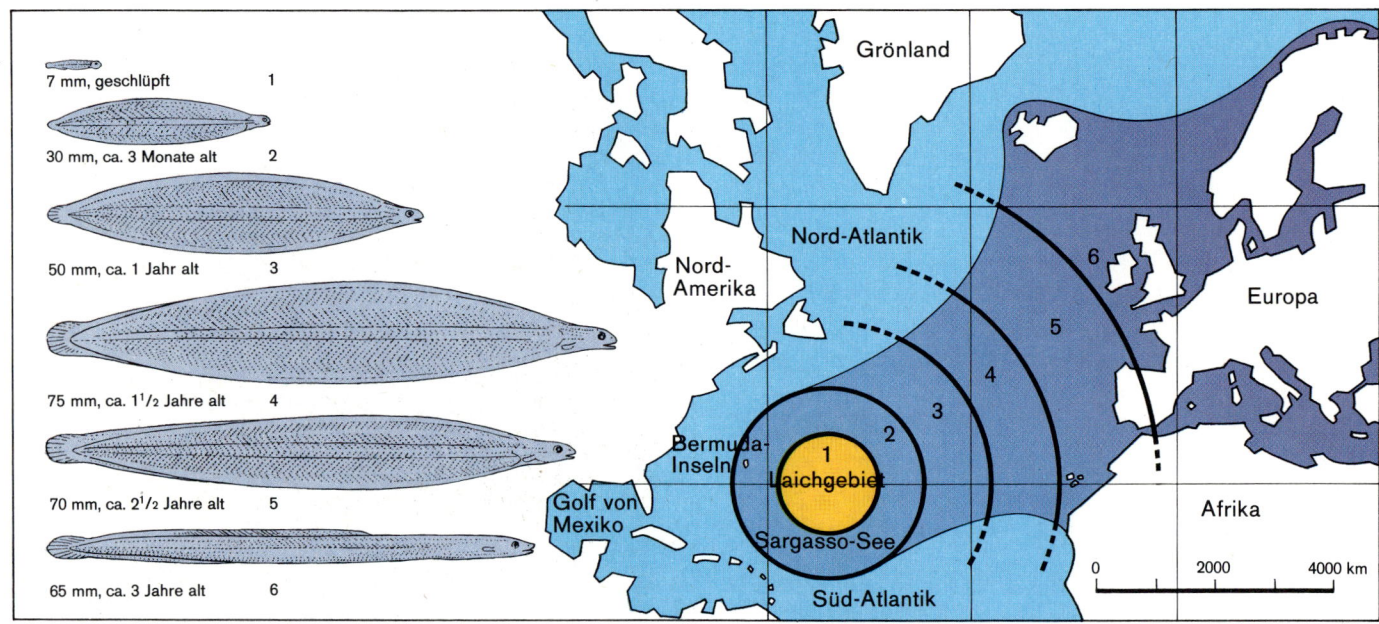

7 mm, geschlüpft	1
30 mm, ca. 3 Monate alt	2
50 mm, ca. 1 Jahr alt	3
75 mm, ca. 1½ Jahre alt	4
70 mm, ca. 2½ Jahre alt	5
65 mm, ca. 3 Jahre alt	6

Bis in die Mitte des Atlantischen Ozeans, in ihre seit Urzeiten angestammten Laichgebiete auf dem Grunde der Sargasso-See, ziehen die geschlechtsreifen Aale der europäischen Binnen- und Küstengewässer in jahrelanger Wanderung, um dort ihre Eier und ihren Samen abzulegen und dann – wahrscheinlich – zu sterben. Ein angeborener Geruchsinstinkt führt die geschlüpften Larven, die bis zum dritten Lebensjahr als Weidenblattlarven (1 bis 5) und schließlich als winzige, durchsichtige Glasaale (6) zurückwandern, genau wieder in jene Süß- und Brackwassergebiete, aus denen ihre Eltern in die Sargasso-See kamen. Die lange Strecke, die die Larven auf dem Wege in die heimatlichen Gewässer zurücklegen müssen – bis zur deutschen Küste sind es immerhin über 6000 Kilometer – bewältigen sie mit Hilfe des Golfstromes, der sie mitschleppt.

wirbellosen Tieren, bei Würmern, Stachelhäutern und Muscheln. Zwar sind fast alle Aale auch Bodenbewohner, die gern in Höhlen und Spalten unterschlüpfen, aber sie bauen sie nicht selbst und sie jagen oder lauern größeren Beutetieren auf.

Das ungewöhnliche Verhalten der Röhrenaale läßt sich erklären. Sie haben sich auf kahle, deckungslose Sandflächen hinausgewagt, wo kein Pflanzendickicht, keine Felsspalte, kein Korallenwald sie vor gefräßigen Räubern schützt. Selbst wehrlos, mußten sie sich anpassen, mußten Röhren in den glatten, freien Boden graben – Zufluchtstätten, die sie nie verlassen dürfen und in die sie sich bei Gefahr blitzschnell zurückziehen können. Nur so vermögen sie zu überleben.

Wehrhafte und angriffslustige Aalfische sind die *Muränen*, oft hübsch gefleckte oder gebänderte Fische, die in Höhlen und Spalten auf vorüberkommende Beutetiere lauern. Mit ihrem muskulösen Leib, den starken Kiefern, den hakenartigen Zähnen und Giftdrüsen im Maul sind sie für den Lebenskampf hervorragend ausgerüstet. Die Giftdrüsen sitzen in der Gaumenschleimhaut; aber auch das Blut der Muräne enthält, wie das vieler Aalarten, giftige Stoffe. Einige Muränen sind so giftig, daß 10 Prozent der von ihnen gebissenen Menschen sterben.

Die Muräne kann in ihren 1–3 Meter langen Körper einen Knoten schlingen – eine Fähigkeit, die ihr bei verschiedenen Gelegenheiten zustatten kommt. So verklemmt sie sich auf diese Weise in ihrer Wohnhöhle und ist dann kaum daraus hervorzuholen. Kämpft sie mit einem Kraken, den sie als Speise sehr schätzt, und das Opfer saugt sich mit seinen Armen an ihrem Kopf fest, dann schürzt die Muräne ihren Schwanz wiederum zu einer Schlinge, schlüpft rückwärts mit dem Kopf hindurch und streift den Oktopus auf diese Weise ab, wobei sie ihn zugleich in ihr Maul zieht.

Mit spitzen Zähnen und Flügeln

In den Meeresteilen Ozeaniens haben eingeborene Fischer eine Fischereitechnik entwickelt, die ebenso malerisch wie originell ist. Sie fahren mit ihren Booten aufs Meer hinaus und lassen dort Drachen steigen, die sie aus Bambusstäben und Palmenblättern hergestellt haben. Die Drachen tragen einen langen, dünnen Schwanz mit einem Büschel aus Pflanzenwolle oder einem anderen Gespinst am unteren Ende, das über die Wasseroberfläche tänzelt. Hin und wieder schnappt ein schlanker Fisch danach, verfängt sich in dem Büschel und wird von den Männern an Bord geholt.

Der Fisch, der auf diese Weise aus seinem Element gelockt wird, gehört zu der weltweit verbreiteten Familie der *Hornhechte*. Ihre fast torpedoartig schlanken, silbrigen Körper laufen vorn in eine lange, spitze und mit vielen scharfen Zähnen besetzte Schnauze aus. In großen Schwärmen sieht man laichreife Hornhechte oft auch in den Gewässern vor der deutschen Nord- und Ostseeküste, aber trotz ihres wohlschmeckenden Fleisches werden sie im Binnenland als Speise kaum geschätzt. Der Grund für die Ablehnung mag darin liegen, daß die Gräten des Hornhechtes auffällig grün gefärbt sind; die Küstenbewohner nennen ihn daher auch „Grünknochen". In südlichen Ländern hingegen stellt man diesen Fischen, die auch zu der großen Gruppe der Heringsartigen gehören, eifrig nach.

Meist jagen die Hornhechte und die mit ihnen verwandten Makrelenhechte dicht unter der Wasseroberfläche und fallen in die Schwärme kleinerer Fische ein. Da sie rasch nach allem schnappen, was sich an der Oberfläche rührt, ist es leicht, sie zu überlisten. So kann man im Hafen von Cartagena an der kolumbischen Atlantikküste kleine Jungen beobachten, die Algenbüschel an ihre Angeln binden und damit den Hornhecht auf ähnliche Weise fangen wie die Südseefischer. Hat er sich einmal in ein solches Büschel verbissen, läßt er sich leicht an Land ziehen. In Florida sind Angler zu einer anderen Jagdmethode übergegangen: Sie schießen diese Fische vom Boot aus mit Pfeil und Bogen.

Wenn sie Beuteschwärme verfolgen oder selbst von größeren Räubern verfolgt werden, schießen Hornhechte manchmal aus dem Wasser heraus und segeln ein gutes Stück über der Oberfläche dahin, ehe sie wieder eintauchen und weiterschwimmen.

Ihre nahen Verwandten, die *Fliegenden Fische*, haben diese Kunst so weit entwickelt, daß sie mit einer Geschwindigkeit von 50 Stundenkilometern Strecken von mehr als 150 Metern über Wasser zurücklegen. Meistens bleiben sie während eines solchen Fluges dicht über der Oberfläche; es sind aber auch schon Fliegende Fische auf den hochragenden Decks von Schiffen gelandet. Thor Heyerdahl und seine Kameraden haben dieses Schauspiel Nacht für Nacht erlebt, wenn die Tiere von den Bordlaternen der *Kon Tiki* angelockt wurden. Für die einsamen Männer waren die Fliegenden Fische eine willkommene Ergänzung ihres Speisezettels:

„Je weiter wir gegen den Äquator und fort von der Küste kamen, um so alltäglicher wurden die Fliegenden Fische. Als wir endlich in das blaue Wasser hinauskamen, wo sich das Meer majestätisch wälzte, sonnenbeleuchtet und friedlich, leicht vom Winde gekräuselt, da konnten wir sie wie in einem Regen von Projektilen leuchten sehen, die aus dem Wasser herausschossen und in geraden Linien dahinflogen, bis ihr Schwung aufgebraucht war und sie wieder unter der Oberfläche verschwanden.

Stellten wir in der Nacht die Paraffinlampe hinaus, so wurden die Fliegenden Fische vom Licht angelockt, und große und kleine Exemplare sausten über das Floß.

Oft trafen sie die Hütte oder das Segel und trudelten hilflos auf das Deck herunter. Denn ohne den Schwung, mit dem sie durch das Wasser schwammen, lagen sie nun zappelnd wie großäugige Heringe mit langen Brustflossen da. Es konnte geschehen, daß wir plötzlich die saftigen Flüche eines Mannes an Deck hörten, wenn er unerwartet einen Fliegenden Fisch mit guter Fahrt ins Gesicht geklatscht bekam. Die kamen immer mit guter Fahrt, das Maul voran, und es konnte einem Hören und Sehen vergehen, wenn man sie mitten ins Gesicht bekam. Aber der unverschuldete Angriff wurde von den Geschädigten rasch vergeben, denn trotz allem war hier das Schlaraffenland des Meeres, wo prächtige Fischgerichte statt gebratener Tauben durch die Luft sausten. Wir brieten sie zum Frühstück, und sei es, daß es der Fisch, der Koch oder der Appetit war, sie erinnerten uns jedenfalls an gebratene kleine Forellen, wenn wir nur die Schuppen abschrappten.

Es war des Kochs erste Pflicht, nach dem Wecken auf Deck zu gehen und all die Fliegenden Fische einzusam-

Durch eine besondere photographische Technik und mit Hilfe eines Elektronenblitzgerätes war diese Aufnahme von zwei Fliegenden Fischen möglich. Der vordere Fisch, nach einer kurzen Flugstrecke zur Wasseroberfläche zurückgesunken, holt sich durch rasche Schläge mit der Schwanzflosse neuen Schwung zum Weiterfliegen. Dieses Manöver kann der Fisch mehrere Male wiederholen, bis er endgültig wieder versinkt.

meln, die dort im Laufe der Nacht gelandet waren. Es waren oft ein halbes Dutzend oder mehr, eines Morgens fanden wir sechsundzwanzig fette Fliegende Fische auf dem Floß. Es war Knuts ewiger Ärger, daß ihn, als er eines Morgens die Bratpfanne schwang, ein Fliegender Fisch nur an der Hand traf, statt sofort direkt ins Bratfett zu springen."

Merkwürdiges über Barschfische

Wenn die meisten Fische nur so viele Eier legen würden, wie das lebendgebärende Weibchen eines *Rotbarsches* Junge zur Welt bringt — und das sind immerhin mehrere hunderttausend —, dann wären viele Arten sicherlich schon ausgestorben. Denn nur ein geringer Bruchteil ihrer Eier hat im freien Wasser eine Chance, den gefräßigen Laichräubern zu entkommen. Die Larven der Rotbarsche leben anfangs ebenfalls in den Oberflächenschichten des Wassers und sind damit ein Bestandteil des Planktons, der großen Weide des Ozeans. So werden auch sie zwar erheblich dezimiert; doch wachsen sie rasch heran, und wenn sie fingerlang geworden sind, ziehen sie hinab in die Tiefe, wo sie Krebse, Mollusken und andere Bodentiere fressen.

Der Rot- oder Goldbarsch, ein hochgeschätzter Speisefisch, schmutzigrot, mit Stachelstrahlen in der Rückenflosse, gehört zu der über alle Meere verbreiteten Ordnung der *Barschfische,* die erstaunlich vielfältige Arten und Formen hervorgebracht und sich fast allen Zonen des Ozeans angepaßt hat. In arktischen Gewässern sind Barsche ebenso zu Hause wie in den gemäßigten und tropischen Meeren: als ausgesprochen seßhafte Küstenbewohner, die selten oder nie ihre angestammten Felsen- oder Korallenriffe verlassen; als träge, einzelgängerische Räuber, die am Boden leben und in Verstecken oder eingegraben auf Beute warten; oder als rastlose, in Schwärmen unablässig durch die Hochsee wandernde Rekordschwimmer.

In der näheren Verwandtschaft der Rotbarsche befinden sich die Drachenköpfe und Skorpionfische, meist kleine, grotesk aussehende Tiere, bei denen die Stachelstrahlen der Flossen lang und spitz sind und oft Giftdrüsen tragen. Nicht alle Skorpionfische sind wirklich gefährlich; doch gehören zu ihnen sehr giftige Geschöpfe, zum Beispiel der häßliche *Steinfisch* und eins der schönsten Tiere des Meeres, der *Rotfeuerfisch.*

Der Steinfisch sieht tatsächlich aus wie ein bewachsener Stein. Er ist ein kaum noch fischähnliches Wesen mit einer zerklüfteten, warzigen Oberfläche, die ihn, wenn er im flachen Wasser des Indischen Ozeans oder des westlichen Pazifiks auf dem Boden liegt, fast unerkennbar macht. In seinen dreizehn stacheligen Rückenflossen hält dieses Tier für Räuber, die ihre Beute am Boden suchen — wie Haie, Rochen und bestimmte

Weichtiere —, ein starkes Herz- und Muskelgift bereit, das auch einen Menschen in kurzer Zeit töten kann.

Der Rotfeuerfisch kann besonders deswegen unangenehm werden, weil er nicht wie der Steinfisch seine Giftwaffe erst gebraucht, wenn er berührt wird, sondern mit seinen Stacheln selbst zum Angriff übergeht, sobald sich in seiner Umgebung etwas Verdächtiges bewegt. Professor H. Steinitz von der Hebräischen Universität Jerusalem wurde bei Eilat am Roten Meer einmal Opfer einer solchen Attacke.

„Ich schwamm nur einige Meter vom Strand entfernt in vielleicht zwei bis drei Meter tiefem Wasser und sah einen jungen Rotfeuerfisch von etwa 10 Zentimeter Länge in der Nähe schwimmen. Der Fisch ist in der Gegend häufig, aber man sieht ihn selten frei im Wasser. Als ich meinen Arm nach dem Tier ausstreckte, um es an der Brustflosse zu packen, drehte es sich plötzlich um die Längsachse und brachte damit seine Rückenstacheln in die Nähe meiner Finger. Ich vermied es, die Rückenflossen zu berühren und versuchte, schnell seinen Bauch zu fassen, solange er noch auf der Seite lag, aber nach einer schnellen Drehung berührte der Fisch meine Finger wieder fast mit seinen Rückenstrahlen. Ich wiederholte mein Vorgehen mehrmals, und es zeigte sich deutlich, daß der Fisch jedem Objekt, das von der Seite näher kommt, seine Stacheln entgegenstreckt. Dazu dreht er den Körper aus der normalen Haltung um 90 Grad, oder, wenn er schon auf der Seite liegt, auch um ganze 180 Grad.

Obwohl der Fisch in einer ihm aufgezwungenen Lage war, hatte er den Vorteil, schneller schwimmen zu können als ich und schneller, als ich erwartet hatte. Meine Versuche fanden ein jähes Ende, als ich mehr sah als fühlte, daß die Spitzen zweier Flossenstrahlen mich in das oberste Glied meines rechten Zeigefingers gestochen hatten. Die Stiche selbst waren kaum wahrnehmbar und gar nicht schmerzhaft. Auf der Oberseite des Fingers sah ich zwei feine Blutfäden ins Wasser ziehen. Ich preßte mehr Blut heraus und ging dann aus dem Wasser zu meinen Kleidern."

Schon zehn Minuten nach dem Stich setzten bei Professor Steinitz immer heftiger werdende Schmerzen ein. Der Finger schwoll an. „Der Schmerz trieb mich zum Laufen. Ich versuchte zu sitzen, zu liegen, stillzustehen. Die Schmerzen ließen es nicht zu. Ich mußte mich bewegen und rennen. Die klare Einsicht, daß einem nichts Tödliches passiert sei, und das Gefühl, daß das hier schlimmer war als alles bisher Erlebte, ist eine seltsame Erfahrung."

Mrs. M. Smith, der Witwe von J. L. B. Smith, dem Entdecker der Latimeria, ist ein Gegenmittel gegen den bisher als tödlich geltenden Stich des Steinfisches zu verdanken. Auch bei Verletzungen durch den Rotfeuerfisch hilft es. Man braucht die betroffene Stelle nur in möglichst heißes Wasser zu halten, dann läßt die Gift-

Fische schützen sich vor Verfolgern

Tarnung, Versteck und Mimikry spielen — wie für viele Landtiere — auch für die Selbsterhaltung einer ganzen Reihe von Meeresfischen eine wichtige Rolle, die um so bedeutender ist, je weniger das Tier in der Lage ist, sich selbst zu verteidigen.

Den Schutz der harten Seeigelstacheln suchen zum Beispiel winzige Korallenfische. Sie halten an dieser Zuflucht so fest, daß man sie mitsamt dem Seeigel aus dem Wasser heben kann (Bild oben links).

Der Feilenfisch ahmt mit seiner Hautfleckung die Farben des Tangs nach, in dem er lebt (Bild oben rechts).

Der Trompetenfisch stellt sich senkrecht vor die Korallen im Hintergrund, um nicht aufzufallen (Bild Mitte), der Plattfisch (Bild unten links) paßt sich perfekt dem Muster des Grundes an, auf dem er liegt, und der Schmetterlingsfisch (Bild unten rechts) täuscht seine Feinde durch ein „falsches Auge" an seinem Hinterende. Kurzsichtige Verfolger — und die meisten Fische sehen nicht besonders gut — stoßen darauf zu, und er entwischt mit einem Flossenschlag.

wirkung sofort nach. Dieser Effekt beruht darauf, daß das Gift jener Fische ein Eiweißkörper ist, der in der Stichstelle sitzen bleibt und von dort aus die Nervenbahnen angreift. Temperaturen über 42 Grad bringen das Eiweiß zum Gerinnen, und die Giftwirkung ist sogleich aufgehoben.

Noch vor wenigen Jahrzehnten galten die meisten Fische als sprichwörtlich stumm; man nannte ihr Reich die „schweigende Welt". Als aber Japan den Vereinigten Staaten den Krieg erklärt hatte und die Amerikaner Unterwassermikrophone einsetzten, um nahende U-Boote rechtzeitig zu hören, da entdeckten die Wissenschaftler, daß es unter Wasser auch recht geräuschvoll zugehen kann. Bald lernten sie die vielen verschiedenen Laute, die sie hörten, zu bestimmen: das sonderbare Prasseln, das gewisse Garnelen mit ihren Scheren erzeugen; das Knirschen, das entsteht, wenn Papageienfische Korallenstücke mit ihren Mundwerkzeugen zermalmen; das lockende Trommeln laichwilliger Umberfische, die selbst dann noch weitermachen, wenn schon Tausende von Artgenossen sich versammelt haben; das Schnalzen, mit dem der Kabeljau ein Weibchen zum Laichen lockt, und die merkwürdigen Laute vieler anderer Meerestiere. Von Fischen werden die Geräusche meistens mit Hilfe

der Schwimmblase erzeugt: Muskeln bringen die Blase zum Mitschwingen wie die Geigensaite den Resonanzkörper des Instruments.

In den fünfziger Jahren fingen auch deutsche Zoologen an, die Geräusche von Nordseefischen aufzunehmen. Einer der Wissenschaftler begann seine Versuche mit dem *Knurrhahn,* einem Skorpionfisch – der als solcher ebenfalls zu den Barschartigen gehört. Mit seiner Schwimmblase bringt er ein lautes Knurren hervor. Aber was immer der junge Forscher mit seinen Tieren anstellte, sie blieben stumm. Enttäuscht warf er die Fische, die er bisher einzeln in Aquarien gehalten hatte, alle zusammen in ein Becken – und auf einmal knurrten sie lebhaft. Auch bei Fischen sind Töne und Geräusche ein Lock- und Reizmittel für den Geschlechtspartner oder ein Warnzeichen für Feinde.

Der *Graue Knurrhahn* unserer Küsten ist ein Bodenbewohner, der auf seinen beweglichen Flossenstrahlen gemächlich über den Grund stelzt. Mit ihnen ertastet er seine Nahrung, die aus Krebsen und Weichtieren besteht. Dabei ist dieser Fisch ein hervorragender Schwimmer. Knurrhahnarten der wärmeren Meere – einige werden bis zu 75 Zentimeter lang, während der Graue Knurrhahn der Nordsee selten 30 Zentimeter erreicht – können sich sogar über die Wasseroberfläche erheben.

Der Seerabe, als barschartiger Fisch ein Angehöriger der größten Ordnung im Reich der Fische, ist mit seinen fetzigen Hautanhängseln und seinen nicht ungefährlichen Stacheln ein typischer Vertreter der am Boden lebenden Groppen.

Zackenbarsche, von denen einige Arten bis zu 400 Kilogramm Gewicht erreichen, sind oft Einzelgänger und Höhlenbewohner. Mißtrauisch beobachtet dieser getüpfelte Zackenbarsch den photographierenden Taucher, bereit, sein Revier energisch zu verteidigen.

Der giftigste Fisch der Welt ist sicherlich auch der häßlichste. Einem algenüberkrusteten Fels- oder Korallenbrocken ähnlich, ist der Steinfisch kaum zu entdecken, wenn er in flachen Tümpeln auf Beute lauert, die er in sein breites Maul einsaugt.

Fische sind durchaus nicht so stumm, wie das Sprichwort meint. Der Knurrhahn zum Beispiel kann laute Geräusche erzeugen, indem er seine große Schwimmblase als Resonanzkörper benutzt und sie durch Muskeln in Schwingungen versetzt.

In allen gemäßigten und warmen Meeren sind die meist räuberisch lebenden *Zackenbarsche* anzutreffen, von denen es rund 400 Arten gibt. Nur im Mittelmeer muß man schon großes Glück haben, will man ihnen – etwa im Golf von Neapel, in den Gewässern um Griechenland oder vor der spanischen Küste – begegnen; schießwütige Sporttaucher haben sie vielerorts schon vertrieben.

Andererseits müssen Sporttaucher sich vor Seebarschen durchaus in acht nehmen. Einige dieser Tiere erreichen das beachtliche Gewicht von rund 400 Kilogramm. Wiederholt sind schon Menschen von solchen Burschen schwer verletzt und halb gefressen worden. Manche Barsche schwimmen im Wasser umher; andere halten sich am Grund auf und warten dort auf Beute. Indem sie ihr breites, mit scharfen Zähnen bestücktes Maul plötzlich öffnen, saugen sie selbst größere Fische aus einiger Entfernung einfach ein.

Die großen Zackenbarsche leben meistens als Einzelgänger und verteidigen ihre Reviere energisch gegen alle Konkurrenten der eigenen Art. Vielleicht betrachten sie manchmal auch tauchende Menschen als unerwünschte Eindringlinge, denn oft berichten Taucher von solchen Tieren, die Scheinangriffe gegen sie unternommen und sie beschlichen hätten wie Katzen eine Maus.

Die größten Zackenbarsche gibt es im Gebiet des australischen Großen Barriereriffs; dort hat man Exemplare von mehr als dreieinhalb Meter Länge gesehen. Perlentaucher sollen diese Räuber mindestens ebenso fürchten wie Haie; doch niemand kann das Schauermärchen beweisen, demzufolge ein Zackenbarsch einen Freitaucher lebend verschlungen haben soll.

Der Gestreifte Zackenbarsch und der Gelbflossenzakkenbarsch tragen normalerweise ein dunkles Hautkleid. Droht jedoch Gefahr, dann verändert sich die Farbe entsprechend der Umgebung. Pigmentzellen ermöglichen verschiedene Variationen, von Dunkelbraun bis zu einem schmutzigen Weiß.

Einige Barsche, so der Schwarze Sägebarsch und ein amerikanischer Zackenbarsch, besitzen eine wahrhaft erstaunliche „fortpflanzungstechnische" Eigenschaft: Sie wechseln im Laufe ihres Daseins das Geschlecht. Fast alle Exemplare dieser Arten werden als weibliche Tiere geboren. In einem bestimmten Alter aber – von fünf Jahren beim Schwarzen Sägebarsch, von zwölf Jahren im Falle des amerikanischen Zackenbarsches – werden die meisten von ihnen männlich. Zunächst erfüllen diese Tiere ganz regulär ihre weibliche Aufgabe und produzieren Eier – bis ihr Geschlecht umschlägt. Danach üben sie für den Rest ihres Lebens eine männliche Funktion aus. Die Ursache dieses Vorgangs ist noch nicht bekannt.

Andere Barsche sind Zwitter; sie bringen also gleichzeitig Samen und Eier hervor. Auch hier gibt es noch manches Rätsel; so weiß man beispielsweise nicht, ob ein solcher Fisch seine eigenen Eier befruchten kann.

Eine recht sonderbare Beziehung zwischen verschiedenen Fischarten, aus der alle Beteiligten ihren Nutzen ziehen, hat einmal der Verhaltensforscher Irenäus Eibl-Eibesfeldt während eines Tauchausflugs bei den Galápagos-Inseln beobachtet:

„Da kam ein großer Zackenbarsch der Gattung *Evoplites*. Finster blickend, schlich er mit seinen lappigen

Flossen rudernd über den Grund, bis knapp vor meine Füße. Dort, über einem Felsblock, blieb er stehen und sperrte das Maul weit auf, als müßte er gähnen. Gleichzeitig spreizte er die Kiemendeckel ab und wartete so regungslos. Sofort kamen zwei schlanke blaue *Lippfische* herbei, deren Seiten ein breites schwarzes Längsband schmückte. Mit auffällig tänzerischen Bewegungen steuerten sie direkt auf das Maul des Raubfisches zu und verschwanden — ich traute meinen Augen kaum —, ohne zu zögern, in dessen Mundhöhle. Da ich direkt in das Maul des Barsches sehen konnte, sah ich, wie die kleinen Fische am Mundhöhlendach des großen herumknabberten und -putzten. Ein dritter kam, schlüpfte unter den abgehobenen Kiemendeckel, und als er sich schließlich an der Körperoberfläche des Barsches zu schaffen machte, da sah ich ganz deutlich, wie winzige parasitische Krebse vor dem kleinen Fisch flüchteten. Nun verstand ich auch, weshalb der Barsch die Kleinen duldete. Sie säuberten ihn ja und befreiten ihn von den lästigen Parasiten. Nach einer Weile bekam der Barsch Atemnot. Jetzt schloß er mit einem Ruck das Maul, und ich fürchtete schon, er würde seine kleinen Helfer verschlukken, aber er tat nichts dergleichen. Noch bevor er das Maul ganz geschlossen hatte, öffnete er es wieder weit, und auf dieses Signal hin verließ das Reinigungskommando sein Maul. Der Barsch atmete einige Male kräftig durch, dann sperrte er seinen Rachen wieder auf und ließ sich weiter putzen."

Das merkwürdige Dienstleistungsverhältnis der kleinen *Putzerfische* — die ganz verschiedenen Arten angehören können — zu anderen Fischen ist eine weitverbreitete Erscheinung. Fast alle Riff-Fische suchen gelegentlich die Barbierstuben der Putzer in Korallenstöcken oder zwischen Felsblöcken auf und zeigen den Putzerfischen durch bestimmte Signale an, daß sie bedient zu werden wünschen. Einige Fische stellen sich auf den Kopf, um die Putzer herzubitten; andere verfärben sich oder spreizen, wie die Zackenbarsche, ihre Kiemendeckel ab und sperren die Mäuler auf. Auffällig ist, daß die meisten Putzerfische sehr ähnliche Färbungen aufweisen, auch wenn sie in ganz verschiedenen Meeren leben und verschiedenen Arten angehören. Wahrscheinlich ist dieses Farbenkleid eine Art Dienstanzug oder auch eine Schutztracht, denn noch nie hat man beobachtet, daß ein Putzerfisch während oder nach seiner Arbeit gefressen wurde.

Die fleißigen „Barbiere des Riffs" werden übrigens von einem kleinen Schleimfisch nachgeahmt, der die gleiche Körperform und Färbung wie die Putzerfische hat und nur durch andere Bauchflossen von ihnen zu unterscheiden ist. Er benutzt den „Dienstanzug" der Putzer, um die anderen Fische zu täuschen, sich an sie heranzumachen und ihnen mit seinen scharfen Zähnen Fleischteile, Schuppen und Flossenstücke herauszubeißen.

Ein buntes Bilderbuch der Natur

Unter allen Lebensräumen der Tiere zeigt keiner einen solchen Reichtum an Formen, an Lebens- und Verhaltensweisen von vielerlei Geschöpfen wie das Korallenriff. Es ist ein Dorado für alle, die sich mit dem Leben im Meer befassen, das Traumrevier der Sporttaucher.

In den Riffen der subtropischen und tropischen Meere leben Vertreter aller in der See vorkommenden Tierstämme, Arten und Familien. Wie im tropischen Urwald sind die Beziehungen der vielen Arten am Korallenriff untereinander genau festgelegt: Das ganze Riff ist in Lebensstockwerke eingeteilt, und jedem Geschöpf ist darin sein Platz zugewiesen.

Unter den Rifftieren sind die Barschfische sehr zahlreich. Der Erforschung ihres Verhaltens und der Beobachtung anderer Meerestiere galt in den 50er Jahren eine Expedition der beiden Zoologen Hans Hass und Irenäus Eibl-Eibesfeldt in das „Reich der 1000 Atolle", wie Eibl das Inselgebiet der Malediven im Indischen Ozean genannt hat. Sein Bericht spiegelt den Zauber des Meeres in seiner faszinierendsten und buntesten Form wider und zeigt, wie mannigfach die Lebensweisen aller Tiere im Riff miteinander verflochten sind.

„Bei Flut peitscht eine donnernde Brandung die Wellen am Ufer hoch, Korallentrümmer und Treibgut vor sich her fegend. An der Luvseite des Außenriffs finden wir einen richtigen Wall angeworfenen Materials. Bei Ebbe dagegen rauschen die Brecher etwa 100 bis 200 Meter vom Ufer entfernt über die Riffkante. Wandern wir meerwärts, dann betreten wir zunächst die Riffplatte. Kalkalgen haben Korallentrümmer und Sand oft zu einer festen Platte zusammengekittet; dazwischen liegen lose Korallentrümmer und Sandinseln. Teile der Riffplatte liegen bei Ebbe trocken. Hier klettert der Schleimfisch *Istiblennius periophthalmus* auf den nassen Felsen umher und weidet Algen. Die helloliv- bis sandfarbigen Fischchen schnellen sich in kleinen Sprüngen mit dem Schwanz vorwärts. Kommt eine Welle, dann saugen sie sich mit dem Maul fest, so daß sie nicht weggespült werden. Aufmerksam mustern sie mit ihren großen, vorquellenden Augen die Umgebung, mit ihrem runden Kopf richtig umherschauend. Bei Gefahr flüchten sie zwischen das Geröll, bleiben aber immer am Ufer. Bei tiefer Ebbe warten sie in flachen Gezeitentümpeln auf die Flut. Oft bleibt ihr Oberkörper der Luft ausgesetzt. Sie befeuchten ihn, indem sie sich von Mal zu Mal schnell auf die Seite wälzen.

Zauberwelt des Korallenriffs: Wie unter den ausladenden Ästen eines Baumes drängen sich Umberfische oder Grunzer und schön gestreifte Schweinsfische unter einer großen Geweihkoralle zusammen. Im blaßgrünen Licht der flachen Riffzone bietet der Korallenstock Schutz und Hinterhalt zugleich.

Die Kaiserfische, typische Bewohner der tropischen Korallenriffe in allen drei Ozeanen, gehören zu den schönsten Geschöpfen, die die Natur hervorgebracht hat. Ihre Formen und Farben gleichen denen exotischer Vögel oder Schmetterlinge.

Von den rund 600 Arten aus der Familie der Lippfische sind viele Bewohner der Korallenwelt, wo sie, in kleinen Trupps oder einzeln, fast immer in genau begrenzten Revieren leben und diese heftig gegen alle Eindringlinge verteidigen

Am Kalkalgenwall fällt das Riff als steile Böschung oder sogar als senkrechte Wand in die Tiefe ab. Hier entfalten sich Stein-, Horn- und Lederkorallen zu üppigster Pracht, und ein buntes Fischleben umspielt diese unterseeischen Gärten. Erst ab 30 Meter Tiefe werden die Korallen wieder seltener, dafür entfalten sich die Schwämme üppiger. Schließlich verschwinden die Korallen ganz. Sie brauchen das Sonnenlicht, da sie in ihrem Weichkörper Algen beherbergen, die ihnen durch die Verarbeitung giftiger Stoffwechselprodukte nützen.

Bei den Malediven enden die steilen korallenbewachsenen Hänge in etwa 40 Meter Tiefe. Es folgt eine öde Schutthalde. Sand, Korallentrümmer und Muschelschalen bedecken den Boden, in dem bisweilen Röhrenaale siedeln. Vereinzelt sieht man auch noch Hornkorallen wie verbogene Drähte ins Wasser ragen. Das dämmerige Licht erlaubt keine weitere Sicht.

Oft trafen wir in 30 bis 40 Meter Tiefe auf große Höhlen, die Hass als alte Brandungskehlen deutete. Während der Eiszeit war ja in den Polkappen viel Wasser gebunden; als Folge senkte sich der Meeresspiegel um etwa 40 Meter.

Die Höhlen selbst waren bisweilen unbeschreiblich schön, so jene des Miladummadulu-Atolls, die mir un-

vergeßlich bleiben. Um die gewaltigen Höhleneingänge wuchsen meterhohe violette Venusfächer, auf denen entfaltete Haarsterne wie Blüten saßen. Im dämmerigen Licht einer solchen Höhle schlief ein 6 Meter langer Ammenhai. Das gemütliche Riesentier erschrak noch mehr als ich und schwamm rasch davon, begleitet von einem Schwarm kleiner Lotsenfische, die eilig vor seiner Schnauze einherschwammen. Lange ließ der Hai sich übrigens nicht vertreiben. Nachdem er einen weiten Bogen geschwommen war, kam er wieder zurück und legte sich auf dem Boden zur Ruhe ...

Viele Stunden saßen wir in der Mitte des Außenriffabhanges und sahen in das freie Wasser hinaus. Fischschwärme zogen dort auf und ab: silbrige Füsiliere, räuberische Stachelmakrelen, Ährenfischchen und viele andere. Knapp unter der Oberfläche lauerten große Pfeilhechte und Trupps von Halbschnabelhechten und Hornhechten. Auch Haie waren an solchen Außenriffen regelmäßig anzutreffen.

Einige Male bin ich nachts mit meiner Taschenlampe im Riff umhergeschwommen. Von dem bunten Gewimmel der Fische ist dann nicht viel zu sehen. Die Schmetterlingsfische, Seebader, Korallenbarsche und Kaninchenfische schlafen zwischen den Korallenzweigen und

*Der farbenprächtige Papageienfisch ist ein fleißiger
Produzent feinsten Korallensandes. Er beißt mit seinem
harten Schnabel ganze Stücke von den Korallenstöcken,
verdaut alles darin vorhandene organische Material
und scheidet den Rest als Sand aus.*

*Der kleinste unter den Lippfischen im Korallenriff
ist zugleich einer der unentbehrlichsten. In unermüd-
licher Arbeit reinigt der winzige Putzerfisch viele
größere Tiere von Parasiten und bleibt dafür selbst
unbehelligt.*

in Korallenhöhlen. Viele andere, wie die Lippfische, ver-
kriechen sich im Sand und hüllen sich in ein Nachthemd
aus Schleim. Dafür schwimmen die durchscheinenden
Kardinalfischchen und die großäugigen Husarenfische
umher. Ein solcher nächtlicher Ausflug ins Riff ist etwas
eigenartig Erregendes. Stößt man an die Korallenstöcke,
dann leuchten viele kleine Tiere grünlich auf; wie ein
Funkenregen huscht die Erscheinung über den Stock.
Manchmal kann es aber auch unangenehm werden. Einmal wurde ich zum Beispiel von einem ganzen Schwarm
parasitischer Krebse überfallen. Diese einen Zentimeter
langen Tiere stachen mich mit ihren Mundwerkzeugen,
was brennend schmerzte. Ich war sehr schnell aus dem
Wasser und blutete aus vielen kleinen Wunden. Ich zog
es daraufhin doch vor, die Korallenriffe in den Tages-
stunden zu erforschen.

Wie erstaunlich viel um solch einen Korallenstock
herum lebt, merkt man eigentlich erst, wenn man einen
Stock abmeißelt und an Bord zerlegt. Da findet man
zwischen den Korallenzweigen Fischchen, die man vor-
dem nicht sah, so versteckt hausen sie. Kleine Grundeln
(*Gobiodon*) sind es und Pelzgroppen (*Caracanthus*), die
sich durch Abspreizen der stachelbewehrten Kiemendeckel so fest zwischen die Korallen verklemmen, daß

man Ast für Ast wegbrechen muß, um sie unversehrt
herauszuholen.

Ähnliche Verspreizeinrichtungen haben sich auch bei
vielen anderen Riff-Fischen entwickelt. Bei den Drückerfischen wird der erste, besonders kräftige Strahl der
Rückenflosse aufgerichtet und in dieser Stellung durch
den zweiten Rückenflossenstrahl fixiert, ohne daß der
Fisch dazu weitere Kraft aufwenden müßte. Es ist kaum
möglich, einen Fisch aus seinem Loch zu ziehen, zumal
er sich auch mit einem Dorn der Bauchseite festklemmt.

Beim Zerlegen einer Koralle entdeckt man auch verschiedene Krabben. Regelmäßig findet man die rotgetüp-
felte Korallenkrabbe, die stets paarweise einen Korallenstock bewohnt. Merkwürdige Korallenbewohner sind
die Pistolenkrebschen. Mit ihrer fast körperlangen
Schere betäuben sie Fische, die ihnen als Nahrung dienen. Sie halten dem Fisch ihre Schere wie eine Pistole
entgegen. Ist der Krebs nahe genug an sein Opfer herangekommen, dann klappt der aufgerichtete Finger der
Schere rasch zu; ein Fortsatz des Scherenfingers drückt
indessen aus dem Gegenlager Wasser, das durch eine
Rinne nach vorne herausspritzt. Die Erschütterung ist
bisweilen so stark, daß Akkumulatorengläser, in denen
man die insgesamt 5 Zentimeter langen Krebschen hielt,

Mit einem scharfen Wasserstrahl, den dieser Drückerfisch in der Karibischen See mit dem Maul in den Sand des Bodens spritzt, will er kleine Beutetiere aufstöbern

Aus dem schützenden Hinterhalt des Riffs stößt ein Gelbschwanzschnapper in den Schwarm winziger, sardinenartiger Fische vor, der erschreckt zurückweicht und ins offene Wasser flieht

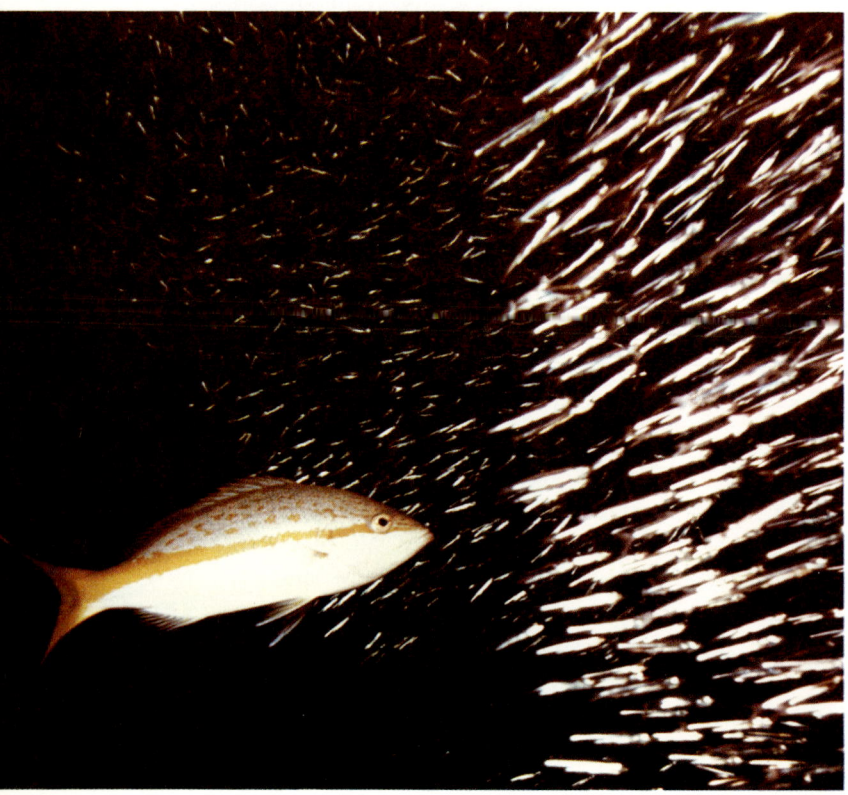

davon zersprangen. Ihr Treiben erfüllt das Riff mit Knistern und Knacken.

Die meisten Korallenbewohner nähren sich, wie die Korallen selbst, von Kleinlebewesen, die sie herbeistrudeln, herausfiltern oder mit Leimruten erbeuten. Andere leben als Kleinräuber, wie die Seesterne, die Muscheln fressen. Die Korallen selbst dienen nur einigen Spezialisten als Nahrung, wie den großen, bunten Papageifischen und manchen Kugelfischen, die ganze Stücke davon abbeißen und verschlingen.

Für die meisten Tiere bedeutet ein Korallenstock ein günstiges Versteck. In Schwarmwolken stehen die Schwalbenschwänzchen (*Chromis*) über Korallenbüschen. Kommt man heran, dann flüchten sie zwischen die Zweige. Steht ein Korallenstock einzeln da, dann kann man ihn abbrechen und mitsamt seinen Bewohnern nach oben nehmen. Je größer die Gefahr, desto enger schmiegen sich die Fischchen zwischen die Korallenäste. Erst wenn man den Stock aus dem Wasser hebt, verlassen sie ihre Zuflucht.

Schwimmt man die Riffwand entlang, dann sieht es aus, als sauge sie die Fischschwärme über ihr förmlich ein. Schwalbenschwänzchen, Rötlinge und blaue Drückerfische, sie alle tauchen zu den schützenden Korallen und in die Höhlen der Riffwand. Dabei kennt jeder einzelne Fisch seinen Schlupfwinkel. Von den größeren Drückerfischen schauen oft noch die Zipfel der Schwanzflosse heraus. Man kann sie daran herausziehen, wogegen sie durch lautes Grunzen heftig protestieren.

Die Vielfalt der Fische, die um ein solches Korallenriff leben, bezeichnet man oft auch als ‚Korallenfische'. Das ist nicht ganz exakt, denn nur eine beschränkte Zahl davon ist wirklich von den Korallen abhängig, so jene oben erwähnten Korallenfresser. Viele findet man auch um Felsriffe, und daher ist es wohl besser, von ‚Riff-Fischen' zu reden. Allen ist gemeinsam, daß sie in der Nähe des Riffs leben, selbst wenn sie dort, wie etwa die Halbschnabelhechte, das freie Wasser über dem Riff bevölkern. Jene, die zwischen den Korallen umherschwimmen, haben eine andere Schwimmtechnik als die Fische des freien Wassers, die sich vor allem durch Schläge der Schwanzflosse vorantreiben. Sie schwimmen entweder durch Schlagen der Brustflossen (Seebader, Papageifische, Lippfische, Schmetterlingsfische), durch Wellenbewegung der Rücken- und Afterflosse (Einstachler, Drückerfische) oder auch durch Schlagen der Brustflossen und Wedeln der Rücken- und Afterflosse (Kugelfische, Kofferfische). Sie alle sind daher sehr manövrierfähig und können plötzlich anhalten, auf der Stelle wenden und oft auch rückwärts schwimmen...

In den Riffen der Malediven sammelten wir über 400 verschiedene Arten von Knochenfischen und beobachteten noch einige mehr. Und man bedenke: dies alles in einem relativ schmalen Streifen vom Ufer bis zu 50 Meter Tiefe!"

Tausende von glitzernden, zuckenden Fischleibern auf dem nächtlichen Strand – ein Bild, das ein Massensterben zu zeigen scheint, wie sie sich bei der zunehmenden Verseuchung der Gewässer in aller Welt leider immer häufiger ereignen. Hier aber wird nicht gestorben, sondern für die Erhaltung der Art gesorgt: Die Gezeitenährenfische treffen sich zu ihrer Massenhochzeit an einem Strand von Kalifornien. Rechts ein in den Sand eingegrabenes Weibchen und zwei Männchen während des Laichvorganges.

Massenhochzeit
im Rhythmus der Gezeiten

Wenn an der nordamerikanischen Pazifikküste, an den sandigen Stränden zwischen Oregon und Kalifornien, in den Frühlings- und Sommermonaten Springfluten die Flutlinie weit vorschieben, kann man in den zwei oder drei folgenden Nächten an manchen Stellen etwas Merkwürdiges beobachten.

Viele Einheimische ziehen, mit Eimern, Körben und Netzen bewaffnet, an den Strand hinunter und gesellen sich zu den zahlreichen anderen, die sich dort schon eingefunden haben und versuchen, von Tausenden von blinkenden Fischleibern, die sich im Licht ihrer Lampen und Fackeln auf dem feuchten Sand winden, soviel wie möglich zu erhaschen. Ein eigentümliches Naturereignis beschert den Menschen diesen Reichtum des Meeres — im festgelegten Rhythmus der Gezeiten.

Riesige Massen von spannenlangen, silbrigen Fischchen sind im Dunkel der Nacht mit den Wellen der Flut auf den Strand gekommen: die *Gezeiten-Ährenfische* oder *Grunions*. Sie haben sich weder verirrt noch sind sie etwa in panischer Flucht vor gierigen Verfolgern aufs Trockene geflüchtet. Nein, sie haben sich diesen Platz

ausgesucht, um hier Hochzeit zu halten und ihn als Wiege für ihre Nachkommenschaft zu benutzen. Kaum von der Welle auf den Strand getragen, wühlen die Weibchen sich in Sekundenschnelle, mit dem Schwanz zuerst, ein paar Zentimeter tief in den Sand ein. Und fast im selben Augenblick krümmen sich ein oder mehrere Männchen um sie herum, um ihren Samen über die Eier zu verströmen, den die Weibchen im Sand abgelegt haben. Mit der nächsten Welle schon sind die Fische wieder im Meer verschwunden, und zurück bleiben die befruchteten Eier, aus denen — exakt nach der nächsten Springflut — die jungen Ährenfische ausschlüpfen. Auch sie lassen sich von den Wellen ins Meer tragen. Die kurz vor dem Schlüpfen stehenden Jungen haben ein sehr feines Gefühl für den richtigen Zeitpunkt, denn wenn die ersten Tropfen der Flut die Eier benetzen, dauert es keine fünf Minuten, bis sie die schützende Hülle verlassen und den Anschluß an die nächste Welle gefunden haben. Ein Jahr später werden auch sie am Strande laichen.

Weil die Ährenfische während ihrer Massenhochzeit so leicht zu erbeuten sind, wären sie sicherlich bald ausgerottet, wenn den Strandsammlern nicht verboten wäre, sie mit Schaufeln oder ähnlichen Geräten einzusammeln. Auch darf niemand mehr nach Hause tragen, als er und seine Familie verzehren können.

Zu den schnellsten Schwimmern unter den Fischen und zu den begehrtesten Trophäen der Hochseeangler gehören die Marline aus der Familie der Fächerfische. Dieser gut 70 Pfund schwere Schwarze Marlin wurde von einem Taucher vor der australischen Küste unter Wasser gespeert – eine kühne Leistung, wenn man bedenkt, daß die großen Tiere sehr wendig sind und mit ihrem Schwert um sich schlagen.

Die schnellen Herdentiere der Hochsee

Fast alle Fischkörper – mit Ausnahme derjenigen, die für ein ausgesprochen seßhaftes Leben in der einen oder anderen Weise eingerichtet sind – haben jene ideale Stromlinienform, die es den Fischen ermöglicht, sich mit geringstem Kraftaufwand durchs Wasser zu bewegen. Nicht umsonst haben sich die Schiffskonstrukteure immer wieder bemüht, die Rümpfe ihrer Schiffe diesen hervorragend an das dichte Element Wasser angepaßten Formen nachzubilden, Schiffe zu bauen, die dem Wasser ebensowenig Widerstand entgegensetzen wie der schlanke, biegsame Fischkörper.

Wenn man einen Fisch sieht, dessen gestreckter Rumpf pfeil- oder spindelförmig ist, vorn in einen langen, spitzen Kopf und hinten in eine gegabelte Schwanzflosse ausläuft, und wenn nur kleine spitze Flossen an diesem

Leib sitzen, dann kann man sicher sein, es mit einem der besonders schnellen Schwimmer unter den Fischen zu tun zu haben. Zu ihnen gehören die *Barrakudas* oder *Pfeilhechte* der tropischen Meere, die meistens in großen Trupps leben.

Nicht selten verfolgen diese schnellen Räuber, die die offenen Gewässer vorziehen, Schwärme kleiner Beutefische bis in die Nähe von Riffs oder Klippen, bei denen die Verfolgten Schutz suchen. Taucher, die bei solchen Gelegenheiten mit den Barrakudas in Berührung kamen, erinnern sich oft mit Unbehagen an die starren, lauernden Blicke der meterlangen Fische und an ihre Fähigkeit, fast aus dem Stand blitzschnell auf ein Opfer zu stoßen. Viele Taucher haben großen Respekt vor den Barrakudas, und angeblich soll so mancher Unfall, der Haien zur Last gelegt wird, in Wirklichkeit auf das Konto dieser Fische gehen. Daß die mit dichten Reihen scharfer Zähne besetzten Mäuler empfindlich zubeißen können, kann man sich auch ohne viel Phantasie leicht vorstellen.

Die meisten Barrakudas werden 1 bis 1,80 Meter lang. Man kann sie zu beiden Seiten des Atlantiks wie auch im Pazifik antreffen. Jede Bewegung, jede auffällige Färbung erregt ihre Aufmerksamkeit, und dann lassen die furchtlosen Tiere sich kaum verscheuchen. Eine Eigenart des Pfeilhechtes besteht darin, daß er Fische zusammentreibt. So kommt es vor, daß er eine ganze Gruppe verschiedener Fische umkreist, die sich beieinander halten. Sie erkennen die Gefahr, und vermutlich hält jeder es in dieser Lage für besser, einer unter vielen zu sein, im Haufen unterzugehen und sich nicht durch einen auffälligen Fluchtversuch zu exponieren. Auf diese Weise hat der unerbittliche Jäger gewissermaßen einen Vorrat beisammen, aus dem er sich einen Happen oder mehrere herausholen kann.

Ausdauernde und rastlose Schwimmer der Hochsee sind die 3 bis 5 Meter langen *Thunfische,* die wie ihre kleineren Verwandten, die *Makrelen,* zu den besten Speisefischen der Welt zählen. Alles an den Makrelen und den Thunfischen ist auf Geschwindigkeit eingerichtet: der glatte, spindelförmige, in eine schnittige, tief gegabelte Schwanzflosse auslaufende Körper; die glatte, mit nur ganz kleinen Schuppen besetzte Haut; die Flößchen, die hinter der scharfen Rückenflosse stehen und nach Ansicht von Fachleuten dazu dienen, alle hemmenden Strömungswirbel soweit wie möglich auszuschalten. So ausgerüstet, erreichen die Thunfische Geschwindigkeiten bis zu 60 Stundenkilometern.

Normalerweise kennen sie überhaupt keinen Ruhezustand. Thune sind schwerer als Salzwasser; so müssen sie ständig schwimmen, um für ihren Körper den nötigen Auftrieb zu erzeugen. Wenn sie einmal innehielten, würden sie absinken in tiefere, dunkle und kalte Wasserschichten. Nur das ständige Schwimmen im sauerstoffreichen Oberflächenwasser sichert eine so starke Belüftung der Kiemen, daß der hohe Sauerstoffbedarf des Thuns gedeckt werden kann.

Thune und Makrelen sind Tiere der weiten, offenen Hochsee, wo sie in Scharen manchmal so dicht unter der Oberfläche dahinziehen, daß das Meer zu kochen scheint. Nicht selten sind diese Schwärme so riesig wie jener, den das Forschungsschiff *Geronimo* der amerikanischen Bundesfischereibehörde 1966 im Atlantik bei den

In den wärmeren Teilen des Atlantischen Ozeans ist die Bernsteinmakrele zu Hause, eine der rund 200 bekannten Arten von Stachelmakrelen. Der tief gegabelte Schwanz, in den der gelbgefärbte Körper ausläuft, und die Spindelform des Rumpfes kennzeichnen den schnellen Hochseeschwimmer.

Die Barrakudas oder Pfeilhechte zählen zu den gefräßigsten und nach Meinung mancher Fachleute auch gefährlichsten Fischen des Meeres. Sie gelten als außerordentlich neugierig und furchtlos und lassen sich, besonders wenn sie im Schwarm dahinziehen, oft schwerer verscheuchen als Haie.

Bahamainseln sichtete. Die Wissenschaftler an Bord des Schiffes berichteten, sie seien außerstande gewesen, die Größe des Schwarmes abzuschätzen, und zweieinhalb Stunden lang sei ihr Schiff durch Tausende und Abertausende von 200 bis 600 Pfund schweren Thunfischen hindurchgefahren.

Im Sommer versammeln sich die Thune zu großen Wanderzügen, um ihre Laichplätze aufzusuchen. Wie lange diese Reisen sind, konnte durch markierte Tiere nachgewiesen werden. Man hatte einige Fische vor der nordamerikanischen Ostküste eingefangen und mit Markierungszeichen versehen und sie ein paar Jahre später vor Spanien wiederentdeckt.

Obwohl man die Thune häufig dicht unter der Wasseroberfläche der Hochsee dahinziehen sehen kann, suchen sie auch größere Wassertiefen auf. Japanische Fischer jagen den Thun mit Langleinen in mehr als 1000 Meter Tiefe, und vor der Küste des amerikanischen Bundesstaates New Jersey haben Meeresbiologen mächtige Thunfischschwärme in rund 2500 Meter Tiefe entdeckt. Man nimmt an, daß die Tiere sich dort vor Beginn des Winters sammeln, um in wärmere Gebiete zu ziehen.

Interessanterweise jagen Thune auf zweierlei Arten: Kleinere Schwarmfische, Sardinen zum Beispiel, fressen sie, indem sie einfach mit offenem Maul durch den Schwarm schwimmen. Größere Beutetiere — Heringe oder Makrelen zum Beispiel — betäuben sie, indem sie wild um sich schlagen.

Nahe Verwandte der Thune sind die *Fächerfische* und die *Schwertfische,* deren Anblick die Herzen der Hochseeangler höher schlagen läßt, denn sie gelten als besonders kämpferisch. Daß sie den Thunen an Schnelligkeit ebenbürtig sind, lassen ihre schnittig gebauten Körper mit den hohen Rückenflossen, die oft wie Segel über die Wasserfläche ragen, schon äußerlich erkennen. Ein besonderes Merkmal dieser Gruppe ist der lange, spitze Schnabel, dessen oberer Teil weit über den Unterkiefer hinausgestreckt ist. Welchen Zwecken diese lanzenartigen, bei den Schwertfischen ziemlich breit geformten Instrumente dienen, ist noch nicht ganz geklärt. Vielleicht erhöhen sie — wie die lang ausgezogenen Bugspitzen moderner Düsenflugzeuge — das Tempo; wahrscheinlich aber dienen sie der Nahrungsbeschaffung. Von den Fächerfischen weiß man, daß sie mit ihren Schwertern in Schwärme hineinstoßen und sie wie Keulen benutzen.

Ob Schwertfische Boote mit voller Absicht angreifen oder nur im Eifer eines Beutezuges gelegentlich eine Bordwand treffen, ist nicht sicher. Dennoch gibt es eine ganze Zahl von glaubwürdigen Berichten über derartige Zusammenstöße. Einmal durchstieß das Schwert eines Fisches die Bordwand eines Ruderbootes sowie das Knie eines Matrosen, der auf der Ruderbank saß.

Ein anderer Fall beschäftigte sogar ein Seegericht: Zur Zeit der schnellen Segelschiffe war ein englischer Teeklipper auf See gesunken. Kapitän und Mann-schaftsmitglieder, die sich hatten retten können, behaupteten, daß vermutlich ein Schwertfisch das Schiff leckgestoßen habe. Die Versicherungsgesellschaft, die für den Verlust haften sollte, hielt diese Erklärung für dickes Seemannsgarn und verdächtigte den Kapitän, sein Schiff im Alkoholrausch auf ein Riff gejagt zu haben. Zeugen konnten allerdings glaubhaft machen, daß es in dem Meeresgebiet, in dem das Schiff gesunken war, kein einziges Riff gab. So mußten dann Wissenschaftler des Britischen Museums prüfen, ob ein Schwertfisch sowohl den Kupferbeschlag als auch die Eichenplanken eines Segelschiffes durchstoßen könne. Die Fachleute konnten diesen Beweis erbringen, und die Versicherungsgesellschaft zahlte.

Eine Erfahrung eigener Art machte am 6. Juli 1967 die Besatzung des amerikanischen Tiefseeforschungsschiffes *Alvin,* das etwa 180 Kilometer vor der südlichen Atlantikküste der Vereinigten Staaten geologische Untersuchungen durchführte. In einer Tiefe von 610 Metern sah ein Besatzungsmitglied im Licht der Scheinwerfer, etwa zehn Meter entfernt, auf dem Meeresgrund „etwas Hügeliges". Das Boot wurde ein Stück vorausmanövriert, weil man diese vermeintliche Koralle photographieren wollte. In diesem Augenblick geriet der Hügel in Bewegung und erwies sich nun als ein Schwertfisch — der gleich darauf im Bogen herankam und das Tauchboot angriff. Die Besatzung hörte ein kratzendes Geräusch; der Fisch hatte das Steuerbordbullauge attackiert und dabei sein Schwert in ganzer Länge in die Fuge zwischen dem oberen und dem unteren Teil des äußeren Fiberglasrumpfes gerannt. Nun schlug er wild mit dem Schwanz, konnte sich aber nicht mehr befreien.

Über das Unterwassertelephon wurde das Begleitschiff von dem Vorfall unterrichtet, und die *Alvin* tauchte auf. Oben standen schon Männer mit einem Tau bereit; sie warfen dem Schwertfisch eine Schlinge um den Schwanz und machten sie an dem Forschungsschiff fest. Hätte man das nicht getan, wäre das Tier vermutlich wieder freigekommen, denn als man daranging, es aus dem Wasser zu hieven, wehrte es sich noch einmal mit aller Kraft und brach dabei das Schwert ab. Doch da der Fisch bereits fest am Tau hing, nützte ihm das nichts mehr; wenig später bereicherte er den Speisezettel der Mannschaft. Dieses Exemplar war 2,45 Meter lang (wobei das Schwert allein 76 Zentimeter maß) und wog 89 Kilogramm.

Ein Schwertfisch kann eine Länge von rund fünf Metern und ein Gewicht von 450 Kilogramm erreichen. Vor einiger Zeit hat man in England genaue Berechnungen über die Kraft angestellt, die ein schnell schwimmender Schwertfisch entwickelt, und ist dabei zu dem Ergebnis gekommen, daß ein rund 270 Kilogramm schweres Tier, das mit einer Geschwindigkeit von 16 Stundenkilometern auf ein Hindernis stößt, sein Schwert mit einer Wucht von etwa 4,5 Tonnen aufprallen läßt.

Eine eigenartige Verwandlung geht mit den Plattfischen (im Bild eine ausgewachsene Scholle) vor sich, wenn sie heranwachsen. Während ihres frühen Larvenstadiums sehen sie aus wie die Larven vieler anderer Fische auch. Allmählich aber beginnt eines der Augen über die Rückenseite des Kopfes auf die andere Körperseite hinüberzuwandern, die damit zur späteren Oberseite des Fisches wird. In dieser Zeit fangen die kleinen Plattfische auch schon an, auf einer Seite liegend zu schwimmen.

Leistungen und Launen der Natur im Reich der Meeresfische

Wie viele Fischarten es gibt, darüber gehen die Schätzungen noch weit auseinander. Die Zahlen schwanken zwischen rund 20 000 und etwa 30 000 verschiedenen Arten von Knochenfischen und zwischen 400 und 600 Knorpelfischarten. Seit die Fische vor rund 300 bis 250 Millionen Jahren entstanden, haben sie sich praktisch alle auf der Erde vorhandenen Gewässer erobert. Ihr eigentlicher Lebensraum aber ist der Ozean geworden, denn so gut wie alle Knorpelfische und rund 80 Prozent der Knochenfische leben in den Meeren.

Die Millionen von Heringen, Makrelen, Hornhechten, Thunfischen und wie sie alle heißen mögen, deren riesige Schwärme durchs offene Meer ziehen, sind zwar reich an Individuen, aber es sind nur verhältnismäßig wenige Arten, die in der Hochsee leben. Die Mehrzahl der Fische, besonders der Knochenfische, bevölkert mit einer unübersehbaren Fülle von Arten und Formen die Küstenstreifen der Meere, die Gründe der Flachmeere, die Seegras- und Tangfelder, die Riffe und felsigen Höhlen an den Rändern der Kontinente und Inseln.

Obwohl das Weltmeer — als Ganzes gesehen — einen wesentlich gleichförmigeren Lebensraum bildet als das Land mit seinen feuchten und trockenen Zonen, mit ewig heißen und ewig kalten Regionen, mit ausgeprägten jahreszeitlichen Schwankungen des Nahrungsangebots und vieler anderer Lebensbedingungen, haben sich in den Meeren die Tiere einer einzigen Klasse — die Knochenfische — zu einer weit formenreicheren Verwandtschaft entwickelt als etwa die Klasse der Säugetiere oder manche andere.

Den erstaunlich vielen verschiedenen Möglichkeiten der Fortpflanzung und Brutpflege bei den Knochenfischen entsprechen solche der Atmung und der Nahrungsbeschaffung, der Fähigkeit, sich zu verteidigen und zu verstecken. Manche Fische müssen zum Beispiel dauernd in Bewegung bleiben, wenn sie nicht ersticken wollen, denn nur der ständige Wasserstrom, der beim Schwimmen in ihr offenes Maul fließt, versorgt ihre Kiemen mit dem nötigen Sauerstoff. Andere können ihren Sauerstoff dagegen sowohl aus dem Wasser wie

Die Igelfische der tropischen Meere bedienen sich eines eigenartigen Abschreckungseffekts, wenn sie angegriffen werden: Sie schlucken Luft oder Wasser und blähen sich so zu stachelstarrenden Kugeln auf (Bilder oben). Der Kofferfisch mit seinem starren Rumpf schlängelt sich nicht wie andere Fische durchs Wasser, sondern treibt sich durch propellerartig schwirrende Flossenschläge voran (links unten). Kaum noch wie ein Fischrumpf sieht die fast runde Körperscheibe des Mondfisches aus (rechts unten). Das winzige Maul steht in merkwürdigem Gegensatz zu dem platten, schuppenlosen Leib des bis 3 Meter langen Tieres, das von kleinen Fischen, Quallen und Krebsen lebt. Gelegentlich treiben Mondfische, platt auf der Seite liegend, an der Meeresoberfläche dahin.

auch aus der Luft nehmen und sich sogar für eine ganze Weile auf dem Lande aufhalten. Die meisten Fische sind ständig auf der Jagd nach Nahrung: Sie verfolgen die Schwärme kleinerer Tiere, lauern ihnen auf, durchwühlen den Grund oder liegen als lebende Schnappfallen gut getarnt auf dem Boden; aber ein paar andere tun auch nichts weiter, als einfach die winzigen verdaulichen Partikel in ihren Schlund einzusaugen, die eine günstige Strömung heranführt. Mancher Räuber muß mit seinen Opfern harte Kämpfe ausfechten, um sie zu überwältigen; anderen genügt es, das Maul aufzusperren und sich durch riesige Schwärme eßbarer Lebewesen hindurchzufressen wie durch den Breiberg im Schlaraffenland. Auch mit der Wehrhaftigkeit ist es sehr unterschiedlich bestellt. Die Heringe zum Beispiel genießen praktisch keinen anderen Schutz als den der großen Zahl; viele kleine Fische schließen sich anderen Lebewesen an, um sozusagen in deren Schatten zu überleben. Daneben aber gibt es jene, die fast gar keine Feinde haben und weder eine gute Tarnung noch die Sicherheit im Schwarm brauchen. Und während die meisten Fische irgendeine Tarnfärbung aufweisen — die dunkle Oberseite und die hellere Bauchseite ist zum Beispiel die typische Tarnfärbung der Hochseefische —, scheinen viele der in den Korallenriffen beheimateten Fische geradezu die Aufmerksamkeit anderer auf sich lenken zu wollen, so lebhaft bunt sind sie gefärbt.

Die meisten Fische schwimmen, angetrieben und gesteuert durch Schwanz und Flossen, recht schnell und wendig durch ihr Element, aber einige können sich nur mühsam ein paar Zentimeter über den Grund erheben und sich mit ein paar Flossenschlägen von der Stelle bewegen. Andere können ebensogut auf ihren Flossen kriechen wie schwimmen, und manche vermögen gar zu fliegen. Die meisten Fische sind stumm, aber man kennt auch solche, die unter Wasser wahre Höllenkonzerte aus Brumm-, Grunz- und Knarrtönen vollführen. Sogar gellende Pfiffe werden von einigen bei Gefahr ausgestoßen. Es gibt Fische, die niemals schlafen und keinen Schlaf brauchen, während andere sich in den Grund eingraben, um dort zu ruhen, oder sich sogar — nur für die Dauer des Schlafs — in ein „Nachthemd" aus Schleimgespinst hüllen.

Da das Medium Wasser eine Weitsicht kaum zuläßt, sind die Fische in der Regel kurzsichtig, und so etwas wie ein Gehör ist nur bei wenigen ausgebildet. Die Funktionen des Gesichts, des Gehörs und des Gefühls werden übernommen oder ergänzt durch das hochempfindliche „Seitenlinienorgan" der Fische, einen dicht unter der Haut auf beiden Seiten des Körpers liegenden Nervenstrang, der feinste Erschütterungen des Wassers erspürt. Geruchsinn oder Geschmack sind bei vielen so beschaffen, daß noch geringste Spuren von Duftstoffen — oder Blutgeruch — über große Entfernungen wahrgenommen werden. Bei vielen Bodenfischen liegen die Geschmacksnerven außerhalb des Körpers an Schmeck- und Tastfäden am Maul.

Die Welt der Fische ist noch längst nicht gründlich erforscht, viele ihrer Erscheinungen werden noch auf lange Zeit rätselhaft bleiben.

Der nur wenige Zentimeter lange Schlammspringer kann sich geraume Zeit an Land aufhalten. In einer Kiemenhöhle trägt er dabei einen kleinen Wasservorrat bei sich (Bild oben). Das Seepferdchen ist einer der sonderbarsten Knochenfische: Fast alle inneren Organe des Tierchens liegen im „Kopf", dicht hinter den Augen. Der Rest des Körpers sind Skelett und Muskulatur.

Gespenster der Tiefsee

Im freien Wasser der dunklen Tiefenregionen leben die *Tiefseeangler*. Ihr Köder, ein leuchtendes Organ, hängt an einer langen Rute, die in einer Schädelrinne vor- und rückwärts gleitet. Das Licht des Leuchtkörpers wird, wie bei vielen anderen Tiefseefischen auch, von Leuchtbakterien erzeugt. Durch Regelung der Blut- und Sauerstoffzufuhr kann der Fisch deren Leuchtkraft beeinflussen.

Hin und wieder werden in nördlichen Meeren ein paar Exemplare einer großen Tiefseeanglerart von Fischdampfern an die Oberfläche gezogen — und immer sind es Weibchen. Ein Männchen oder mehrere entdeckt man erst bei näherer Betrachtung des Weibchens: als kaum einen Zentimeter lange, warzenähnliche Körperanhänsel, die völlig mit ihren Trägerinnen verwachsen sind und durch ihren Blutkreislauf ernährt werden.

Diese innige Verbindung hat für die Bewohner der Tiefsee einen großen Vorteil. Sie können, da sie ihr Leuchtorgan zum Angeln brauchen, dieses nicht auch noch benutzen, um damit in der Dunkelheit einen Partner zu finden. Die jungen Tiefseeangler leben noch in den oberen durchleuchteten Wasserschichten, und dort verbeißen sich die Männchen in die Haut des Weibchens, sinken mit ihm in die Tiefe und werden allmählich vollständig annektiert. Während die Weibchen weiterwachsen, fungieren die männlichen Tiere als „angebaute" Samenlieferanten und bleiben immer klein.

Die Tiefsee beginnt etwa in einer Wassertiefe von 200 Metern. Sie reicht rund 6000 Meter hinab; stellenweise gibt es aber auch Tiefseegräben, deren Grund mehr als 10 000 Meter unter dem Meeresspiegel liegt. Die freischwimmenden Geschöpfe dieser Zone stammen größtenteils von Tieren der Hochsee ab; doch haben sie sich den besonderen Bedingungen in der Tiefe angepaßt: der Nahrungsknappheit, der Dunkelheit und der Kälte.

Leuchtorgane, Riesenmäuler und lange Fühler sind charakteristisch für die Tiefseetiere. Laternenfische (Mitte oben) und Beilfische (darunter), beide nur wenige Zentimeter lang, erscheinen nachts oft an der Oberfläche, um dort zu fressen. Die Viperfische (links Mitte) und den Pelikanaal (rechts Mitte), mit ihren im Verhältnis zum Körper gewaltigen, von scharfen Zähnen starrenden Mäulern, kennt man nur von Zufallsfunden her. Tote oder kranke, an der Oberfläche treibende Exemplare des bis zu 7 Meter langen Riemenfisches (links unten), den die Japaner den „Hahn des unterseeischen Palastes" nennen, werden oft für gefährliche Seeschlangen gehalten. Auf langen Stelzen, verlängerten Strahlen seiner Bauch- und Afterflossen, bewegt sich der Benthosaurus (Mitte unten) über den Schlamm des Meeresbodens in 600 Meter Tiefe. Kleine leuchtende Tintenfische und Garnelen, angelockt durch die leuchtende Angel des Tiefseeanglerfisches (rechts unten), haben kaum eine Überlebenschance, wenn sie in die Nähe der grausigen Schlundfalle des Anglers kommen.

Und der ungeheure Druck dort unten, der alle 10 Meter um etwa 1 Atmosphäre zunimmt? Merkwürdigerweise war hier keine Angleichung nötig. Die Körper der Tiere, die hier wohnen, bestehen ja größtenteils aus Wasser; und da Wasser sich kaum zusammenpressen läßt, sind selbst zarte Organismen nicht gefährdet. Sie halten einem Druck von mehreren hundert Tonnen stand, der selbst solide Stahlkonstruktionen zusammenpreßt.

Je weiter man in den Ozean eintaucht, desto karger wird auch das Leben in ihm; doch hört es offenbar nirgends völlig auf. Selbst auf dem mehrere Kilometer tiefen Grund gibt es noch Tiere. Photographien zeigen dort Seesterne, Kraken, Krabben, Würmer, Schwämme, Seelilien und andere Geschöpfe.

Die Fische der Tiefsee erscheinen auf den ersten Blick wie Fabelwesen aus einem Gruselkabinett. Da gähnen riesige aufgerissene Rachen, in denen die mörderischen Dolche langer Fangzähne stehen; da gibt es mächtige Magensäcke, die größer als der ganze übrige Körper sind und dicke Beutebrocken fassen können. Und da lassen sich spangenartige Kiefer wie die Fangbügel einer Fuchsfalle nach vorn stülpen.

Doch will man diese Ungeheuer, frisch gefangen oder in den Museen konserviert, genauer betrachten, so braucht man oft eine Lupe, um ihre furchterregenden Werkzeuge zu erkennen. Die Welt der Tiefseefische ist eine Zwergenwelt; die Zoologen sprechen von einer „Liliputfauna". Zwar gibt es unter den vielen Winzlingen auch einige Riesen, Räuber, wie die fast meterlangen *Pelikan-Aale,* die aussehen wie schwimmende Freßsäcke mit einem vorgesetzten Fangapparat; aber so große Geschöpfe sind selten in der Tiefsee.

Warum diese seltsamen Formen, warum so viel Maul und häufig so wenig Körper, warum die so mächtigen Fangzähne? Nun, dort unten herrscht, wie gesagt, ein chronischer Nahrungsmangel. Demzufolge muß der Fisch von dem, was von dem reich gedeckten Tisch, von den fetten Weiden der Oberfläche in die Tiefe gelangt, so große Brocken wie möglich verschlingen können; es kann sein, daß die nächste Mahlzeit lange auf sich warten läßt. Mehr als die Hälfte aller Tiefseefische werden mit leeren Mägen gefangen.

Früher glaubte man, daß die Geschöpfe der Tiefsee ausschließlich von dem leben, was aus den durchleuchteten Schichten als Abfall herabsinkt, von abgestorbenem Plankton oder auch größeren Tierkadavern. Aber diese Versorgung allein konnte nicht ausreichen. Ein Zufall führte während der berühmten Forschungsexpedition des englischen Schiffes *Challenger* zur Lösung des Rätsels. Ein Matrose, der nachts Wasser aus dem Meer schöpfte, fand einen blitzenden, kleinen Tiefseefisch in seinem Eimer — ein Tier, dem die Wissenschaftler tagsüber mit stundenlangen, oft vergeblichen Netzzügen nachgestellt hatten. Als bald darauf, wiederum nachts, noch mehr solcher Geschöpfe auf derart einfache Weise

Einem der visionären Gemälde des mittelalterlichen Malers Hieronymus Bosch scheint diese Spukgestalt von einem Anglerfisch entsprungen zu sein. Das gefährliche Maul mit den nadelspitzen Zähnen und die trügerische Laterne, die sich aus dem ersten Strahl der Rückenflosse entwickelt hat, sind seine Mittel, in einer an Nahrung armen Umgebung dennoch Beute machen zu können.

heraufgeholt waren, erkannte man, daß viele Tiefseebewohner bei Nacht emporsteigen, um an der Oberfläche ihren Hunger zu stillen. Sobald die Sonne aufgeht, verschwinden sie wieder in der dunklen Tiefe.

Der amerikanische Forscher Don Griffin vergleicht die Tiefseefische mit Fledermäusen, die in der Dämmerung auf Nahrungssuche gehen. So sollte man sie eigentlich als Mitglieder der Lebensgemeinschaft in den Oberflächengewässern betrachten, die sich nur tagsüber in die dunkleren Schichten zurückziehen, so wie andere nächtlich raubende Fische in Höhlen Schutz suchen.

In der ewig dunklen Welt, die die Heimat dieses Tiefseefisches ist, müssen lange Fühlerfäden die Nahrung ertasten (Bild oben). Flach wie Münzen sind die kaum fingerlangen Tiefseebeilfischchen, deren glänzende Leiber gelegentlich auch dicht unter der Oberfläche des nächtlichen Meeres zu sehen sind. Tagsüber leben die Tiere in Tiefen zwischen 300 und 800 Metern (Bild unten).

Als Cousteau im Sommer 1953 zusammen mit Dr. Harold E. Edgerton, dem Konstrukteur der modernen Tiefseekameras, im Mittelmeer Tiefwasseraufnahmen machte, entdeckte er immer wieder viele Tiere auf der Wanderschaft von unten nach oben oder umgekehrt. Cousteau und Edgerton hatten es besonders auf die rätselhaften „Tiefenstreuschichten" abgesehen, die von Echoloten in mittleren Tiefen, also zwischen 200 und 500 Metern unter dem Meeresspiegel registriert werden, ohne daß man zunächst hätte herausfinden können, was die Echos eigentlich hervorruft.

„Wir entdeckten in den DSL (Deep Scattering Layers = Tiefen-Streu-Schichten) eine Anzahl echter Tiefseeungeheuer. In Wirklichkeit waren sie kleine, silbern glänzende Tiefseebeilfische; aber in der vergrößerten Aufnahme hätten sie mit ihren vorstehenden Augen, den mit Säbeltigerzähnen besetzten Kinnbacken und ihren Bäuchen, die mit leuchtenden Knötchen besetzt waren, selbst die Zuschauer eines Gruselfilms in Schrecken versetzt ...

Nächtliche Aufnahmen (von hübschen Quallen) zeigten, daß sie alle nach oben orientiert waren — sie stiegen herauf. Die am Morgen aufgenommenen Bilder zeigten, daß ihre Schirme aufgestülpt waren — sie gingen hinunter. Sie wurden von Krustentierchen, Pfeilwürmern und anderen nicht identifizierten Lebewesen im unaufhörlichen Auf und Ab der lebenden Schichten begleitet."

Tiefseefische, die ja zumeist in immerwährender Dunkelheit leben und teilweise sogar blind sind, finden ihre Nahrung oft vermutlich mit Hilfe von hochempfindlichen Geschmacks- und Geruchsorganen. Viele von ihnen tragen unter dem Maul lange Fäden, mit denen sie zu tasten und zu schmecken vermögen. Manche dieser Fäden werden auf dem Meeresboden nachgeschleppt und spüren dort Nahrung auf. Bei anderen Fischen sitzen solche Organe direkt im Maul.

In den Augen zahlreicher Fische der Tiefsee, aber auch der höheren Regionen, befindet sich hinter der Netzhaut eine reflektierende, verstärkende Schicht, das „Tapetum". Diese wirft die einfallenden Lichtstrahlen noch einmal in das Auge zurück, so daß sie doppelt ausgenutzt werden. Manche Fische haben derart empfindliche Augen, daß sie auch bei fast völliger Dunkelheit ihre Beute noch sehen. Sie greifen von unten her an und erkennen den Umriß des Opfers nachts sogar dann gegen die Wasseroberfläche, wenn nicht einmal Sternenlicht mehr vorhanden ist. Einige Tiefseefische können vermutlich nur auf Grund dieser spiegelnden Schicht in den dunklen Regionen des Meeres existieren. In ihrer Netzhaut befinden sich überdies besonders zahlreiche Sehzellen: pro Quadratmillimeter viele Millionen in mehreren Schichten übereinander! Das befähigt diese Geschöpfe, selbst den leisesten Lichtschimmer noch wahrzunehmen.

Obwohl die meisten der Tiefseefische der Liliputfauna angehören, konnten Wissenschaftler des amerikanischen Scripps Instituts für Meeresforschung nachweisen, daß es auch weit unter der 1000-Meter-Grenze viel mehr große Fische gibt, als man früher annahm. Die Forscher ließen einen mit Ködern gefüllten Kanister an einem Seil bis auf 1400 Meter hinab, und sie konnten ganze Scharen von Tiefseefischen photographieren, die gierig von der willkommenen Nahrung fraßen. Vielleicht können diese Bestände der Tiefsee eines fernen Tages ebenso befischt werden wie heute die z. T. von Überfischung bedrohten Fischschwärme der Hochsee.

Wanderer zwischen Land und Meer: Die Reptilien

Irgendwann, vor Jahrmillionen, gab es in der Erdgeschichte eine Zeit, in der Restmeere und flache Seen auf den Kontinenten zu verdunsten und zu verschlammen begannen. Die Fische, die in diesen Gewässern heimisch waren, gingen entweder an den ungünstigen Bedingungen — vor allem am Sauerstoffmangel — zugrunde oder sie entwickelten Fähigkeiten, mit denen sie auch in der veränderten Umwelt weiterleben konnten: Aus Fischen wurden Lurche und später die Reptilien, die Vorfahren der heutigen Echsen, Schlangen, Krokodile und Schildkröten. Die modernen Nachfahren der gewaltigen Dinosaurier und Riesenechsen haben sich erstaunlicherweise in nur verhältnismäßig geringer Zahl den Ozean zur Heimat gemacht. Sie sind, mit wenigen Ausnahmen, Wanderer zwischen Land und Meer geworden.

Nur einige Schlangen — es gibt also wirklich Seeschlangen! — leben im Meer, und die Jungen einiger Arten schlüpfen sogar im Meer aus den Eiern. Manche Seeschlangen können mit ihrem kräftig durchbluteten Zahnfleisch, einem Kiemenersatz also, dem Seewasser Sauerstoff entnehmen. Auch einige Schildkröten sind vorwiegend Seetiere. Sie bringen ihr ganzes Leben im Meer zu — nur zur Eiablage kriechen sie an Land, wo sie ihre Eier im Sand verscharren. Die geschlüpften Jungen finden mit untrüglicher Sicherheit den Weg zurück in den Ozean. Wegen ihres schmackhaften Fleisches sind einige Schildkrötenarten heute fast ausgerottet.

Die sonst gar nicht kleine Gruppe der Krokodile hat im Meer nur einen einzigen Vertreter — das Leistenkrokodil, das bis zu 4 Meter Länge erreichen kann und im Indopazifik recht gefürchtet wird. Und auf den Galápagos-Inseln leben Scharen von Echsen — die Iguanas — die wirklich kaum noch als Tiere des Meeres zu bezeichnen sind. Nur der Hunger treibt sie ins Meer; dort fressen sie die reichlich vorhandenen Algen und Tange, die in der Klippenzone der Inseln wachsen.

Wie ein Urweltdrache mutet dieser Iguana oder Leguan an, der bei den Galápagos-Inseln unter Wasser die Felsen abweidet. Trotz ihres furchterregenden Aussehens sind diese Meerechsen harmlose Pflanzenfresser, die sich, in Ermangelung ausreichender Nahrungsquellen an Land, auf den Meerestang umgestellt haben. Noch heute leben auf den Galápagos-Inseln Hunderttausende dieser fast 2 Meter langen Reptilien.

Eine Seeschildkröte ist auf den heißen Strand einer karibischen Insel gekrochen und beginnt, sich ein Loch zu graben, in das sie ihre tennisballartigen Eier legt. Sobald die Sonne die Eier ausgebrütet hat, arbeiten sich die jungen Schildkröten nach oben aus dem Sand heraus. Ein angeborener Instinkt leitet sie der Linie des freien Horizontes zu, und sie schlagen den sicheren Weg zum Meer ein. Oft schlüpfen und wandern Tausende junger Schildkröten gleichzeitig und sind dann leichte Beute für ebenso viele hungrige Seevögel.

Das Leistenkrokodil — hier ein junges, etwa einen Meter langes Tier — ist das einzige Krokodil, das im Meer lebt. Es gilt in den Meeresgebieten zwischen Indien und Australien als ein berüchtigter Menschenfresser.

In den Gewässern des Indischen und des westlichen Pazifischen Ozeans haben Taucher nicht nur vor Haien und gefährlichen Fischen auf der Hut zu sein, sondern auch vor Seeschlangen, deren Gift bei einigen Arten fast zehnmal giftiger ist als das der giftigsten Landschlange, der Kobra.

Als Säugetiere atmen die Wale durch Lungen und müssen daher von Zeit zu Zeit auftauchen. Dieser Weißwal oder Beluga, der etwa 4 Meter lang wird und zu den kleineren Zahnwalen gehört, hat gerade durch sein Spritzloch an der Oberseite des Kopfes Luft geholt und taucht wieder hinunter. Große Wale tauschen in wenigen Sekunden rund 2000 Liter Luft aus. Die ausgeatmete Luft entweicht unter hohem Druck und dehnt sich in der Atmosphäre aus; der dabei kondensierende Wasserdampf erscheint als meterhoher Nebelstrahl, den die Walfänger „Blast" nennen und nach dem sie auf der Suche nach Beute Ausschau halten.

Die Riesen des Meeres

Am 18. Mai 1966, morgens um 9 Uhr 30, alarmierte ein Schiffsführer auf dem Rhein die Wasserschutzpolizei mit der Meldung „Bei Kilometerstein 778,5 in Duisburg-Neuenkamp *weißer Wal* gesichtet." Die Beamten glaubten an einen verspäteten Aprilscherz — bis der Augenschein sie von der Wahrheit der Nachricht überzeugte. In den nächsten Wochen wurde der Wal mehrfach gesehen und machte Schlagzeilen in der deutschen Presse. Am 18. Juni aber verschwand er auf Nimmerwiedersehen in der Nordsee.

Auch 278 Jahre zuvor hatte ein Wal seinen Weg rheinauf genommen. Ein Kölner Chronist berichtet: „Dieses wunderliche Wasser-Thier ist den Rhein hinaufkommen anno 1688 im September, von mir und vielen hundert Menschen gesehen worden, die Stadt Coellen und Kurfürst. Residenz Bonn mit großem Gebrüll und Brautzen passiert biß Strasbourg und Basel zu hinauff gegen den Strohm so stark und geschwind als ein Pferd lauffen können." Wenig später schreibt ein Bonner Augenzeuge über diese „Meerkuh": „Die

Erscheinung eines so seltsamen Wunderthiers (als von welchem kaum ein hiesiger Inländer den Namen zu nennen wußte), die auf dem Wasser entstandene Ungestüme deren Wellen, das Geräusch zweyer aus seiner Stirne hervorquellenden Wassergüssen, und sonstige niemand bekannte Seltenheit, so auf dem Rheinfluß bemerket wurden, zog schier die ganze Stadt auf das Rheinufer, um dieses Unthier sehen zu mögen. Der auf dem Bollwerk des sogenannten alten Zolls stehende Schildwacht that zwaren verschiedene Schüsse auf selbiges, aber vergebens, das Wasser-Thier setzte seinen Weg den Strohm hinaus unerschrocken fort."

Immer wieder kommt es auch vor, daß Wale stranden. So lief im April 1969 ein 15 Meter langer Pottwal an der nordfriesischen Küste auf Grund und verendete, nachdem Fischer von St. Peter-Ording vergeblich versucht hatten, ihn in tieferes Wasser zu ziehen. Und am 30. August 1967 meldete die Presse: „Ein Schwertwal von fünfeinhalb Meter Länge und etwa 40 Zentner Gewicht, der sich von der Nordseeinsel Borkum verirrt hatte und gestrandet war, mußte am Dienstag nachmittag erschossen werden, da er immer wieder Kurs auf die

Insel nahm, nachdem er zuvor mit starken Tauen von Inselbewohnern ins Wasser gezogen worden war."

Es ist, als hätten diese Tiere dorthin zurück gewollt, woher ihre Vorfahren vor Jahrmillionen gekommen sind. Damals nämlich gingen einige Säugetiere vom Land wieder ins Wasser. Im Laufe der Zeit gestaltete ihr Körper sich um, bis die vollkommenen Geschöpfe entstanden, als die wir die Wale heute kennen. Der ursprüngliche Vierfüßerkörper wurde bei ihnen stromlinienförmig; die Hinterbeine verschwanden, und aus den Vorderbeinen wurden Brustflossen. Für den Antrieb sorgt nun eine kräftige Schwanzflosse, die im Gegensatz zu derjenigen der Fische waagerecht steht und das Wasser von oben nach unten peitscht. Die Wale haben sich ganz vom Land gelöst; aber immer noch „galoppieren" sie im Auf und Ab ihres Schwanzschlags durchs Meer wie ihre Vorfahren einst über die Steppen. Zu gewissen Zeiten legen die Wale so im Herdenverband gewaltige Strecken zurück.

Wale sind Säugetiere; sie bringen also lebende Junge zur Welt und säugen sie. Die Bezeichnung „Walfische" ist demnach falsch. Die übrigen Meeressäuger, die Robben, Seeotter, Seekühe, haben das Land nicht völlig verlassen. Zum Teil bewohnen sie die Küsten der Kontinente und unternehmen von hier aus mehr oder weniger weite Ausflüge ins Meer. Für andere ist das Wasser in Form von Eis zum Land geworden; mitunter treiben sie auf riesigen Eisschollen weit draußen auf See.

Eine dicke Speckschicht, ein dichtes Fell helfen den Tieren, die Unbilden des Lebens im Eismeer zu ertragen. Doch gerade dieser Schutz fördert ihren Untergang; denn schon vor Jahrtausenden weckte das Fell der Robben und Eisbären die Begierde des Menschen. Solange der Eskimo die Robbe nur schlug, um Nahrung und Kleidung zu erlangen, solange tapfere Seeleute mit Handharpunen von kleinen Booten aus den Wal jagten, waren das abenteuerliche und lebensnotwendige Unter-

Dieser Grauwal ist im Winter 1966/67 bei Baja California an der kalifornischen Küste gestrandet, in einem Paarungsgebiet der pazifischen Grauwale. Immer wieder geraten Wale an Land, manchmal sogar herdenweise. Noch gibt es keine schlüssigen Erklärungen für diese Katastrophen, die für die Tiere meist tödlich enden, aber man nimmt an, daß zu flache Strände den Walen gefährlich werden. Diese orientieren sich nämlich durch eine Art akustisches Radar, und flache Strände werfen kein Echo zurück.

Einst gab es ihn in großen Mengen, den Grönlandwal. Aber der Mensch stellte dem friedlichen und verhältnismäßig langsamen Tier — unter anderem wegen seiner wertvollen Barten — besonders ausdauernd nach, so daß diese Gattung selten geworden ist.

nehmungen, die den Bestand der Tiere nicht gefährdeten. Als aber der Mensch daranging, diesen Meeresbewohnern mit den Mitteln moderner Technik nachzustellen, da brachte er sie bald an den Rand der Vernichtung. Einige Arten sind schon ganz ausgerottet, und viele der übrig gebliebenen werden immer weiter dezimiert.

Die Säugetiere der Meere — das ist also die Überschrift einer Geschichte, die von den gewaltigen Walen und ihren kleinen Brüdern, den heiteren Delphinen, handelt. Es ist die Geschichte der an Land so tolpatschigen Robben, die erst im Wasser ihre Geschicklichkeit beweisen. Es ist die Geschichte des einsamen Eisbären auf den Schneefeldern des Nordens. Es ist aber leider auch eine Geschichte von menschlicher Habgier und Unvernunft.

Die Saurier — Riesenechsen, die vor 170 Millionen Jahren die Erde bewohnten und dann ausstarben — waren sehr groß. Aber der *Blauwal* ist größer. Er ist das gewaltigste Tier, das je auf der Erde gelebt hat. 30 Meter

lang werden die mächtigsten dieser Giganten, 130 Tonnen können sie wiegen — soviel wie die 2000 Einwohner einer ganzen Gemeinde insgesamt. Allein sein Herz hat die Größe eines Ochsen, die Zunge das Gewicht eines ausgewachsenen Elefanten.

Solche Riesen vermögen nur im Meer zu leben, wo das Wasser ihre massigen Körper trägt. In der Antarktis fühlt sich der Blauwal am wohlsten. Das kalte Wasser würde den Tieren sehr viel Wärme entziehen, wenn nicht die dicke Fettschicht, unmittelbar unter der dünnen Haut, isolierend wirkte. Im Gegensatz zu den Fischen ist der Wal ja ein warmblütiges Tier, das eine konstante Körpertemperatur braucht. Diese wird durch eine veränderliche Durchblutung der verschiedenen Körperpartien im Verein mit dem kühlenden Meerwasser gesichert, so daß der Wal weder an Unterkühlung noch an Wärmestau eingeht.

Der kräftige Körper trägt vorn Brustflossen, die lediglich zum Steuern dienen. Auf dem Rücken sitzt eine knochenlose, kleine Flosse, und an der Schnauzenspitze sowie an der Spitze des Unterkiefers befinden sich einige Haare — ein Kennzeichen der Säugetiere.

Als Säugetier muß der Blauwal auch immer wieder an die Wasseroberfläche kommen, um zu atmen. Die normale Tauchzeit beträgt fünf bis fünfzehn Minuten, doch kann das Tier notfalls bis zu 40 Minuten unter Wasser bleiben. Die maximale Tauchtiefe dürfte rund 300 Meter betragen. Durch zwei Nasenlöcher, die auf dem Scheitel seines Kopfes dicht beieinander liegen, bläst der Wal beim Auftauchen die verbrauchte Luft ab; sechs Meter hoch in die kalte Polarluft steigt dann die Wasserdampfsäule seines feuchtwarmen Atems. Und schon hat er neue, frische Luft eingezogen. Innerhalb von zwei Sekunden gibt der Blauwal 2000 Liter verbrauchte Luft ab und zieht neue 2000 Liter in seine Lungen ein. Das geht deshalb so schnell, weil die Atemöffnungen weit und die Luftröhren und -röhrchen bis in die feinsten Verästelungen hinein von Knorpelringen umgeben sind, damit sie sich beim kräftigen Einatmen nicht verengen oder gar verschließen.

Die Nahrung des gewaltigen Tieres besteht aus Unmengen kleiner Krebschen, dem „Krill". Das mächtige, zahnlose Maul dient dem Blauwal als Fangvorrichtung. Zunächst öffnen sich die Kiefer; dann weitet sich das Maul, indem Muskeln die „Kehlhaut" am und hinter dem Unterkiefer auseinanderziehen, und schließlich nimmt das Tier die Zunge ganz in den Unterkiefer zurück. Ein enormer Wasserschwall mit Krill schießt in die gähnende Futterluke. Nun müssen die Krebschen herausgefiltert werden. Da, wo wir beim Hund am Gaumen Rillen sehen, hängen bei den Blauwalen beiderseits 300 bis 400 etwa acht Millimeter dicke Hornplatten herab: die Barten. Sie stehen kulissenartig hintereinander und enden jeweils in einem Fransenkamm. Drückt jetzt der Wal seine schwere Zunge wie einen Stempel von unten gegen den Gaumen und zieht gleichzeitig seine Kehlhaut wieder zusammen, so preßt er das Wasser rechts und links zwischen den Kiefern heraus. Nur die Krebse bleiben in den Fransenbürsten hängen und werden geschluckt. Oft findet man 20 Zentner dieser kleinen Tiere in einem Walmagen.

Der Blauwal lebt monogam. Jedes zweite Jahr bekommt das Weibchen ein Junges; die Tragzeit dauert etwa ein Jahr. Das neugeborene Blauwalkalb ist erstaunlich groß; es mißt bereits sieben Meter und wiegt nicht weniger als zwei Tonnen. Natürlich säugt die Mutter ihr Junges im Wasser. Die Zitzen befinden sich in Hautfalten beiderseits der Geschlechtsöffnung. Das Junge schwimmt heran und bildet mit der Zunge eine Rinne; damit stößt es gegen die Milchdrüse der Mutter, und sofort wird die Milch ausgespritzt. Sie ist sehr fett und enthält relativ wenig Wasser, aber viel Eiweiß (Fettgehalt 40—50 Prozent, Wassergehalt: 40—50 Prozent; bei Landsäugern beträgt der Fettgehalt 2—17 Prozent, der Wassergehalt 80—90 Prozent). Das ist auch nötig, denn die Stillzeit beträgt etwa sieben Monate, und währenddessen wächst das Kalb um neun Meter. Sein Gewicht steigt auf 23 Tonnen — das sind etwa 4,5 Zentimeter Längen- und 100 Kilogramm Gewichtszunahme pro Tag! Schätzungen zufolge trinkt das Junge täglich fast eine Tonne Milch.

Seit etwa einem Jahrhundert ist der Blauwal ein begehrtes Großwild der Walfänger. Verständlicherweise, denn der riesige Körper der Wale läßt sich bis zum letzten ausschlachten und verwerten. Ein großer Blauwal liefert ungefähr 1,2 Tonnen Barten, je 30 Tonnen Fleisch, Speck und Knochen und fast 20 Tonnen innere Organe und Blut. Die Barten, das „Fischbein", dienten früher hauptsächlich zur Festigung von Damenkorsetts, fanden aber auch bei der Fabrikation von Schirmen, Stühlen, Koffern, Angelruten und Sprungfedern für Kutschen Verwendung. In Rußland wurden aus Fischbein eine Zeitlang sogar Uhrfedern und Schlittenkufen hergestellt. Die Bärenfellmützen der englischen und dänischen Gardesoldaten werden auch heute noch mit Fischbein versteift. Aus den Sehnen der Wale hat man Saiten für Tennisschläger und Fäden zum Vernähen von Operationswunden gefertigt. Das Fleisch des Blauwals wird tiefgefroren in den Handel gebracht; es schmeckt wie Rindfleisch und ist — vor allem in Japan — sehr begehrt. Der Speck des Wales läßt sich zu Margarine verarbeiten. Mancherorts fabriziert man Salben, Schminke, Lippenstifte und auch Schuhcreme unter Verwendung von Walöl. Minderes Fett läßt sich als Schmiermittel verwenden oder zu Seife verkochen. Fleisch- und Knochenmehl ergeben Vieh- und Hundefutter oder Düngemittel. Aus der Leber gewinnt man vitaminreichen Tran, und die Hormondrüsen dienen zur Herstellung pharmazeutischer Präparate.

Im Gegensatz zur Stellung der Fischschwänze steht die mächtige Schwanzfluke der Wale und Delphine – hier die eines Pottwals – waagerecht. Sie schlägt also auf und ab und treibt auf diese Weise das Tier sogar mit einem hohen Wirkungsgrad voran.

Insgesamt kennt man heute etwa 80 verschiedene Walarten. Die Ordnung der Wale wird in zwei Gruppen eingeteilt: die der *Barten-* und der *Zahnwale,* je nachdem, ob sie Barten im Maul tragen oder Zähne. Zu den Bartenwalen gehören außer dem Blauwal der über 20 Meter lange *Finnwal,* der *Seiwal,* der *Buckelwal* und der *Grauwal,* ferner der *Grönlandwal* und der *Nordkaper.* Zu den Zahnwalen rechnet man den großen *Pottwal,* den *Entenwal,* den *Weißwal* oder Beluga und den eigenartigen *Narwal* mit seinem langen, nach vorn ragenden, spiraligen Zahn, ferner die *Delphine* mit dem freundlichen *Tümmler* und dem schrecklichen *Schwertwal.*

Die Bartenwale unterscheiden sich von den Zahnwalen auch durch den Besitz eines paarigen Blaslochs, während die Zahnwale nur eine einzige Nasenöffnung haben. Außerdem zeichnen sich Bartenwale durch große Mäuler aus, mit denen sie aber meist kleinere Beutetiere oder gar Plankton fangen; Zahnwale haben, obwohl sie sich von größeren Beutetieren ernähren, im Verhältnis zu ihrer Körpergröße recht kleine Mäuler.

FREDY KNORR

Der Blauwal (linke Seite, Mitte oben), das größte Tier, das je auf der Erde gelebt hat, ernährt sich fast nur von winzigen Planktonkrebsen und Flügelschnecken

Etwa 20 Meter lang wird der fast schon ausgerottete unförmige Grönlandwal (linke Seite, links unten), dessen Kopf bis zu zwei Fünfteln seiner Körperlänge ausmacht

Zu Beginn des Winters ziehen die Grauwale (linke Seite, rechts unten) aus ihrer arktischen Heimat südwärts, um in wärmeren Gewässern ihre Jungen zu werfen

Der seltsame spiralige Stoßzahn des in der Antarktis lebenden Narwal-Männchens (rechte Seite, links unten) dient wahrscheinlich als Waffe in Paarungskämpfen

Ein Tiefseetaucher unter den Riesen

Moby Dick, der Titelheld des berühmten Romans von Herman Melville, ist ein weißer *Pottwal* gewesen. Solche Albinos sind selten. Normalerweise ist der mächtige Rücken der Pottwale braunschwarz gefärbt, die Bauchseite silbergrau bis weiß. Das Männchen wird zwanzig Meter lang und noch größer, während das Weibchen nur zwölf Meter oder etwas mehr erreicht. Pottwale trifft man in allen Meeren, sogar im Mittelmeer. Sie leben in Herden; die Bullen sind polygam. 16 Monate dauert die Tragzeit. Bei der Geburt mißt das Junge vier Meter; sieben bis zwölf Monate lang wird es gestillt.

Der Kopf des Pottwals ist klobig, fast eckig, und er enthält einen großen Hohlraum, der mit Walrat gefüllt ist, einem klaren Öl, das für kosmetische und pharmazeutische Zwecke verwendet wird. Der schmale Unterkiefer trägt rechts und links jeweils 18 bis 28 kegelförmige, bis zu zwanzig Zentimeter lange Zähne, die beim Schließen des Maules in entsprechende Vertiefungen an den Seiten des Gaumens eingreifen. Die Nahrung besteht vorwiegend aus Tintenfischen, die die Pottwale oft in erheblicher Wassertiefe erbeuten. Narben am Kopf der Wale, manchmal so groß wie eine Untertasse, zeugen von erbitterten Kämpfen mit großen Tintenfischen, denn sie rühren von den krallenbewehrten Saugnäpfen dieser Tiere her. Im Magen eines Pottwals hat man schon an die hundert Tintenfische gefunden.

Der Große Tümmler (rechte Seite, links oben), wohl der zahlreichste und weltweit verbreitete Vertreter der Delphine, gilt als das intelligenteste aller Meerestiere

In allen Meeren ist der Schwert- oder Mörderwal (rechte Seite, rechts oben) zu Hause. Schwertwale jagen in Rudeln und zeigen dabei erstaunliche Einfälle.

Pottwale (rechte Seite, Mitte) ernähren sich vor allem von Tintenfischen und können diesen in erstaunliche Tiefen folgen. Man fand Pottwale in 1000 m Tiefe.

Der schwarze, in großen Herden lebende Grindwal, das Nationaltier der Färöer (rechte Seite, rechts unten), zwischen 4 und 6 m lang, gehört zu den Delphinen

Im Darm dieser Wale — er ist nicht weniger als 160 Meter lang — findet sich gelegentlich die berühmte Ambra, eine feste schwarzgraue Masse, die oft noch die Hornkiefer verdauter Tintenfische umhüllt. Deshalb vermutet man, daß sie vom Darm gebildet wird, der solcherart auf die Reizung durch die harten Fremdkörper reagiert. Manchmal treiben Ambrabrocken auch im Meer. Nach einiger Zeit nimmt dieser Stoff einen süßlich-erdigen Geruch an und wird dann als Duftträger für teure Parfüme benutzt. Ein Klumpen von 400 Kilogramm Gewicht brachte früher sicher 100 000 Mark ein, und auch heute noch ist 1 Kilogramm dieser Masse mehrere hundert Mark wert.

Pottwale können mehr als eine Stunde unter Wasser bleiben, ohne Luft holen zu müssen. Und auf Grund von Fällen, wo solche Tiere sich in Tiefseekabeln verfangen hatten und nicht wieder auftauchen konnten, weiß man, daß sie über tausend Meter tief tauchen.

In einer derartigen Tiefe herrscht ein Druck von über 100 Atmosphären. Wie halten die Wale ihm stand, und wie kommen sie so lange mit dem aufgenommenen Luftvorrat aus? Bei tauchenden Walen ist der Sauerstoff im Körper anders verteilt als bei einem Landsäugetier oder beim Menschen. Zwar enthält bei Wal und Mensch das Blut gleichermaßen 41 Prozent des im Körper befindlichen Sauerstoffs; doch werden bei einem Wal 41 Prozent der Sauerstoffreserve in den Muskeln mitgeführt, beim Menschen nur 13 Prozent. Das Myoglobin, der rote Muskelfarbstoff, nimmt also beim Tauchen der mächtigen Tiere eine große zusätzliche Menge

Wegen seines besonders großen Kopfes, der mehr als ein Drittel der gesamten Körperlänge einnimmt und das geschätzte Walrat enthält, hat man den Pottwal mit einer riesigen Kaulquappe verglichen. Das Tier gehört — sein geöffnetes Maul zeigt es — zu den Zahnwalen.

Sauerstoff mit in die Tiefe. Außerdem können Ringmuskeln in bestimmten Adern den Blutstrom beim Tauchen so lenken, daß er die Eingeweide vernachlässigt zugunsten des Gehirns und anderer wichtiger Organe.

Und wie wird der Pottwal mit dem gewaltigen Druck fertig? Er besitzt eine verhältnismäßig kleine Lunge, so daß beim Tauchen keine übermäßigen Gewebespannungen auftreten. Auch gegen die „Caissonkrankheit", die durch die rasche Ansammlung von Stickstoffbläschen im Blut entsteht und einen menschlichen Taucher beim Emporsteigen töten kann, ist der Pottwal gesichert. Da er nur einen geringen Luftvorrat mit in die Tiefe nimmt und ihm auch nicht — wie bei einem Taucher — fortwährend neue Luft zugeführt wird, löst sich nur wenig Stickstoff in seinem Blut, und er kann nach einiger Zeit gefahrlos wieder hochkommen. Beim Ein- und Ausatmen wird fast der gesamte Luftvorrat in der Wallung ausgetauscht; beim Menschen sind es nur 10—15 Prozent.

Heitere Gespielen des Menschen

Sagenumwoben ist der Delphin. Zu vielen Zeiten glaubten die Fischer, Delphine seien verwandelte Menschen, die durchs Meer streifen und durch gute Taten die schlechten während ihres menschlichen Lebens wettmachen müßten. Nach einer anderen Überlieferung tragen Delphine die Körper ertrunkener Seeleute heimlich ans Ufer. Poseidon wählte sich den Delphin zum Liebesboten, als er um die spröde Amphitrite warb. Als seine Gemahlin fuhr sie dann in einem Muschelwagen durchs Meer, der von Delphinen gezogen wurde.

„Simo, Stumpfnase — nicht so schnell!" Das hatte schon jener römische Knabe von Baiae, der jeden Morgen von einem Tümmler am Ufer abgeholt wurde und auf dessen Rücken zur Schule reiten durfte, seinem Delphin zugerufen. Mehrfach haben Schriftsteller des Altertums von dieser Geschichte berichtet, aber niemand glaubte sie. Doch in den fünfziger Jahren unseres Jahrhunderts ereignete sich an der neuseeländischen Küste bei Opononi etwas Ähnliches: Der Delphin „Opo" kam bis dicht an den Strand herangeschwommen und spielte mit den Kindern im Wasser, vor allem mit dem Mädchen Jill Baker; ja er ließ sie auf seinem Rücken reiten und „fuhr" mit ihnen durch die Wellen. In den sechziger Jahren hatte auch das Seebad Elie an der Küste der Grafschaft Fife in Schottland seinen eigenen Delphin. Und der berühmte Flipper, der in einem Aquarium in Florida gehalten wird, ist der Simo unserer Tage.

Delphine sind Freunde der Schiffer; sie bedeuten guten Fang und glückliche Fahrt. Viele Schilderungen — von der Antike bis zur Neuzeit — handeln von der Rettung Schiffbrüchiger durch Delphine. So etwas gibt es sicher. Denn auch wenn ein Delphin verletzt ist und zu ertrinken droht, tragen ihn Mitglieder seiner Herde an die Wasseroberfläche, damit er Luft schnappen kann — so lange, bis das Tier sich erholt hat.

Diese angeborene Verhaltensweise bringt Delphine in entsprechenden Situationen dazu, auch Menschen zu helfen. „Die Delphine haben eine sonderbare Gesellschaft und Liebe zusammen, nicht allein sie gegeneinander, sondern auch gegen ihre Jungen und Eltern, auch gegen etliche andere Walfische und Menschen", sagte Konrad Geßner um die Mitte des 16. Jahrhunderts. In den Vereinigten Staaten versucht man jetzt, Delphine zur Rettung von Tauchern auszubilden, die in Seenot geraten sind. Auch sollen sie die Verbindung zu Unterwasserlaboratorien aufrechterhalten und als Überbringer von Botschaften und Werkzeugen dienen. Ja man denkt sogar daran, sie als „Leibwache" gegen Haie und feindliche Taucher einzusetzen.

Einer der häufigsten Delphine ist der *Tümmler,* der etwa drei Meter lang und zehn bis zwölf Zentner schwer wird. In allen Meeren der Erde ist er zu Hause, auch im Mittelmeer und in der Nordsee. Sein Rücken ist schwarz-

Eine „Schule" von Tümmlern zieht durch die See. Ihr Name – mit dem englischen Wort „tumbler" verwandt – bedeutet „Akrobat". Tatsächlich sind die intelligenten Tiere außerordentlich gewandt. Gern begleiten sie Schiffe, umkreisen sie und springen im Bogen durch die Luft – ein Spiel, das sie viele Male wiederholen.

Große Tümmler sind soziale Geschöpfe. Mehrfach hat man beobachtet, daß sie einander helfen und etwa einen verwundeten Artgenossen – oder gar einen bewußtlosen Menschen – an die Wasseroberfläche trugen, damit er Luft schöpfen konnte und nicht ertrank.

Peale's Tümmler bevorzugt die Gewässer um die Südspitze Südamerikas. Wie alle Tümmler gehört er zu den Delphinen – die wiederum Kleinwale sind. Peale's Tümmler ist zwei Meter lang und an der Oberseite dunkel gefärbt, während der Bauch weiß ist.

blaugrün gefärbt, die Bauchseite weiß. In der schnabelförmig verlängerten Schnauze trägt der Tümmler 88 Zähne; damit packt er seine Beute — Heringe, Makrelen und andere Fische dieser Größe —, die er unzerkaut schluckt. Mitten auf dem Scheitel sitzt das Blasloch, durch das er atmet.

Erstaunlich ist das Gehirn der Delphine. Es entspricht nicht nur im Gewicht ungefähr dem des Menschen (Mensch: ca. 1500 Gramm, Delphine ca. 1700 Gramm), sondern auch in der Ausbildung der einzelnen Gehirnteile und in der Faltung und Schichtung der Hirnrinde. Neben den Menschenaffen stehen die Delphine an der Spitze der tierischen Intelligenzreihe. Dem hohen Entwicklungsstand des Delphingehirns entspricht auch ein besonders ausgeprägtes soziales Verhalten. Delphine sind sehr gesellige Tiere; sie suchen die Gemeinschaft nicht nur zu ihrem Schutz wie die meisten anderen Tiere, die in größeren Gruppen leben, sondern offenbar auch, weil es ihnen schwerfällt, allein zu sein. Man hat Delphinpaare beobachtet, die so zärtlich und rücksichtsvoll miteinander umgingen wie Liebende, und in wenigstens einem Falle soll ein Delphin an gebrochenem Herzen

Dank eines hochentwickelten Gehirns ist der Große Tümmler außerordentlich intelligent und gelehrig. In „Ozeanarien" in Amerika, beispielsweise dem von Marineland, Florida, hat man Vertretern ihrer Art eine Reihe von Kunststücken beigebracht, die die Besucher erfreuen, aber auch wissenschaftlich aufschlußreich sind.

gestorben sein, nachdem sein Partner gestorben war. Selbst zu Menschen können diese Tiere fast erotisch zu nennende Bindungen entwickeln. Eine junge amerikanische Forscherin, die sich über Monate hinweg mit einem einzelnen männlichen Delphin beschäftigte, wurde von diesem geradezu leidenschaftlich umworben und um Zärtlichkeiten angebettelt. Berühmt ist auch die Hilfsbereitschaft der Delphine. Immer wieder wird beobachtet, daß gebärende Delphinmütter von anderen weiblichen Tieren umringt und während der Geburt unterstützt werden, und man weiß, daß verletzte Delphine von anderen an die Oberfläche gebracht werden, damit sie atmen können. Im Jahre 1943 hat ein Delphin einer Frau das Leben gerettet, die an der Küste von Florida zu ertrinken drohte, indem er sie nach und nach dem sicheren Strand zuschob.

Vor einigen Jahren, als man begann, Delphine in großen Aquarien, sogenannten Ozeanarien, zu halten, gelang den Zoologen eine wichtige Entdeckung. Sie betrifft das Lachen und Schnattern dieser Tiere, ihre Lautäußerungen. Delphine können nämlich verschiedenartige Töne erzeugen: tiefe, die das menschliche Ohr aufzunehmen vermag, aber auch so hohe, im Bereich des Ultraschalls liegende, daß sie für uns nicht mehr zu hören sind. Diese Laute, so fand man heraus, haben eine doppelte Bedeutung.

Einmal drücken Delphine mit ihnen Stimmungen aus (Freude, Angst, Zorn), und sie können sich so untereinander verständigen. Natürlich handelt es sich dabei nicht um eine Sprache wie die des Menschen. Wenn aber zum Beispiel ein Mitglied einer Delphinherde — man nennt sie „Schulen" — in Not gerät, stößt es einen schrillen Schrei aus. Dann schwimmen die anderen herbei und helfen ihm. Diese Verhaltensweise ist früher ganzen Schulen zum Verhängnis geworden: Wenn ein Tier von Walfängern harpuniert worden war, eilten die übrigen, statt zu fliehen, auf seine Hilfeschreie hin zu ihm und fielen den menschlichen Räubern ebenfalls zum Opfer.

Zum anderen dienen die Laute den Delphinen dazu, Beutefische im Wasser anzupeilen. Denn jeder Fisch wirft ein kleines Echo zurück und verrät damit dem Jäger seinen Standort. Auch Hindernisse werden von den Delphinen auf diese Weise festgestellt.

Am Spiel haben Delphine die größte Freude. So wird von einem Streich berichtet, den ein halbwüchsiger Delphinlümmel in einem großen Aquarium einem seriösen Seebarsch spielte. Der lebte in einer Felsenwohnung, und der Tümmler legte ihm ein Stück Fleisch vor den Unterschlupf. Jedesmal, wenn der Barsch dann, durch den Geruch angelockt, hervorschwamm und zuschnappen wollte, nahm ihm der auf der Lauer liegende Delphin blitzschnell den Bissen vor der Nase weg.

„Der gleiche Delphin", schreibt der englische Biologe Antony Alpers, „erfand das Fangspiel mit der von einem Pelikan verlorenen Feder. Er entdeckte, wahrscheinlich

„Mörderwal" hat man den Schwertwal auch genannt. Nicht ganz zu Unrecht, denn dieses auffallend gefärbte Tier – schwarzer Rücken, weißer Bauch, weißer Fleck über dem Auge – ist außerordentlich angriffslustig und beutegierig. Es frißt Fische und Robben, verschlingt andere Kleinwale, am liebsten unzerkleinert, und greift sogar, in Rudeln, den gewaltigen Blauwal an. Andererseits hat es sich erwiesen, daß Schwertwale in Gefangenschaft, wo man sie gut ernährte, völlig zahm und anhänglich wurden.

zufällig, daß die Feder, wenn er sie zu einem der Meerwasserzuflüsse im Becken trug und dort freigab, vom Druck des einströmenden Wassers mitgerissen wurde. Dann jagte er ihr nach, brachte sie zurück, fing sie erneut und wurde dieses Spiels nicht müde. Ein weiblicher Delphin, zwei Jahre älter als er, brachte eine neue Nuance in das Programm. Er deponierte die Feder nicht direkt im Wasserstrahl, sondern in den Wirbeln, die sich neben dem Zufluß bildeten; dadurch gewann er Zeit, sich zurückzuziehen und mit offenem Schnabel darauf zu warten, daß die Strömung die Feder mitriß und ihm zutrug. Später konnte man beobachten, wie beide Tiere dieses Spiel gemeinsam betrieben; eines brachte die Feder in die Nähe des Wasserstrahls, und das andere wartete auf die günstige Gelegenheit, sie sofort wieder einzufangen."

In den großen Ozeanarien werfen die Besucher den Delphinen Bälle zu, die die Tiere dann mit der Schnauze zurückschleudern. Es kommt sogar vor, daß ein Delphin von sich aus einem Menschen den Ball zuschnippt, um das Spiel zu beginnen. Wer je mit einem dieser Geschöpfe zu tun gehabt hat, vergißt nie mehr seinen Blick, der sanft ist wie der einer Antilope, dabei aber verstehend und intelligent. Und manch einer schwört darauf, ein Delphin habe ihm beim Spiel schon zugezwinkert wie einem guten Freund.

Ein „Mörder" mit Herz

Nicht alle Delphine sind so friedlich. Berüchtigt ist der Schwertwal, von den Seeleuten „Killer" genannt, „Mörder". Trotz seinem Namen gehört er zu den Delphinen. Vier bis fünf Meter lang sind die Weibchen, während die Männchen bis zu neun Meter Länge erreichen. Der Rücken ist bei dieser Art tiefschwarz gefärbt, Bauch und Hals sind fahlweiß, und über jedem Auge leuchtet auf schwarzem Grund ein charakteristischer heller, ovaler Fleck. Die Schnauze trägt 10 bis 14 Paar scharfe, starke Zähne. Die Tiere ziehen in Rudeln durchs Meer, schneller noch als die „eigentlichen" Delphine. Wenn sie sich an der Oberfläche halten, ragen die mannshohen, dreieckigen Rückenfinnen wie mächtige Segel drohend aus dem Wasser.

Der Schwertwal ist gefährlich und freßgierig wie der Hai, aber ungleich intelligenter – so „gescheit", wie ein Delphin nur sein kann. Diese Verbindung macht ihn zum größten aller Räuber. Oft fängt er seine Beute mit allerlei Tricks, wendet er Methoden an, die erstaunliche geistige Fähigkeiten verraten. Meist bilden Fische seine Nahrung; doch frißt er auch Seehunde, Pinguine, selbst Walrosse und seinen friedlichen Verwandten, den Tümmler – was ihm gerade vors Maul kommt. Einmal fand man in einem Schwertwalmagen die Reste von 13

Walfang in seiner ursprünglichen Form: Von kleinen Booten aus jagt man den Wal mit einer Lanze, die noch mit der Hand geschleudert wird. Sie zieht eine lange, am Boot befestigte Leine hinter sich her, und oft schleppt der gepeinigte, fliehende Wal das Boot noch eine ganze Weile, ehe seine Kraft erlahmt und er endgültig getötet werden kann. Unser Bild zeigt eine Szene vom Pottwalfang bei den Azoren. Auch heute noch, selbst mit einer modernen Ausrüstung, ist das traditionelle Gewerbe hart und gefährlich.

Tümmlern und 14 Robben! Mit „Echolot" wird die Beute angepeilt. In Rudeln fallen die „Killer" den großen Blauwal an und reißen ihm die Zunge fetzenweise aus dem Maul. Man hat beobachtet, wie Schwertwale unter eine mit Robben besetzte Eisscholle schwammen und sie vereint an einer Seite hochhoben, so daß die Seehunde langsam herabrutschten und ins Wasser plumpsten. Sekunden später waren sie von den schrecklichen Zähnen der mächtigen Räuber zerrissen.

Ein andermal trieben sechs Schwertwale ein Rudel von 10—15 Seelöwen auf die Küste zu. Hin und wieder tauchte einer der Jäger, kam unter einer der Robben hoch, stieß sie an oder warf sie in die Luft. Als die ganze Gruppe noch etwa 100 Meter vom Land entfernt war, beendeten die Killer das „Spiel" und gingen zum Angriff über. Weithin wirbelte das Wasser empor, bedeckte das Meer sich mit Schaum und Blut. Als nach einigen Minuten wieder Ruhe eintrat, war weit und breit kein Seelöwe mehr zu sehen.

Auf einer seiner Fahrten hat auch der berühmte Polarforscher Scott den Killer kennengelernt: Am 5. Januar 1911 schwamm ein Rudel von Schwertwalen bis an den Rand einer Eisscholle heran. Die Räuber hoben ihre Köpfe aus dem Wasser und entdeckten zwei Es-kimohunde, die dort festgebunden waren. Scott forderte seinen Fotografen Ponting auf, die Szene im Bild festzuhalten. Aber kaum war Ponting auf dem Eis, als die Scholle mit ihm und den Hunden hochgehoben wurde und in Stücke barst: Mit ihren Rücken hatten die Wale gemeinsam die Scholle nach oben gedrückt. Doch gingen die Risse an Ponting und den Hunden vorbei, so daß keiner von ihnen ins Wasser fiel. „Es war mir klar, daß die Wale unsere Überraschung teilten", meinte Scott, „denn sie schossen — einer nach dem anderen — mit ihren riesigen Köpfen durch die Eisbrocken senkrecht in die Luft, etwa zwei Meter hoch, und man sah die lohfarbenen Flecken zu beiden Seiten des Kopfes, ihre kleinen glänzenden Augen und ihr schreckliches Gebiß. Es kann kein Zweifel sein, daß sie aus dem Wasser kamen, um nachzusehen, was mit Ponting und den Hunden geschehen war... Es steht fest, daß sie eine einzigartige Intelligenz besitzen, der wir in Zukunft mit allem Respekt begegnen sollten."

Kraft, Geschwindigkeit, Klugheit zeichnen den Schwertwal aus. Und seine berüchtigte Raubgier? Schon 1851 hatte sich Melville skeptisch über die Bezeichnung „Killer" geäußert: „Gegen den Namen, der ihm beigelegt worden ist, ließe sich mit Fug der Einwand erheben, er zeichne ihn zu wenig vor anderen Kreaturen aus. Mörder sind wir allesamt, zu Lande und zur See, Bonaparte so gut wie der Haifisch."

In den letzten Jahren sind Beobachtungen gesammelt worden, die das blutrünstige Bild, das wir uns von den Schwertwalen gemacht haben, korrigieren. Es sieht so aus, als hätte man dieses Tier zum Ungeheuer gestempelt, ohne es genügend studiert zu haben; das ist ja auch mit den Haien und Riesenkraken geschehen. So wird der Angriff eines Killerrudels auf einen Großwal höchstens dann von Erfolg gekrönt sein, wenn das Tier krank ist oder wenn es von einer Harpune getroffen wurde. Jedenfalls hat man von Hubschraubern aus gesehen, daß sich gesunde Blau- und Pottwale solcher Angriffe sehr wohl erwehren können.

Wird eine kleinere Herde Schwertwale angegriffen, dann löst sich das Leittier, ein starkes Männchen, aus dem Rudel und schwimmt in eine ganz andere Richtung, um den Feind von seinem „Harem" abzulenken. „Mit seinen klugen und geschickten Manövern hielt er uns den ganzen Nachmittag von seinen Frauen und Kindern fern", berichtet Cousteau, von dem diese Beobachtung stammt. Es steht auch fest, daß Schwertwale in Notfällen einander genauso helfen, wie das oft bei anderen Delphinen beobachtet wurde.

1965 wurde an der nordamerikanischen Pazifikküste ein männlicher Schwertwal gefangen und unter abenteuerlichen Umständen ins Ozeanarium in Seattle transportiert. Nun konnte man den berüchtigten „Mörder" aus der Nähe studieren, und siehe da: Er ist vielleicht ein harter Bursche, aber nicht ohne Herz. Es gelang, ihn zu dressieren, und nie griff er den Menschen dabei an. E. L. Griffin, der sich dieser Aufgabe widmete, durfte ihm sogar zwischen die Zähne greifen. Einmal geriet Griffin mit einem Bein in das Maul des Schwertwals — da drehte das Tier sofort den Kopf zur Seite und gab den Fuß frei. Wie ein Tümmler spielte „Namu" mit seinem Dompteur.

Wal – Wal

„Wal! Wal! Da bläst er — da! Wendet er? Er schlägt einen Haken!'

‚Drei Boote klar zum Ausschwingen! Sind die Boote klar? Klar zum Ausschwingen? Fier mich weg, Mann! Schneller!'

‚Pullt, so pullt doch, Jungs, pullt, ihr Kerle!'

‚Er steht in Lee, Sir — dicht bei, hat uns noch nicht gesehen!'

‚Pullen! Ihr Lorrebasse, reißt durch die Riemen! Zähne zusammen, ihr verdammten Hunde! Auf ihn, gebt ihm Saures! Hol der Teufel euch Halunken, ihr schlaft wohl samt und sonders? So ein Pack, da schnarcht wahrhaftig einer! Pullt, ihr Torfköppe, pullt!

Walfänger auf den Azoren haben ihren Fang gelandet. Bald werden die mächtigen Leiber der Tiere abgespeckt sein. Während hier noch, wie früher allgemein, die Verwertung an Land vorgenommen wird, geschieht diese Arbeit heute vorwiegend an Bord der Walfangmutterschiffe, wo das ganze Tier restlos verarbeitet wird.

Nicht ein klein bißchen pullen? Warum denn nicht? Könnt ihr nicht, oder wollt ihr nicht, ihr Tankrüssel, ihr Gründlinge, ihr Marzipanlümmel!'"

Die Männer an den Riemen haben die drohende Gefahr, in die sie mit aller Macht hineinstoßen, im Rücken. Ihre Augen hängen am Gesicht des Steuermanns achtern und lesen in seinen gespannten Zügen, wie es steht. Hinter ihnen braust es ungeheuerlich...

So ungefähr vollzog sich noch um 1850 die Jagd auf den Pottwal; Herman Melville hat unübertreffliche Schilderungen davon gegeben. War die Beute ausgemacht, so lösten sich von den großen Seglern kleinere Fangboote, und die Besatzung versuchte, möglichst nahe an den Wal heranzurudern. Vorn im Boot stand der Mann mit der Harpune, bereit zum Wurf — bei hohem Seegang und bei der Unberechenbarkeit der Tiere ein waghalsiges Unternehmen. Zehn bis fünfzehn Meter lang sind die Wale.

„Da ist der Buckel. Da, da! Gib's ihm, drauf!"

Hoch hebt der Harpunier seine Lanze, hoch über den Kopf. Weit holt er aus, er steht auf den Fußspitzen, zielt, schleudert, und schwirrend saust die Harpune durch die Luft, das lange Fangseil hinter sich herreißend — dumpf schlägt sie in den Rücken des Wales.

Und der zieht los! Blitzschnell strafft sich die Leine, läuft der Länge nach über das ganze Boot; heiß schrammt's den Männern über die Handgelenke. Dann ein harter Schlag am Bug, als das Seil zu Ende ist, so daß sich das Boot achtern aufbäumt. Jetzt ist der Teufel los. Den heißen Dampfstrahl blasend, steigt er auf, läßt das Schiff erbeben. Eine Woge schlägt ins Boot, Gischt, Schaum, Wasserfetzen ringsumher...

Und dann gerät das Boot in Bewegung; wie fünfzig Elefanten zieht der Wal. Sie fliegen durch die Wellen, eine Stunde lang oder auch zwei. Endlich erlahmt die urtümliche Kraft des getroffenen Tieres. Der letzte Teil, das schreckliche Ende des Dramas, beginnt.

Noch schleppt der Wal das Boot, aber stückweise holen die Männer die Fangleine ein. Bald gehen sie an dem waidwunden Tier längsseits. Da stemmt der Harpunier das Knie gegen den Bootsrand und wirft Lanze auf Lanze in den zuckenden Wal hinein. Immer wieder zieht der an, will erneut fliehen, kann sich aber nur noch drehen; er wälzt sich im Blut, das in Strömen aus den Wunden seines gepeinigten Körpers quillt. Eine riesige Blutlache brodelt und schwappt an der Oberfläche des Meeres, und aus ihr steigt, Strahl auf Strahl, die weiße Dampfsäule des schnaufenden Wales.

Geschickt weichen die Ruderer seinen wütenden, zuckenden Schwanzschlägen aus und bringen das Boot immer wieder in eine günstige Position, so daß der Harpunier seine Lanzen aus dem zerschundenen Körper des Wales herausreißen kann. Mit wenigen Schlägen biegt er die gekrümmten Eisenspitzen gerade; dann rammt er sie dem Tier erneut mit Wucht in den Leib. Jetzt nimmt er eine überlange Lanze mit scharfem Metallblatt, bohrt sie in das Tier hinein, vorsichtig tastend; er zerschneidet die Lungen, führt das Eisen behutsam tiefer, spürt den Herzschlag des Riesen durch den Lanzenschaft hindurch — und stößt ihm den Spieß mit Macht mitten ins Herz.

Da fährt der Wal auf aus seiner Schwäche, er bäumt sich, peitscht das blutige Wasser zu rotem Schaum. Doch rasch ermattet der mächtige Riese, verebben seine letzten Zuckungen; schlaff rollt er von einer Seite auf die andere. In angstvoll jähen, rasselnden Atemzügen bläht sich krampfhaft das Spritzloch und zieht sich wieder zusammen, bis endlich das schwärzliche, geronnene Blut von Herz und Lungen stoßweise daraus hervorbricht, ein paarmal aufschießt und niederfällt, dann nur noch hervorquillt und an den Flanken des regungslosen Körpers herunterläuft und ins Meer rinnt. Der Wal ist tot...

Die Jagd auf Wale und das Töten und Ausschlachten der erlegten Tiere mag ein aufregendes Abenteuer sein; es ist dennoch ein rohes und abstoßendes Handwerk. Daran hat sich bis heute wenig geändert. Früher wurden die erlegten Tiere zum Walfangschiff geschleppt und, längsseits im Wasser treibend, abgespeckt. Spiral-

förmig — wie man einen Apfel schält — ließ sich die Fettschicht mit langgestielten Messern in Streifen schneiden, die dann unter ständigem Drehen des Kadavers abgespult und an Bord gezogen werden konnten. Das Schwierigste kam zuletzt. Der vom Rumpf getrennte mächtige Kopf des Pottwals hing außenbords, die blutige Schnittfläche nach oben. Nun mußte ein geschickter Mann mit einem Messer ein etwa meterbreites rundes Loch ausstechen; damit war der Weg frei ins Innere des Kopfes. Dieser ist beim Pottwal ja ein riesiger Ölbehälter. Einer der Seeleute ließ sich durch das Loch ins Innere hinab, um einige Sehnenplatten zu zerschneiden und den Zugang zum Walrat zu erleichtern. Dann stieg er wieder herauf und lenkte die an Seilen von oben heruntergereichten Eimer in die Öffnung. 2000 Liter Walrat konnten ausgeschöpft werden.

Opfer menschlicher Gier und Unvernunft

Mutige Seefahrer Skandinaviens, vielleicht auch Nordasiens, haben bereits im 9. Jahrhundert kleinere Wale vor den Küsten gejagt; sicher waren die Eskimos die erfolgreichsten dabei. Im 13. Jahrhundert fingen baskische Seeleute den atlantischen Glattwal in der Bucht von Biskaya. Später wagten sich europäische Walfänger mit seetüchtigen Booten bis Island und Grönland und weit auf den offenen Atlantik hinaus. Im 17. Jahrhundert waren die Dänen und Holländer führend in diesem Gewerbe; dann bekamen sie durch die Engländer ernsthafte Konkurrenz. 1643 lief das erste deutsche Walfangschiff nach Grönland aus.

Schon zu Ende des 17. Jahrhunderts fanden sich infolge der intensiven Jagd nur noch so wenige Glattwale im Atlantik, daß die Walfänger sich dem Grönlandwal zuwandten. Doch auch diese einst um Spitzbergen und die Insel Jan Mayen so häufige Art war den rücksichtslosen Nachstellungen der Walfänger nicht gewachsen und verschwand — jedenfalls im Atlantik. Um 1840 verfolgte man den Grönlandwal dann im Nordpazifik mit dem Ergebnis, daß man ihn um 1908 auch dort nicht mehr finden konnte. Bis zum Ersten Weltkrieg war der Grönlandwal auf seine letzten Zufluchtsstätten im Ochotskischen Meer und in der nördlichen Beringstraße zurückgedrängt worden. Heute ist er so außerordentlich selten, daß man ihn völlig schützen mußte; das gleiche gilt für die Glattwale.

Anfangs wurden vorwiegend die kleineren Wale gejagt, von den größeren höchstens die langsamen Schwimmer. Außerdem kamen nur Arten in Frage, die an der Oberfläche bleiben, nachdem sie erlegt worden sind. Dazu gehören der Pottwal, der Grauwal und der Grönlandwal, der Nordatlantische (Nordkaper) und der Südliche Glattwal. Doch als um 1865 die ersten dampfgetriebenen Fangschiffe in Dienst genommen wurden, außerdem der Norweger Svend Foyn die Harpunenkanone erfunden hatte, da war es möglich, auch die schnellen Riesen zu verfolgen: den Blauwal, den Finnwal und den Buckelwal. Aber schon bald ging die Zahl auch dieser Arten merklich zurück.

Da entdeckte man 1904 den unglaublichen Reichtum an Walen in den Meeren um den Südpol. Sogleich wurden Fangfahrten mit Nachdruck auf die Antarktis ausgedehnt. Regelrechte Walfangflotten nahmen Kurs auf das südliche Eismeer. Zunächst arbeitete man von Landstationen aus. Später gab man den Fangschiffen ein Mutterschiff mit, das am Heck eine Gleitplanke hatte, so daß die erbeuteten Wale leicht an Bord gezogen werden konnten. Hier wurden die Tiere an Ort und Stelle zerlegt und ausgeschlachtet. Spezialtanker holten regelmäßig den gewonnenen Tran ab.

Anfangs machten die Walfänger ungeheure Beute. Doch schon 1930 wurde den beteiligten Nationen klar, daß der antarktische Walbestand rapide zurückging, in erster Linie der an Blauwalen und Buckelwalen. Ein Abkommen zwischen Großbritannien, Norwegen und Deutschland vor dem Zweiten Weltkrieg und die völlige Einstellung der Fänge während des Krieges selbst verhinderten das Schlimmste.

1945 wurde der Walfang sofort wieder aufgenommen — nach der langen Schonzeit mit großem Erfolg. 1946 gründeten 17 interessierte Nationen die „Internationale Walfang-Kommission", die im Laufe der Zeit

auch dazu überging, für jedes Jahr nur eine bestimmte Zahl von Walen zum Abschuß freizugeben. Denn immer deutlicher zeigte es sich, daß Raubbau getrieben wurde und die antarktischen Walbestände nur scheinbar unermeßlich waren. Kein Wunder, denn für die moderne Waljagd setzt man Flugzeuge ein, um die Standorte der Tiere auszukundschaften, Echolotgeräte, um die Wale an günstige Abschußplätze zu scheuchen, und Explosiv- und Elektroharpunen, um sie sicher zu treffen und schneller zu töten. Heutzutage verarbeiten die modernen Fabrikschiffe selbst große Wale in außerordentlich kurzer Zeit.

Die von der Walkommission festgesetzten Abschußrichtzahlen werden in Blauwaleinheiten angegeben. Da ein Finnwal nur 10 Tonnen Öl liefert, ein Blauwal aber 20 Tonnen, entsprechen 2 Finnwale einer Blauwaleinheit. Diese Skala wird auch auf den Buckel- und den Seiwal angewendet: 1 Blauwal entspricht 2 Finnwalen oder 2 1/2 Buckelwalen oder 6 Seiwalen.

Spätestens 1960 kündigten sich katastrophale Folgen des Raubbaus an. Damals erhielten drei Biologen von der Walkommission den Auftrag, die Zahl der antarktischen Wale festzustellen und die Möglichkeiten des künftigen Walfangs darzulegen. Das erste Gutachten lag 1963 vor, doch die Ratschläge der Fachleute wurden nicht beachtet. Erst in unseren Tagen — fast zu spät schon — beginnt man auf sie zu hören.

Folgende Zahlen machen deutlich, was geschehen ist. Für die Saison 1960/61 setzte die Walfangkommission 16 000 Blauwaleinheiten (BWE) für den Abschuß fest,

Die einfachen Lanzen von einst haben großen Harpunenkanonen Platz gemacht, deren Geschosse mit einem Explosivkopf und mächtigen Widerhaken ausgerüstet sind. Gegen die Methoden der modernen Technik haben auch die schnelleren Wale keine Chance mehr.

Die erlegten Wale – hier eine Reihe von Finnwalen – werden von den Fangschiffen zum Mutterschiff gebracht, dort längsseits geholt und mit Luft vollgepumpt, damit sie nicht wegsacken, bis man sie zur weiteren Verarbeitung an Bord zieht

und diese Marke wurde auch erreicht — allerdings zum letztenmal. 1961/62 konnten nur noch 15 229 BWE eingebracht werden. Für 1962/63 waren 10 000 Einheiten genehmigt, doch nur 9263 wurden erreicht. Die Saison 1963/64 erbrachte 8429 Einheiten, 1964/65 waren es 7052 und 1965/66 nur noch 4089 BWE — und das trotz eines Großeinsatzes der Walfänger.

Heute ist der Blauwal, das gewaltigste Tier, das je die Erde bewohnt hat, nahezu ausgerottet. Die knapp tausend Tiere, die gegenwärtig vielleicht noch leben, verlieren sich in den Weiten der Ozeane. Jetzt, in letzter Minute, sind Vereinbarungen zum Schutz des Blauwals getroffen worden. Möglich, daß sie das Schlimmste noch verhüten können — wenn sie von den walfangenden Nationen eingehalten werden.

Nach dem Ausfall des Blauwals suchten und fanden die Walfänger Ersatz im nächstgrößten Wal, dem Finnwal. 1960/61 zum Beispiel setzte sich das Fangergebnis von 16 000 Blauwaleinheiten aus 1740 Blauwalen, 27 374 Finnwalen, 4310 Seiwalen und 718 Buckelwalen zusammen, ging also bereits hauptsächlich zu Lasten des Finnwals. Das Absinken der Fangzahlen in den folgenden Jahren beweist, daß auch dieser Wal solche gewaltigen Verluste nicht verkraften kann: 1960/61: 27 374 Tiere, 1962/63: 18 688 Tiere, 1963/64: 13 870 Tiere, 1964/65: 7308 Tiere, 1965/66: 2314 Finnwale. In der Antarktis ist der Gesamtbestand der Finnwale von etwa 200 000 im Jahre 1946 auf höchstens 35 000 Tiere 1968 zurückgegangen.

Die Jagd auf den Pottwal begann Ende des 18. Jahrhunderts und wurde hauptsächlich durch Amerikaner von Neuengland aus betrieben. Da diese Wale lange und tief tauchen können, war es damals nicht leicht, ihrer habhaft zu werden. Zwar ist das Fleisch dunkel und ungenießbar, doch bieten Öl und Walrat einen starken Anreiz zur Verfolgung des Pottwals. Und auch diese Tiere verfolgt man ohne Maß: Allein 1964 wurden über 29 000 Pottwale erlegt. Da der Pottwal gar nicht geschützt und auch keine Fangquote festgelegt ist, muß man sich fragen, wie lange diese Art eine solch starke Verfolgung aushalten wird. Immerhin sind in den letzten zwölf Jahren bereits 250 000 Pottwale getötet worden. Scott McVay, ein amerikanischer Sachverständiger, sagte 1966 mit Recht: „Der Grönlandwal und die Glattwale sind zu Wahrzeichen menschlicher Gedankenlosigkeit aus der Zeit der Segelschiffe geworden. Blauwal und Buckelwal — möglicherweise auch der Finnwal und der Seiwal — sind zu Denkmälern mangelnder Voraussicht bei der Walfangindustrie zur Zeit der Dampfschiffe geworden... Und wenn es so weitergeht, wird auch der Pottwal dazu verurteilt sein, einmal ein Markstein internationaler Dummheit zu werden."

Alles spricht dafür, daß auch die großen Wale wie die Delphine über Lautäußerungen verfügen, mit denen sie sich untereinander verständigen. Das ist ein untrügliches Zeichen hoher Intelligenz. Und wir schicken uns an, diese erstaunlichen Tiere immer wirkungsvoller auszurotten — sie einfach zu verbrauchen.

Ein Buckelwal ist an Bord eines Walfängers gehievt worden. Er gehört zu den Furchenwalen. Die Furchen vorn an der Unterseite ermöglichen es diesen Tieren, bei der Nahrungsaufnahme ihre Mundhöhle wie auch den Magen stärker auszudehnen.

Die großen Walfangmutterschiffe sind heute auch schwimmende Kochereien; die Wale werden auf ihnen also gleich an Ort und Stelle verarbeitet. Das Fleisch dient der Ernährung; aus dem Speck gewinnt man Öl, aus den Knochen Leim oder Dünger.

Einsamer Jäger im ewigen Eis

Erst in der Eiszeit, vor wenigen hunderttausend Jahren, hat sich in der Bärendynastie der *Eisbär* entwickelt. So eng ist er auch heute noch mit dem Braunbär verwandt, daß sich beide Arten miteinander kreuzen lassen. Nahezu 3 Meter Länge kann der Eisbär erreichen, seine Höhe beträgt fast 1,5 Meter; das Gewicht liegt bei 700 Kilogramm. Er lebt in einem mehr oder weniger breiten Gürtel rings um den Nordpol, in Alaska und Nordkanada, an den Küsten Grönlands und auf Island, auf Spitzbergen und auf den Inseln im Norden Rußlands. Während seine braunen Brüder Allesfresser sind, mußte der Eisbär zum fast reinen Fleischfresser werden. Denn nur zuweilen findet er spärliche Blau- und Krähenbeeren, etwas Gras und Moos oder Flechten. Fische sind zahlreicher, aber nicht leicht zu fangen, zumal in vereisten Gewässern. Manchmal schlägt er auch Robben; sein weißes Fell ist dabei ein gutes Tarnkleid.

Wie der Eisbär jagt, schildert Alwin Pedersen so: „Mit herabgedrücktem Vorderkörper, so daß sich der Kopf dicht über dem Eis befindet, und unter Benutzung aller Unebenheiten der Eisfläche als Deckung schleicht er sich lautlos an die Robbe heran, während er gleichzeitig scharf ihr Benehmen beobachtet. Wird sie argwöhnisch und hebt den Kopf, bleibt er unbeweglich stehen. Dabei bewirkt sein weißgelbes Haarkleid, daß sich der aufragende Hinterkörper kaum von anderen Unebenheiten der Eisfläche unterscheidet. Nur seine schwarze Nase und die dunklen, wenn auch kleinen Augen stechen von der Umgebung ab. Da aber der Bär danach strebt, den Kopf so tief wie möglich zu halten, können ihn selbst unbedeutende Erhöhungen der Eisfläche für die Robbe unkenntlich machen. Wo es ausnahmsweise notwendig ist, besonders, wenn er der Robbe nahe gekommen ist, kann er seine Nase mit der Vordertatze verdecken. Nach Aussage der Eingeborenen soll er auch ein Stück Eis als Deckung vor sich herschieben können. Ist es ihm geglückt, sich bis auf etwa 4 bis 5 Meter an die Robbe heranzumachen, stürzt er sich, je nach der Entfernung, in einem oder mehreren langen Sätzen auf sie und tötet sie mit einem Schlag seiner Vordertatze auf den Kopf. Beim Springen bewegt er sich leichter und behender, als man es von ihm erwarten sollte. Seine Haltung ist etwas geduckt, mit tief gehaltenem Kopf und etwas vorgestreckten Vorderbeinen. Augenblicklich leckt er das hervorquellende Blut auf und zieht dann seine Beute einige Meter vom Atemloch weg, um nicht zu riskieren, daß sie auf dem glatten Eis vielleicht noch ins Wasser zurückgleitet."

Das Fell mit den langen, weichen Grannen und der dichten Unterwolle schützt gegen die Kälte, ebenso die dicke Speckschicht darunter. Die Ohren sind kurz und erfrieren deshalb nicht. Sogar die Fußsohlen des Eis-

Eisbären haben ein hartes Dasein. In den unwirtlichen Gefilden des Nordens ist es schwer, zu Nahrung zu kommen. So wandern die Tiere einsam und unermüdlich über die unendlichen Eisfelder, um jede Möglichkeit des Beutemachens zu nutzen.

bären sind behaart; das wärmt und verhindert — zusammen mit dem schlurfenden Gang des Bären — ein Ausrutschen auf dem glatten Eis. Beim Klettern auf den Eisfelsen sorgen die scharfen Sichelkrallen für festen Halt. Die Zehen sind durch Schwimmhäute miteinander verbunden. Zwar ist der Eisbär ein ausdauernder Schwimmer, aber er taucht nicht tief.

Überdies ist er ein Einzelgänger. Sein Geruchssinn ist hervorragend ausgebildet — wie sollte das Tier in der Einsamkeit seiner Heimat sonst Beute finden oder den Geschlechtspartner. Zudem hat der Eisbär ein gutes Gehör und scharfe Augen. Über diese kann ein membranähnliches Lid gezogen werden, das wie eine Sonnenbrille wirkt.

Im Sommer legt die trächtige Bärin eine Schneehöhle an; der Bär hatte sie im April besucht und war bald weitergezogen. Die Entwicklung des Nachwuchses im Mutterleib wird zunächst verzögert; erst im Oktober setzt sie richtig ein. Die Bärin wühlt sich in den alten Schnee und wartet auf Neuschnee, der sie einhüllt. Nun weitet sie ihre Behausung zur Höhle aus, anderthalb Meter hoch, mit einem Ausgang, der desto länger wird, je mehr Schnee fällt. Im Januar werden hier zwei oder drei Junge geboren, selten nur eins. Sie sind überraschend klein, von der Größe einer Ratte nur, und blind und taub. Aber die Welpen können sich auf die Bärin verlassen; es fehlt ihnen an nichts. Fast zwei Jahre lang werden die Jungen gesäugt. Auf Ausflügen in die Umgebung lehrt die Mutter sie das Laufen, Klettern, Schleichen, Jagen.

Seebären gibt es im Gebiet um den Südpol wie auch auf der nördlichen Erdhalbkugel. Die arktischen Tiere gehen im Mai, zur Fortpflanzungszeit, auf den Pribiloff-Inseln im Bering-Meer an Land (unser Bild). Zuerst kommen die Männchen; unter heftigen Kämpfen halten sie die Plätze für die Weibchen frei. Diese erscheinen wenige Tage später und werfen alsbald ihr Junges. Kurz darauf findet die neue Paarung statt. Im August verlassen die Männchen, im Oktober die Weibchen die Inseln; als letzte folgen die Junggesellen. Die Zeit bis zur nächsten Saison verbringen die Seebären im Meer.

Robben in allen Meeren

Robben sind Meeressäuger wie die Wale. Vor etwa 50 Millionen Jahren begannen ihre landbewohnenden Vorfahren, sich wieder dem Wasser zuzuwenden, dem ihre Urahnen, quastenflossige Fische, in grauer Vorzeit einmal entstiegen waren. Hier, im Meer, sind die Robben — als gewandte Schwimmer, aber unbeholfene Fußgänger — heute vor allem zu Hause. Die Zoologen verteilen sie auf drei Familien: die Seehunde, die Walrosse und die Ohrenrobben.

Dem festen Boden noch am stärksten verbunden sind die Ohrenrobben. Das beweisen die kleinen Ohrmuscheln, die den anderen Robben fehlen, und der überraschend schnelle Watschelgang dieser Tiere. Zu den Haarrobben gehören die Seelöwen, die eine Viertelstunde unter Wasser bleiben können, sowie die Mähnenrobben von den Felsküsten Südamerikas. Weitere Ohrenrobben sind die Pelzrobben oder Seebären, deren wunderbares Fell den Seal-Pelz liefert.

Das schnauzbärtige Walroß lebt an den Küsten des Polarmeeres. Mit seinen dreiviertel Meter langen Hauern reißt es Muscheln oder Seetang vom Untergrund los; außerdem frißt es Schnecken, Krebse und Seesterne.

Bei den Seehunden stehen die Hinterfüße nach hinten und sind somit für die Fortbewegung an Land unbrauchbar. Die Angehörigen der Unterfamilie Seehunde leben auf der nördlichen Erdhalbkugel. Zu ihr gehören die eigentlichen Seehunde, die Sattelrobben, Ringelrobben, Kegelrobben und Bartrobben. Am bekanntesten ist bei uns der eigentliche Seehund, der auch in der Nord- und Ostsee vorkommt. Das Weibchen folgt seinem Jungen überall hin. Werden Zwillinge geboren, so wird eines der Kleinen aufgegeben; es bleibt als „Heuler" zurück.

Die Mönchsrobben — eine weitere Unterfamilie der Seehunde — bewohnen die tropischen und subtropischen Meere, während die Südrobben vor allem in der Antarktis heimisch sind. Die Weddell-Robbe steigt durch Eislöcher ins kalte Wasser, wo sie sich aus 300 Meter Tiefe Fische heraufholt. Weitere Südrobben: die Ross-Robbe, der Krabbenfischer, der sich vom Krill ernährt, und der gefleckte Seeleopard, ein Raubtier, das Tintenfischen und Pinguinen nachstellt.

Zu den Rüsselrobben gehören der schwere See-Elefant und die originelle Klappmütze. See-Elefanten kommen in einer nördlichen und einer südlichen, wesentlich zahlreicheren Art vor, beide etwa 4000 Kilometer voneinander getrennt. Die Klappmütze hingegen ist eine Robbe des Nordens. Sie besitzt, wie der See-Elefant, einen aufblasbaren „Rüssel", überdies aber noch zwei knallrote Schleimhautsäcke, die das Tier in Wut aus den Nasenlöchern austreten läßt.

Zu den Seehunden gehört die Kegelrobbe — links oben
ein Junges —, die im Nordatlantik beheimatet ist
und auch an den europäischen Küsten vorkommt. Oben: Ein
Seebärbulle behauptet durch eine Drohgebärde seinen
Platz im Paarungsgebiet. Links Mitte: Den Kalifornischen Seelöwen sieht man häufig im Zirkus, wo er
Balancekunststücke vorführt. Er lebt gesellig in Kolonien
an der felsigen Küste des Pazifischen Ozeans, etwa
von Mexiko bis San Franzisko. Zur Paarungszeit kommt
es zwischen den Männchen zu heftigen Kämpfen, bis
die kräftigsten Bullen wie Paschas über ihren Harem
herrschen können. Die Weibchen (links unten) werfen
jeweils nur ein Junges, um das sie sich zärtlich kümmern.
Unten: Der mächtige See-Elefanten-Bulle, sieben Meter
lang und drei Tonnen schwer, besitzt einen „Rüssel“,
einen über das Maul herabhängenden Nasensack,
der im Zorn aufgeblasen wird.

Möwen sind weniger Jäger als Sammler: Sie holen tote Tiere und allerlei Abfall von der Oberfläche des Wassers oder vom Strand. Aus diesem Grunde findet man sie auch auf Feldern, wo sie, wenn gepflügt wird, Würmer aufsammeln. Gern lassen sie sich auf dem Wasser nieder; sie schwimmen leicht und geschickt, tauchen aber nur selten. Gelegentlich sieht man sie stoßtauchen. Den Zielflug beherrschen sie ebenso gut wie den Segelflug. Unser Bild zeigt Silbermöwen und eine Lachmöwe (mit dunklem Kopf).

Vögel über und unter den Wellen

Der Schrei der Möwen über dem Watt und das Bild ihres Fluges über den Wellen gehören in unsere Vorstellung vom Meer wie Salzwasser und Wind. Dennoch ist die Möwe, sind fast alle Seevögel nicht wirklich Tiere des Meeres. Die See ist für sie weniger Lebensraum als Nahrungsquelle, deren Bedingungen sich viele von ihnen allerdings in hervorragender Weise angepaßt haben.

Stelzvögel wie die Reiher, Sichler und Löffler waten langbeinig im seichten Wasser oder am Spülsaum umher und holen sich mit langen Schnäbeln ihre Beute. Möwen und Seeschwalben suchen im gleichen Revier nach Futter, aber sie fischen auch weiter draußen oder jagen sogar anderen Vögeln ihren Fang ab.

Gute Flieger und Taucher zugleich sind die Baßtölpel und die Tropikvögel der südlichen Meere. Im Sturzflug stoßen sie auf Fische und anderes Getier im Meer hinab. Fregattvögel, Albatrosse und Sturmvögel verbringen die meiste Zeit im Flug über dem offenen Meer und legen dabei unglaublich weite Strecken zurück, ohne sich unterwegs an Land auszuruhen.

Im krassen Gegensatz zu solchen Dauerfliegern stehen die Taucher, Alke und Pinguine. Sie sind zum Teil mäßige oder schlechte Flieger oder können gar nicht mehr fliegen, sind dafür aber unter Wasser fast so wendig und schnell wie Fische. Ihre Füße liegen weit hinten am Rumpf, ihre Flügel sind so gebaut, daß sie nur noch flatternd vorwärtskommen. Bei den Pinguinen sind die Flügel sogar zu schmalen, glatten Rudern geworden, mit denen die Tiere geschmeidig unter Wasser dahinschießen. Mit der im Wasser aufgenommenen Fahrt können sie sich fast zwei Meter hoch in die Luft schnellen; durch diese Technik ersetzen diese Vögel, was ihnen an Flugfähigkeit fehlt, wenn sie etwa an Land oder auf eine Eisscholle gelangen wollen. Damit sind die Pinguine die am besten an das Leben im Meer angepaßten Seevögel.

Albatrosse (links oben) sind hervorragende Segler. Mit ihren langen, schmalen, spitz zulaufenden Schwingen vermögen sie jeden Aufwind über den Wellen so auszunutzen, daß sie in alle Richtungen segeln können, ohne die Flügel zu bewegen. Der Seemann kennt sie als ausdauernde Begleiter der Schiffe. Bei Windstille sind sie praktisch flugunfähig. So halten sie sich gerade in den rauhesten, stürmischsten Meeresgebieten auf und sind um so häufiger anzutreffen, je stärker der Wind weht.

Darunter: Seeschwalben ernähren sich fast ausschließlich von kleinen Fischen, die sie durch Stoßtauchen erbeuten. Ständig prüfen sie, mit nach unten gerichtetem Kopf fliegend, die Oberfläche des Wassers. Hier eine Küstenseeschwalbe, die ihr Junges füttert.

In auffallender, aufrechter Haltung, mit weit am Hinterleib ansetzenden Füßen hocken auf den Uferfelsen der Nordmeerküsten die geselligen Lummen (rechts oben). Eine alte Legende sagt, daß sie bei der Erschaffung der Tiere sofort davongeflogen seien. So habe der Schöpfer ihnen die Füße nachwerfen müssen, weshalb diese jetzt so weit hinten säßen.

Austernfischer (rechts unten) suchen ihre Nahrung im flachen Wasser. Sie stoßen ihren seitlich zusammengedrückten Schnabel zwischen die Schalen von Muscheln und Austern und zwängen sie dann auseinander. An unseren Küsten ernähren sie sich jedoch hauptsächlich vom Sandpier oder Sandwurm.

Obere Reihe von links nach rechts: Die Kormorane, gefräßige Fischräuber und daher Konkurrenten der Fischer, wurden in Europa stark dezimiert. Als Produzent des Vogelmistes Guano werden die hervorragenden Taucher im Gebiet des Humboldtstromes dagegen hochgeschätzt. — Gute Taucher sind auch die Pelikane, die eine Technik der gemeinschaftlichen Jagd entwickelt haben: Mehrere Tiere bilden eine Kette und schwimmen mit klatschenden Flügelschlägen aufs Land zu. Dabei treiben sie Fische zusammen, die sie mit ihren Kehlsäcken „heraufschaufeln". — Reiher sind eigentlich Landvögel, aber viele Arten haben sich daran gewöhnt, ihre Nahrung aus dem Meer zu holen. Reglos stehen die schlanken Tiere — wie hier der Florida-Reiher — im flachen Wasser, um plötzlich auf einen Fisch herabzustoßen.

Untere Reihe von links nach rechts: Wie der Albatros ist auch der Fregattvogel ein vorzüglicher Flieger. Seine Schwingen spannen mehr als zwei Meter. — Trottellummen nisten in Kolonien auf schmalen Felsgesimsen, so zum Beispiel am Lummenfelsen von Helgoland. Die Eier werden einfach auf das Felsband gelegt. Sie haben eine stark kegelförmige Gestalt, so daß sie nicht wegrollen können. — Der australische Maskentölpel ist mit unserm Baßtölpel verwandt. Mit seinem kräftigen Schnabel greift er sich Fische, und zwar jagt er sie, indem er sich aus einer Höhe von etwa 20 Metern ins Meer stürzt. — Pinguine (hier eine Reihe von Eselspinguinen) können in der Antarktis selbst auf Eis und Schnee brüten, weil ihr einziges Ei nie mit der kalten Unterlage in Berührung kommt; es ruht auf den Füßen des brütenden Elterntieres.

Nahrung aus dem Meer

„Ist es nicht ein hübscher Sport, zwei Pence, sechs Pence, zwölf Pence aus dem Wasser zu ziehen, so schnell man eine Leine werfen und holen kann? Ein schlechter Fischersmann fürwahr, der an einem Tag nicht hundert, zweihundert und dreihundert Kabeljau fangen kann, von denen das Hundert, zugerichtet und getrocknet, für zehn Schilling verkauft wird ... Wenn ein Mann nur drei Tage in der Woche arbeitet, kann er mehr verdienen, als er ausgeben kann, wenn er nicht besonders verschwenderisch ist."

Kapitän John Smith, der erste Admiral seiner Majestät in Neuengland, wußte genau, warum er seinen Landsleuten in England reichen und leichten Gewinn aus dem Meer versprach. Zu seiner Zeit — es war in den ersten Jahrzehnten des 17. Jahrhunderts — begann die Blüte der Kabeljaufischerei bei den Neufundlandbänken. Dort, wo der Golfstrom seine warmen Wasser mit den kalten des Labradorstromes mischt, herrschen ideale Lebensbedingungen für Wassergetier aller Art; vor allem Kabeljau gab es vor den Küsten Neuenglands und Neuschottlands im Überfluß. Wenn aber diese Schätze des Meeres für die englische Krone gehoben werden sollten, brauchte man Menschen und Schiffe,

und um sie an die fernen Gestade zu locken, schilderte John Smith den Kabeljaufang als einen lohnenden und amüsanten Sport — der mit der rauhen Wirklichkeit der Dorschfischerei recht wenig zu tun hat.

John Smiths Lockreden hatten anscheinend den gewünschten Erfolg, denn bald strömten so viele englische Fischer an die Neufundlandbänke und zogen so enorme Reichtümer aus der Tiefe, daß es zu Reibereien mit ihren Konkurrenten, vor allem mit den Franzosen, kam. Die Feindseligkeiten zwischen England und Frankreich, die sich aus diesem Konkurrenzkampf entwickelten, beweisen deutlich genug, welche Bedeutung der Fischfang für das Wirtschaftsleben der Völker schon damals hatte. Und Krieg — wenn auch einen Kleinkrieg — um Fische gab es noch in unserem Jahrhundert: als nämlich isländische Behörden im Jahre 1957 britischen Fischern ihre traditionellen Fanggründe sperren wollten, indem sie das isländische Hoheitsgebiet auf See von 3 auf 12 Meilen erweiterten. Die Engländer ließen sich nicht abschrecken, sondern erschienen in Begleitung bewaffneter Schiffe vor der isländischen Küste und fischten weiter. Es kam immerhin zu Zusammenstößen — wenn auch nicht zu ernsthaften Gefechten.

Der Kabeljau der Neufundlandbänke spielte sogar eine gewisse historische Rolle bei der Gründung der

Wie vor Jahrhunderten die Fangflotten der Engländer und Franzosen, so ziehen auch heute noch in jedem Sommer die portugiesischen Doryfischer mit ihren Segelschonern vor die Küste Neufundlands, um den Kabeljau zu fangen. In winzigen Einmannbooten fahren die Fischer auf die See hinaus, wo sie — weit entfernt von ihren Mutterschiffen und den ganzen Tag über auf sich allein gestellt — ihre beköderten langen Leinen auswerfen.

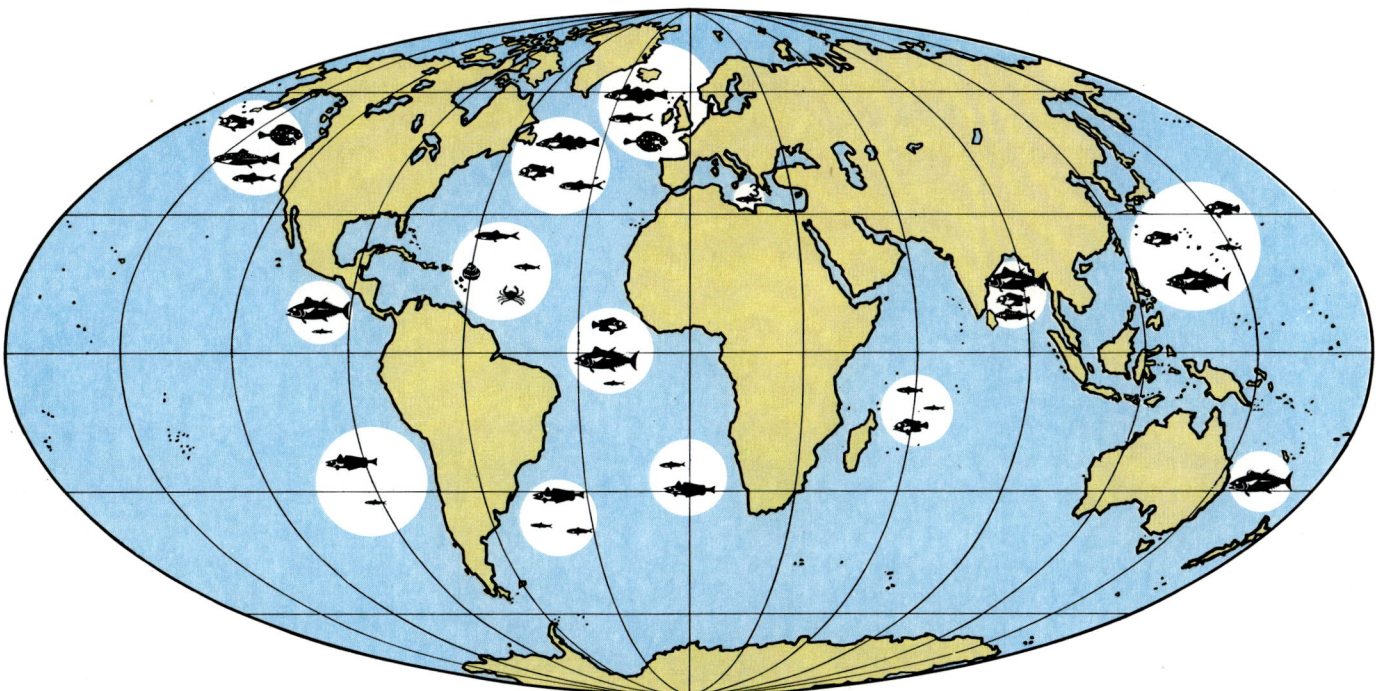

Die Hauptfischereigebiete der Welt und die wichtigsten Speisetiere des Meeres: Die ergiebigsten Fanggründe der Erde liegen nördlich des Äquators, in jenen Meereszonen, in denen der Austausch kalter und wärmerer Wassermassen eine hohe Fruchtbarkeit bewirkt. Der Süden ist wesentlich ärmer an Fischen, deren Fang in großer Zahl sich lohnt. Die wichtigsten Nutztiere sind: Kabeljau und Dorsch ◄■►; Barschfische ◄■►; Plattfische ●▬●; Sardinenfische ◄▬; Krebstiere ✿; Heringsfische ◄▬►; Thunfische ◄▬◄; Makrelen ◄▬►; Muscheln ♣. Die bedeutendsten Fischereiplätze des Nordens sind: Der Nordpazifik und die Bering-See, das Meeresgebiet zwischen Skandinavien und Grönland, die Neufundlandbänke, die Fanggründe im Kuroshio-Strom vor Japan und einige Regionen vor Mexiko, im mittleren und östlichen Atlantik und im Indischen Ozean. Für den Fischfang südlich des Äquators spielt der Humboldtstrom vor der südamerikanischen Pazifikküste die größte Rolle.

Vereinigten Staaten. Verhalf er zunächst den neuenglischen Kolonien zu wirtschaftlicher Blüte, so trug er schließlich dazu bei, den Unabhängigkeitskampf der Amerikaner gegen die britische Krone zu finanzieren. Schiffe und Mannschaften, die sich im harten Kampf um den Fisch bewährt hatten, bildeten den Grundstock der ersten amerikanischen Marine. Im Abgeordnetenhaus des Staates Massachusetts in Boston hängt noch heute ein vergoldeter, aus Holz geschnitzter Kabeljau, seit der Abgeordnete John Rowe im Jahre 1784 den Antrag einbrachte, dem Fisch ein Denkmal zu setzen.

Daß bestimmte Fische, auf deren Fang und Verarbeitung ganze Industrien spezialisiert sind, plötzlich aus Meeresgebieten verschwinden, in denen sie bis dahin stets reichlich vorhanden waren, führt nicht selten zum Verlust von Macht und Reichtum und zum wirtschaftlichen Zusammenbruch. Blüte und Niedergang der Hanse hingen stark mit der Heringsfischerei in der Ostsee zusammen. Vor einigen Jahrzehnten erlebte die kalifornische Sardinenfischerei eine Katastrophe: Tausende von Menschen ernährten sich von diesem Gewerbe, das 1937 eine Rekordernte von rund 800 000 Tonnen Sardinen einbrachte. Danach aber wurden die Fänge immer geringer; 1963 fing man kaum noch 1000 Tonnen Sardinen.

Die Fische waren verschwunden; Bankrotte und Arbeitslosigkeit entlang der ganzen Küste waren die Folge.

Bei schnellem Rückgang der Fangerträge ist oft von „Überfischung" die Rede, und wirklich fischte und fischt der Mensch so unüberlegt, daß gelegentlich große Bestände wertvoller Meerestiere nahezu ausgerottet werden. Das gilt aber nur für die großen Meeressäuger, bei denen sich die Jagd auf das Einzeltier lohnt. Wal- und Robbenfang lassen sich mit der Jagd vergleichen, wie sie in unseren Wäldern bis zur Einführung von Schonzeiten und Abschußbegrenzungen geübt wurde. Man fischt, wie einst der Nomade jagte: Wo sich Beute findet, wird soviel wie möglich davon gefangen. Aber auch viele Fischarten, nämlich solche, die am begehrtesten und daher am leichtesten zu verkaufen sind, werden zu stark befischt, so daß die Bestände bei weitem nicht ihre volle Produktionskraft entfalten können: zu viele Fische werden zu früh gefangen.

Aber nicht immer ist Überfischung die Ursache für das Versiegen ergiebiger Fischquellen. Meerestiere sind weit mehr als die Tiere des Landes von einem ganz bestimmten biologischen, chemischen und physikalischen Gleichgewicht ihres Lebensraumes abhängig. Schon leichte Schwankungen und Veränderungen dieser Verhältnisse können zum Massensterben der Fischbrut führen. Auch zwingen sie die älteren Fische, sich andere Räume zu suchen. Wenn zum Beispiel eine Meeresströmung eine etwas andere Richtung einschlägt, wenn Wassertemperatur oder Salzgehalt des Ozeans sich ändern, kann das für die Fische weitreichende Folgen haben: Das Plankton, für alle Geschöpfe des Meeres ebenso unentbehrlich wie die Pflanzen für alle Landtiere, kann absterben und die Meerestiere „brotlos" machen, indirekt auch die größeren Fleischfresser.

Veränderungen im Gleichgewicht der natürlichen Lebensverhältnisse der Fische – sofern sie eine Verlagerung des Verbreitungsgebietes zur Folge haben – bedeuten heute allerdings nur noch selten eine Katastrophe für die Fischerei. Während früher die Reichweite der Fischereiflotten oft sehr begrenzt war, können mit modernen, gut ausgerüsteten und zu weiten Reisen fähigen Fischereifahrzeugen neue, abgelegene Fangplätze aufgesucht werden. Im Nordatlantik veröden zum Beispiel vor einigen Jahren die ergiebigen Fanggründe der deutschen Hochseefischer, weil das Wasser sich erwärmt hatte. Die Fische zogen sich bis an die Westküste Grönlands zurück, wohin die deutschen Fischdampfer und Trawler ihnen nun folgen. Gelegentlich gibt es für die Fischer aber auch gegenteilige Überraschungen: So haben sich seit einigen Jahren die Seezungen in der Nordsee stark vermehrt, obwohl ihnen mehr denn je nachgestellt wird.

Ganz ausgefischt werden können die Ozeane der Welt wohl nie. „Man schätzt", schreibt der Amerikaner Jim Thorne, „daß der Ozean jährlich an die 400 Milliarden Tonnen organischen Materials produziert (ich selbst halte diese Ziffer für zu niedrig). Und davon erntet der Mensch nur einen winzigen Bruchteil."

Noch sind die Kenntnisse der Meeresforschung nicht so umfassend, daß man genau angeben könnte, wie groß der Anteil der Fische an dieser enormen Produktionskraft ist. „Nach Angaben der Vereinten Nationen", so William Cromie, „haben die rund 5 Millionen Fischer in aller Welt mit ihren Netzen, Angeln und Reusen im Jahr 1963 45 Millionen Tonnen Nahrung aus dem Meer geholt, darunter etwa 40 Millionen Tonnen Fische. Wenn die verschiedenen Berechnungen einigermaßen zutreffen, werden 3 bis 25 Prozent der vorhandenen Fischbestände gefangen."

Die Fischerei, eines der ältesten nahrungsbeschaffenden Gewerbe der Welt, erlebte in unserer Zeit einen Aufschwung, neben dem ihre historische Rolle als Quelle einstigen Reichtums fast bedeutungslos erscheint. Nur drei Jahrzehnte hat es gedauert, bis sich die Erträge der Weltfischerei verdreifachten: Von rund 21 Millionen

Trotz moderner Großfangflotten und Fabrikschiffe behaupten sich überall in der Welt noch die traditionellen Fischereimethoden. In den küstennahen Gewässern vor Norwegen, in denen der Hering besonders reichlich vorkommt, lohnt sich der Fang mit dem Ringwadennetz. Es besteht aus einer runden Netzfalle, die wie ein großer Beutel zusammengezogen werden kann. Von norwegischen Fischern werden allein zwischen einer halben und einer Million Tonnen Heringe pro Jahr gefangen.

Im Mittelmeer fängt man den Thunfisch in Tonnaren, riesigen, mehrkammerigen Netzfallen. Wandernde Thunfischschwärme schwimmen in die Falle hinein und werden allmählich, durch immer enger werdende Gänge, bis in die letzte Kammer getrieben, aus der es kein Entrinnen gibt. Die Fischer holen das Netz mit den in panischem Schrecken wild hin und her schießenden Tieren schließlich so weit hoch, daß sie ihre Opfer mit starken Haken an Bord ihrer Boote ziehen können. Große Fangtage werden oft wie Volksfeste gefeiert.

Tonnen im Jahre 1938 auf über 60 Millionen Tonnen im Jahre 1968. Allein zwischen 1957 und 1962, in knapp fünf Jahren, steigerte sich die Menge der in aller Welt gefangenen Fische um mehr als 44 Prozent. Und Fachleute sagen voraus, daß dieses erstaunliche Wachstum sich noch beschleunigen wird.

Hierzu Professor Gotthilf Hempel vom Institut für Meereskunde in Kiel im Jahre 1970:

„Zwar werden einzelne Fischbestände schon heute zu stark genutzt; betrachtet man aber den Weltozean insgesamt, so findet man noch große, unausgeschöpfte Reserven. Die Welternährungsorganisation hat in den letzten Jahren Schätzungen über die mögliche weitere Entwicklung der Fischerei anstellen lassen. Dabei wurde zwischen dem Ausbau der traditionellen Fischerei und der Nutzung bisher überhaupt nicht befischter Tiergruppen, beispielsweise des Krills in der Antarktis, unterschieden. Allein durch intensive Befischung der großen Schwärme von Makrelen, Makrelenhechten, heringsartigen und anderen Massenfischen der oberen und mittleren Wasserschichten und durch eine bessere, von Wissenschaftlern überwachte Steuerung der Fischerei auf Bodenfische, wie Kabeljau, Scholle, Seehecht und Rotbarsch, könnten die Erträge der Weltfischerei im näch-

sten Jahrzehnt verdoppelt werden. Dabei werden die südlichen Meere eine immer größere Rolle spielen. Schon im letzten Jahrzehnt kamen die größten Erfolgsmeldungen aus subtropischen und tropischen Meeren. Die Fischerei vor Süd- und Südwestafrika, im Golf von Thailand und an der Ostküste Südamerikas entwickelte sich sehr schnell." Dem Optimismus der späten sechziger und frühen siebziger Jahre ist allerdings Ernüchterung gefolgt. Die Verschmutzung der Meere und die Überfischung in einigen Gebieten scheinen der Ausbeutung der Meere Grenzen zu setzen, wie das Beispiel der peruanischen Fischerei zeigt:

Sensationell waren die Erfolge der modernen Fischindustrie in Peru, die mit Hilfe internationaler Geldmittel und Berater geschaffen wurde. In rund neun Jahren gelang ihr der Sprung von einem unbedeutenden Gewerbezweig mit rund 230 000 Tonnen jährlichem Fangertrag zum wichtigsten Erwerbs- und Exportzweig des Landes. Peruanische Fischer lieferten 1964 fast 10 Millionen Tonnen Fische in ihren Häfen ab. Sie steigerten ihre Erträge um das Vierzigfache, bis gegen Ende des Jahrzehnts die Netze plötzlich immer weniger Fische heraufbrachten und die Erträge rasch unter die alte Marke sanken. Peru hatte seine Gewässer überfischt.

Was in Peru möglich war, kann auch anderen Ländern helfen, die vom Nahrungsmangel bedroht sind. Länder, in denen — wie ein Fachmann es unlängst ausdrückte — hungernde Kinder am Strand des Meeres stehen, aus dem wertvolle Nahrung in Hülle und Fülle geschöpft werden könnte, wenn man geeignete Mittel und Wege dazu fände.

„Wenig genutzt" — so fährt Hempel fort — „ist bisher der offene Ozean. Wegen ihrer hohen Fruchtbarkeit und weil sie leichter zu befischen sind, liefern die Schelfmeere (bis ungefähr 200 m Tiefe) immer noch 90 Prozent der Weltfischerei, obwohl diese Gebiete nur 7 Prozent der Meeresoberfläche ausmachen. Die Nutzung der Fischbestände im offenen Ozean stößt noch auf Schwierigkeiten: Die Tiere sind über weite Areale und oft in einen mehrere hundert Meter mächtigen Tiefenbereich verstreut. Erst an Stromgrenzen — wo kalte und warme Strömungen zusammentreffen — oder am Rand der Kontinente gibt es Ansammlungen, die mit modernen Fangtechniken ausgebeutet werden können. Japaner und Amerikaner befischen die großen Thunfische der offenen Ozeane sehr intensiv, die kleineren Arten, vor allem aber die großen Mengen von Tintenfischen, sind noch längst nicht voll genutzt.

Zeitweilig hat man große Hoffnungen in die Fischbestände in 1000 bis 2000 Meter Wassertiefe gesetzt. Unterwasserphotographie und -fernsehen, Tauchbeobachtungen und Probefänge zeigten, daß in diesen für die Fischerei bisher praktisch unzugänglichen Tiefen mehr große Fische und Tiefseelangusten leben, als je erwartet. Trotzdem ist Skepsis am Platze. Diese Tiere leben im kalten Wasser und bei relativ geringem Nahrungsangebot. So wachsen sie wahrscheinlich sehr langsam, und nach hohen Anfangserfolgen dürfte der Fischereiertrag auf die Dauer wahrscheinlich gering sein."

Bedroht vom Gespenst des Hungers, setzt die Menschheit neuerdings große Hoffnungen auf die „Speisekammer" ihrer Weltmeere. Eine der erstaunlichsten Tatsachen angesichts der bereits erzielten Erfolge ist, daß die Fangmethoden der Fischer sich seit Urzeiten im Prinzip kaum geändert haben, sondern nur modernisiert wurden. Was ist die Harpune, mit der der Wal gejagt wird, im Prinzip anderes als der Speer, den ein eingeborener Fischer der Südsee auf einen Fisch im seichten Wasser einer Lagune schleudert? Aus Weidengeflecht hergestellte Reusen werden heute wie vor Jahrhunderten zum Fang von Fischen und Schalentieren benutzt, und das Netz, dessen sich die Großfischerei heute in vielerlei Variationen bedient, gehört zu den ältesten Fanggeräten der Menschen. Auch die Angel ist uralt: Wenn heute moderne japanische Langleinenfischer ihre viele Kilometer messenden Leinen auslegen, an denen wiederum kürzere Leinen mit beköderten Angelhaken zum Fang von Thunfischen hängen, fischen sie im Prinzip nach

der gleichen Methode wie schon die Menschen der Bronzezeit, aus der uns geschmiedete Angelhaken erhalten geblieben sind, oder wie die Steinzeitmenschen, die Angelhaken aus Knochen herstellten.

Neben den traditionellen Fangmethoden mit den überall in der Welt gebräuchlichen Geräten Netz, Angel, Speer oder Harpune, Korb und Reuse haben findige Fischer hier und da merkwürdig anmutende Techniken entwickelt, um die begehrte Meeresbeute zu überlisten. In manchen Gegenden des Mittelmeers stellt man seit dem Altertum dem Thunfisch, der in jedem Frühjahr in mächtigen Schwärmen nahe an der Küste vorbeizieht, auf eine ganz besondere Weise nach: Wenn die Zeit der großen Thunfischwanderungen kommt, kann man an den Küsten Sardiniens, Siziliens und Dalmatiens Männer sehen, die Tag und Nacht auf hohen Gerüsten an Land oder in den Mastspitzen kleiner Boote sitzen und aufs Meer hinausstarren. Es sind die Wächter, die die Ankunft der Thune zu melden haben. Wenn die ersten großen Fische gesichtet werden, gehen die Fischer in ihre bereitliegenden Boote, um die Schwärme einzukreisen und dem Ufer zuzutreiben, wo riesige Netzfallen, die sogenannten Tonnare, im flachen Wasser ihre Mäuler aufsperren. Raffiniert ausgelegte Netzsysteme lenken die Fische von ihren Bahnen ab und immer tiefer hinein in die Todesfallen, aus denen kein Weg mehr zurückführt. Wenn die Thune die letzte große Kammer erreicht haben, wird die Falle geschlossen, wird das Netz enger und enger zusammengezogen. Irr vor Angst und dicht gedrängt schießen die mächtigen Fische hin und her, bis sie von den Männern, in den Booten oder am Ufer, mit Knüppeln betäubt und dann mit langen Messern einzeln abgestochen werden.

In Japan bediente man sich bis vor kurzem eines Vogels, um der Fische des Meeres habhaft zu werden. Gezähmte Kormorane, die zu den besten Tauchern unter den Seevögeln zählen, werden zu nächtlichen Fangfahrten mitgenommen. In kleinen Booten, an deren Vorsteven Fackeln brennen, warten die Fischer darauf, daß ihre Opfer, angelockt durch den Schein des Feuers, an die Oberfläche schwimmen. Sobald sich ihre glitzernden Leiber in der Nähe des Bootes zeigen, tauchen die Kormorane hinab und packen mit ihren Schnäbeln, was ihnen erreichbar ist. Da die Vögel angeleint sind, können sie mit ihrer Beute nicht entkommen; ja sie können sie nicht einmal hinunterschlucken, weil die Fischer ihnen einen engen Ring um den Hals gelegt haben, der den Schlund verschließt. Der Kormoran muß jeden Fisch an seinen Herrn abliefern und bekommt zum Lohn nur einen Bruchteil dessen, was er fängt.

In der modernen japanischen Fischerei, einer der produktivsten der Welt, hat diese malerische Methode allerdings keinen Platz mehr. Höchstens für Touristen wird ein solches Schauspiel noch inszeniert — ansonsten hält man sich an ergiebigere Techniken des Fischfangs.

Das einfache Schöpfnetz, eines der ältesten Werkzeuge der Fischerei, bringt höchstens Zufallsfänge. Viele Länder, besonders in Asien, brauchen moderne Fangflotten, um ihre vom Hunger bedrohte Bevölkerung mit Nahrung aus dem Meer zu versorgen.

Fischerei von morgen: Neue Techniken und alte Vorurteile

„In der Nordsee, unweit der Elbmündung, lag ein kleiner Fischdampfer vor Anker; daneben schwammen, etwa zwanzig Meter voneinander entfernt, zwei verankerte Bojen. Im Wasser unterhalb der Bojen hingen Metallplatten, die durch Drähte mit dem Schiff verbunden waren; sie bildeten die beiden Pole eines Stromkreises.

An Deck saßen zwei Männer vor einer Art Fernsehschirm, über den von Zeit zu Zeit ein kleiner Schatten huschte: Ein Fisch schwamm zwischen den beiden Platten hindurch. Der Schirm gehörte zu einer sogenannten Fischlupe, einem Echolot mit Braunscher Röhre. Solche Geräte gehören heute zum Rüstzeug der meisten Fischdampfer. Plötzlich erschien auf dem Leuchtschirm eine Vielzahl von Schatten — ein riesiger Fischschwarm. Einer der beiden Männer legte einen Schalthebel um. Ein tiefes Summen wurde hörbar: Das Wasser zwischen den beiden Polen lag unter Strom. Einen Augenblick lang wirbelten die Fische in wilden Kreisen durcheinander. Dann schwammen sie geradenwegs auf eine der beiden Platten zu. Dahinter war ein Netz gespannt, in

das es sie unwiderstehlich zog, als folgten sie einem neptunischen Rattenfänger von Hameln. Bald zappelten sie zu Tausenden in den Maschen.

Es war ein Experiment des deutschen Wissenschaftlers Dr. Conradin Kreutzer. Er nutzt die Erscheinung, daß Fische sich in einem unterseeischen elektrischen Gleichstrom unwillkürlich längs den Stromlinien mit dem Kopf zur Anode stellen und in Richtung auf die Anode zuschwimmen. Eine bestimmte Stromspannung treibt sie an, eine höhere betäubt sie für einige Zeit, eine noch höhere tötet sie. Auf diese Weise kann man sich sogar Fische einer bestimmten Größe aussuchen. Größere Fische reagieren schon auf schwächeren Strom. Durch bloße Stromregulierung kann man also die großen Tiere eines Schwarmes in die elektrische Fischfalle lenken und die kleinen frei ausgehen lassen."

Die sogenannte Elektrofischerei, die hier beschrieben wird, hat sich im Süßwasser schon sehr bewährt; im Ozean sind die Schwierigkeiten wegen der hohen Leitfähigkeit des Seewassers sehr viel größer. Falls sich die Elektrofischerei schließlich auch im Meer als wirtschaftlich erweist, wird sie, weil bei ihr die kleineren und jungen Fische eine ebenso große Überlebenschance haben wie bei der Fischerei mit großmaschigen Netzen, wohl viel eher eine weite Verbreitung finden als eine andere Methode: das Fischen „mit dem Staubsauger". Dabei lassen besonders ausgestattete Schiffe mächtige Saugrohre in die georteten Fischschwärme hinab. Turbinenanlagen an Bord des Fahrzeugs erzeugen einen starken Saugstrom, der das Wasser samt allen darin schwimmenden Tieren in den Schlund der Rohre hineinzieht.

Oben auf dem Schiff fließt der Wasserstrom über ein großes Sieb wieder ab, auf dem die Fische zurückbleiben. Sie werden gleich an Ort und Stelle verarbeitet, das heißt ausgenommen, filtriert und eingefroren oder zu Fischmehl zermahlen. In Rußland, wo dieses Verfahren zum Beispiel im Kaspischen Meer erprobt wurde, benutzte man große Lampen, um die Fische in den Saugbereich der Pumpen zu locken. Auch ist eine Kombination des „Staubsaugers" mit elektrischer Anlockung und Betäubung denkbar. Diese Methode hat allerdings einen großen Nachteil: Es wird schwierig sein, nach Fischgrößen zu sortieren und den Nachwuchs zu schützen. Wichtiger als Elektrofischerei und die Fischpumpe wird für die Fischerei der Zukunft wahrscheinlich die Weiterentwicklung der heute üblichen Fangmethoden sein. Riesige Schwimmschleppnetze mit Öffnungshöhen von rund 40 Metern, die einen ganzen Heringsschwarm „schlukken" können, sind heute schon in Betrieb. Dazu werden schon bald neue Echolote und Unterwasserhorchgeräte kommen, mit denen die Fische noch besser und schneller aufgespürt werden können als heute, und automatisierte Fangmanöver werden die Erträge erhöhen und den Fischern ihre harte Arbeit erleichtern.

„Die Probleme, mit denen wir uns herumschlagen", meinte kürzlich einer der Männer, die sich im Auftrage ihrer Regierungen mit der Erschließung des Ozeans als Nahrungsquelle beschäftigen, „sind nicht nur technischer und biologischer Art. Wir werden das Verhalten und die Lebensgewohnheiten der Meerestiere immer besser kennenlernen und erfahren, wo die großen Schätze zu holen sind. Und wir werden Fahrzeuge und das technische Gerät entwickeln, sie zutage zu fördern. Aber ein Problem macht uns große Sorgen, und es heißt: Die Hausfrauen in aller Welt."

Dieser Seufzer will sagen, daß die Vorurteile und die Unkenntnis der Verbraucher den notwendigen raschen Fortschritt des Fischfangs behindern. Es gibt da alarmierende Anzeichen: Die einst blühenden Fischereiindustrien einiger westlicher Länder stagnieren in ihrer Entwicklung oder gehen sogar zurück, zum Beispiel in den Vereinigten Staaten und in der Bundesrepublik. Man könnte meinen, das sei, abgesehen von den bitteren Folgen für die betreffenden Industrien selbst, nicht weiter schlimm; denn wenn die Menschen keinen Fisch wollen, haben sie ja wohl keinen Mangel an Nahrung. Und auf den ersten Blick möchte man fast dem Abgeordneten im Kongreß der USA recht geben, der einmal sagte: „Warum sollen wir eine Menge Geld für die Erschließung der marinen Nahrungsquellen ausgeben, wenn wir gleichzeitig unsere Landwirte dafür bezahlen, daß sie einen Teil ihrer Felder nicht bewirtschaften?" Auf den ersten Blick erscheint dieses Argument durchaus einleuchtend, aber nicht alle Länder der Erde haben eine landwirtschaftliche Überproduktion.

Und der Mann, der sich so besorgt über die Hausfrauen äußerte, sieht das Problem in einem anderen Licht. Er und seine Kollegen brauchen eine gesunde, leistungsfähige Fischerei im eigenen Lande und deren Erfahrungen, um die Entwicklung voranzutreiben. Und er meinte, man brauche auch Vorbilder, wenn man versuchen wolle, den Menschen in den Ländern, die selbst zuwenig tierisches Eiweiß produzieren, den Fisch als Alternative anzubieten. Fischfang großen Stils kennt man zum Beispiel in Ländern wie Indien kaum. Nur die direkt am Meer lebende Bevölkerung ernährt sich aus dem Meer, weil es an Möglichkeiten fehlt, Seefisch auf den langen Transportwegen bis ins Binnenland genießbar zu halten. Die Transport- und Konservierungsschwierigkeiten lassen sich heute mit Hilfe der modernen Technik überwinden, aber es ist nicht so leicht, Menschen an den Genuß von Fisch zu gewöhnen, die diese Nahrung kaum kennen. Und hier, so meinen die Fachleute, müsse man in den sogenannten Überflußländern mit gutem Beispiel vorangehen. „Sonst wird es", sagte einer der Verantwortlichen, „in den Ländern, die auf unsere Hilfe angewiesen sind, leicht heißen: ,Die Steaks wollen sie für sich selber behalten, während wir das Zeug aus dem Meer essen sollen.'"

Niemand wird behaupten, daß in den Ländern mit hohem Lebensstandard keine Fische auf den Tisch kämen. Aber allzu viele durchaus schmackhafte und nahrhafte Meerestiere werden geringgeschätzt und vernachlässigt, außer vielleicht in den Mittelmeerländern und in einigen Ländern Asiens, wo die „Früchte des Meeres" von alters her eine große Rolle gespielt haben. Ein Fischmarkt in Neapel oder Marseille zeigt die ganze prachtvolle Fülle dessen, was die See zu bieten hat: Fische in allen Formen, Farben und Größen, Krabben und Krebse, Muscheln, Meeresschnecken, Tintenfische, Seeigel und manches andere Getier. Die Auslagen der Fischhändler in Nordeuropa nehmen sich dagegen fast armselig aus.

Zieht man nur die Meeresfische in Betracht, kommt man zu überraschenden Ergebnissen: Von rund 16 000 bekannten Arten, von denen wiederum höchstens 200 regelmäßig gefischt und angeboten werden, spielt nur ein gutes Dutzend eine wirtschaftlich bedeutende Rolle: Hering, Kabeljau und Seehecht, Sardine und Sardelle, Thunfisch, Makrele, Lachs, Plattfische wie Heilbutt, Scholle und Flunder, Rotbarsch und ein paar andere. Im Jahre 1967 wurden in der ganzen Welt 60,5 Millionen Tonnen „Fisch" gefangen (Krustentiere, Muscheln usw. eingeschlossen). Davon setzten sich mehr als zwei Fünftel, nämlich 24 Millionen Tonnen, aus Dorschen, Schellfischen, Seelachsen, Rotbarschen, Heringen und Sardinen zusammen; allein von der peruanischen Sardelle wurden 10 Millionen Tonnen angelandet. Alle anderen genießbaren Meerestiere — Hunderte von Arten — teilten sich in den Rest.

„Zweifellos gibt es Hunderte, wenn nicht Tausende verschiedener wohlschmeckender Tiere im Meer, die nur aus Mangel an kulinarischer Phantasie und aus biologischer Unkenntnis nie auf unsere Teller kommen", meint William J. Cromie. „Die Fänge der USA setzen sich zu drei Vierteln aus einem runden Dutzend verschiedener Arten zusammen, und viele andere Länder, Japan ausgenommen, nutzen auch nur ähnlich wenige Arten für die menschliche Ernährung. Was wir dringend brauchen, ist eine einigermaßen exakte Übersicht über die Biologie des Weltmeeres und ein Programm zur Prüfung auf Nährwert und Geschmack. Eine gleichzeitige Aufklärungskampagne über Nahrung aus dem Meer könnte uns viele exotische neue Gerichte bescheren und dazu beitragen, daß der Eiweißmangel in der Welt endlich beseitigt wird."

Derartige Programme können rasch zu Erfolgen führen. Das zeigt der Rotbarsch, vor Jahrzehnten noch ein fast unbekannter Fisch, heute neben dem Hering das wichtigste Objekt der deutschen Hochseefischerei. Von 359 000 Tonnen Rotbarsch, die im Jahre 1967 in der ganzen Welt gefangen wurden, verbrauchte die Bundesrepublik Deutschland allein fast ein Drittel: 112 000 Tonnen. Dabei ist es erst wenige Jahrzehnte her, daß die

Neben den Fischen spendet die See noch eine Fülle von anderen genießbaren und wohlschmeckenden Tieren. Tintenfische (oben im Bild sieht man zum Trocknen aufgehängte Kalmare) spielen in der japanischen Fischerei eine bedeutende Rolle. An manchen Küsten der USA erreichen die Fänge von großen Garnelen (Shrimp) und Herz- und Kammuscheln an wirtschaftlicher Bedeutung nahezu den Fischfang (Bilder unten).

Fischgroßhändler in den Auktionshallen von Bremerhaven auf jeden verkauften Korb Kabeljau oder Schellfisch eine kostenlose Zugabe legten, die von den Einkäufern anfangs mißtrauisch beäugt wurde: einen breiten, leuchtendroten Fisch, der einen mächtigen Kopf mit dicken Lippen und großen Glotzaugen hatte. Seine schwarzfleckigen Kiemendeckel waren sehr hart und, wie die Vorderseite des Kopfes, mit Stacheln besetzt. Über den Rücken zog sich eine lange, stachlige Flosse hin. Kein Wunder, daß die Händler den Rotbarsch mit Kopfschütteln betrachteten.

Heute fahren ganze Flotten von Fischereifahrzeugen in die Meere des hohen Nordens, um das „Wundertier" zu fangen. Tausende von Seemeilen müssen die deutschen Trawler zurücklegen, ehe sie die steinigen und tief liegenden Fischgründe in der Barentssee erreichen, wo der Rotbarsch steht. Und die deutsche Hausfrau will den Rotbarsch längst nicht mehr entbehren.

Würde man in England, in Dänemark, Schweden, in Deutschland oder in irgendeinem anderen nord- oder mitteleuropäischen Land Schulkinder nach den bekanntesten Speisefischen fragen, so würden sie sicherlich den Hering mit an erster Stelle nennen. In den USA aber sucht man ihn häufig vergeblich auf den Speisekarten oder in den Ladengeschäften.

Gibt es also wenige Heringe in den von amerikanischen Fischern bevorzugten Gewässern? Es gibt sie sehr wohl, sogar ganz dicht vor der Haustür der USA, im nördlichen Atlantik und dazu in großen Mengen. Im Golf von Maine, ein paar hundert Seemeilen östlich von Boston, haben Fischer erst in den letzten Jahren größere Heringsvorkommen bei der George-Bank entdeckt. Von Cuxhaven und Bremerhaven aus fahren deutsche Heringslogger mehrere tausend Kilometer weit, um dort zu fischen, während die Fischer der amerikanischen Ostküste es kaum der Mühe wert halten, die Heringe der George-Bank zu fangen. Für sie würde eine Fangreise nur ein paar Tage dauern; aber sie lohnt sich nicht, denn die Männer könnten ihre Heringsfänge höchstens für einen Spottpreis an Fischmehlfabriken verkaufen. Die amerikanische Küche schätzt den Hering nun einmal nicht — wenn sie ihn überhaupt kennt.

Gegenwärtig machen die Weltfänge an Heringsfischen, zu denen neben dem atlantischen Hering auch die Sardinen, Anchovis und ein paar verwandte Arten zählen, mehr als ein Drittel der gesamten Fischerträge aus. Freilich werden sie nicht alle vom Menschen verzehrt; ein wesentlicher Teil wird zu Viehfutter, Öl und verschiedenen anderen Produkten verarbeitet, unter anderem auch zu Dünger. Diese Fänge dienen also nur indirekt der menschlichen Ernährung.

Wertvolle und wohlschmeckende Fische bleiben, aus Abneigung und Unkenntnis, ungenutzt. Im nördlichen Atlantik leben Schwärme des Dornhais, eines ungefährlichen, knapp meterlangen Verwandten der „Tiger des Meeres". In geringer Zahl taucht dieser Fisch zwar auf unseren Fischmärkten auf, aber er kann nur unter einem Decknamen angeboten werden, so sehr schreckt die Bezeichnung „Hai" die Käufer ab. Erst als „Seeaal" oder — in kleinen, geräucherten Stücken — als „Schillerlocke" findet das schmackhafte Fleisch dieser Tiere seinen Weg auf den Tisch. Größere Dornhaifänge, die den Fischern oft nur zufällig ins Netz geraten, wandern in der Regel ebenfalls in die Fischmehlfabriken, wenn sie nicht, wie von der amerikanischen Ostküste berichtet wird, von den fluchenden Fischern gleich wieder über Bord geschaufelt werden. Unbeliebt ist der Dornhai allerdings nicht nur, weil er kaum etwas einbringt, sondern auch, weil er als gefräßiger Räuber gewaltig unter jenen Fischen aufräumt, auf die die Fischer eigentlich aus sind. Erst in letzter Zeit haben norwegische Fischer erkannt, daß der Fang des Dornhais ein lohnendes Geschäft ist, denn die Nachfrage nach geräuchertem Fisch — darunter Dornhai — steigt, wenigstens in Westeuropa.

Leckerbissen aus der Tiefsee

Die meisten der Fische, die aus diesen oder jenen Gründen für die menschliche Ernährung bevorzugt werden, leben in den oberen Wasserschichten bis zu einer Tiefe von rund 200 oder 300 Metern. Die üblichen Fanggeräte erlauben es meistens nicht, noch tiefer zu fischen. Aber seit die sprunghafte Entwicklung der modernen Ozeanforschung es ermöglicht hat, die Lebewesen der Tiefsee genauer zu studieren, seit neue technische Apparate für ihren Fang entwickelt werden, hat sich die Liste der möglichen Fleisch- und Eiweißlieferanten der Meere beträchtlich erweitert. Schon in naher Zukunft, so hoffen die Experten, stehen Schiffe und Fanggeräte zur Verfügung, mit deren Hilfe auch die Vorratskammern in der Tiefsee ausgebeutet werden können.

„Zu den in wirtschaftlicher Hinsicht vielversprechendsten Fischen des Tiefseebodens", erklärt dazu der amerikanische Meeresforscher C. P. Idyll, „gehören die ‚Tiefseelangschwänze'. Man findet sie in allen Meeren der Welt. Einer mit dem zoologischen Namen *Malacocephalus laevis* wurde von den Wissenschaftlern der (dänischen) *Galathea*-Expedition in so weit voneinander entfernten Gebieten wie dem Skagerrak zwischen Dänemark und Norwegen, den Gewässern vor Ostafrika und denen vor Südaustralien gefangen. Fischer, die südwestlich von Irland den Kontinentalabhang mit Tiefenschleppnetzen nach Seehechten abfischen, erwischen oft beträchtliche Mengen zweier im Überfluß vorhandener Langschwanzarten: den erwähnten *Malacocephalus laevis* und den *Coelorhynchus coelorhynchus*, außerdem in etwas geringerer Zahl die Art *Bathygadus*... Die Tiefseelangschwänze sind unter allen Fischen an den Rändern der Tiefsee die zahlreichsten, und ihr Fleisch ist gut."

Mit Hilfe eines mit Ködern gefüllten Behälters und einer Tiefseekamera lieferten amerikanische Meeresbiologen den sichtbaren Beweis, daß es in der Tiefsee von Fischen wimmelt, die einmal von wirtschaftlicher Bedeutung sein können, falls die bis jetzt befischten Bestände in den Oberflächengewässern geschont werden müßten. Noch fehlt es allerdings an geeigneten Fanggeräten, um in Tiefen von mehr als 400 Metern wirtschaftlich zu fischen.

Ebenso wichtig wie die Tiefseelangschwänze und andere Tiere des Tiefseebodens sind die kleinen Leuchtsardinen, die zusammen mit winzigen Krebsen und Tintenfischen die Tiefenstreuschicht des Ozeans in 500 Meter Tiefe bilden. Sie werden zwar nie gekocht, geräuchert oder gebacken unsere Speisekarte bereichern, könnten aber eines Tages eine fast unerschöpfliche Rohstoffquelle für

ein Produkt sein, das manche Fachleute als eine ihrer stärksten Waffen im Kampf gegen den Eiweißmangel in der Welt betrachten: Das FPC, wie es von der Fachwelt genannt wird. *Fish Protein Concentrate,* zu deutsch: Fischeiweißkonzentrat, ist ein weißes, völlig geschmackloses Pulver aus Fischmehl. Es hat einen Eiweißgehalt von 70 bis 80 Prozent und könnte, anderer, eiweißarmer Nahrung beigemengt, einen Mangel an Milch, Eiern und Fleisch weitgehend ausgleichen. Leider ist es aber mit der Produktion solcher Nahrung noch nicht getan. „Der Mensch wehrt sich oft dagegen, die Eßgewohnheiten abzulegen, mit denen er aufgewachsen ist", schreibt William J. Cromie skeptisch. „Die Bevölkerung Indiens und anderer Länder, die in erster Linie von pflanzlicher Kost lebt, wäre gesünder, wenn sie mehr tierisches Eiweiß bekäme. Doch selbst während einer Hungersnot ziehen Vegetarier aus religiöser Überzeugung manchmal den Tod einer Ernährung durch Fleisch oder Fisch vor."

Allen Schwierigkeiten zum Trotz aber suchen die Experten weiter nach lohnenden Nahrungsquellen im Meer, und nicht nur auf bisher ungenutzte Fischvorkommen richten sie ihr Augenmerk. Auch andere Tiere, von denen es in den Weltmeeren wimmelt, sollen künftig auf den Fanglisten der Fischer in aller Welt stehen.

„In größeren Tiefen", so schreibt Idyll, „gibt es eßbare Tiere in solchen Mengen, daß lohnende Fänge zu erwarten sind. Man braucht nur Fangmethoden, die billig genug sind, um den Fischern Gewinne zu garantieren. Viele Tiefseegarnelen erreichen oder übertreffen ihre Artverwandten in flacheren Gewässern an Größe und sind ebenso schmackhaft. Nur kann man die meisten von ihnen gegenwärtig noch nicht ohne Schwierigkeiten und mit wirtschaftlichem Nutzen fangen ...

Die große Zahl der Tintenfischfresser unter den Walen (und ihre noch größere Zahl vor ihrer Dezimierung durch den Menschen) läßt uns ahnen, daß gewaltige Tintenfischschwärme die Tiefsee bevölkern. Die derzeitige Nutzung dieser Vorkommen steht in keinem Verhältnis zu ihrem Überfluß. Die Japaner fangen zwar Tintenfische in bemerkenswerten Mengen — etwa 650 000 Tonnen im Jahr —, aber es sind auch nur die Flachwasserarten. Wenn es gelänge, Fangmethoden für diese Tiere zu erfinden, könnte der Welt mit diesen Weichtieren, zumal denen der Tiefsee, ein bedeutender neuer Nahrungsvorrat erschlossen werden. Das mag sich für viele nicht besonders verlockend anhören — besonders die Nordeuropäer teilen die Vorliebe der Wale für Tintenfische keineswegs. Aber ihr Vorurteil ist ungerechtfertigt und gründet sich nur auf die äußere Erscheinung dieser Tiere. Die meisten Menschen, die Tintenfisch „nicht mögen", haben ihn noch nie probiert. Man erkennt nun einmal nicht auf den ersten Blick, daß Tintenfische und Oktopusse Verwandte von Auster und Muschel sind und sich von diesen geschätzten Lecker-

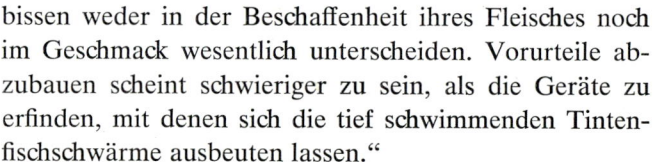

Überall in der Welt wird versucht, Meerestiere zu züchten. Dabei hat man entdeckt, daß Seewasser, das zur Kühlung technischer Anlagen gebraucht und dabei erwärmt wurde, für bestimmte Zuchten ideal ist, z. B. für Seezungen oder für Garnelen. Im Bild eine Versuchsanlage zur Aufzucht von Garnelen bei einem Kraftwerk an der Küste von Florida.

bissen weder in der Beschaffenheit ihres Fleisches noch im Geschmack wesentlich unterscheiden. Vorurteile abzubauen scheint schwieriger zu sein, als die Geräte zu erfinden, mit denen sich die tief schwimmenden Tintenfischschwärme ausbeuten lassen."

Aquakultur – „Landwirtschaft" im Meer

Obwohl die Nahrungsmengen, die der Mensch mit herkömmlichen und neuen Fangmethoden, mit Fangschiffflotten und Fabrikschiffen, besseren Netzen, Aufschleppvorrichtungen und modernen Geräten zur Ortung von Fischschwärmen aus dem Meer holt, ständig wachsen, macht man sich vielerorts Gedanken darüber, wie der Ozean ernährungstechnisch immer noch gewinnbringender zu nutzen sei.

Hier sind vor allem die Japaner vorangegangen, indem sie an ihren Küsten mit der „Aquakultur", der planmäßigen Bewirtschaftung des Meeres, begannen. Auf geeigneten Meeresgrund haben sie Felsblöcke und Betontrümmer geschüttet oder künstliche Riffe gebaut. Auf diese Weise schufen sie Lebensräume für viele Fische, Hummern und Krabben, die sonst den flachen,

schutzlosen Meeresboden meiden. Dem japanischen Beispiel folgend, versucht man seit ein paar Jahren nun auch an der amerikanischen Ostküste, mit künstlichen Riffen Fische „anzusiedeln". Als Material dient industrieller Abfall: alte Autos, Eisenbahnwagen, zerborstene Röhren und sogar abgefahrene Reifen, die man mit Beton füllt. Wenn die Experimente gelingen, hofft man, gleich zwei Fliegen mit einer Klappe schlagen zu können, nämlich neue Fischgründe zu schaffen und viel Müll nutzbringend loszuwerden.

Die Aufzucht von Hummern- und Austernbrut, die man im geeigneten Alter in günstigen Wachstumsgebieten aussetzt, ist in verschiedenen Ländern längst alltägliche Praxis. Man bewahrt auf diese Weise Millionen von Hummerlarven und jungen Austern davor, vorzeitig von anderen Tieren gefressen zu werden, und erzielt gute Erträge. Hochwertige Speisefische und verschiedene Garnelenarten werden beispielsweise in Ostasien in großen Meerwassertanks gezüchtet. Die sehr eiweißhaltige und schmackhafte Miesmuschel ist in verschiedenen Ländern – zum Beispiel in Holland und Spanien – schon seit geraumer Zeit ein „Zuchttier". Allein Spanien produziert jährlich rund 100 000 Tonnen Miesmuscheln. In planktonreichen Buchten sind dort große Flöße verankert, von denen Taue ins Wasser hinabhängen. Im Larvenstadium heften die Muscheln sich an den Tauen

Suppenschildkröten gelten bei den Feinschmeckern der ganzen Welt als Leckerbissen, und die starke Nachfrage hat die freilebenden Bestände in vielen Meeren – zum Beispiel in der Karibischen See – durch die allzu starke Verfolgung bedenklich zurückgehen lassen. Nun versucht man, Schildkröten in Farmen zu züchten. Die jungen, eben aus den Eiern geschlüpften Tiere werden, wie hier in Guatemala, in Tanks gehalten und großgefüttert. Ideale Zuchtplätze für die Aquakultur sind Lagunen und meernahe Buchten. Sie sind die bevorzugten Laichgebiete und „Kinderstuben" vieler Meerestiere, sie sind reich an Pflanzen und nahrhaften Schwebestoffen und deshalb hervorragend geeignet für die Anlage von abgezäunten „Meeresfarmen".

fest und wachsen an ihnen weiter, bis sie groß genug sind, um „geerntet" zu werden. In den flachen Küstengewässern am Golf von Mexiko, am Karibischen Meer, von Florida bis Brasilien, versucht man, die einst im Überfluß vorhandenen Suppenschildkröten wieder zu der wichtigen Nahrungs- und Einkommensquelle werden zu lassen, die sie einmal waren. Ganze Schiffsladungen dieser Tiere holten die Fischer noch vor Jahrzehnten aus dem Wasser und schonten dabei auch die Weibchen und die Eier nicht — mit dem Ergebnis, daß nur noch verhältnismäßig wenige Exemplare übriggeblieben sind.

Jetzt macht man sich Gedanken darüber, wie man die Bestände wieder auffüllen und dann wirtschaftlich nutzen könnte. Dabei verwendet man ein regelrechtes landwirtschaftliches Vokabular: man spricht von „Schildkrötenfarmen", von „Seegrasweiden" unter Wasser, die eingezäunt werden sollen, damit der „Farmer" seine „Herde" leichter überschauen und das „Weideland" besser instand halten kann. Ja sogar eine Züchtung der Tiere auf bestimmte Eigenschaften hin (schnelles Wachstum, Größe, Eierproduktion, Wohlgeschmack) wird bereits ins Auge gefaßt. Ganz ähnliche Pläne werden in England, in den USA und anderen Ländern für die Zucht von Fischen entwickelt.

Auch in Deutschland regt man sich. Hier gibt man der Fischzucht in Seewasserteichen und freischwimmenden Käfigen die größten Chancen. Außerdem will man versuchsweise vor Helgoland in einem „Unterwassertierpark" Fische sowie Hummern und Austern ziehen. Die Tiere sollen hier unter natürlichen Bedingungen leben, dabei aber durch besondere Vorrichtungen vom freien Wasser abgegrenzt und gegen Schädlinge, etwa Seesterne, geschützt sein. In der Ostsee planen Forscher des Kieler Instituts für Meereskunde einen Versuchsgarten, in dem sie in ähnlicher Art Steinbutte züchten wollen. Die niedrige Wassertemperatur im Winter hemmt das Wachstum der Fische. Daher experimentiert man mit der Ausnutzung des warm gewordenen Kühlwassers von Kraftwerken in Meeresnähe. In England zieht man schon Plattfische in kleinen künstlich beheizten Meeresbuchten groß.

Eine Portion Plankton gefällig?

Manche Ernährungsfachleute halten es für möglich, daß auch die gewaltigen Mengen planktonischer Krebstierchen, die als Futter für einige unserer wichtigsten Speisefische dienen, eines Tages von großen Fang- und Fabrikschiffen direkt zu menschlicher Nahrung verarbeitet werden. Damit wäre der „Verschwendung" ein Ende gemacht, die darin liegt, daß enorme natürliche Eiweiß-

Viele Tangarten sind wertvolle, vitaminreiche Nahrung und spielen zum Beispiel in der japanischen Küche eine wichtige Rolle. Im Bild Tang, der zum Trocknen am Strand ausgelegt wurde.

zentimeterlange Glasballons erinnerten, außerdem noch Quallen. Sie waren bitter und mußten herausgesucht werden. Sonst konnte man alles essen, entweder so, wie es war, oder gekocht in Frischwasser als Grütze oder Suppe. Über den Geschmack läßt sich streiten. Zwei Mann an Bord meinten, Plankton schmecke schlecht, zwei waren der Ansicht, daß es gut sei, und zwei hatten schon beim Anschauen gegessen. Ernährungsmäßig war es den großen Schalentieren durchaus gleichwertig, und gut gewürzt und geschickt zubereitet, kann es bestimmt ein erstklassiges Gericht für alle werden, die Seekost lieben. Daß es Kalorien genug in diesen Kleinorganismen gibt, beweist der Blauwal, der als größtes Tier der Welt doch nur von Plankton lebt."

Nun, der Blauwal ist heute fast ausgerottet; um so mehr Plankton dürfte zur Verfügung stehen. Einer direkten Ausnutzung stehen allerdings noch mehrere Tatsachen hindernd entgegen. Zunächst einmal sind die Planktonorganismen so klein und überdies im Meer so weit verteilt, daß es eines großen — und damit übermäßig teuren — technischen Aufwandes bedürfte, um sie einzuholen und zu verarbeiten. Hinzu kommt, daß Zusammensetzung und Vorkommen des Planktons je nach den vorhandenen Bedingungen stark schwanken: Manchmal ist an einer Stelle wenig vorhanden, manchmal viel; einmal sind diese Arten vorhanden, dann wieder andere. Schließlich sind manche Kleinalgen giftig, so daß unter den Fischen ein Massensterben auftritt, sobald sie sich stark vermehren, und für Menschen sind sie offenbar zumindest gesundheitsschädlich.

Die direkte Nutzung der Meeresvegetation jedoch ist in einigen Ländern der Erde grundsätzlich nicht neu. Dabei handelt es sich aber nicht um die mikroskopisch kleinen Planktonalgen, sondern um die am Boden der Küstenmeere wachsenden Großalgen. So gewinnen die Japaner aus dem Zuckertang, der zu den Braunalgen gehört, ein wohlschmeckendes Gemüse, und das in der europäischen Küche als Geliermittel verwandte Agar-Agar ist ein Produkt aus verschiedenen Rot- und Braunalgen. In Skandinavien und in der Bretagne ißt man die als „Meersalat" bekannte Grünalge.

Der Palmentang, eine Braunalgenart, die besonders reichlich Mineralstoffe speichert, wird zur Gewinnung von Jod, Soda, Düngemitteln und wertvollen Schleimstoffen gesammelt. An vielen Küsten der Welt — in Japan, in Norwegen und Portugal — ergänzen Bauern ihr Viehfutter durch Algen und Tange. Aber auch die planktonischen Algen will man nutzen. So sind Forscher dabei, Methoden zu entwickeln, um die ungeheure Vermehrungskraft der nahrhaften Algenarten — sie enthalten Eiweiß, Fett, Stärke und Vitamine — gegen den Hunger in der Welt einzusetzen. Nach Schätzungen eines amerikanischen Wissenschaftlers lassen sich von einem Hektar Wasserfläche durch Züchtung bis zu 40 Tonnen Algen jährlich „ernten", die direkt zu schmackhafter

und Fettvorräte uns nur über eine oder mehrere Zwischenstufen — die Fische — erreichen.

Daß sich der Mensch zumindest notfalls eine Weile von Plankton ernähren kann, haben der französische Arzt Dr. Alain Bombard, der 1952 in einem Faltboot den Atlantik überquerte, und drei Jahre später sein deutscher Kollege Dr. Hannes Lindemann bewiesen. Der amerikanische Biologe Dr. Paul R. Burkholder probierte vor einigen Jahren während einer antarktischen Expedition einige der planktonischen Krillkrebschen. Und siehe da, er und seine Kollegen fanden sie so wohlschmeckend, daß von dem Fang, der eigentlich für eine wissenschaftliche Untersuchung bestimmt war, auch nicht der kleinste Rest übrigblieb.

Thor Heyerdahl hat während seiner berühmten Reise mit dem Floß *Kon-Tiki* ebenfalls Erfahrungen mit Planktonkost gesammelt: „Waren viele Zwerggarnelen darunter, so schmeckte es wie Garnelen-, Hummer- oder Krabbenpastete. Waren es im wesentlichen Fischeier, so schmeckte es wie Kaviar und hin und wieder wie Austern. Das Pflanzenplankton war entweder so klein, daß es mit dem Wasser durch das Netz verschwand, oder aber es war so groß, daß wir es mit den Fingern herausfischen konnten. Wie Haare in der Suppe kamen vereinzelte, große, geleeartige Coelenteraten vor, die an

Nahrung — zu Algenbrot, Algennudeln usw. — verarbeitet werden könnten. Das Meer hält wahrscheinlich mehr Nahrungsvorräte bereit, als wir uns vorstellen können.

Wenn aber die Menschen in immer verstärktem Maße ihre Nahrung aus dem Meer gewinnen wollen, müssen sie darauf sehen, daß sie selbst es nicht „unbrauchbar" machen — weder auf See noch auch vom Land her.

Zwischen den Erdteilen findet praktisch kein Austausch von Substanzen oder Energie statt. Anders im Ozean: Es gibt kein Meer, das nicht mit anderen verbunden, keinen Meeresteil, der völlig von dem Kreislauf abgeschnitten wäre, in dem waagerechte und senkrechte Strömungen nicht Wasser, gelöste Stoffe und selbst Lebewesen verfrachteten und verschleppten. Das bindet alles Leben dort in einen einzigen Prozeß, dessen Gesetzmäßigkeiten die moderne Meeresforschung erst allmählich erkennt.

Die wechselseitige Abhängigkeit der Pflanzen und Tiere voneinander und die weiträumige Verflechtung

aller Lebensvorgänge im Meer ist nun nicht nur ein theoretisches Problem, das lediglich den Wissenschaftler interessierte. Weil sie besteht, darf der Mensch beispielsweise an keiner Stelle radioaktive Abfälle leichtfertig ins Meer versenken; er wüßte nie, wo sich ihr Einfluß zeigen könnte. Mit dem Regenwasser, das über chemisch behandelte Felder und Wälder geflossen ist, spülen die Flüsse DDT ins Meer. Es findet sich in Meerestieren wieder und auch in Tieren, die von ihnen leben. Zum Beispiel im Fleisch von Möwen, die es mit Fischen aufgenommen haben und es, wie die Fische, in ihrem Körper anreichern. Denn auch der Teil der Nahrung, den die Tiere in ihrem Stoffwechsel verbrauchen, hinterläßt Chemikalien in ihrem Körper. Aber nicht nur in Küstennähe lebende Möwen — die wir ja nicht essen — können DDT in Konzentrationen enthalten, die bei einem Genuß der Tiere nicht unbedenklich wären. Man hat DDT in Fischen gefunden, die wichtig für die Ernährung großer Teile der Weltbevölkerung sind.

Die Austernkultur hat in Frankreich, besonders an der Bretagneküste, eine lange Tradition. Nicht weit vom Meer entfernt, aber landeinwärts gelegen, werden die Austerngärten von der Flut täglich mit frischem Wasser und dabei mit Nahrung für die heranwachsenden schmackhaften Schalentiere versorgt.

Heinz Conradis

SCHIFFE UND ENTDECKER

Der triumphale Moment des 21. Juli 1969, als zum ersten Mal ein Mensch seinen Fuß auf den Mond setzte, wird oft mit jenen Augenblicken verglichen, in denen die großen Entdecker des 15. und 16. Jahrhunderts die Küsten neuentdeckter Kontinente betraten.

Was die historische Bedeutung der Landungen auf dem Mond oder an bisher unbekannten Gestaden angeht, so gibt es sicherlich manche Parallele. Setzt man aber Wagnis gegen Wagnis, wägt man ab, mit welchen Mitteln Männer wie Armstrong und Aldrin und mit welchen Columbus oder Magellan ihre Ziele erreichten, so neigt sich die Waagschale vielleicht doch zugunsten der Entdecker vor rund 400 Jahren.

Im Gegensatz zu den modernen Astronauten, für die selbst der ferne Mond immerhin eine bekannte Erscheinung und sogar teilweise erforschtes „Terrain" ist, wußten die alten Seefahrer nicht, was sie erwartete. Sie steuerten ins absolut Ungewisse. Keine Karte zeigte auch nur die Umrisse jener Länder, von denen sie träumten, von ihrer geographischen Lage ganz zu schweigen. Gewaltiger noch ist der Unterschied zwischen den Fahrzeugen der Raumfahrer von heute und denen der Landsucher von einst. Hier das Raumschiff mit seiner ans Wunderbare grenzenden Präzision und Zuverlässigkeit — dort die Karavelle, das hölzerne, mit primitiven Mitteln navigierte Schiff, das, monate- und jahrelang ohne jede Verbindung mit der Heimat, meist ebensosehr auf das Glück und die Gnade des Wetters und des Ozeans angewiesen war wie auf das Können seiner Erbauer und Benutzer. Kein vernünftiger Mensch würde heute einem Forscher zumuten, mit einem Schiff auf eine Reise ins Unbekannte zu gehen, wie es die Seefahrer der Renaissancezeit benutzten. Und doch war es jene Karavelle, die die Welt fast explosionsartig, in wenigen Jahrzehnten, veränderte. Auf einmal wurden die Menschen gewahr, wie ungeheuer groß die Erde ist, wie gewaltig der Ozean zwischen den Kontinenten, wie viele Rassen und

Völker auf diesem Planeten leben. Dieses Schiff weitete die Horizonte in nie dagewesenem Maße; es war die Voraussetzung für einen weitgespannten Seehandel, für Eroberungen, die Gründung großer überseeischer Reiche. Mit diesem Schiff erst konnte man die Schätze der fernen Länder jenseits der Meere an sich reißen, neue Macht erwerben und verteidigen.

Obwohl die Karavellen der Entdecker nach unseren heutigen Maßstäben höchst unzuverlässige, zerbrechliche Gebilde aus Holz, Segeln und Tauwerk waren, stellten sie zu ihrer Zeit zweifellos technische Höchstleistungen dar — und sie waren die Produkte einer schon jahrtausendelangen Entwicklung und Erfahrung.

Niemand kann sagen, wann und wo das erste Wasserfahrzeug von einem Fluß- oder Seeufer oder vom Strand eines Meeres in die Wellen geschoben wurde. Viele Forscher nehmen an, daß ganz verschiedene Formen gleichzeitig und unabhängig voneinander in allen Teilen der Welt entstanden — wobei der Begriff „gleichzeitig" nach den Zeitbegriffen der menschlichen Frühgeschichte zu verstehen ist und durchaus Abstände von mehreren Jahrhunderten einschließen kann. In der Südsee, an den Küsten der nordischen Länder, im Mittelmeer und an afrikanischen Gestaden — überall haben Menschen, die an schiffbaren Gewässern lebten, versucht, Fahrzeuge für das Wasser zu bauen.

Die allererste „Schiffsreise" eines Menschen war wahrscheinlich ein Ritt auf einem treibenden Baumstamm. Aus dem einen Stamm mögen bald mehrere geworden sein, die, mit Fasern und Schlingpflanzen zusammengebunden, das erste Floß bildeten. Auch aus Bündeln luftgefüllter Schilf- und Binsenhalme wurden Schwimmkörper zusammengefügt, auf denen es sich für eine Weile vielleicht ganz gut reisen ließ — das heißt, solange das weiche Material nicht verfault war. Vor Jahrtausenden schon der wichtigste Baustoff für die Nilboote der Ägypter, werden Schilf und Binsen bis auf den heutigen Tag für schiffsartige Fahrzeuge verwendet, zum Beispiel an einigen Meeresküsten Perus und auf dem Titicaca-See.

Die Ureinwohner Perus waren es auch, die das urtümliche Floß aus Baumstämmen schon vor Jahrhunderten zu höchster Seetüchtigkeit entwickelten. In den Urwäldern der Anden wächst der Balsabaum, dessen Holz für die Herstellung von Planken oder Einbäumen zu weich, dafür aber sehr leicht und schwimmfähig ist. Flöße aus Balsastämmen trugen Menschen und Lasten weit über den Stillen Ozean, bis zu den Osterinseln und zu anderen Eilanden, die nach der Theorie des Norwegers Thor Heyerdahl von der südamerikanischen Küste aus besiedelt wurden. Heyerdahls berühmtes Balsafloß *Kon-Tiki* war eine genaue Nachbildung dieser uralten Fahrzeuge.

„Man kann sich darüber streiten", meint Robert C. Miller, „was am Anfang der Entwicklung zum Schiff stand, der Einbaum oder ein Boot, bestehend aus einem Rahmen und mit Rinde oder Tierhäuten bekleidet. Ebensogut kann man sich vorstellen, daß beide Bootsformen zur gleichen Zeit entwickelt wurden, je nach dem Material, das man zur Hand hatte. Die Haida-Indianer im nordwestlichen Amerika z. B. hatten Kriegskanus von 18 Meter Länge, die sie aus einem einzigen Baumstamm aushöhlten, während zur gleichen Zeit die Eskimos von Alaska, wo es keine großen Bäume gab, für ihre seetüchtigen, bis 7,5 Meter langen Umiaks ein Spantenwerk aus Treibholz bauten, das sie mit Walroßhäuten bespannten. Wenden wir uns, um eine andere Parallele kennenzulernen, den Polynesiern zu: Hier hauten die Maori von Neuseeland große Kanus aus Baumstämmen heraus, während man auf Samoa, wo im Gegensatz zu Neuseeland Bestände an großen Bäumen fehlten, Boote aus kleineren Stämmen zusammensetzte, wobei man die Fugen mit Kokosfasern zustopfte und den Schiffsrumpf schließlich wasserdicht machte, indem man ihn mit dem Harz des Brotfruchtbaumes verschmierte. In allen diesen Fällen war es dem Einfallsreichtum des Menschen gelungen, aus dem Material, das er jeweils zur Hand hatte, brauchbare Boote und Schiffe zu erstellen, die ihren Zweck erfüllten."

Die allerersten schwimmfähigen Konstruktionen, mit denen Menschen sich auf das Wasser wagten, wurden auf die einfachste Weise angetrieben und fortbewegt: Hände und Füße, platte Holzscheite, die Vorläufer der späteren Ruder und Paddel, im flachen Wasser auch lange Stangen, mit denen man sich vom Grunde abstieß — das waren Fortbewegungsmittel, die sich gewissermaßen von selbst ergaben. Mit der Erfindung der ersten hohlen Boote aber gab es plötzlich eine ganze Reihe von Problemen. Zwar konnte man immer noch paddeln, rudern oder staken, aber die Schiffer merkten, daß ein länglicher Hohlkörper weit weniger sicher auf dem Wasser liegt als ein breites Floß oder Schilfbündel, da er kentern und vollaufen kann. Außerdem war ihr Gefährt dem Druck des Windes, der „Abtrift", ausgesetzt.

Die kentersichersten Boote zu bauen gelang wahrscheinlich zuerst den Schiffbauern der Südsee; sie verbanden zwei lange und schmale Bootskörper durch Querstreben miteinander und schufen so die bei aller

Zerbrechlichkeit enorm seetüchtigen Auslegerboote und Doppelkanus. Für die einrümpfigen Schiffstypen der übrigen Welt fand sich eine andere Lösung: Sie wurden nach und nach mit immer größerem Tiefgang gebaut, so daß ein beträchtlicher Teil des Schiffes unter Wasser war und der Schwerpunkt möglichst tief lag. Als man erkannt hatte, daß die Windkraft nicht nur zu fürchten war, sondern auch genutzt werden konnte, wenn man sie auf die richtige Weise einfing, mögen die ersten primitiven Segel entstanden sein — Palmblätter vielleicht, die man in den Wind stellte, oder einfache Matten. Ein stabiles, kentersicheres Floß mag als erstes Wasserfahrzeug ganz absichtlich der Abtrift durch den Wind ausgesetzt und schließlich regelrecht gesegelt worden sein — in der Jahrtausende zurückliegenden Geburtsstunde der Segelschiffahrt, die vor rund 100 Jahren ihren Höhepunkt erlebte und fast gleichzeitig ihr Ende fand.

Ein frühes Dokument aus der Seefahrtsgeschichte beweist, wie hoch entwickelt der Schiffbau schon rund anderthalb Jahrtausende v. Chr. im Mittelmeerraum war, und berichtet zugleich von einer erstaunlich weiten Entdeckungsreise: Es ist ein Steinrelief im Terrassentempel der ägyptischen Königin Hatschepsut (1511 bis 1492 v. Chr.). Die Entdeckungsfahrt, die von der Nordspitze des Roten Meeres bis zum heutigen Abessinien oder sogar noch weiter bis zum „Lande Punt" (dem heutigen Somaliland) geführt hat, wurde etwa so viele Jahre vor Christi Geburt unternommen wie Columbus' Reise in die Neue Welt nach Beginn unserer Zeitrechnung. Das in Stein gehauene Dokument läßt vermuten, daß auch die noch älteren bruchstückhaften Berichte über Seereisen der Ägypter auf Tatsachen beruhen. Um 2500 v. Chr. soll der Pharao Sahure eine Reise nach einem fernen Götterland ausgerichtet haben, und seine Schiffe, so heißt es, kehrten mit großen Schätzen zurück, mit Myrrhe, Gold, Silber und Ebenholz.

Wenn man sich die naturgetreu und maßstabsgerecht abgebildeten Segel- und Ruderschiffe auf den Flachreliefs genau betrachtet, kommt man zu der Überzeugung, daß die Entwicklung in Ägypten schon sehr lange Zeiträume gedauert haben muß, so ausgereift waren die Konstruktionen der bis zu 30 Meter langen Schiffe mit Masten, Rahen, Segeln, Ruderbänken, mit armdicken geflochtenen Tauen, mit einer Plattform und einer Reling am Bug und zwei Steuerrudern beiderseits des Achterschiffes. Deutlich ist auch hinter den Ruderern die gestapelte Ladung zu erkennen. Die Ägypter beschränkten sich allerdings meist auf die Fahrt in küstennahen Gewässern; selbst ihre Reisen ins ferne Punt führten sie wahrscheinlich niemals so weit aufs Meer hinaus, daß sie das schützende Land für längere Zeit aus den Augen verloren.

Die offene See zu erobern blieb den Phöniziern überlassen, einem ursprünglich in Syrien ansässigen Volk, das in den Jahrhunderten zwischen 1500 und 800 v. Ch. zur beherrschenden Seemacht im Mittelmeer wurde. Von den Ägyptern oder deren Schülern in der Seefahrt, den Kretern, mögen sie gelernt haben, wie man seetüchtige Schiffe baut; aber sie übertrafen ihre Lehrmeister bald.

Die phönizischen Schiffe, aus dem Holz der Libanonzeder gebaut, hatten höhere Seitenwände und ein festes Deck, das vor Wind und Wetter schützte.

Von ihren Häfen Tyrus und Sidon liefen phönizische Kauffahrer, auf dem offenen Meer nach dem Stand der Gestirne navigiert, nach allen Küsten des Mittelmeers aus. Ja sogar an Gibraltar, den „Säulen des Herkules", segelten sie vorbei bis in den Atlantischen Ozean und möglicherweise bis zu den Kapverdischen Inseln. Obwohl die Phönizier das mächtige quadratische Rahsegel ihrer Schiffe schon geschickt zu handhaben verstanden, bauten sie nicht nur Segelschiffe. Ihre Rahsegler waren zu schwerfällig für ein Geschäft, das sie nach dem Schwinden der ägyptischen Vorherrschaft neben dem Handel mehr und mehr betrieben: für den Krieg zur See. „Den sehr bauchig gebauten Handels- und Frachtschiffen, die meist segelten, aber selbst bei günstigem Wind kaum mehr als fünf Seemeilen in der Stunde erreichten, standen die langen und schmalen Kriegsfahrzeuge gegenüber", schreibt Walter Zeeden, ein deutscher Schiffbauexperte. „Sie trugen zwar auch einen Mast und ein großes Rahsegel, wurden jedoch meist gerudert, da man bei ihnen nicht von den Launen des Windes abhängig sein wollte, sondern schnell manövrieren mußte, um den Feind zu stellen oder einem drohenden Rammstoß auszuweichen. Sie hatten, um die Handhabung der Ruder zu ermöglichen, nur geringes Freibord, das heißt geringe Seitenhöhe. Später ging man dazu über, der ersten Reihe Ruderer eine zweite und dritte hinzuzufügen. Aus den Moneren mit einer Reihe Ruderer wurden die Biremen mit deren zwei und endlich die Trieren (auch Triremen genannt) mit drei Ruderreihen übereinander."

Die Schiffe der Phönizier, der Griechen und der Römer wurden, den wachsenden Bedürfnissen entsprechend, allmählich größer und größer — und oft immer prunkvoller. Die bewährte schlanke, nach beiden Seiten flach ausgerundete und an Bug und Heck mehr oder weniger spitz zulaufende Form blieb zwar durch alle Zeiten erhalten, weil sie dem Wasser den geringsten Widerstand bot; aber der Teil des Schiffes, der oberhalb der Wasserlinie lag und weithin sichtbar war, machte erstaunliche Verwandlungen durch. Die Herrscher des klassischen Altertums legten wie die Souveräne späterer Zeiten Wert darauf, ihre für Handel oder Krieg bestimmten Schiffe ebenso zweckmäßig wie kunstvoll und repräsentativ zu gestalten. In dieser Beziehung bestehen zwischen dem vor 4000 Jahren gebauten Nilschiff eines Pharao, dem monströsen, mit Säulengängen, Triumphbögen, Altanen und Türmen geschmückten Prunkschiff des

Auslegerboote werden noch heute in vielen Gebieten des Pazifischen Ozeans gesegelt. Hier ein Boot von Samoa mit dem typischen dreieckigen Segel, das in gewisser Weise dem im Mittelmeer lange gebräuchlichen Lateinersegel ähnelt.

Auch der Einbaum, eine der frühesten Schiffsformen, hat die Jahrtausende überdauert und wird heute noch — wie hier an der ostafrikanischen Küste — aus Baumstämmen hergestellt. Für den Transport größerer Gütermengen meistens ungeeignet, werden Einbäume vorwiegend von Fischern verwendet.

wahnsinnigen römischen Kaisers Caligula und den großen Prachtseglern des 17. und 18. Jahrhunderts mit
ihrem üppigen Schnitzwerk am Achterkastell keine großen Wesensunterschiede.

In kaum einem anderen Gebilde von Menschenhand
gab es aber auch soviel Elend, soviel Quälerei und Schin-
derei wie auf den Schiffen der Frühzeit. Auf den Trieren
und anderen Ruderschiffen der Seemächte im Mittelmeer — den „Galeeren", wie sie in späteren Jahrhunderten hießen — wurden unendlich viele Menschen zu
Tode geschunden und gepeitscht, von Seuchen, Hunger
und Durst dahingerafft. Der „Galeerensklave" war —
bis in das 18. Jahrhundert n. Chr. — ein Begriff für eine
der untersten und erbarmungswürdigsten Stufen menschlichen Daseins. Allerdings ist dieser Begriff nicht aus dem
Altertum zu uns gekommen, sondern aus der Zeit, als
mächtige Seestädte wie Venedig und Genua ihre Flotten
mit Sklaven bemannten, die sich, an ihre Ruderbänke
gekettet, tief in den Bäuchen stolzer Schiffe zu Tode arbeiten mußten.

Die Venezianer und Genuesen hätten dabei auf die
Galeerensklaven verzichten können, denn zu ihrer Zeit
waren die Kunst und die Technik des Segelns so weit
entwickelt, daß ihre Schiffe auch ohne die menschliche
Muskelarbeit über die Meere gekommen wären. Bei den
alten Völkern des Mittelmeers war es mit dem Fortschritt
noch nicht so weit her: Wohl kannten die Ägypter schon
das Segel, aber in ihren Breiten war der Wind oft so
spärlich wie der Regen.

So blieben die Reihen der Ruderer das wichtige Antriebsmittel, und sie wurden ständig vermehrt. Bis 4000
Ruderer soll die *Alexandria*, ein Schiff aus Syrakus (um
200 v. Chr.), an Bord gehabt haben. Die Ruderer waren
billige Kräfte, und sie standen den Machthabern häufig
in beliebiger Zahl zur Verfügung: als Kriegsgefangene
aus Eroberungszügen, als Sklaven, also Angehörige
rechtloser Bevölkerungsschichten, und als Sträflinge. Sie
alle galten als Kreaturen so niedrigen Grades, daß man
mit ihnen umgehen konnte, wie man wollte.

Bald entwickelten sich zwischen Handels- und Kriegsschiffen krasse Unterschiede, denn den Händlern und
Kauffahrern standen keine billigen Sklaven zur Verfügung; sie mußten ohne Ruderer auskommen und sich an
den kostenlosen Wind halten. Die Segelschiffer waren
auf den günstigen Zufall angewiesen. Wenn ein Wind
wehte, mußte er wenigstens ungefähr in die Richtung
gehen, in die das Schiff fahren wollte, denn noch verstand man sich nicht darauf, *gegen* den Wind anzukreu-
zen, sondern konnte meist nur den Wind von achtern
mit den Segeln einfangen, *vor* dem Wind und allenfalls
— das zeigt die oft dargestellte Schwenkbarkeit der
Rahen — mit raumem, also seitlicher einkommendem
Wind segeln. Frei entfalten konnte sich eine technisch
komplizierte Segelausstattung an mehreren Masten auch
erst dann, als die Schiffsbesatzungen fast ausschließlich

*Eines der besonderen Merkmale der altägyptischen
Schiffe war das Sprengtau, ein dickes Seil, das, am Mast
oder in einer mittschiffs stehenden Gabel und an Bug
und Heck befestigt, dem Schiff in seiner Längsrichtung
Stabilität gab. Das Modell zeigt ein ägyptisches Schiff
aus der Zeit um 1800 v. Chr.*

zu ihrer Bedienung frei waren und genügend Platz hatten, um unbehindert mit Segeln, Rahen und Tauwerk zu
arbeiten. Auf den Ruderschiffen war das unmöglich,
denn die seitlichen Reihen der Ruderbänke beanspruchten das ganze Deck, bis auf einen schmalen Laufgang,
der sich über die gesamte Länge des Schiffes hinzog.

Die Seefahrer und Entdecker der klassischen Welt sind
fast alle anonym geblieben. Wir wissen nicht oder nur in
seltenen Fällen, welcher wagemutige Kapitän sein Schiff
über unbekannte Horizonte hinaussteuerte, mag es nun
ein langsamer Segler oder ein schneller Ruderer gewesen
sein. Angespornt von den drei Urtrieben aller Eroberer
und Forscher, vom Hunger nach Nahrung und nach
neuen Siedlungsplätzen, vom Hunger nach Macht und
Einfluß und vom Hunger nach neuer Erkenntnis, nahmen sie Kurs auf das Unbekannte.

Im Alten Testament, im Ersten Buch der Könige, ist
überliefert, daß Salomo gemeinsam mit dem Phönizier-
könig Hiram eine Flotte aussandte. Es heißt in der Bibel:
„Und Hiram sandte seine Knechte im Schiff, die gute
Schiffsleute und auf dem Meer erfahren waren, mit den
Knechten Salomos. Sie kamen nach Ophir und holten
daselbst vierhundertzwanzig Talente Gold und brachten's dem König Salomo." Umgerechnet mögen das nach
unseren Maßen nahezu 20 Tonnen Gold gewesen sein.
Immer wieder ist über Ophir gerätselt worden. Marco
Polo glaubte, es sei Japan gewesen, Columbus suchte es
in Indien und glaubte es schließlich in Amerika gefunden
zu haben, und heutige Forscher ziehen unter anderm

*Von dem Hafen Sidon an der heutigen libanesischen
Küste aus segelten die breiten und schwerfälligen
Handelsschiffe der Phönizier nach allen Küsten des
Mittelmeeres. Wie die Bibel berichtet, gelangten
phönizische Schiffer sogar bis an die Somaliküste, ja sie
sollen das Kap der Guten Hoffnung umrundet haben.*

*Das römische Kriegsschiff – hier das Reliefbild einer
Bireme – war mehr oder minder eine schwimmende
Plattform für Landsoldaten. Selbst die Decksaufbauten
waren den an Land gebräuchlichen Konstruktionen sehr
ähnlich, und einzig der Rammsporn – hier ist nur der
obere Teil sichtbar – war eine typische Seekriegswaffe.*

Abessinien, Vorderindien, die Goldküste Westafrikas
oder Ostafrika in Betracht. Daß auch Westafrika Ophir
gewesen sein kann, ist eine Schlußfolgerung aus einem
Bericht des griechischen Geschichtsschreibers Herodot
über eine Afrika-Umsegelung der Phönizier, die über
zwei Jahre dauerte. Die Schiffsleute mußten während
ihrer langen Reise zwischendurch an Land, um Weizen
zu säen und die Ernte abzuwarten, ehe sie mit neuen
Vorräten weitersegeln konnten. Phönizische Münzen-
funde auf den Azoren sind kein schlüssiger Beweis dafür,
daß ihre Schiffe so weit in den Atlantischen Ozean vorstießen; Küstenhändler und Fischer können sie, von
Hand zu Hand sozusagen, dorthin weitergegeben haben.
Aber die Ausgrabung eines phönizischen Ruder-Segel-
Schiffes in der Nähe des heutigen Kapstadt läßt sich
kaum anders erklären: Die phönizischen Seeleute müssen
den Schwarzen Kontinent vollständig umrundet haben.
Erst rund 2000 Jahre später – 1497 – umsegelte Bartolomeo Diaz als erster Mensch der Neuzeit Afrika.

Die Phönizier haben eindrucksvolle Spuren ihres Ent-
deckerdranges hinterlassen: die Städte und Niederlassun-
gen, die sie gegründet hatten – Karthago zum Beispiel
und Gadir, den heutigen spanischen Hafen Cádiz. Ihre
mit den Nordafrikanern vermischten Nachfahren setzten
die uralte Tradition noch lange fort. Sie segelten durch
die Straße von Gibraltar, die „Säulen des Melkart", wie
sie bei ihnen hieß, aber sie nahmen nicht mehr Kurs
nach Süden, sondern nach Norden. Das Zinnland Britannien war ihr Ziel. Seltsame Gerüchte über eine unheimliche
Welt brachten diese Nordlandfahrer mit in den Mittel-

meerraum. Sie erzählten von Ungeheuern, von immer-
während en Nebeln und von der schreckenerregenden
Tatsache, daß sich dort der Meeresboden in regelmäßigen Abständen dem Schiffskiel nähere – so sahen
sie den Gezeitenwechsel, der im Mittelmeer so gut wie
unbekannt ist und im Ärmelkanal extreme Höhenunterschiede erreicht.

Griechen und Römer

Die Römer waren an der Seefahrt vor allem aus zwei
Gründen interessiert: Sie mußten eroberte Provinzen
gegen Angriffe von See her schützen; und sie mußten das
Mutterland durch gewaltige Getreideimporte ernähren,
besonders als der Staat immer mehr Soldaten brauchte
und die italischen Provinzen von Bauern entvölkerte.

Die großen Kriegsschiffe der Römer waren nach bewährten Vorbildern konstruierte Vielruderer, die allerdings mit einer Neuigkeit aufwarten konnten: mit dem
Corvus (zu deutsch: Krähe), einer an der Unterseite mit
Eisendornen gespickten Laufbrücke aus schweren Boh-
len. Während der Fahrt wie eine Zugbrücke hochgezogen, wurde der Corvus heruntergeklappt, sobald man
nahe genug an ein feindliches Schiff herangekommen war.
Die Dornen krallten sich in das Schanzkleid des Gegners,
und damit war eine feste Verbindung hergestellt. Legio-
näre konnten den Feind entern und dort an Deck fechten,
wie sie es vom Land her gewohnt waren – mit dem
Schwert im Zweikampf, Mann gegen Mann.

Erst spät, einige Jahrzehnte v. Chr., entwickelten römische Schiffbauer schließlich doch einen neuen Kriegsschiffstyp, der sich in einer der großen Seeschlachten des Altertums hervorragend bewährte: die Liburnen, kleine, hochbordige Fahrzeuge, die nur eine oder zwei Ruderreihen auf jeder Seite führten. Sie besaßen einen Mast mit Rahsegel, der einen Mastkorb trug. Diese Schiffe hatten sowohl am Bug wie am Heck einen Sporn, und sie waren wendiger als die Vielruderer. Jedes Ruder war mit zwei oder drei Mann besetzt, was den Fahrzeugen so viel Geschwindigkeit gab, daß sie in Seegefechten etwa die Rolle der heutigen Kreuzer übernehmen konnten. Die schnellen, wendigen Liburnen entschieden die größte Seeschlacht des Altertums, in der 31 v. Chr. bei Aktium der römische Konsul Oktavian die Flotte der ägyptischen Königin Kleopatra und ihres römischen Verbündeten Antonius besiegte.

Ansonsten beschränkte sich der römische Beitrag zum Fortschritt im Schiffbau auf wenige Einzelheiten: Wahrscheinlich haben römische Seeleute zuerst Schiffe mit „stehendem Gut" gehabt, mit Wanten, Stagen und Pardunen, die die Masten hielten und stützten. Außerdem kamen sie zuerst darauf, ihre Segel vor dem Einreißen zu schützen, indem sie Taue in die Längssäume nähten.

Die Griechen hatten es im allgemeinen vorgezogen, im Mittelmeer zu bleiben. Obwohl auch sie zum Fortschritt des Schiffbaus wenig beigetragen haben, hätten sie ohne eine intensive Schiffahrt kaum die großen Leistungen für die Geschichte des Mittelmeergebietes, der Wiege der abendländischen Kultur, vollbringen können. Die Eroberung Siziliens, das in der Antike den Namen „Großgriechenland" (Magna Graecia) trug, und die Gründung der Stadt Syrakus mögen für die damalige Zeit von ähnlicher Bedeutung gewesen sein wie die Entdeckungen von Columbus oder Magellan für die Neuzeit.

Ein Grieche ist es auch gewesen, der fast als einziger aus der unbekannten Schar der frühen Entdecker und Forscher herausragt: Pytheas aus Massilia. Ihm verdankten die Griechen die ersten Berichte über eine Welt, die sie für unbewohnbar gehalten hatten; er lenkte sein Schiff in die nordwestlichen und nördlichen Regionen Europas, durchkreuzte die Nordsee und die Deutsche Bucht, erreichte Norwegen und das sagenhafte Thule (Island). Weil er seinen Landsleuten von sonderbaren Naturerscheinungen des Meeres und der Tierwelt erzählte, die sie nie gesehen hatten, galt er vielen von ihnen als ein Aufschneider; bis ins Mittelalter hinein hielt man ihn für den „Münchhausen der klassischen Welt", wie der Engländer Edward Shackleton es ausdrückt. Seine Beobachtungen waren mit dem anerkannten Weltbild der Griechen nicht in Einklang zu bringen.

Obwohl von Pytheas' persönlichen Reiseaufzeichnungen mit dem Titel *Vom Ozean* nur sehr wenige Bruchstücke erhalten geblieben sind, weiß man doch einiges

über seine Person und seine Fahrten, nicht zuletzt aus den Schriften seiner Kritiker. Warum er um das Jahr 330 v. Chr. von Massilia aus in See ging, ist unbekannt. Dem reinen Wissensdrang, den einige Geographen ihm bescheinigen wollen — er war immerhin Astronom und Mathematiker —, setzen andere entgegen, daß seine Vaterstadt um jene Zeit bemüht war, den Phöniziern im Zinngeschäft mit dem Norden den Rang abzulaufen. Pytheas hätte demnach die Rolle eines Handelsspions gespielt und versucht, einen Seeweg zu den Zinnländern (Britannien) zu finden. Ein Mann allein, so wird auch behauptet, hätte nur schwer die Mittel für ein Schiff aufbringen können, das für die rauhen Meere jenseits der Gibraltarstraße geeignet gewesen wäre. Wie aber sah das Schiff dieses kühnen Entdeckers aus?

„Wir können annehmen", schreibt Shackleton, „daß es seetüchtig war, da es in unbekannte nördliche Gewässer segeln sollte, und daß es gegen mögliche Angriffe gewappnet war. Fridtjof Nansen meinte, das Schiff müsse mehr als 30 m lang und weit besser ausgerüstet gewesen sein als die Wikingerschiffe, die um das Jahr 1000 n. Chr. nach Grönland und Amerika vordrangen. Wahrscheinlich war es ein Dreidecker von 400—500 BRT, 50 bis 60 Meter lang, mit Segeln und 174 Rudern ausgerüstet, 54 im unteren, 58 im mittleren und 62 im oberen Deck. Solch ein Schiff konnte durchschnittlich gut 50 Seemeilen pro Tag zurücklegen."

Ohne Männer wie Pytheas wäre eine andere, für Entdeckung und Seefahrt bis weit ins Mittelalter bedeutsame Leistung eines Griechen nicht möglich gewesen, nämlich die Entstehung der ersten Weltkarte oder besser: des Bildes der Welt, wie es sich nach allen bis dahin bekannten geographischen Einzelheiten zusammensetzen ließ. Der Grieche Ptolemäus, der im Jahre 100 n. Chr. geboren wurde und in Alexandria lebte, war der bedeutendste Astronom seiner Epoche. Er wußte — oder ahnte —, im Gegensatz zu der herrschenden Ansicht seiner Zeit, daß die Erde Kugelgestalt haben müsse, und er machte sich daran, alle damals bekannten Meere und Länder auf dieser Kugel unterzubringen, sie kartographisch zu ordnen und festzulegen, das heißt, jedem Ort seinen Platz in einem Gradnetz zuzuweisen.

Nach mehreren Versuchen, das Kugelbild in einer Ebene darzustellen, schuf Ptolemäus schließlich eine mit Längen- und Breitengraden versehene Karte der damals bekannten, teilweise auch nur gedachten Welt, die vom östlichen Asien bis zu den Kanarischen Inseln, von England und Jütland bis 20 Grad südlich des Äquators reichte. Wenn er auch Skandinavien nur als kleine Insel ansah und von Afrika bis nach Hinterindien einen „Südkontinent" als ein ununterbrochenes Festland einzeichnete, so besaß seine Karte innerhalb des bekannten Raumes doch eine Genauigkeit, die erst 1600 Jahre später allmählich verbessert wurde. Für 8000 Orte gab Ptole-

Umspielt von Delphinen, segelt der Griechengott Dionysos auf einem Schiff dahin, dessen Bug die Form eines Delphinkopfes hat und um dessen Mast sich ein Rebstock rankt. Für die Griechen, zwar kein typisches Seefahrervolk wie die Phönizier oder später die Wikinger, war das Segelschiff unentbehrlich. Sie lebten verstreut über viele Inseln und betrieben eine weiträumige Besiedelungspolitik. Syrakus auf Sizilien und die Stadt Marseille wurden von griechischen Seefahrern gegründet.

212

*Aus der „Cosmographia Universalis", einer Weltbeschreibung, die der Gelehrte Sebastian Münster im Jahre 1544
in Basel herausgab, stammt diese Weltkarte, die noch die Vorstellung des griechischen Gelehrten Ptolemäus
von der Erde widerspiegelt. Daß eine solche Weltkarte noch gezeichnet wurde, als Afrika bereits umsegelt war
und Columbus längst amerikanische Küsten erreicht hatte, zeigt, wie langsam sich neues Wissen durchsetzte.*

mäus Breitengrade an und für viele auch die Längengrade, und die Meridiane laufen sogar — damals hatte
man von den nördlichen Gebieten der Erde überhaupt
keine Vorstellung! — fast genau in Richtung des Nordpols, der auf der Karte natürlich fehlt.

Das „Weltbild" dieses Mannes verschwand wieder aus
dem Bewußtsein der Menschen. Erst Jahrhunderte später besannen sich Forscher und Seefahrer auf die Erfahrungen der frühen Entdecker aus dem Mittelmeerraum
und knüpften allmählich wieder bei Pytheas an.

Der Norden erwacht

Die Religiosität des Zeitalters nach dem Zerfall des alten
Römischen Reiches und dem Beginn der Christianisie-
rung Europas wirkte sich hemmend auf die Entwicklung
der Naturwissenschaften und ebenso auf Seefahrt und
Entdeckungen aus. Nur mit ganz kleinen Schritten ging

es voran, nur allmählich kam zu dem aus der alten Zeit
übernommenen Wissen hier und da eine wirklich neue
seemännische Erfahrung. Das Wort von der „christlichen
Seefahrt" (das freilich erst viel später auftauchte) hatte
für jene Zeit kaum Gültigkeit. Die tatkräftigsten Seefahrer und Entdecker des ersten nachchristlichen Jahrhunderts in Europa wurden — um 1000 — als letzte
zum Christentum bekehrt: die Wikinger, die an ihren
Küsten und Fjorden Schiffe bauten und auf ihnen weit
über den Atlantik segelten.

Diese nordeuropäischen Seefahrer haben eindeutige
Beweise ihrer seemännischen Fähigkeiten nur aus den
ersten Jahrhunderten unserer Zeitrechnung hinterlassen;
aber bronzezeitliche Felsbilder lassen den Schluß zu, daß
es schon um 1000 v. Chr. an den Küsten Skandinaviens
eine hochentwickelte Schiffbaukunst gegeben hat. Wikingerschiffe aus der Zeit zwischen 200 und 300 n. Chr., wie
man sie in den Nydamer Mooren bei Schleswig gefunden
hat, sind zwar nur etwa 25 Meter lang und 3 Meter

breit, aber sie zeigen gegenüber allem, was auf dem Nil und auf dem Mittelmeer schwamm, zwei beachtliche Fortschritte: einmal die Klinkerbauweise, bei der die Schiffsplanken übereinandergriffen und so miteinander verbunden wurden — eine Bauart, die den Schiffen erstaunliche Festigkeit verlieh. Zum andern waren die Steven an Bug und Heck außergewöhnlich scharf und mit kühnem Schwung hochgezogen, was die Geschwindigkeit bei gleicher Ruder- und Segelleistung beträchtlich erhöhte und vor allem hohen Seegang leichter überstehen half. Scharfe Vorschiffe schneiden ins Wasser ein, plumpe hingegen erhalten durch die Wellen harte Schläge, die das Schiff erschüttern und seine Festigkeit gefährden.

Die späteren Wikingerschiffe, beispielsweise das berühmte, in Norwegen gefundene Gokstad-Schiff, besaßen Decks vorn und achtern, erhöhte Standplätze für Beobachter und Krieger am Bug und für die Steuerleute am Heck. Ja sogar eine Art Kajüte für den Kapitän fehlte nicht. Die Verzierungen über dem Vorder- und Achtersteven, meist doppelt mannshohe, aus Holz geschnitzte Drachenköpfe, waren sicherlich nicht nur Schmuck, sondern sollten auch Respekt oder sogar Angst einflößen.

Mit diesen „Drachenschiffen" sind um das Jahr 1000 von Skandinavien aus Island, Grönland und schließlich „Waldland", das heutige Neufundland, entdeckt und von Wikingern besiedelt worden. Von den in die Ferne drängenden Männern sind besonders zwei in die Entdeckungsgeschichte eingegangen: Erik der Rote und sein Sohn Leif, genannt der Glückliche. In Island geächtet, drang Erik als erster nach Grönland vor und ließ sich später mit anderen Wikingern dort nieder. Leif fand von hier aus neue Küsten, die er Helluland (Steinland), Markland (Waldland) und Vinland nannte. Sagas und Chroniken haben gewisse Einzelheiten jener Fahrten überliefert; aber wo die von Leif entdeckten Gebiete nun genau lagen, das läßt sich nur schwer rekonstruieren. Wahrscheinlich war Helluland die heutige Baffin-Insel und Markland ein Teil von Labrador. „Vinland" hat man als „Weinland" gedeutet und dementsprechend ziemlich weit südlich, in Massachusetts, in Rhode Island, ja sogar in Florida, gesucht. Aber vermutlich hängt „Vin" vielmehr mit einem altnordischen Ausdruck für „Weide" zusammen, und Vinland entspricht eher dem nördlichen Neufundland, wo tatsächlich Wohnplätze aus der Zeit um 1000 n. Chr. gefunden wurden.

Leif ahnte wohl nicht, daß er — gut 500 Jahre vor Columbus — einen mächtigen Kontinent entdeckt hatte; denn den an schmalen Küstenstreifen, zwischen Fjorden und Inseln lebenden Wikingern dürfte der Gedanke an große, zusammenhängende Landmassen fremd gewesen sein. Vielleicht wußten sie selbst vom alten Kontinent Europa nur so viel, daß aus seinem südlichen Teil die Missionare kamen, die sie zu Christen machen wollten.

Siedler und Geistliche folgten den ersten europäischen Entdeckern Amerikas, und noch fast anderthalb Jahr-

Mit dieser genauen, 1963 gebauten Nachbildung eines Wikingerschiffes aus dem 10. Jahrhundert n. Chr. wollten amerikanische Segler den Atlantik überqueren. Die Reise, während der die Besatzung genauso lebte wie einst die Nordmänner, begann in Jugoslawien und endete, nach 1400 Seemeilen Segelstrecke, in einem Sturm vor der tunesischen Küste.

Zu den berühmtesten Schiffsfunden aus der Frühzeit der Seefahrt gehört das in Norwegen ausgegrabene Osebergschiff. Mit ähnlichen, wenn auch seetüchtigeren Langschiffen — hier eine Innenansicht des Osebergschiffes, die den Spantenbau und die Beplankung in Klinkerbauweise zeigt — fuhren die Seefahrer aus dem Norden bis nach Amerika.

hunderte später reiste ein Bischof von Grönland aus nach Westen, um die überseeischen Wikingersiedlungen zu betreuen. Wenigstens einige Jahrzehnte lang muß es zwischen der nordeuropäischen Heimat und den Kolonien auf der anderen Seite des Atlantischen Ozeans so etwas wie einen ständigen Liniendienst von Drachenschiffen gegeben haben, die von ihren Mannschaften nach den Sternen und dem Vogelflug navigiert wurden.

„Ein Blick genügt", schreibt Alan Villiers, „um mit der ganz falschen Vorstellung aufzuräumen, daß die Wikinger dem Atlantik in Nußschalen getrotzt hätten... Es handelte sich um offene Boote mit hochgezogenen Vor- und Achtersteven und einer ungewöhnlich starken Ausbauchung, um dem niedrigen Rumpf die erforder-

liche Stabilität zu geben, wenn er sich unter dem großen Gewicht des einzigen Segels überlegte. Die Boote müssen gute Segeleigenschaften gehabt haben und verhältnismäßig leicht zu rudern gewesen sein. Der Rumpf bot, ohne massig zu sein, viel Laderaum und gewährleistete Seetüchtigkeit, und das große Segel konnte den Booten sehr wohl eine Geschwindigkeit von neun bis zehn Knoten geben, ohne daß das Wasser über die tiefliegende Bordwand schlug.

Falls je ein Zweifel bestanden hat, daß ein derartiges Schiff den Nordatlantik sicher befahren konnte, so ist er seit langem zerstreut. Im Jahre 1893 segelte nämlich ein Nachbau des Gokstad-Schiffes zur Weltausstellung in Chikago. Es war in Sandefjord im südlichen Norwegen erbaut und sollte die Durchführbarkeit von Leif Erikssons Reise nach einem amerikanischen Vinland erweisen. Zu diesem Zweck sollte das Boot mehr oder weniger auf Leifs Spuren segeln, freilich ohne die Abstecher nach Island und Grönland zu machen. Anlaß jener Ausstellung war die 400. Wiederkehr der Entdeckung Amerikas durch Columbus. Spanien schickte Nachbildungen von dessen drei Schiffen. Kapitän Magnus Andersen, ein norwegischer Seefahrer und Schriftsteller, hielt es für angebracht, daß Amerika auch etwas über die Vorgänger des Columbus erfahre.

So segelte er am 30. April 1893 von Marstein bei Bergen ab und landete in Neufundland am 27. Mai. Er traf unterwegs häufig schlechtes Wetter an, aber das Schifflein benahm sich trotz des niedrigen Freibords und des einen großen Mastes und Segels ausgezeichnet. Genau wie bei dem echten Gokstad-Schiff waren die Bodenplanken in sehr primitiver Weise mit den Spanten verbunden, ohne jeden Bolzen oder Nagel. So begann bei unruhiger See der ganze Schiffsboden zu arbeiten, was die neuen Wikinger zunächst recht besorgt machte. Da aber das Boot trotzdem kein Wasser nahm, beruhigten sie sich bald wieder. Der Dollbord zum Beispiel verschob sich oft um 15 Zentimeter, aber auch das schien nichts auf sich zu haben. Die große Elastizität kam der Geschwindigkeit zustatten. ‚Oft schossen wir mit zehn, bisweilen sogar mit elf Knoten durchs Wasser', sagte Kapitän Andersen. ‚Dabei hatten wir doch nur eine ganz primitive und verhältnismäßig kleine Besegelung.'"

Von Jütland und den norwegischen und schwedischen Küsten aus nahmen die Wikinger oder Normannen, wie man sie später nannte, auch Kurs auf das europäische Festland, mit Schiffen, die inzwischen rund 45 Meter lang geworden waren und an die 600 Mann tragen konn-

Der Bug des Osebergschiffes mit dem kunstvoll verzierten Steven. Nach den Drachenköpfen, die Bug und Heck schmückten, werden diese Schiffe auch als „Drachenschiffe" bezeichnet. Viele Fachleute sind der Ansicht, daß die Drachenköpfe nicht nur als Schmuck dienten, sondern auch Respekt einflößen sollten.

ten. Mit ihren drohend aufgerichteten Drachenköpfen, mit den gestreiften Segeln und den langen Reihen der Kampfschilde, die als eine Art Panzerung dicht an dicht entlang der Bordwand aufgehängt waren, verbreiteten die Segler aus dem Norden überall an den Küsten Mittel- und Südeuropas Angst und Schrecken. Aus einst unbekannten Gefilden, in die die Griechen und Römer sich kaum vorgewagt hatten und deren Beschreibung durch Männer wie Pytheas nur mit Mißtrauen aufgenommen worden war, drangen jetzt ganze Seeheere nach Süden und Westen vor. Die Normannen begannen zu erobern und zu rauben — und sie brachten später ihre inzwischen christlich gewordene Kultur mit. Normannischen Stileinflüssen begegnet man an vielen europäischen Küsten. Schon im Jahre 911 n. Chr., etwa 90 Jahre vor Leif des Glücklichen Entdeckungsreise nach Amerika, wurde Paris von Normannenherrschern besetzt. Von Frankreich aus drangen sie weiter vor — nach Spanien und endlich ins Mittelmeer bis Sizilien, wo gewaltige Burgen und Festungen noch heute von der einstigen Macht der Seefahrer aus dem Norden künden. Einer der Nachkommen jenes ersten, nach Paris vorgedrungenen Normannenherzogs war Wilhelm der Eroberer.

Von der Hansekogge zum Vollschiff

„Eine Zeitlang", so schreibt der deutsche Historiker Veit Valentin, „war diese skandinavische, die nordische Gefahr mindestens so groß wie die östliche Gefahr, die in den Völkerstürmen der Hunnen, Ungarn, Mongolen und Türken zum Ausdruck kam." Doch allmählich fanden die Normannen Geschmack am seßhaften Leben zu Lande. Immer größere Teile ihrer Stämme setzten sich in den eroberten Gebieten fest, und sie, die einst „tief verhaßt und gefürchtet als Sendlinge heidnischer Teufelei" gewesen waren, begannen, allmählich bürgerliche Tugenden anzunehmen. „Der normannische Geist", so rühmt der Geschichtsschreiber, „erzog die anderen und sich selbst. Die ursprüngliche Roheit, Verschlagenheit und Untreue wandelten sich zu schöpferischer politischer Begabung."

Diese Wandlung ließ langen unruhigen Zeiten im Norden eine Epoche relativer politischer Ruhe folgen. Die Stadtherren und Kaufleute in den aufstrebenden Hafenstädten an Nord- und Ostsee und entlang des Ärmelkanals wußten diese Pause zu nutzen: Was die Normannen auf ihren Raubfahrten an seemännischer und technischer Erfahrung im Schiffbau gesammelt hatten, diente nun friedlichen Zwecken: dem Seehandel.

Im Jahre 1241 gründeten Hamburg, Bremen und Lübeck einen Handelsbund, dem sich bald mehr als 70 Städte anschlossen. „Deutsche Hanse" nannte sich dieser Bund seit der Mitte des 14. Jahrhunderts. Er war „ein lockeres Gefüge, ohne zwingende Verfassung, aber mit

organisierter Schiedsgerichtsbarkeit, ein freier Bund, der seine gemeinsamen Angelegenheiten auf ‚Tagen' beriet, die Beschlüsse in ‚Rezessen' niederlegte, der seine ‚Kontore' an allen wichtigen Plätzen unterhielt, um den Mitgliedern dort Wohnung, Schutz, Geschäftsmöglichkeit zu verschaffen. Die Hanse hat mit fremden Reichen diplomatisch verhandelt, sie hat Verträge geschlossen und Privilegien gesichert, sie hat in kriegerische Verwicklungen eingegriffen... Bis ins Binnenland rheinaufwärts nach Köln, dann durch Westfalen bis Thüringen und Schlesien reichte der Machtbereich der Hanse; Drontheim und Bergen waren die nordischen Vorposten. Der Stahlhof in London sicherte Wolle, Häute und Felle, Kupfer und Zinn, die Haupterzeugnisse Englands. In Brügge und Ypern genossen die Deutschen allerdings keine Vorzugsrechte wie sonstwo — der Markt der Niederlande mit seinen westlichen und südlichen Verbindungen schloß sich vielmehr ebenbürtig an die Hanse an. Und im gleichen selbständigen Verhältnis zur Hanse standen die Donaustädte Donauwörth und Regensburg, die Mainstädte Bamberg, Würzburg und der überragende, als Straßenknotenpunkt von allen bevorzugte Stapelplatz Frankfurt, schließlich Nürnberg, das den Gewerbefleiß zur höchsten Vollendung ausbildete", fährt Veit Valentin fort.

Trotz ihrer weitreichenden Beziehungen bis tief in den Kontinent aber zog die Hanse ihre Kraft vor allem aus dem Handel zur See. Sie löste die kriegerische Herrschaft der Skandinavier durch ihre merkantile Macht ab

Bis zum Fund der sogenannten „Bremer Kogge" im Jahre 1962 waren die einzigen authentischen Abbildungen des berühmten Hanseschiffes nur auf Stadtsiegeln zu finden. Immerhin zeigen selbst diese stark stilisierten Bilder die wichtigsten Merkmale der Kogge: das Stevenruder und die Kastelle über dem Deck.

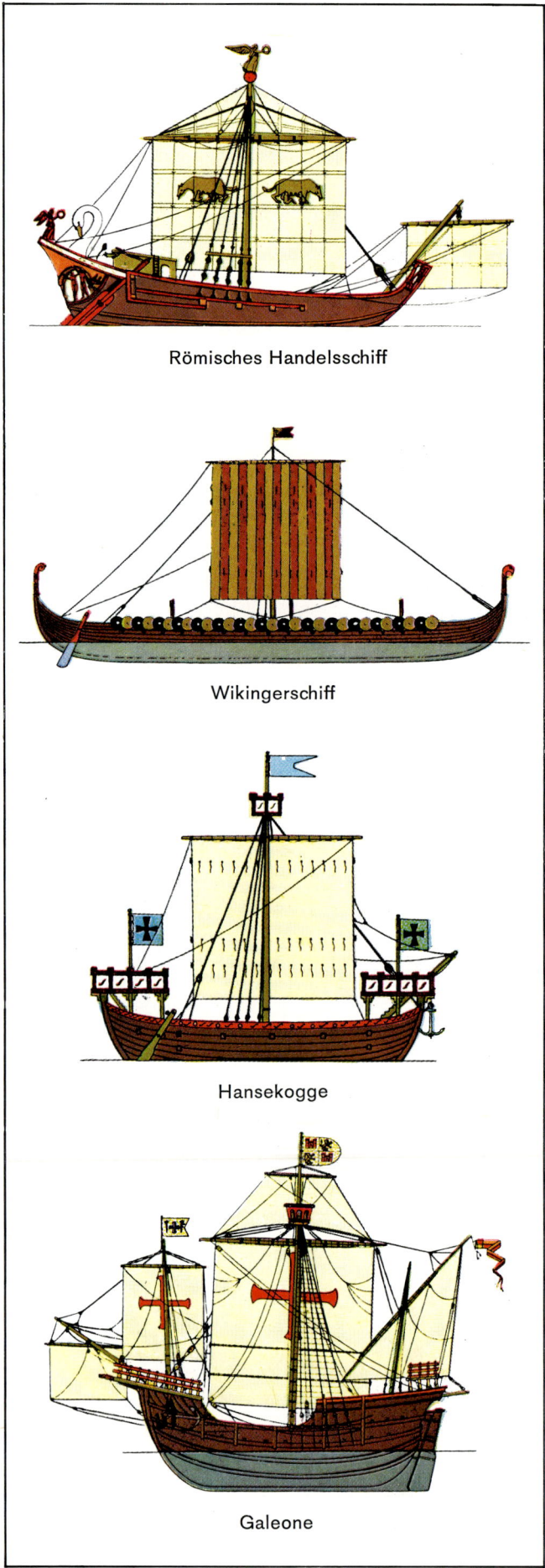

Römisches Handelsschiff

Wikingerschiff

Hansekogge

Galeone

und beherrschte bald die ganze Seefahrt im nördlichen Raum. Diese einzigartige friedliche Zusammenarbeit über Länder-, Sprach- und Währungsgrenzen hinweg, die nach dem Niedergang der Hanse jahrhundertelang nicht wieder erreicht wurde, war vor allem dem Schiff, einem ganz bestimmten Schiff, zu verdanken: der hansischen Kogge. Bis vor wenigen Jahren konnte man nur vermuten, wie dieser berühmt gewordene, aus den Drachenschiffen der Normannen entwickelte Typ ausgesehen hat. Nur in groben Umrissen, in ihren Proportionen ungenau, war die Kogge auf Münzen und Stadtsiegeln des Mittelalters abgebildet, und man versuchte, danach Modelle zu rekonstruieren. Bis im Jahre 1962 bei Baggerarbeiten zur Erweiterung der bremischen Hafengewässer aus dem Sand und Schlamm des Wesergrundes eine wirkliche Hansekogge zum Vorschein kam, so gut erhalten, daß man sich heute ein genaues Bild vom damaligen Stand der Schiffbaukunst machen kann.

Die Kogge, vor rund 700 Jahren auf einer bremischen Werft gebaut, konnte in Einzelteilen geborgen werden. Über 23 Meter lang und 7,5 Meter breit, vermochte sie an die 130 Tonnen Ladung aufzunehmen und gehörte damit zu den „Großschiffen" der damaligen Zeit. Koggen wurden nicht mehr gerudert; ein starker Mast in der Schiffsmitte trug das einzige, breite Rahsegel. Eine hölzerne Winde zur Bedienung der Segeltaue, das Gangspill, stand auf dem Achterkastell. Darunter, auf einem festen Hauptdeck, befand sich das Bratspill, eine Vorrichtung, mit der das Stevenruder bewegt werden konnte. Dieses Ruder, eine revolutionäre Neuerung im Schiffbau, hing achtern in Scharnieren; es löste das paddelähnliche, seitlich am Heck befestigte Ruder der Normannenschiffe ab. Seine Vorteile: Mit ihm konnte nun endlich kraftvoll und gleichmäßig auch dann gesteuert werden, wenn das Schiff am Wind segelte. Das Normannenschiff mit seinem Paddelruder brauchte dagegen achterlichen Wind; denn wenn es krängte, das heißt, sich auf die Seite legte, wurde das Ruderblatt entweder aus dem Wasser gehoben, oder es lag so tief, daß der Steuermann es kaum noch richtig führen konnte.

Bis ins 15. Jahrhundert hinein blieben die Hansekogge und einige ihr verwandte Schiffstypen die wichtigsten Seefahrzeuge des Nordens. Sie bildeten das Rückgrat des wachsenden Seehandels, der die Hansestädte reich und immer selbstbewußter werden ließ. Mit ihnen wurden Scharmützel auf See ausgefochten, und ganze Flotten von Koggen wurden zu Strafexpeditionen gegen die Seeräuber ausgeschickt, die damals in der Nord- und Ostsee zur Plage wurden. Vor allem in der Ostsee und in den Mündungsgebieten von Elbe und Weser lauerten diese Banden, die sich „Viktualienbrüder" oder auch „Likedeeler" nannten, unter der Führung von Männern wie Klaus Störtebecker und Michael Gödecke den mit wertvollen Waren beladenen Koggen der hansischen Kaufleute auf, überfielen und kaperten sie. Regelrechte

Die Seeräuberei, eine Plage auf allen Meeren, solange es Segelschiffe gab, machte besonders den Seehandels-mächten immer wieder zu schaffen. So ist es nicht verwunderlich, daß die Hamburger die Gefangennahme und Hinrichtung von zwei der erfolgreichsten Seeräuber in Nord- und Ostsee, nämlich Klaus Störtebecker und Michael Gödecke, als ein großes Ereignis feierten und in ihren Stadtchroniken besonders hervorhoben.

Treibjagden zur See, die von den Hansestädten gemein-sam organisiert und ausgerüstet wurden, machten dieser Pest ein Ende: Klaus Störtebecker wurde 1401 bei Helgo-land gefangen, Michael Gödecke an der Unterweser.

Im Seeverkehr der hansischen Kaufleute mit den übri-gen europäischen Ländern wurden nicht nur Waren ge-handelt und getauscht — auch Ideen wurden importiert und exportiert. Man lernte voneinander, und nicht zu-letzt waren es die Schiffbauer der südeuropäischen Hafen-städte, die ihre Augen offenhielten, wenn die Kauf-fahrer der Hanse an ihren Kais lagen. Sie erkannten die Vorteile der Kogge: ihre Rahbesegelung, ihr Steven-ruder, die hochbordige Bauweise, und sie verbanden diese Vorteile mit denen, die ihre eigenen Schiffe auf-zuweisen hatten — zum Beispiel die Kraweelbauweise, die, im Gegensatz zum Klinkerbau, eine glatte Außen-wand und damit weniger Reibungswiderstand im Was-ser gewährleistete. Aus den Konstruktionselementen des Nordens wie des Südens entstand so irgendwann zu Be-ginn des 15. Jahrhunderts jenes Schiff, das zum Urbild aller späteren Großsegler wurde: die Karavelle. Sie leitete einen ganz neuen Abschnitt der Seefahrtsgeschichte ein. Die Schiffe der Antike waren noch mehr oder weniger Küstenfahrzeuge gewesen, der gelungene Versuch, sich das Meer allmählich zu erobern und Handel über See zu treiben; die Wikingerschiffe dienten den Kriegszügen der Männer aus dem Norden und ihre Nachfolger, die Han-sekoggen, fast ausschließlich dem Handel in europäi-schen Gewässern. Die Karavelle aber war das Schiff der Entdeckerzeit; erst mit ihm wurde es möglich, die alten Grenzen zu überschreiten, die mächtigen Ozeane zu überqueren. Die Menschheit trat in diesem Jahrhundert in ein neues Zeitalter des Wissensdurstes und der For-schung ein und schuf sich die nötigen Instrumente.

Die im Mittelmeerraum entstandene Karavelle war das Schiff, in dem die schiffbautechnischen Errungenschaften des Nordens und des Westens sich vereinigten. Sie war auch das Schiff der ersten großen Entdeckungsreisen.

Entdeckung neuer Welten

Einer der berühmtesten und erfolgreichsten Initiatoren der Suche nach neuen Seewegen war Heinrich der Seefahrer (1394–1460), der Bruder des portugiesischen Königs Johann II. Er gründete in Sagres, jenem Ort, der im äußersten Südwesten Portugals und Europas liegt, eine Sternwarte und eine nautische Schule. Auch ließ er alle geographischen und maritimen Kenntnisse seiner Zeit zusammentragen; er ließ Karten zeichnen, Quadranten und Kompasse konstruieren und trieb überdies die Kapitäne an, endlich ihre geradezu höllische Furcht vor den südlichen Seewegen zu überwinden. Alle Seefahrer glaubten damals, südlich von den Kanarischen Inseln und Madeira könne das Meer nicht mehr befahren werden und auf dem Festland Afrikas beginne der „unbewohnbare Teil" der Erde. Denn die Sonne nähere sich dort der Erde ganz dicht, das Land sei verbrannt und das Meer koche. Die Tropen waren noch unbekannt. Man wußte nur, daß die Wüste nach Süden immer heißer wurde und daß die am Mittelmeer gehandelten Sklaven oft völlig schwarze, also „total verbrannte" Menschen waren.

Schrittweise wurde die westafrikanische Küste von den Portugiesen weiter entdeckt; aber trotz des energischen Drängens von Heinrich dem Seefahrer, der seinen Seeleuten befahl, den Seeweg nach Indien zu suchen, gelang es erst im Jahre 1487 dem Kapitän Bartolomeo Diaz, das Kap der Guten Hoffnung zu erreichen. Der Weg nach Indien lag nun offen. Aber Diaz segelte nicht weiter. Die Fieberkranken und vielen Toten seiner Expedition mögen ihn abgeschreckt haben, und noch wußte niemand genau, ob sich die ostafrikanische Küste wirklich weiter nach Norden fortsetzte. Auf dem ältesten Globus der Welt, den der Deutsche Martin Behaim 1492 in Portugal herstellte, reicht das südliche Afrika noch weit nach Osten, fast bis zu jener südostasiatischen Inselwelt, mit der man damals ja schon auf dem Landwege in Verbindung gestanden hatte.

Erst neun Jahre nach Diaz' Rückkehr umsegelte Vasco da Gama auf Befehl des portugiesischen Königs mit drei Schiffen das Kap und fuhr weiter nordwärts bis Sansibar. Dort fand er einen eingeborenen Lotsen, der den Indischen Ozean kannte, und erreichte mit günstigem Monsun die Stadt Calikut an der Südwestküste Vorderindiens, den damaligen Mittelpunkt des ostafrikanischen, arabischen, persischen und indischen Handels. 1502 folgte ein Geschwader von 20 Schiffen mit 800 Soldaten unter dem Befehl von da Gama, der zum Vizekönig von Indien ernannt wurde und 1524 mit einer Flotte von 16 Schiffen den gleichen Kurs segelte.

Unterdessen, besonders während der langen Jahre der portugiesischen Mißerfolge, hatte sich in den Köpfen einiger Seefahrer die Vorstellung festgesetzt, daß es auch einen westlichen, kürzeren Weg nach Indien geben müsse. Ein Kapitän namens Christoph Columbus trug dem portugiesischen König diesen Gedanken vor und bat um Schiffe. Von seinen Gelehrten beraten, schlug Johann II. dieses Ersuchen ab; doch fand Columbus bald Gehör in Spanien, das bisher neidvoll zugesehen hatte, wie der Nachbar Portugal aufgebrochen war, sich die Welt zu eigen zu machen. Die spanische Krone rüstete dem wagemutigen Mann eine bescheidene Flotte aus, Columbus segelte los, und am 12. Oktober 1492 sichtete er die Insel Guanahani in der Karibischen See. Ohne es zu ahnen, betrat er die Neue Welt, Amerika. Dabei war während dieser und der folgenden Reisen sein Sinnen und Trachten vor allem auf die Goldschätze gerichtet, die man hier vermutete. Überdies suchte er im Gewirr

Diese Weltkarte muß gegen Ende des 15. Jahrhunderts entstanden sein, denn das Kap der Guten Hoffnung, das Diaz im Jahre 1488 umsegelte, ist bereits eingetragen. Wahrscheinlich stammt sie aus den Jahren vor der Rückkehr des Columbus von seiner ersten Reise nach Amerika.

Zu den zahlreichen Nachbildungen der SANTA MARIA, des Flaggschiffes des Columbus auf seiner ersten Entdeckungsfahrt, gehört dieses Schiff im Hafen von Barcelona. Im Vergleich zu heutigen Schiffen war die SANTA MARIA wirklich eine Nußschale.

der Inseln, der heutigen Antillen, und – auf seiner vierten Reise, die bis 1504 dauerte – entlang der mittelamerikanischen Küste eine Durchfahrt zum ersehnten Indien. Columbus hat nie erfahren, wie der Kontinent, den er da gefunden hatte, geographisch wirklich beschaffen war und wo Land und Meer sich im Westen wiederum trennten. Er starb, mißverstanden und durch eigene Schuld in Ungnade gefallen, im Jahre 1506. Indien lag immer noch weltenweit entfernt, viel weiter, als irgend jemand es damals ahnen, geschweige denn berechnen konnte.

Wie langsam der Schiffbau sich in jenen Zeiten entwickelte, das zeigen die Schiffe des Columbus, die damals sicherlich durchaus als „modern" galten. Es waren die gleichen Karavellen, mit denen die Portugiesen Entdeckung um Entdeckung ersegelt hatten. Wir kennen diese Schiffe, nicht zuletzt auf Grund von Columbus' Tagebuchaufzeichnungen, ziemlich genau.

Um zunächst zwei Karavellen auszurüsten – die *Santa Maria*, das Admiralsschiff des Columbus, und die

Niña –, genügten zehn Tage. Ein drittes Fahrzeug mußte im letzten Augenblick dazugemietet werden. Die *Santa Maria* war knapp 32 Meter lang und über 100 Tonnen groß. Die *Pinta* und die *Niña* waren noch kleiner, sie hatten nur eine Größe von etwa 50 beziehungsweise 40 Tonnen. Allein das Admiralsschiff besaß ein durchgehendes Deck, unter dem die Mannschaft geschützt war; die beiden anderen Fahrzeuge trugen lediglich vorn und achtern die üblichen Eindeck-Kastelle, also praktisch nur Podeste. Auf allen drei Schiffen aber lebten insgesamt 120 Mann, dicht zusammengepfercht.

Man kann kaum annehmen, daß die Kapitäne und anderen Seeleute aus Bescheidenheit mit solcher Primitivität vorliebgenommen haben. Die Zeit kannte herrliche Kirchenbauten, prunkvolle Paläste und Schlösser; man liebte den Luxus und Komfort. Warum waren also die Schiffe derart winzig, und warum mußten die Seeleute eine unglaubliche, gesundheitswidrige Enge auf sich nehmen, von den Gefahren ganz zu schweigen, denen ihre Schiffchen bei Stürmen ausgesetzt waren? Nun, man konnte zu jener Zeit einfach keine größeren Schiffe bauen, weil man keine handwerklichen Methoden kannte, genügend feste Holzverbindungen für längere Kiele und Masten zu schaffen. Kiel und Mast waren also durch die Abmessungen der Baumstämme begrenzt, die man zur Verfügung hatte. Ein doppelt so langes Schiff wie die *Santa Maria* wäre, wenn man ihren Kiel nach den damals üblichen Techniken aus zwei Stämmen zusammengesetzt hätte, mittendurch gebrochen.

Um das Ende des 15. Jahrhunderts müssen gewaltige Mengen von Karavellen gebaut worden sein. In der Zeit nach Columbus – wahrhaftig kein sehr erfreuliches Stück Weltgeschichte – zogen Abenteurer, Glücksritter und „Eroberer" in immer größerer Anzahl nach Übersee. Sie alle mußten mit den gleichen kleinen Schiffen transportiert werden; der gesamte Warenaustausch zwischen den Mutterländern und den neuen Kolonien war auf sie angewiesen. Schon das zweite Geschwader des Christoph Columbus hatte aus 14 Karavellen und drei Lastschiffen bestanden und 1200 Menschen – Soldaten, Reiter, Auswanderer – sowie eine Menge Haustiere über den Atlantik befördert. In der Folgezeit riß der Strom von Schiffen und ganzen Flotten in beiden Richtungen nicht mehr ab.

Nachdem Columbus die Grenzen der bekannten Welt bis nach Amerika vorgeschoben hatte, besaß man zunächst noch keine zureichende Vorstellung davon, wie es im Westen weiterging. 1513 aber durchquerte der spanische Konquistador Vasco Nuñez de Balboa auf der Suche nach dem Goldland Peru die Landenge von Panama und erblickte beim Golf von San Miguel ein großes Meer, das er die „Südsee" nannte. Es war der Stille Ozean oder Pazifik.

Wie konnte man, das war nun die Frage, per Schiff dorthin gelangen? Im Süden des Landes werde eine

Passage vorhanden sein, meinten die Geographen. Aber wo war sie zu suchen?

Gefunden wurde sie 1520 von dem Portugiesen Fernando Magellan nach einer äußerst langwierigen, gefahrvollen und beschwerlichen Reise. Magellan wollte einen westlichen Weg zu den Molukken finden, die als Gewürzinseln von Bedeutung waren. Kaiser Karl V. rüstete ihm fünf Schiffe aus, und im August 1519 fuhr die kleine Flotte mit den unzulänglichen nautischen Mitteln der damaligen Zeit, mit Seekarten, die schlechter waren als gar keine (nämlich falsch oder einfach phantastisch), von Spanien aus ins Unbekannte hinaus, in das Dunkel, das um und hinter Amerika lag.

Im Dezember erreicht man Brasilien und wendet sich nach Süden. Mehrfach hat Magellan sich als der eiserne Führer zu beweisen, der er ist. Einige Kapitäne meutern; ein heftiger Sturm läßt eins der Schiffe scheitern. Der nautische Offizier Antonio Pigafetta hat in seinem Tagebuch die erregenden Ereignisse der folgenden Zeit festgehalten, in der die südliche Durchfahrt – die später Magellanstraße heißen sollte – entdeckt wurde:

„Da nun Magellan die Stürme des Meeres und die Härten des Winters gemildert sah, wurde am 24. August, nachdem Andres de S. Martín, der Astrologe der Flotte, die geographische Breite des Hafens auf 49 Grad 18 Fuß festgestellt hatte, der Kurs nach SW¼W längs der Küste wiederaufgenommen.

27. August. Nach zirka 30 Leguas SW¼W-Fahrt liefen wir zwei Tage später in den von Juan Serrano entdeckten Fluß Santa Cruz ein. Hier kam das ganze Geschwader durch die wütenden Winde, die einen hohen Seegang verursachten, in Gefahr, Schiffbruch zu leiden.

Wir brachten hier ungefähr zwei Monate zu, um die Schiffe mit Wasser und Holz zu versehen. Auch fingen wir Fische, die an die 2 Fuß lang, stark mit Schuppen bedeckt und sehr schmackhaft sind; doch konnten wir nicht so viele fangen, als wir benötigt hätten.

18. Oktober. Die ganze, ziemlich geräumige Bucht war in allen ihren Winkeln und Verstecken untersucht worden, um zu erforschen, ob sie nicht irgendwo einen Ausgang nach Westen habe. Da diese heißgewünschte Straße aber auch hier nicht vorhanden war, erteilte Magellan seinen Kapitänen den Befehl, diese Küste so lange abzusuchen, bis man die Straße nach dem Südmeer fände; sollte man zu diesem Zwecke selbst bis 75 Grad s. Br. gehen und die Schiffe zweimal frisch auftakeln und bemasten müssen.

Nachdem die beim Hafen Santa Cruz aufgestapelten Überreste vom Schiffbruch der *Santiago* unter die verbleibenden vier Schiffe verteilt waren, brach das Geschwader gleichen Tages zur Ausführung des Befehls auf.

21. Oktober 1520. Unsern Weg gegen Süden fortsetzend, erblickten wir am 21. Oktober unter 52 Grad s. Br. ein Vorgebirge, das wir Kap der elftausend Jungfrauen nannten, weil dieser Tag ihnen geweiht ist.

Auch die NIÑA, das zweite von den drei Schiffen der ersten Columbusflotte, ist wiederholt nachgebaut worden. Auf dieser NIÑA überquerten 1963 neun Männer, unter den gleichen Bedingungen wie zu Columbus' Zeiten, den Atlantik von Spanien bis zu den Bahamas.

Die ganze Schiffsmannschaft war so überzeugt, daß die von diesem Kap verursachte Bucht keinen Ausgang nach Westen habe, daß man sich ohne die Kenntnisse des Oberbefehlshabers nicht hätte einfallen lassen, einen solchen zu suchen. Magellan sandte den portugiesischen Piloten Caravallo auf einen nahe liegenden Hügel, um zu sehen, ob die Bucht nicht an irgendeiner Stelle sich öffne, doch dieser kehrte mit dem Berichte zurück, daß er keine Öffnung wahrnehmen könne. Unser Generalkapitän wußte, daß der Weg durch eine sehr verborgene Meerenge ginge, denn er hatte diese auf einer Karte gesehen, die Martin Behaim, ein vortrefflicher Kosmograph, gezeichnet hatte und die der König von Portugal in seinem Archiv aufbewahrte.

22. bis 27. Oktober. Er schickte deshalb zwei Schiffe, die *S. Antonio* und *Concepción,* ab, um zu untersuchen, wie weit sich diese Bucht erstrecke; wir andern warteten am Eingang mit der *Trinidad* und der *Victoria.*

In der Nacht überfiel uns ein schrecklicher Sturm, der 36 Stunden dauerte und uns zwang, die Ankertaue zu

Längere Zwischenlandungen waren für die Weltumsegler im 15. und 16. Jahrhundert eine zwingende Notwendigkeit. Sie mußten die Schiffe ausbessern, sich neue Nahrung beschaffen und auch den Mannschaften von Zeit zu Zeit Ruhepausen gönnen. Dieser Holzschnitt aus dem 16. Jahrhundert zeigt die Flotte Magellans kurz vor dem Aufbruch von einer Insel im Pazifik. An Land werden noch Boote mit Lebensmitteln beladen.

kappen und die Schiffe der Willkür der Fluten und des Windes zu überlassen. Die beiden ausgesandten Schiffe, die dasselbe Schicksal hatten wie wir, konnten nicht mehr um das Kap herum zurück; auch sie mußten sich den Winden überlassen, welche sie stets gegen das Innere dieser Gegend — sie wähnten sich in einer Bucht — trieben, so daß sie jeden Augenblick fürchteten zu scheitern. Aber eben da sich alle für verloren hielten, zeigte sich zu ihrem Glück eine Öffnung, in die die Schiffe nun einliefen. Unsere Gefährten bemerkten, daß dieser Kanal nicht abgeschlossen war, und fuhren daher fort, ihn zu untersuchen, wodurch sie in eine zweite Bucht gelangten, in der sie weitersegelten, bis sie noch eine Meerenge fanden, die wiederum in eine Bucht führte, und zwar in eine noch größere als die vorherige. Da angekommen, erachteten sie es für zweckmäßig umzukehren, um dem Befehlshaber Nachricht zu geben.

Zwei Tage waren indes verflossen, ohne daß wir diese zwei zur Untersuchung der Bucht abgeschickten Schiffe wieder erscheinen sahen; wir glaubten, daß sie in dem Sturm, unter dem wir selbst gelitten hatten, untergegangen wären; und da wir Rauch auf dem Lande gewahr wurden, so schlossen wir daraus, daß die, welche das Unglück gehabt hatten, sich zu retten, diese Feuer angezündet hätten, um uns ein Zeichen ihres Lebens und ihres Unglücks zu geben. Doch während wir uns in dieser Ungewißheit über ihr Schicksal befanden, sahen wir die beiden Schiffe mit vollen Segeln und wehenden Flaggen auf uns zukommen. Als sie in unserer Nähe waren, gaben sie einige Kanonenschüsse ab, und die Mannschaften stießen ein Freudengeschrei aus. Wir taten dasselbe und erfuhren von ihnen, daß sie die Fortsetzung der Bucht oder vielmehr die Meerenge gefunden hätten, worauf wir alle Gott und der heiligen Maria dankten.

28. bis 31. Oktober. Doch selbst hier, am Ziel, hatte Magellan noch seine ganze Beharrlichkeit und Ausdauer nötig, um die Durchfahrt durch die Straße zu bewerkstelligen. Er berief in der Nähe des Vorgebirges der Jungfrauen seine Kapitäne, Piloten und Kosmographen zu einer Beratung. In dieser Versammlung wurde festgestellt, daß man noch für drei Monate hinreichende Lebensmittel habe. Auch waren die meisten, da sie ihren Chef so vertrauensvoll sahen, guten Mutes. Einer der Piloten, ein Portugiese Esteban Gomez vom Schiffe *S. Antonio*, sagte dagegen, es sei dies ein tollkühnes Wagnis, die Lebensmittel wären nicht hinreichend, weil man nach dieser Straße vermutlich noch andere große Meeresteile durchsegeln müsse, um zu den Molukken zu gelangen. Er schlug daher vor, man sollte jetzt vorläufig wieder nach Spanien zurückkehren und dann mit einer neuen Flotte, besserer Ausrüstung und frischer Mannschaft wiederkommen. Gomez war einer der erfahrensten und angesehensten Seeleute der Flotte, und seine Ansicht hatte bei den übrigen großes Gewicht. Magellan aber erwiderte: ,Und wenn er gewiß wüßte, daß er das Leder vom Segelwerk der Schiffe verzehren müßte, so wollte er doch durch diese Straße hindurch, um sein dem Kaiser gegebenes Wort zu halten.' Alsdann ließ er durch einen Herold auf allen Schiffen den strengen Befehl kundtun, daß bei Todesstrafe niemand mehr von Heimkehr und von den Lebensmitteln sprechen dürfe. Die Fahrzeuge sollten sich für den anderen Morgen segelfertig halten, weil er westwärts ins Land fahren wolle.

1. November. Das ganze Geschwader fuhr darauf in die Meeresstraße ein. Ein Boot wurde an die Küste gesandt, um diese rauhe und kalte Gegend zu erkunden. Seine Bemannung fand etwa eine Meile vom Strand eine Grabstätte mit mehr als 200 Gräbern; am Ufer selbst lagen ein toter Walfisch von außergewöhnlicher Größe und eine Menge Knochen dieser Tiere, was auf heftige und zahlreiche Stürme schließen ließ. Im Süden der Meerenge erblickte Magellan nachts viele Feuer und benannte deshalb das Land Feuerland.

Sodann kamen wir in SSO-Richtung und fanden an Backbord eine Spitze, von der aus die Entfernung bis zur Mündung der ersten Straße ungefähr 100 Seemeilen betragen wird. Die Aussichten zu beiden Seiten der Straße waren nun die schönsten der Welt; hohe, schneebedeckte Berge, am Fuß von prächtigen Bäumen umsäumt, zeigten sich am Horizont.

8. November. Der Oberbefehlshaber schickte nun die beiden Schiffe *S. Antonio* und *Concepción* nach Südost ab, um zu erforschen, ob dieser Kanal sich in ein Meer öffne. Das erste Schiff, *S. Antonio*, segelte jedoch unverzüglich mit vollen Segeln fort, ohne das zweite zu erwarten; es hatte — wie wir nachher erfuhren — die Absicht, dieses zurückzulassen, denn der Steuermann wollte die Dunkelheit der Nacht benutzen, um nach Spanien zurückzusegeln.

Dieser Steuermann, Esteban Gomez, war Magellan feindlich gesinnt, weil er die vom Kaiser kurz vor seiner Ankunft in Spanien erbetenen Karavellen zu einer Entdeckungsreise infolge Magellans Dazwischentreten nicht erhalten hatte und nun, anstatt an die Spitze der von ihm beabsichtigten Expedition gestellt zu werden, bloß den untergeordneten Posten eines Steuermanns bekleidete. Er verband sich mit einigen unter seiner Mannschaft befindlichen Spaniern. Sie legten den Kapitän des Schiffes, Alvaro de Mezquita, einen Neffen des Oberbefehlshabers, in Fesseln, verwundeten ihn sogar und führten ihn nach Spanien.

Die *Concepción*, die der *S. Antonio* nicht folgen konnte, kreuzte hierauf am Eingang des Kanals, ihre Rückkehr erwartend; aber umsonst, denn die *S. Antonio* entfloh während der Nacht durch die gleiche Straße, durch die wir gekommen waren.

12. November. Wir waren unterdessen mit den zwei übrigen Schiffen nach dem zweiten Kanal gesegelt, der sich nach Südwest öffnete. Während dieser Zeit entsandten wir eine gut ausgerüstete Schaluppe, um das Kap des anderen Meeres zu suchen. Die hierzu ausgeschickten Matrosen kamen am dritten Tage wieder zurück und verkündeten uns, daß sie das Kap und ein großes Meer gesehen hätten. Der Generalkapitän weinte vor Freude und nannte dieses Kap el Cabo Deseado, das ersehnte Kap, da wir in der Tat seit langer Zeit das große Verlangen hegten, es endlich zu erreichen. Wir fanden eine

Der Jakobsstab – hier ein holländischer Holzschnitt aus dem 16. Jahrhundert – ist der ferne Vorläufer des heute gebräuchlichen Sextanten. Mit dem Jakobsstab maß der Seemann, natürlich an Deck seines Schiffes stehend, die Höhe der Sonne über dem Horizont.

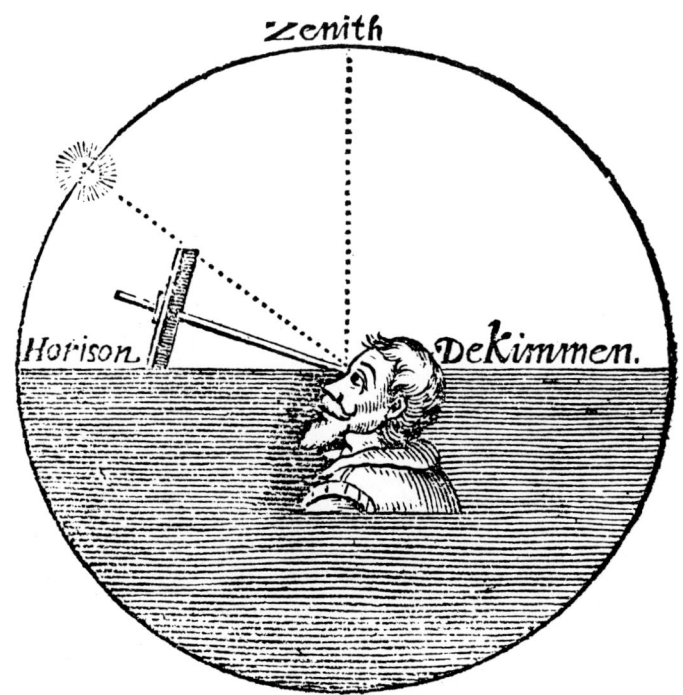

Das ist die karge, großartige Landschaft von Feuerland
im äußersten Süden der südamerikanischen Landmasse. Die schmale Wasserstraße, die Feuerland von
Argentinien trennt, ist heute noch unverändert so
wie zu Zeiten Fernando Magellans. Der zeitgenössische
Kupferstich (Bild unten) zeigt die Magellanstraße,
die europäischen Entdecker, ein paar Eingeborene und
seltsame Tiere, wahrscheinlich Pinguine.

Straße, die in das Meer zwischen dem Festland Seiner
Majestät und Indien führte.

Magellan hielt sich selbst für den glücklichsten Men-
schen, der je auf Erden gelebt habe, und konnte sich vor
Freude darüber nicht fassen, daß ihm nun die Wege zu
der Inselwelt Asiens und um die Erdkugel offenständen.
Er dachte auch an seinen Kaiser Karl und an die großen
Belohnungen, die dieser ihm zukommen lassen würde.“

Nachdem er jene Durchfahrt passiert hat, die später
nach ihm Magellanstraße genannt wird, fährt der
Generalkapitän an der Westküste Südamerikas hinauf.
Proviant und Trinkwasser werden knapp.

„Um so unbegreiflicher“, schreibt Alfons von Czibulka, „der Entschluß, mit dem der ehrgeizige Mann den
Bug seines Schiffes gegen Nordwesten wendet und in
die Wasserwüste des unbekannten Meeres steuert. — Am
18. Dezember 1520 sahen sie zum letzten Male Land.

Es scheint uns kaum verständlich, wie sich Menschen
jener Tage, noch tief in abergläubischer Scheu befangen,
mit so armseligen Fahrzeugen über kaum entdecktes
Land hinaus in die unermeßliche Weite des Stillen
Ozeans wagen konnten und so, lange vor James Cook,
dessen Seemannsleben uns das Märchen der Südsee erzählte, durch jene blauen Fluten gezogen sind . . .

Sechzehn lange Wochen währt die Fahrt. Sie segeln
dicht an dem Inselgewirr der niedrigen Inseln, an der
Gruppe der Marschall-Inseln vorbei und sichten dennoch
— ein seltsamer Zufall in diesem von Tausenden von
Eilanden, zerschellten Kontinenten und Riffen besäten
Meer — nur einmal, 40 Tage nachdem sie die Küste
Amerikas aus den Augen verloren haben, zwei kleine
Inseln, die sie wegen ihrer Öde und Einsamkeit die
,Unglücklichen‘ nennen. Die Nahrungsmittel verdarben vollkommen, der Zwieback zerfiel in Staub und war
mit Wurmnestern durchsetzt, der Unrat der Ratten be-
schmutzte, was noch genießbar geblieben war. Die Ratten selbst wurden begehrte Leckerbissen, und Pigafetta
erzählte, daß man bis zu einem halben Dukaten für ein

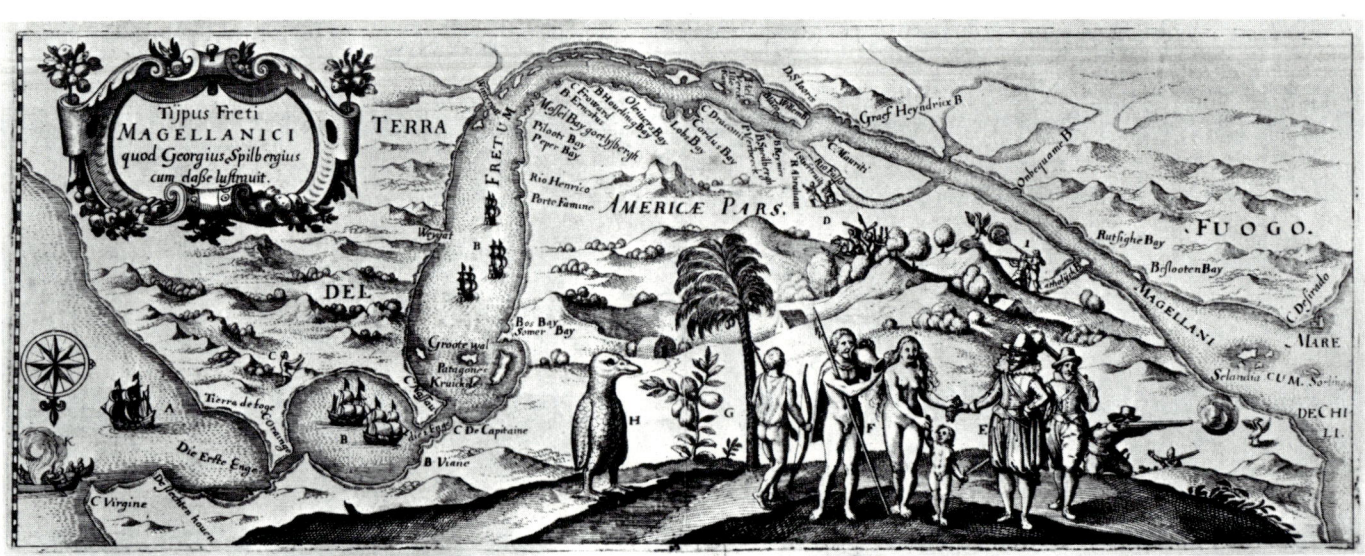

Diese um 1630 in Holland gezeichnete Karte des Pazifischen Ozeans macht den Stand der Entdeckungen zu ihrer Entstehungszeit deutlich. Allmählich treten die Küsten des nordamerikanischen Kontinents immer klarer hervor, Japan und die malaiische Inselwelt sind schon bekannt, nur Neuseeland und Australien fehlen noch. Beide wurden erst rund 20 Jahre später entdeckt.

solches Tier bezahlte. Die Besatzung aß in Meerwasser gekochtes Leder; das Süßwasser verfaulte und verbreitete einen entsetzlichen Geruch. Der Skorbut, dieses Gespenst der Seereisen für viele Jahrhunderte, das erst Cook zu bannen verstand, dezimierte die Mannschaft. Und dennoch führte Magellan in eiserner Entschlossenheit, mit seiner kalten, grausamen Strenge, mit seinem Glauben an seinen guten Stern diese Totenschiffe — deren noch am Leben gebliebene Mannschaft kaum mehr die Segel bedienen konnte — fast über die Hälfte des Erdkreises, 12 800 Seemeilen weit, über das größte aller Meere. Freilich störte kein Sturm diese kühne Fahrt.

Endlich liegt Land vor ihnen, das sie zum Andenken an die diebischen Insulaner, die auf ihr Schiff kommen, Ladronen, Diebesinseln, taufen, und 1000 Meilen westlich hemmt der Archipel der Philippinen ihren Zug, auf dessen Insel Samor sie — als erste Europäer — am 16. März 1521 nach 3 Monaten und 20 Tagen Fahrt landen." Magellan steht auf der Höhe eines kurzen Glücks.

Sechs Wochen später, am 27. April 1521, findet der Entdecker auf der Philippineninsel Mactá im Kampf gegen Eingeborene den Tod. Einer seiner Kapitäne, Sebastián de Elanco, segelt mit der *Victoria* weiter und trifft am 6. September 1522 in Spanien ein.

Die großen Fahrten der Entdecker im 15. und dann im 16. Jahrhundert hatten die Erde plötzlich unheimlich groß gemacht. Weit hinter den Grenzen der eigenen, auf einmal klein wirkenden Staatsgebilde sahen die Menschen staunend neue und vor allem „herrenlose" Länder und Kontinente und kaum noch zählbare Inselwelten auftauchen. Das Mittelmeer, das Schwarze Meer, die Biskaya, um die herum die Europäer lebten, an denen man Handel getrieben, wo man seine Kriege ausgefochten, wo bisher die Fischer ihre Beute aus dem Wasser gezogen hatten — sie bedeuteten nun plötzlich nicht mehr die Grenzen der Welt. Die Maßstäbe veränderten sich schnell, und mit ihnen auch die Machtverhältnisse.

Der Vertrag von Tordesillas, der auf Grund einer Entscheidung des Papstes Portugal und Spanien als den beiden „meerbeherrschenden" Ländern 1494 noch je eine Hälfte der neuentdeckten Welt zuerkannt hatte, war nichts als ein Fetzen Papier, als andere europäische Mächte wie England, die Niederlande und Frankreich — die italienischen Stadtstaaten hatten zu jener Zeit noch genug mit ihren Fehden untereinander zu tun — ebenfalls anfingen, nach den Schätzen der Ferne zu greifen. Ein Wettlauf setzte ein, der das ganze 16. Jahrhundert und noch einen Teil des 17. Jahrhunderts prägte. Und eine der Schlußfolgerungen dieses Wettlaufs hieß für alle: Wir brauchen Schiffe und nochmals Schiffe. Flotten für den Seehandel über weite Entfernungen und dazu militärisch unbesiegbare Flotten.

Das Pulver war erfunden; im Jahre 1513 wurde das erste Schiff durch Kanonenschüsse versenkt. Wo einst Fürsten wie Heinrich der Seefahrer ihre Kapitäne gezwungen hatten, ihre Kurse immer weiter in unbekannte Fernen abzustecken, geboten die Mächtigen jetzt ihren Schiffbauern: Schafft größere und schnellere Schiffe, gebt ihnen ein repräsentatives Aussehen, das Respekt und Furcht einflößt. Gießt Kanonen, so dick und weittragend wie nur möglich, und bestückt damit große und starke Schiffe dicht an dicht.

Piraterie mit höchster Billigung

Der Wettbewerb der europäischen seefahrenden Nationen war zu jener Zeit großenteils Kaperei und Seeräuberei. Und weder Freund noch Feind betrachteten das als schimpflich, denn der Reichtum derjenigen, die zu schädigen sich lohnte, stammte ja meist auch von Eroberungskriegen und Raubzügen her. Portugal und Spanien hatten die Schätze der Welt etwas voreilig unter sich aufgeteilt, und andere Länder fanden nichts dabei, sich schadlos zu halten, indem sie ihnen die geraubten Reichtümer abnahmen. So herrschte zwischen den europäischen Nationen auf hoher See jahrzehntelang ein ununterbrochener Kriegszustand. Kein politischer, kein offiziell erklärter Krieg, aber Könige und Regierungen verliehen Vollmachten und Freibriefe nahezu an jeden, der ihnen geeignet erschien, als Pirat etwas zu leisten und entsprechende Anteile an die Staatskasse abzuführen. Hochrangige Adelige erhielten Kaperfreibriefe ebenso wie verbrecherische Abenteurer oder Kapitäne, die in Wirklichkeit nichts als Seeräuber waren.

Als erste traten die Engländer auf den Plan; ihnen folgten die Franzosen und Holländer. Königin Elisabeth I. von England erlaubte ihren Seefahrern, spanische Schiffe und Kolonialstützpunkte zu plündern. Viele ihrer Schützlinge sind durch ihre Handstreiche berühmt geworden, zum Beispiel John Hawkins. Er trieb sich 1566 mit sechs Schiffen auf den Meeren herum; eines davon,

mit 64 Kanonen bestückt, hatte die Königin selbst gestiftet. Und neben ihm stand ein noch größerer: Francis Drake. Elisabeth machte ihn zum Vizeadmiral und schlug ihn 1580 zum Ritter; er hatte an der Westküste Südamerikas eine der größten portugiesischen Galeonen überfallen und einen riesigen Gold- und Silberschatz für England erbeutet.

Die vielen seemännischen und soldatischen Taten der Engländer in jener Zeit begründeten die britische Vormachtstellung zur See für die folgenden Jahrhunderte. Der letzte große Versuch, sie zu verhindern, wurde 1588 von dem spanischen König Philipp II. unternommen, der seine „Armada" — etwa 120 Schiffe mit 24 000 Mann — entsandte, um Südengland zu besetzen und auszuschalten. 200 englische Schiffe werfen sich ihm entgegen, geführt von kühnen, erfahrenen Seemännern, die zum Teil Freibeuterkapitäne sind, unter ihnen Drake. Wochenlange Kämpfe folgen, in denen die Engländer die Oberhand behalten. Doch wird die Niederlage der Spanier erst durch einen Orkan besiegelt, in dem nahezu die Hälfte der spanischen Schiffe und Mannschaften verlorengeht.

Mit diesem Jahr 1588 beginnt recht eigentlich auch der englische Kolonialismus. Daß dafür große bewaffnete Flotten eine Bedingung sind, hatten Portugal und Spanien bewiesen. Andere Nationen hatten von ihnen gelernt. Aus den Galeeren und Galeassen waren inzwischen die mit Kanonen bewaffneten Galeonen geworden, deren Geschütze zunächst aus Löchern in der oberen Bordwand, bald aber aus „Pforten" herausragten, die durch Klappen verschließbar waren. Dazu mußten die Geschütze etwas zurückgezogen werden; ihre Lafetten wurden daher mit vier Holzrollen versehen. Natürlich mußte man sie festzurren. Neuartig an den Galeonen war weiterhin, daß der Bug, der bei den Galeassen und Karavellen stark überhing, zurückversetzt wurde und einen Schnabel bekam, an dem eine symbolische Figur nach vorn blickte.

Die Unsicherheit auf den Meeren, besonders auf den Routen zwischen den Kolonien und den Heimathäfen, hatte schon seit langem dazu geführt, daß alle Schiffe bewaffnet wurden; ein Unterschied zwischen Handelsschiffen und Kriegsschiffen bestand damals also grundsätzlich nicht. Darum mußte jedes Schiff so gebaut sein oder so viel festen Ballast unten im Raum haben, daß es auch ohne Ladung trotz der schweren, hoch liegenden Geschütze nicht kopflastig wurde. Schnelle Segler waren diese Schiffe natürlich nicht.

Es gab also Gründe, die die bislang stagnierende Entwicklung wieder in Bewegung brachten und die Schiffe verhältnismäßig schnell größer, fester, ansehnlicher, sicherer werden ließen. Die Zimmerleute, die bislang die Hölzer nur roh bearbeitet und mit Holzdübeln zusammengefügt hatten, durften plötzlich nicht mehr nach

Während die Mannschaft an Bord dieses zweifellos nicht ganz exakt dargestellten Schiffes – vermutlich ist es eine Galeone des 16. Jahrhunderts – an den Segeln arbeitet, ist der Kapitän des Fahrzeugs damit beschäftigt, mittels eines Peilkompasses die Position zu bestimmen. Das Schwert an seiner Seite beeinträchtigt die Genauigkeit seiner Messungen, weil es die Kompaßnadel ablenkt. Diese Tatsache war zu der Zeit, als dieses Bild entstand, noch nicht bekannt. Die Kunst der Navigation entwickelte sich damals langsamer als die Schiffbautechnik.

ihrem Ermessen schalten und walten. Von technisch begabten „Ingenieuren" (fast schon im heutigen Sinne), die in genauen Zeichnungen alle Einzelheiten festlegten, wurde ihnen die Bauweise vorgeschrieben. Berühmte, in einigen Fällen noch heute namentlich bekannte Schiffbaumeister verbanden überkommenes Erfahrungsgut mit neuen Ideen. Kupferschmiede beschlugen jetzt den Unterwasserrumpf mit Kupferplatten, die in tropischen Gewässern den Muschelansatz und die Fäulnis verminderten. Und Holzschnitzer und Bildhauer wurden beauftragt, die immer zahlreicheren, sich übereinandertürmenden Decks auf dem Hinterschiff zu regelrechten kleinen Schlössern auszugestalten, mit Galerien, Säulen und symbolischen oder mythischen Figuren rings um die bleiverglasten Sprossenfenster der Kapitänskajüte.

Erst nach und nach, als die Geschütze laufend vermehrt und größer und schwerer wurden, als man sie in mehreren Batteriedecks übereinander anordnete und die Munition und die Kanoniere das Schiff schon fast allein füllten, entstand das reine Kriegsschiff.

Zwei Seeschlachten hatten eindeutig bewiesen, daß Sieg oder Niederlage auf dem Meere Weltgeschichte machen können: die bereits erwähnte zwischen der spanischen Armada und den Engländern; und, ein Jahrzehnt vorher, 1571 die Seeschlacht bei Lepanto. Dem spanischen König und dem Papst war es gelungen, die christlichen Mittelmeerflotten zu vereinen; nun stellten sie sich den Türken entgegen, um sie am weiteren Vordringen in Europa zu hindern. Dank überlegener Schiffe, überlegener Bewaffnung und überlegener Taktik errangen die Christen einen überwältigenden Sieg. Schiffe und Kriegsflotten konnten also darüber entscheiden, ob Europa das christliche Abendland bleiben würde oder sich im Machtbereich des Morgenlandes verlieren mußte. Ebenso eindeutig hatte die Niederlage der Armada zur Folge, daß fortan für eine lange Zeit die Weltmeere nicht mehr von Spanien, sondern von den Engländern beherrscht wurden; daß das neu sich entwickelnde Weltkolonialreich in erster Linie ein englisches wurde und daß bis in unsere Zeit die Verkehrssprache der westlichen Welt Englisch ist.

Diese Kanone von der vor Stockholm gefundenen WASA ist ein Sinnbild königlicher Seemacht. Im Jahre 1513 wurde das erste Schiff durch Kanonenkugeln versenkt, die Geburtsstunde der großen Kriegsflotten und des Kampfes zur See um Macht und Einfluß hatte geschlagen.

Ein kleines Volk macht von sich reden

Ehe die großen und schnellen Segler in allen Häfen das Bild bestimmten, wurde von einem kleinen, rührigen, Schiffahrt treibenden Volk nochmals ein neuer Handelsschiffstyp entwickelt, der alle bisherigen Karavellen und Galeonen an Schnelligkeit übertraf: die holländische „Fleute". Sie war — was es vorher noch nicht gegeben hatte — viermal so lang wie breit. Die Holländer hatten nicht nur die Faustformel „Länge läuft" herausgefunden, sondern auch die nun schwieriger werdenden Stabilitätsprobleme anzupacken gewagt. Die Fleute hatte zwar von den heimatlichen Fischerewern das völlige, plumpe Vorschiff für flaches Wasser übernommen, sie besaß dafür aber ein strömungstechnisch wesentlich verfeinertes Heck mit hohl gebogenen Spanten und Planken. Der Geschwindigkeitsgewinn, den dieses schärfer gebaute Achterschiff erbrachte, machte die Geschwindigkeitseinbuße durch den rundlicheren Bug mehr als wett. Eine weitere Besonderheit hatte finanzielle Ursachen; in Holland wurden die Steuern für Handelsschiffe damals nämlich nach der Schiffsbreite in Höhe des Oberdecks be-

rechnet. Daher hatten die Fleuten im Verhältnis zur Gesamtbreite des Schiffskörpers ein außergewöhnlich schmales und demzufolge „billiges" Oberdeck. Die Bordwand, somit sehr rund gewölbt und nach oben hin entsprechend stark eingezogen, wirkte besonders plump — ohne daß die Schiffe etwa so schwerfällig waren, wie sie aussahen. Sie vermochten deshalb auch besonders viel Ladung aufzunehmen, stellten also gerade das dar, was die Holländer für ihren beginnenden Ostindienhandel dringend brauchten.

Denn nachdem die Niederlande durch Wilhelm von Oranien sich von der spanischen Herrschaft hatten lösen können und mit der Selbständigkeit auch ihr stolzes Selbstvertrauen wiedergewonnen hatten, traten sie — ein in der Küstenfahrt und in der Meeresfischerei längst erprobtes Volk — sofort in Wettbewerb mit den „Großen" und gingen auf weite Entdeckungsreisen. Schon 1602 gründeten sie die „Ostindische Companie", die sich vor allem in Java und auf anderen ostasiatischen Inseln festsetzte. *Ost*indien, das mußte betont werden, weil ja die mittelamerikanischen Inseln auf Grund der irrtümlichen Auffassung des Columbus ebenfalls die Bezeichnung „Indien" erhalten hatten und fortan „Westindien" hießen. Auch in Südafrika faßten die Holländer Fuß. Und sie waren es, die 1606 beim Durchsegeln der ostasiatischen Inselwelt zum erstenmal die Festlandsküste von Australien erreichten. Auf einer Fahrt entlang einer endlos scheinenden Südküste begriff 1643 der holländische Kapitän Abel Tasman — nach ihm wurde Tasmanien benannt —, daß es sich hier um einen ganz neuen, einen fünften Kontinent handeln müsse. Damit zerstörte er endgültig die bisher allgemein vertretene Überzeugung, daß es einen riesenhaften, den Indischen Ozean im Süden abschließenden Südkontinent gäbe.

Nun ist das Erdenrund in großen Zügen bekannt. Die riesenhaften weißen Flecke völlig unerforschter Gebiete sind künftig auf den Erdkarten nur noch innerhalb der Kontinente und zum Nord- und Südpol hin zu finden.

Sieht man von den begrenzten und zum Teil bald darauf wieder vergessenen Entdeckungen des Altertums ab, so sind, von Europa aus gesehen, neue Meere, Inseln, Küsten, Kontinente und vor allem das ganze Ausmaß der kugeligen Erde nacheinander von folgenden Völkern und Nationen entdeckt worden: von den Nordmännern oder Normannen, den Portugiesen, Spaniern, Engländern und schließlich von den Holländern.

Die Franzosen kolonisierten, später erst, auf näheren Landwegen nordafrikanische Gebiete. Und die Deutschen bekamen im 19. Jahrhundert, was übrigblieb: einige größere Flächen in Afrika und einige Inselgruppen in der Südsee. Deutschland hatte in den Zeitläuften vom 15. bis zum 18. Jahrhundert ja keine Flotten; die Hanse war bedeutungslos geworden und schließlich auseinandergefallen, und ein „Deutschland" im Sinne einheitlicher Seehandelspolitik gab es noch nicht. Von den

Hansestädten allerdings fuhr man eigentlich ständig aus, um Handel zu treiben, und wenn Seeräuber diesen friedlichen Verkehr störten, so wurden sie energisch bekämpft und, wie Klaus Störtebecker in Hamburg, hingerichtet.

Der einzige Plan, der nach dem Vorbild der Engländer und Holländer in einem deutschen Staat für ein weitergreifendes Unternehmen entworfen wurde, war die vom Großen Kurfürsten in Preußen geförderte Gründung einer „Ostindischen Handelsgesellschaft" um 1670. Sie blieb aber nahezu erfolglos. Mit Gewinn, aber auch nur im kleinen Rahmen, arbeitete eine „Königlich Preußische Asiatische Compagnie nach Canton in China", die achtzig Jahre später (1750) gegründet wurde und ihre Waren in Emden anlandete und verkaufte, zum Beispiel Rohseide, Seidenstoffe, Porzellan, Tee, Rhabarber, Apothekerkräuter, Perlmutt, Lackwaren und „Raritäten".

Nach der Entdeckerzeit, als der Handel mit Amerika und den anderen neuen Gebieten der Erde aufblühte und meistens auch mit Waffengewalt verteidigt werden mußte, unternahm man überall gewaltige Anstrengungen im Schiffbau: Die „Zeit der großen Segelschiffe" begann.

Zunächst wurden bei allen Völkern, die Überseehandel trieben, die Schiffe schnell länger. Einige maßen 40, 50 Meter und mehr. Die Masten wurden durch Übereinandersetzen mehrerer Einzelbäume erhöht, und die Zahl der Segel nahm dementsprechend ebenfalls zu. Ihre Bedienung wurde immer verwickelter, zugleich aber durch glatteres Tauwerk und bessere Blöcke und Flaschenzüge ganz wesentlich erleichtert.

Zudem überboten sich die Schiffbauer und ebenso ihre Auftraggeber, die Fürsten oder die „Companien" der Handelsherren, in der immer prunkvolleren Ausschmükkung ihrer Schiffe. So wurden die Segler von Jahrzehnt zu Jahrzehnt mehr und mehr zu glanzvollen Repräsentationsstücken, zu Wahrzeichen politischer oder handelspolitischer Macht. Nur mit diesen Flotten — wie sie auf zahllosen Bildern jener Zeit zunehmend farbenprächtiger dargestellt sind — war es möglich, die riesenhaften Kolonialreiche in fernen Erdteilen zu gründen, sie auszubauen und zu festigen. Auswanderer, Siedler, Beamte und Soldaten mußten hinübergeschafft werden, in steigendem Maße auch einfach Arbeitskräfte, wobei es sich vielfach um Sträflinge, oft nur um Sklaven handelte.

De Ruyter, der große Seeheld der Holländer

Nach dem Dreißigjährigen Krieg kam es zur Konfrontation zwischen den Engländern, die auf dem Meer das Erbe Spaniens angetreten hatten, und dem kleinen Volk der Holländer, das mittlerweile eine starke See- und Kolonialmacht geworden war. Der berühmte niederlän-

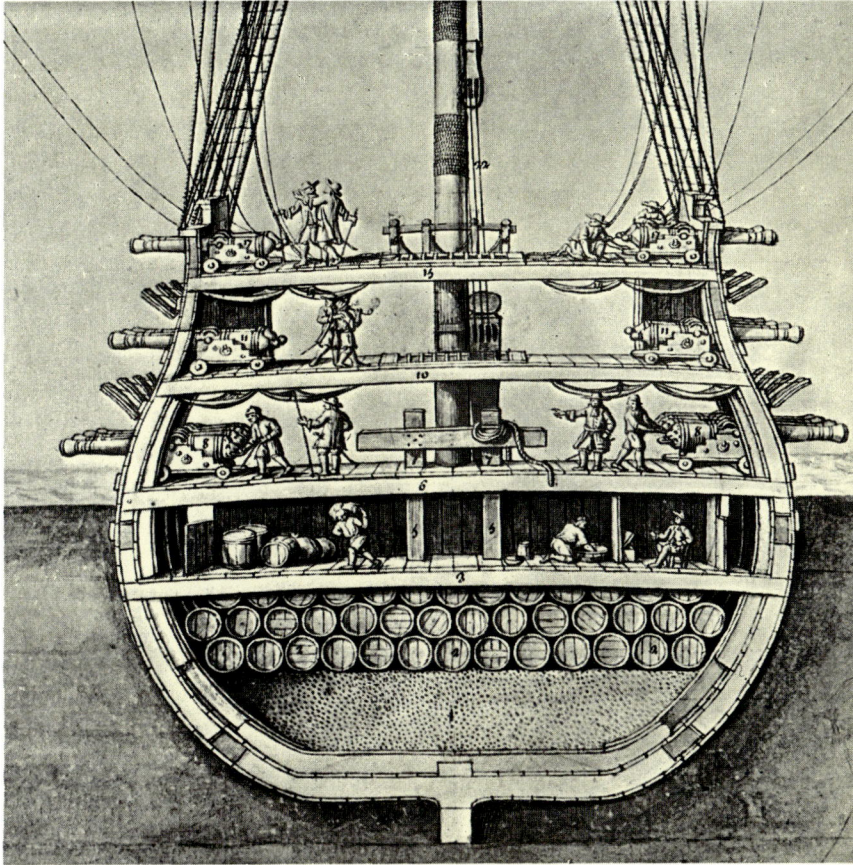

Die Kriegsschiffe des 17. Jahrhunderts waren starke schwimmende Festungen. In mehreren Decks standen die Kanonen übereinander, unter der Wasserlinie, im geschütztesten Teil des Schiffes, lagerten Pulver und Vorräte. Die Mannschaften schliefen in Hängematten bei ihren Kanonen.

dische Admiral M. A. de Ruyter kämpfte in nicht weniger als 33 Schlachten. Einen Eindruck davon, wie ein Treffen zwischen zwei großen Flotten damals etwa vor sich ging, vermittelt eine Schilderung, die Alfons von Czibulka von der berühmten und blutigen Viertageschlacht vor North Foreland im Juni 1666 gibt. Hier behielt de Ruyter über den englischen Admiral Monk die Oberhand. Die Auseinandersetzung wurde schließlich durch den Friedensvertrag von Breda beendet, der den Holländern Surinam zusprach, den Engländern Neuholland und Neuamsterdam, das spätere New York.

„Den Winter über", schreibt Czibulka, „wurde unter seiner (Ruyters) Aufsicht eifrig an der Vervollkommnung und dem Ausbau der Flotte gearbeitet, so daß im April des folgenden Jahres eine Schiffsmacht von 130 Seglern in Dienst gestellt werden konnte, wovon 70 Kriegsschiffe 40 bis 80 Kanonen führten. Zwölf Linienschiffe lagen überdies noch halb fertig auf den Werften. Die Besatzung zählte 22 000 Mann. Während des April und Mai sammelten sich die Geschwader hinter der Insel Texel, am Eingang der Zuidersee, und am 10. Juni nahm die Flotte, geführt von de Ruyters Flaggschiff *Die Sieben*

Provinzen, einem Linienschiff von 80 Kanonen, Kurs nach der englischen Küste. Als die Felsen von England aus dem weißen Gischt der schweren See aufstiegen, versammelte Ruyter die Admiräle van Nees, Cornelius Tromp, de Bries, Evertzen und die Führer der Divisionen an Bord der *Sieben Provinzen,* um ihnen die letzten Befehle zu geben und Ermahnungen an sie zu richten.

Am Morgen des 11. Juni ging das Geschwader in einem steifen Südwest am Eingang des Kanals vor Anker. Bald darauf signalisierten die unter Sturmsegeln heranfliegenden Avisos die englische Flotte. Ihre Zahl war der der Holländer fast gleich. Aber ihre Schiffe waren um vieles mächtiger und stärker bestückt.

Signale flattern von den Toppen der *Sieben Provinzen,* die Holländer gehen in der schweren, hohen See unter Segel, die Ankertaue werden gekappt, und in geschlossener Ordnung kreuzt die Flotte, schwer gegen den Sturm ankämpfend, den Engländern entgegen. Um 1 Uhr

Mittag fällt der erste Kanonenschuß dieser viertägigen Riesenschlacht, und wenige Augenblicke später brüllt der Donner von fast 10 000 Geschützen über die tobende See. In dem schweren Sturme rollen die britischen Linienschiffe so stark, daß die unteren Kanonen kaum zum Feuern kommen. Nach dreistündigem Kampf bohrt eine Breitseite der *Sieben Provinzen* einen vorbeisegelnden großen Engländer in den Grund. Am späten Nachmittag, als die Engländer eben gegen Nordwesten wenden, um von den flämischen Sandbänken abzuhalten, werden drei ihrer Linienschiffe von der holländischen Nachhut geentert. Aber auch die Admiräle Tromp und van Nees müssen ihre manövrierunfähigen Schiffe verlassen und ihre Flagge auf anderen Fahrzeugen setzen. Zwei holländische Schiffe gehen in Flammen auf.

Noch bei einbrechender Nacht versenkt *Die Sieben Provinzen* ein großes englisches Schiff von 70 Kanonen, das auf Pistolenschußweite vor ihr passiert, während

Das Verlangen eines Königs nach Repräsentation, die hochentwickelte Kunst der Schiffbauer des 17. Jahrhunderts und der Geschmack der Zeit ließen in der SOVERAIGNE OF THE SEAS eines der prächtigsten Schiffe der Seefahrtsgeschichte erstehen. Das 1637 gebaute Schiff hatte 100 Kanonen an Bord und war vom Bug bis zum Heck mit zum Teil vergoldeten Ornamenten und Schnitzwerk geschmückt. Weil sie mit Aufbauten so überladen war, hatte die SOVERAIGNE OF THE SEAS nach Berichten von Zeitgenossen jedoch nur mäßige Segeleigenschaften; die unteren Stückpforten mußten geschlossen bleiben, weil das Schiff zu tief im Wasser lag.

ein anderes, größeres, das Flaggschiff eines englischen Geschwaderführers, zugleich mit mehreren andern von de Ruyters Schiff und drei Brandern bedrängt, mit knapper Not im Schutze der Dunkelheit entkommt. Der letzte Schuß, den die Engländer den verfolgenden Holländern entgegensenden, tötet den holländischen Admiral Evertzen. — In der hereinbrechenden Nacht schweigt das Feuer der Geschütze; die riesenhaften Fackeln brennender Schiffe leuchten über die noch leise dünende See.

Kaum 50 Schiffe von den 81, mit denen die Engländer die Holländer zur Schlacht gestellt hatten, nehmen am frühen Vormittag den Kampf mit Ruyter wieder auf, der 20 seiner am schwersten beschädigten Schiffe in die Heimat schicken mußte. Über die nun ruhige See gleiten die beiden Flotten auf kaum eine Kabellänge aneinander vorüber. Der Eisenhagel der Breitseiten, die feurigen Bogen der glühenden Kugeln heulen über das Meer. Das Splittern der Bordwände, das Stürzen der Masten übertönt das Brüllen der Schlacht. Die Kettenkugeln fegen über die Decks. Endlich, nach stundenlangem Kanonieren, gelingt es Ruyters Manövrierkunst und der Schulung seines Geschwaders, den Engländern den Wind abzugewinnen und an sie heranzukommen. Die Entermannschaften treten an, das Flaggensignal, das den Befehl zum Entern geben soll, liegt bereit, da sieht de Ruyter, wie sich hinter der englischen Linie das Flaggschiff Admiral Tromps mit sechs anderen Schiffen, denen die rote Glut aus den Stückpforten bricht, gegen das ganze englische Mittelgeschwader wehrt. Wieder rächt sich Tromps unerhörter, doch wenig besonnener Mut. Der Wind ist umgesprungen, und wie ein Reiterangriff über weite Heiden braust *Die Sieben Provinzen,* gefolgt von einem Teil des niederländischen Zentrums, gegen die englischen Schiffe. Die ungestüme Wucht des Ansturms, die Vernichtung, die die holländischen Breitseiten den Engländern entgegenschleudern, öffnen de Ruyter eine Gasse, durch die er — aus allen Kanonen feuernd — seine Schar mit unheimlicher Wucht mitten durch die englische Flotte führt und dem verzweifelt kämpfenden Tromp und seinen zerschossenen, sinkenden Schiffen den Weg nach der Heimat frei macht. Vergebens rufen die Signale des englischen Oberbefehlshabers Admiral Monk alle Schiffe zum Kampf gegen die kleine, verwegene Gruppe der Holländer, vergebens fallen die riesenhaften, hochbordigen Linienschiffe der Engländer über de Ruyter her. Er bleibt Herr der Schlacht und wahrt sich das Gesetz. Mitten im wütendsten Kampf wendet er plötzlich dem Gros seiner Flotte entgegen, um, mit ihm vereint, von neuem den Feind anzugreifen. Als der Abend sich über die Walstatt senkt, sind sieben Engländer mit wehender Flagge versunken, aber kein einziger Holländer.

Da gellt plötzlich wildes Jubelgeschrei der Engländer aus dem Brüllen der Schlacht: Ruyters Flagge ist niedergeholt! Langsam schert *Die Sieben Provinzen* aus der

DIE SIEBEN PROVINZEN war um die Mitte des 17. Jahrhunderts der Stolz der Holländer. Vom Deck des mit 80 Kanonen bestückten Linienschiffes leitete der berühmte Admiral de Ruyter die große Seeschlacht von North Foreland, in der die Holländer über die Engländer siegten.

holländischen Linie. Aber schon nach wenigen Minuten steigt die niederländische Admiralsflagge auf dem Flaggschiff van Nees', der die Flotte zum dritten Male gegen die Engländer führt. *Die Sieben Provinzen,* die schwer havariert die Linie verlassen muß und deren Großstenge mit de Ruyters Flagge auf Deck gestürzt ist, bessert ihre Schäden aus, während Ruyter seine Flagge dem Admiral van Nees mit dem Befehl übersendet, sie auf seinem Schiffe zu hissen und bis zur Instandsetzung der *Sieben Provinzen* den Oberbefehl zu führen. Zweimal führt van Nees die holländische Flotte an den Briten vorbei; als er zum dritten Male auf Gegenkurs geht, fliehen die Engländer, nur noch 38 Segel stark, denen die 59 holländischen vorerst an der Klinge bleiben.

Der britische Oberbefehlshaber Monk mochte auf jenes Geschwader von 25 Linienschiffen hoffen, das er der damals mit Holland verbündeten französischen Flotte entgegengesandt hatte. So zieht er sich in der Nacht in voller Ordnung gegen die Themsemündung zurück, nur langsam von den Holländern verfolgt, denen eine plötzlich einsetzende Flaute den Wind aus den Segeln nahm.

Mit Sachverstand und großer Liebe für das Detail hat der Franzose Louis de Breton, einer der bedeutendsten Marinemaler des 19. Jahrhunderts und selbst Seemann, in diesem Gemälde ein segeltechnisches Manöver festgehalten. Ein amerikanischer Walfänger „geht auf den anderen Bug"; er ändert seine Richtung. Für einen kurzen Augenblick stehen einige Segel „back", das heißt gegen den Wind, der sie im nächsten Moment herumdrücken wird. Rechts läuft eine britische Fregatte mit gegeitem Groß- und Focksegel einen Hafen an.

Als am nächsten Morgen der Pfingsttag des Jahres 1666 aus kaum bewegter See steigt und der Wind raumt, kommen die Holländer langsam der englischen Flotte auf, die noch immer Kurs gegen die Themse hält. Der Vormittag und die ersten Nachmittagsstunden vergehen ohne Kampf. Drüben am Horizont die weichenden Engländer, denen die raschen Fregatten und Avisos der Holländer dicht auf, wenn auch außer Kanonenschußweite, folgen, hier die langsam gegen Süden gleitenden Segel der holländischen Linienschiffe. Da weht plötzlich ein Signal vom Topp des englischen Admiralschiffes, und langsam wendet die britische Flotte gegen Westen. Wie ein Flug weißer Vögel steigen die Segel jenes britischen Geschwaders über die Kimm, das nun, da es die Franzosen vergeblich gesucht, dem englischen Gros zu Hilfe eilt. Sogleich läßt Ruyter eine Abteilung seiner Flotte Kurs gegen den neuen Feind nehmen, um seine Vereinigung mit der britischen Hauptmacht zu vereiteln. Es ist vergebens, nur langsam treibt die schwache Brise das holländische Geschwader gegen Südwest, und am Abend vereinigen sich vor den Augen und fast auf Schußweite der Holländer die neuen, noch durch keinen Kampf geschwächten großen Linienschiffe mit der englischen Flotte, die nun wieder 63 Schiffe zählt.

Als das Signal des englischen Admirals das Wenden der Flotte befohlen hatte, war das größte und schönste Schiff der Engländer, *Prince Royal*, mit seinen 92 Kanonen und 625 Mann ein wahrer Dreadnought seiner Tage, auf ein Riff aufgefahren. Verzweifelt rufen seine Flaggen die englischen Schiffe, die noch immer dem heransegelnden Entsatze entgegenfliehen, um Hilfe. Die Gefährten sehen sie nicht oder — noch ist es nicht Nelsons Flotte — wollen sie nicht sehen. Schon gleiten die ersten holländischen Brander heran, um das todgeweihte Schiff zu vernichten, da streicht der Admiral Ascue, das Nutzlose jeder Gegenwehr verstehend — und dennoch in unbegreiflichem Entschluß —, die Flagge. Während er seinen Degen an de Ruyter übergibt, schlägt das Feuer, das die holländischen Brander gelegt, aus den Stückpforten des flaggenlosen Schiffes, und wenige Augenblicke später fliegt mit einem donnernden Schlag in einer berghohen Feuersäule die *Prince Royal* in die Wolken. Um die gleiche Zeit lodern Flammen in der Nachhut der Briten: Monk hat zwei seiner sinkenden Schiffe, die er mit sich geschleppt, vernichtet. Wieder bricht die Nacht herein; die Engländer haben an diesem Tage ohne Schuß drei Schiffe verloren, und als der vierte Morgen dieser Schlacht die Gegner von neuem einander entgegenführt, stehen 60 englische gegen 59 holländische Schiffe. Zwischen den flämischen Bänken und der Landzunge von North-Foreland geht das furchtbare Spiel zu Ende. Mit drei Geschwadern bricht Ruyter um die neunte Morgenstunde durch die englische Schlachtfront. Einzelgefechte da und dort. Die Rahen feindlicher Schiffe berühren einander, so daß die Kanoniere, wie 200 Jahre später bei Lissa, die Setzer nicht handhaben können. So nahe kämpfen die Schiffe. Zweimal noch stürmt Ruyter durch die englischen Linien. Beim dritten Male schießen Flammen aus dreien seiner Schiffe. Zwei vermögen zu löschen, das dritte fliegt in die Luft.

Bis zum Abend ist nirgends ein Vorteil und nirgends der Sieg. Aber de Ruyter will die Entscheidung, denn ein fünfter Tag dieses Grauens erscheint ihm unmöglich. Wieder wehen die Signale von Schiff zu Schiff. Mit seinem eisernen Willen wirft er noch einmal seine ganze Flotte gegen den Feind. Wieder donnern die vielen tausend Geschütze in den zu Ende gehenden Tag. In Grund geschossene Engländer versinken im Meer. Mit tosendem Krachen rennt die holländische Flotte Bord an Bord an die englischen Linienschiffe. Ein Signal klettert über die Flaggleinen der *Sieben Provinzen*, Musketen hämmern in das dröhnende Singen der Stücke, die Enter-

brücken fliegen gegen den Feind, und wie über die Wälle einer sturmreifen Festung ergießen sich die holländischen Entermannschaften über die Bordwände der britischen Schiffe. Da befiehlt Monk den Rückzug. Erst lösen sich die Briten in geschlossener Ordnung vom Feind; doch dann fliehen sie, zerschlagen, in panischem Schrecken. Die Dunkelheit und der plötzlich einfallende Nebel machen der holländischen Jagd ein Ende und zugleich dieser Schlacht, in der die Engländer 23 Schiffe verloren gegen vier, die die Holländer ließen. Mit sechs Prisen und 3000 Gefangenen kehrt Ruyter in den Abendstunden des 14. Juni in die Heimat zurück.“

Der Handel blüht

Nach den weitgehend abgeschlossenen geographischen Entdeckungen kamen im 17. und 18. Jahrhundert die völlig andersgearteten wirtschaftlichen „Entdeckungen“, die ebenfalls nur mit Schiffen möglich waren. Mit deren Hilfe konnte man nicht nur schmale Küstenstriche erobern, sondern ausgedehnte Länder beherrschen. Und man konnte durch den Handel über See reich werden und alles bekommen, was man brauchte.

Eine Brigg, ein kleines Segelschiff, das im 18. und 19. Jahrhundert vor allem für Handel und Transport auf kleinerer Fahrt benutzt wurde, stoppt seine Fahrt, um einen Lotsen aufzunehmen; dazu werden die Marssegel gegeit, d. h. festgemacht. Links ein Boot mit dem uralten, aber für kleinere Fahrzeuge noch lange gebräuchlichen dreieckigen Lateinersegel, im Hintergrund eine zweite Brigg.

Aber man „entdeckte" auch, daß die lukrativsten Geschäfte mit Menschenfracht zu machen waren: Der Sklavenhandel blühte. Vor allem zu den Pflanzungen und Farmen in Süd- und Nordamerika verfrachtete man massenweise Neger aus Afrika. Hier wurde in das Buch der Geschichte der Schiffahrt zum zweiten Mal ein beschämendes Kapitel eingefügt, nachdem das Elend der Galeerensklaven inzwischen zu Ende gegangen war, weil man das Segeln bei Winden aus jeder Richtung gelernt hatte. Die vielen Verbesserungen am Schiff, an der Takelage, am Steuerruder und in der Segelbedienung hatten endlich bewirkt, daß man die Ruderer, die im dumpfen Schiffsinnern eingepfercht und angekettet waren, entbehren konnte. Und nun benutzte man diesen Fortschritt dazu, um erneut Menschen in die Schiffsräume einzusperren, um sie zu entführen, zu verkaufen. Und das mit solcher Brutalität, daß auf manchen dieser Reisen hunderte von Sklaven einen erbärmlichen Tod starben.

Bis etwa 1750 wurden alle Angaben über neuentdeckte Küsten, die Lage von Buchten, Inseln, Meerengen, über Bewohner und eventuelle Handelsgüter möglichst geheimgehalten. In Portugal war sogar die Todesstrafe vorgesehen, wenn jemand den Inhalt der Seekarten verriet, die die Kapitäne aufgezeichnet hatten. Aber nach und nach setzte sich die Einsicht durch, daß angesichts der vielen Schiffe auf allen Meeren bald kaum noch etwas verborgen bleiben konnte.

Besonders Frankreich, das im 18. Jahrhundert sowohl in der Konstruktion von Schiffen wie in der Anfertigung neuer Instrumente, Chronometer usw., Bahnbrechendes leistete, machte den Anfang mit rein wissenschaftlichen Entdeckungsfahrten und Expeditionen. Die Handelsplätze und Handelswege waren inzwischen zumeist bekannt; jetzt begann die systematische Erforschung der noch unbekannten Teile der Kontinente und die genaue Kartographierung der immer wieder neu entdeckten kleinen Inseln, besonders im weiten Pazifischen Ozean.

Eigenartig erscheint es, daß die Weiterentwicklung der Schiffe dabei ungewöhnlich langsam voranging — während doch in den gleichen Zeiträumen etwa die Baukunst sich technisch vervollkommnete und viele großartige Perioden durchlief. Aber der Baustoff Holz setzte hinsichtlich der Größe der Schiffe eben unüberwindliche Grenzen. Diese wurden selbst dann nur geringfügig erweitert, als man schließlich Eisen so zuverlässig zu schmieden vermochte, daß größere und auch haltbare Beschläge, Scharniere, Ösen, Ruderlager daraus geformt werden konnten. So wuchsen die Schiffslängen — das gilt für alle Länder, die damals Schiffe bauten — bis zum Jahre 1700 auf höchstens 58 Meter (Breite 16 Meter), bis 1800 auf 66 Meter (Breite 18 Meter), und selbst bis 1850 kamen sie kaum über 70 Meter hinaus. Gleichzeitig wurde die Bauart der Segler immer einheitlicher. Der Unterschied zwischen Kriegs- und Handelsschiffen wurde eigentlich erst im 19. Jahrhundert äußerlich erkennbar. Bis dahin waren nahezu alle Handelsschiffe, jedenfalls für die Fernfahrt in fremde Länder und Erdteile, stark bewaffnet; sie trugen bis zu 50 Kanonen und waren damit schon halb so stark wie die großen Kriegsschiffe. Geschützbedienungen sowie Proviant und Trinkwasser für sie mußten ebenfalls mitgeführt werden.

Für einen 55 Meter langen Großsegler brauchte man um 1750 fast einen ganzen Hektar Eichenwald, und zwar die dicksten, ältesten, wertvollsten Stämme, die es gab. Die Kiel- und Stevenhölzer waren 50 bis 90 Zentimeter dick, die äußere Beplankung 15 bis 20 Zentimeter stark. Der Gesamtbedarf an Holz für solch ein Schiff betrug 10 000 Kubikmeter. Kein Wunder, daß in vielen Ländern die besten Wälder für den Schiffbau regelrecht beschlagnahmt wurden, jedenfalls für den Kriegsschiffbau. Bei einem solchen Verbrauch von Holz bester Qualität wird klar, daß die Schiffsgröße naturgemäß begrenzt blieb; denn stärkere Hölzer waren eben nicht in genügender Menge aufzutreiben. Drei bis sechs Jahre lang wurde an einem Schiff geformt, gehauen, gebogen, gebaut.

Hartes Leben an Bord

Für den heutigen Seemann, der pünktlich und sicher über den Ozean fährt, der bestimmte Routen und Fahrpläne genau einhält und seinen Standort jederzeit exakt bestimmen kann, der gut ernährt wird und eine geregelte Freizeit hat — für den modernen Seemann wie auch für den Reisenden unserer Tage ist es kaum noch vorstellbar, unter welchen Schwierigkeiten eine Fahrt übers Meer im 17., 18. und selbst im 19. Jahrhundert häufig vor sich ging.

Zunächst einmal konnte man, wegen der oft widrigen Strömungen und besonderen Windverhältnisse, keineswegs immer überall hinfahren — schon gar nicht auf geradem Wege. Wer beispielsweise von Europa nach Indien wollte, mußte vorab nach Brasilien segeln und sich von dort aus von den Passatwinden um das Kap der Guten Hoffnung blasen lassen. Worauf der Monsun dann das Schiff ans Ziel beförderte — allerdings nur von Mai bis Oktober. In den anderen Monaten weht er entgegengesetzt, und die Fahrt war nicht möglich. In der Nordsee, der Biskaya, auf dem Atlantik wiederum gab es die schweren Stürme, die ein Schiff weit vom gewünschten Kurs abbringen konnten und es ihm manchmal unmöglich machten, den Zielhafen zu erreichen. Andererseits hielten Flauten die Schiffe oft viele Tage, ja Wochen mitten auf dem Atlantischen oder Pazifischen Ozean fest.

Des weiteren verfügten die Kapitäne und Seeleute oft nur über sehr ungenaue Karten. Ähnlich stand es mit den nautischen Instrumenten, die lange Zeit primitiv blieben. Der Sextant, mit dessen Hilfe man den Sonnenstand und damit die geographische Breite ermittelt,

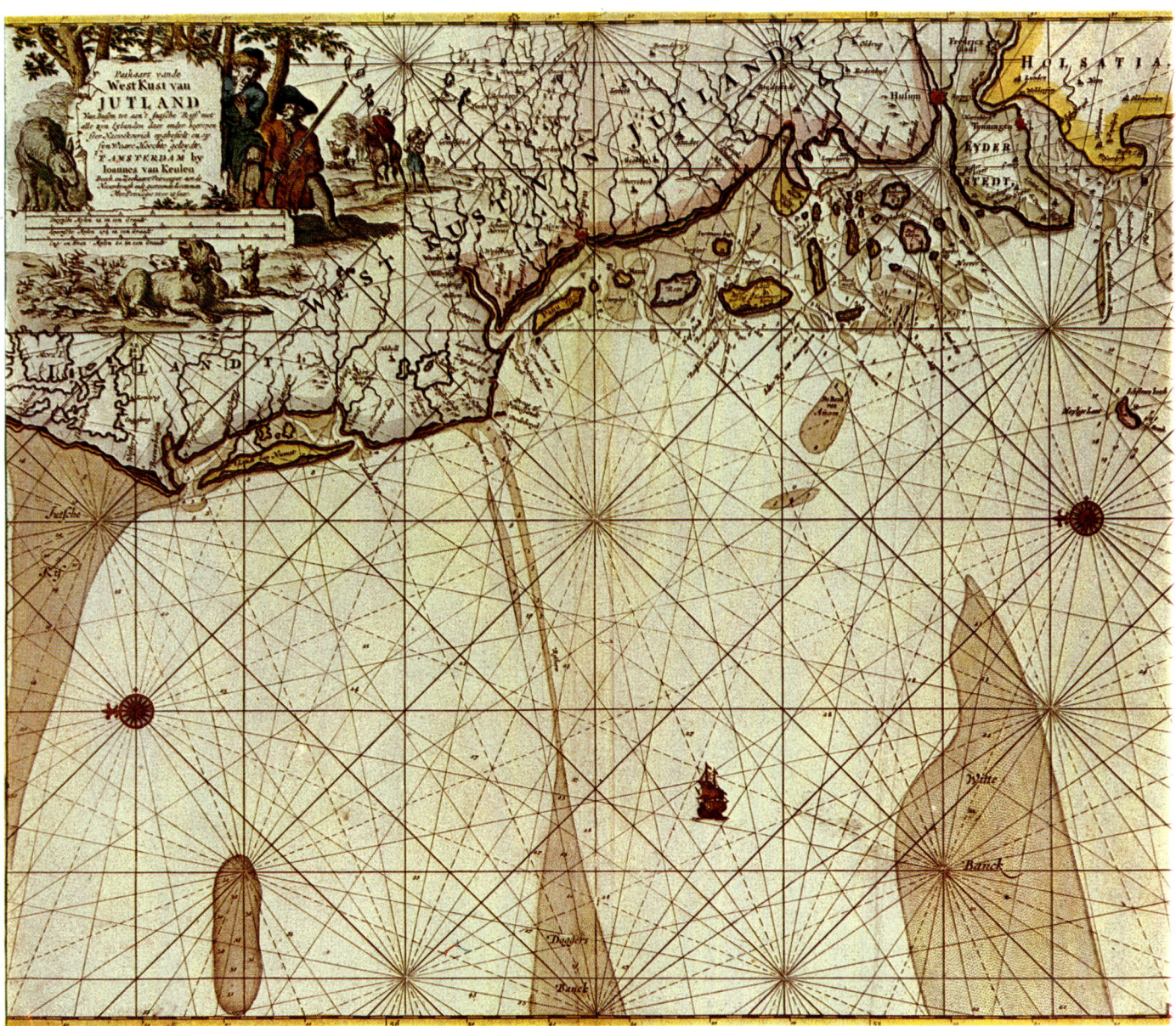

Die Seekarten des 17. Jahrhunderts waren noch reichlich unzuverlässig, wie diese in Amsterdam gezeichnete Karte der Westküste von Jütland zeigt. Sie enthielten – meistens nur mit ziemlich groben Zügen – die wichtigsten Untiefen und Sände, einige oft sehr fragwürdige Tiefenangaben und Richtungslinien, nach denen der Seemann sich mit Hilfe seines Kompasses ungefähr einen Kurs zurechtlegen konnte. Immerhin wurden um diese Zeit Seekarten gehandelt und standen jedermann zur Verfügung. Während der Entdeckerzeit wurden sie noch eifersüchtig gehütet wie Schätze.

wurde erst um 1750 erfunden. Zur Bestimmung der geographischen Länge brauchte man — 15 Längengrade entsprechen einem Zeitunterschied von 1 Stunde — eine sehr exakt gehende, gegen Temperaturunterschiede und Schiffsschwankungen unempfindliche Uhr. Eine solche zu konstruieren gelang um 1760 dem Engländer John Harrison — aber sie war überaus unhandlich und zudem sehr teuer. Bald danach stellten Leroy und Berthoud einen kleineren Chronometer her, der aber ebenfalls alles andere als preiswert war.

Hatte also die Schiffsführung mit tausend Schwierigkeiten zu kämpfen, so war erst recht das Dasein der

Matrosen kein Vergnügen. Die Arbeit in der Takelage während eines heftigen Sturmes, der Umgang mit riesigen, schweren, nassen Segeln in schwindelnder Höhe erforderte Geschicklichkeit und Kraft. Oft genug schlug so eine mächtige Leinwand einen Mann von der Rah.

Zum Schlafen waren die Matrosen „vor dem Mast" in drangvoller Enge zusammengepfercht. Vor allem aber stand es schlecht mit der Ernährung. Pökelfleisch, Trokkengemüse, gesalzener Fisch und Schiffszwieback waren die Hauptnahrungsmittel. Und man konnte es anstellen, wie man wollte, nach einiger Zeit auf See verdarben sie in ihren hölzernen Fässern und in der feuchten Luft

Das klassische Vollschiff, ein Höhepunkt in der jahrtausendelangen Entwicklung des Segelschiffes. Es trägt 3 oder 4 rahgetakelte Masten: den Vormast (1), den Großmast (2), den Kreuzmast (3) und den Besanmast (4). Die Segel werden nach dem Mast und den „Stengen" benannt, die den Mast verlängern. So heißen z.B. die Segel am Großmast: Großsegel (2a), Groß-Untermarssegel (2b), Groß-Obermarssegel (2c), Groß-Bramsegel (2d) und Groß-Royalsegel (2e). Das unterste Segel am Vormast heißt zwar Focksegel (1a), dem am Kreuzmast die Bagien (3a) entspricht, die übrigen Segel folgen jedoch der für Groß- und Kreuzmast üblichen Bezeichnung (z.B. Vor-Untermarssegel (1b), Vor-Obermarssegel (1c), Kreuz-Untermarssegel (3b) usw.). Das Besansegel (4a) ist das einzige Gaffelsegel des Schiffes. Zwischen dem Klüverbaum (5) und dem Vormast stehen Außen-, Mittel- und Binnenklüver (5a bis c) und das Vorstengestagsegel (5d). Auch zwischen den anderen Masten sind Stagsegel in der Längsrichtung des Schiffes angebracht; in der Zeichnung wurden sie wegen der Übersicht z.T. fortgelassen.

unter Deck. Verwestes Fleisch, verschimmelter Zwieback mit Maden darin waren keine Seltenheit. Vor allem wurde auch das Wasser schließlich knapp, sogar faulig und ungenießbar. Infolgedessen traten häufig Krankheiten auf, ganze Typhusepidemien und Skorbut, und bis zur Mitte des 18. Jahrhunderts war die Sterblichkeit auf See hoch. Um diese Zeit entdeckte man, daß der so gefürchtete Skorbut auf einen Mangel an frischen Früchten oder Gemüsen zurückzuführen war, und von da an ergänzten die meisten Schiffe ihren Proviant durch Zitronensaft, Apfelsinensaft oder Mohrrübenmarmelade.

Nimmt man dazu, daß es oft Monate, ja Jahre dauerte, bis ein Schiff wieder in die Heimat zurückkehrte, daß die Behandlung streng, vielfach ungerecht und die Heuer gering war, so rundet sich das Bild vom harten Leben an Bord. Trotz allem aber blieb der Seemann zumeist seinem Beruf treu: seiner Arbeit, die er anders nicht kannte, und den Schiffen, die er — sofern sie „gut" waren — liebte.

Passagiere teilten die Widrigkeiten und Beschwerlichkeiten der Fahrt großenteils mit der Besatzung. Es gab keine besonders luxuriös eingerichteten Kabinen für den Seereisenden und schon gar keine Passagierschiffe. Nur derjenige reiste über das Meer, der unbedingt mußte.

Der Triumph der Klipper

Fast schien es, als würde die Zeit der Segelschiffe sang- und klanglos zu Ende gehen, als um die Mitte des 19. Jahrhunderts die Dampfmaschine und Eisenkonstruktionen den Schiffbau revolutionierten. Aber während schon die Konkurrenz ihre schwarzen Rauchfahnen vor die bis dahin klaren Horizonte setzte, zeigte die Segelschiffahrt noch einmal, was in ihr steckte, erreichte sie ihre größte Reife.

Den ersten Höhepunkt stellten die schnellen, formvollendeten, heute schon fast legendären Klipper dar. Den zweiten, höchsten, aber auch unwiderruflich letzten Triumph brachten die majestätischen Vier- und Fünfmaster um die Wende zum 20. Jahrhundert.

Als Urformen der „Clipper" — ein englischer Slangausdruck — gelten, etwa ab 1800, die schnellen amerikanischen Schoner, die während des britisch-amerikanischen Krieges 1812—15 bewaffnet vor der Ostküste Nordamerikas eingesetzt wurden. Weil sie infolge ihrer besonders schlanken Form allen anderen Seglern an Geschwindigkeit überlegen waren — wenn auch auf Kosten der Laderaumgröße und Tragfähigkeit —, wurden sie nach dem Friedensschluß bald der begehrteste Schiffstyp für die Sklavenhändler. Denn 1820 hatten endlich die wichtigsten Nationen beschlossen, den Sklavenhandel zu unterdrücken, und den Kriegsmarinen wurde es zur Pflicht gemacht, Sklavenschiffe aufzubringen. Um dies zu verhindern, baute die Gegenseite von 1820 bis 1850 spezielle Schiffe jenes überschnellen Typs, und anfangs entkamen sie den schwerfälligeren Kriegsschiffen auch immer. Schließlich benutzte besonders die britische Marine die gleichen und noch schnellere Segler und hatte damit am Ende auch vollen Erfolg.

Aufmerksam war diese unter dem Namen Baltimore-Klipper bekannte Schiffsgattung inzwischen von all denen beobachtet worden, die in den relativ friedlichen Jahrzehnten nach den Napoleonischen und britisch-amerikanischen Kriegen den Welthandel wieder zur Blüte brachten. War es vorher meistens nur darauf angekommen, die von Stürmen und ebenso von Freibeutern und Kaperschiffen bedrohten Warenladungen überhaupt in den sicheren Hafen zu bringen, so gewannen jetzt die Begriffe Zeit und Schnelligkeit von Jahr zu Jahr an Bedeutung. Rasch erkannte man, daß, besonders bei teuren Spezialfrachten, jeder eingesparte Tag bares Geld für Kaufleute und Reeder bedeutete.

Vor allem waren es drei Routen, auf denen Geschwindigkeit oberstes Gebot wurde: diejenige zwischen Europa und China sowie die nach Kalifornien und nach Australien. Mit China wurde der Teehandel besonders lohnend. Zumal die ersten Anlandungen in jeder Saison brachten enorme Gewinne, denn die Importeure zahlten höchste Frachtsätze dafür. Die beiden anderen Wege waren vom „Goldrausch" geprägt: 1848 hatte man in Kalifornien Gold entdeckt und gleich danach, 1850, auch in Australien. Von Ostamerika konnte man damals jedoch nur unter größten Gefahren auf dem Landweg, durch den Wilden Westen, nach Kalifornien gelangen; so war der Andrang von Goldschürfern auf die Schiffe, die sie vom Osten oder von Europa nach Kalifornien oder Australien tragen sollten, über Nacht zu einem wahren Menschenstrom angewachsen. Bei den amerikanischen Teeklippern und den Goldsucherschiffen handelte es sich vielfach um dieselben Fahrzeuge: Sie fuhren von New York, Boston und Baltimore, mit Menschen beladen, um das Kap Hoorn herum nach San Franzisko und luden ihre „Fracht" dort am Rande des Goldlandes ab. Dann jagten sie mit Ballast über den Pazifik und nahmen in chinesischen Hafenstädten Tee für Nordamerika an Bord — ab 1849 (Aufhebung der britischen Navigationsakte und damit Öffnung der englischen Häfen für fremde Schiffe) auch für London, für die besonders teedurstigen Engländer. Hier ging der Weg durch den Indischen Ozean und um das Kap der Guten Hoffnung. Auch die Opiumhändler hatten sich schon bald diese schnellen Schiffe beschafft.

Die frühen Klipper waren nicht sonderlich groß: 500 bis 800 Tonnen, 45 bis 50 Meter lang. Weil sie äußerst schlank gebaut waren und eine verhältnismäßig hohe Takelage brauchten, war das Segeln mit ihnen nicht ungefährlich. Viele blieben auf See verschollen. Klipperkapitäne waren etwas Besonderes; es mußten überragend geschickte, dazu sehr mutige Seeleute sein.

In der zweiten Hälfte des 19. Jahrhunderts — bis etwa 1870 wurde dieser Typ gebaut — sind auch die Klipper größer geworden, schließlich über 70 Meter lang. Dazu verhalf besonders die sich langsam durchsetzende Komposit-Bauweise, bei der Kiel, Spanten, Decksbalken und Stützen schon aus Eisen gefertigt wurden, die gesamte Außenbeplankung jedoch noch aus Holz. Dieses beschlug man dann, der größeren Glätte wegen und um den Ansatz von Muscheln und Schädlingen zu verhindern, mit Kupfer- oder Messingplatten. Bei dem eisernen Innengerüst brauchte man endlich auf die

Der kalifornische Goldrausch um die Mitte des vorigen Jahrhunderts ließ die amerikanischen Schiffbauer auf immer schnellere Schiffe sinnen. Die Klipper, die die Werften in Neuengland und Baltimore verließen, waren die schönsten und schnellsten Segler aller Zeiten.

*Als die CUTTY SARK, der berühmteste Klipper der
Welt, gebaut wurde, konnte es kein anderes Segel-
oder Dampfschiff mit ihr an Geschwindigkeit aufnehmen.
1887–1888 legte sie die Strecke Sydney–London in
nur 71 Tagen zurück. Heute liegt das schöne Schiff
als ein nationales Denkmal im Hafen von Greenwich.*

begrenzte Baumlänge keine Rücksicht mehr zu nehmen.
Die Zeit der schnellen Klipper war aber fast mit einem
Schlage vorüber, als 1859 der Suezkanal eröffnet wurde.
Denn in dieser engen Wasserstraße konnte ein Segler
nicht manövrieren, und Schlepper waren viel zu teuer. So
nahmen nun die Dampfschiffe den Segelschiffen die hochwertigen Frachten ab. Nicht in bezug auf die Höchstgeschwindigkeit, wohl aber hinsichtlich der Unabhängigkeit von den vielen Flauten in den Tropen waren sie
ihnen überlegen. Im Durchschnitt erreichten sie demzufolge ihre Ziele schneller und regelmäßiger.

Nur die langsameren, etwas bauchigeren und erheblich mehr Ladung fassenden Großsegler konnten sich
noch für einige Jahrzehnte gegen die Dampfer behaupten, da sie trotz größerer Besatzung billiger fuhren
als die damaligen „Kohlenfresser". Vor allem auf den
langen, ungestörten Routen über die Ozeane blieben
sie noch oft überlegen, weil sie nicht, wie die Dampfer,
an Zwischenbunkerplätze zum Bekohlen gebunden
waren, die lange Umwege, viel Zeit und zusätzliche
Lohngelder kosteten.

Neben den Klippern, die sich ja wegen ihrer verhältnismäßig geringen Ladungskapazität nur in wenigen
Bereichen und nur für Menschenbeförderung oder höchst-
wertige Fracht (wie Tee) einsetzen ließen, hatten natürlich gleichzeitig auch die übrigen Segelschiffstypen eine
Weiterentwicklung durchgemacht. Nach dem Ende der
Seeräuberei und nach dem Bau regelrechter Kriegsflotten
in vielen Ländern war bei den Kauffahrteischiffen allmählich jegliche Bewaffnung fortgefallen. Die hygieni-
schen Verhältnisse und die Verpflegung für Besatzung
und Passagiere hatten sich — dank medizinischer Erkenntnisse — erheblich verbessert. Überdies drang auch
hier der Eisenbau vor, erst Einzelteile, zuletzt das ganze
Schiff erfassend. Glaubten anfangs sogar Seeleute,
eiserne Schiffe müßten versinken, denn Eisen schwimme
ja nicht auf dem Wasser, so setzte sich doch bald überall die Erkenntnis durch, daß Eisenschiffe viel leichter
sind als gleich große Holzschiffe, da ihre Außenhaut nur
wenige Zentimeter dick ist gegenüber den 30—50 Zentimeter mächtigen, mehrschichtigen Holzbeplankungen,
und daß sie bei gleicher Wasserverdrängung zusätzlichen
Ladungsraum boten.

Wenn auch das erste eiserne Segelschiff bereits 1838
gebaut worden war, so dauerte es dennoch viele Jahrzehnte, bis sich Eisen als Baustoff für das gesamte Schiff
wirklich durchsetzte. Es waren noch Erfindungen nötig,
wie zum Beispiel die des Walzstahles aus dem Siemens-
Martin-Verfahren in den siebziger Jahren, mit dem sich
eine wirklich zähe, zuverlässige und trotzdem dünne
Außenhaut schaffen ließ. Und es waren dazu besondere
Farben nötig, die diese Stahlplatten im tropenwarmen
Salzwasser gegen Rost schützten. Nicht nur die Abmessungen der Segler stiegen hierdurch sprunghaft von 1500
auf 3000 und — nach 1890 — auf 5000, schließlich bei
der *Preußen* auf 8000 t Ladefähigkeit an, sondern der
gegenüber Holz billigere Stahl führte auch dazu, daß die
Zahl der Großsegler bis etwa 1895 nochmals schnell zu-
nahm. Damit sie mit den Dampfern konkurrieren konnten, mußten sie möglichst viel Ladung fassen, mußte ihr
Hauptspant so „völlig" und der Boden so flach werden
wie bei den Dampffrachtern.

Eine ebenso entscheidende Voraussetzung war weiter,
daß die Besatzung so gering gehalten wurde wie die der
Konkurrenz. Die große Viermastbark *Parma* beispielsweise wurde — nach 1930 — mit einer Besatzung von
insgesamt nicht mehr als 24 Mann gefahren; das
Durchschnittsalter der Matrosen betrug dabei 18 Jahre.
Eine solche Ökonomie konnte nur mit vielen mechanischen Hilfsanlagen wie Winden, Rudermaschinen, ja sogar Dampfwinden mit kleinen Kesseln für Ladezwecke
erreicht werden. Häufig erhielten Segler sogar ganze
Dampfmaschinen-Hilfsantriebe, damit sie ihre Fahrpläne
pünktlich einhalten konnten. Aber Erfolg hatten diese
Konstruktionen selten. Der feste Propeller bot viel
Widerstand und verschlechterte die Segeleigenschaften;

überdies war man an die Kohlenstationen gebunden, und vor allem verursachten die ständig mitfahrenden Ingenieure und Heizer zusätzliche Kosten, die sich fast niemals lohnten. So baute man die meisten jener Anlagen später wieder aus.

Die Glorie der Riesen

„Zuerst hätte man die Nadelspitze, die sich hinter uns durch den Horizont bohrte, für die Aufbauten eines Dampfers halten können, so schnell kam sie näher und wurde größer. Es wehte ein frischer Südostpassat, und die See hatte weiße Kronen. Die stämmige, kleine Bark hatte jeden Lappen Segeltuch beigesetzt, den sie tragen konnte. Mit schäumenden Speigatten rollte sie voran und trug ihre zweitausend Tonnen Salpeter von der Westküste Südamerikas der Heimat entgegen, so rasch sie nur laufen konnte — mit neun und einem halben Knoten Fahrt. Die Nadelspitze an der Kimm wuchs zu einer Pyramide; im Sonnenlicht leuchtete sie in reinstem Weiß. Auf einmal sah man deutlich: dieses Weiß war nicht das der Aufbauten eines Dampfers. Das dort war ein Segler, ein Raaschiff. Doch welches Schiff konnte mit dieser tollen Fahrt näher kommen? Es war im Jahre 1910. Klipper gab es nicht mehr. Und das dort war ein großes Schiff, ein Riese unter den Seglern.

Segel um Segel hob sich über die Kimm, schließlich wurde der schlanke, schwarze Rumpf eines Salpeterseglers sichtbar. Binnen einer Stunde lag der Überholer neben der kleinen Bark; an ihrer Luvseite brauste er mit schäumender Bugwelle vorbei. Den Leuten auf der Bark war, als stände ihr Schiff still. Sie sahen jetzt, das Schiff in Luv war ein Fünfmast-Vollschiff. Es lag etwas geneigt, die Lee-Speigatten eingetaucht, und Wasser strömte aus seinen Lenzpforten. Es war ein grandioses Schiff. Seine Masten ragten 60 Meter über die See empor und ließen die Bark mit ihren 1500 tons wie einen Zwerg erscheinen. Deren Schiffsjungen zählten dreiundvierzig Segel, und alle standen wie Bilder und zogen wie Pferde. An einer kurzen Gaffel hinter dem achtersten Mast wehte die deutsche Flagge. An dem kühngeschwungenen Bug stand der Name. Als das Schiff sich stetig weiter nach vorn schob, konnten sie den Namen noch einmal am Heck sehen und den Heimathafen. Sie lasen:

PREUSSEN

HAMBURG

Die Wache war noch nicht vorüber, da war der gewaltige Fünfmaster wieder zur Nadelspitze geworden, diesmal am Horizont vor der Bark. Keiner von der Besatzung des kleinen Engelsmanns hat je in seinem Leben vergessen, wie jenes großartige Schiff voller Anmut und Glorie an ihnen vorbeistürmte. Es hat nur eine *Preußen* gegeben — ein Überschiff, eine leichtfüßige Riesin unter den Seglern, der vollendetste Ausdruck der Kunst des

Eine denkwürdige Begegnung: Etwa ein Jahr bevor die PAMIR in einem orkanartigen Sturm sank, treffen sich PASSAT und PAMIR 1956 mitten im Atlantik. Diese letzten Großsegler, die noch im Dienste der Handelsschiffahrt standen, waren beide Zeugen der großen Tradition der Flying-P-Line.

Großseglerbaus. Die *Preußen* war das einzige fünfmastige Vollschiff, das man je gebaut hat. Sie war ein Stahlschiff von 124,3 Meter Länge, 18,3 Meter Breite; mit mehr als 11 000 Tonnen Wasserverdrängung konnte sie 8000 Tonnen Ladung tragen. Ihr einziger Antrieb bestand aus 5600 Quadratmetern Segeltuch, maschinelle Kraft gab es an Bord nur zur Bearbeitung der Ladung und zum Ankerhieven. Sie führte dreißig Raasegel, an jedem Mast sechs, und zwischen fünfzehn bis achtzehn Schratsegel. Ihre Großraa war über 30 Meter lang. Ihre höchste Geschwindigkeit war eine Idee über siebzehn Knoten — mehr nicht. Schleppmodellversuche, die man Jahre nach ihrem Ende durchführte, zeigten, daß ihre Segel mehr als sechstausend Pferdestärken entwickeln mußten, um ihre 8000 Tonnen Ladung mit siebzehn Knoten Fahrt durch die See zu tragen. Der ganze großartige Bau ihrer gewaltigen Takelage wurde von einer Besatzung von 47 Mann bedient, alle einbegriffen. Mit Ausnahme des Stewards, des Kajütsjungen und zweier Köche war jeder einzelne Mann der Besatzung ein Seemann im reinsten Sinne des Wortes. Der Schiffsführer war ein erfahrener Laeisz-Fahrer, ausgebildet auf der *Potosi* unter dem genialen Hilgendorf.

Die *Preußen* war ohne Zweifel das großartigste Segelschiff, das die Welt je sah. Ihre Karriere war nur kurz, denn ein Tölpel von Dampfer, unfähig, ihre Geschwindigkeit richtig zu schätzen und sich so zu verhalten, wie das internationale Seestraßenrecht es verlangt, rammte sie im Kanal, als sie auf der Ausreise eben erst jene kleine Bark überholt hatte. Sie war 1902 gebaut worden und segelte nur knapp acht Jahre. Aber in dieser Zeit transportierte sie große Ladungen über lange Strecken schneller, als es je unter Segel geschehen ist. In ihrem Mannschaftsbedarf war sie sparsam. Jahrein, jahraus trotzte sie Kap Hoorn und erzwang die Umseglung nach Westen, Reise um Reise in einer Durchschnittszeit von wenig mehr als sieben Tagen.

Sie machte ausnahmslos glänzende Reisen, und zwar nicht durch sporadische Höchstleistungen und überraschende Etmale, wie sie das zufällige Zusammentreffen günstiger Umstände hervorbringt, sondern mit untrüglicher Zuverlässigkeit während der ganzen Reise vom Kanal durch den Atlantik bis Kap Hoorn, weiter bis zu den Häfen der Westküste und wieder zurück auf dem gleichen Wege. Sie war ein Schiff harter Arbeit, ein Lastenträger. Sie führte keine Leesegel und kannte keine Absonderlichkeiten. Ihre großartigen Reisen imponierten keinem Passagier, denn man reiste nicht unter Segeln nach jenen Häfen, die sie anlief. Man berichtete über ihre Reisen nur in der Fachpresse. Die Geschwindigkeit, mit der sie 8000 Tonnen Salpeter von Iquique nach Hamburg beförderte, erregte kein besonderes Interesse, ausgenommen bei ihrem Reeder und ihrer Besatzung. Beim Reeder, weil prompte Abfertigung im Hafen und rasches Segeln zwei Rundreisen pro Jahr bedeuteten an Stelle der drei Reisen in zwei Jahren, wie andere Schiffe sie machten, und damit eine höhere Frachteinnahme brachten. Bei ihren Offizieren und Mannschaften, weil diese von einem glühenden Stolz auf ihr Schiff erfüllt waren und weil sie seine Leistung als ihren Triumph empfanden. Qualität schuf Qualität: je bessere Reisen dem Schiff gelangen, desto rascher suchten sie es zu segeln."

Mit dieser eindrucksvollen Schilderung gedenkt Alan Villiers eines Schiffes, in dem eine große Tradition, kurz vor ihrem Ende, ihre Krönung fand. Unter den letzten Reedereien, die mit eisernen Großseglern, mit Vier- und Fünfmastbarken, Vollschiffen und sogar mit Fünfmastschonern weit in das neue, eigentlich doch schon weitgehend technische 20. Jahrhundert hineinfuhren, waren neben französischen Unternehmungen die drei deutschen Firmen Rickmers-Reismühlen-Reederei in Bremerhaven, R. F. Laeisz in Hamburg und F. A. Vinnen und Co. in Bremen. Rickmers ließ für die Reiseinfuhr von Ostasien 1891 in England die zweite Fünfmastbark bauen. Die erste war zuvor die französische *France* gewesen.

Die italienische Schonerbark PALINURO, ein Segelschiff mit Rahtakelung am Vormast und Schratsegeln an Groß- und Besanmast, wurde 1933 in Frankreich gebaut und dient der italienischen Marine heute als Schulschiff für künftige Seeoffiziere.

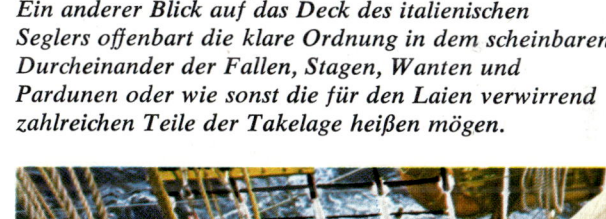

Aus dem Mastkorb des Vormastes geht der Blick hinunter auf das Deck der PALINURO, die aus der Höhe von rund 30 Metern so winzig aussieht wie ein kleines Boot. DIE PALINURO ist eines der vier Schulschiffe, die von Italien noch unterhalten werden.

Ein anderer Blick auf das Deck des italienischen Seglers offenbart die klare Ordnung in dem scheinbaren Durcheinander der Fallen, Stagen, Wanten und Pardunen oder wie sonst die für den Laien verwirrend zahlreichen Teile der Takelage heißen mögen.

Mit gewaltigen, von nur wenigen Seeleuten bedienten Segelschiffen hofften einige Reeder um die Jahrhundert-
wende, sich der Konkurrenz des Dampfschiffes erwehren zu können. Die PREUSSEN, das einzige je gebaute
fünfmastige Vollschiff, schien diese Hoffnung noch einmal zu bestätigen. Mit 5600 Quadratmetern Segelfläche an
mehr als 60 Meter hohen Masten umsegelte sie viele Male das gefürchtete Kap Hoorn. Im Jahre 1910 versank
das stolze Schiff nach einer Kollision mit einem Dampfer vor der englischen Kanalküste.

In der ganzen Welt gab es übrigens nur 6 Fünfmast-Großsegler – fünf als Barken und eins als Vollschiff getakelt. Dazu kamen als Fünfmaster viel später, nach dem Ersten Weltkrieg, nochmals fünf etwas kleinere Segler der bremischen Vinnen-Reederei, völlig neuartig als Toppsegelschoner getakelt. Ganz aus dem Rahmen gefallen war vorher bereits einer der beiden einzigen Sechsmaster, nämlich der 1859 in Fahrt gesetzte monströse englische Dampfer *Great Eastern*, der sicherheitshalber eine riesige Hilfsbesegelung trug. Bei seiner damals einmaligen, alle bisherigen Größenordnungen sprengenden Schiffslänge von 207 Metern war ja auf dem Deck auch Platz genug für solch eine Takelage. Sogar sieben Masten hatte der 117 Meter lange, über 5000 Tonnen große englische Gaffelschoner *Thomas W. Lawson*, der von nur 17 Mann gesegelt werden konnte.

Die eben erwähnte, für den Reisimport bestimmte Fünfmastbark ist die *Marie Rickmers* gewesen, mit 115 Metern Länge das größte Segelschiff, das jemals auf einer englischen Werft gebaut wurde. Das Wagnis dieser mächtigen, stärksten Winddrücken ausgesetzten Takelage schien sogleich mißlungen: Von seiner Jungfernreise kehrte das Schiff nie zurück; niemand erfuhr, warum. Auch die *France* kenterte wenige Jahre später in einem Wirbelsturm. Trotz des Unglücks der *Marie Rickmers* baute Rickmers nochmals – diesmal auf seiner eigenen Geestemünder Werft – eine neue, sogar auf 125 Meter verlängerte Fünfmastbark, die *R. C. Rickmers*. Und dieses Schiff ist dann auf seinen vielen Reisen wohl der glückhafteste aller Fünfmaster gewesen – trotz seines gewaltsamen Endes. Es wurde nämlich 1914 von den Engländern beschlagnahmt und später durch ein deutsches U-Boot versenkt. Der letzte der sechs großen „Fünfer", sogar noch 1911 vom Stapel gelaufen, war die französische *France II*. Sie endete 1922 ebenfalls als Totalverlust durch Strandung.

Zeitlich dazwischen lagen Laeisz-Schiffe: die beiden größten aller berühmten „Flying-P-Liners", die Fünfmastbark *Potosi* und das Vollschiff *Preußen.* Zu den Namen muß erläutert werden, daß der allererste, 1857 in Fahrt gesetzte Laeisz-Segler nach dem Kosenamen der jungen Frau Laeisz *Pudel* genannt worden war und daß daraufhin bis heute alle Laeisz-Schiffe Namen erhielten, die mit P begannen. So, noch unter den ersten, etwa *Polynesia* und *Professor*, desgleichen auch die modernen heutigen Motorfrachtschiffe *Proteus, Parthenon, Pentelikon.* Und dazwischen die vielen weltbekannten Segler, etwa *Pinnas* und *Peking, Priwall* und *Padua, Passat* und *Pamir,* sämtlich für die Salpeterfahrt entworfen, die um das immer stürmische Kap Hoorn herum nach Chile ging. Der berühmteste der letzten Segelkapitäne, Hilgendorf, der die *Potosi* führte, hat es in seinem Seemannsleben nicht weniger als 66mal auf Segelschiffen umrundet.

Die beiden Fünfmaster *Potosi* und *Preußen* wurden bei der Tecklenborg-Werft in Bremerhaven-Geestemünde zu Wasser gelassen. Die *Potosi,* 1914 in Valparaiso interniert und 1918 als Reparationsschiff ausgeliefert, verbrannte 1925 als *Flora* unter chilenischer Flagge mit ihrer Kohlenladung. Und die *Preußen* ereilte schon 1910, nach ihrer 13. Reise, ihr Schicksal. Nach dem Zusammenstoß mit jenem Dampfer im Englischen Kanal wurde sie leck. Sie bekam Schlepperhilfe, die aber zu schwach war, wollte ankern, doch die Anker hielten nicht. Zwei weitere Schlepper versuchten, sie zum nahen Hafen Dover zu bringen. Zwischen den Hafenmolen, als das Schiff scheinbar schon in Sicherheit war, brach eine Schlepptrosse. Die *Preußen* trieb, kam fest. Ein Sturm erhob sich: Strandung, Totalverlust.

Die „Flying-P-Liners" haben nach dem Ersten Weltkrieg und nochmals sogar nach dem Zweiten, nunmehr als Schulschiffe der deutschen Handelsmarine, ihre Fahrten immer wieder aufgenommen. *Pamir* und *Passat* begegneten sich noch 1956 im Südatlantik.

Der Untergang der *Pamir,* die 1957 in einem Hurrikan südwestlich der Azoren urplötzlich sank, nachdem ihre Getreideladung ins Rutschen gekommen war, versetzte der jahrhundertealten Segelschiffahrt einen schweren Schlag. Die *Pamir* riß fast die gesamte, zum großen Teil aus jungen Seeleuten bestehende Mannschaft mit in die Tiefe, und die deutsche Handelsschiffahrt verzichtete fortan darauf, ihren Nachwuchs auf Segelschiffen auszubilden. Nur einige Kriegsmarinen — so die deutsche Bundesmarine mit der *Gorch Fock* — führen die alte, bewundernswerte Tradition noch weiter. Sonst sucht man, mit Ausnahme einiger kleinerer, meist orientalischer Segelschiffe, den großen Segler vergeblich auf den Meeren der Welt. Allein die Sportsegler nehmen es heute noch mit dem Wind und den Wellen auf — sie allerdings mit immer tollkühneren und dramatischeren Abenteuern, die sie oft ganz allein bestehen.

Einsam zwischen Himmel und Wasser

Viele Sportsegler wissen auch hochseetüchtige Jachten zu handhaben und fahren weit aufs Meer hinaus. Daß es möglich ist, selbst auf sehr kleinen Booten sogar den Atlantik zu überqueren, ja die ganze Welt zu umsegeln, das haben wagemutige Leute wiederholt bewiesen. Am berühmtesten wurde der 65jährige Engländer Francis Chichester, der 1966—67 mit seiner sechzehn Meter langen Ketsch *Gipsy Moth IV* um die Erde fuhr, dabei zwischendurch nur einen einzigen Hafen anlief und für diese Leistung von der englischen Königin geadelt wurde.

Schon 1926 hatte der Hamburger Kapitän Kircheiß etwas Ähnliches vollbracht, als er mit einem umgebauten Fischkutter den Globus umkreiste. 1964—67 wiederholte das Hamburger Ehepaar Koch das Unternehmen in einer 10-Meter-Yacht, wobei es 81 Häfen besuchte. Unbeachtet legte im Mai 1968 Wilfried Erdmann in Helgoland an, nachdem er mehr als 30 000 Seemeilen rund um die Welt zurückgelegt hatte.

Was hat diese und andere Menschen getrieben, die Strapazen einer derart gefahrvollen Reise auf sich zu nehmen? Abenteuerlust und sportlicher Ehrgeiz, sagte Erdmann. Koch bekannte, er habe einmal alle Bequemlichkeit der Zivilisation hinter sich lassen wollen; er sei ausgefahren, einfach um „es zu wagen". Chichester fühlte sich herausgefordert: „Diese Reise unternahm ich, weil

So sah es an Deck der PREUSSEN aus. Trotz der enormen Vielfalt von Einzelteilen, aus der eine solche Takelage besteht, genügten 47 Mann Besatzung. Frühere Segelschiffe waren mit doppelt und dreimal so zahlreichen Besatzungen gefahren.

ich Angst hatte vor Kap Hoorn... Ich hatte bei Leuten, die es umsegelt hatten, so fürchterliche Dinge über das männermordende Ungeheuer gelesen... Das rumorte in mir, denn ich vertrage es nicht, wenn eine Sache mir Furcht einflößt. Etwas, was mir Angst macht, muß ich zu bezwingen versuchen."

Sachliche Gründe hatte Dr. Hannes Lindemann, der zweimal den Atlantik überquerte, einmal in einem Einbaum, später in einem Faltboot. Der Arzt, der sich durch autogenes Training systematisch auf die besonderen Strapazen der Einsamkeit vorbereitet hatte, wollte ausprobieren, wie lange ein Schiffbrüchiger, ganz auf sich gestellt und mit nur wenigen Vorräten versehen, es wohl auf den Weiten des Meeres aushalten könne. Zweimal kenterte er, trieb er stundenlang, von Halluzinationen heimgesucht, im Sturm auf dem kieloben liegenden Boot, ehe es ihm gelang, sein Fahrzeug wieder zu drehen. Lindemann kam ans Ziel und legte später seine Erfahrungen in Leitsätzen für das Überleben nieder.

In solchen Wagnissen ist, aus welchen Gründen auch immer sie unternommen werden, noch etwas von dem Geist lebendig, von der Unternehmungslust, dem Drang nach Unabhängigkeit und Weite, nach dem Neuen, Unerhörten, die auch die Entdecker, Seefahrer, Segelschiffsleute früherer Zeiten beseelten.

Mit welchen Schwierigkeiten „Einhandsegler" zu kämpfen haben, das wird aus einem Bericht deutlich, den Francis Chichester schrieb und von dem hier einige Absätze folgen mögen:

„Im Südatlantik fühlte ich mich von allen abgeschnitten, den Lebenden wie den Toten. Es ist ein gottverlassener Ozean. Der Nordatlantik scheint doch immerhin von verborgenem Leben erfüllt; dort unten aber ist absolute Leere, eine trostlose Öde. Nicht einen Fisch sah ich im Wasser, nur Fliegende Fische segelten vorbei.

Die Einsamkeit — und die Angst, die sie begleitet — überkamen mich unvermutet. Wenn das Boot normal lief, war jede Minute mit Arbeit und den notwendigen Manövern ausgefüllt. Doch wenn wir in eine Flaute gerieten und ich mich zur Arbeit zwingen mußte, überfiel mich die Einsamkeit. Ich hätte ja Radionachrichten hören oder mir von den Tonbändern meine Lieblingskompositionen vorspielen lassen können, aber es war mir einfach unmöglich. Ich wußte zu genau, daß die Nachrichten mich nur noch einsamer und melancholischer machen würden. In einer sternklaren Nacht vor Afrika legte ich ein Band auf. Es klang so rein, so schön — doch ich fühlte mich hundeelend, fern, fern der Heimat. Erklären kann ich's nicht, aber das war einer der schlimmsten Augenblicke der Reise. Ich hörte mir das Band erst wieder an, als ich unterwegs nach Hause war.

Ich habe lange darüber nachgedacht. Wenn man als Einhandsegler auf eine solche Fahrt geht, schaltet man, glaube ich, vieles ab, was einen zum Menschen macht. Man verwandelt sich in eine für diesen einen Zweck kon-struierte Maschine, und wenn man ein Mensch ist wie jeder andere, wird einem hundeelend.

Ich stand noch 3000 Seemeilen vor Sydney, da brach die Selbststeuerungsanlage. Sie war nicht mehr zu reparieren. Das bedeutete eine Katastrophe, das Ende meiner Reise. Es war am 15. November, nach achtzig Tagen auf See. Unmöglich, die noch vor mir liegenden 3000 Meilen ohne Selbststeuerungshilfe zu bewältigen. Ich setzte mich erst mal hin und trank einen Rum, schön heiß — dann kroch ich in die Koje.

Als ich aufwachte, war ich sehr deprimiert. Irgendwie mußte die *Gipsy Moth* sich wieder selber steuern. Den ganzen Tag arbeitete ich an Ruderleinen, Gummistropps und dem Trimmen der Segel. In der Nacht darauf ließ ich die Jacht mit einer Vorrichtung, die ich zusammengebastelt hatte, sich selbst steuern — und stellte beim Wachwerden fest, daß sie statt nach Nordosten zurück nach Westen lief. Wenn sie auch die falsche Richtung hatte, mit backstehenden Segeln, blieb sie doch stramm auf ihrem Kurs. Das brachte mich auf die richtige Idee. Ich holte eines meiner Segel back und verband es über die Schot mit der Ruderpinne.

Die Sache funktionierte. Das Boot steuerte sich selbst und blieb auf Kurs. Jeden Tag verbesserte ich die Vorrichtung, bis ich 160 Seemeilen in vierundzwanzig Stunden schaffte. So etwas wie Siegesstimmung überkam mich. Etwas war schiefgegangen, und ich hatte die Schwierigkeit ganz allein überwunden. Jetzt konnte ich also doch noch bis Sydney segeln, konnte mit meinem Selbststeuergerät eigener Erfindung die 2750 Meilen bewältigen. Als ich an der Küste entlang nach Sydney hinaufkreuzte — wo ich am 12. Dezember festmachte, 107 Tage nach dem Start in Plymouth —, war ich dennoch in einem miserablen Zustand, körperlich wie seelisch. Vermutlich litt ich an Unterernährung. Ich brauchte zwei Stunden für Arbeiten, für die ich normalerweise keine halbe gebraucht hätte. Alle paar Minuten mußte ich verschnaufen. Oftmals hätte ich viel darum gegeben, meine Jugendkraft wiederzuhaben. Auf der anderen Seite hat es aber auch etwas für sich, fünfundsechzig zu sein. Wenn man jung ist, hat man noch nicht die Willenskraft und den langen Atem, eine Energieleistung wie diese durchzustehen.

Siebenundvierzig Tage blieb ich in Sydney, überholte das Boot für das dicke Ende, das noch kam, und füllte meinen Proviant auf, diesmal mit leichter zuzubereitenden Fertiggerichten. Ursprünglich hatte ich ja mit allen Schikanen kochen wollen, doch das ging leider nicht, weil die *Gipsy Moth* mir zu viel Zeit und Kraft abverlangte.

Einen Tag nachdem ich Sydney verlassen hatte, geriet ich am Rand eines Tropenorkans in eine tückische See. Mein Logbuch vermeldet am 30. Januar: ,Etwa 22.30 Uhr gekentert.' Ich lag in der Koje und schlief, als es passierte. Schon ein paar Stunden hatte ich flach gelegen,

*Einhandsegeln ist ein Sport für wetterfeste und nerven-
starke Einzelgänger. Nur mit kleinen Sturmsegeln
steuert der Amerikaner Hal Roth sein kleines Boot
durch schlechtes Wetter und schwere See über den
nördlichen Pazifik, Kurs auf die Aleuten.*

weil man sich nicht auf den Beinen halten oder
irgendwas tun konnte — man wurde zu wild herumgeworfen.

Es mußte eine Riesenwoge gewesen sein, ein wahrer
Kaventsmann. Ich wachte auf, als die *Gipsy Moth* weit
überholte, und dachte: ‚Jetzt kentert sie.‘ Es war stock-
finster, was ja immer alles viel aufregender macht. Das
Ganze kam mir unendlich lange vor, doch in Wirklichkeit hat es wohl kaum länger als zwanzig Sekunden gedauert. Ich konnte gar nichts tun, lag unten an die Backbordseite gequetscht, das ganze Boot war über mir. Es
gab ein wüstes Klirren und Poltern, und von der gegenüberliegenden Kajütenseite hagelte der gesamte
Kombüsenkram auf mich herab.

Daß die *Gipsy Moth IV* sich wieder aufrichten würde,
stand völlig außer Zweifel; dafür ist sie ja gebaut.
Es kam bloß darauf an, wie. Ich lag da und überlegte,
ob sie durchkentern und auf der anderen Seite wieder
hochkommen würde. Aber sie richtete sich schließlich
auf, ohne sich ganz herumzuwälzen (ich konnte später
berechnen, daß sie mindestens bis 41 Grad unter die
Horizontale gedrückt worden war), und ich rappelte mich
hoch, um mir die Bescherung zu besehen.

Wüst sah die Kajüte aus! Werkzeug und Geschirr,
Lebensmittel und Konservendosen lagen überall, und
darüber hin schwappte das Wasser, das durch das auf-
gesprungene Vorluk eingedrungen war. Das ganze Boot
war ein unvorstellbares Tohuwabohu. Mir wurde mul-
mig. Wenn das schon bei einem gewöhnlichen Sturm
passieren konnte, was sollte dann erst in einem richtigen
Orkan werden?

Nach diesem Vorfall war ich sehr niedergedrückt.
Meine Logbucheintragung vom 2. Februar lautet: ‚Wie
mich das ankotzt, dauernd rumgeboxt und -geschmissen
zu werden, durchgeschüttelt und zusammengestaucht,
jäh vorwärts geschleudert und herumgerissen, als säße
ich in einem kleinen Kanu bei einem Wildwasserrennen.
Alles auf dieser Reise scheint schiefzugehen. Ich hab's
satt — und ich habe Angst.‘ Dieses Erlebnis beschäftigte mich noch wochenlang, bis ich es verarbeitet hatte.

Der übliche steife Westwind blies, als ich in die Roaring Forties hinabkreuzte, und mein Logbuch verrät etwas davon, wie es mir dort ergangen ist: ‚25. Februar.
Auf Sheilas Wohl getrunken, weil unser 30. Hochzeitstag ist. Keine Galauniform diesmal. Steht eine zu grobe
See für solche Maskerade.‘

Sieben Tage hintereinander tobten die Stürme —
Windgeschwindigkeiten bis zu 67 Knoten —, und ich
hielt mich nur mit Mühe auf den Beinen. Schließlich
hatte ich nur noch ein winziges Segel von fünfeinhalb
Quadratmetern stehen und fragte mich, ob es mir so gehen würde wie Drake, der drei Wochen lang, vor Nord-
oststürmen laufend, nach der Magellanstraße suchte.
Wenn der Wind eine bestimmte Tonstärke erreicht, fährt
einem das in die Knochen. Der Ausdruck Roaring For-

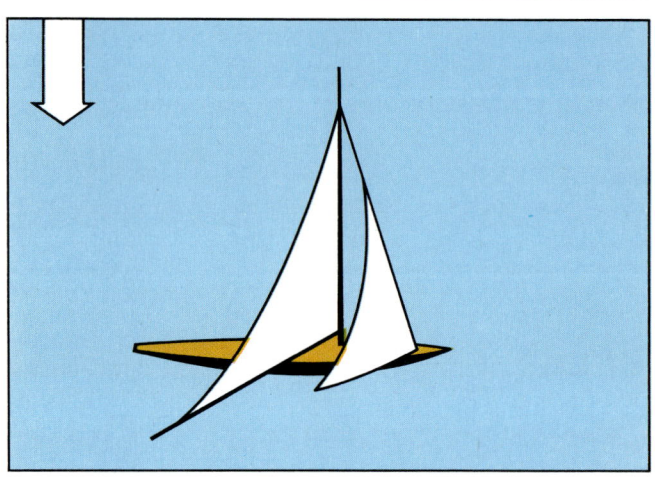

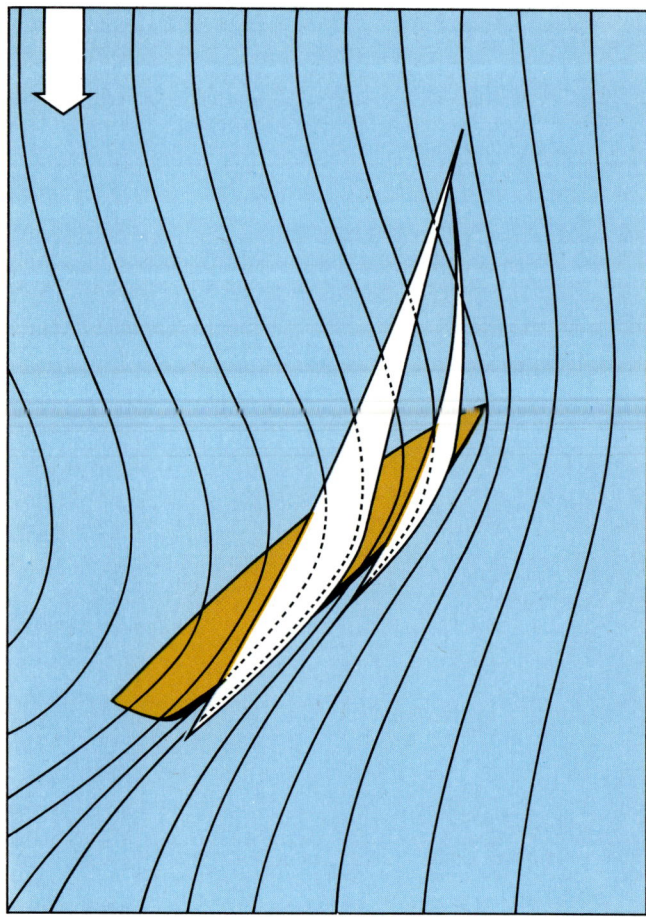

ties, Brüllende Vierziger, ist kein Seemannsgarn. Man hört tatsächlich eine Art langgezogenes Brüllen. Es ist ein ganz besonderer Ton, typisch für diese Breiten und anders als in allen Ecken der Erde, wo ich gewesen bin. Dieses liebliche Konzert sollte dreißig Tage dauern.

Je näher ich an Kap Hoorn herankam, desto schlechter wurde das Wetter. Weder nach der Sonne noch nach den Sternen konnte ich meinen Standort bestimmen und mußte mich ganz auf das gegißte Besteck verlassen. Ich hielt Kurs auf die Drakestraße, deren Nordrand mit Inseln übersät ist. Seit Sydney, seit fünfzig Tagen, hatte ich kein Land mehr gesehen, und mich plagte ständig die Sorge, in meinen Berechnungen könnte ein Fehler sein.

Am 19. März, einem Sonntag, durchwachte ich die wohl angstvollste Nacht meines Lebens — nur unter Sturmfock und -klüver. Alle paar Minuten starrte ich voraus, aber ich bezweifle, daß ich in dieser wilden, pechschwarzen Nacht eine Insel auch nur auf 300 Meter ausgemacht hätte.

Doch als der Montag heraufdämmerte, bot sich mir ein grandioser, furchterregender Anblick. Weit drüben hinter den wandernden Wellenbergen unter tiefhängenden, schwarzen Wolken und niederprasselnden Regenschauern erblickte ich das sehnlichst gesuchte Vorgebirge — Kap Hoorn! Genau dort, wo es nach meinen Berechnungen liegen sollte; von Regenböen verschleiert, aber so deutlich zu erkennen wie der Felsen von Gibraltar.

Jedesmal, wenn ich mich vertrauensvoll und mit Erfolg auf die Navigation verlassen habe, diese geheimnisvolle, lebensrettende Kunst, erfüllt mich ein Gefühl demütigen Staunens. Und für mich war die wesentlichste Leistung auf dieser Reise die Navigation. Ich habe die Welt umsegelt und dabei nur viermal Land gesehen.

Die Wellen waren haushoch — keine wie die andere, doch alle glichen sie mächtigen, schroff abfallenden Berghängen, die sich hinter mir auftürmten. Die Sorte, die ich am wenigsten schätzte, sah aus wie graugrüne Felswände, fünfzehn Meter hoch und sehr steil. Sich vorzustellen, man würde von einer begraben — gräßlich.

Es war ein echter Kap Hoorner, der da blies. Fünfmal schlug meine Plicht voll; einmal dauerte es über eine Viertelstunde, bis das Wasser wieder draußen war. Und einmal wurde ich überrascht. Ehe ich an Deck springen konnte, schoß das Wasser unter mein eng anliegendes

Ein bißchen Segeltheorie: Mit raumem Wind segelt ein Schiff, wenn der Wind mehr von hinten als von der Seite kommt (Bild oben). Kommt der Wind von der Seite, spricht man von Segeln mit halbem Wind (Bild Mitte). Bis zu 45 Grad kann ein modernes Segelboot am Wind segeln, d. h. fast gegen den Wind. Die Luftströmung an den Segeln (Bild unten) bewirkt innen an ihnen einen erhöhten, außen einen niedrigeren Druck. Aus dem Druckunterschied resultiert eine Kraft, die das Schiff vorwärts bewegt.

Ölzeug und lief mir in die Stiefel. Noch nie habe ich so kalte Füße gekriegt. Mein Windmeßgerät streikte bei 60 Knoten, und auch meine Selbststeuerung war dem ewigen Herumfuhrwerken nicht mehr gewachsen.

Schlaf bekam ich nur wenig, und ich aß vier Tage lang nichts. Endlich, am 31. März, hatte ich die Roaring Forties hinter mir. Offen gestanden halte ich jeden, der freiwillig in diesen Breiten herumsegelt, für einen Idioten — aber das hatte ich ja vorher gewußt. Andererseits gehört es zu den großen Abenteuern meines Lebens, und ich wäre unzufrieden mit mir, hätte ich es nicht gewagt. Ich wollte das Ereignis mit einer Buddel Schampus feiern, doch da hakte etwas bei mir aus. Es ist immer das gleiche, bei jeder großen Kraftanstrengung. Hat man Erfolg, so schmeckt er hinterher schal. Man hat seine Kräfte so verausgabt, daß der Erfolg am Ende nichts mehr bedeutet. Es ist der Einsatz aller Kräfte, der zählt."

Dampf und Öl, Turbinen und Propeller

Die Entdeckungen auf der Erdoberfläche waren abgeschlossen, noch ehe die Segler ihre Bedeutung verloren. Aber längst waren auf anderen Gebieten als den geographischen Entdeckungen und Erfindungen gemacht worden, die für die Schiffahrt weit mehr bedeuten sollten, als irgend jemand zunächst ahnen konnte. Man stieß auf so wesentliche Erscheinungen wie die Dampfspannung und die Wechselwirkung von elektrischem Strom und Magnetismus. Der Mensch erkannte die Möglichkeiten, die in diesen Kräften und Phänomenen beschlossen lagen. Und mit Hilfe seines nun streng logisch und systematisch arbeitenden Verstandes baute er in knapp 150 Jahren ein gewaltiges Reich der Technik auf.

Bereits um 1770 hatte der schottische Ingenieur James Watt die erste brauchbare Dampfmaschine konstruiert, die auch Drehbewegungen lieferte. Und findige Köpfe, unter ihnen Robert Fulton in Amerika, versuchten daraufhin, diesen zischenden Mechanismus auch in Schiffe einzubauen und jene auf so neuartige Weise gewonnene Drehbewegung als Schubkraft im Wasser auszunutzen. Rasch zeigte es sich, daß das Prinzip des Schaufelrades der Wassermühlen nur umgekehrt zu werden brauchte, daß eine durch Dampf bewegte Kurbel bloß zwei Schaufelräder an beiden Seiten des Schiffes langsam drehen mußte, und schon wurde das Fahrzeug kräftig vorwärts getrieben. Wie richtig dieses Beginnen war, hat sich erwiesen: Noch heute sind Raddampfer im Dienst.

Die ersten Versuche mit solchen Schiffen wurden natürlich auf ruhigen Flüssen angestellt. Erst 1818 baute man in das 30 Meter lange amerikanische Vollschiff *Savannah* — zusätzlich zur Besegelung — eine Hilfsmaschine mit 90 PS ein, ferner Kojen für 32 Passagiere.

Moderne Sportsegelboote sind oft reine Rennmaschinen. Schlank und schnittig gebaut, fehlen den Rümpfen meistens alle Aufbauten, die die Fahrt hemmen könnten. Die Segelflächen werden im Verhältnis zum Rumpf immer größer; mächtige Ballonsegel und Spinnaker (unser Bild) fangen auch den leisesten Windhauch ein.

Nach langen Erprobungen wagte man schließlich die Ozeanüberquerung nach Liverpool. Diese erste Raddampfer-Atlantikfahrt gelang, wenn auch die Dampfmaschine nur 85 Stunden in Betrieb war, solange nämlich der Wind fehlte und der Seegang gering war. Wie später noch viele andere Segler wurde auch die *Savannah* von ihrer „lästigen", zusätzlich Arbeit verursachenden Maschinenanlage wieder befreit und segelte dann noch einige Jahre ohne sie. Dennoch war mit dieser Tat — was damals wohl nur wenige erkannten — der entscheidende Durchbruch zur Revolutionierung der gesamten Schiffahrtstechnik gelungen. (Diesem Schiff, diesem Ereignis zu Ehren ist vor einigen Jahren das erste amerikanische Atomhandelsschiff *Savannah* genannt worden.)

Zwei Probleme traten beim Schaufelradantrieb im Ozean erschwerend auf und waren fast unlösbar. Bei hohem Seegang konnte man ihn nicht verwenden; die Schaufeln mußten dann hochgeklappt und an Deck verstaut werden – was bei der *Savannah* innerhalb von zwanzig Minuten möglich war. Schon deshalb konnte hier auf die zusätzliche Takelage nicht verzichtet werden. Zum anderen ragte bei leerem oder selbst bei halbbeladenem Schiff der Rumpf so hoch aus dem Wasser, daß die Schaufeln kaum oder gar nicht eintauchten.

Daher sannen Techniker, Erfinder und Schiffbauer auf Abhilfe. Die „archimedische Schraube" kannte man schon: eine Transportschnecke, die sich in einer offenen, schrägliegenden Rinne dreht und dadurch Wasser nach oben befördert. Leute wie William Lyttleton, Edward Shorter, Francis Smith, John Ericson und Griffith konstruierten nach diesem Prinzip verschiedenartige Schiffsschrauben. Die endgültige Form erhielt die Schraube durch den österreichischen Förster Joseph Ressel. Mit ihr fährt, wenn sie auch konstruktiv erheblich abgeändert worden ist, noch heute fast jedes maschinell angetriebene Schiff — vom Spielzeugboot in der Badewanne bis zum 300 000-Tonnen-Tanker auf den Ozeanen.

Von jener Zeit an kämpften die Segelschiffe, die Raddampfer und die Schraubendampfer jahrzehntelang gegeneinander, ohne daß Vorteile des einen gegenüber

Das erste Schiff, das mit Dampfkraft über den Atlantik fuhr, war die 1818 in Nordamerika gebaute SAVANNAH (im Bild ein Modell). Diese frühen Dampfschiffe führten Segel nicht nur, weil man den Maschinen und dem Schaufelradantrieb nicht vertraute, sondern auch, weil Kohle oft recht teuer war und nicht immer zur Verfügung stand.

den anderen sich klar abzeichneten. Aber gerade dieser lang andauernde Wettbewerb führte dazu, daß sich Tausende von klugen Köpfen Gedanken über diese Schiffe machten, daß sie konstruierten und probierten und zahllose große und kleine Verbesserungen austüftelten. Auf solche Weise bildete sich auf Werften, in Maschinenbauanstalten und bei den Instrumentenbauern schon in den ersten Anfängen allmählich jener Zustand heraus, wie wir ihn heute kennen: daß jedes technische Unternehmen im scharfen internationalen Wettbewerb durch systematische Entwicklung und Forschung das Äußerste aus seinem Erzeugnis herauszuholen trachtet und es immer wenigstens etwas weiter zu entwickeln sucht als die anderen. Nur die Zeiträume waren damals viel länger. Und die theoretischen und erfahrungsmäßigen Grundlagen, auf denen man aufbauen konnte, fehlten überall fast völlig.

Die Zweifel, welche Antriebsart nun die beste und sicherste sei, blieben selbst einigen der genialsten und entscheidungsfreudigsten Ingenieure der weiteren Hauptentwicklungszeit nicht erspart, nämlich den englischen Initiatoren, Entwerfern und Erbauern der bemerkenswertesten und aufsehenerregendsten Schiffe jener Jahrzehnte. Da war der Ingenieur J. K. Brunel, der 1837 die *Great Western* und 1843 die *Great Britain* nach seinen Ideen verwirklichte. Die *Great Britain* wollte er zunächst mit Schaufelrädern ausstatten; doch dann ließ er sich von den Vorteilen des Propellerantriebs überzeugen. Aber sicherheitshalber kam noch eine volle Besegelung auf das 88 Meter lange Schiff, das damit zum ersten Sechsmaster wurde. Als diese beiden Fahrzeuge erfolgreich waren, arbeitete Brunel zusammen mit dem Ingenieur, Hochschullehrer und Werftdirektor John Russel an einem seiner Zeit weit vorauseilenden Riesen, der für viele Jahrzehnte (bis 1899) das größte, längste Schiff der Welt blieb: 207 Meter lang, elegant eingerichtet, schon mit Hähnen für kaltes und warmes Wasser in den Kabinen, die doppelt so geräumig waren wie die bisherigen, mit 12 000 t Kohle in den Bunkern für die fünf Kessel unter fünf Schornsteinen, so dampfte die *Great Eastern* 1859 mit einer durchschnittlichen Geschwindigkeit von 14 Seemeilen pro Stunde über den Atlantik. In New York wurde sie von einer begeisterten Menschenmenge empfangen. Die schwierigste Entscheidung scheint jedoch wiederum die über die beste Antriebsform gewesen zu sein. Trotz der hohen Kosten wurden dann auch alle drei Antriebe nebeneinander eingebaut: Schaufelräder an den Seiten, eine weitere Maschine mit einer Schiffsschraube hinten und dazu die volle Segelausrüstung an sechs hohen Masten.

Aber die *Great Eastern* wurde falsch eingesetzt, nämlich nur auf Kurzreisen über den Nordatlantik, während ihre Einrichtung für die langen Tropenreisen nach Indien und Ostasien (daher *Eastern*) geplant war. Schließlich wurde das Schiff verkauft, einige Jahre als

Vergangenheit und Gegenwart scheinen sich hier in der Mündung der Weser zu begegnen. Links der Gaffelschoner
SEUTE DEERN, rechts die EUROPA, eines der großen Passagierschiffe, das vor wenigen Jahren noch im
Liniendienst zwischen New York und Bremerhaven fuhr. Aber auch die großen, schönen Passagierschiffe dürften
schon bald der Vergangenheit angehören wie das Segelschiff. Sie werden immer weniger, und von den wenigen
gehen die meisten nur noch auf Kreuz- und Vergnügungsfahrten.

Kabelleger im Atlantik und im Indischen Ozean eingesetzt und erst 1888 verschrottet. Man hat das Schiff später oft als gigantische Fehlkonstruktion verspottet, aber nie ist ihm ein Unglück passiert; es ist lange Zeit einwandfrei und mit verhältnismäßig hoher Geschwindigkeit gefahren. Technisch war es ein Wunderwerk, und bei geschicktem Einsatz hätte es sicherlich den Schiffbau vorantreiben können. Aber Reeder wie Reisepublikum waren auf soviel Aufwand noch nicht eingestellt; trotz der weitläufigen Erste-Klasse-Einrichtungen fuhr die *Great Eastern* zwar mit 420 Mann Besatzung, aber nur mit 30 oder 40 Passagieren – also leer. Nur einmal mußte das Schiff mit 2500 Soldaten und 200 Pferden zum St.-Lorenz-Strom dampfen.

Es dauerte eine ganze Weile, bis die technisierte Schiffahrt sich durchgesetzt hatte, bis die Angst bei Fahrgästen und Verladern überwunden war. Fast ein volles Jahrhundert lang befuhren Dampfer und Segler gleichzeitig die Meere, lagen sie nebeneinander in den Häfen. Der Übergang von der alten zur neuen Schiffsgattung ist kaum merklich vor sich gegangen.

Obgleich gegen Ende des 19. Jahrhunderts die inzwischen zur Norm entwickelte Dreifach-Expansionsdampf-

maschine, der Flammrohrkessel und der feste Bronzepropeller überall einwandfrei in kleinsten wie in größten Schiffen arbeiteten, von der Barkasse und Pinasse bis zum Luxusschnelldampfer, sind allein im Bereich des Antriebs noch drei grundlegende Erfindungen gemacht worden. Erst durch sie wurde die Weltschiffahrt, wie sie heute alle Meere überzieht, zu dem beweglichen und umfassenden Beförderungsmittel, dem, so weit das Wasser reicht, kaum Grenzen gesetzt sind. Zwei jener drei bedeutsamen Ereignisse fielen zeitlich fast zusammen.

1897 glitt bei der britischen Flottenparade von Spithead ein immerhin 30 Meter langes Schiff mit einer so hochschäumenden Bugwelle und mit solch unglaublicher Geschwindigkeit (fast 35 Knoten) zwischen den Kriegsschiffen und ihren staunenden Besatzungen hindurch, daß die Fachkundigen sofort die Tragweite dieses Geschehens erkannten. Es war die *Turbinia*, ein Versuchsschiff, das, wie ihr Name schon sagt, von einer Turbine angetrieben wurde. Charles Parsons, ihr Konstrukteur, hatte über zehn Jahre lang mit seiner Erfindung niemanden überzeugen können; hier aber war es ihm endlich gelungen – und die Dampfturbine hielt ihren Einzug in den Schiffsmaschinenbau. Bei sehr hoher

Fast ein halbes Jahrhundert lang blieb die am 1. Mai 1854 auf Kiel gelegte GREAT EASTERN der größte Dampfer der Welt. Einen „Kristallpalast zur See" nannten die Zeitgenossen dieses Ungetüm, das für den Ostasiendienst geplant war und rund 4000 Passagiere in teilweise sehr luxuriösen Salons und Kabinen beherbergen sollte. Seine Erbauer hatten es mit Segeln, Schaufelrädern und einer Schiffsschraube ausgestattet. Trotz ihrer Vorzüge war die GREAT EASTERN als Fahrgastschiff kein Erfolg.

Leistung wurde sie und blieb sie bis zum heutigen Tage die vorherrschende Antriebsform bei den luxuriösen Schnelldampfern sowie in Supertankern und großen Kriegsschiffen. Auch die mit Kernenergie „geheizten" Aggregate der Atomschiffe können vorläufig ihre Leistung nur über Dampfturbinen an die Schiffsschraube abgeben. Der wichtige Unterschied zur Dampfmaschine liegt darin, daß dort der Dampfdruck über Kolben und Kurbeltrieb, also über schwere, träge, mechanische Gestänge, nur in langsame Bewegung umgesetzt wird, während bei der Turbine diese Verwandlung von Druckenergie in Bewegungsenergie ohne jedes zu bewegende Gestänge geschieht. Der rasch strömende Dampf wird von Radscheiben, die dicht mit kleinen Schaufeln besetzt sind, ununterbrochen aufgenommen und direkt genutzt.

Im gleichen Jahre, 1897, lief auf dem Versuchsstand einer deutschen Maschinenfabrik ein mit flüssigem Brennstoff (damals Petroleum) gefütterter neuartiger Verbrennungsmotor, den der Ingenieur Rudolf Diesel in jahrelangen Studien, Berechnungen und Vorversuchen geschaffen hatte und der infolge seiner hohen Verbrennungsdrücke und Temperaturen (so hoch, daß eingespritztes Öl sich von selbst entzündete) gegenüber allen bis dahin bekannten Motoren einen außergewöhnlich

niedrigen Brennstoffverbrauch bei gleicher Leistung aufwies. Nach einigen Jahren war dieser Dieselmotor so betriebssicher, daß man ihn auch im Schiffsbetrieb ausprobieren konnte. So wurde in das 60 Meter lange Tankschiff *Vulkanus* 1910 ein solcher Motor mit 6 Zylindern eingebaut, der 500 PS leistete. Zwar handelte es sich noch um die versuchsmäßige Erstausführung eines Schiffsdiesels, doch als das Schiff nach 20jährigem Einsatz in den Tropen 1931 abgewrackt werden mußte, war die Maschine wohl veraltet, aber sie lief anstandslos.

Sieht man von den Kriegs- und Handelsschiffen mit extrem hoher Leistung und einigen noch fahrenden älteren Dampfern ab, ist inzwischen die gesamte Welthandelsflotte „verdieselt". Noch ist keine Maschine erfunden, die den Kraftstoff wärmetechnisch besser ausnutzt, die also wirtschaftlicher arbeitete. Was für die Flotten der Welt jahrhundertelang der Wind war, ist für sie heute Diesels Ölmotor. Die Schiffbauer experimentieren — wie sie es während der ganzen langen Entwicklung des Schiffes taten — mit neuen Antriebsmöglichkeiten, mit strömungsgünstigeren Rumpfformen, mit besseren Propellern und vielen anderen Details. Der Dieselmotor selbst aber ist immer noch die wichtigste Quelle für die Kraft, die die Schiffe über Meere, Seen und Ströme treibt.

Mit Atomschiffen hat die Zukunft begonnen

Als es 1938 dem Chemiker Otto Hahn erstmals gelang, Uranatomkerne durch Beschuß mit Neutronen zu spalten und Atomenergie freizusetzen, kam eine Entwicklung in Gang, die schließlich zum drittenmal innerhalb eines guten halben Jahrhunderts den Schiffsantrieb revolutionierte. Die Zahl der Reaktoren, in denen die gleiche Energie wie die der Atombombe für friedliche Zwecke gewonnen wird, nahm und nimmt ständig zu. Da der „Brennstoff" Uran sich bei den Kettenreaktionen, in denen Energie frei wird, nur sehr langsam verbraucht, wird erst nach Jahren eine Neufüllung mit diesem Material erforderlich. Deshalb sind, gleich nachdem man den Reaktorprozeß erwiesenermaßen sicher beherrschte, einige Nationen auf den Plan getreten und wollten die Atomenergie zum Antrieb von Schiffen verwenden. Besonders die U-Boote wurden Nutznießer, denn der Spaltprozeß benötigt weder Sauerstoff noch eine Abgasabführung; daher können U-Boote, die mit Kernbrennstoff fahren, sofern ein Luftvorrat für die Besatzung sichergestellt ist, monatelang unter Wasser bleiben. Trotz der außergewöhnlich hohen Kosten für solche Anlagen durchtauchen schätzungsweise schon über 50 Atom-U-Boote, vor allem solche der USA, aber auch englische und russische, die Meere.

Wenn auch dieser schiffstechnische Fortschritt bestechend ist und in weiterer Zukunft auch das Bild der Handelsschiffahrt auf den Ozeanen mit prägen wird, so kann diese Umstellung wegen der hohen Kosten doch wohl nur sehr zögernd geschehen. Nicht mehr als drei zivile Kernenergieschiffe sind bis jetzt in Fahrt. Einige werden hinzukommen, doch ist alles Weitere ungewiß. Und zwar deshalb, weil der Kernantrieb erst für Schiffe von einer bestimmten Größenordnung rentabel ist — und eben diese Größe wird heute in der Handelsschiffahrt noch nicht benötigt. Selbst die größten der jetzt gebauten Tanker mit über 300 000 t Tragfähigkeit erfordern weniger als 50 000 PS. Erst oberhalb dieser „Leistungsschwelle" aber kann ein Reaktor eigentlich zeigen, was in ihm steckt. Während alle früheren Kraftmaschinen immer eine Leistungsgrenze hatten und haben, *oberhalb* derer ihr Einsatz unwirtschaftlich wird, ist es beim Atomreaktor gerade umgekehrt: Hier gibt es eine Grenze, *unterhalb* derer sich der zur Zeit noch riesige Aufwand für die Abschirmung gegen Strahlen sowie andere notwendige Sicherheitsmaßnahmen für die Reedereien nicht lohnen.

1958 wurde in den USA mit dem Bau des „Kernschiffes" (Nuclear Ship) NS *Savannah* begonnen, und seit 1963 fährt es nahezu störungsfrei über alle Meere. Seine 20 000-PS-Maschine verleiht ihm eine Geschwindigkeit von 21 Knoten; seine Fahrgasträume sind repräsen-

Die Schiffsschraube – hier eine der Schrauben für einen japanischen Riesentanker – ist seit rund 100 Jahren das wichtigste Antriebsmittel für Schiffe. Die großen Passagier- und Frachtschiffe der Gegenwart sind oft mit mehreren solcher gewaltiger Propeller ausgerüstet.

sentativ — aber genau wie hundert Jahre vorher bei der ebenso neuartigen und sensationellen *Great Eastern* stehen sie meistens leer. Fast gleichzeitig kam der 134 Meter lange sowjetrussische Atomeisbrecher *Lenin* in Fahrt, der mit seinen 44 000 PS im Sommer die Passage um das nördliche Sibirien herum für die russische Handelsschiffahrt freihält und der bis zwei Meter dickes Eis brechen kann. Hier erfüllt der nukleare Antrieb wirklich eine Aufgabe, die keine brennstoffabhängige Turbinen- oder Motorenanlage hätte bewältigen können, da ein Eisbrecher ununterbrochen im Einsatz sein muß.

Als drittes dieser geheimnisumwitterten Schiffe befährt seit 1968 das deutsche Reaktorschiff *Otto Hahn* die Meere. Mit einer Länge von 172 Metern ist es fast ebenso groß wie die *Savannah*, verfügt aber nur über 10 000 PS. Zwar ist es als Erzfrachter gebaut, doch dient es in den ersten Jahren vor allem der Forschung, und zwar im Rahmen des praktischen Frachtbetriebs. Das Schiff soll beweisen, daß ein Kernkraftwerk auch auf dem Wasser zuverlässig, für den Menschen ungefährlich und, auf lange Sicht, auch wirtschaftlich arbeitet.

In England, Frankreich, Italien, Japan befinden sich Reaktorschiffe in der Planung oder schon im Bau. Aber noch hat nirgendwo eine private Reederei ein solches

Die OTTO HAHN ist das erste deutsche Reaktorschiff. Noch dienen Schiffe dieser Art in erster Linie der Forschung, noch sind ihr Bau und ihre Unterhaltung für den wirtschaftlichen Betrieb zu teuer, aber vielleicht lassen sich die Kosten in naher Zukunft so weit senken, daß Schiffe mit Kernantrieb das Motorschiff allmählich verdrängen. Sie haben gegenüber allen auf herkömmliche Weise angetriebenen Schiffen den großen Vorteil, daß sie lange unterwegs sein können, ohne Treibstoff zu tanken, und daß wertvoller Laderaum nicht durch Treibstofftanks verbraucht wird wie bei den Motorschiffen.

Schiff bestellt. Sicher ist das nicht nur deshalb so, weil ein Reaktorschiff vorläufig noch fast doppelt soviel wie ein normales Schiff mit gleicher Leistung kostet, sondern der Grund liegt auch darin, daß vorläufig nicht selten noch jahrelange Verhandlungen, teilweise sogar auf diplomatischer Ebene, zwischen den Regierungen nötig und vielerlei Schwierigkeiten zu überwinden sind, bis ein solches Schiff die gewünschten Häfen anlaufen darf.

Aber im Verlauf von Jahrzehnten oder gar Jahrhunderten wird sich vieles ändern; die Baukosten werden zweifellos abnehmen, und die Sicherheit und das Vertrauen in diese Sicherheit werden zunehmen. Schon heute gibt es Behörden, die einem Atomschiff beim Anlaufen eines Hafens kaum größere Beachtung schenken als einem herkömmlichen Frachter.

In der jahrtausendelangen Geschichte der Schiffahrt sind gewaltige Veränderungen und Entwicklungen vor sich gegangen — vom Einbaum zum Atomschiff. In diesem Zeitraum ist die Welt immer größer und weiter geworden. Dennoch scheint sie uns, denen die Luft- und Raumfahrt neue Maßstäbe gesetzt hat, heute überschaubar und klein. An solchen Maßstäben gemessen, wirkt das Schiff „zurückgeblieben", fast mitleiderregend, wenn es langsam, schwerfällig stampfend Meile um Meile durch die See rauscht und dabei wie ein Schneepflug ständig riesige Wassermassen schäumend zur Seite wälzen muß.

Zu Lande ist der Hauptwiderstand gegen die rasche Beförderung von Waren und Menschen, die Reibung, durch glatte Eisenbahnschienen und die Betonpisten der Autobahnen bis auf einen Rest überwunden. Und was leicht ist und noch schneller fort muß, wird geflogen.

Ist also das Schiff antiquiert, ein überholtes Monstrum, nachdem es früher das hochbewunderte einzige technische Mittel war, mit dem man die Welt nach allen Richtungen erobern konnte? Nun, auch Schiffe erheben sich jetzt schon über die Wasseroberfläche, in die Luft: Tragflügelboote und Luftkissenfahrzeuge transportieren Menschen und Güter in kürzerer Zeit von Ort zu Ort, als es jahrtausendelang möglich war. Für Millionen Tonnen von schweren, massigen Gütern aber gilt immer noch das Naturgesetz, daß jede Tonne Last, die wir über das unruhige Wasser befördern wollen, in Wirklichkeit durch das Wasser hindurchgepreßt werden muß. Daß auf der gesamten Bahn, die das Schiff zieht, diese Tonne Fracht unentwegt jeweils eine Tonne Wasser vor sich her und zur Seite schieben muß, ja sogar — da das Gewicht des Schiffes anteilig hinzukommt — noch weit mehr als diese eine Tonne.

Dennoch wird das Schiff seinen Platz im Verkehr von Land zu Land nicht nur behaupten, sondern es wird sogar ständig unentbehrlicher. Der Welthandel weitet sich immer mehr und immer schneller aus; die Industrialisierung von technisch bisher weniger entwickelten Ländern und der steigende Rohstoff- und Nahrungsbedarf der Erdbevölkerung lassen die Tonnage in fast allen Ländern sprunghaft steigen. In der Schiffahrt vollzieht sich gegenwärtig so etwas wie eine zweite technische Revolution.

In Japan und anderswo baut man Schiffe von nie gesehenen Ausmaßen — Tankergiganten von 300 000 und mehr Tonnen, die dazu beitragen sollen, den schier unersättlichen Ölhunger dieser Welt zu stillen. Ganze Flotten von Handelsschiffen aller Art verkehren zwischen den Ländern und Kontinenten mit der Pünktlichkeit von Eisenbahnzügen. In wenigen Stunden werden ihre Laderäume mit Gütern gefüllt, fast auf die Stunde genau treffen sie in ihren Zielhäfen ein, wo ihre Ladungen wiederum wie nach einem Fahrplan gelöscht und wo die Schiffe neu beladen werden. Für viele Güter gibt es heute Spezialschiffe: Autotransporter, Massengutfrachter für Schüttgüter wie Kohlen, Erze, Getreide oder Chemikalien, Container-Frachter für Stückgüter, Kühlschiffe, Tanker für flüssige Ladungen aller Art und viele andere Seefahrzeuge für besondere Zwecke.

Die technische Revolution verändert aber nicht allein die Schiffe; auch was sonst zur Schiffahrt gehört, ist davon betroffen. Die großen Kanäle der Welt, einst als gewaltige Leistungen gefeiert und als lebenswichtige Schlagadern des Seehandels oft genug mit Waffengewalt verteidigt, drohen angesichts einer kommenden Generation von Riesenschiffen zur Bedeutung zweitrangiger Verbindungswege herabzusinken. Häfen, die über ihre bisherigen Zufahrtswege von den ganz großen Schiffen nicht mehr zu erreichen sind, müssen neue Fahrrinnen oder Anlagen schaffen, wenn sie existenzfähig bleiben wollen.

Die gute alte Seefahrt mit ihrer Romantik und ihren Risiken ist verschwunden. Eine Industrie ist an ihre Stelle getreten, ein gigantisches, gut geöltes Verkehrssystem, in dem das Schiff eine größere Rolle spielt als je zuvor.

Das Tragflächenboot ist eines der Ergebnisse der vielen Versuche, ein Wasserfahrzeug zu entwickeln, das den Wasserwiderstand auf ein Minimum herabsetzt. Dieses gewissermaßen „fliegende Schiff" wird, in verschiedenen Größen und Ausführungen, heute vor allem in ruhigen Gewässern gefahren.

Manche Leute halten es für falsch, das Luftkissenboot noch als Schiff zu bezeichnen, denn es schwebt auf einem gleichmäßigen Luftstrom über das Wasser und kann ebensogut über festen Grund hinwegfahren, ohne ihn zu berühren. Luftkissenfahrzeuge sind schnell und bewähren sich im Nahverkehr über See.

Hans O. Lange

VON HAFEN ZU HAFEN

Mit den letzten großen Rahseglern, die um die Jahrhundertwende allmählich von den Meeren verschwanden, ist auch ein gutes Stück Seefahrtsromantik dahingegangen. Der seemännische Alltag hat sich verändert: Kurze Reisen sind an die Stelle monatelanger, einsamer „Törns" durch Stürme und Windstillen getreten. Öde oder erlebnisreiche lange Aufenthalte in fremden Häfen sind rar geworden, denn jeder Tag Liegezeit kostet viel Geld. Winde und Strömungen, einst die Freunde und Feinde der Segler, haben an Bedeutung verloren. Wohl muß auch der heutige Nautiker mit ihnen rechnen; aber weder braucht er sie als Antriebskräfte für sein Schiff, noch muß er gegen sie ankämpfen — oder doch nur in extremen Fällen. Die Maschinen haben ihn weitgehend unabhängig von den Naturgewalten gemacht. Und der typische Seemann von heute ist weniger der alte Bilderbuch-Seebär, der auf dem Meer mehr zu Hause ist als auf dem Lande, der sein Schiff kennt und liebt, als wäre es ein lebendiges Wesen, und der mit See und Orkan auf du und du steht. Der moderne Seemann ist vielmehr in erster Linie ein Mann der Technik, ein Navigator oder Ingenieur, ein Spezialist in seinem Fach. Die Seefahrt ist nüchtern geworden. Schnelligkeit, Rentabilität und Sicherheit sind gefragter als das Abenteuer.

Kein Platz auf einem großen Seeschiff, ob Frachter, Tanker oder Passagierschiff, spiegelt diese Nüchternheit eindrucksvoller wider als die Kommandobrücke. Bei den Schiffen modernster Bauart sucht man oft schon vergeblich nach dem alten, halbmannshohen Steuerrad, in dessen Speichen einst die kräftigen Fäuste des Rudergängers greifen mußten, um den vor dem Wind dahinjagenden Tiefwassersegler auf Kurs zu halten. Selbst auf dieses Instrument, das längst zu einem Symbol für die Seefahrt geworden ist, verzichten manche Schiffbauer heute. Statt dessen ragen ein paar unscheinbare Knöpfe irgendwo aus einem Steuerpult, und statt des kräftigen Griffs ins Rad genügt ein sanfter Druck auf einen dieser

Während früher die Tiefwassersegler von unzuverlässigen Winden und von Strömungen abhängig waren, halten die modernen Motorschiffe – hier der Schnellfrachter „Friesenstein" – genaue Fahrpläne pünktlich ein.

Knöpfe. Elektrische und hydraulische Anlagen übertragen ihn auf das Ruder am Heck.

Auch die übrigen Instrumente, Hebel und Skalen auf der Brücke sind kaum dazu angetan, romantische Gefühle zu wecken. Alles wirkt sachlich und kompliziert — fast wie in einer Flugzeugkanzel. Der gelegentliche Stoßseufzer eines jungen, mit einer schwierigen Berechnung beschäftigten Seemannes, daß man hier weniger einen Wachoffizier als einen ausgepichten Mathematiker brauche, erscheint dem Laien nur zu verständlich; und wenn er nie eine besondere Leidenschaft für alles gehabt hat, was nach Mathematik aussieht, wird er sich vermutlich bald scheinbar reizvolleren Dingen zuwenden.

Die navigatorischen Hilfsmittel

Die meisten der komplizierten Geräte auf der Brücke und im Kartenhaus dienen der Navigation, das heißt, sie ermöglichen es dem Seemann, sein Schiff gefahrlos und auf dem kürzesten und richtigen Weg über das Meer zu steuern. Mehr noch als der Flugzeugführer, der sich bei gutem Wetter zumeist wenigstens am Bild der Landschaft unter sich orientieren kann, braucht der Schiffsführer, sobald das feste Land außer Sicht gekommen ist, bestimmte Orientierungshilfen. Die hervorragendsten Seeleute des Altertums, die Phönizier, wußten schon vor mehr als 3000 Jahren, daß die Gestirne des Tag- und Nachthimmels den Weg über See weisen können. Und auch den Wikingern, die rund 600 Jahre vor Columbus den amerikanischen Kontinent betraten, an der grönländischen Küste Siedlungen bauten und fast so etwas wie einen regelmäßigen Schiffsverkehr zwischen der skandinavischen Heimat und der fernen Kolonie unterhielten, standen keine anderen Navigationsmittel zu Gebot als Sonne, Mond und Sterne. Freilich waren derartige Methoden ungenau und ergaben häufig Fehlberechnungen, die durch wochenlange Suchfahrten entlang der fremden Küsten ausgeglichen werden mußten. Seekarten kannten weder die Phönizier noch die Wikinger. Der Mensch des Altertums war in erster Linie landbezogen. Wenn er versuchte, sich eine Vorstellung von der Welt zu machen und sie auf einer Karte festzu-

*Das Kartenhaus hinter der Brücke ist das Navigations-
zentrum, das Gehirn eines Schiffes. Hier wird der Kurs
abgesteckt, und hier befinden sich die navigatorischen
Hilfsmittel wie Funkpeiler und Echograph.*

halten, richtete er sein Augenmerk vor allem auf den
festen Grund, auf dem er stand und lebte.

Für die Menschen der ozeanischen Inselreiche auf der
anderen Seite der Erde hingegen besteht die Welt fast
nur aus Wasser. Das bißchen feste Land, auf dem die
Einwohner Mikronesiens leben, sind die unzähligen
kleinen Inseln in der riesenhaften Weite des Pazifischen
Ozeans. Kein Wunder, daß die Mikronesier, die diesen
unendlichen Raum mit ihren leichten, aber ungemein
seetüchtigen Auslegerbooten eroberten, schon früh „Seekarten" erfanden. Sie brauchten eine genauere Orientierung, als die Gestirne allein sie ihnen ermöglichten; denn
schon geringe Fehlberechnungen konnten ihre Boote an
den oft winzigen Eilanden vorbei in die Weite des
Ozeans führen, aus der es kein Zurück gab. Aus biegsamen, mit den Gehäusen von Kaurischnecken besetzten
Bambusstäben flochten die Mikronesier demzufolge komplizierte Gitterwerke: die sogenannten Stabkarten. Diese
gaben Auskunft über vorherrschende Wind- und Wellenrichtungen und Strömungen; die Schneckenhäuser be-
zeichneten die Lage der Inseln. Tausende von Kilometern weit konnten die Eingeborenen Ozeaniens nach

diesen Karten segeln, die den ersten Weißen, die sie zu
Gesicht bekamen, wie wahre Wunderwerke erscheinen
mußten — enthielten sie doch schon etwas, was wir heute
als „hydrographische Daten" bezeichnen würden, nämlich
Angaben über Bewegungen des Wassers und der Winde.
In den europäischen Seekarten tauchten solche Hinweise
erst vor rund 200 Jahren auf.

Arabische Kaufleute, so nimmt man an, brachten ge-
gen Ende des 12. Jahrhunderts ein anderes, uraltes In-
strument der Navigation aus China nach Europa: den
Kompaß, der heute noch so unentbehrlich für jeden
Schiffsführer ist wie damals. Und seit der Mitte des 15.
Jahrhunderts benutzten die Seefahrer den sogenannten
Jakobsstab oder Gradstock, ein Instrument zum Messen
von Winkeln und Gestirnshöhen. Der Jakobsstab war
ein früher Vorläufer des auch auf jedem modernen
Schiff noch gebrauchten Sextanten, und wenn heute ein
Wachoffizier zu seiner Standortbestimmung „die Sonne
schießen" muß, so erinnert dieser Ausdruck an die arm-
brustähnliche Form des Jakobsstabes.

Trotz Radar, Funkpeil- und Sichtfunkpeilanlage, trotz
Decca-Hyperbelnavigation und *Loran*-Ortung oder wie
sonst die modernsten Navigationseinrichtungen heißen
mögen, muß auch der angehende Schiffsoffizier von
heute sich in der Beherrschung traditioneller Navi-
gationsgeräte üben, die freilich inzwischen zu höchster
Präzision entwickelt wurden. So führt jedes Schiff seine
Seekarten, den Chronometer, den Sextanten, das Log
und andere überlieferte Geräte mit; sie richtig zu gebrauchen ist eine Kunst, die der Seemann nur in jahrelanger Praxis lernen kann.

Wie ein Autofahrer sich in unbekannten Gegenden
der Landkarte und in einer fremden Stadt eines Stadt-
planes bedient, um seinen Weg zu finden, so braucht
auch der Kapitän eines Schiffes Karten in verschiedenen
Maßstäben, die große Meeresteile umfassen, sich auf bestimmte Küstengebiete beschränken oder auch nur eine
Bucht, das Fahrwasser eines Stromes oder ein Hafengebiet verzeichnen können. Allerdings sieht eine Seekarte, selbst wenn auf ihr Teile des Festlandes zu sehen
sind, ganz anders aus als eine Landkarte. Die Einzelheiten des Festlandes, die ja den Seemann nicht interessieren — Städte, Dörfer, Seen und Straßen — fehlen,
sofern sie nicht als besondere Fixpunkte zur Orientierung
in Sichtweite der Küste dienen. Hingegen verzeichnet die
Seekarte eine Menge von „landschaftlichen" Einzelheiten, die der Schiffsführer nie zu Gesicht bekommt,
weil sie unter Wasser liegen. Ein dichtes Netz von Zahlen
und Linien leitet und warnt zugleich, zeigt Wassertiefen
und Fahrrinnen, Untiefen, Sandbänke, Klippen, Riffe
und Watten. Andere Ziffern und Symbole weisen auf
Feuerschiffe, Leuchttürme und Seezeichen hin, auf zeitliche Hindernisse wie Wracks oder aus Kriegszeiten
hinterlassene Minengürtel.

Im internationalen Seerecht spielen diese Karten eine bedeutende Rolle; nach Strandungen läßt sich nicht selten an Hand der Karten eines verunglückten Schiffes feststellen, ob der Kapitän es fahrlässig geführt hat oder nicht. Das Gesetz schreibt dem Schiffsführer deshalb vor, seine Seekarten laufend zu berichtigen. Besonders in Bezirken wie der Deutschen Bucht, wo Strömungen, Gezeiten und Sturmwellen die Küste und den Meeresboden unablässig umgestalten, wo sie hier Sandbänke fortreißen, dort neue Untiefen aufbauen, sind ständige Korrekturen lebenswichtig. Vermessungsschiffe sind dauernd unterwegs, um die Veränderungen festzustellen, und staatliche Behörden wie das Deutsche Hydrographische Institut in Hamburg liefern den Schiffsführern die notwendigen Unterlagen für ihre Berichtigungen.

Ein erfahrener Seemann kann bei Nacht in einem flachen Gewässer notfalls sogar allein mit Hilfe seiner Seekarte und eines Lotes einigermaßen seinen Weg finden — er muß nur von Zeit zu Zeit die Wassertiefen messen und seine Ergebnisse mit den Zahlen auf der Seekarte vergleichen.

Während auf einer Landkarte alle benutzbaren Straßen und Wege eingezeichnet sind, müssen sie — mit Ausnahme bestimmter, für alle großen Seeschiffe vorgeschriebener „Straßen" wie zum Beispiel des Humber-Elbe-Weges in der Deutschen Bucht — auf der Seekarte während der Fahrt festgelegt werden: Der Navigationsoffizier oder der Kapitän trägt in bestimmten Zeitabstän-

den den einzuschlagenden Kurs des Schiffes sowie den jeweiligen Standort mit Datum und Uhrzeit in die Karte ein; er „steckt seinen Kurs ab".

Der Kurs ist die Richtung, die das Schiff zu steuern hat, wenn es einen bestimmten Punkt erreichen soll. Könnte es in schnurgerader Linie von einem Hafen zum anderen fahren, so wäre die Kursbestimmung verhältnismäßig einfach; doch sind meistens, besonders in der Nähe der Küste, wegen der Untiefen, Strömungen und anderer störender Einflüsse viele Kursänderungen notwendig. Wind und Wasser hindern das Schiff, haargenau geradeaus zu fahren; es wird „versetzt", wie der Seemann sagt, und ohne beständige Korrektur des Kurses würde es seinen Bestimmungsort nie erreichen.

Eines der wichtigsten Hilfsmittel zur Kursbestimmung ist der Kompaß, auf allen modernen Schiffen in der besonderen Form des Kreiselkompasses gebräuchlich. Zwar führen die meisten Schiffe für den Fall, daß der elektrisch angetriebene Kreiselkompaß ausfallen sollte, auch den traditionellen Magnetkompaß mit; doch unterliegt dieser noch mehr als der Kreiselkompaß verschiedenen Störungen, die ihn aus der exakten Nord-Süd-Richtung herausdrängen. Da ist erstens die „Mißweisung", die auf der großen Entfernung zwischen dem geographischen und dem magnetischen Nordpol beruht; zweitens die „Deviation", die Ablenkung der Magnetnadel durch den eisernen Rumpf des Schiffes. Beide Abweichungen zu-

Nordwestlich von Neuguinea, im Stillen Ozean, liegt Mikronesien. Die Bewohner seiner Inselgruppen haben vor geraumer Zeit für ihre Fahrten auf See die Stabkarte erfunden. Sie besteht aus einem Netz von Bambusstäben, an denen Kaurischneckengehäuse angebracht sind. Die Stäbe geben vorherrschende Wind- und Wellenrichtungen sowie Strömungen an, die Schneckengehäuse hingegen die Lage von Inseln. Links eine Stabkarte von den Marschallinseln, rechts dieselben Inseln, wie sie sich auf einer „westlichen" Karte darstellen.

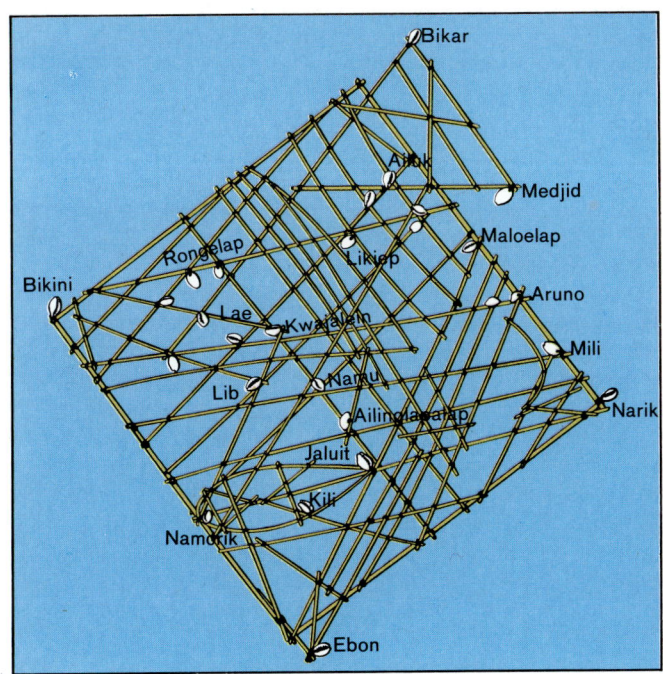
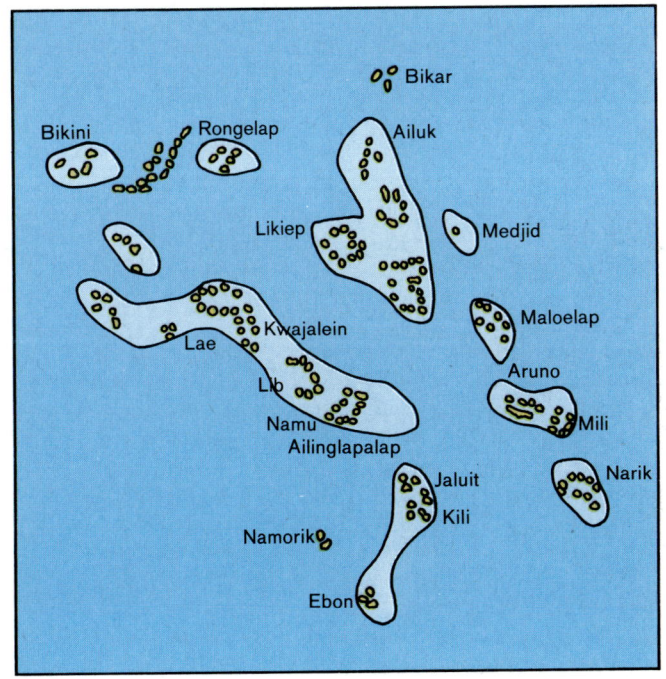

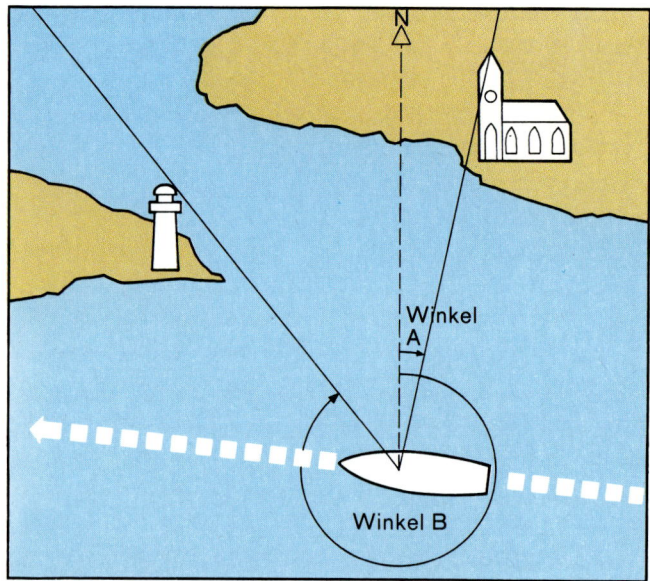

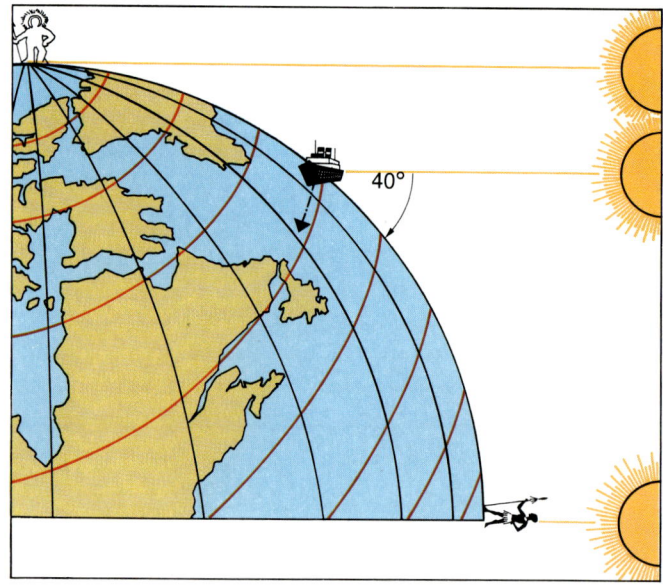

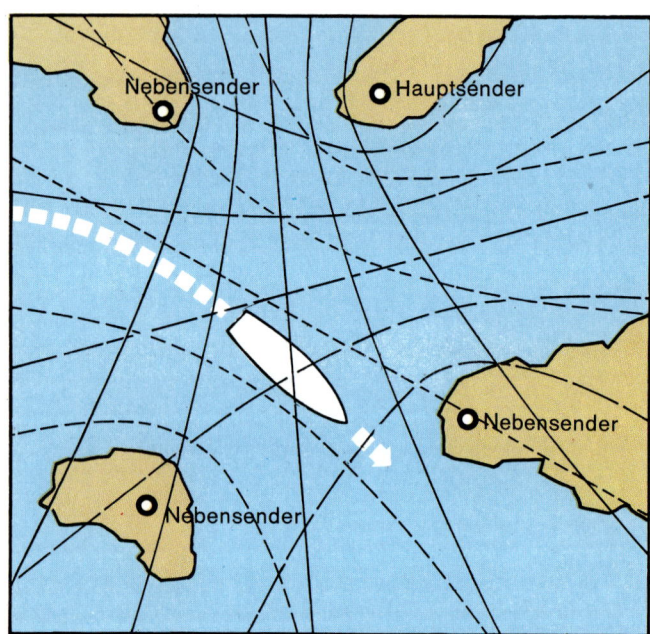

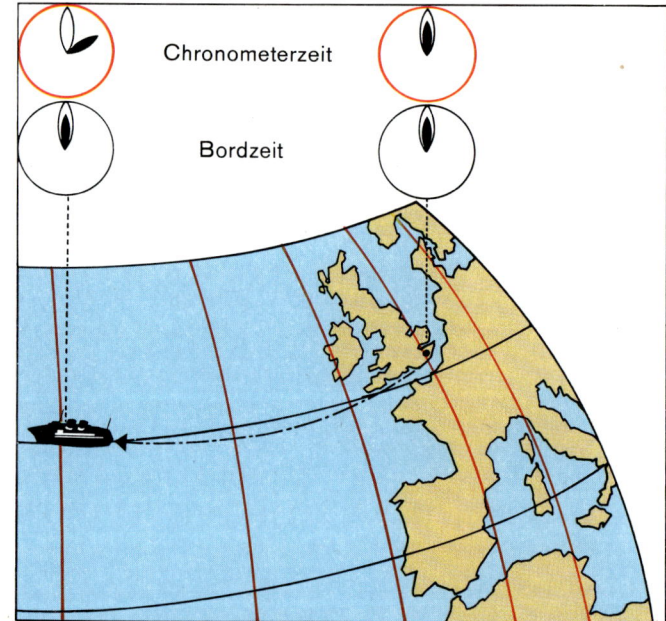

Befindet ein Schiff sich in Sichtweite von einer Küste, kann der Seemann seinen Standort mit Hilfe verschiedener Peilverfahren bestimmen. Das wichtigste ist die Kreuzpeilung. Mit dem Peilkompaß werden zwei markante Punkte anvisiert. Ihre Richtungen liest man in Graden am Kompaß ab und trägt sie auf der Karte ein. Wo die Linien sich schneiden, steht das Schiff.

Ein modernes Verfahren, das sich auf hoher See anwenden läßt, ist das Decca-System. Hierbei senden mehrere Stationen Radiosignale aus, deren Phasen sich je nach dem Standpunkt des Beobachters gegeneinander verschieben. An Bord eines Schiffes befinden sich nun Empfangsgeräte, mit denen man diese Phasen messen kann. Auf dazugehörigen Karten sind Orte gleicher Phasenverschiebung zwischen den Signalen zweier Sender durch Linien miteinander verbunden, die Hyperbeln darstellen. An den Geräten liest nun der Schiffsführer die Phasenverschiebungen zwischen mehreren Sendern ab. Der Schnittpunkt der entsprechenden Hyperbeln markiert den Standort des Schiffes.

Auch nach den Gestirnen kann man sich richten, etwa nach der Sonne. Für die geographische Breite gilt folgendes: Zur Zeit der Tagundnachtgleiche sieht man mittags die Sonne am Äquator (0° geogr. Br.) senkrecht über sich, also unter einem Winkel von 90°, am Nordpol hingegen (90° geogr. Br.) unter einem Winkel von 0°, eben über dem Horizont. Die geographische Breite erhält man also, indem man die Sonnenhöhe von 90° abzieht. Peilt man etwa am Frühlingsanfang die Sonne mittags unter 40°, so befindet das Schiff sich auf 50° n. Br. An anderen Tagen muß man Korrekturen anbringen.

Die geographische Länge erhält man mit Hilfe der Uhr. Angenommen, ein Schiff legt um 12 Uhr mittags in Greenwich ab (0° Länge). Nun fährt es einige Tage nach Westen. Dann stellt man um 12 Uhr mittags Ortszeit (höchster Sonnenstand) fest: Der Chronometer zeigt bereits 14 Uhr an. Das kommt daher, daß das Schiff der Sonne westwärts zwei Stunden „vorausgefahren" ist. Es befindet sich also – da die 360° Erdumfang 24 Stunden entsprechen – auf 30° westlicher Länge.

sammen ergeben die „Fehlweisung", die je nach der Position des Schiffes schwankt und bei der Kursberechnung mit Hilfe des Kompasses berücksichtigt werden muß.

Beim Kreiselkompaß werden diese Störungen dadurch ausgeschaltet, daß ein Kreisel durch elektrischen Antrieb in Umdrehung versetzt und durch elektromagnetische Ströme in der Schwebe gehalten wird. Sobald eine bestimmte Umdrehungszahl erreicht ist, stellt er sich parallel zur Erdachse, also exakt in die Nord-Süd-Richtung ein. An einem ruhigen Ort im Schiffsinnern wird ein sogenannter Mutterkompaß angebracht, der eine Reihe von Tochterkompassen steuert. Diese sind an verschiedenen Stellen des Schiffes vorhanden, so daß der Kapitän und die Wachoffiziere nicht nur auf der Kommandobrücke den Kurs kontrollieren können.

Um festzustellen, um wieviel das Schiff von seinem auf der Seekarte vorgezeichneten Weg abgewichen oder versetzt worden ist, und um den Kurs gegebenenfalls zu berichtigen, muß man alle paar Stunden eine Standortbestimmung vornehmen. Wie findet nun der Seemann heraus, an welchem Punkt des weiten Meeres sein Schiff sich gerade befindet?

Läuft das Schiff in Küstennähe und sind Landmarken sichtbar, so peilt man mit dem Peilkompaß einen oder zwei dieser festen Punkte an und erhält so die Winkel, unter denen sie — vom Schiff aus gesehen — zur Nord-Süd-Richtung liegen. Trägt man diese Winkel bei den betreffenden Punkten auf der Seekarte ein und verlängert die Schenkel, bis sie sich an einer Stelle treffen, so bezeichnet ihr Schnittpunkt die Position des Schiffes.

Diese traditionelle Methode der terrestrischen Navigation ist vor Jahrzehnten durch die Funkpeilung ergänzt worden. Mit dem Funkpeilgerät werden die immer gleichen Peiltöne bestimmter Funkstationen aufgefangen, ihre Einfallswinkel auf elektroakustischem Wege gemessen und zu einem Schnittpunkt — dem Standort des Schiffes — zusammengeführt. Auch der umgekehrte Weg ist bei der Funkpeilung möglich: Besitzt das Schiff keinen eigenen Funkpeiler, so kann es mit seiner Funkanlage Peiltöne aussenden und sich von den Landstationen funktelegraphisch die dort abgelesenen Gradzahlen übermitteln lassen.

Während der Reise auf hoher See, weit entfernt von allen Küsten, tritt die astronomische Navigation an die Stelle der terrestrischen. Selbst heute, wo weitreichende Funknavigationssysteme die Schiffe sicher über die Meere führen, ist die astronomische Navigation noch unentbehrlich, nicht zuletzt deshalb, weil sie allein zuverlässige Berechnungen erlaubt, wenn die komplizierten modernen Anlagen einmal ausfallen sollten. Statt an Landmarken orientiert der Seemann sich dabei am Stand der Gestirne (Sonne, Mond, Sterne). Ein Sextant dient zur Messung ihrer Höhe über dem Horizont, der sehr genau gehende Schiffschronometer zeigt die für alle Schiffsmessungen verbindliche mittlere Greenwichzeit. Gestirnshöhe und Greenwichzeit, dazu die zuletzt bestimmte Position des Schiffes, der seitdem gesteuerte Kurs und die zurückgelegte Entfernung sind Faktoren, nach denen der Navigator mit Hilfe seiner Seekarten, mathematischer Tabellen und jährlich neu erscheinender nautischer Jahrbücher nun seine Position genau berechnet.

Eines der ältesten und einfachsten nautischen Geräte ist das Lot, dessen sich der Seemann bedient, wenn er wissen will, wie tief das Wasser unter dem Kiel ist. Vor allem in der Nähe der Küste, auf Flüssen und in Buchten sind laufende Lotungen erforderlich, damit das Schiff nicht auf eine Untiefe, ein Riff oder eine Sandbank läuft. Das alte Handlot erwies sich in der Praxis allerdings oft als unzuverlässig, denn je tiefer es hinabgelassen wird, umso größer ist die Gefahr, daß Wasserströmungen unter der Oberfläche an der leichten Leine zerren, die dann nicht mehr lotrecht hinabhängt und infolgedessen tieferes Wasser anzeigt, als vorhanden ist. Auch die modernere Lotmaschine, von der über eine Meß- und Spultrommel ein feiner Draht hinuntergelassen wird, schließt diese Fehlerquelle nicht aus.

Verschiedene weitere Lotvorrichtungen wie das Patentlot, das den am Meeresboden herrschenden Wasserdruck und damit die Tiefe angibt, oder das Freilot, das ohne Leine mit einer Geschwindigkeit von zwei Metern in der Sekunde zu Boden sinkt, unten mit einem Knall explodiert und auf diese Weise eine Weg/Zeit-Messung zuläßt, wurden in neuerer Zeit durch das Echolot abgelöst. Dieser Einrichtung bedienen sich auch die Meeresforscher zur Vermessung der Bodenprofile und die Fischer zur Ortung von Fischschwärmen. Bei einer Fahrt durch schwierige Gewässer ist dieses Schallortungsgerät oft ununterbrochen in Betrieb. Seine Ergebnisse werden auf ein Schreibgerät übertragen, so daß der Navigationsoffizier laufend über die Tiefe des Wassers unter dem Kiel seines Schiffes orientiert ist.

Die alte seemännische Bezeichnung für die Fahrtgeschwindigkeit eines Schiffes — der „Knoten" (1 Seemeile pro Stunde) — geht zurück auf eine seit Jahrhunderten und auch heute noch auf kleineren Schiffen geübte Methode der Geschwindigkeitsmessung: Von Bord wird das Handlog ausgeworfen, ein unten mit Blei beschwertes Brettchen, das senkrecht im Wasser stehenbleibt und von dem sich entfernenden Schiff eine in bestimmten Abständen mit Knoten versehene Leine abzieht. So viele Knoten nun innerhalb einer bestimmten Zeit durch das stehengebliebene Log über die Bordwand gezogen werden, soviel Knoten „macht" das Schiff.

Auf die Dauer gaben die Fachleute sich mit dieser primitiven und ungenauen Vorrichtung nicht zufrieden, sondern sie entwarfen neue, genauere Konstruktionen. Das Patentlog, ein Schwimmkörper mit einem Propeller und einem Zählwerk, wird an der Leine mitgeschleppt; die Zahl der Drehungen des Propellers wird von einem

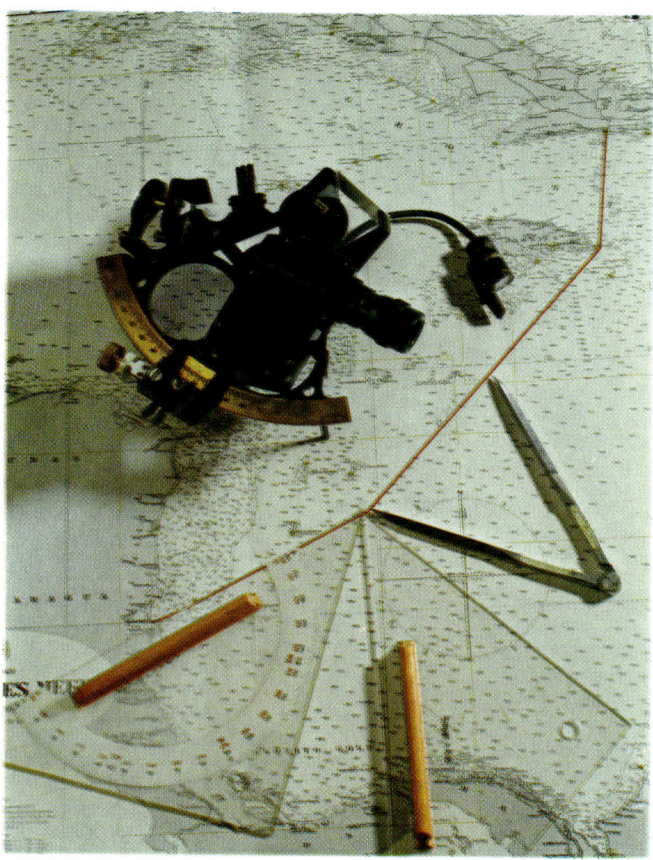

Karte, Sextant, Zirkel, Lineal, Parallellineal und Kurs-
dreieck helfen dem Seemann beim Absetzen des Kurses.
Auf der Karte trägt man den jeweiligen Schiffsort ein,
überdies das nächste Ziel. Beide Punkte verbindet
ein Strich: der Kurs. Dessen Richtung wird entweder
am nächsten Meridian auf dem Kursdreieck oder
aber – durch Parallelverschiebung – auf der Windrose
abgelesen, die auf jeder Seekarte eingezeichnet ist.

Die hochentwickelte Funk- und Nachrichtentechnik unserer Zeit hat Navigationshilfen hervorgebracht, die dem Kapitän und seinen Offizieren eine mit dem Blindflug der Luftfahrt vergleichbare Art der exakten Schiffsführung gestatten.

Im Topp des Vormastes oder auf einem eigenen Mast sieht man bei fast allen größeren Schiffen die langsam rotierende Radarantenne, das weitreichende „Riesenauge" des Schiffes. Diese Antenne ist ein Reflektor, der in kurzen Stößen hochfrequente Wellen ausstrahlt und damit ein kreisförmiges Gebiet – dessen Größe sich nach der Stärke der Impulse und der Höhe der Antenne über Deck richtet – unablässig bestreicht. Feste Gegenstände innerhalb dieses Kreises reflektieren die Wellen, die dann als Echoimpulse von der Radarantenne wieder aufgenommen werden. Verstärkt durch einen Empfänger, erscheinen die „Echos" von Uferlinien, anderen Fahrzeugen, Tonnen, Türmen usw. als Lichtpunkte auf dem dunklen Schirm einer Braunschen Röhre, die auf der Brücke aufgestellt ist. Die Radaranlage, in erster Linie als Schutz gegen Kollisionen gedacht, ist aber nicht frei von Gefahren. Gerade in den letzten Jahren hat es sich gezeigt, daß viele Schiffsführer allzusehr auf das Radargerät vertrauten und die üblichen Vorsichtsmaßnahmen – etwa in besonders dicht befahrenen Gewässern – außer acht ließen. Eine Zunahme vermeidbarer Kollisionen war die Folge.

Die modernsten Navigationsmittel, die vor allem genaue Positionsbestimmungen ermöglichen, sind die Systeme der Hyperbelnavigation: *Decca* und *Loran.* Das „*Decca*-Navigator-System" erfordert komplizierte Sendeanlagen an Land und an Bord eines Schiffes eine besondere Empfangsanlage, den Deccometer, außerdem Spezialseekarten. Die Sender der *Decca*-Sendeketten, die es heute überall an den Küsten der europäischen Länder gibt, strahlen auf bestimmten Frequenzen und in besonderen Richtungen Wellen aus, die von den Schiffen aufgefangen und an Hand der Karten gewissermaßen identifiziert werden. Wo bestimmte Strahlenhyperbeln sich schneiden, liegt der Standort des mit dem Deccometer ausgerüsteten Schiffes, und da viele Meeresgebiete mit einem dichten Netz solcher Strahlenhyperbeln überzogen sind, lassen sich Positionsbestimmungen, bis auf wenige hundert Meter genau, jederzeit und schnell vornehmen.

Eine weitaus größere Reichweite als das auf Entfernungen bis 300 Seemeilen arbeitende *Decca*-System hat das im Prinzip ähnliche *Loran*-Verfahren (Long Range

Zählwerk registriert und gibt damit Fahrt und gelaufene Strecke an. Ein Rohr im Schiffsrumpf, durch welches das Wasser mit der gleichen Geschwindigkeit läuft, mit der es außen an der Bordwand entlangfließt, wird als Stevenlog bezeichnet, weil die Öffnung des Rohres neben dem Vordersteven liegt. Der Wasserstrom im Rohr wirkt auf einen Druckmesser, von dem die Geschwindigkeit abzulesen ist. Eine weitere Möglichkeit besteht darin, die Drehzahl der Schiffsschraube zu bestimmen. Ein komplizierter automatischer Geschwindigkeitsmesser zeigt dann direkt auf der Brücke an, wie schnell das Schiff läuft, wieviel „Fahrt es macht".

Bei allen diesen Messungen weiß der Schiffsführer, daß die Geschwindigkeit im Wasser nicht gleich der „Fahrt über Grund" ist. Fährt das Schiff beispielsweise mit gemessenen 10 Knoten gegen den 2 Knoten schnellen Ebbstrom eines Flusses an, so beträgt die tatsächliche Geschwindigkeit, die „Fahrt über Grund", nur 8 Knoten. Läuft das Schiff mit einem Strom – auch im Meer –, so erhöht sich die vom Schiff gemessene Fahrt um die Geschwindigkeit der Wasserströmung.

Die Seekarte – hier die Deutsche Bucht – liefert dem
Navigationsoffizier alle Angaben, die er braucht, um in
Landnähe den Schiffsort zu bestimmen und seinen
Kurs abzustecken: Küstenlinien, Sände, Landmarken,
Wassertiefen, Leuchtfeuer und Wracks.

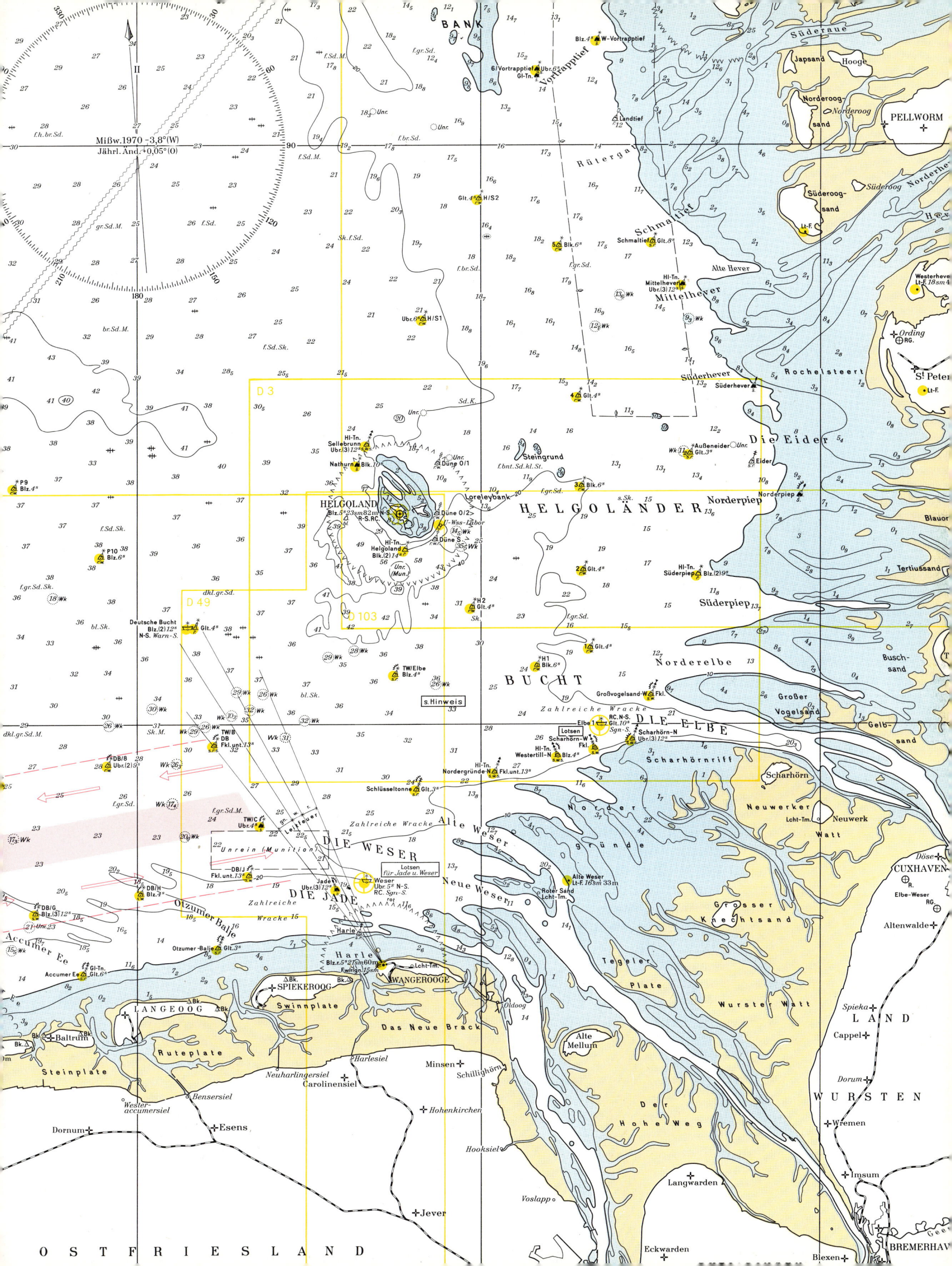

Leuchttürme dienen tagsüber als Landmarken und nachts als Wegweiser. Beim Leuchtturm „Hoher Weg" vor der Wesermündung (unser Bild) wird außerdem an einem besonderen Mast der Wasserstand angezeigt.

Navigation). Bei ihm allerdings werden nicht Wellenfrequenzen, sondern Wellenlaufzeiten gemessen.

Mit *Decca* und *Loran* ist die Entwicklung der modernen Navigationsmittel aber noch keineswegs abgeschlossen. Schon versucht man, künstliche Erdsatelliten in den Dienst der Navigation zu stellen — eine moderne Version der uralten Wegfindung nach dem Stand von Himmelskörpern, mit dem Unterschied, daß der Mensch nun seine selbstgebauten „Gestirne" dorthin bringen kann, wo er sie braucht. Amerikanische Wissenschaftler und Ingenieure haben überdies vor kurzem ein neues akustisches Navigationssystem entwickelt: Schallreflektoren, in bestimmten Entfernungen in Bojen an der Meeresoberfläche oder auch tief unten auf dem Meeresgrund verankert, werden vom Schiff mit bestimmten Schallsignalen angesprochen und geben gewissermaßen ihre „Antwort" zurück. Die Schiffe, die mit einem solchen akustischen Navigationsgerät ausgerüstet sind, können sich bei jedem Wetter von einem Schallreflektor zum anderen über oder durch das Meer bewegen, wie ein Mensch sich bei Nacht in einer dunklen Straße seinen Weg von einer Laterne zur anderen sucht.

Ein Seeschiff läuft Hamburg an

Von Westindien kommend, liegt das kombinierte Fracht- und Passagierschiff *San Juan* in einer dunklen Januarnacht beim Feuerschiff *Elbe I* vor Anker. Die 4700 Seemeilen lange Überfahrt von den Antillen bis in die Deutsche Bucht war, bei herrlichstem Wetter bis zu den Azoren, verhältnismäßig leicht gewesen. In der Nordsee aber hatten Sturm und schwere See das Schiff empfangen, und nun trifft es draußen vor *Elbe I* die notwendigen Vorkehrungen für die Stromfahrt auf der Elbe bis zum Hamburger Hafen; denn die nautische Abteilung der Reederei Hamburg hat über Sprechfunk mitgeteilt, daß mit dichtem Nebel im Elbrevier zu rechnen sei.

Etwa zehn Stunden vorher hatte der Kapitän der *San Juan* seine Funkmeldung mit der voraussichtlichen Ankunftszeit beim Feuerschiff an den Schiffsmeldedienst in Hamburg-Großflottbek durchgegeben. Dieser Dienst arbeitet mit modernsten Funkverkehrsmitteln und optischen Signalen; er teilt den interessierten Stellen wie dem Hafenamt, der Hafenpolizei, dem Zoll, den Schlepperfirmen, den Maklern, den Stauereibetrieben und eventuell der Schleusenverwaltung des Nord-Ostsee-Kanals in Brunsbüttel die ETA-Meldung (*Estimated Time of Arrival* = Voraussichtliche Ankunftszeit) aller Schiffe mit. Vom Feuerschiff *Elbe I* über Sprechfunk und von den Signalstationen Cuxhaven, Brunsbüttel und Stadersand durch Fernschreiben, von den vorüberfahrenden Schiffen bei Tag durch Flaggensignale, bei Nacht durch Morsesprüche informiert, kann der Meldedienst über Standort und Ankunft jederzeit Auskunft geben — auch den Angehörigen der Besatzungsmitglieder oder den Redaktionen der Tageszeitungen mit eigenem Schiffahrtsteil, in dem täglich Listen der ein- und auslaufenden Schiffe veröffentlicht werden.

Während die *San Juan* beim Feuerschiff noch in der unruhigen See schlingert, bittet der Kapitän über Funk um einen Seelotsen. Er ist nicht verpflichtet, mit Lotsen zu fahren, aber seine Reederei legt, wie auch viele andere Reedereien, Wert darauf, daß alle ihre Schiffe die vorhandenen Sicherheitsmaßnahmen nutzen, damit sie gefahrlos durch das tückische und schwierige Elbrevier in den Hafen gelangen.

Vom Feuerschiff wird der Ruf nach dem Lotsen an das Lotsenversetzschiff gegeben, das vor dem Fahrwasser der Unterelbe als Stützpunkt von mehr als vierzig Seelotsen in Bereitschaft liegt. Gestoppt liegt die *San Juan* nun inmitten einer Ansammlung größerer und kleinerer Schiffe auf der Höhe von *Elbe I*, um wie die anderen auf den Lotsen zu warten. Es dauert einige Zeit, bis eine kleine Barkasse sich schaukelnd durch die lange See herankämpft und längsseits geht. Bei Windstärke 5 — der Sturm ist unterdessen abgeflaut — entert der Lotse an der schwankenden Jakobsleiter die Bordwand hoch, eine Kunst, die er bei jedem Wetter zu üben hat.

Das Feuerschiff Elbe I steht als Außenposten vor der Elbmündung. Hier warten oft Schiffe auf den Lotsen, der sie den Fluß hinauf nach Hamburg bringen soll. Nachts zeigen Feuerschiffe, wie auch die Leuchttürme, den Schiffen durch Lichtzeichen bestimmte Fahrwege an. Dabei sind die Signale jedes Feuers nach Rhythmus oder Farbe voneinander unterschieden; diese „Kennungen" sind auch in den Seekarten eingetragen.

Nun ist der Lotse an Bord; der Maschinentelegraph klirrt und rasselt, und langsam nimmt die *San Juan* wieder Fahrt auf, Richtung Elbmündung. Während der Kapitän den Radarschirm beobachtet, begibt sich der Lotse ins Kartenhaus, um dem wachhabenden Offizier den Kurs zu erläutern. Der hat inzwischen die Seekarten der Deutschen Bucht fortgeräumt und beugt sich über die Küstenkarte mit dem Mündungsgebiet der Elbe.

Vom Peildeck der Brücke hat man die beste Aussicht auf den Strom, auf dessen Fahrwasser das Schiff nun zuhält. Das heißt, der Ausdruck „Strom" ist hier eigentlich zu bescheiden, denn auf der Höhe der jetzigen Position der *San Juan*, zwischen Scharhörn und dem Großen Vogelsand, ist die Elbmündung ansehnliche sieben Kilometer breit. Das Schiff läßt jetzt den Leuchtturm *Großer Vogelsand* hinter sich; im dichter werdenden Nebel sind seine Lichter kaum noch auszumachen. Dafür erscheinen auf der Steuerbordseite die gebündelten Lichtstrahlen von Neuwerk, des ältesten noch benutzten Leuchtturms der Welt.

Der klobige Steinturm, auf der Insel Neuwerk um 1300 von den Hamburgern ursprünglich als Bastion gegen Seeräuber und Piraten erbaut, schickt seine Licht-

blitze in regelmäßigen Abständen hinaus auf die Deutsche Bucht und über den Strom — ein raffiniertes System von Signalen, die je nach Himmelsrichtung verschieden sind und jedem Schiff entsprechend seiner Position unterschiedliche Anweisungen geben. Man sieht es dem alten Gemäuer aus unregelmäßigen Klosterziegeln nicht an, daß es in dem modernen Radarleitsystem der Elbe eine wichtige Rolle spielt.

Allmählich verschwindet das Feuer von Neuwerk achteraus. Auf dem fahl gelbgrün leuchtenden Radarschirm, den der Wachhabende aufmerksam beobachtet, zeichnet sich der Strom als eine von unbewegten Strandkonturen begrenzte Fläche ab. Einzelne mit Radarreflektoren ausgerüstete Bojen erscheinen als Lichtpunkte; die Häuser der kleinen Küstenorte sind andeutungsweise sichtbar. Weitere leuchtende Punkte und Striche sind andere Fahrzeuge auf dem Strom, die das Radarecho zurückwerfen.

So, wie sie auf dem Bildschirm der *San Juan* erscheinen, ist nun das Schiff selbst auf den Schirmen der Radarstationen an Land zu sehen, die auf diese Weise den Weg aller Schiffe verfolgen und sie notfalls vor Hindernissen

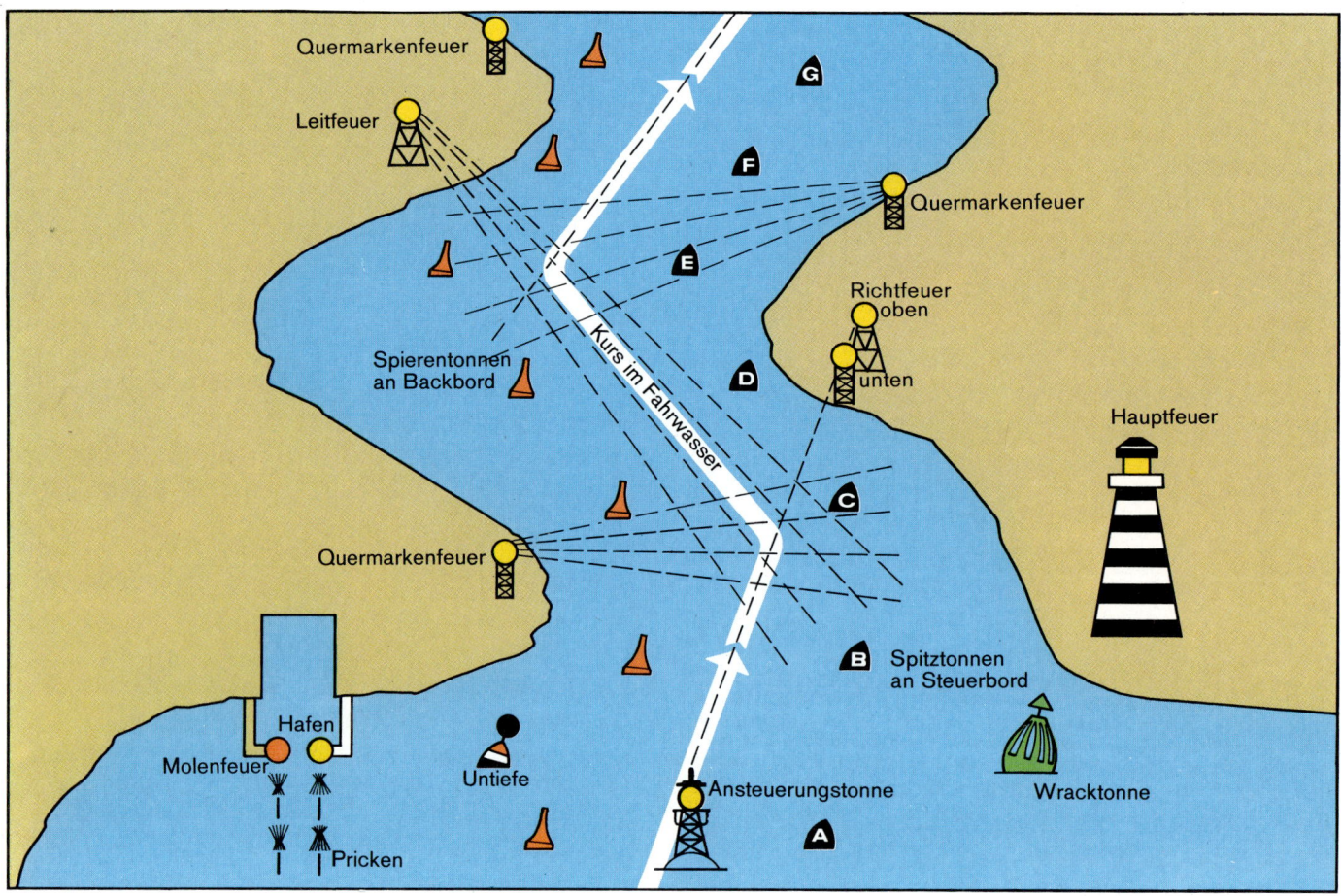

Labels within the figure:
Quermarkenfeuer
Leitfeuer
Spierentonnen an Backbord
Quermarkenfeuer
Hafen
Molenfeuer
Untiefe
Pricken
Ansteuerungstonne
G
F
E
D
C
B
A
Kurs im Fahrwasser
Quermarkenfeuer
Richtfeuer oben
unten
Hauptfeuer
Spitztonnen an Steuerbord
Wracktonne

So wird ein Schiff nachts einen Fluß hinaufgeleitet: Eine Ansteuerungstonne markiert die Einfahrt zur Fluß-mündung. Von da an behält der Schiffsführer zwei hintereinander und übereinander aufgestellte Richtfeuer in Linie – so lange, bis ein Quermarkenfeuer ihm angibt, daß der Kurs geändert werden muß, auf ein neues Leit-feuer zu. Die Leitsektoren der Leit- und Quermarkenfeuer sind seitlich durch farbige oder blinkende Sektoren begrenzt, die den Seemann warnen, sobald er den Hauptsektor und damit den sicheren Wasserweg verläßt.

warnen. In gleichmäßigen Abständen meldet sich die Radarleitstelle Cuxhaven über den Sprechfunk, um mit-zuteilen, daß sie die *San Juan* als ziemlich großes „Echo" auf ihrem Schirm hat. Laufend werden der Schiffs-leitung ankernde fremde Schiffe sowie die Abstände der Fahrwassertonnen gemeldet. Obwohl der Lotse wegen des Nebels keine Sicht hat, ist ihm die eigene Position im Fahrwasser völlig klar.

Bei nebelfreiem Wetter könnte die *San Juan* auf das Radarleitsystem verzichten und ihren Weg nach Ham-burg ebenso sicher finden. Denn von Neuwerk bis Ham-burg weisen 289 Tonnen, 119 Leuchtfeuer und 39 Baken den Weg durch den Strom. Die schwarzen Spitztonnen an der Steuerbordseite mit ihren alphabetisch geordneten Buchstaben und die roten Spierentonnen, die fortlau-fende Nummern tragen, begrenzen das Fahrwasser an den Seiten; die Bakentonnen mit ihren waagerechten Bändern machen auf Fahrwassergablungen und Abzwei-gungen aufmerksam.

Diese optischen Markierungen taugen natürlich nur bei Tag und ausreichender Sicht; nachts steuert der

Schiffsführer nach den Richtfeuern, paarweise hinterein-ander aufgestellten Leuchtfeuern an Land, von denen jeweils eines höher liegt als das andere. Der Rudergän-ger muß beide Feuer – das vordere und niedrigere, das gewöhnlich ein festes Feuer ist, und das hintere und höhere, in der Regel ein unterbrochenes Feuer (etwa: 3 Sekunden hell, 1 Sekunde dunkel) – genau überein-ander sehen, um auf dem richtigen Kurs zu fahren. In der Stromkarte sind diese Leitlinien mit der Bezeichnung „Feuer in Linie" versehen. Verläßt das Schiff diese Linie, so erscheinen die Feuer mehr oder weniger „offen"; kommt es einem Ufer oder einer Sandbank gefährlich nahe, so verwandelt sich das untere, feststehende Licht in ein warnendes Blitzfeuer.

Als die *San Juan* – von Cuxhaven schon gemeldet – den Leuchtturm von Belum passiert, übernimmt bei Tonne R die Leitstelle Brunsbüttel die weitere Radar-beobachtung. Das Revier wird infolge zahlreicher Un-tiefen und Sandbänke immer schwieriger. Ganz in der Nähe liegt, durch eine grüne Leuchttonne bezeichnet, das Wrack der *Neufundland*, die vor Jahren hier auf Grund gelaufen und gesunken ist. Entlang des Belumer Außendeiches mehren sich die Leuchtfeuer. Wieder wird der Kurs gewechselt; nun geht es auf die Reede von Brunsbüttelkoog zu, wo ein Lotsenwechsel bevorsteht.

Es ist sechs Uhr morgens und noch stockdunkel, als das Schiff auf der Reede ankommt. Die Mündung des Nord-Ostsee-Kanals auf der Backbordseite bietet mit den grünen, roten und gelben Lichtern an den Einfahrten zu den Schleusen und zum Kanal ein buntes Bild. Dutzende von Schiffen liegen hier vor Anker, um in die Nordsee auszulaufen, wenn der Nebel gewichen ist.

Der Seelotse verläßt jetzt das Schiff. Von der Barkasse, die ihn zurück zum Lotsenversetzschiff bringen wird, kommt der Elblotse an Bord. Er wird die *San Juan* nach Hamburg führen. Bis in die Nähe des Hafens — er ist noch etwa 40 Seemeilen entfernt — steht das Schiff jetzt unter der Obhut der Landradarstelle Brunsbüttel. Immer wieder muß das Schiff kleineren oder größeren Fahrzeugen auf der Elbe ausweichen, die ohne Radar sind und daher bei dem dichten Nebel vor Anker liegen müssen.

Langsam wird es Tag; der Nebel beginnt sich zu heben, die Landschaft rechts und links des Stromes ist zu erkennen. An Backbord erscheint der Kirchturm von Glückstadt, an Steuerbord blinkt vom niedersächsischen Ufer freundlich das Landfeuer von Krautsand herüber. Endlich können Schiffskommando und Lotse sich auch an den Tonnen und Baken orientieren. Wieder wird das Fahrwasser schwieriger. Kleine Flußmündungen folgen einander; das voraus aufleuchtende Feuer von Pagensand fordert zu einer neuen Kursänderung auf.

Aus der sichernden Obhut Brunsbüttels wird die *San Juan* an andere Radarstellen weitergegeben, bis schließ-

lich der Radardienst des Hamburger Hafens das Schiff unter seine Fittiche nimmt.

Entgegenkommende und ankernde Schiffe im Strom erfordern strenge Aufmerksamkeit. Wasserschutzboote tauchen auf; Fischewer aus Finkenwerder, Fähren, Schlepper und alle möglichen anderen Fahrzeuge beleben den Strom, und mehrere kleine Schiffe profitieren von der genauen Navigation der *San Juan,* indem sie ihr im Kielwasser in Richtung Hamburg folgen. Auch die Ufer werden lebendiger; die Ausstrahlung des Welthafens Hamburg wird spürbar.

Vor dem Lotsenhöft an der Hafeneinfahrt findet ein neuer, diesmal der letzte Lotsenwechsel statt: Der Elblotse geht, dafür kommt der Hafenlotse an Bord. Von ihm sicher geführt, macht die *San Juan* nun langsam Fahrt auf den Hafen zu, bis sie schließlich ihre Maschinen stoppt und mit dem Signal ihrer Dampfsirene die bulligen Schlepper herbeiruft, die bereitliegen, um einkommende große Schiffe in die Hafenbecken und an die Kais zu bugsieren.

Nach dem Festmachen der Leinen an dem von der Hafenleitung bestimmten Liegeplatz betritt der Hafenarzt als erster das Schiff. An Bord ist alles wohlauf; es bestehen keine Bedenken, die *San Juan* sofort für andere Besucher freizugeben.

Der Hafen bemächtigt sich des Schiffes: Während die Vertreter der Reederei, der Verladebetriebe und Schiffsausrüster sich mit der Schiffsführung besprechen und ein Postbeamter einen Fernsprecher installiert, werden an Deck schon die Luken geöffnet, und das Löschen der Ladung beginnt. Jede Stunde ist kostbar, denn fast noch mehr als anderswo heißt es in einem modernen Seehafen: Zeit ist Geld. So bald wie möglich soll die *San Juan* den Hafen und das Elbrevier wieder verlassen.

Neben den Tonnen und Leuchtfeuern gibt es noch eine dritte Einrichtung, mit deren Hilfe Schiffe einen Fluß hinauf- und hinabgelotst werden können: die Radarkette. So ist zum Beispiel am Unterlauf der Elbe eine Reihe von Radarstationen eingerichtet worden, die sich besonders bei Nebel als nützlich erweisen. Auf den Bildschirmen dieser Stationen beobachtet man ein flußauf- oder -abwärts fahrendes Schiff, bis es an die nächste Station weitergegeben wird. Auf diese Weise kontrolliert man, ob es den richtigen Kurs einhält, und kann es gegebenenfalls auf Hindernisse und auf Gegenkommer aufmerksam machen.

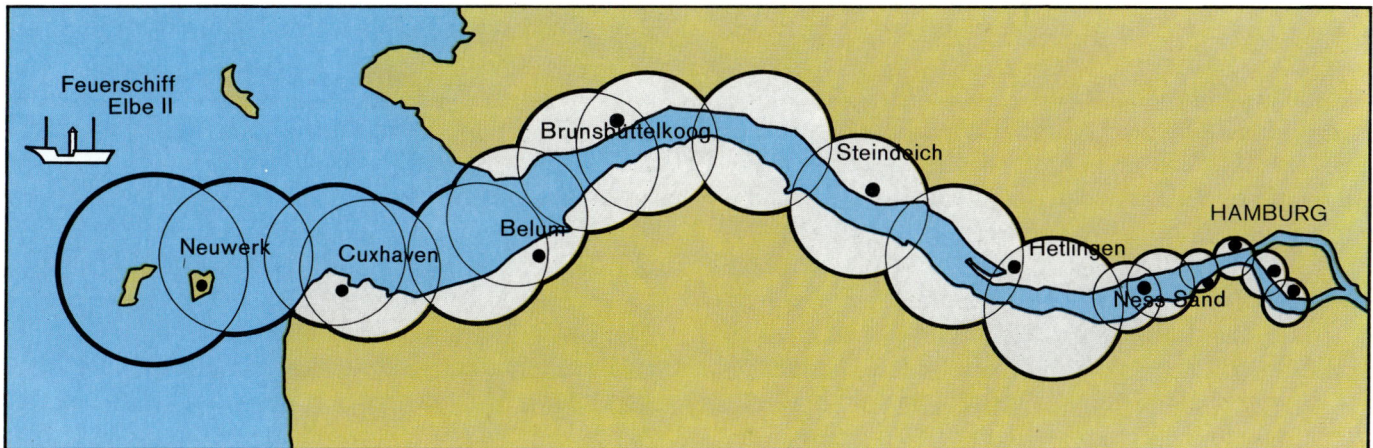

Romantik und Wirklichkeit
des Seehafens

Nur wenige Binnenländer, die vorübergehend in einer großen Hafenstadt weilen, werden es versäumen, sich den Hafen anzusehen oder eine Hafenrundfahrt mitzumachen. Sie werden sich dabei selten fragen, warum sie Geld und Zeit opfern, um sich etwas anzusehen, was — nüchtern betrachtet — nichts anderes ist als eine vielfältigen Zwecken dienende Zusammenballung von Verladeanlagen, Löschvorrichtungen und ganz unromantischen Gebäuden, von Reparaturwerkstätten, ölverschmutzten Wasserwegen, Straßen und Schienensträngen.

Natürlich verdanken viele Häfen der Welt einen Teil ihrer romantischen Berühmtheit eher zweifelhaften Lokkungen, den Attraktionen ihrer Vergnügungsviertel wie Hamburgs St. Pauli, das Kistenviertel von Marseille oder die Schipperstraat von Antwerpen. Aber der Gast wird sich auch den Reizen der „Wasserseite" eines Hafens nicht entziehen können und beim ersten Blick auf das Gewirr von Masten und Schornsteinen, von Kränen, Verladebrücken und Werftgerüsten die eigenartige Faszination spüren, die von jedem Hafen ausgeht.

Die Geschichte des Hafens ist so alt wie die Geschichte der Seefahrt. Seit Menschen sich mit ihren Schiffen auf das offene Meer hinauswagen, brauchen sie Plätze an den Küsten, an denen sie vor den Stürmen Zuflucht suchen, ihre Schiffe instand setzen, sich ausruhen und mit frischem Proviant versehen können. Schiffbare Flußmündungen und geschützte Buchten boten sich als natürliche Häfen an. Dort entstanden die ersten Siedlungen, deren Bewohner sich auf die Bedürfnisse der Schiffsleute einstellten — wie noch heute in jeder Hafenstadt Tausende von Menschen in allen möglichen Berufen ausschließlich im Dienst der Seefahrt stehen, oft ohne selbst das Meer zu befahren.

Aus den Orten der Zuflucht und der Ruhe wurden allmählich Stapelplätze und Handelshäfen, später auch Kriegshäfen für die Flotten der aufstrebenden Mächte. Berühmte Beispiele sind Roms Handels- und Kriegshafen Ostia, Piräus vor den Toren Athens oder der ägyptische Hafen Alexandria. Für den meist geringen Tiefgang der Schiffe der Frühzeit genügten die an Flüssen oder in Buchten vorgefundenen natürlichen Bedingungen; doch als mit der fortschreitenden Entwicklung des Schiffbaues tieferes Wasser für tiefer gehende Schiffe gebraucht wurde, entstanden die ersten künstlichen Hafenanlagen. Besonders im Mittelmeerraum entwickelte sich schon einige tausend Jahre vor Christi Geburt eine außerordentlich hochstehende Hafenbaukunst, die zwar im Mittelalter teilweise wieder in Vergessenheit geriet, doch während der Renaissance eine neue Blüte erlebte. Die See- und Handelsmacht von Städten wie Venedig oder Genua war nicht zuletzt auch das Verdienst genia-

ler Hafenbaumeister. Über eine der ältesten, in unserem Jahrhundert wiederentdeckten Hafenanlagen aus der Antike berichtet der Engländer N. C. Flemming, Mitglied einer Unterwasserforschungsgruppe von der Universität Cambridge:

„Der älteste künstliche Hafen der Erde, der uns bis jetzt bekannt ist, war A-ur. Er lag in der Nähe des heutigen Alexandria an einem Mündungsarm des Nils. Im Jahre 2000 v. Chr. war A-ur verschwunden und dafür in der Nähe der große Hafen Pharos entstanden, dessen riesige Ausmaße von manchem modernen Hafen nicht erreicht werden. Die natürlichen Gegebenheiten hätten bei der Anlage von Pharos von einem heutigen Hafenbauingenieur nicht besser genutzt werden können. Man nimmt an, daß dieses geniale Werk von den Kretern stammt, die damals die herrschende Seemacht waren.

Der französische Archäologe Jondet, der die versunkenen Ruinen des Hafens Pharos in den Jahren 1910 bis 1915 untersuchte, stellte fest, daß man die Insel Pharos mit dem Felsen von Abu Bakar durch eine Reihe von Dämmen verbunden und dadurch zwei Becken von insgesamt 120 Hektar geschaffen hatte. Der erstaunlichste Teil der Anlage waren die beiden parallel verlaufenden Dämme, von denen der äußere zum Meer hin lag und der innere die beiden Becken voneinander trennte. Jeder dieser Dämme war 2830 Meter lang, rund 70 Meter breit und 10 Meter hoch. Der Abstand dazwischen betrug 215 Meter. Vor jedem Damm stand eine 13 Meter starke Mauer. Die Zwischenräume zwischen Dämmen und Mauern waren mit riesigen Felsblöcken ausgefüllt.

Die Oberfläche beider Dämme wies eine leichte Wölbung auf; sie war mit Fliesenplatten von 5—6 Meter Durchmesser ausgelegt, die nach einem typisch minoischen Muster angeordnet waren. Im gesamten Hafengebiet wurde weder Zement noch Mörtel benutzt. Die Fugen zwischen den großen Steinblöcken aus den Steinbrüchen von Mex wurden nur mit Sand und Steinbrocken gefüllt."

Auch an den nordeuropäischen Küsten entdeckte man in unserem Jahrhundert die Reste uralter Hafenanlagen, Zeugnisse ehemals mächtiger, reicher Handelsplätze wie Haithabu an der Ostküste Schleswig-Holsteins. Hanns-Wolf Rackl schreibt über diesen Wikingerhafen, der vor rund 1000 Jahren in seiner höchsten Blüte stand:

„Im Jahre 1930 hatte der Vorgeschichtsforscher Professor Dr. Herbert Jankuhn in Haithabu, beim heutigen ,Danewerk', seinen Spaten zu umfangreichen Grabungen angesetzt. Aus seinen Funden und der Auswertung von Entdeckungen, die bereits vor dem Ersten Weltkrieg dort gemacht worden waren, erwuchs allmählich wieder ein Bild des Lebens dieser Weltstadt der Frühgeschichte. ,Weltstadt' ist nicht zuviel gesagt. Haithabu hatte im zehnten Jahrhundert die Größe Kölns, das damals mit 24 Hektar Baufläche zu den größten Städten Europas zählte. Haithabu war in Spanien und Griechenland be-

kannt, seinen Namen nannte man auf dem Basar im
Bagdad Harun-al-Raschids.

Haithabu verdankte seine Bedeutung seiner einzigartigen Lage. Wie noch bis in die Neuzeit scheuten nämlich die Seefahrer des frühen Mittelalters die gefährliche
Umseglung Dänemarks und die Fahrt durch Skagerrak
und Kattegat, um von der Nordsee zur Ostsee und zurück
zu gelangen. Sie fuhren statt dessen die Eider und ihren
Nebenfluß Treene hinauf bis Hollingstedt. Kleinere
Schiffe kamen sogar über die Rheider Au bis zum heuti-
gen Dorf Groß-Rhede. Dort entstand ein für damalige
Zeiten großartiges Werk der Technik, dem Diolkos von
Korinth ähnlich, ein System von Gleitbahnen, Walzen-
und Rollenwerken, auf dem die Schiffe die sieben Kilo-
meter des Landrückens bis zur Schlei überwanden.
Sklaven und Ochsen trugen indessen die Waren nach
Haithabu, wo sie gestapelt, verhandelt und wieder auf
Schiffen verstaut wurden.

Die Wikingersiedlung an der Schlei riß fast den gesamten Handel des Nordens an sich. Unermeßliche
Reichtümer wurden in Haithabu gekauft und verkauft,
Schiffsladungen Bernstein, Pelze, Honig, Wachs, Wein
von Rhein und Mosel und den Mittelmeerländern, frie-
sisches Tuch und chinesische Seide, eiserne Schwerter
und Helme, Rinder, Pferde und Sklaven. Bezahlt wurde
mit anderen Tauschwaren oder mit Geld, das ein Kalif
im fernen Bagdad aus Silber hatte münzen lassen, das
aus Afghanistan stammte.

Im Jahre 1939 wurden die Ausgrabungen in Haithabu
durch den Krieg unterbrochen. 1950 stand der Museums-
leiter von Schleswig, Professor K. Kersten, auf den alten
Wällen der Stadt, die vor 1000 Jahren versunken war,
nachdem König Heinrich I. sie erobert hatte und schließlich Hamburg und Lübeck mit der Hanse im Schutz des
Reiches den Handel an sich gezogen hatten.

Professor Kersten fiel auf, daß Haithabu eine für mittelalterliche Städte seltsame Anlage besitzt. Während
Städte damals allgemein kreisförmig erbaut worden
waren, nimmt die Wikingerstadt die Fläche eines Halb-
kreises ein, der zum Noor hin offen liegt. Das Noor, eine
Art Fjord, von dem aus man das Meer durch die Schlei-
mündung erreicht hatte, war im frühen Mittelalter tiefer
gewesen, als es heute ist, und hatte Haithabu als Hafen
gedient. Professor Kersten kam ein Gedanke. Vielleicht
setzte sich die Befestigung Haithabus im Wasser als
Hafenbefestigung fort und schloß seine Fläche zum
Kreis? Man müßte einmal dort tauchen!

Der Professor verpflichtete einen Taucher und bat ihn,
ihm bei der Erforschung des Noors zu helfen. Die beiden
Männer tauchten in einen Welthafen des frühen Mittelalters! Die Palisaden, die einst auf den Festungswällen
Haithabus gestanden hatten, setzten sich unter Wasser
fort. Noch gut erhalten, steckten die tief eingerammten
Pfähle im Grund. Überall lagen die Zeugnisse des einstigen Hafenbetriebes, Mahlsteine, Geräte und Gefäße

*Schlepper ziehen die großen Schiffe nicht bloß, wie der
Laie oft meint; sie schleppen sie nicht nur zu einem
Ziel hin, sondern sie bugsieren sie vor allem auch: Sie
schieben, bremsen, verholen, drehen sie in engen Hafen-
und Wendebecken oder in Ufernähe – überall dort,
wo das Seeschiff nicht mehr richtig manövrieren kann.
Es hat ja einen großen Wendekreis und ist erst bei einer
bestimmten Geschwindigkeit überhaupt steuerfähig.
Oben: Ein Frachter wird nach Hamburg eingeschleppt.
Unten: Den Bugsierschlepper ROBUSTE hat der Photograph durch eine Klüse hindurch „geschossen".*

Schiffe müssen von Zeit zu Zeit ins Dock, um dort
repariert oder mit einem frischen Anstrich versehen
zu werden. Docks sind feste oder schwimmende Becken,
die ein Schiff aufnehmen können. Dann drängt man
das Wasser aus dem Dock heraus und kann nun auch
an die unteren Außenflächen des Schiffes heran.

aus Hirschhorn, Ton und Speckstein und Waffen, verstreut. Im Jahre 1953 wurden die Taucharbeiten fortgesetzt. Und nun fanden die Männer im schlammigen
Wasser, in dem schon in eineinhalb Meter Tiefe völlige
Finsternis herrschte, ein Wikingerschiff!"

Heute wie vor ein paar tausend Jahren wird die Anlage eines Hafens von einigen Bedingungen bestimmt,
die jeder Hafen zu erfüllen hat: Er muß Schutz bieten
vor Sturm und See; er braucht eine ausreichende Zahl
von Liegeplätzen sowie Wendebecken, die groß genug
sind; sein Wasser muß tief genug und ruhig sein. Viele
moderne Häfen entsprechen in ihren Grundzügen immer
noch den uralten, zweckmäßigen Anlagen der Antike. Nur
die Befestigungen, die die Häfen früher vor feindlichen
Überfällen von See her zu schützen hatten, fehlen natürlich meistens oder sind heutzutage den reinen Kriegshäfen
vorbehalten.

Selbstverständlich haben sich im Laufe der Zeit auch
andere, von der natürlichen Ufergestalt unabhängige
Hafenformen entwickelt. Der sogenannte künstliche Ha-

fen, von wirtschaftlichen oder militärischen Zwecken geprägt, weicht im Plan oft von den traditionellen Anlagen
ab. Anders als im Mittelmeer, das nur geringe Tiden-
unterschiede kennt, zwangen beispielsweise die beträchtlichen Wasserstandsunterschiede der Nordsee die Londoner, ihren Hafen zu einem Schleusen- oder Dockhafen
auszubauen. Um den modernen Seeschiffen mit ihrem
Tiefgang von 8 bis 9 Metern auch bei Ebbe genügend
Wasser unter dem Kiel zu lassen, werden die Becken des
Londoner Hafens beim Einsetzen des Ebbstromes durch
Schleusen zur Themse hin verschlossen. Die beiden
größten deutschen Häfen, Hamburg und Bremen, sind
Tide- oder Fluthäfen. Weit landeinwärts an der Elbe
beziehungsweise der Weser gelegen, sind sie von tief-
gehenden Schiffen nur über eine in der Strommitte gegra-
bene und ständig durch Bagger freigehaltene Fahrrinne
zu erreichen, und auch das oft nur bei Flut. Bagger
müssen auch die Hafen- und Wendebecken von Hamburg
und Bremen immer wieder von Sand- und Schlickmassen
befreien, eine Arbeit, für die die Hafenstädte jährlich
Millionen aufzuwenden haben.

Für eine kommende Generation von Riesenschiffen
mit mehr als 200 000 Bruttoregistertonnen — einige davon sind bereits vom Stapel gelaufen oder auf Kiel gelegt — reichen selbst diese Fahrrinnen nicht mehr aus,
und neue zu baggern wäre zu teuer, von den Kosten für
die Erweiterung von Hafen- und Wendebecken ganz zu
schweigen. Hafenbauingenieure in der ganzen Welt sind
dabei, zur Lösung dieses Problems neue, direkt an der
offenen See gelegene Hafenformen zu entwickeln, wie
es ihnen auch bisher gelang, unzureichende natürliche
Gegebenheiten durch künstliche Anlagen auszugleichen.
Wo etwa die vorhandenen Uferstrecken nicht genügend
Liegeplätze bieten, baut man lange Kaizungen in das
Wasser hinaus. Der Europoort bei Rotterdam ist dafür
ein anschauliches Beispiel. Und wo die Meeresufer für
große Seeschiffe zu flach sind, kennt man den großen
Reedehafen: Die Schiffe ankern hier in einiger Entfernung
vor dem eigentlichen Hafen; dort werden sie durch flach-
gehende Leichter ent- und beladen.

Die Aufgaben, die ein Hafen zu erfüllen hat, hängen
von dem Bedarf und der Güterproduktion seines Hinter-
landes ab. Eine ganze Reihe bekannter Häfen rund um
die Erde sind vorwiegend Spezialhäfen: Buenos Aires
für Getreide und Gefrierfleisch, Melbourne für Schaf-
wolle, Trinidad für Asphalt und Erdöl, Narvik für Eisenerze. Der Hafen von Wilhelmshaven, früher ausschließlich militärischen Zwecken dienend, wurde vor rund
zehn Jahren durch den Bau von weit in die Jade vor-
geschobenen Fingerpiers und Ölleitungen zum größten
deutschen Ölhafen. In ununterbrochener Folge löschen
hier Tanker aus aller Welt ihre flüssige Fracht, um nach
ein paar Stunden Liegezeit wieder auf die nächste Reise
zum Persischen Golf, nach Venezuela oder nach den
texanischen Ölhäfen zu gehen.

So sah es um 1880 im Hamburger Segelschiffshafen aus. Ein stimmungsvolles Bild, in dem etwas von der Schönheit und technischen Zweckmäßigkeit der Tiefwassersegler und ein Anhauch vom nahen Meer eingefangen ist. Damals drang bereits das Dampfschiff auf den Weltmeeren vor. Doch noch jahrzehntelang hielten die Segler stand. Man baute sie immer größer, baute sie aus Stahl; man verbesserte die Ausrüstung und verringerte die Besatzung. Zumindest bis zum Ersten Weltkrieg blieben die „Wälder" aus Masten und Rahen in den Häfen ein vertrautes Bild.

Die meisten Häfen sind allerdings sogenannte Universalhäfen, in denen sowohl Massengüter wie Erze, Kohle, Getreide und Minerale als auch Stückgüter aller Art verschifft werden, und oft dienen sie außerdem noch dem Passagierverkehr.

Der Hamburger Hafen ist mit einem Jahresumschlag von weit über 50 Millionen Tonnen Deutschlands größter Seehafen und doch — verglichen insbesondere mit der Umschlagleistung des größten Hafens der Welt, Rotterdam (1976: fast 290 Millionen Tonnen) — keiner der Riesen. Mit seiner Vielfalt von Zwecken und Tätigkeiten ist er aber ein anschauliches Beispiel für einen modernen Seehafen.

Wie einst das antike Alexandria, wie Marseille, das auf die um 600 v. Chr. gegründete griechische Siedlung Massilia zurückgeht, wie Genua oder Antwerpen gehört Hamburg zu jenen Städten, deren Schicksal immer von der Leistung ihrer Häfen abhing. Manche wichtige Hafenstadt sank in Bedeutungslosigkeit herab, als sie sich den Erfordernissen immer größerer und schnellerer Schiffe nicht mehr anpassen konnte.

Der freie Hafen Hamburg

Schon bald nachdem der Staufenkaiser Friedrich Barbarossa den Bewohnern der kleinen Bauern- und Klostersiedlung Hammaburg im Jahre 1189 durch einen Freibrief freie Fahrt auf der Elbe bis in die Nordsee, Zollprivilegien, Fischereirechte und die Befreiung vom Dienst in den Reichsheeren gewährt hatte, richtete sich das rasch wachsende Gemeinwesen immer mehr auf den Seehandel und die Seefahrt ein. Im Wettstreit mit den übrigen deutschen Häfen an Nord- und Ostsee, mit denen es sich später rund zwei Jahrhunderte lang im Städtebund der Hanse vereinigte, schickte Hamburg seine Kauffahrteischiffe über die Meere der Welt. Die Handelsgüter Europas und des Orients, später auch die Schätze aus der Neuen Welt, häuften sich auf den Kais und in den Lagerhäusern an Elbe und Alster.

Die Geburtsstunde des modernen Hamburger Hafens, wie wir ihn heute kennen, schlug, als nach der Gründung des Deutschen Reiches im Jahre 1871 die Hansestädte Hamburg und Bremen nach langem Sträuben dem

*Da die natürliche Uferlänge von New York nicht aus-
reicht, hat man im Hafengebiet auf einer Strecke von
vielen Kilometern zahlreiche Kais fingerartig in den
Hudson-Fluß hinausgebaut. Unmittelbar hinter dem
Hafen die eindrucksvolle Kulisse der City.*

*Auch so kann ein Hafen aussehen: intim und farben-
froh. Hier handelt es sich um den Fischereihafen von
St.-Nazaire. Das „romantische" Bild täuscht jedoch:
Auch heute noch ist die Hochseefischerei, trotz mancher
technischer Hilfsmittel, ein hartes Gewerbe.*

Deutschen Zollverein beitraten. Seit 1834 gehörten bereits die meisten deutschen Staaten dem Deutschen Zollverein an, der die wirtschaftlich höchst nachteiligen Zoll-
schranken zwischen den deutschen Kleinstaaten besei-
tigte und zum ersten Male ein einheitliches deutsches
Wirtschaftsgebiet schuf — ein Prozeß, den man mit dem
gegenwärtigen Abbau der Zollgrenzen zwischen den
Staaten der Europäischen Wirtschaftsgemeinschaft vergleichen kann.

Die Hamburger Kaufleute, deren Stadtgebiet bisher
sogenanntes Zollausland gewesen war, fürchteten, ihren
Kunden im Inland und in Übersee nach dem Abschluß
nicht mehr die Vorteile der Zollfreiheit bieten zu können und dadurch erhebliche geschäftliche Nachteile in
Kauf nehmen zu müssen. Erst als durch die Schaffung
des sogenannten Freihafens — der heute noch als Zollausland gilt — diese Privilegien gesichert waren, gaben
sie dem Drängen der Reichsregierung nach.

Ein völlig intakter Stadtteil in Hafennähe, die alter-
tümlich-romantische Kehrwieder-Wandrahm-Insel, wurde
von seinen rund 20 000 Bewohnern geräumt und in
den achtziger Jahren des letzten Jahrhunderts mit einem
Aufwand von 123 Millionen Reichsmark zu dem großen
neuen Freihafen umgebaut. Und es sollte sich bald
zeigen, daß dieser Schritt nicht den von vielen Hamburger Kaufleuten gefürchteten Rückschlag, sondern —
zusammen mit der geradezu explosiven Ausweitung des
Welthandels um die Jahrhundertwende — einen gewaltigen Aufschwung brachte. Allein in den Jahren von
1873 bis 1913 stieg der Wert der über Hamburg ein-
geführten Waren von 800 Millionen auf 4,8 Milliarden
Reichsmark, der Wert der Exportgüter von 700 Millionen auf rund 4 Milliarden.

Was dem hafenfremden Betrachter wie ein schier unentwirrbares Durcheinander von Wasserwegen, Verladeanlagen, Schiffen, Kränen und Barkassen vorkommen
mag, ist in Wirklichkeit ein wohlgeordneter, hoch-
spezialisierter technischer Organismus, dessen „Gesundheit" von der Arbeitsleistung vieler tausend Menschen
abhängt. 17 500 Hafenarbeiter — das entspricht der Be-
völkerungszahl einer mittleren Kreisstadt — sind Tag
für Tag im Hamburger Hafen beschäftigt: als Kranfüh-
rer und Schauerleute, als Festmacher und Stauer, in
Wägebetrieben, bei Anstreicher- und Kesselreinigungs-
firmen, auf Schleppern, Leichtern und Barkassen. Dazu
kommen die vielen anderen Berufe, die im und vom Hafen leben: Reeder und Makler, Spediteure, Kaufleute
und Versicherungsagenten, Lotsen, Hafenpolizisten usw.

Damit auch nur ein einziges Seeschiff sicher im Hafen
festmachen, seine Ladung löschen oder Ladung an Bord
nehmen und schließlich, instand gesetzt und mit frischen
Vorräten versorgt, eine neue Reise antreten kann, müssen
Menschen aus allen jenen Berufen tätig werden. Deren
Liste ließe sich sogar beträchtlich verlängern, wollte man

noch die vielen anderen Leistungen aufzählen, die den Seehandel und Seeverkehr erst möglich machen. In jedem großen Hafen gibt es mindestens eine Reparaturwerft und Dockanlagen. In Hamburg wie an zahlreichen weiteren Plätzen sind es sogar mehrere große Werften, die reparieren und neue Schiffe für Auftraggeber in aller Welt bauen. In Lagerhäusern und Verwaltungsgebäuden arbeiten alle möglichen Spezialisten, denen die Kontrolle der Ladungen, die Pflege der gelagerten Waren und Qualitätsprüfungen obliegen. Ob auf oder am Wasser – der Hafen ernährt einige zehntausend Menschen, die ausschließlich in seinem Dienst stehen.

Die Vielseitigkeit des Universalhafens Hamburg erfordert eine Spezialisierung der einzelnen Hafenteile – ein System, das auf engem Raum größten Nutzen für Umschlag, Lagerung und Verarbeitung der Rohstoffe und Waren bietet. Wo gegenüber dem Fischereihafen von Altona mit seinen Liegeplätzen für die Fischdampfer, seinen Lagerhäusern und Auktionshallen die Norder- und die Süderelbe wieder zusammentreffen, ragen die Gerüste der großen Werften in den Himmel. Weiter östlich, von den beiden Elbarmen umfaßt, dehnt sich das Haupthafengebiet. Seine einzelnen Becken, teils für Hochseeschiffe bestimmt, teils den Binnenschiffen vorbehalten, die vorwiegend Massengüter auf dem billigen Wasserweg ins Binnenland transportieren, werden von sehr unterschiedlichen Anlagen gesäumt. Große Teile dienen dem Umschlag, der Verteilung und Lagerung von Stückgütern, meist hochwertigen Industrieerzeugnissen oder Nahrungs- bzw. Genußmitteln, die, in Kisten, Fässer oder Ballen verpackt, aus Schiffsräumen an Land gehievt werden oder auf ihre Verschiffung warten. Lange Reihen auf und nieder wippender Kräne, Lagerhallen, Laderampen und Zufahrtswege für Lastwagen sind typisch für diese Stückgutkais. Mächtige Ladebrücken mit Laufkatzen und Greifern sind charakteristisch für Hafenpartien, in denen Kohle, Erze, Düngemittel und andere sogenannte „Greifergüter" umgeschlagen werden, während schlanke Silos und die „Rüssel" der landfesten oder schwimmenden Saugheber auf einen Getreidehafen schließen lassen. Auch Holz, Früchte, mineralische oder für die menschliche Ernährung bestimmte Öle verlangen eigene Verladeeinrichtungen.

Die gewaltige Steigerung des Automobilexports von Europas Häfen nach Übersee – fast täglich dampft ein mit Autos vollbeladenes Schiff von Bremen oder Hamburg nach den USA – hatte zur Folge, daß die Reedereien nach neuen, rentablen Spezialschiffen suchten und die Hafenbauingenieure für diesen wichtigen Exportzweig der europäischen Industrie neue Verladeanlagen schufen. Riesige Abstellplätze für Hunderte von Wagen, die zur Verschiffung bereitstehen, sind das eine Merkmal solcher „Roll-on-Roll-off"-Verladekais; das andere Kennzeichen ist, daß sowohl am Kai als auch auf

Hamburg besitzt einen Universalhafen, der ebenso für den Passagierdienst eingerichtet ist wie für den Umschlag von Stückgut und Massengut, von Südfrüchten und Öl. Hier ein Blick auf die weiten Hafenanlagen, zwischen denen auch Werften liegen.

Schiff reiht sich an Schiff in den verschiedenen Hafenbecken von Hamburg. Die meisten Frachter verfügen über eigenes Ladegeschirr. Mit diesen kleinen Kränen können sie aus eigener Kraft Ladung an Land oder in die Leichter im Hafenbecken geben.

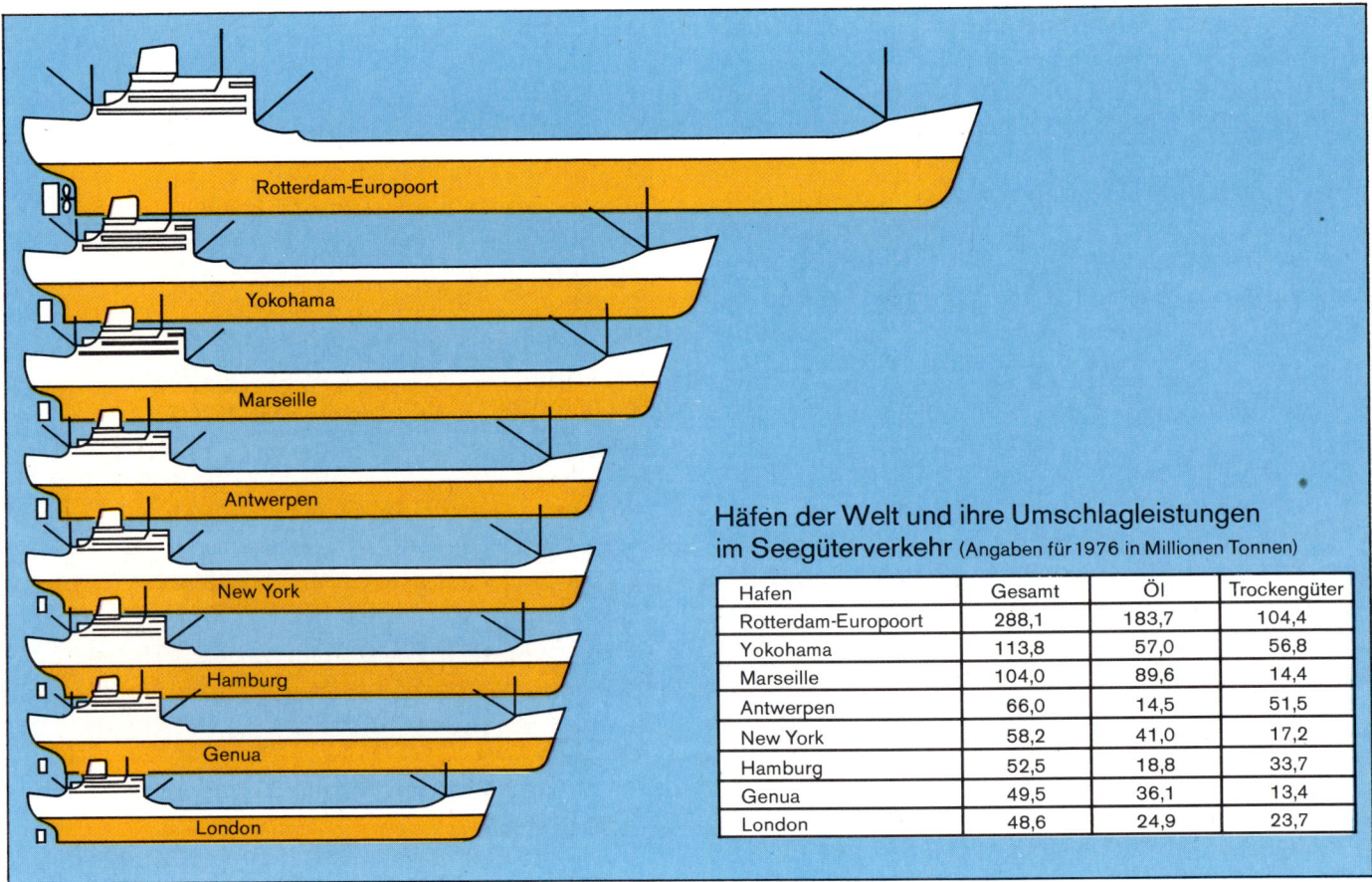

Häfen der Welt und ihre Umschlagleistungen im Seegüterverkehr (Angaben für 1976 in Millionen Tonnen)

Hafen	Gesamt	Öl	Trockengüter
Rotterdam-Europoort	288,1	183,7	104,4
Yokohama	113,8	57,0	56,8
Marseille	104,0	89,6	14,4
Antwerpen	66,0	14,5	51,5
New York	58,2	41,0	17,2
Hamburg	52,5	18,8	33,7
Genua	49,5	36,1	13,4
London	48,6	24,9	23,7

den Spezialschiffen, die an ihm festgemacht haben, die üblichen Kräne und Ladegeschirre fehlen. Nach dem Beispiel der mehrgeschossigen Garagen in unseren Großstädten, die Hunderten von Autos Parkraum bieten, wurde dieses „Fahr-'rein-Fahr-'raus"-System entwickelt: Die Wagen werden nicht mehr wie früher an Deck oder in die Laderäume der Schiffe gehievt, sondern über ein praktisches Rampensystem direkt vom Kai mit eigener Kraft in den Schiffsbauch hineingefahren. Dort stehen sie während der Überfahrt auf besonderen Autodecks übereinander, die nach dem Entladen hochgezogen werden können, so daß das Schiff für die Rückreise oder für den Fall, daß es für längere Zeit keine Autos laden kann, andere Ladung übernehmen kann.

Eine in der Welt einmalige Einrichtung ist das im Februar 1967 fertiggestellte Überseezentrum des Hamburger Hafens, eine für rund 65 Millionen DM errichtete Verteileranlage, in der vor allem die für den Export bestimmten Stückgüter vor dem Transport ans Schiff zu Sammelladungen vereinigt werden können. Diese größte überdachte Umschlaganlage der Welt, die allein einen Jahresumschlag von 500 000 Tonnen bewältigt, ist nicht nur für eine Beschleunigung des traditionellen Stückgutverkehrs von Bedeutung, sondern sie hat auch maßgeblich dazu beigetragen, daß Hamburg in dem neuen Seetransportsystem des Containerverkehrs so entschieden Fuß fassen konnte.

Im Jahre 1966 begann eine amerikanische Reederei mit dem Bau von Spezialschiffen, in denen die für Europa bestimmten Güter nicht mehr in einzelnen Stücken, kostbaren Frachtraum mehr oder weniger verschwendend, verstaut, sondern — in großen Behältern nach Bestimmungshäfen zusammengestellt — maßgerecht gestapelt werden konnten.

Unaufhaltsam verdrängt diese Methode die hergebrachten Umschlagsweisen. Wo bisher Fässer, Kisten und Ballen einzeln an Bord gehoben oder auf dem Kai abgesetzt werden mußten, genügt jetzt ein einziger „Hiev" eines Spezialkranes, um den schon in der Fabrik gefüllten Container mit 15—20 Kubikmeter Inhalt an seinen Platz im Schiff oder auf die Rampe zu stellen. Am Bestimmungsort muß nicht mehr — in der gleichen langwierigen Prozedur — Stück um Stück gelöscht, sortiert und gelagert werden, sondern der Kran setzt den ganzen Behälter gleich auf den Eisenbahnwaggon oder den Lastwagen, der ihn auf schnellstem Wege weiterbefördert. Enorme Einsparungen an Arbeit, Zeit und Laderaum rechtfertigen die hohen Ausgaben, mit denen sich jetzt immer mehr Häfen der Welt auf den Containerverkehr einstellen. Hamburgs Überseezentrum ist nur ein erster Schritt zur Anpassung, denn schon steht der Hafen, den fast alle 25 Minuten ein Schiff verläßt, in harter Konkurrenz mit anderen Häfen der Nordseeküste, die aus dieser Revolution im Seeverkehr ebenfalls die Konsequenzen ziehen.

Zwei neue Hafenplätze der Superlative

In Westeuropa, einem geographischen Gebilde mit großer Bevölkerungsdichte und hohem Lebensstandard, bestand seit jeher ein starker Bedarf an Waren aus allen Erdteilen, vor allem an Rohstoffen für die hochentwickelte Industrie — an Erzen, Kohle, Mineralölen —, aber auch an Nahrungsmitteln. Andererseits produziert dieser Teil Europas zahlreiche Güter, vor allem Fertigprodukte, die in den übrigen Erdteilen gebraucht werden.

Nicht von ungefähr ist die Nordsee — jenes Randmeer des Atlantischen Ozeans, an das die meisten westeuropäischen Länder angrenzen oder zu dem sie zumindest Zugang haben — das verkehrsreichste Meer der Erde; denn der überwiegende Teil aller Rohstoffe und Güter, die Westeuropa ein- oder ausführt, wird per Schiff befördert. Der Wasserweg ist auch in Zeiten steigender Beförderungskosten immer noch der billigste, und die europäischen Länder — sogar die meerferne Schweiz, die nicht nur viele Binnenschiffe, sondern auch eine Flotte von Überseefrachtern unterhält — wetteifern darin, den Seeweg immer rentabler zu machen.

Die niedrigeren Frachtraten, die man durch den Bau immer größerer Schiffe, durch rationellere Transport-

weisen wie das erwähnte Containersystem, durch kürzere Reisezeiten usw. zu erzielen hofft, würden zunichte gemacht, wenn nicht auch die Häfen durch schnelle Abfertigung zu dieser Verbilligung beitragen würden. Vor allem die kostspieligen Liegezeiten der Schiffe müssen verkürzt werden, denn die Hafengebühren sind hoch. Ein einziger Liegetag kostet den Reeder eines 10 000 Tonnen großen Seeschiffes etwa 10 000 bis 12 000 Mark.

Wie Hamburg durch den Ausbau seines Hafens und durch die Errichtung seines Überseezentrums zu dieser Entwicklung beiträgt, so tun auch die Holländer das Ihre — mit geradezu gigantischen Anstrengungen. Der Hafen Rotterdam, der den bisher größten Hafen der Welt, New York, vor einiger Zeit auf den zweiten Platz verweisen konnte, wird seit 1959 zu einem Hafengebiet ausgebaut, das seinesgleichen sucht.

Mit der Vollendung des neuen *Europoort* am sogenannten Neuen Wasserweg direkt an der Mündung der Maas werden die größten industriellen Ballungszentren Europas über einen Umschlagplatz verfügen, der dem Gebiet entlang der Rheinlinie zwischen Basel und Rotterdam die Chance gibt, zu einem der stärksten Wirtschaftsgefüge der Welt zu werden.

Eine Fläche von mehr als 65 Quadratkilometern — das Areal einer durchschnittlichen europäischen Mittelstadt — wird zwischen Hoek van Holland und der

In manchen Häfen wird ein großer Teil der ankommenden Ladungen vom Schiff direkt in Binnenschiffe umgeladen. Viele Frachter haben zu diesem Zweck auch Schwergutbäume, die Lasten mit einem Gewicht von über zehn Tonnen tragen können.

Für die Verpackung der verschiedensten Transportgüter setzen sich die Container (links vorn im Bild) immer mehr durch. Solche Behälter sind praktisch, weil sie den vorhandenen Laderaum besonders gut ausnutzen und außerdem bei der Verladung Zeit sparen.

Zusammen mit Europoort, das von Holland am Nieuwe Waterweg erbaut wurde, ist Rotterdam bei weitem der größte Hafen der Welt. In Europoort können Schiffe mit einem Tiefgang von mehr als 13 Metern einlaufen. Damit ist dieser Hafen besonders auch für Supertanker von über 100 000 Tonnen geeignet. Das Öl, das diese Schiffsgiganten bringen, wird von gewaltigen Tanks aufgenommen. Auch die Industrie hat hier große Lagerplätze.

Maasebene im Westen, von der große Teile erst noch eingedeicht werden müssen, in den Europoort umgewandelt. Welche Leistungen in diesem Unternehmen stecken, wird durch die Tatsache verdeutlicht, daß nahezu das gesamte Baugelände um sechs Meter gehoben, das heißt aufgeschüttet werden muß; denn ein gutes Fünftel Hollands liegt unterhalb des Meeresspiegels.

Schon ragen die ersten Piers der großen Ölgesellschaften wie lange Finger in die Riesenbecken von Europoort, der über den Neuen Wasserweg eine offene Verbindung zur Nordsee hat. Schon haben die unternehmungslustigen Holländer begonnen, Deiche und Dämme ins freie Meer hinauszubauen, beständig und zäh am „Maul Europas" arbeitend, an diesem Riesenhafen, in dem 1967 rund 30 000 Überseeschiffe und 250 000 Binnenschiffe abgefertigt wurden — mehr als 30 Schiffe in jeder Stunde des Jahres. Mit 156 Millionen Tonnen Umschlag, die im Jahre 1968 erreicht wurden, ist man in Rotterdam aber noch nicht zufrieden; es wird weitergebaut. Man verlängert die heute schon mehr als 30 Kilometer langen Kaianlagen, man vermehrt die 276 Landebrücken und 476 Kräne und 38 Docks, und die Ingenieure von Europoort haben schon die Pläne zum

Bau von Hafenbecken fertig, in denen in einigen Jahrzehnten die 300 000-Tonnen-Schiffe festmachen sollen.

Auch auf der anderen Seite des Atlantiks legt man die Hände nicht in den Schoß. In der Mitte des „Atlantic Seabord" der Vereinigten Staaten, am Ausgang der stark zerklüfteten Chesapeake-Bay, liegt eine mächtige Hafenkombination: Hampton Roads. Vor 15 Jahren wurde diese Arbeitsgemeinschaft der bis dahin unbedeutenden Häfen Newport News, Norfolk und Portsmouth gegründet, und heute verzeichnet sie schon einen Jahresdurchschnitt von 7500 Abfahrten; das heißt, daß alle 60 Minuten — Tag für Tag — ein Schiff von Hampton Roads ausläuft. Mehr als 100 Schiffahrtslinien verkehren von hier regelmäßig nach 285 Seehäfen der Welt, und Tausende von Trampschiffen, Tankern und Küstenfahrzeugen laufen jährlich ein, um Ladungen zu löschen oder aufzunehmen. Insgesamt 80 Kilometer Uferstrecke; mehr als 300 Piers; Warenlager, Zollschuppen; Direktanschlüsse von neun großen Eisenbahnlinien der USA — das sind nur einige der imponierenden Vorteile, mit denen Hampton Roads aufzuwarten hat.

Natürlich ist dieses Hafengebiet nicht zufällig entstanden. Die Südostregion der Vereinigten Staaten mit ihrer bevorzugten Lage am Atlantik besaß schon immer eine ganze Reihe von Häfen, wenn auch keinen von der Größe und — vor allem — der Zukunft von Hampton Roads. Mit dem Beginn der Industrialisierung in den östlichen Südstaaten vor rund sechzig Jahren regten sich auch in den alten, relativ stillen Häfen des Bundesstaates Virginia die Kräfte; doch der dauernde Konkurrenzkampf um die Frachten ließ die nahe beieinander liegenden Häfen zu keiner rechten Blüte kommen. Sie unterboten einander ständig.

Der Erste und Zweite Weltkrieg mit den enormen Verlusten an Schiffstonnage veranlaßte die amerikanische Regierung, nach Plätzen und Werften zu suchen, die, ungestört durch den U-Boot-Krieg, den rasch steigenden Bedarf an Schiffsneubauten befriedigen konnten.

Die Wahl des zuständigen State Departments fiel zuerst auf Newport News, auf dessen Werft 1799 das erste amerikanische Kriegsschiff, die Fregatte *Chesapeake,* gebaut worden war. Anderthalb Jahrhunderte später entstand auf der bedeutenden Marinewerft von Newport News der berühmte Flugzeugträger *Forrestal* — und das Größenverhältnis zwischen der winzigen Fregatte von einst und dem Seeriesen des 20. Jahrhunderts mag auch das Verhältnis der einstigen kleinen Häfen an der Chesapeake Bay zum jetzigen Sammelhafen widerspiegeln. Die 1952 gegründete Virginia State Ports Authority schuf hier einen Verladeplatz, der im Export jährlich mehr als 40 Millionen Tonnen Güter — hauptsächlich Kohle, Tabak, Petroleum, Erze, Baumwolle und Stahlerzeugnisse — umschlägt.

Daß man sich in Hampton Roads in Amerikas wichtigstem Kohlehafen befindet (von den 40 Millionen Tonnen Exportgütern entfallen allein 32 Millionen Tonnen auf die Kohle), erkennt man leicht, wenn man beobachtet, wie an einer einzigen der Verladepiers vier Schiffe zu gleicher Zeit innerhalb von zwei Stunden bis an die Lademarke mit dem schwarzen Gold gefüllt werden.

Eine internationale Zeichensprache

Dem wißbegierigen Gast im Hafen, der am Kai vor den hochragenden Bordwänden eines Frachters steht, werden, falls das Schiff bei Niedrigwasser nicht zu tief liegt, sonderbare, mittschiffs auf die Schiffshaut gemalte Zeichen auffallen — eine Reihe senkrechter und waagrechter Linien, Kreise und Buchstaben. Diese Zeichen, jedem Seemann bekannt, sind für die Sicherheit des Schiffes auf See von großer Bedeutung.

Jeder Autofahrer weiß, daß sein Fahrzeug ein gefährlich verändertes Fahrverhalten zeigt, wenn er es unsachgemäß oder über die zulässige Grenze hinaus belastet. Ähnlich verhält es sich mit einem Schiff: Es muß so beladen sein, daß es auch unter den widrigsten Umständen seetüchtig bleibt.

Die Zeichen auf der Bordwand geben an, wie weit das Schiff beladen werden, das heißt, wie tief es eintauchen darf. Da die Tragfähigkeit des Seewassers je nach Salzgehalt und Temperatur schwankt (kaltes und sehr salzhaltiges Wasser ist dichter und trägt besser als warmes und salzärmeres) und da außerdem die Wetterbedingungen der verschiedenen Meere für die Sicherheit des Schiffes eine Rolle spielen, zeigen die Plimsoll- oder Freibordmarken je nach Jahreszeit und Reisegebiet unterschiedliche Tauchtiefen an: für Winter und Sommer, für tropische und nördliche Meere und für die Fahrt auf Flüssen zum Beispiel.

Diese Einrichtung ist erst rund hundert Jahre alt. Sie wurde notwendig, als rücksichtsloses Profitstreben Kapitäne und Reeder veranlaßte, ihre Schiffe bis an die äußerste Grenze mit Fracht vollzustauen, was häufig zu Verlusten an Menschenleben und Schiffen führte.

Der Engländer Samuel Plimsoll, 1824 in Bristol geboren und von Kindheit an mit Hafen und Schiffen vertraut, machte es sich zur Lebensaufgabe, gegen dieses Unwesen zu kämpfen. Ein gutgehender Kohlenhandel in London erlaubte es ihm, sich mit Leidenschaft für jene Seeleute einzusetzen, die nach seiner Ansicht auf „Totenschiffen" ausgenutzt wurden und gefährdet waren. Im Jahre 1873 veröffentlichte er die Broschüre *Our Seamen* (Unsere Seeleute), die sich mit einigen solcher oft schon im Hafen vom Untergang bedrohter „schwimmender Särge" beschäftigte.

Plimsoll war im Londoner Hafen eine legendäre Figur. Im langen Bratenrock und mit einem Zylinder auf dem Kopf inspizierte er jedes Schiff, das zur Abfahrt bereitlag, und prüfte, ob es nicht überladen war. Natürlich mußte ein solcher Mann mit Verfolgung, Hohn und Spott von seiten derjenigen rechnen, denen er die guten Geschäfte zu verderben drohte; aber er schaffte es dennoch: Die Reeder, die sich lange gegen seine Ideen gesträubt hatten, wurden nach 1870 durch Gesetze gezwungen, eine Freibord- oder Lademarke an ihrem Schiff anbringen zu lassen. Heute sind Fragen des Freibords durch internationale Abmachungen und nationale Verordnungen, über deren Einhaltung die großen Klassifikationsgesellschaften streng wachen, genau geregelt.

Plimsolls Errungenschaft ließ die Träger einer ehrwürdigen Institution der internationalen Schiffahrt aufatmen, die seit rund 200 Jahren im Dienst der Sicherheit auf See, aber auch im Dienst der großen Versicherungsgesellschaften steht, welche im Falle von Verlusten und Havarien Millionenwerte für Schiffe und Ladungen zu ersetzen haben: *Lloyd's Register of Shipping,* jedem vertraut, der mit der Seefahrt zu tun hat.

In Londons alter City steht ein Haus, in dem man ein wachsames Auge auf fast alle Schiffe hat, die die Meere befahren. In umfangreichen Listen wird hier über die Schiffe der Welt Buch geführt, werden täglich Änderungen und Streichungen vorgenommen, hinter denen

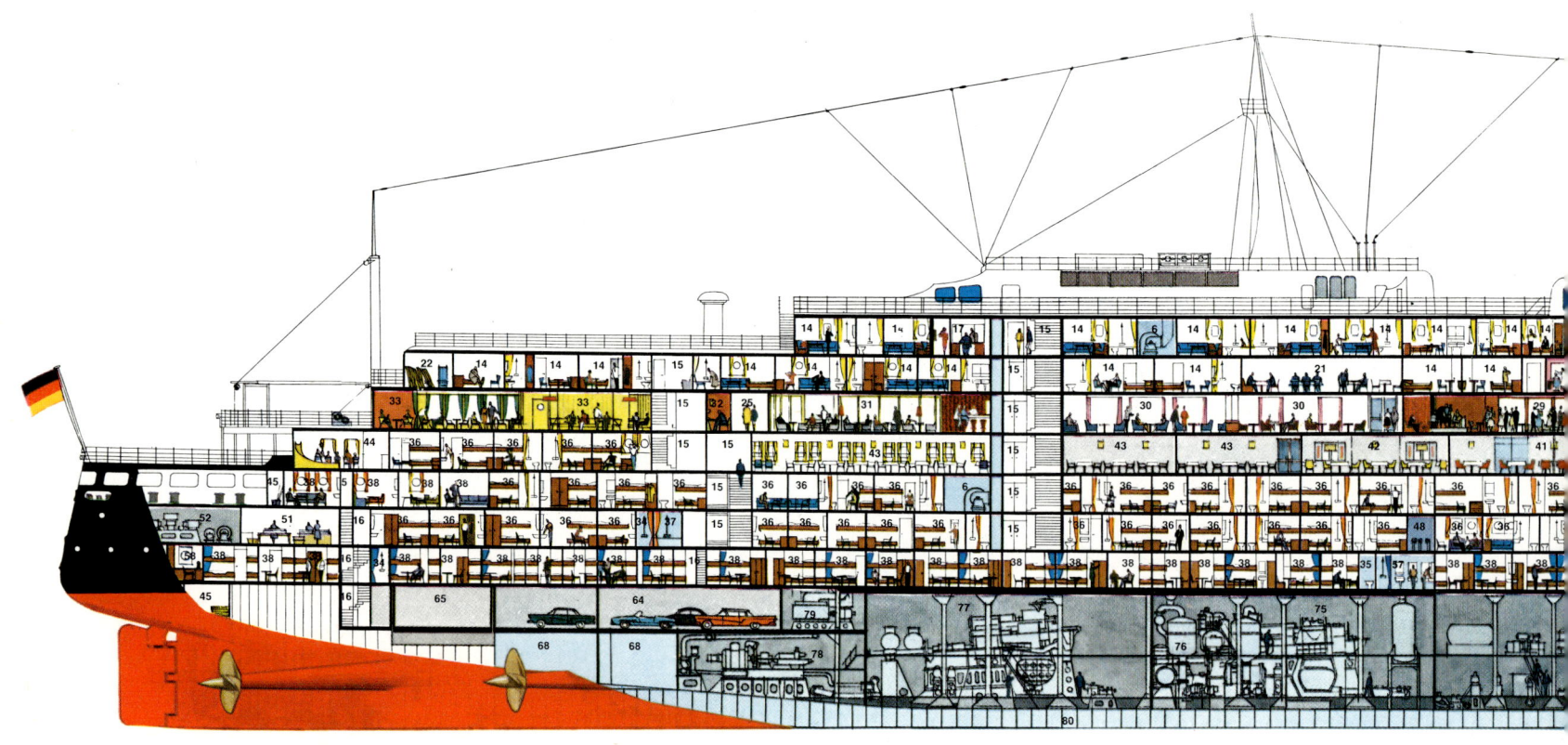

Schwimmendes Hotel mit 60 000 PS

Die großen Passagierschiffe, einst Stolz ihrer Handelsmarine und Stolz ihrer Nation, haben im Zeitalter der dichten Flugnetze und schnellen Düsengiganten für den Verkehr über See an Bedeutung verloren. Aber ihre Reeder haben es großenteils verstanden, eine neue Daseinsberechtigung für sie zu finden. Mehr als bisher stehen sie im Dienst der Touristik und der Erholung; aus komfortablen Transportmitteln sind schwimmende, luxuriöse Ferienstätten geworden, auf denen immer mehr Menschen Erholung, Anregung und das Erlebnis anderer Länder, anderer Welten finden.

Auch die ehemalige BREMEN, das fünfte Schiff dieses Namens, seit vor rund 100 Jahren die erste BREMEN — ein Dampfschiff mit Hilfssegeln — Kaufleute und Auswanderer nach New York brachte, fuhr in jüngster Zeit nur noch einige Male jährlich im Linienverkehr auf der Nordatlantikroute. Sonst kreuzte das schöne Schiff mit Feriengästen in der Karibischen See.

Nicht weniger als 12 Decks liegen in dem mächtigen Leib des 212 Meter langen, inzwischen nach Griechenland verkauften Schiffes übereinander. Vier Turbinenanlagen, die zusammen 60 000 PS erzeugen können, treiben es mit einer Geschwindigkeit von 23 Knoten, also fast 43 Stundenkilometern, durch das Wasser. Jede der vier Schrauben sitzt auf einer 52 Meter langen Welle und wiegt 7,4 Tonnen.

Damit dieses Schiff auch unter schwierigen Umständen seinen Weg findet, damit ein Höchstmaß an Sicherheit gewährleistet ist, sind in der Kommandozentrale, auf und hinter der Brücke, modernste technische Hilfsmittel installiert: eine Ruderanlage mit Telemotor, zwei Radaranlagen, ein Decca- und ein Loran-Navigator, ein Echolot zur Ermittlung der Wassertiefe, eine Rauchmeldeanlage und vieles andere.

Für das Wohl des Schiffes und der Maschine sorgen rund 180 Mann, für das Wohl der Passagiere (und der Besatzungsmitglieder) hingegen über 360, also mehr als doppelt so viele. Kein Wunder, denn bei näherem Zusehen ist dieser Ozeanriese nicht bloß ein Transportmittel, das Menschen möglichst rasch ans Ziel bringt, sondern mindestens ebensosehr ein schwimmendes Hotel, das den Passagieren ein Höchstmaß an Service bieten und ihnen Gelegenheit geben will, sich während der Reise auch zu erholen.

Dementsprechend sind allein in der Küche nicht weniger als 70 Mann beschäftigt, unter ihnen vier Metzger und sechs Bäcker. Denn während einer Rundreise müssen etwa 70 000 volle Mahlzeiten zubereitet werden. Das geschieht in 7 Küchen, wo 64 elektrische Großheizplatten Dienst tun. Wenn das Schiff ausläuft, hat es riesige Vorräte an Bord, über 20 Tonnen Fleisch, 2,5 Tonnen Zucker, 60 000 Eier, 13 000 Flaschen Wein, Liköre und andere scharfe Drinks, 19 000 Liter Bier und tausend sonstige Dinge. Über 70 verschiedene Arten von Obst können angeboten werden, und 47 Gewürzsorten stehen zur Verfügung. Mehr als 700 Positionen umfaßt die Proviantliste. Die Leistung der Proviantkühlanlage entspricht der von 2500 Haushaltskühlschränken.

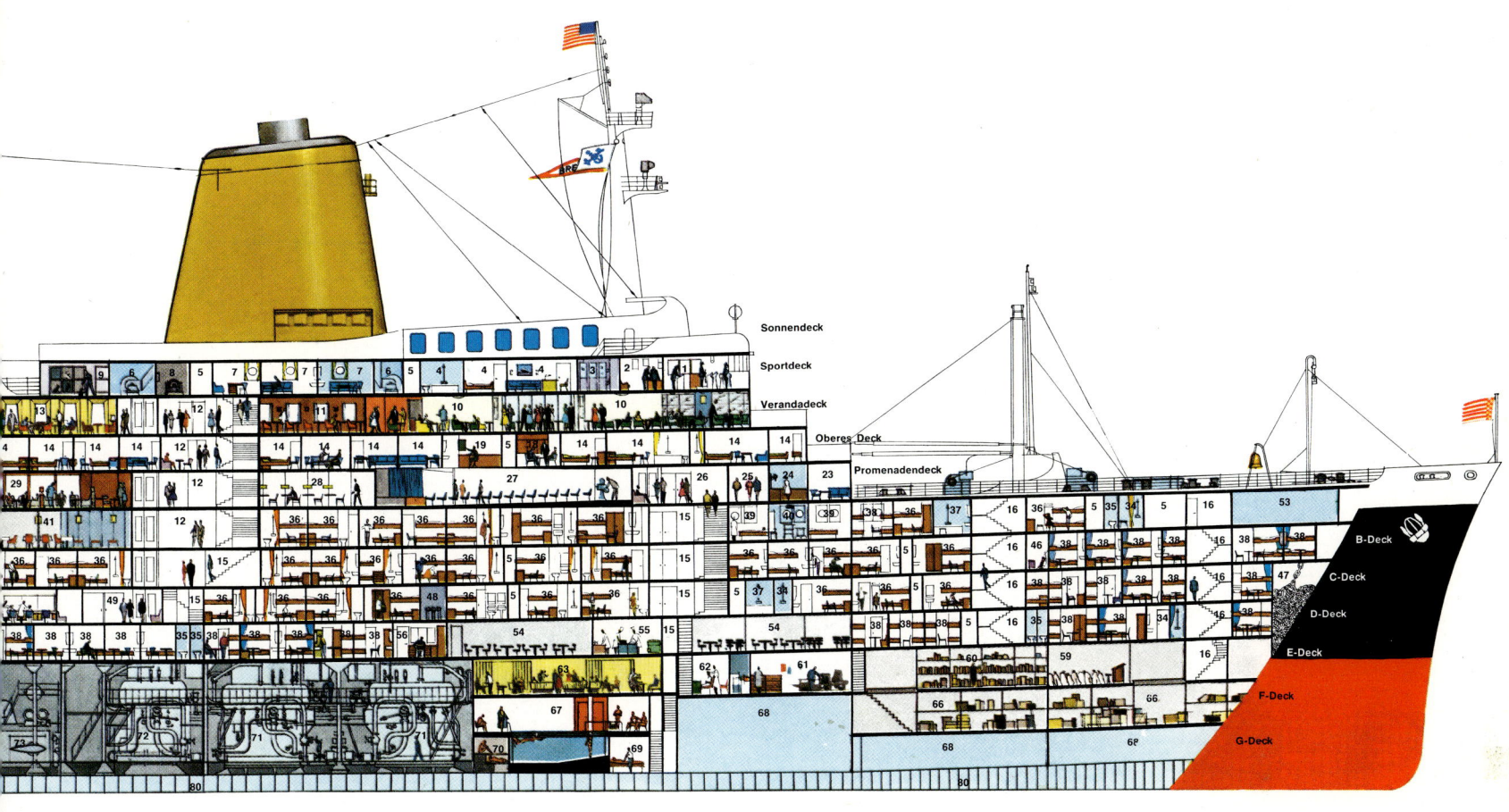

Wichtig ist vor allem auch die Versorgung mit Wasser. Eigene Verdampferanlagen, die Seewasser trinkbar machen und überdies Speisewasser für die Kessel bereitstellen, erzeugen in einer Woche mehr als 3,6 Millionen Liter Frischwasser — eine Menge, mit der man 182 Tankwagen füllen könnte.

15 Eisenbahnwaggons sind nötig, um die Gegenstände des täglichen Bedarfs heranzubringen: Porzellan, Glas, Bestecke, Wäsche... 220 000 Wäschestücke sind an Bord vorhanden, darunter 63 000 Handtücher, 30 000 Servietten, 26 000 Kissenbezüge, 19 000 Badetücher, 15 000 Tischtücher und ebenso viele Bettücher, ferner über 12 000 Teller und 28 900 Gläser.

Für die Kühlanlagen, für die 15 000 elektrischen Brennstellen — die 8287 Leuchtstoffröhren haben insgesamt eine Länge von 5,3 Kilometern —, die Maschinen und vieles mehr muß Strom erzeugt werden. Das besorgen 6 Turbogeneratoren mit einer Leistung von 6600 Kilowatt. Rund 300 Kilometer Kabel sind auf dem Schiff verlegt.

· Natürlich gibt es besondere Einkaufsmöglichkeiten an Bord, ein eigenes Schwimmbad, Sportgeräte, und in einem Kino können auch Breitwand- und Cinemascope-filme gezeigt werden.

Die frühere BREMEN und heutige REGINA MAGNA ist also noch mehr als ein großes Hotel; sie ist eine ganze kleine Stadt für sich — eine Stadt von 32 335 Bruttoregistertonnen und mit vielen Sehenswürdigkeiten, die von Land zu Land zieht und die Welt an sich vorübergleiten läßt.

1 Kommandobrücke	37 Bäder
2 Kartenzimmer	38 Besatzungswohnräume
3 Sicherheitszentrale	39 Hospital
4 Wohnung des Kapitäns	40 OP-Raum mit Röntgenanlage
5 Quergang	41 Speisesaal 1. Klasse
6 Klimazentrale	42 Speisesaal 1. oder Touristen-
7 Wohnung für Offiziere	klasse
8 Aufzugmaschine für Fahrstuhl	43 Speisesaal Touristenklasse
9 Tierhort	44 Kinderspielzimmer
10 Große Gesellschaftshalle	45 Geräteräume
1. Klasse	46 Inventarraum
11 Bibliothek und Schreibzimmer	47 Kettenkasten
1. Klasse	48 Anschlüsse für Ölübernahme
12 Treppenhaus 1. Klasse	49 Foyer Touristenklasse
13 Rauchsalon und Bar 1. Klasse	50 Proviantpforte
14 Kabinen 1. Klasse	51 Wäscherei
15 Treppenhäuser und Lift	52 Rudermaschinenraum
für Passagiere	53 Maschinenraum für Ankerspill
16 Treppenhäuser für Besatzung	54 Messen für Besatzung
17 Funk- und Radiotelephonie-	55 Küche für Besatzung
station	56 Zahlmeisterbüro
18 Bordsekretariat	57 Waschräume für Besatzung
19 Telephonvermittlung	58 Schneiderei
20 Frisier- und Kosmetiksalons	59 Postraum
21 Offiziersmesse	60 Handgepäckraum
22 Lagerraum für Deckstühle	61 Druckerei
23 Allgemeiner Reisenden-	62 Friseur für Besatzung
Sonderdienst	63 Taverne
24 Photolabor	64 Laderaum für Automobile
25 Quergang der großen Promenade	65 Autolift
Touristenklasse	66 Gepäckräume
26 Empfangsraum Touristenklasse	67 Schwimmbad
27 Theater	68 Wasser- oder Öltanks
28 Schreibzimmer Touristenklasse	69 Massageräume
29 Große Gesellschaftshalle	70 Sauna
Touristenklasse	71 Hauptkessel
30 Salon Touristenklasse	72 Hafenkessel
31 Rauchsalon und Bar	73 Stabilisatoren
Touristenklasse	74 Hilfsmaschinenraum
32 Teilansicht der Bibliothek	75 Vorderer Turbinenraum
Touristenklasse	76 Seewasser-Verdampfungsanlage
33 Veranda Touristenklasse	77 Hinterer Turbinenraum
34 Duschräume	78 Turbogenerator
35 Toiletten	79 Klimakompressoren
36 Kabinen Touristenklasse	80 Doppelbodentanks

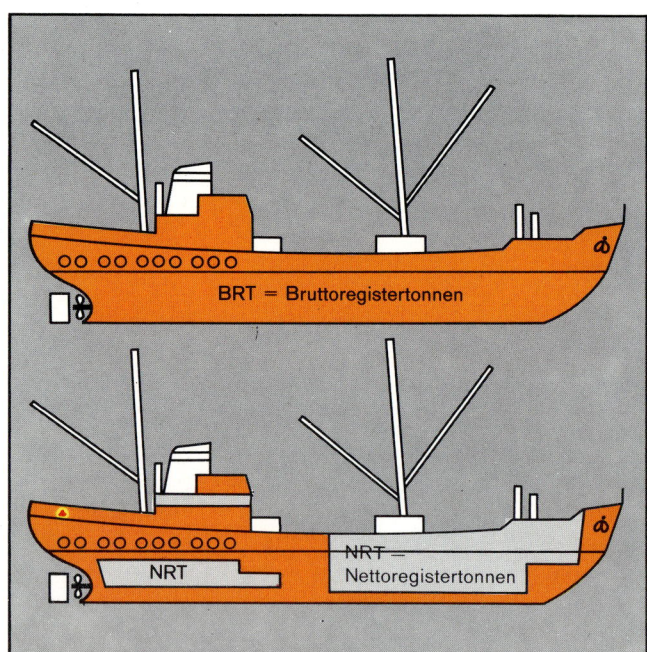

Die Größe eines Handelsschiffes wird nach Tragfähigkeit (engl. tons = ts. = 1016 kg) oder Rauminhalt (Bruttoregistertonnen = BRT und Nettoregistertonnen = NRT, jeweils 2,83 cbm) bestimmt. Die Tragfähigkeit umfaßt Ladung, Passagiere, Brennstoff, Ballast usw. Die BRT bezeichnen den gesamten Rauminhalt zwischen Kiel und Deck, die NRT nur den „verdienenden" Raum, also Lade- und Passagierräume.

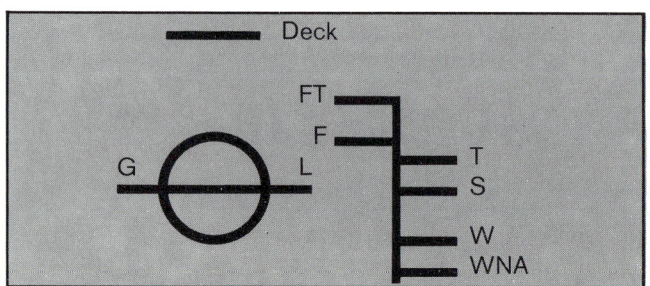

Die Freibordmarke zeigt an, wie tief ein Schiff in beladenem Zustand in bestimmten Gewässern zu welchen Jahreszeiten eintauchen darf. Zeichenerklärung: GL = Germanischer Lloyd, F = Frischwasser (Flüsse oder Seen), T = Tropen, S = Sommer, W = Winter, WNA = Winter im Nordatlantik.

sich oft mehr verbirgt, als die sachlichen Vorgänge ahnen lassen: Tragödien auf hoher See, Schiffsuntergänge und Brände, Eignerwechsel und Flaggenwechsel oder auch ganz nüchtern das Abwracken eines Schiffes, das jahrzehntelang die Meere durchpflügt hat, bis zur letzten Stunde behütet und bewacht von Lloyd's.

Es ist nicht ohne einen gewissen Humor, daß zwei der angesehensten Institutionen der internationalen Seefahrt ihren Namen von einer leicht obskuren Persönlichkeit herleiten: von dem Waliser Edward Lloyd. In der Tower Street der Londoner City unterhielt dieser

Mann, über dessen Herkunft nichts Genaues bekannt ist, in den Jahren zwischen 1688 und 1726 ein Kaffeehaus, das offenbar recht guten Zuspruch fand, übrigens eines der ersten seiner Art in London. Hier hatte dieser Gentleman einen Klub gegründet, der Männer anziehen sollte, die irgendwie mit der Seefahrt oder dem Schiffbau zu tun hatten oder auf andere Weise „vom Strom" lebten. Der Waliser trat zum ersten Male an die Öffentlichkeit, als er in der *London Gazette* vom 12. Februar 1689 eine Anzeige veröffentlichte, durch die er einen „pockennarbigen, schwarzgelockten" Uhren- und Pferdedieb gegen Belohnung von einer Guinea dingfest zu machen hoffte. Ob Mr. Lloyd seine Belohnung auszahlen konnte, wissen wir nicht, wohl aber wissen wir, daß er im Oberstock seiner Taverne Bulletins und Schiffslisten druckte, die er unter seinen Gästen vertrieb. Diese Listen enthielten kurze Beschreibungen jener Schiffe, die Ladung suchten oder für eine Versicherung anstanden.

Mit den Beschreibungen, die Lloyd lieferte, war, wenn auch in noch primitiver Form, jenes System der sogenannten Klassifizierung aller Schiffe geboren, das bis heute geblieben ist. Edward Lloyd war ein Mann, der es bald verstand, Geschäftsleute und Reeder für das Geschäft der Seeversicherung zu interessieren, das damals noch ganz anders aussah als heute. Es gab noch keine Versicherungsfachleute, sondern Händler und Geldleute, die über ausreichende Kredite verfügten, übernahmen das Risiko. Und die Schiffsnachrichten des Kaffeehausbesitzers — inzwischen erweitert durch die Abfahr- und Heimkehrdaten britischer Segler und die *List of casualties,* einen Vermißtenanzeiger, der alle ein oder zwei Jahre nach ihrer Ausreise nicht heimgekehrten Schiffe aufführte — halfen ihnen, ihre Risiken zu übersehen. Einige dieser alten Schiffslisten können heute unbedenklich als Vorläufer des modernen „Lloyd's Register of Shipping" angesehen werden.

Die frühe Geschichte der beiden Institutionen, die Edward Lloyds Namen tragen — neben dem Lloyd's Register die mächtige Seeversicherungsgesellschaft Corporation of Lloyd's —, verliert sich ein wenig im Tabakdunst der Taverne in der Tower Street. Schon vor 1760 soll ein organisiertes Register der Schiffahrt existiert haben, doch gibt es davon heute kein einziges Blatt mehr. Nur ein Band von Lloyd's Register of Shipping aus den Jahren 1764 bis 1766 blieb von dem Brand verschont, der die Königliche Börse, das spätere Domizil beider Firmen, heimsuchte. Dieses stark beschädigte und angesengte Exemplar zeigt das System der Klassifizierung, in das jeder eingeordnet wurde, der ein Schiff versichern wollte. Das Register enthielt: den Namen des Schiffes, den Namen des Kapitäns, den Heimathafen und wichtigste Anlaufhäfen. Ferner die Tonnage, Zahl und Kaliber der Kanonen (auch Handelsschiffe waren damals wegen der Seeräuberei noch bestückt), schließlich die Mannschaftsstärke, Baujahr und Bauart und den Besitzer des Schiffes.

Die letzten drei Spalten auf den Seiten des Registers waren den Klassifikationszeichen — den Qualitätsmerkmalen der Schiffe — vorbehalten, nach denen die Versicherer ihre Prämien berechneten. Einige dieser Klassebezeichnungen waren: die Großbuchstaben A, E, I und U für die Qualität des Schiffsrumpfes und seine zu erwartende Lebensdauer; G, M oder B — für Good (gut), Middling (mittelmäßig) oder Bad (schlecht) — kennzeichneten den Zustand der übrigen Ausrüstung wie Takelage, Segel, Ruderanlagen usw.

Die damalige Auszeichnung AG entsprach als die höchste Qualitätsstufe dem heutigen 100 A 1. Wurde hingegen ein Schiff mit dem Zeichen UB versehen, so bedeutete die Bereederung und Versicherung eines solchen „faulen Kastens" ein hohes Risiko. UB war nichts anderes als ein „Totenschiff".

Nach zweihundert Jahren sind aus dem schmalen Bändchen von Anno 1764 inzwischen vier dicke Wälzer entstanden, in denen die Schiffe auf der ganzen Welt, ihre Eigner, ihre Heimathäfen, Antrieb, Tonnage usw. registriert werden. Das im letzten Jahrhundert berühmt gewordene Attribut + 100 A1 und der Wunsch der Schiffbauer, ihrem Schiff diese höchste Auszeichnungsstufe zukommen zu lassen, haben zu einer ständigen Steigerung der Qualität im internationalen Schiffbau geführt. Hatte Lloyd's Register of Shipping es einst nur mit hölzernen Segelschiffen zu tun, so waren es später die eisernen Schiffe, die Dampf- und Motorschiffe mit neuen Antriebsarten, die im Register klassifiziert wurden. Heute enthalten die Listen in London, Fenchurch Street 71, dem Sitz von Lloyd's, unter anderem nicht nur die neuen Riesentanker oder die mit Atomkraft getriebenen Schiffe wie die amerikanische *Savannah* oder die deutsche *Otto Hahn,* sondern — in einem besonderen *Non Marine System* — auch Anlagen und Bauten, die nichts mit der Seefahrt zu tun haben, zum Beispiel Atomreaktoranlagen. Ein Kuriosum unter den Tausenden von Eintragungen stellt das vierundachtzig Jahre alte britische Schiff *Lizzie & Annie* dar, das in seinem langen Leben drei Untergänge und neun Havarien zu verzeichnen hatte und doch im Jahre 1966 noch mit „90 A 1" klassifiziert werden konnte.

Aus einem Londoner Kaffeehaus entwickelte sich das größte Seeversicherungsunternehmen der Welt. Schlechte Nachrichten, wie sie zu allen Zeiten häufig waren, lösten bei den Versicherten oft Entsetzen aus.

SOS - Musik in ihren Ohren

Überall entlang den Hauptschiffahrtswegen der Meere halten sich an ihren Liegeplätzen starke Bergungsschlepper bereit, um bei jedem Wetter — auch wenn alle anderen Schiffe den schützenden Hafen suchen — zur Rettung in Not geratener Schiffe auszulaufen, Mannschaften in Sicherheit zu bringen und zu bergen, was noch zu bergen sich lohnt.

Das ist noch nicht lange so. Noch vor rund 90 Jahren gab es kein organisiertes Bergungswesen. Niemand dachte daran, teure Bergungsfahrzeuge zu bauen und in Hafenstationen bereitzuhalten, um andere Schiffe aus Seenot zu retten. Ein havariertes und von seiner Mannschaft verlassenes Schiff galt in der Regel als herrenlos; wer ein solches Schiff oder Teile seiner Ladung in Sicherheit bringen konnte, durfte sich sozusagen als Besitzer eines Strandgutes betrachten und vom Eigentümer meistens einen hohen Preis verlangen.

Im Jahre 1910 kamen die seefahrenden Nationen zu einer Übereinkunft, die das alte, fast seeräuberische Recht durch allgemeingültige Gesetze ablöste. Ein von seiner Mannschaft verlassenes Schiff oder Wrack galt fortan nicht mehr als ein Gut, dessen sich jeder bemächtigen konnte, sondern es blieb Eigentum des Reeders. Die Gepflogenheiten früherer Zeiten werfen freilich auch heute noch ihre Schatten auf den Ruf der Bergungsschlepperei. Immer noch geht die Sage vom ungewöhnlichen Wohlstand der Männer auf den Bergungsschleppern, den sie allein ihrer an Piraterie grenzenden Bedenkenlosigkeit verdanken. Immer noch wird behauptet, daß sie Schiffsführer und Konkurrenten durch Mißbrauch des Seefunks irreführen und überhaupt gern gegen Gesetz und Menschlichkeit verstoßen.

Kein Zweifel, hinter dem harten Einsatz der Bergungsschlepper steht vor allem ein gesunder Erwerbssinn, und heute wie einst gibt es Übergriffe. Aber die Seefahrt braucht die Männer von der Bergung, und sie leisten oft bewunderungswürdige Arbeit. Um ihren Alltag einmal aus nächster Nähe mitzuerleben, haben zwei deutsche Journalisten, der Schriftsteller Ortwin Fink und der Photograph Ulrich Mack, im Jahre 1967 einige Wochen auf dem deutschen Bergungsschlepper *Pacific* gelebt, der in Brest an der französischen Bretagneküste ständig in Bereitschaft liegt. Fink berichtet:

„Brest ist jene verschlafene Provinzstadt am Nordwestzipfel Frankreichs, wo der Ärmelkanal an die wilde Biskaya grenzt. Rund um den Atlantik, in der Nähe großer Schiffahrtswege, liegen hochseetüchtige Bergungsschlepper auf Station: in Cuxhaven und Borkum, in Brest, in La Coruña, in Las Palmas, in Kapstadt, in Curaçao und manchem anderen Hafen.

Die *Pacific* aus Hamburg zählt zu den fünf größten Bergungsschleppern der Welt. Es sind paradoxe Schiffe: Zwei Drittel des 1000-Tonnen-Rumpfes unter unseren Füßen nimmt die Ladung ein: die Maschine. 8500 PS werden binnen 40 Sekunden wach, wenn der Ingenieur auf den Anlasser drückt. Das restliche Drittel ist Wohnraum für 23 Männer, einen Hund und diesmal uns zwei Journalisten; dazu Stauraum für Treibstoff und Proviant und Lager für so viel Werkzeug und Ersatzteile, daß man daraus — heißt es — ein zweites Schiff zusammenbauen könnte.

Wir liegen seit Tagen im Hafen, hoffen auf schlechtes Wetter und langweilen uns tödlich. Bier und Whisky haben wir zollfrei, 23 Skatbrüder gleich nebenan, aber das alles tröstet uns nicht darüber hinweg, daß wir ständig das Land vor Augen haben und es doch nicht betreten können. Denn jeden Augenblick kann es Alarm geben. Dann läuft das Schiff sofort aus — ohne Rücksicht auf Landgänger.

An Land zurückzubleiben ist der Alptraum jedes Bergungsmannes. Wer ‚achteraus segelt‘, bezieht keine Heuer, bekommt kein Hotel bezahlt und erhält keinen Anteil vom Bergelohn. ‚Achterausegeln‘ ist eines der drei Zauberwörter der Bergungsmänner. Die anderen sind ‚Job‘ und ‚*Utrecht*‘.

Job — das ist's, wofür sie leben: die Bergung eines Schiffes. ‚Das war ein schöner Job‘, schwärmen sie von einem Wrack, das leicht zu schleppen war und viel einbrachte. ‚Richtiges Jobbenwetter heute‘, sagen sie erwartungsvoll, wenn Nebel aufzieht oder ein kräftiger Sturm in der Luft liegt.

Utrecht — das ist ihr Angstgegner, der holländische Konkurrent, wenige Meilen entfernt. Sie belauern sich gegenseitig, trachten, einander die ‚dicken Brocken‘ wegzuschnappen. Die Konkurrenz in der Bergung ist zahlreich und hart, selbst unter Schiffen derselben Reederei. Elf solcher hochseetüchtigen Bergungsschlepper von

Der Bergungsschlepper PACIFIC aus Hamburg gehört zu jenen unscheinbaren Kraftprotzen, die schon viele große Schiffe aus Seenot in den sicheren Hafen geschleppt haben. Unten ein havarierter griechischer Tanker an langer Trosse im Schlepp der PACIFIC.

mehr als 2000 PS besitzt die Hamburger Bugsier-Reederei, voran die *Pacific* als Paradepferd. Je 20 gehören
den holländischen Firmen Smit und Wijsmuller — mit
der Hamburger ‚Bugsier‘ die größten Bergungsunter-
nehmen der Welt.

2.18 Uhr! — Endlich. Der griechische Tanker *World
Independence*, weit draußen in der Biskaya, funkt an
seinen Reedereiagenten in London: ‚Treffe wegen Ruderschadens verspätet ein.‘ Der Funker springt auf. Jetzt
kommt es auf Sekunden an. Keine Zeit, den Kapitän zu
wecken und zu fragen. Der Funker hastet die fünf Meter
zur Kommandobrücke, drückt in eigener Entscheidung
den roten Knopf und zieht an der Dampfpfeifenschnur.

Alarm! Die Klingeln gellen durchs Schiff wie auf einer
Hauptfeuerwache. Die Dampfpfeife grölt weit über den
schlafenden Hafen, einmal lang, dreimal kurz.

40 Sekunden später beginnt das Schiff zu beben. Der
wachhabende Maschinist hat die beiden Hauptmotoren
angelassen. Eine Minute nach dem Alarm: Das Schiff
wimmelt von Männern, die halb angezogen auf ihre
Arbeitsplätze hasten, Laternen einschalten, die sechs
Festmacherleinen an Land von den schweren Pollern
lösen, die schwere Gangway einholen.

Drei Minuten 40 Sekunden nach dem Alarm: Kapitän Lackmann legt den Maschinentelegraphen auf ‚Voll
voraus‘. Jetzt erst informiert der Funker ihn über das
abgehörte Telegramm. Noch ist ungewiß, ob der Tanker
überhaupt einen Schlepper haben will. Ohne Auftrag
und ungerufen kommen wir.

Während die *Pacific* durchs stille Hafenwasser prescht,
sitzt Funker Flick an der Taste und morst den Tanker
an: ‚Hier deutscher Schlepper *Pacific*, zur Hilfeleistung
unterwegs stop Arbeiten auf Basis Lloyd open form no
cure no pay stop Erbitten Antwort, falls angenommen.‘

Ich frage den Funker: Gilt nicht auch auf See das
Fernmeldegeheimnis, das solche kommerzielle Auswertung privaten Funkverkehrs verbietet? Ist es nicht, damit Flug- und Landfunk ungestört bleiben, untersagt,
den Schiffssender schon im Hafen zu betreiben? ‚Das
gibt höchstens eine Verwarnung von der staatlichen
Funküberwachung‘, knurrt er, ‚und die hat keine praktischen Folgen.‘

Dann greift er zum Telephon und meldet ein Seefunk-
gespräch zur Reederei in Hamburg an. Dort sitzt der
Inspektor, Kapitän Meyer. Er ist Tag und Nacht erreichbar. Kapitän Lackmann informiert ihn, daß und warum
wir ausgelaufen sind und daß der Tanker bisher nicht
geantwortet hat. ‚Lauft erst mal weiter‘, hören wir aus
dem Lautsprecher, ‚will sehen, was sich da machen läßt.‘

Eine Stunde später steht die *Pacific* bereits weit draußen in der Biskaya. Sie bockt und bebt, der Gischt fegt
bis in die Masten.

Das Bergungsdrama findet währenddessen hinter den
Kulissen statt. Denn nur in den selteneren Fällen akuter

Gefahr wird von Kapitän zu Kapitän direkt per Funk
ein Bergungsvertrag abgeschlossen. Da gilt es sogar
schon als Vertrag, wenn jemand auf dem in Not geratenen Schiff eine zugeworfene Leine anfaßt. Meist aber
bleibt Zeit genug für Schlepper und Havaristen, sich
per Funk bei den Versicherungen und der Reederei
Hilfe zu erbitten.

Kapitän Meyer im fernen Hamburg ruft im fernen
London an. Dort sitzt der Agent der *World Independence,* und dort sitzen die Makler der größten Schiffs-
versicherung der Welt, ‚Lloyd’s‘, die den Schaden
und Bergelohn später bezahlen wird. Auch sie sind Tag
und Nacht erreichbar.

Es beginnt ein unsichtbares Spiel der heißen Drähte.
Wie steht es wirklich um das havarierte Schiff? Kann es
sich selber helfen? Muß es Schlepperhilfe annehmen, nur
um seinen Termin zu halten? Ist die Bergungskonkur-
renz schon unterwegs?

Inspektor Meyer überlegt sich in seinem Hamburger
Bett: Was verlange ich für eine Bergung? Was wird die
Versicherung bieten? Und kann ich die Konkurrenz von
Rotterdam und Ijmuiden noch ausstechen?

Die *Pacific* hält unterdessen Funkstille wie ein Kriegsschiff auf Feindfahrt. Die Konkurrenten sollen nicht
wissen, wo wir stehen.

Die Piraterie findet im Äther statt. Vergnügt erzählt
der Funker: ‚Mal haben wir der *Utrecht* aber ein
Schnippchen geschlagen. Da haben wir dem Havaristen
unsere Ankunftszeit nur über den schwachen Notsender
gefunkt. Und als die *Utrecht* unser schwaches Gepiepe
hörte, da hat sie lauthals bei der Überwachungsstelle
vom Küstenfunk protestiert: Die *Pacific* lügt! Dabei war
es bloß, um die zu täuschen, wo wir sind.‘

‚Es ist auch vorgekommen‘, ergänzt der Kapitän,
‚daß Schlepper mit schwächerem Sender nicht dazu kamen, ihr Angebot an den Havaristen zu machen. Immer
wenn sie dazu ansetzten, hat ein Funker mit stärkerem
Sender auf einem größeren Schlepper den Finger dazwi-
schengehalten. Störfunk nennt man das ja wohl.‘

‚Natürlich können Sie’s ein Täuschungsmanöver
nennen, was wir machen‘, gibt der Funker zu. ‚Wenn
wir einem Havaristen zu Hilfe eilen, richten wir uns oft
nach seinem nationalen Sentiment. Zum Beispiel kehren
wir einem Briten gegenüber hervor, wie stark unser
Schiff ist, denn die Engländer gehen auf Nummer Sicher.
Einem Griechen dagegen werden wir unsere PS nicht auf
die Nase binden, denn Griechen sind geizig.‘

Der Grieche, den wir jetzt ansteuern, geizt sogar mit
Worten. *World Independence* antwortet nicht. Drei, vier
Stunden lang rätseln wir alle an Bord: ‚Wird es ein
Job werden?‘

Endlich, gegen Mitternacht, kommt das ersehnte See-
funkgespräch. Inspektor Meyer hat mit Agenten und

Maklern der *World Independence* ausgehandelt, daß die *Pacific* den Schlepp übernehmen soll.

Sofort haut unser Funker wieder in die Taste, morst den Havaristen an, teilt ihm mit, daß der Schleppervertrag abgemacht ist, gibt ihm unsere Position durch und unsere voraussichtliche Ankunftszeit — und da endlich funkt die *World Independence* zurück, daß sie einverstanden ist, welche Position sie hat und daß ihr Ruder wohl ganz verloren sei. Jubel geht durchs Schiff: Wir sind angenommen.

Jeder an Bord ist am Bergelohn persönlich beteiligt — damit er zum äußersten Einsatz angestachelt wird. Aber noch weiß niemand, wieviel die *World Independence* bringt. Ob sie einen Haupttreffer haben, werden die Männer erst Tage später, und wie hoch der Gewinn ist, erst viele Monate später wissen. Dann erst, wenn das geborgene Schiff sicher im Hafen liegt, hat der Schlepper Anspruch auf Bergelohn nach der stereotypen Formel im gemorsten Vertrag: ‚No cure — no pay‘. Das heißt: ‚Kein Erfolg — kein Geld‘.

Längst gilt im Seerecht der Grundsatz: Es gibt kein herrenloses Gut — Eigentum geht auf See nicht unter. Ein Bergungsschlepper hat nur Anspruch auf ‚Finderlohn‘. Und der wird erst sehr viel später ausgezahlt, denn die Formel ‚Lloyd's open form‘ im Bergungsvertrag bedeutet: Die Höhe des Bergelohns bleibt vorerst offen; wir beide, Havarist und Schlepper, unterwerfen uns dem Spruch des Schiedsgerichts von ‚Lloyd's‘.

Das Schiedsgericht entscheidet nach neun Monaten, wenn's schnell geht, meistens aber nach zwei Jahren und später. Zum Beispiel so: Tanker, wegen Ruderschadens abgeschleppt, eine Woche lang. Wert mit Ladung: 15 Millionen Mark. Bergelohn: gegen 400 000 Mark. Oder: Massengutfrachter von Klippen gezogen, abgedichtet, ausgepumpt, geschleppt, alles zusammen sechs Wochen lang. Bergelohn: 1 Million.

Ein Traumjob bringt vielleicht 2 Millionen. Und nur höchst selten erreicht der Bergelohn praktisch die obere Grenze, die das Schiedsgericht und das Gesetz theoretisch ziehen: ‚Der zu zahlende Betrag darf in keinem Falle den Wert der geborgenen oder geretteten Gegenstände übersteigen.‘

Die Summen klingen hoch. Aber ein Schlepper ist so teuer wie ein zehnmal größerer Frachter, ebenso sein Unterhalt: täglich etwa 10 000 Mark, auch dann, wenn der Schlepper wartend im Hafen liegt. Da die Frachter größer werden, müssen auch die Schlepper wachsen. Jüngst wurde der größte Schlepper der Welt, die *Oceanic*, für die Bugsier-Reederei in Hamburg gebaut: 16 000 PS!

Und immer mehr solcher Schlepper braucht die Schifffahrt. 25 000 Schiffe befahren heute die Meere. Fast täglich geht eines von ihnen verloren, jährlich wird jedes dritte beschädigt — durch Kollision, Feuer, Strandung, durch technische Mängel und menschliches Versagen.

Zehn Bergungen, fünfzehn Bergungen macht ein Schlepper im Jahr, wenn er Glück hat, und das Glück hängt vom persönlichen Einsatz jedes einzelnen ab. Deshalb geben die Reedereien ihren Männern mehr Anteil am Bergelohn, als ihnen gesetzlich zusteht. Aber die Männer von der Bergung reizt nicht nur das Geld, sondern auch das Spiel mit dem Glück und das Abenteuer. Für ihre Kollegen auf den Frachtern und Musikdampfern haben sie den Spottnamen ‚Transportbegleiter‘. Sie aber lockt es, der See im direkten Sinne des Wortes handgreiflich etwas abzuringen.

Als die Männer der *Pacific* handgreiflich werden, ist es bereits dunkel geworden. Im Licht der Bordscheinwerfer machen die Matrosen auf dem Achterdeck das Schleppgeschirr klar. Knallgelb leuchtet ihr Ölzeug — wenn sie nicht bis zur Hüfte im Wasser stehen, das über die nur einen Meter hohe Bordkante schwallt.

Gegen zehn Uhr abends kommen zwei unscheinbare, tanzende Lichter in Sicht: die *World Independence* und dicht dabei der Schlepper *Hermes* von der Bugsier-Reederei wie unser Schiff. Die kleinere, schwächere *Hermes* ist aus dem nahen La Coruña herbeigedampft, um ‚stand by‘ zu machen: wie ein Wachhund aufzupassen, daß kein fremder Schlepper den Tanker kapert, und ihn notfalls pro forma auf den Haken zu nehmen, obwohl sie viel zu schwach ist, um den Riesen auch nur von der Stelle zu bewegen.

Die *World Independence,* ein Schiffsleib von 218 Metern Länge mit 42 000 Tonnen Öl, treibt hundert Meter entfernt in der nächtlich-schwarzen, groben See. Die 72 flachgestreckten Meter und 1000 Tonnen der *Pacific* nehmen sich dagegen winzig aus.

Die *Pacific* dreht auf der Stelle und saugt sich dann mit ihren Doppelschrauben rückwärts auf den Tanker zu. Schließlich sind es nur noch fünfzig Meter bis zum Tanker — auf See eine gefährliche Nähe.

Kapitän Lackmann navigiert vom zweiten Steuerstand auf dem oberen Achterdeck. Und unten hantiert der Erste Steuermann, bauchtief im Wasser, mit dem Schießgerät, das die Rakete mit der ersten dünnen Fangschnur hinübertragen soll.

Schuß! Ein rosaroter Feuerball. Doch das Geschoß verzischt weitab im Meer. Eine Minute später böllert die zweite Rakete hinüber; aber auch sie wird abgetrieben vom steifen Wind. Fünf Minuten nach dem zweiten Fehlschuß zischt die dritte Rakete genau in die Wanten des Tankers, die dünne Perlonschnur verfängt sich drüben.

Im dünnen Strahl der Scheinwerfer sehen wir, wie die Matrosen am Bug des Tankers zu zurren beginnen. Sie holen die Schnur ein, an der ein dickes Manilatau folgt. Immer dickere Leinen werden daran hinübergeschickt, bis die letzte schließlich die fünf Zentimeter dicke, stählerne Schlepptrosse trägt. Jetzt holen die Ankerwinden des Tankers die tonnenschwere Trosse ein.

*Die ZWARTE ZEE, einer der größten Hochseeschlepper der Welt, ist der Stolz der holländischen Schlepp-
und Bergungsflotte. Zu den Aufgaben der bulligen Schlepper gehört nicht nur die Bergung von Schiffen, die in
Seenot geraten sind und Hilfe brauchen, sondern auch der Transport großer Objekte, wie zum Beispiel Bohrinseln oder Schwimmdocks, über Tausende von Seemeilen. Die Schlepperfahrer, die solche Leistungen oft unter
den schwierigsten Bedingungen vollbringen, gehören zu den besten Seeleuten der Welt.*

Dann macht die *Pacific* langsam Fahrt, läßt eineinhalb Kilometer Schlepptrosse von der übermannshohen Seiltrommel abspulen. Die Trosse hängt tief zwischen den beiden Schiffen durch, dreißig, vierzig Meter unter Wasser – das wirkt als Feder zwischen den hin und her zerrenden Fahrzeugen.

Dreieinhalb Stunden hat das Festmachmanöver gedauert. Lange nach Mitternacht setzt sich der Schleppzug in Bewegung. Der Tanker soll nach Southampton. Das sind – bei drei, vier Meilen Fahrt in der Stunde – sechs bis sieben lange Tage.

Wir setzen die beiden roten Siegeslampen im Topp. Sie bedeuten: ,Vorsicht, Schleppzug, manövrierbehindert.'

Fünf Tage lang zuckelt der Zug durch die Biskaya, ein schwieriger Schlepp trotz mäßiger See. Denn unser Anhang schwänzelt ohne Ruder an langer Leine fast seitlich hinter uns her, als wollte er uns überholen. Alle zwanzig Minuten, wenn er von backbord nach steuerbord geht, strammt die Trosse über die Schleppbügel auf unserem Achterdeck und schlägt Funken aus nassem Stahl. Kapitän Lackmann weicht nicht von der Brücke.

Er hat die Verantwortung für beide Schiffe und das Leben seiner Männer; das eigenwillige Pendeln des Anhangs kann die *Pacific* leicht unter Wasser ziehen. Lackmann macht höchstens mal ein Nickerchen auf der Bank in der Funkstation.

Am sechsten Tage wird es kritisch. Im Ärmelkanal ist das Wasser flach, die durchhängende Trosse muß auf wenige hundert Meter eingeholt werden. Das dauert abermals Stunden in der schwierigen Strömung. Und das birgt für die letzten Meilen Fahrt die Gefahr, daß unser kleiner Schlepper von dem riesenhaften Tanker unter Wasser gebügelt wird.

Es ist mitten in der Nacht, als wir die *World Independence* vor Southampton hinter der Isle of Wight auf Reede vor Anker gehen lassen. Der Tanker wirft die Schleppleine los, und die Winden der *Pacific* rattern, holen das Stahlseil ein. Kurze Zeit später ist unser Deck aufgeklart, liegt alles bereit für den nächsten Einsatz. Mit Volldampf machen wir uns auf, zurück nach dem Hafen Brest, unserer Lauerstellung.

Auf halbem Weg nach Brest treffe ich den Kapitän im Kartenhaus. Er beugt sich über die Seekarte und zeigt mit dem Finger: ‚Da drüben auf den Seven Stones vor Südengland, da hat sich vor einem Jahr wirklich ein Fall abgespielt, den Sie Piraterie nennen können. Das war die Sache mit der *Torrey Canyon.* Alle Welt lamentierte ja über die Gefahr für die schönen Badestrände Nordeuropas. Aber keiner schrieb davon, was damals wirklich geschah.

Die *Utrecht,* unser holländischer Konkurrent, war als erster Schlepper zur Stelle und besetzte die Funkstation des Tankers sofort mit einem eigenen Mann. Wenige Stunden später waren sieben, acht andere Schlepper heran — genug PS, um Europas Badestrände gemeinsam vor der Ölpest zu retten. Aber die *Utrecht* wollte nicht teilen, sie wollte allein versuchen, den Tanker von den Rocks zu ziehen. Und ihr Funker auf der *Torrey Canyon* ließ keinen der anderen Schlepper an den Kapitän des Tankers heran. Der *Utrecht*-Mann stellte sich taub — bis es zu spät war.‘

Lackmann holte tief Luft. Und dann erzählte er mir die andere Geschichte von jener mißglückten Bergung: ‚Komisch, auch das stand nirgends zu lesen: Mein Konkurrent, der Kapitän von der *Utrecht,* ging an Bord des Tankers, um das schwierige Festmachmanöver persönlich zu leiten. Aber gerade da explodierten die Kessel des Tankers unter seinen Füßen.‘

Der Funker hatte kopfnickend zugehört. ‚Ja, diese Plackerei in der Bergung‘, sagte er. ‚Da kommt man nicht von weg, wenn man erst mal dabei ist.‘ “

„Wo bei den anderen die seemännische Kunst aufhört“, sagen die Schlepperfahrer stolz, „da fängt sie bei uns erst an.“ Daß sie damit kaum übertreiben, zeigen auch die Logbücher jener Transporte von oft gewaltigen und ungefügen Lasten, die außer ihrer begrenzten Schwimmfähigkeit nichts mit einem Schiff gemeinsam haben, über Tausende von Seemeilen. „Tow anything anywhere“, lautet ihr Wahlspruch. „Was schwimmt, wird auch geschleppt, egal wohin.“

Sieben Monate und drei Tage dauerte 1964 die Reise eines Schleppzuges, der aus den beiden Bremer Hochseeschleppern *Rotesand* und *Robbenplate* und einem 20 000-Tonnen-Schwimmdock bestand und von Bremen nach Indonesien bestimmt war. Dieses gewaltige Dock, auf einer Werft an der Unterweser im Auftrag der indonesischen Regierung gebaut, sollte im Hafen von Surabaja eingesetzt werden.

Rund 7000 Seemeilen durch Nordsee, Ärmelkanal, Biskaya, Mittelmeer, Rotes Meer und Indischen Ozean, bei grober See und Stürmen bis Windstärke 9, lagen vor den Männern der beiden kleinen Schiffe und den „Runners“, der Überführungsmannschaft auf dem Riesendock, das seine Seitenflächen wie mächtige Segel über die Wasserfläche hochreckte. Seine Deckfläche war größer

als ein Fußballplatz, und sein Tiefgang war lächerlich gering — knapp einen Meter tief lag das Ungetüm im Wasser. „Wie eine ungeheure, leere Schachtel“, so versicherten die Seeleute später, schaukelte der stählerne Kasten in fast einem Kilometer Entfernung hinter den Schleppern her, im Herbst, der rauhesten Jahreszeit auf dem nördlichen Atlantik.

Als der Schleppzug Mitte Oktober mit Kurs auf Java aus der Unterweser auslief, schien man in jeder Beziehung für die Reise um den halben Erdball gerüstet. Das Dock galt als seetüchtig, und die Schlepper waren mit allen modernen Navigationsgeräten, mit einer leistungsfähigen Funkanlage und Tauch- und Bergungsausrüstungen versehen. Bei einer für diese Last beträchtlichen Durchschnittsgeschwindigkeit von viereinhalb Seemeilen in der Stunde machte der Zug seinen Weg durch heftige Biskayastürme und grobe See, bis es im Mittelmeer eine böse Überraschung gab. Nach langer Fahrt durch schwere Dünung stellten die Männer auf dem Dock mittschiffs einen zwei Meter langen Riß fest.

Der tunesische Hafen Bizerta wurde als Nothafen angelaufen; die Reparatur dauerte von Anfang November bis Anfang Januar. Als zwei Wochen später Suez erreicht war, hatten sich neue und größere Schäden eingestellt, Platten und Verbände waren gerissen.

Schweren Herzens mußten sich die Ingenieure entschließen, das Dock in zwei Hälften zu teilen — jede hatte nun ein Gewicht von 10 000 Tonnen. Ende März ging es wieder in See, jeder Schlepper nahm eine Hälfte des stählernen Riesen auf seinen Haken. Als der Konvoi Suez verließ, lagen noch rund 8000 Kilometer Fahrt vor ihm. 52 Tage später erreichten schließlich beide Schlepper ihren Bestimmungshafen Surabaja. Die Mannschaften hatten einige Ruhetage; dann kehrten sie auf ihren Schleppern heim. Die Rückreise war um drei Monate kürzer als der Hinweg.

Neue Wege durch das Eis

Als der Mensch begann, seine Erde zu erkunden, lockten ihn zuerst die Schätze der fernen, heißen Länder. Immer wieder stieß er ins Unbekannte vor, doch er mied, wenn er konnte, die eisigen Zonen der Arktis und Antarktis. Wohl berührten die frühen Entdecker — so Magellan oder Cook — die schwimmenden Eisfelder rund um die Polargebiete, doch wer ihren Schrecken, dem Sturm, der Kälte, dem Hunger und dem qualvollen Tod im Eis, entrinnen konnte, wandte sich schaudernd wieder den mittleren Breiten zu.

Dennoch zogen immer wieder Seefahrer mit Schiffen aller Art ins Eis, Forscher vor allem, die die Welt der Eisberge, des Pack- und Treibeises und der gefürchteten Eisnebel endlich erkunden wollten. Sie bauten, wie 1892 der Norweger Fridtjof Nansen, robuste Schiffe, die dem

Druck der Eismassen und den reißenden Kanten der Schollen und Blöcke widerstehen konnten. Nansen ließ seine starke *Fram* während der Wintermonate sogar willentlich im Nördlichen Eismeer einfrieren.

Was Seefahrt und Wissenschaft brauchten, um einen Seeweg durch das Nördliche und das Südliche Eismeer zu öffnen, waren Spezialschiffe. An den Küsten und auf den Seen Nordamerikas, Kanadas und Nordeuropas bewährt sich der herkömmliche Eisbrecher mit einer dikken, stählernen Außenhaut und einem scharfen, löffelförmigen Vordersteven. Oft saugt eine Schraube unter dem Bug das Wasser unterhalb des Eises weg, damit es leichter zu brechen ist.

Diese Eisbrecher bahnen den großen Schiffen schmale Rinnen durch das Eis, bis ans offene Fahrwasser, oder sie befreien eingefrorene Schiffe. Doch bleiben den von starken Maschinen getriebenen Fahrzeugen meistens nur

Hilfsdienste vorbehalten; mit wenigen Ausnahmen sind sie für längere Reisen kaum geeignet, schon weil sie selten ausreichende Treibstoffmengen für ihre starken Maschinen mitführen können.

Erst vor etwa zehn Jahren, als es den amerikanischen Atom-U-Booten *Nautilus* und *Skate* gelungen war, unter dem Eis des Polarmeeres bis an den Nordpol vorzudringen, machten sich Russen daran, ein kühnes Projekt zu verwirklichen: per Schiff durch das Eis die nördlichen Breiten zu durchfahren.

In einer Leningrader Werft lief im Dezember 1957 der durch Atomkraft getriebene Eisbrecher *Lenin* vom Stapel, der sich schon durch seine Größe — 16 000 Tonnen Wasserverdrängung bei 134 Meter Länge, mehr als 26 Meter Breite und 9,5 Meter Tiefgang — beträchtlich von den üblichen Eisbrechern unterscheidet. Die Russen waren sich mit den übrigen seefahrenden Nationen dar-

Die sowjetrussische LENIN ist der erste mit Atomkraft getriebene Eisbrecher der Welt. So groß wie ein durchschnittliches Frachtschiff, bahnt dieser Riese — für lange Zeiten unabhängig von der Versorgung mit Brennstoffen — russischen Frachtschiffen den Weg durch die unwegsamen Meere des hohen Nordens. Die Erfahrungen mit Eisbrechern dieser Größe und mit Atomantrieb lassen hoffen, daß in Zukunft Frachter und Tanker sich selbst ihren Weg durch Pack- und Treibeis erzwingen können.

Der Tanker, der ein Eisbrecher ist: die MANHATTAN. 1969 kämpfte er sich von der amerikanischen Ostküste aus durch das Nördliche Eismeer nach Alaska und wieder zurück, um erstmals auf diesem Wege eine Ladung Öl in die USA zu transportieren. Im unwegsamen Gebiet nahe dem Polarkreis hatten die Amerikaner ein Jahr zuvor größere Ölvorkommen entdeckt und daraufhin einen großen Tanker zu einem Superschiff umgebaut, das der 2400 Kilometer langen Fahrt durch dickes Eis gewachsen war.

über einig, daß auch ein atomgetriebener Eisbrecher nie das Packeis besiegen würde, wenn man das Schiff in der gewohnten Form baute. Wie Nordamerika hat auch die Sowjetunion sehr lange Küsten an den Eismeeren. Die *Lenin* kann nun mit einer Maschinenkraft von rund 44 000 PS selbst 6 Meter starke Eisdecken durchbrechen. Die Ingenieure, die dieses Schiff konstruierten, sahen ein bewährtes und einfaches Mittel im Kampf gegen das Eis vor: heißes Wasser.

Zwei im Bug eingebaute Strahlwerfer schleudern stündlich mehrere zehntausend Tonnen Meerwasser, das in einem Atomreaktor auf Siedehitze gebracht wurde, auf die Eisbarrieren, die bisher jedem Schiff den Weg versperrten. Versuche hatten ergeben, daß auch meterdickes Polareis einem derartigen konzentrierten Heißwasserangriff nicht widerstehen kann. So vermag dieser größte Eisbrecher der Welt in die erweichten Eismassen vorzustoßen und sie mit seinem scharfen Bug auseinanderzuschieben, wobei das Gewicht des mächtigen Schiffskörpers nachhilft.

Seit Thule auf Grönland Stützpunkt der US-Luftwaffe und Söndre Strömfjord der Brennpunkt für den Flugverkehr Chicago–Moskau wurden und seit man von Berlin über Kopenhagen nach Los Angeles fliegt, wird der Kampf gegen das Polareis mit immer größerer Energie geführt. Die großen Eisbrecher *Atka* und *Glacier* der US Navy brechen mit ihrem Gewicht Bahnen

durch das Eis, um die Verbindung zwischen den USA und den strategischen Stützpunkten im hohen Norden aufrechtzuerhalten. Auch die Russen haben ein starkes Interesse daran, ihren nördlichen Seeweg entlang der nordsibirischen Küste – von Archangelsk durch die Beringstraße nach Wladiwostok – offenzuhalten. Denn die Industriezentren, die nach dem Zweiten Weltkrieg an den großen Strömen Ob, Jenissei, Indigirka und Amur entstanden sind, brauchen gute Schiffsverbindungen, da das Eisenbahnnetz in jenen Breiten noch ungenügend ausgebaut ist. Weil aber der nördliche Seeweg noch halbjährlich zufriert und durch Treibeis stark gefährdet ist, planen die Russen eine mit Atomkraft getriebene „transarktische Flotte", die vorwiegend aus eisbrecherähnlichen Schiffen bestehen und vor allem dem Frachtverkehr dienen soll.

Ein bedeutungsvoller Anfang ist gemacht: Schon kann man über die Nordpolroute von Hamburg aus in 28 Tagen nach Japan fahren. Am 20. Juni 1967 verließ das sowjetische, speziell für diese Eisroute ausgerüstete Frachtmotorschiff *Nowoworonesh* Hamburg zu einer Fernostreise über diesen Weg. Am 25. August, also nicht ganz zwei Monate später, traf das 7700 Tonnen große Schiff in Yokohama ein. Den von ihnen erschlossenen Seeweg hatten die Russen der internationalen Schiffahrt nach der Sperrung des Suezkanals während der Nahostkrise im Juni 1967 als Alternative angeboten – eine

Route, die für den europäischen Warenaustausch mit dem Fernen Osten von großer Bedeutung sein wird, weil sie bedeutend kürzer ist als die Seewege durch den Suezkanal oder um das Kap der Guten Hoffnung. Der Seeweg von Hamburg nach Yokohama zum Beispiel ist durch den Suezkanal rund 11 500 Seemeilen lang. Nach dem Ausfall dieses Kanals beträgt die Länge des Weges um das Kap der Guten Hoffnung herum etwa 14 000 bis 15 000 Seemeilen. Geht die Reise nun „oben herum", also über die Eisroute, so verkürzt sich die Strecke auf fast die Hälfte: 7300 Seemeilen.

Für die Amerikaner wurde die Frage eines Seeweges durch das Eismeer nördlich von Kanada akut, als einige Ölgesellschaften Anfang 1968 in Alaska, an der Prudhoe-Bucht 260 Kilometer südöstlich von Point Barrow, auf ein großes Ölfeld stießen. Man erwog den Bau einer Rohrleitung zum Alaskagolf oder zum Mackenzie River, faßte aber auch die Möglichkeit ins Auge, das Rohöl mit großen Tankern zu verschiffen, die von Alaska aus durch die Inselwelt an der kanadischen Nordküste ostwärts fahren sollten — und schließlich südlich bis zu den amerikanischen Häfen an der Atlantikküste.

Jene „Nordwest-Passage" gilt aber als eine der schwierigsten und gefährlichsten Wasserstraßen der Welt. Sie führt durch dickes Eis, durch häufige Nebelfelder und besonders kalte Gewässer. Überdies macht die Nähe des magnetischen Nordpols die Benutzung von Magnetkompassen fast unmöglich. Der Mangel an ausgeprägten Landmarken und die lange Polarnacht erschweren die Schiffahrt in diesen Regionen noch zusätzlich.

Solchen Hindernissen zum Trotz beschloß eine amerikanische Ölfirma, die Fahrt zur Prudhoe-Bucht durch die

Die über 7000 Kilometer lange Route der
MANHATTAN von Philadelphia nach Nordalaska
führte durch die berüchtigte Nordwest-Passage, die
den Atlantik mit dem Eismeer verbindet und bis dahin
als praktisch unpassierbar galt

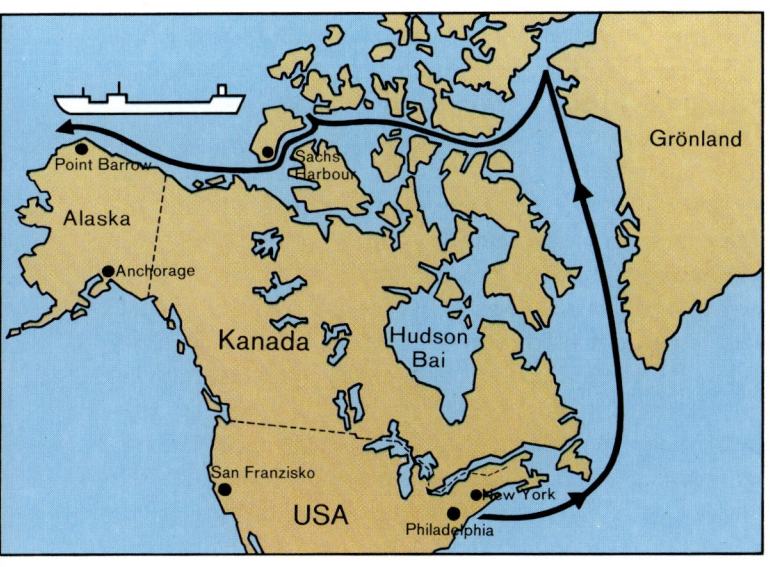

Nordwest-Passage zu wagen. Sie kaufte den großen Tanker *Manhattan* und baute ihn zu einem 306 Meter langen, 115 000 Tonnen großen Eisbrecher-Tanker um, dessen Maschinen nicht weniger als 43 000 PS leisten. Tatsächlich gelang es diesem Riesen Mitte 1969, sich in 23 Tagen von Philadelphia aus zum Ölfeld an der Prudhoe-Bucht durchzuarbeiten. Immer wieder kam die *Manhattan* dabei im Eis fest. Mehrfach befreite sie sich aus eigener Kraft (sie bricht das Eis in herkömmlicher Weise durch ihr Gewicht); einmal jedoch mußte der stärkste Eisbrecher Kanadas, die *John A. McDonald*, ihr dabei assistieren.

Gelingt es, die Nordwest-Passage zu einer von Spezialschiffen ständig zu befahrenden Route zu machen, so würde das Öl aus Alaska den europäischen Häfen wesentlich näher liegen als das vom Persischen Golf.

Sie weben das Netz der Seekabel

Als im September 1961 der von der American Telephone & Telegraph Company in New York in Auftrag gegebene, 11 648 Bruttoregistertonnen große Kabelleger *Long Lines* auf einer Hamburger Werft vom Stapel lief, mochte sich mancher Zuschauer fragen, wozu man im Zeitalter des See- und Landfunks, des Fernsehens und der Nachrichtensatelliten eigentlich noch neue Schiffe dieser Gattung brauche, die mit den modernsten technischen, nautischen und ozeanographischen Geräten ausgestattet sind.

Immerhin ist die Geschichte der Unterseekabel weit mehr als hundert Jahre alt. Das erste Seekabel wurde 1842 von Samuel Morse im Hafen von New York verlegt, das erste Transatlantikkabel sank 1858 zwischen Irland und Neufundland auf den Meeresboden hinab, und in den darauffolgenden Jahrzehnten spann sich allmählich ein umfassendes Kabelnetz von Kontinent zu Kontinent. Während vor einhundert Jahren das erste „Kabelgramm" von der britischen Ostküste nach London noch 20 Sekunden brauchte, flitzt heute ein Telegramm in einer Sekunde rund um den ganzen Erdball. Eine der letzten großen Unternehmungen auf dem Gebiet des Kabellegens war das Verlegen des sogenannten *Iscan*-Kabels, das seit dem Jahre 1962 Island über Grönland mit Kanada verbindet.

Für den internationalen Telephon- und Telegrammverkehr sind die Seekabel auch heute noch unentbehrlich. Denn im Gegensatz zu den funktelegraphischen Einrichtungen und den modernen Nachrichtensatelliten-Systemen — die ohnehin bei weitem nicht ausreichen würden, um den Nachrichtenverkehr der Erde zu bewältigen — sind sie unabhängig von störenden atmosphärischen und anderen Einflüssen.

Bevor wir zu dem modernen Kabelleger *Long Lines* zurückkehren, wollen wir uns noch einmal zurückverset-

*Zwei Bilder aus den Kindheitstagen der Kabelleger: Die GREAT EASTERN bei der Arbeit. Hier sucht das
große und tüchtige, aber kuriose und glücklose Schiff, das in der zweiten Hälfte des vorigen Jahrhunderts
die Meere befuhr, neben zwei anderen Schiffen mit Hilfe von Suchankern nach einem gebrochenen Seekabel.
Eigentlich war die GREAT EASTERN als Passagierschiff gebaut worden; aber die Reisenden mißtrauten ihr,
und der Riese endete als Kabelleger.*

zen in die Zeit der ersten Atlantikkabel, die unlösbar
mit dem Namen der *Great Eastern* verbunden sind, jenes
glücklosen Riesendampfers, der für ein halbes Jahrhundert das größte Schiff der Welt bleiben sollte. Erfolglos
im Fahrgastverkehr, von einer Kette von Unglücksfällen
heimgesucht, war das Kabellegen eine der letzten Aufgaben der *Great Eastern* — eines Schiffes, dessen Bau
und Reparaturen immerhin über eine Million Pfund
Sterling verschlangen, damals eine horrende Summe für
ein einziges Schiff.

Der amerikanische Tauchpionier und Schriftsteller
James Dugan schildert die Schwierigkeiten bei der Ver-
legung von Kabeln in jener frühen Zeit:

„Im Juli 1865 verließ die *Great Eastern* die irische
Küste: Von ihrem Heck rollte eine schwarze Kabel-
schlange ab und verschwand in den Wellen. Das Seekabel, drei Zentimeter dick, lag in drei Riesenräumen,
die die Stelle der früheren Salons, Kabinen und Laderäume einnahmen, unter Deck aufgeschossen. Auch ein
Schornstein sowie zwei der zehn Kessel waren entfernt
worden, um Stauraum für die über 3000 Kilometer
Kabel zu schaffen.

Berichte über den Fortschritt der Arbeit wurden laufend über die immer länger werdende Leitung nach
Irland zurücktelegraphiert und von dort nach London
weitergegeben. Das Hirn der ganzen Verlegungsarbeit
war ein verdunkelter Prüfraum an Bord, in dem Elek-
triker saßen und Tag und Nacht ihr großes Prüfinstrument
beobachteten. Benahm sich dessen Lichtpünktchen, kaum
größer als ein Stecknadelkopf, nicht normal, bedeutete
das eine defekte Stelle in der Kabelumhüllung, an der
Strom austrat, oder sogar einen Bruch.

Schon in der ersten Nacht — das Schiff hatte sich
84 Seemeilen von der Küste entfernt — zeigte das Instrument Stromverlust an. Das Einholen der Leitung war
eine schwierige, heikle Sache. Aber als man 16 Kilometer von dem nassen Kabel wieder an Bord hatte,
wurde die Ursache gefunden: Ein fünf Zentimeter langes
Stück Draht war durch die teergetränkte Hanfumhül-
lung getrieben worden.

Danach ging ein paar Tage alles gut. Doch am siebten
mittags meldete der Prüfraum, der Strom sei jetzt ganz
unterbrochen. Wieder wurde das Kabel Kilometer für
Kilometer eingeholt, während die Männer die schlam-

mige Schlange sorgfältig abfühlten, um die schadhafte Stelle zu finden. Kapitän und I. Offizier standen 26 Stunden auf der Brücke, durch geschickte Manöver das Schiff auf der Stelle haltend, um das Kabel keiner zu großen Zugbeanspruchung auszusetzen.

Endlich entdeckte man in der geborgenen Leitung ein quer hindurchgebohrtes Eisenstückchen, das an einem Ende verdächtig blank war — wie mit der Beißzange abgezwickt. In den Kabelräumen unten arbeiteten auch Iren; sollte einer von ihnen es für seine nationale Pflicht gehalten haben, dies englische Unternehmen zu vereiteln? Die der Sabotage Verdächtigen wurden der Decksmannschaft zugeteilt und die Ersatzmänner von zuverlässigen Leuten überwacht.

Die *Great Eastern* hatte nun die Hälfte ihres Weges hinter sich. Und im Morgengrauen des 2. August erwies sich die Haltlosigkeit der Sabotagetheorie. „Da geht ein Ende Draht mit!" schrie einer der Leute — das Kabel riß gerade ein Stückchen Draht aus dem Führungsmechanismus los, durch den es lief.

Die lädierte Partie war inzwischen schon im Wasser verschwunden. Als man sie wieder an Bord holen wollte, gab es plötzlich einen Ruck — wahrscheinlich vom Schiff verursacht —, und das Kabel, bereits 1898 Kilometer lang, brach! Sein abgerissenes Ende sank in die Tiefe, hinab auf den Grund des Ozeans.

Die *Great Eastern* ging auf Gegenkurs. Lief auf dem gleichen Weg, den sie gekommen war, zurück in den flacheren Teil des Atlantiks, der als Kabel- oder Telegraphenplateau bekannt ist. An einer langen Trosse wurde ein Suchanker ausgebracht, und nach einigen Stunden war aus bestimmten Anzeichen zu schließen, daß er Grundberührung hatte — in rund fünf Kilometer Wassertiefe.

Am anderen Morgen zeigte sich dann am Straffen der Trosse, daß der Suchanker etwas Schweres gefaßt haben mußte. War es das Kabel? Die Trosse war aus 80 Meter langen, durch Schäkel und Drehwirbel verbundenen Enden zusammengestückt. In den frühen Nachmittagsstunden hatte man sie zum größten Teil geborgen, als plötzlich ein Wirbelbolzen nachgab. Und Trosse, Suchanker und Kabel — wenn es das Kabel war — sanken auf den Meeresgrund.

Noch während die Matrosen an dieser Stelle eine große rote Markierungsboje auslegten und sie an fünf Kilometer Telegraphenkabel verankerten, hüllte dichter Nebel die *Great Eastern* ein. Eine zweite Suchankertrosse wurde Stück für Stück zusammengeschäkelt. Doch der Nebel hielt an, fünf unheimliche Tage und Nächte lang, während das Schiff trieb und Schwärme von Tümmlern um seine eisernen Flanken spielten. Am fünften Tag kam für einen Augenblick die Sonne durch, und der zweite Suchanker wurde hinuntergelassen.

Wieder faßte er etwas, wieder wurde die Trosse eingeholt, Meter um Meter. Am folgenden Abend gegen acht

Porträtaufnahme eines modernen Kabellegers. Spezialschiffe dieser Art haben am Bug Rollen, über die hinweg die Seekabel mit einer Geschwindigkeit von 15 Stundenkilometern ins Wasser gegeben werden. Manche Kabelleger besitzen auch am Heck eine derartige Vorrichtung.

Uhr hatte man anderthalb Kilometer von ihr an Bord — und wieder, genau wie beim erstenmal, brach ein Wirbel.

Ohne Hoffnung, aber mit verbissener Zähigkeit befahl die Schiffsführung einen dritten Versuch. Inzwischen war ein bösartiger Wind aufgekommen, und das große Schiff rollte beängstigend. Auf dem regengepeitschten Deck hämmerten Schmiede neue Schäkel und Drehwirbel zurecht. Die rote Markierungsboje, der wichtigste Anhaltspunkt für die Sucharbeit, kam am siebten Morgen im Dunst außer Sicht, wurde aber — ein Wunder — am selben Nachmittag wiedergefunden. Der achte Tag war klar und sonnig, und der dritte Suchanker wurde in die Tiefe gelassen.

Diesmal glitt die *Great Eastern* über das Kabel am Grund hinweg, ohne es zu fassen; aber die Suchtrosse verfing sich unten an irgend etwas und ging verloren. Trotzdem wurde am folgenden Tag noch eine vierte Trosse zusammengestückt und ausgebracht — und brach beim Heraufholen, höchstwahrscheinlich mit dem Kabel am Suchanker. Nachdem man damit die letzten Trossenreste eingebüßt hatte, nahm das große Schiff Kurs Heimat: endgültig geschlagen."

Das abgerissene Kabel blieb lange unauffindbar — kein Wunder, wenn man bedenkt, daß die topographische Beschaffenheit des Meeresbodens in jenen Jahren erst allmählich bekannt wurde und daß die Suche nach einem verlorenen Kabel mühsamer sein mußte als die berüchtigte Suche nach einer Nadel im Heuhaufen. Im darauffolgenden Sommer gelang es dann — wieder unter größten Mühen —, das Ende eines neuen Kabels in Neufundland ans Ufer zu schaffen, wo es an das erste Kabelstück Neufundland – New York angeschlossen wurde. Und am 28. Juli 1866 telegraphierte Queen Victoria Grüße an den damaligen Präsidenten Andrew Johnson von Valentia nach Hearts Content auf Neufundland.

Abgerissene Kabel und verlorene Kabelenden sind für Schiffe wie die *Long Lines*, die nicht nur Verlegungen, sondern auch Reparaturen durchführt, kein Problem mehr. Alle Kabelstränge der Welt sind auf Kabelseekarten verzeichnet; eine defekte Stelle kann auf elektrischem Wege von Land her geortet werden. Auf der angegebenen Position läßt der Kabelleger, quer zur Kabelstrecke fahrend, seinen Suchanker hinab — eine immer noch langwierige Arbeit, die aber dank der heutigen genauen Kenntnis der Meeresbodenprofile, der Wassertiefe und anderer natürlicher Bedingungen meistens erfolgreich ist. In besonders tiefen Gewässern benutzt man sogenannte Schneideanker, die bei einem bestimmten Zug das Kabel durchschneiden und nur ein Ende eingeklemmt an die Oberfläche bringen, während das andere auf den Meeresboden zurücksinkt. Das heraufgeholte Ende wird an einer Boje befestigt, das zweite muß erneut gesucht werden.

Das Fassungsvermögen ihrer mächtigen Kabeltanks erlaubt es der *Long Lines*, bis zu 1800 Seemeilen — das sind mehr als 3300 Kilometer — armdicken Seekabels auf einer einzigen Ausreise mitzunehmen. Mit der Geschwindigkeit eines guten Radfahrers — etwa 8 Knoten oder rund 14 bis 15 Stundenkilometer — wird das Kabel vom Schiff „ausgezahlt", wie es in der Fachsprache heißt. Über die mächtigen Bugrollen, die der *Long Lines* und vielen anderen Kabellegern die charakteristische Silhouette geben, gleitet in diesem beachtlichen Tempo das Kabel hinab, manchmal bis auf mehrere tausend Meter Tiefe. Da das Kabel natürlich nicht senkrecht auf den Meeresboden hinabhängt, sondern über eine lange Entfernung vom Meeresboden zum Schiff hinansteigt, übt sein Gewicht eine enorme Zugkraft aus, die zehn und mehr Tonnen erreichen kann.

Die 166 Mann Besatzung der *Long Lines*, die sich aus seemännischem und technischem Personal zusammensetzt, können mit modernsten nautischen Geräten und Steuerungsanlagen der Probleme Herr werden, die die bewegte See, die Schwerkraft, horizontale Tiefenströmungen und andere physikalische Eigenarten des Meeres ihnen stellen. Besondere Ruder- und Schraubenanlagen vermeiden die gefährlichen Eigenbewegungen des Schiffes in unruhiger See, die zu einer plötzlichen Überbelastung des Kabels und damit zum Reißen des Stranges führen können. Ein sogenannter Dynamometer kontrolliert ununterbrochen die Beanspruchung des Kabels und steuert Bremsen und Winden, die immer die gewünschte Spannung halten.

Rund fünfzig Kabelleger aller Nationen sind auf den Weltmeeren damit beschäftigt, das gewaltige „Nervensystem" der Seekabel rund um die Erde beständig zu erweitern und instand zu halten. An sie und ihren Beitrag zur internationalen Verständigung — im wahrsten Sinne des Wortes — sollte man hin und wieder denken, wenn man sich heute wie selbstverständlich rasch und ohne Schwierigkeiten mit einem Partner an einem Ort jenseits des Ozeans telephonisch verbinden läßt und mit ihm spricht, als wohne er in der Nachbarschaft.

Rettung aus Seenot

Überall in den Seemannskneipen und Gastwirtschaften unserer Hafenstädte, aber auch in vielen Lokalen des Binnenlandes stehen kleine, rot-weiße Blechschiffchen auf der Theke. Sie bitten den Gast um eine Spende für eine Einrichtung, auf deren Bedeutung im Februar 1967 ein besonderes Unglück auf See wieder die allgemeine Aufmerksamkeit lenkte: für die *Deutsche Gesellschaft zur Rettung Schiffbrüchiger*. Bei schwerem Orkan hatten in der Nacht zum 24. Februar vier Besatzungsmitglieder des deutschen Seenotkreuzers *Adolph Bermpohl* nördlich von Helgoland drei völlig erschöpfte holländische Fischer von ihrem havarierten Kutter geborgen und nach der Rettung zusammen mit ihnen den Tod gefunden. Nach dem Protokoll der späteren Verhandlung dieses Falles vor dem Seeamt in Bremerhaven hat sich die Tragödie etwa so abgespielt:

Auf den Hilferuf des deutschen Fischkutters *J. C. Wriede*, der etwa 45 Seemeilen westnordwestlich von Helgoland in der sturmzerwühlten Nordsee in Seenot geraten war, lief am 23. Februar um 15 Uhr der Rettungskreuzer *Adolph Bermpohl* aus dem Helgoländer Hafen aus. Die vier Männer an Bord — Vormann Paul Dencker, sein Stellvertreter Hans-Jürgen Kratschke und die beiden Motormänner Otto Schülke und Günter Kuchenbecker — wurden draußen von einer wilden See empfangen. Orkanstürme bis Windstärke 12 hatten die Deutsche Bucht in einen Hexenkessel verwandelt; in Abständen von wenigen Sekunden rasten 7, ja hin und wieder sogar 10 Meter hohe Wellen heran. Ein solcher Wellengang ist selbst in der rauhen Nordsee nicht gerade häufig.

Aber Paul Dencker und seine drei Begleiter kannten solches Nordseewetter und hatten mehr als einmal bewiesen, daß sie und ihr starkes Schiff damit fertigwerden konnten. In den rund eineinhalb Jahren, seit Dencker die *Adolph Bermpohl* als neues Schiff übernommen

Mehr als 18 600 Menschen hat die Deutsche Gesellschaft zur Rettung Schiffbrüchiger in den über hundert Jahren ihres Bestehens aus Seenot geborgen. Ihre modernsten Rettungskreuzer, zu denen auch die hier gezeigte ADOLPH BERMPOHL gehört, sind vorzüglich ausgerüstet, äußerst kräftig und praktisch unsinkbar. Drei Motoren geben ihnen eine Geschwindigkeit von 24,5 Knoten. Da jeder eine eigene Schraube antreibt und ein eigenes Ruder hat, können diese Boote „auf dem Teller" drehen.

hatte, waren 164 Menschen unter seiner Führung gerettet, waren 45 Schiffe sicher in den nächsten Hafen geleitet worden. Der Seenotrettungskreuzer *Adolph Bermpohl* war der modernste seiner Art; er war unsinkbar und verfügte über 3 Motoren mit insgesamt 2400 PS.

Während der Kreuzer dem havarierten deutschen Fischkutter entgegenlief, kamen jedoch neue Nachrichten über den Seefunk, die den Vormann veranlaßten, auf nördlicheren Kurs zu gehen. „Gegen 16.14 Uhr", so das Protokoll des Seeamtes, „wurde von Norddeich Radio ein May-Day-Ruf des holländischen Fischkutters *Burgemeester van Kampen* aufgefangen, der 8 Seemeilen nördlich von Helgoland Wassereinbruch meldete und dringend Hilfe anforderte. Da bereits andere Schiffe sich zur Hilfeleistung in der Nähe des deutschen Fischkutters befanden, nahm *Adolph Bermpohl* nach Rücksprache mit Norddeich Radio Kurs auf den holländischen Fischkutter *Burgemeester van Kampen*."

Kurz nach 17 Uhr erreichte der Seenotrettungskreuzer den Havaristen. Als er bis auf 200 Meter herangekommen war, verständigten sich beide Schiffsführer über Sprechfunk miteinander. Norddeich Radio konnte diese Unterhaltung auf Band nehmen. Die letzten Sätze lauteten so:

Bermpohl: Bürgermeister van Kampen... Wollen Sie das Schiff verlassen — do you want to leave your ship — or what... to do? Please come —

Kampen: Wir wollen das Schiff verlassen —

Bermpohl: Haben wir verstanden — Sie wollen das Schiff verlassen. Ist das richtig? — Over.

Kampen: Ja — wir wollen das Schiff verlassen — wir sollen das Schiff verlassen. Over.

Bermpohl: Ja, ist in Ordnung. Wir werden eine Leine rübergeben, wir werden achtern rankommen und — ich melde mich gleich wieder, wir besprechen eben die Lage, und dann melde ich mich wieder. Hören Sie?

Kampen: Ja, das ist gut gehört — Sie melden sich wieder.

Einige Minuten später, um 17.36 Uhr — immer noch wütete der Orkan mit unverminderter Heftigkeit —, begannen die Männer der *Adolph Bermpohl* mit dem Rettungsmanöver. Sie kündigten es den Schiffbrüchigen an:

Bermpohl: Wir setzen unser Tochterboot aus — wir setzen unser kleines Boot aus und kommen damit achtern ran — nicht? — Binden Sie bitte Schwimmwesten um, und dann nehmen wir Sie an Bord mit unserem Tochterboot — mit unserem kleinen Boot vom Achterdeck kommen wir an Sie heran — achter — haben Sie verstanden?

Kampen: Ja, dat habe ich gut verstanden — Sie kommen mit de kleine Boot — holen uns ab... mit kleene Boot holt Sie uns ab — hab ich dat gut verstanden?

Bermpohl: Ja, haben Sie richtig verstanden — seien Sie vorsichtig und nehmen Sie Schwimmwesten — binden Sie Schwimmwesten um...

Kurz nach 17.38 Uhr wurde es für eine Weile still. Die Rettungsmänner brachten ihr kleines, 100 PS starkes Tochterboot *Vegesack* über den Slip am Heck des Mutterbootes zu Wasser und bargen, trotz der kochenden See, die drei Besatzungsmitglieder des holländischen Fischkutters. Dann meldete sich die *Adolph Bermpohl* ein letztes Mal, wie das Protokoll später festhielt:

„In der Zeit 18.19 Uhr 22 Sekunden berichtete der Seenotrettungskreuzer *Adolph Bermpohl* an Helgoland Radio, daß 3 Mann des Fischkutters *Burgemeester van Kampen* 5 Seemeilen nordnordöstlich von Helgoland geborgen wurden. Die Besatzung sei vollzählig, *Adolph Bermpohl* laufe getrennt vom Tochterboot langsam vor dem Tochterboot her zurück nach Helgoland. Das Tochterboot könne wegen der groben See nicht aufgenommen werden. Auf die Frage, ob der Seenotfall *Burgemeester van Kampen* aufgehoben werden kann, folgte eine Befragung des Kutterkapitäns durch den Schiffsführer des SNK *Adolph Bermpohl*. Danach wurde die Frage mit ‚Ja‘ beantwortet unter dem Hinweis, daß der FK *Burgemeester van Kampen* aufgegeben wurde.

Die Abwicklung des Funkverkehrs erfolgte in aller Ruhe, und nichts ließ darauf schließen, daß sich die Besatzung des Kreuzers oder des Tochterbootes in Gefahr befände."

Von diesem Augenblick an aber wurde es still um die *Adolph Bermpohl* und das Tochterboot; niemand hörte sie mehr. Nur ein Mann, der Leuchtturmwärter Krüss auf dem Helgoländer Leuchtturm, hat sie noch einmal gesehen, ehe die Katastrophe eingetreten sein muß. Für einige Sekunden zwischen zwei schweren Regenböen sichtete Krüss die Lichter eines größeren und eines kleineren Bootes in den Wellen unweit der Nordeinfahrt zum Helgoländer Hafen. Dann blieben beide Schiffe verschwunden — bis man sie beide ohne einen Mann an Bord wiederfand. Das Mutterboot wurde am nächsten

Tag von dem Passagierschiff MS *Atlantis* nördlich von Feuerschiff *Elbe I,* das Tochterschiff in der Nähe kieloben treibend entdeckt.

Was mochte geschehen sein? Welche Macht hatte sieben Männer auf einen Schlag von den Decks zweier Boote gerissen? Niemand kann etwas Genaues über den Vorfall aussagen, doch hat die Seeamtsverhandlung folgende Vermutung erbracht: In den Stürmen, die der Rettungsaktion vorausgegangen waren und die erst nach der Bergung der drei Fischer etwas abflauten, waren zwei wichtige Leuchttonnen vor Helgoland ausgefallen. Die eine hatte sich losgerissen und war abgetrieben, die zweite war erloschen. Paul Dencker und seine Männer kannten die Nordsee und ihre Tücken wie sonst kaum einer; aber ohne ihre Bord-Navigationshilfen *Decca* und Radar, die bei diesem Wetter nicht funktionierten — Gischt, Regenböen und hohe Wellen verhinderten die Ortung vom niedrigen Schiff aus —, waren sie auf die Leuchttonnen angewiesen. Orientierungslos, so vermuten die Fachleute, „ist die *Adolph Bermpohl* näher als beabsichtigt an die Selle-Brunn-Gründe (eine gefährliche Untiefe bei Helgoland) geraten, vielleicht gerade dadurch, daß sie die vertriebene Tonne zu fassen bekam und für die Navigation zugrunde legte. Jedenfalls wurde sie durch den Leuchtturmwärter in Nähe der Tonne N/1, sogar östlich davon, gesichtet. Die ausgekuppelten Maschinen zeigen, daß hier das Tochterboot längsseits genommen wurde, wahrscheinlich, um die erschöpften Holländer zu übernehmen. In dieser Situation muß eine gewaltige Grundsee sich über beiden Booten aufgetürmt haben und auf sie niedergebrochen sein. *Adolph Bermpohl* wurde um 90 Grad auf die Seite und über die *Vegesack* geworfen. Die Seeleute wurden, wo sie sich auch in diesem Augenblick befunden haben mögen, außenbords gerissen oder unter Wasser gedrückt."

Die mutmaßlichen Vorgänge nach der Rettung konnten auf Grund der Beschädigungen der tatsächlich unsinkbaren Schiffe rekonstruiert werden. Von den sieben Männern, die in dieser Nacht ums Leben kamen, hat nie ein Mensch wieder etwas gesehen. Und ob tatsächlich eine Grundsee — ein „Kaventsmann", wie die deutschen Seeleute sagen — den vernichtenden Schlag führte, muß eine bloße Vermutung bleiben. Grundseen gehören zu den gefürchtetsten Wellenerscheinungen über Untiefen: Wenn eine mächtige Orkanwoge auf ein flaches Meeresgebiet aufläuft, verringern sich ihre Länge und ihre Geschwindigkeit; ihre Höhe aber vergrößert sich mehr und mehr. Die Woge türmt sich zu einem riesigen Wasserberg auf, der in einem bestimmten Augenblick bricht und mit einem Gewicht von mehreren tausend Tonnen niederstürzt.

Wieder einmal hatte es sich gezeigt, daß dem Menschen, trotz aller Hilfsmittel der modernen Technik, durch die Gewalten der See Grenzen gesetzt sind — Grenzen, die keiner besser kennt als die Männer der

Viele deutsche Seenotrettungskreuzer führen ein Tochterboot mit sich, das sie aussetzen können, um so besser an ein Wrack heranzukommen. Hier ist ein solches Beiboot bei einem Havaristen längsseits gegangen und nimmt Schiffbrüchige auf.

Deutschen Gesellschaft zur Rettung Schiffbrüchiger, die allein im Jahre 1966 bei 658 Rettungsaktionen (oft unter schwierigsten Umständen) 814 Menschenleben aus Seenot retten konnte.

Zwar haben die Katastrophen auf See und an den Küsten einiges von ihrem Schrecken verloren, den sie vor einigen Jahrzehnten noch hatten, als die Funkentelegraphie noch in den Kinderschuhen steckte und es weder Radar noch *Decca*-Navigation gab. Dennoch gehen auch jetzt noch rund 200 Schiffe jährlich auf den Weltmeeren verloren, durch Strandungen oder Kollision, durch Feuer, unsachgemäße Schiffsführung oder fehlerhafte Ausrüstung. Im Jahre 1963 waren es sogar 254 Schiffe mit insgesamt einer halben Million Tonnen, die in die Tiefe sanken, auf Grund liefen oder ausbrannten. Mehrere tausend Seeleute starben in der gleichen Zeit den nassen Tod, und nach Meinung vieler Fachleute wächst mit der zunehmenden Verkehrsdichte auf den Meeren die Zahl der Unfälle, statt abzunehmen. Nie wurden die Männer der fast schon legendären deutschen Rettungsgesellschaft so oft alarmiert wie im Winter 1964/65 — im Übergang auf das Jahr, in dem diese Institution auf ein Jahrhundert selbstlosen Dienstes zurückblicken konnte.

Jahrhundertelang waren die Menschen auf den Schiffen und an den Küsten daran gewöhnt, Katastrophen und Unglücksfälle auf See als Strafgerichte Gottes anzusehen, durch die Schuldige getroffen und bestraft oder Glücklichere belohnt werden sollten. Es ist noch gar nicht so lange her, daß die Bewohner so mancher Küste angesichts eines in Seenot geratenen Schiffes in aller Demut darum beteten, der Herr über Leben und Tod möge, wenn es denn schon sein müsse, dieses Schiff wenigstens vor ihrem Strand auflaufen lassen. Und wenn die Berichte von absichtlich gelöschten oder irreführend aufgestellten Leuchtfeuern auch ins Reich der Fabel gehören mögen — die Geschichte weiß von manchen Kämpfen gegen die Errichtung von Richtfeuern und Leuchttürmen entlang der Küsten. Die Gewissensfrage, ob und wem geholfen werden solle, galt lange als in einfachster Weise beantwortet: Man hielt sich an die göttliche Vorsehung, die dem einen den Verlust seines Schiffes oder gar den Tod, dem anderen aber das ersehnte Strandgut bescherte.

Als jedoch vor rund hundert Jahren das Rettungswerk gegründet war, leistete es bald Erstaunliches. Seit ihrer Gründung haben die Männer der Deutschen Gesellschaft zur Rettung Schiffbrüchiger mehr als 18 000 Menschen geborgen, davon ein Drittel allein im Jahrzehnt von 1955 bis 1965. Diese eindrucksvollen Zahlen zeigen am deutlichsten die unveränderte Notwendigkeit dieser Organisation, die durch ständige Verbesserung ihrer Schiffe und Ausrüstung den in Not geratenen Schiffen immer häufiger schon Hilfe bringen kann, ehe der Seenotfall sich zu einer großen Katastrophe ausweitet. Die Rettungsmänner und ihre Seenotkreuzer sind bei ihrer Arbeit längst an keine Grenzen mehr gebunden; staatliche Abkommen mit Holland und Dänemark garantieren, daß deutsche Rettungsfahrzeuge überall dort eingreifen können, wo ihre Hilfe gebraucht wird. Auch hier gilt der für alle Schiffe auf See bindende Grundsatz, daß derjenige helfen muß, der dem in Seenot geratenen Schiff am nächsten ist.

Aber staatliche Übereinkommen und Gesetze bleiben reine Formsache, wenn sich nicht immer wieder Männer finden, die ihr Leben aufs Spiel setzen, um andere zu retten. Männer wie Cornelius Haiungs und Max Gruhlke zum Beispiel, die im Jahre 1968 ein Meisterstück vollbrachten. Die Deutsche Gesellschaft zur Rettung Schiffbrüchiger berichtete:

„In der Nacht zum Sonntag, dem 7. Juli 1968, war über der Nordsee ein schwerer Nordweststurm aufgekommen, der in Böen Orkanstärke erreichte. Er überraschte vor der nordfriesischen Küste den 12,5 Meter langen Krabbenkutter *Condor*, und während der 58-jährige Fischer Johann Hinrichs seine beiden Netze aufhieven wollte, geriet der Kutter in der Meldorfer Bucht in der Nähe des sogenannten ‚Muschellochs‘ auf eine Untiefe. Er wurde dabei leck geschlagen, und der Fischer versuchte, auf dem verhältnismäßig flachen Wasser vor Anker zu gehen. Der Winddruck der Orkanböen aber war so groß, daß der Anker aus dem Grund riß, und nun trieb der Kutter auf das wesentlich tiefere ‚Steertloch' zu. Jetzt galt es, möglichst schnell aus dem tiefen Wasser herauszukommen, denn der Kutter sackte zusehends weg. So kappte Fischer Hinrichs den Anker. Er kam auf diese Weise in ein flacheres Seegebiet, aber plötzlich legte sich der Kutter auf die Seite und sank in kurzer Zeit.

Fischer Hinrichs hatte inzwischen eine Schwimmweste angelegt und sich festgebunden. Als das Schiff sank, wurde er unter Wasser gezogen, aber es gelang ihm noch rechtzeitig, die Leine zu lösen, und während er den Mast umklammerte, trug ihn die Schwimmweste nach oben. Mit letzter Kraft zog sich der Schiffbrüchige auf die Netzspier. Von dort aus mußte er hilflos zusehen, wie die kochende und schäumende See unter ihm Stück für Stück aus dem Wrack herausbrach und forttrug.

Äußerst kritisch wurde die Situation, als ein Brecher schließlich das Ruderhaus des Kutters aus dem Deck riß. Es war mit dem Mast, an den sich der Fischer klammerte, verbunden und zerrte ihn mehrmals unter Wasser, ehe es schließlich abriß und wegtrieb.

Drei bange Stunden harrte der Schiffbrüchige Johann Hinrichs festgebunden im Mast aus — steif gefroren, erschöpft, ohne Hoffnung. Er konnte nicht annehmen, daß irgend jemand seinen Untergang beobachtet hatte und ihm zu Hilfe käme.

Währenddessen aber hatte der Seenotbeobachter auf der Büsumer Schleuse dem auf Kontrollfahrt in See befindlichen Seenotrettungsboot *Rickmer Bock* gemeldet, daß der Kutter *Condor* noch nicht vom Krabbenfang zurück sei. Vormann Cornelius Haiungs suchte sofort mit dem Motormann Claussen zusammen von Tertiussand bis Büsum das Fahrwasser ab, ohne allerdings etwas von dem vermißten Kutter zu finden. In der Büsumer Schleuse kam der zweite Vormann Max Gruhlke an Bord, der Freiwache gehabt hatte und ablösen wollte. Der Rettungsmann Claussen wurde jetzt mit dem Auto fortgeschickt, um die Häfen der Meldorfer Bucht abzusuchen, Haiungs und Gruhlke aber gingen erneut in die vom Orkan aufgewühlte See.

Um 11.30 Uhr sichteten sie tatsächlich im Steertloch den aus dem Wasser ragenden Mast und, daran geklammert, den Schiffbrüchigen. Der hatte schon alle Hoffnung aufgegeben. ‚Ich gab keinen Deut mehr für mein Leben und hatte keine Chance mehr vor Augen', sagte er später. Nun, als das Rettungsboot mit voller Fahrt durch die Brecher herankam, glaubte er, noch einmal zu Wasser gehen zu müssen — aber er hatte nicht mit dem Schneid und der Erfahrung der bewährten Rettungsmänner gerechnet: Mit Wurfleine und Rettungsring stand Gruhlke auf dem Vorderdeck, als Haiungs den *Rickmer Bock* anlaufen ließ. Und trotz der schweren See gelang

es, ohne den Mast und die Takelage zu berühren, so dicht vorbeizuscheren, daß Vormann Max Gruhlke den Schiffbrüchigen vom Mast herüberreißen konnte auf das Rettungsboot. Eine wahrhaft klassische Rettung, wie Haiungs später lachend meinte. — Erschöpft und völlig unterkühlt, wurde der Gerettete in den Maschinenraum gebracht und aufgewärmt. Gruhlke drehte ihm dort die erste Zigarette. Um 12.20 Uhr konnte der Fischer Hinrichs in Büsum an Land gegeben und von einem Auto in sein schmuckes weißes Reetdach-Haus in Westerdeichstrich gebracht werden.“

Ein Wrack wird gehoben

Wo immer ein Schiff in Seenot gerät, sind natürlich die Sicherheit und die Rettung von Menschenleben das oberste Gebot. Aber selbst kleinere Schiffe stellen oft Millionenwerte dar, die man auch nach gescheiterten Bergungsversuchen dem Meer wieder zu entreißen sich bemüht. Selbstverständlich ist ein Schiff, das auf hoher See untergeht und schließlich in mehreren hundert oder gar tausend Metern Tiefe auf dem Grund des Meeres liegt, meistens für immer verloren. Die Mehrzahl der Schiffe sinkt jedoch nicht auf hoher See, sondern in der Nähe der Küste, vor Häfen und in Strommündungen. Dort sind Zusammenstöße im Nebel — trotz Radar —, Brände und Strandungen die häufigsten Ursachen größerer Schiffsunglücke. Die Opfer solcher Katastrophen liegen dementsprechend nicht selten in Tiefen, aus denen sie unter Umständen gehoben werden können. Die Hamburger Bugsier-Reederei, die entlang der Nordseeküste ihre Flotte von Bergungsschleppern unterhält, ist auch berühmt für ihre Spezialfahrzeuge, die gesunkene Schiffe wieder an die Wasseroberfläche heben können, sofern sie nicht tiefer als 50 Meter liegen und nicht mehr als 6000 Tonnen wiegen.

Energie und *Ausdauer,* so heißt ein Zwillingspaar dieser Schwerstarbeiter der Meere, *Hiev* und *Griep* ein anderes. Wenn die Fachleute, die mit diesen vier Hebeschiffen arbeiten, von einem Schiffseigner aufgefordert werden, die Bergung eines wertvollen Schiffes zu versuchen, so prüfen sie durch den Einsatz von Tauchern zunächst sehr genau, ob überhaupt eine Chance besteht, das Schiff von seinem Platz freizukommen. Denn auch hier gilt der alte Grundsatz, der sonst in der Bergung üblich ist: Kein Erfolg — kein Geld.

Besteht Aussicht auf eine erfolgreiche Hebung, dann beginnt zunächst eines der Hebeschiffpaare mit seiner Arbeit, die sich meistens über Wochen und Monate hinzieht. Nachdem die Taucher festgestellt haben, wie das Schiff auf dem Grund liegt, wo sich seine Lecks befinden, ob und wie tief es in den häufig schlammigen Grund eingebettet ist, werden an Bord der Hebefahrzeuge Leckdichtungen hergestellt, die genau auf die Löcher im

Schiffsrumpf passen müssen. Wieder gehen die Taucher hinab; sie bringen diese provisorischen „Flicken" über den Lecks an und dichten sie ab, ebenso alle anderen Öffnungen wie die Luken, Niedergänge, Bullaugen, Windhuzen usw.

In der Zwischenzeit haben die mit starken Maschinen, Kränen und Dampfwinden ausgerüsteten Hebeschiffe genau über dem Wrack Position bezogen. Starke Stahltrossen, die über ein Rollensystem entlang der niedrigen Reling der Hebeschiffe laufen, werden nun hinabgelassen und unter dem gesunkenen Schiff hindurchgezogen, nachdem ein Spezialgerät dafür Rinnen unter dem Wrack freigemacht hat. Allein diese Vorbereitungen nehmen sehr viel Zeit in Anspruch, denn für je 100 Tonnen Gewicht ist eine Stahltrosse erforderlich. Ein Wrack von rund 3000 Tonnen benötigt also 30 Trossen, die sich unter seinem Kiel hindurch von Hebeschiff zu Hebeschiff spannen.

Wenn alle Trossen befestigt sind, beginnt der eigentliche Hebevorgang. Mit ihren starken Winden ziehen die parallel liegenden und durch reichlichen Ballast tief im Wasser gehaltenen Hebefahrzeuge die Trossen an, bis alle gleichmäßig straff gespannt sind. Jetzt pumpen die Hebeschiffe den Wasserballast aus ihren Tanks, und das Wrack kommt allmählich frei — eine Phase, die zu den kritischsten der ganzen Bergungsarbeit gehört, weil das Wrack sich oft im zähen Schlamm des Untergrundes festgesogen hat. Um zu vermeiden, daß sein Gewicht die beiden Hebeschiffe gegeneinander zieht, sind lange und kräftige Streben zwischen ihren Bordwänden befestigt.

Ist das gesunkene Schiff vom Boden freigekommen, werden die Hebeschiffe mitsamt ihrer Last in flacheres Wasser geschleppt, bis das Wrack wieder Grundberührung hat. Aufs neue fluten die Hebeschiffe ihre Tanks, wieder ziehen die Trossen das Wrack ein Stück höher, weiter geht es in flacheres Gewässer — bis die Aufbauten des Wracks endlich an der Oberfläche erscheinen und das Schiff durch die Hebefahrzeuge leergepumpt werden kann. Schwimmt es schließlich einigermaßen, bringen Schlepper es zur Reparatur in das nächste Schwimmdock.

Vom Segelkutter zum Hubschrauber: Die amerikanische Coast Guard

Am 4. August 1790, ein Jahr nach seinem Amtsantritt, unterzeichnete George Washington, der erste Präsident der Vereinigten Staaten, eine Verfügung zum Bau von 10 Segelkuttern, die entlang den Küsten der amerikanischen Bundesstaaten den damals blühenden Schmuggel bekämpfen sollten.

Dies war die Geburtsstunde der größten maritimen Schutz- und Rettungsorganisation der Welt, der *United States Coast Guard* (Küstenwache der Vereinigten Staaten), in der heute mehr als 30 000 Männer an den rund 65 000 Kilometer langen Küsten der USA und auf hoher See ihren Dienst tun.

Die *Coast Guard,* die dem amerikanischen Marineministerium untersteht, hat als eine halbmilitärische Einrichtung weit vielfältigere Aufgaben als etwa die Deutsche Gesellschaft zur Rettung Schiffbrüchiger, obwohl die Rettung aus Seenot besonders seit Beginn dieses Jahrhunderts zu ihren wichtigsten Zielen gehört.

Zu der Jagd auf die Schmuggler, für die sie — damals noch unter einem anderen Namen — gegründet worden war, kamen schon bald die Pflichten einer Seestreitmacht, denn erst im Jahre 1798 gründeten die jungen Vereinigten Staaten ihre Kriegsmarine. Die *Coast Guard* kämpfte gegen französische Freibeuter und gegen den Sklavenhandel. Während des Sezessionskrieges fochten ihre Schiffe und Männer auf beiden Seiten, und im Ersten und Zweiten Weltkrieg beteiligte sie sich an der Schlacht um den Atlantik.

Bedeutungsvoller für die internationale Seefahrt sind jedoch die friedlichen Dienste der *Coast Guard.* Sie unterhält, von der Beringstraße bis nach Labrador, Rettungsstationen, Leuchttürme und Feuerschiffe. Ihre Schiffe und Flugzeuge halten Eiswacht im Nordatlantik und warnen die Schiffe vor Eisbergen, während andere Fahrzeuge im Pazifik und im Atlantik als schwimmende Wetterstationen operieren. Eisbrecher, Hochsee- und Bergungsschlepper, Rettungsboote und Rettungshubschrauber sind ständig in Bereitschaft, um Schiffen und Besatzungen aus Seenot zu helfen. Nach dem Grundsatz, daß vorbeugen besser ist als heilen, überwachen Beamte der *Coast Guard* den Bau neuer Schiffe vom ersten Entwurf bis zum Stapellauf, und regelmäßig prüfen sie die Sicherheitseinrichtungen an Bord von Seefahrzeugen aller Art. Ihre Schiffe und Flugzeuge dienen auf See, an entlegenen Inseln oder Küsten der Arktis und anderswo als fliegende oder schwimmende Krankenstationen; sie patrouillieren bei sportlichen Hochsee-Segelregatten auf den Rennstrecken, um im Notfall Beistand leisten zu können, und übernehmen sogar so spezielle Aufgaben wie die Überwachung der Pelzrobbenjagd auf den Pribiloff-Inseln vor der Küste von Alaska.

Viele dieser Pflichten dienen den nationalen Interessen der Vereinigten Staaten; aber auch die internationale Seefahrt verdankt den Männern der *Coast Guard,* die nicht nur in den Häfen der USA, sondern auch in manchen anderen Welthäfen wie London, Antwerpen, Bremerhaven, Neapel, Athen und Yokohama stationiert sind, ein gut Teil ihrer Sicherheit. Für die meisten dieser Männer gilt, was ein Veteran der amerikanischen Küstenwache zur Antwort gab, als man ihn fragte, ob er nicht fürchte, einmal von der See nicht mehr zurückzukehren: „Ich weiß nur, daß in der Dienstvorschrift steht, daß man raus muß. Von Zurückkommen steht nichts drin."

Hanns-Wolf Rackl

DER MENSCH TAUCHT

„Der Fischer musterte das Ufer und trieb dann das Boot mit kräftigen Ruderschlägen einige Längen weiter. Wir schnallten die Atemgeräte an und stiegen ins Wasser. Das Boot lag an der Ostseite der italienischen Insel Giglio — südöstlich von Elba — längsseits der Secca Scuola, eines zerklüfteten Granitfelsens, der vor der Steilküste aus dem Meer aufragt. Seewärts neben der Secca fiel der Meeresgrund fünfzig bis achtzig Meter tief ab. Und hier sollte das Wrack eines Schiffes liegen, dessen Schatten der Fischer Angelo an einem windstillen Tag gesehen haben wollte.

Wir tauchten hinab und durchstießen die dunkle Wasserschicht, die sich zwischen fünfzehn und fünfunddreißig Meter wie eine düstere Wolkenbank erstreckte. Als noch etwa fünfzehn Meter unter uns liegen mochten, sahen wir das Wrack. Aus dem Grund ragten die Hälse antiker Amphoren auf, große tönerne Krüge, die Deckslast eines untergegangenen Schiffes aus der Römerzeit. Wir schwammen den schiffsförmigen Hügel ab. Gut sechzehn Meter maß er in der Länge, an sechs Meter in der Breite. Rund zweihundert Tongefäße staken in regelmäßigen Reihen im Grund. Etwa 100 v. Chr. hatten italienische Töpfer die Krüge geformt. In einer Amphora fand sich sogar noch Weinharz, wie man es in der Antike zur Konservierung des Weins verwendet hatte.

Wieder in Angelos Boot, beschlossen wir, das Wrack zu fotografieren und dann ein oder zwei Amphoren zu heben. Mit der Kamera gingen wir aufs neue in die Tiefe. Wie eine blühende Oase lag das Wrack in der Sandwüste in fünfzig Meter Tiefe. Schwämme prangten an den Hälsen der Krüge, manche waren fast zugewachsen von Hornkorallen und anderem Getier. Ein Schwarm rosaroter, schwalbenschwänziger Anthias (Rote Fahnenbarsche) schwirrten darüber hinweg. Unter großer Mühe zogen wir schließlich eine Amphora aus dem Grund. Zwei Jahrtausende lang waren Sand, Schlick und Muschelschalen durch die schmale Öffnung gerieselt. Sachte leerten wir den Krug aus, hielten ihn mit dem spitzen

Fast wie ein Fisch unter Fischen im Meer sich bewegen zu können, seine Tiefen und deren Wunder zu sehen, das ist ein alter Menschheitstraum, der sich für viele in unserer Zeit erfüllt

Boden nach oben und ließen aus den Stahlflaschen, die wir mitgenommen hatten, Preßluft einströmen. Die Amphora erhielt gewaltigen Auftrieb. Einer meiner Freunde faßte sie bei den Henkeln und schwebte mit ihr nach oben. Je näher der Krug der Oberfläche kam, um so mehr nahm der Wasserdruck ab; die Luft im Krug dehnte sich infolgedessen aus, strömte ab wie aus einer Rakete, und mein Freund sauste immer schneller nach oben. Er schoß mit der Amphora über die Wasseroberfläche hinaus, kletterte ins Boot — und krümmte sich zwei Minuten später unter Schmerzen. Zuerst hatte es in seinem ganzen Körper gekribbelt, dann bekam er Schüttelfrost. Eine Lähmung breitete sich über die rechte Körperhälfte aus. Er konnte nicht sprechen, schrie nur noch. Ein Anfall von Caissonkrankheit! Rasch legten wir ihm ein Reserve-Atemgerät an, brachten ihn hinunter auf sechs Meter Tiefe, und der Überdruck ließ den Anfall allmählich abklingen. Nach diesem Unfall banden wir einige Amphoren an Luftballons, die wir mit Atemluft füllten und allein nach oben schweben ließen."

Dieses Erlebnis des Münchner Tauchers Sigi Köster ist für Fachleute nichts Besonderes, denn sie wissen, daß sich ähnliche Zwischenfälle an allen Küsten warmer Meere ereignen. Urlaubsreisen werden zu Tauchfahrten in die Vergangenheit, zu versunkenen Schiffen und untergegangenen Städten aus der Römerzeit, aus dem Goldenen Zeitalter Griechenlands, aus der Zeit des Trojanischen Krieges, aus dem frühen Mittelalter. Kunstwerke von unschätzbarem Wert und kostbare Statuen aus der Antike kommen wieder ans Licht. Archäologen dringen in die Schatzkammern der Unterwasserwelt ein. Für sie ist die Tiefe eine faszinierende Welt voller Geheimnisse und Überraschungen. In den letzten Jahrzehnten haben Abenteurer, Militärs, Industrielle, Wissenschaftler der verschiedensten Fachrichtungen und Touristen begonnen, die Unterwasserwelt zu erobern. Freilich, der Weg dahin war lang, er barg und birgt noch viele Gefahren, die den Taucher bedrohen.

Die Angst vor den unheimlichen Tiefen der See hat durchaus nicht alle Menschen in früherer Zeit zurückgehalten, die Welt unter Wasser zu erkunden. Im Süden, an Küsten mit klaren, warmen Gewässern in stillen

298

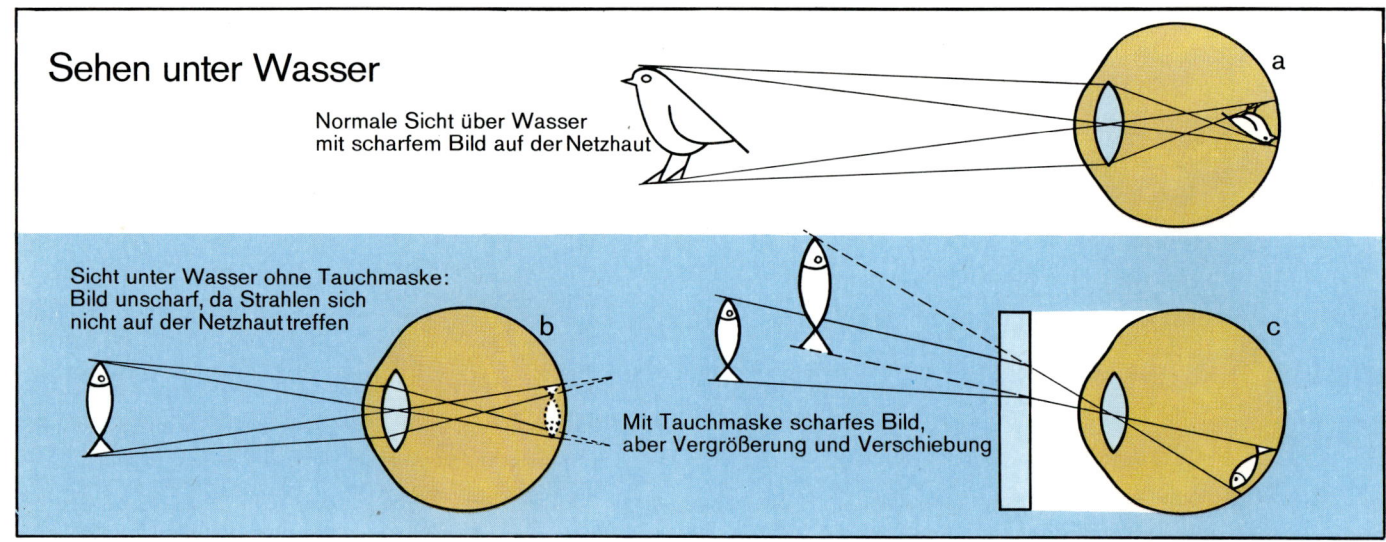

Das menschliche Auge, geschaffen für das Sehen über Wasser, sieht unter Wasser alle Gegenstände verschwommen und vergrößert, weil die aus dem Wasser ins Auge einfallenden Lichtstrahlen anders gebrochen werden als beim Einfall aus der Luft. Die Tauchmaske mit der hinter ihr liegenden Luftkammer hebt diesen Effekt auf und sorgt für deutliches Sehen. Nur die Vergrößerung, mit der man unter Wasser alle Dinge sieht, bleibt bestehen; sie wird hervorgerufen durch eine scheinbare Verkürzung der Entfernung.

Buchten, wo den Taucher weder heimtückische Strömungen noch rasche Auskühlung bedrohen, empfand man die Region unter den Wellen nie allgemein als feindselig. Es ist müßig, danach zu forschen, in welcher Kultur das Tauchen erfunden wurde, denn ohne Zweifel haben bereits die Jäger der Urzeit ihre Beute ins Wasser verfolgt oder aus dem Wasser geborgen — wie wir es bei vielen Raubtieren beobachten können.

Am Meeresstrand ist die Grenze zwischen Unter- und Überwasserwelt zumeist scharf ausgeprägt. Die Geschöpfe des Meeres muten oft sehr fremd an; das Salzwasser ätzt in den Augen; an vielen Küsten verwehren Brandung und aufgewirbelte Stoffe, die das Wasser trüben, den Blick in die Tiefe. Doch am Mittelmeer geht der Blick oft durch eine ruhige Oberfläche und kristallklare Flut bis zum Grund, der selbst dann, wenn er acht, zehn Meter tief liegt, noch zum Greifen nahe scheint. Viele Küsten des Roten Meeres und Pazifischen Ozeans laden zum Tauchen geradezu ein. So ist es nicht erstaunlich, daß 3200 v. Chr. im ägyptischen Theben große Mengen von Perlmutterschalen, die in diesen Mengen nur Taucher beschafft haben können, für Schnitzereien verwendet wurden; daß in einem Bericht aus dem Jahre 2250 v. Chr. als Tribut für einen chinesischen Kaiser Perlen genannt werden; und daß in Phönizien und manchen griechischen Städten das Tauchen ein wichtiger Gewerbezweig war.

Die Taucher der Frühzeit brauchten klare Gewässer mit ruhiger Oberfläche, denn mit bloßem Auge kann man im Wasser schlecht sehen. Erst die Tauchmaske gibt verhältnismäßig gute Sicht. Wahrscheinlich benutzten schon die Taucher im antiken Griechenland aus Holz geschnitzte Tauchbrillen mit eingelegten Glasscheiben.

Von den mittelalterlichen Perlentauchern am Persischen Golf wissen wir es ganz genau, denn der marokkanische Weltreisende Ibn Batuta meldete 1331, daß sie vor dem Tauchen eine Art Maske aus Schildkrötenpanzer aufsetzten und die Nase durch eine Spange aus dem gleichen Material verschlossen. Offensichtlich bestanden diese Masken aus dem Panzer von Meeresschildkröten, der sich fast glasklar polieren läßt.

Die Tauchpioniere der zwanziger und dreißiger Jahre unseres Jahrhunderts versuchten es mit Brillen aus Gummi und Glas und ärgerten sich darüber, daß sich die Scheiben gegeneinander verschoben, wodurch sich das Bild verzerrte. Sie ahnten nicht, daß bereits 1865 die französischen Erfinder Rouquayrol und Denayrouze Abhilfe geschaffen hatten — indem sie ganz einfach statt zwei Gläsern eine einzige Scheibe in einen Rahmen aus Gummi und Metall gesetzt hatten. Erst 1936 wurden — in Frankreich — die ersten Tauchmasken industriell hergestellt.

Gefahren der Tiefe

Alte Berichte erzählen von erstaunlichen Taten, die Taucher, nur ausgerüstet mit einer Tauchmaske oder auch ganz ohne Hilfsmittel, vollbracht haben sollen. Vieles davon ist ohne Zweifel übertrieben, zum Beispiel die von Ibn Batuta angegebene Tauchzeit von 2 Stunden oder die Legende, der griechische Taucher Skyllias habe bei seiner Flucht vor den Persern unter Wasser 80 Stadien — das sind 15 Kilometer! — zurückgelegt.

Andere Leistungen dagegen sind verbürgt, so unglaublich sie auch vor einigen Jahren noch klangen. Wir lesen von Tauchzeiten bis zu 4 Minuten und mehr und von Tiefen bis zu sechzig Metern. So band 1913 der griechische Schwammtaucher Stotti Georghio in 60 Meter Tiefe ein Tau an den verlorengegangenen Anker eines italienischen Schlachtschiffes.

Ein wenig geübter Freitaucher kann nur eine, höchstens zwei Minuten ohne Atmung existieren; dann quält ihn der Lufthunger so stark, daß er dem Drang zum Auftauchen kaum mehr zu widerstehen vermag. Doch kann man lernen, länger ohne Luft auszukommen, denn erst nach einigen Minuten droht Bewußtlosigkeit, und die Gefahr von Gehirnschäden als Folge mangelhafter Durchblutung und Sauerstoffversorgung des Gehirns wird erst nach 6 – 10 Minuten groß. Außerdem lassen sich die Atemzentren des Körpers überlisten: Der Lufthunger des Tauchers wird nämlich weniger durch Sauerstoffmangel ausgelöst als durch die Anreicherung des Blutes mit Kohlendioxidgas (CO_2). Atmet man einige Minuten lang sehr tief ein und aus — die Fachleute nennen diese Technik „Hyperventilation" —, so nimmt das Blut höchstens 3 Prozent mehr Sauerstoff auf als bei normaler, guter Atmung, durch die es schon bis knapp an die Grenze seiner Aufnahmebereitschaft mit Sauerstoff angereichert wird. Dagegen baut das „Überatmen" Kohlendioxid ab, das im Blut immer vorhanden ist.

Hält der Taucher nun den Atem an, so dauert es eine Weile, bis wieder der normale Kohlendioxidstand des Blutes erreicht ist. Erst einige Zeit danach stellt sich der Lufthunger ein. Die Zeit, die verstreicht, bis der normale CO_2-Gehalt wieder erreicht ist, hat der hyperventilierende Taucher gegenüber dem auf normale Weise Atmenden gewonnen.

Doch dabei droht Gefahr: Da der Körper trotz Überatmens tatsächlich kaum mehr Sauerstoff aufgenommen hat — denn die 3 Prozent sind fast bedeutungslos —, treten die Folgen des Sauerstoffmangels ohne die sonst übliche vorherige Warnung durch den quälenden Lufthunger ein. Der Taucher gleitet ganz sacht in eine Ohnmacht und ertrinkt, wenn er nicht rechtzeitig von einem Helfer hochgezogen wird.

Die Gefahr wird noch vergrößert durch eine weitere Aufgabe, die das Kohlendioxid im Körper zu erfüllen hat: Es steuert die Gehirndurchblutung mit. Sinkt der Kohlendioxidgehalt ab, so geht die Gehirndurchblutung stark zurück; verminderte Gehirndurchblutung aber läßt den Taucher noch schneller bewußtlos werden. Ohne Zweifel waren die enormen Leistungen der Schwamm-, Bergungs- und Perlentaucher von früher jedoch ohne Hyperventilation nicht möglich, und vielleicht war damals unter den Tauchern die „richtige Atemtechnik" ebenso ein Geheimtip, wie sie es heute noch unter Sporttauchern ist. Auch die Inhaber der verblüffenden Tieftauchrekorde der letzten Jahre haben vor ihren Vorstößen in die Tiefe durchgeatmet, „bis es in den Fingerspitzen kribbelte". Während aber zu ihrer Rettung

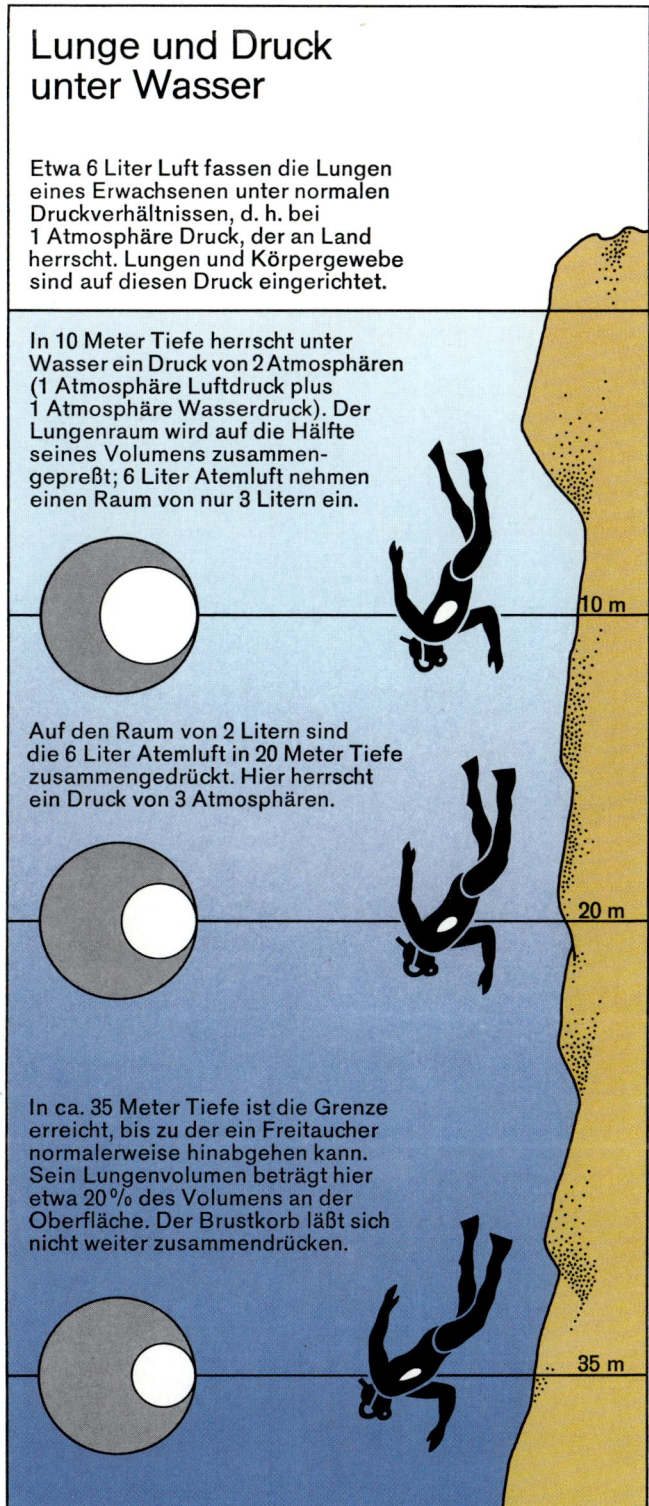

Lunge und Druck unter Wasser

Etwa 6 Liter Luft fassen die Lungen eines Erwachsenen unter normalen Druckverhältnissen, d. h. bei 1 Atmosphäre Druck, der an Land herrscht. Lungen und Körpergewebe sind auf diesen Druck eingerichtet.

In 10 Meter Tiefe herrscht unter Wasser ein Druck von 2 Atmosphären (1 Atmosphäre Luftdruck plus 1 Atmosphäre Wasserdruck). Der Lungenraum wird auf die Hälfte seines Volumens zusammengepreßt; 6 Liter Atemluft nehmen einen Raum von nur 3 Litern ein.

10 m

Auf den Raum von 2 Litern sind die 6 Liter Atemluft in 20 Meter Tiefe zusammengedrückt. Hier herrscht ein Druck von 3 Atmosphären.

20 m

In ca. 35 Meter Tiefe ist die Grenze erreicht, bis zu der ein Freitaucher normalerweise hinabgehen kann. Sein Lungenvolumen beträgt hier etwa 20 % des Volumens an der Oberfläche. Der Brustkorb läßt sich nicht weiter zusammendrücken.

35 m

Rekordtaucher mit besonders elastischem Brustkorb und einer besonderen Atemtechnik können kurzzeitig bis an die 75-Meter-Tiefenmarke herantauchen.

70 m

Die erstaunlichen Rekordleistungen einzelner Freitaucher – hier der Italiener Enzo Maiorca, der im Jahre 1971 die Rekordtiefe von 77 Metern erreichte – setzen eine überdurchschnittliche Lungenkapazität voraus. Selbst ein gut trainierter Freitaucher darf sonst nicht viel tiefer als 30 Meter tauchen.

Für viele Naturvölker der Tropen, vor allem in der Südsee, ist die Jagd unter Wasser eine selbstverständliche Art des Nahrungserwerbs. Oft tragen die Jäger nicht mehr an Ausrüstung als einen einfachen Holzspeer und eine primitive Brille.

stets Helfer mit Atemgeräten auf dem Rücken bereitstanden, müssen immer wieder Sporttaucher für die gewonnenen Minuten in der Tiefe mit dem Leben bezahlen.

Abgesehen von der Gefahr des Ertrinkens nach dem Überatmen, ist wahrscheinlich schon das lange Anhalten des Atems allein gesundheitsschädlich. So heißt es in einer antiken Schrift über die Bewohner der griechischen Hafenstadt Anthedon (Böotien), die vorwiegend vom Tauchen lebten, sie hätten einen roten Teint und ausgezehrte Körper. Von den Frauen, die in japanischen Perlenfarmen sechzig- bis neunzigmal am Tag in die Tiefe gehen, wissen wir, daß sie sich vor der Saison mästen, worauf sie beim Tauchen rasch 10 bis 20 Pfund verlieren. Die in Japan verbreitete Meinung, Frauen seien für diese Arbeit geeigneter und Männer würden überdies vom Tauchen zeugungsunfähig, dürfte aber eher auf die niedrige Stellung der Frau in der japanischen Gesellschaft als auf genaue Beobachtungen zurückgehen. Allerdings sind einige der Wirkungen des Tauchens auf den Körper noch unerforscht. So wundert sich die britische Marine seit langem darüber, daß die Frauen ihrer Froschmänner überwiegend Töchter zur Welt bringen, und man hat vor einiger Zeit eine Gruppe von Wissenschaftlern damit beauftragt, zu untersuchen, ob das ein Zufall ist.

Bei Froschmännern und gut ausgerüsteten Sporttauchern dürfte häufiges Atemanhalten kaum die Ursache gesundheitlicher Schäden sein, denn die modernen Atemgeräte versorgen ihre Träger immer mit genügend Luft. Viel gefährlicher ist der Druck der Tiefe, dem der auf die Verhältnisse an der Erdoberfläche eingerichtete menschliche Körper beim Tauchen ausgesetzt ist. Die Erdatmosphäre übt in Meereshöhe einen Druck von 1 Atmosphäre aus: Eine gedachte Luftsäule über einer Fläche von 1 Quadratzentimeter, die vom Boden bis zu den obersten Schichten der Erdatmosphäre reicht, wiegt 1 Kilogramm (exakter, in der Sprache der Physiker: 1 Kilopond). Doch dieses Gewicht von 1 Kilo auf jeden Quadratzentimeter unseres Körpers empfinden wir nicht, weil unsere mit Flüssigkeit gefüllten Gewebezellen kaum zusammengedrückt werden und die wesentlichen Hohlräume unserer Körper mit Gasen — vor allem mit Luft — gefüllt sind, die unter demselben Druck stehen, wie er außen herrscht. Die Drücke, die inner- und außerhalb der Hohlräume des Körpers wirken, sind gleich; die herrschenden Kräfte gleichen sich damit vollkommen aus.

Wasser ist nun aber spezifisch fast 800mal schwerer als Luft. Während der Druck auf ein Raumschiff vom Eintauchen in die Erdatmosphäre bis zur Landung in Meereshöhe um 1 Atmosphäre ansteigt, braucht ein Taucher nur auf 10 Meter Tiefe zu gehen, um einen Druckanstieg um 1 Atmosphäre zu erleben. Wassertieren schadet der Druck der Tiefe nicht, denn in ihren Körperhohlräumen befindet sich Wasser. Doch auch der

Mensch wird beim Tauchen nicht unbedingt zusammengedrückt. Seinem Körpergewebe und den Knochen kann der Druck nicht viel anhaben. Die Lungen aber, die bei einem Erwachsenen mit rund 6000 Kubikzentimetern Luft gefüllt sind, müssen sich dem Druck anpassen.

Wie tief ein geübter Taucher also hinuntergehen kann, das hängt von der Elastizität seines Brustkorbs ab, die von Mensch zu Mensch sehr verschieden ist. Wenn die Elastizität nicht mehr ausreicht, bildet die Lunge einen Unterdruckraum, während Blut und Gewebsflüssigkeit unter höherem Druck stehen, weil sich der Wasserdruck in ihnen fortsetzt. Aus den Blutgefäßen drängt dann Gewebeflüssigkeit in die Lunge, und der Taucher erleidet ein Lungenödem: Sein Kreislauf bricht zusammen, das Gehirn wird nicht mehr durchblutet, sein Herz bleibt stehen. Könnte er trotz des Ödems noch tiefer tauchen, so würde auch der zwangsweise Druckausgleich durch die langsam in die Lungen einströmende Flüssigkeit nicht mehr ausreichen — der Brustkorb würde zusammengequetscht. Die äußerste Grenze für den Nacktaucher, den Taucher ohne besondere Atemausrüstung, wird daher mit 30 Metern Tiefe angegeben. Doch trainierte Männer haben diese Marke weit überschritten: Im Jahre 1971 erreichte der Sizilianer Enzo Maiorca eine Tiefe von 77 Metern!

Und der Wettstreit geht weiter. Bei allen Rekordversuchen sparen die Taucher jedoch die für das Abtauchen erforderliche Kraft und Zeit ein. Sie lassen sich von Gewichten, die an einem zum Grund gespannten Drahtseil entlanglaufen, in die Tiefe ziehen. Mit einer Geschwindigkeit bis zu 2 Metern pro Sekunde sausen sie abwärts. Wird die Fahrt zu schnell, so drücken sie auf eine Schleifbremse, die ähnlich wie eine Fahrradbremse funktioniert; dennoch ist jeder Rekordtauchversuch ein lebensgefährliches Wagnis. Die Bremse schützt aber wenigstens vor einem Platzen der Trommelfelle, ein Unfall, der antiken und mittelalterlichen Tauchern, die sich von schweren Steinen in die Tiefe reißen ließen, immer wieder zustieß. Hinter dem Trommelfell, im Innenohr, entsteht beim Abtauchen ein Unterdruckraum. Die Trommelfelle wölben sich nach innen, schmerzen und platzen schließlich, sofern nicht durch die „Eustachischen Röhren" rechtzeitig Luft aus dem Nasen-Rachen-Raum ins Innenohr fließt. Diese Röhren öffnen geübte Taucher durch Schluckbewegungen; weniger trainierte Taucher schließen die Nase mit zwei Fingern und blasen Luft hinein, wie wenn sie sich schneuzen wollten. Da die Luft in den Lungen unter dem gleichen Druck steht, wie er außen herrscht, entsteht, wenn sie über den Nasen-Rachen-Raum ins Innenohr strömt, dort derselbe Druck, und selbst dünne Trommelfelle halten stand und können nicht mehr platzen.

Im Altertum kannte man diese physikalischen Gesetze noch nicht und experimentierte daher mit verschiedenen Hilfsmitteln. Manche Taucher stopften Schwämme in die Ohren, andere gossen Öl hinein; dennoch hatten sie oft unter geplatzten Trommelfellen zu leiden. In einem wissenschaftlichen Werk aus dem 1. Jahrhundert n. Chr. wird festgestellt: „Es ist nichts als Gewinnsucht, die den Menschen antreibt. Selbst der Schiffbruch ist ein neues Mittel zur Bereicherung geworden, und oft ist man gezwungen, den Körper eines verunglückten Tauchers samt seiner Beute zu suchen, die er bergen wollte." Der römische Geschichtsschreiber Plinius tadelte das Tauchen nach Perlen und Purpurschnecken: „Nicht genug, daß wir uns in Gefahr begeben, um die Nahrung zu beschaffen..., die größte Freude haben wir daran, unseren Körper mit Schmuck bedeckt zu sehen, der unter Lebensgefahr beschafft wird."

Taucher im Altertum

Die Taucher des Altertums trieb allerdings weniger Gewinnsucht als nackte Not zur Eroberung der Tiefe. Schon damals standen immer wieder Stadtbevölkerungen, ja selbst ganze Völker vor der gleichen Situation wie heute die gesamte Menschheit: Die Erträge der Landwirtschaft reichten zur Ernährung nicht mehr aus. Und wie heute bot die Meerestiefe Auswege: Muscheln lieferten wertvolle Nahrung; Perlen, Korallen und Schwämme waren bei anderen Völkern, die Nahrungsmittel verkaufen konnten, begehrte Handelsartikel.

Dazu verlangte der Fortschritt der Technik immer häufiger den Einsatz von Tauchern für Bauarbeiten unter Wasser, vor allem beim Ausbau von Hafenanlagen, die an manchen Küsten schon Jahrhunderte vor Christi Geburt so großzügig und technisch perfekt angelegt wurden, daß selbst moderne Ingenieure manchmal noch von den Hafenbaumeistern des Altertums lernen können. Der Seeverkehr wuchs gewaltig an, aber die nautischen Kenntnisse entwickelten sich kaum weiter, so daß Stürme, Riffe und Untiefen von der Seefahrt riesige Tribute forderten. Seeräuber und Kriegsflotten bohrten zahllose Handelsschiffe in den Grund.

So entstand ein weites Arbeitsfeld für geschickte Taucher: Sie bargen Schätze aus Gold und Silber, Kunstwerke aus Marmor und Bronze ebenso wie untergegangenes, in großen tönernen Krügen verstautes Getreide. Ein Gesetz der Insel Rhodos, die in hellenistischer Zeit im Mittelmeerraum der Hauptumschlagplatz für das Getreide aus Ägypten war, spricht von einer eigenen Tauchergilde, und eine Inschrift in Rom erwähnt eine Tauchergenossenschaft, deren Mitglieder versunkene Waren aus der Tibermündung heraufholten.

Tauchen war im Altertum ein Beruf der niederen Stände. Wegen des geringen Ansehens dieses Gewerbes gelangten Taucher äußerst selten zu Ruhm und Ehren. Einer von ihnen war der Grieche Skyllias aus Skione auf der Halbinsel Chalkidike. Er barg zusammen

Schon vor Jahrhunderten gab es Froschmänner, Taucher, die gegen feindliche Schiffe eingesetzt wurden.
Zu besonderem Ruhm kam im 16. Jahrhundert der junge Italiener Paolo di Cassia, der als Froschmann eine
ganze Flotte in Brand setzte, um seine von den Türken entführte Braut zu retten.

mit seiner Tochter Hydna im 2. Perserkrieg (um 500 v. Chr.) für den persischen Großkönig Xerxes zahlreiche Schätze aus versunkenen Schiffen. Doch als Xerxes Griechenland mit seiner Flotte bedrohte, nutzten Skyllias und Hydna einen Sturm, in den die Perserschiffe vor Kap Sepias gerieten, schnitten die Ankertaue vieler Schiffe durch und flohen. „Alsdann versanken Menschen und Boote und die ganze persische Flotte, ruhmlos vernichtet...", berichtet ein griechisches Epigramm über den Erfolg. Offensichtlich wurden die Schiffe gegen das Kap getrieben und zerbrachen dort.

„Froschmänner" waren bereits in der Antike eine nicht selten eingesetzte „Geheimwaffe". Bei Belagerungen brachten sie in Ziegenhäute eingenähte Lebensmittel durch die feindlichen Linien, und als die Athener Syrakus angriffen, sägten Taucher unter Wasser Rammpfähle ab, die von den Syrakusern in den Hafengrund hineingetrieben worden waren.

Als Alexander der Große 332 v. Chr. auf seinem Marsch nach Ägypten monatelang die bis dahin für un-

besiegbar gehaltene phönizische Inselstadt Tyrus belagerte und vom Festland zur Insel einen Damm bauen ließ, befestigten phönizische Taucher unter Wasser lange Taue mit Haken am Holzwerk dieses Dammes. Die tragenden Balken wurden von den Zinnen der Stadt aus herausgezogen, und ein Stück von Alexanders Damm krachte zusammen. Bei der Belagerung von **Byzanz** (194 – 196 n. Chr.) durch den römischen Kaiser Septimius Severus nagelten „Froschmänner" aus der Stadt Taue an die Kiele römischer Kriegsschiffe. Soldaten zogen die Schiffe zum Land hin und zerstörten sie.

Zu legendärem Ruhm kam der Froschmann allerdings erst, als Sprengstoffe und wasserfeste Umhüllungen und Zünder erfunden wurden. Was ein einzelner mutiger Froschmann ausrichten kann, erfuhren die Militärs zum erstenmal in einer dunklen Nacht des Jahres 1547. Damals lag unter dem Kommando des Admirals Khayr ad-Din Barberousse, des „Teufels des Mittelmeeres", bei der Ile du Levant vor der Côte d'Azur eine mächtige

Flotte von Kriegsgaleeren des Türkensultans Soliman des Großen vor Anker. Die Türken waren plündernd und mordend die italienischen Küsten entlanggefahren und wollten die Flotte Franz' I. von Frankreich, der sich mit ihnen gegen Kaiser Karl V. von Spanien verbündet hatte, verstärken.

Auf seinem Weg entlang der kalabrischen Küste hatte der türkische Oberbefehlshaber auch die achtzehnjährige Braut Mirella eines gewissen Paolo di Cassia aus Reggio entführen lassen. Paolo ließ sich vor die Ile du Levant segeln, schwamm tauchend an Land und legte eine brennende Lunte an ein Pulvermagazin neben den verankerten Schiffen. Das Pulvermagazin flog in die Luft und setzte die Flotte in Brand. Paolo nutzte das Durcheinander, befreite seine Mirella und floh mit ihr.

Ernte auf dem Meeresgrund

Muschelsucher dürften eine bemerkenswerte Eigenschaft der einst kostbarsten Frucht des Meeres zufällig entdeckt haben: der Purpurschnecke (Murex trunculus) und ihrer Verwandten. Das Fleisch dieser Schnecken lieferte den begehrtesten Farbstoff der Antike, die Farbe der Könige und Vornehmen. Sechs Zentner Schnecken mußte man sammeln, um genug Farbe für einen Zentner Wolle gewinnen zu können; doch diese Wolle wurde mit Gold aufgewogen. Schon in minoischer Zeit lebten viele Bewohner der kretischen Orte Kuphonisis und Palai-

kastra vom Tauchen nach Purpurschnecken. Jahrhunderte später wurden Stachel- und Purpurschnecken und die Tauchkünste der phönizischen Bevölkerung sogar bedeutsam für den Lauf der Weltgeschichte.

Phönizien, an dessen Küste diese Schnecken besonders häufig vorkamen, stieg vor allem durch den Purpurexport zu einem der reichsten Länder des Mittelmeerraums und zeitweise zur stärksten See- und Handelsmacht der antiken Welt auf.

An den Küsten Griechenlands, wo Purpurschnecken verhältnismäßig selten sind, wachsen in Spalten und Grotten üppige Schwämme, begehrte Artikel im Altertum, das badefreudiger war als das Mittelalter und selbst unsere Zeit; die Handwerker der Antike verwendeten Schwämme als Polstermaterial und besonders feine Sorten als Schuh- und Helmbesatz. Nackt ließen sich die griechischen Taucher und Taucherinnen von schweren Steinen in die Tiefe ziehen, tasteten sich durch Spalten und Höhlen und schnitten die Schwämme mit der Sichel ab. Wo der Grund eben und nicht zerklüftet war, mußten die Taucher oft sehr tief hinunter, denn die begehrtesten Schwammarten wachsen nur im Dämmerlicht.

Bis in die zweite Hälfte des letzten Jahrhunderts hinein wurden an den Küsten Griechenlands, der Türkei und Nordafrikas Schwämme von Nacktthauchern gesammelt, bis — zunächst in Griechenland — der Helmtauchanzug eingeführt wurde. Danach vervielfachte sich die Ausbeute pro Mann und Saison; die Schwammgründe wurden verwüstet, und der Beruf des Schwammtauchers

Frauen sind hervorragende Taucherinnen. Das beweisen die japanischen Amas, die ohne besondere Ausrüstung in den recht kühlen Gewässern ihrer Heimat nach den Früchten des Meeres tauchen. Unsere Bilder zeigen Amas, die Seewalzen vom Meeresgrund holen und an einen Händler abliefern. Aus den gekochten, getrockneten und geräucherten Seewalzen stellt man in Ostasien die Delikatesse Trepang her.

Dieser arabische Perlentaucher, der am Persischen Golf seinem gefährlichen Gewerbe nachgeht, braucht zum Abstieg in die Tiefe nur eine Nasenklammer und Steingewichte. Die in Japan in großem Stil betriebene Gewinnung von Zuchtperlen droht auch ihn brotlos zu machen, denn Zuchtperlen sind viel billiger als die unter großen Mühen und Gefahren gesammelten echten Perlen, die freilich immer noch als die schönsten gelten.

wurde mörderisch. Einfache Schneider fertigten nun in vielen Mittelmeer-Hafenstädten aus Segeltuch und Gummi Tauchanzüge, Dorfschmiede hämmerten Kupferhelme und Luftpumpen zusammen. Ohne die Gefahren der Tiefe und Schutzmaßnahmen zu kennen, stiegen die ehemaligen Nacktraucher in den primitiven Anzügen hinab, um in vierzig, fünfzig Meter Tiefe Schwämme zu sammeln, und wenn ihre Boote die Heimathäfen verließen, um zur Schwammernte zu segeln, so wußte man schon, daß keines mit vollständiger und gesunder Mannschaft wiederkehren würde. Die Männer wurden teilweise gelähmt, manche ganz, viele starben sofort, meist an der Caissonkrankheit.

Die Schwammgründe vor Griechenland sind inzwischen ziemlich leer gefischt, doch die Mittelmeerküsten Anatoliens und Nordafrikas liefern noch reiche Beute. Dort kann man auch jetzt noch jeden Sommer die traditionellen Schwammtaucherboote liegen und Taucher in uralten, geflickten Anzügen in die Tiefe steigen sehen. 5 Monate dauert die Saison. Ein besonders guter Taucher kann dabei 15 000 bis 20 000 Mark verdienen. Die meisten kommen aber nur auf 7000 bis 9000, denn gute Schwammbänke sind „Geheimtips", die nicht jeder Kapitän kennt. Mancher Schwammtaucher verliert auch heute noch Gesundheit und Leben, wenn die alte Ausrüstung versagt oder wenn er eine Tauchregel nicht strikt einhält. Die größte Schwammtaucherflotte segelt heute unter türkischer Flagge. Manche Biologen fürchten aber, daß die Badeschwämme bald ebenso aus dem Mittelmeer verschwunden sein werden wie einige andere Tiere, die in den letzten Jahrzehnten der Eroberung der Unterwasserwelt zum Opfer fielen.

Fast ausgerottet sind an vielen Küsten bereits die Edelkorallen, die seit der Antike um Sizilien, vor Kampanien, Dalmatien, der Provence und im Roten Meer gefischt werden. Zum Teil wurden die Korallen mit

Schleppnetzen hochgebracht, zum Teil von Tauchern abgeschlagen. Ganze Ästchen, kleine Stücke und Perlen aus dem harten, leuchtend roten Material der Koralle waren ein begehrter Schmuck.

Kostbarer noch als die Korallen sind die Perlen der tropischen Perlmuschel. Im Persischen Golf, im Roten Meer, zwischen Ceylon und der Koromandelküste, um Borneo und Celebes, bei den Philippinen und in der Karibischen See stürzten sich die Taucher, mit Haken bewaffnet, in die Tiefe, um an einem Tag bis zu zweitausend Muscheln zu erbeuten. An Bord ihrer kleinen Boote ertönte der monotone Singsang der Haifischbeschwörer, während sich die dunkelhäutigen Taucher die Handflächen und Fußsohlen schwärzten, damit deren heller Schimmer keine Haie anlockte. Nicht selten setzte man auch zum Tode Verurteilte als Taucher in der Perlenfischerei ein.

Einige tausend Muscheln lieferten meist nur ein paar unregelmäßige Perlen, die sogenannten Barockperlen, hin und wieder aber auch, wenn die Taucher Glück hatten, eine regelmäßig geformte, runde oder tropfenförmige Perle mit sanftem Glanz. Als die schönsten natürlichen Perlen gelten die rosigen und cremefarbigen Exemplare aus dem Persischen Golf, wo auch heute noch mit traditionellen Methoden gefischt wird. Die Perlentaucherflotten sind allerdings zusammengeschmolzen, denn das Geschäft lohnt sich nicht mehr recht, seit es Zuchtperlen gibt. In Bahrein, einst einer der Hauptplätze dieses Gewerbes am Golf, liegen heute nur noch 50 Boote. Vor dem Ersten Weltkrieg waren es immerhin noch rund 800.

Wissensdrang war, neben dem Nahrungserwerb und der Suche nach den Kostbarkeiten des Meeres, schon im Altertum ein Grund, in die Meerestiefe vorzudringen. Als Alexander der Große den Naturforscher Aristoteles damit beauftragt hatte, ein umfassendes Buch über die Tierwelt zu schreiben, stellte er ihm unter anderem eine Tauchergruppe zur Verfügung, die ihm helfen sollte, die „Kuriositäten des Meeres" zutage zu fördern. Nach einer Legende, die sich in vielen antiken und mittelalterlichen Schriften findet, soll Alexander sogar selbst auf den Grund des „occean" (so heißt es in einem Buch von 1488) getaucht sein. Über seine Erlebnisse dort unten wird berichtet, er habe Gestalten gesehen, „die so wild waren, un sich so grausamlich gestalten, daz kann ich nit gesage ..."

Taucher und Erfinder

Von Aristoteles wissen wir auch, daß die Taucher der Antike ein Gerät benutzten, das erst von den Tauchpionieren unseres Jahrhunderts wieder bis zur Gebrauchsfähigkeit entwickelt wurde: das Atemrohr, heute Schnorchel genannt. Schnorchelähnliche Konstruktionen gab es selbst im Mittelalter, beispielsweise von Leonardo da Vinci.

Die Erfinder jener Zeiten wollten Kampf- oder Bergungstaucher mit langen, oft mehrere Meter messenden Atemschläuchen ausrüsten. Aber damals kannte man die Druckgesetze noch nicht; die Versorgung dieser Taucher mit Luft konnte nicht funktionieren. Befindet sich nämlich ein Mann mit einem Atemrohr von 10 Meter Länge in der entsprechenden Tiefe, so lastet auf seinem Brustkorb ein Druck von 2 Atmosphären. Im Brustkorb aber herrscht stets der gleiche Druck wie an der Wasseroberfläche (1 Atmosphäre), weil er mit der Oberfläche durch das Atemrohr in Verbindung steht. Die verhältnismäßig schwache Muskulatur schafft es nicht, den Brustkorb zum Einatmen gegen mehr als $1/10$ Atmosphäre Überdruck auszudehnen. Der Lungenraum des Tauchers in 10 Meter Tiefe würde sogar zusehends zusammengepreßt werden, denn im Gegensatz zum Nackttaucher, in dessen Atemorganen der Druck durch das Zusammenpressen der Luft steigt, wird die Luft im Brustkorb des Schnorcheltauchers nicht „dicker", weil überschüssige Luft sofort zur Oberfläche strömt. Der Schnorcheltaucher hat überdies nicht die Kraft, seine ganze verbrauchte Atemluft aus dem Rohr zu stoßen. Mit der eingesaugten Frischluft gelangen erhebliche Reste verbrauchter Luft in die Lungen zurück, und der Sauerstoffgehalt wird allmählich immer geringer. Dieser Umstand macht sich auch in einer viel geringeren Tiefe als zehn Meter bereits bemerkbar. Schon einen Meter unter dem Wasserspiegel kann man nur etwa dreißig Sekunden lang durch einen Schnorchel ein- und ausatmen.

Eines haben die heutigen Nackttaucher allerdings ihren Vorgängern voraus: Sie schwimmen — dank einer Erfindung des französischen Marineoffiziers Louis de Corlieu — unter Wasser schneller und geschmeidiger. In den zwanziger Jahren lachten die Badegäste an der französischen Riviera oft über einen Mann, der mit riesigen Gummiflossen an den Füßen wie eine Ente über den Strand watschelte und im Wasser verschwand. Corlieu ließ sich aber nicht beirren; er experimentierte und modellierte, bis seine Schwimmflossen im Jahre 1935 patentiert wurden.

Die Neuheit fand bei den Sporttauchern rasch Anklang und verschaffte ihnen bald die populäre Bezeichnung „Froschmänner", obwohl das Flossenschwimmen mit der Bewegungstechnik der Frösche wenig gemein hat, sondern vielmehr dem Schwanzschlag des Delphins ähnelt. Der Nackttaucher mit Schwimmflossen kann mit seinem Luftvorrat nun längere Strecken zurücklegen, und er hat die Hände frei zum Jagen, Sammeln und Erkunden, während er das Gefühl genießt, durch das Wasser dahinzuschweben. Bald wurde es Mode, mit Tauchmaske, Schwimmflossen und Schnorchel durch die Gewässer vor der französischen Riviera zu streifen,

Fische zu speeren und Trophäen aus seichtem Wasser heraufzubringen.

Dennoch bleibt der Nackttaucher ohne Atemgerät ein Fremder in der „Schweigenden Welt", denn die Luft in seinen Lungen reicht gerade so weit, daß er ein paar Eindrücke sammeln oder eine Beute einbringen kann. Die wahren Schönheiten der Unterwasserwelt bleiben ihm verborgen, größere Tiefen im allgemeinen unzugänglich. Schwerarbeit, wie sie zum Beispiel bei Bergungsarbeiten erforderlich ist, kann der Nackttaucher überhaupt nicht leisten.

Aber gerade die Schätze der Tiefe, versunkene Schiffe und ihre Ladungen, haben immer wieder Erfinder gereizt, eine Möglichkeit zu suchen, die Taucher auch in größerer Tiefe mit Luft zu versorgen. Das einfachste Hilfsmittel war die Taucherglocke, ein Gerät, das durch die Jahrhunderte immer andere Konstrukteure beschäftigte und in immer neuen Formen einer staunenden Menschheit vorgeführt wurde. Wie eine Taucherglocke funktioniert, das sieht man an einem Eimer, den man mit der Öffnung senkrecht nach unten ins Wasser drückt: die Luft bleibt dabei im Eimer. Drückt man ihn tiefer ins Wasser, so verringert sich die Luftkammer im Innern — die Luft wird zusammengepreßt. Läßt man den Henkel nach unten hängen und beschwert ihn so lange mit Gewichten, bis der Eimer im Wasser schwebt, so hat man das Modell einer Taucherglocke des Mittelalters. Sie war wie ein Holzfaß gebaut und wurde unten mit Blei beschlagen, damit sie beim Eintauchen ins Wasser nicht umkippte, wobei die Luft entwichen wäre. Im Innern solcher Gefäße konnte ein Mann 15 bis 30 Minuten oder noch länger in der Tiefe verbringen. Meist stand er während dieser Zeit auf den Gewichten, die unten an der Glocke hingen, bis zu den Füßen oder dem Bauch im Wasser, mit dem Kopf aber in der Luftkammer, und angelte mit Haken oder Seilschlingen nach Bergegut. Griechische Schwammtaucher suchten — wie Aristoteles berichtet — mit Hilfe solcher Geräte den Meeresgrund nach Beute ab.

Warum eine Taucherglocke funktioniert und nicht voll Wasser läuft, das blieb allerdings unverständlich. So berichtet der Weltreisende John Teniers, daß 1538 Tausende von Einwohnern Toledos, unter ihnen Kaiser Karl V., zusammenliefen, um einem geheimnisvollen Schauspiel zuzusehen: Zwei Griechen setzten sich in eine große Glocke, die an einem dicken Seil ins Wasser gelassen wurde. „Man muß dieses Wunder mit eigenen Augen sehen, um sich davon zu überzeugen, daß man sich, ohne die Kleidung naß zu machen, unter Wasser lassen und sogar eine brennende Kerze mitnehmen kann", staunte damals John Teniers.

Die beste der vielen Taucherglockenkonstruktionen, die dann im 16. und 17. Jahrhundert gebaut wurden, war ohne Zweifel die des Deutschen Kessler. Er konstruierte eine fast mannshohe Taucherglocke aus Holz

und Leder, die unten mit einer großen Bleikugel beschwert war. In Augenhöhe waren ringsum gläserne Beobachtungsfenster eingelassen. In dieses Gerät schlüpfte der Taucher hinein, um damit wie eine wandelnde Litfaßsäule ins Wasser zu steigen. Obwohl alle diese Taucherglocken ohne Frischluftzufuhr nur sehr begrenzt verwendungsfähig waren, wurde mit ihnen Beachtliches geleistet. Der aufblühende Seehandel der Entdecker- und Konquistadorenzeit brachte es mit sich, daß manches Schiff mit kostbarer Fracht auf den Grund sank. Gold, Silber und Edelsteine wurden Jahr für Jahr in Mittel- und Südamerika in die bauchigen Rümpfe der spanischen Silberflotte verstaut, aber nur ein Teil davon gelangte in die Schatzkammern der spanischen Könige. Viele Galeonen versanken im Sturm oder im Geschützfeuer von Piraten. Kostbar waren auch die Kanonen der Schiffe. Sie aus Bronze, einer damals sehr teuren Metallegierung, zu gießen war eine Kunst, die teuer bezahlt wurde. Die „Bestückung" eines großen Kriegsschiffes kostete viele tausend Goldgulden. Gute Freitaucher, die die verlorenen Schätze bergen konnten, wurden zu gefragten Spezialisten. Doch eigneten sie, die meist aus Griechenland, aber auch aus Südostasien oder Mittelamerika stammten, sich zu der bei Bergungen nötigen Schwerarbeit oft wenig, vor allem im kalten Wasser nördlicher Meere. Dazu mußten Männer her, die wärmende Kleidung trugen und einen festen Stand auf dem Grunde hatten.

1716 versuchte der englische Astronom Edward Halley die Frischluftversorgung der Taucher mit Fässern. Hilfsmannschaften ließen ständig verschlossene Fässer mit Luft in die Tiefe. Der Mann in der Glocke schloß einen Schlauch an und öffnete ein zweites Loch im Faß. Das ins Faß strömende Wasser drückte die Luft zum Schlauch hinaus in die Taucherglocke. Eineinhalb Stunden verbrachte Halley selbst mit seiner Glocke in der Tiefe. Im 18. Jahrhundert wurde sie für Bergungsarbeiten viel verwendet — bis schließlich der englische Ingenieur John Smeaton den entscheidenden Einfall hatte: Er ließ eine Taucherglocke durch einen Schlauch mit der Oberfläche verbinden und durch diesen Schlauch mit einem Blasebalg ständig Frischluft nach unten pumpen.

Bald stellte Smeaton fest, daß es gar nicht so einfach war, Luft in die Tiefe zu pressen, und um so schwieriger wurde, je weiter er die Glocke versenken ließ. Der Blasebalg mußte einen beträchtlichen Druck entwickeln. Schaffte er diesen Druck nicht, so drängte das Wasser die Luft in der Glocke immer weiter nach oben und schließlich zum Schlauch hinaus. Wenn sich die Wasser-Luft-Grenze nicht verschieben sollte, mußte der Blasebalg also stets denjenigen Luftdruck liefern, der dem Wasserdruck in der Tiefe der Glocke entsprach und ihn ausglich. Außerdem stellte Smeaton fest, daß das Tauchen mit dieser Glocke ziemlich gefährlich werden konnte. Wenn etwa der Schlauch brach, so zischte die Luft hin-

Tauchen – ein uralter Menschheitstraum

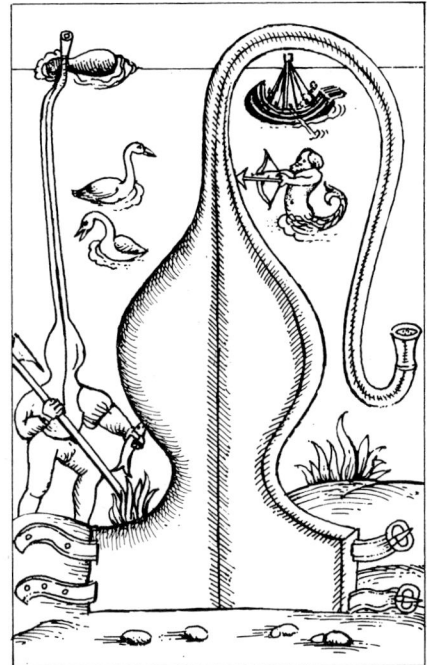

Der Wunsch, in die Meerestiefe einzudringen, hat seit der Antike die Phantasie vieler Erfinder beflügelt. Die meisten Konstruktionen waren — wie dieser Schnorchelhelm aus dem 16. Jahrhundert — allerdings völlig unbrauchbar.

Die fremde, unheimliche Welt unter den Wellen des Meeres hat zu allen Zeiten wißbegierige Menschen ebenso gelockt wie der Luftraum, und sie haben schon sehr früh versucht, Mittel und Wege zum Tauchen zu finden, wie sie darauf sannen, Flugapparate zu bauen. Die Bemühungen um Tauchausrüstungen zeitigten oft Ergebnisse, die uns heute absurd erscheinen mögen, aber nicht selten waren die Erfinder der Antike, des Mittelalters und späterer Zeiten durchaus auf dem richtigen Wege. Was ihnen zur Vollendung ihrer Pläne fehlte, waren geeignete Materialien und die genaue Kenntnis der physikalischen Gesetze der Unterwasserwelt.

Ein Taucher in dieser vor rund 600 Jahren entworfenen Ausrüstung wäre bald erstickt. Durch den gebogenen Schlauch, dessen Ende Schwimmer an der Oberfläche halten sollten, kann man schon in 1 Meter Tiefe nicht mehr atmen.

Der furchtlose Ritter auf dem Grunde des Ozeans, den hier eine mittelalterliche Zeichnung abbildet, ist ein Phantasieprodukt. Aber die Darstellung zeigt, wie alt das Verlangen ist, sich frei unter Wasser bewegen zu können.

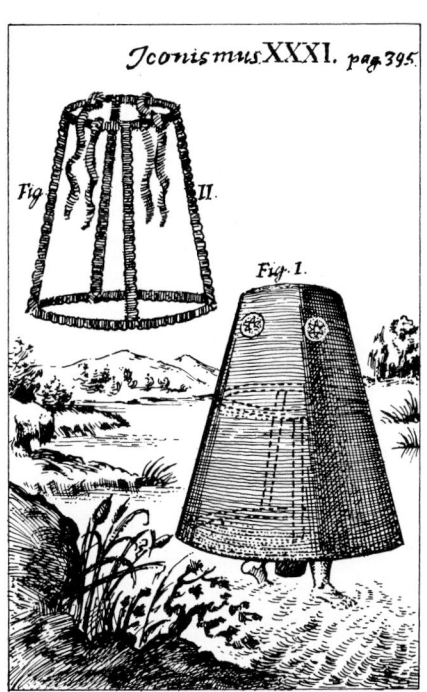

So sah eine zu Anfang des 17. Jahrhunderts entwickelte, brauchbare lederne Taucherglocke aus. Mit einer dicken Bleikugel beschwert, konnte ein Taucher damit in geringer Tiefe herumgehen und durch die ringsum angebrachten Fenster blicken.

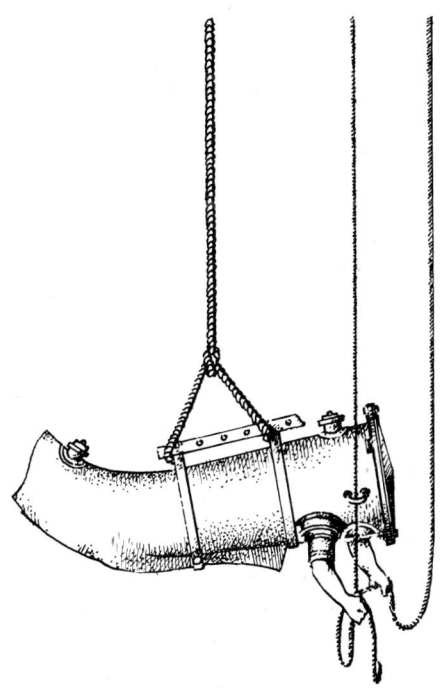

Der „Tonnentaucher" des Engländers Lethbridge, 1715 konstruiert, bot die Möglichkeit, eine halbe Stunde lang unter Wasser zu arbeiten. Mit seinen in Ledermanschetten steckenden, frei beweglichen Armen konnte der Taucher arbeiten.

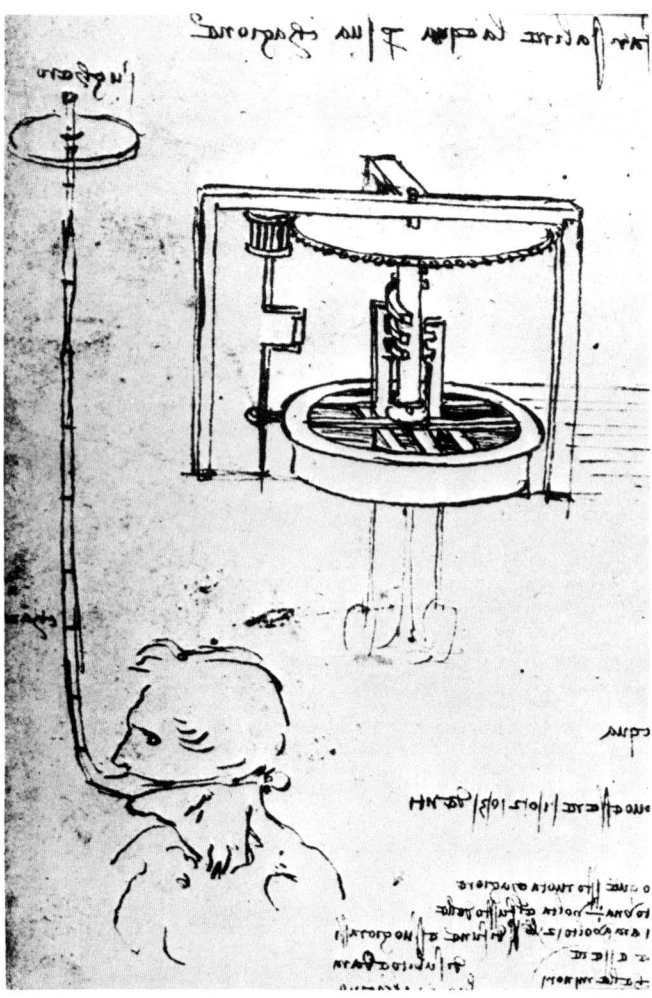

*Um 1500 entwarf Leonardo da Vinci dieses Schnorchel-
gerät mit einem versteiften Luftschlauch, dessen oberes
Ende von einer Korkscheibe über Wasser gehalten wurde*

aus, und in der Glocke entstand ein gewaltiger Sog, der
den Insassen gegen die Decke schmetterte, ihm fast die
Kleider vom Leib und das Fleisch von den Knochen riß.

1816 wanderte der junge deutsche Werkzeug- und
Büchsenmacher August Siebe nach England aus. Von
den vielen Ideen, die er in London in die Tat umsetzen
wollte, verwirklichte er eine schon drei Jahre später: Er
führte einen Tauchanzug aus wasserdichtem Material
vor, mit dem ein Metallhelm fest verbunden war. Vom
Schiff aus wurde Luft in den Helm gepumpt, in den
der Taucher auch ausatmete. Ein ständiger Luftstrom
von oben sorgte dafür, daß die ausgeatmete Luft weggespült wurde, wobei überschüssige Luft am unteren
Rand des nicht straff anliegenden Anzugoberteils entwich. Mit diesem Apparat konnte man schon ganz gut
tauchen, aber Siebe experimentierte weiter, bis er 1837
schließlich seinen ersten „Skaphander" entwickelt hatte.
Der Taucher steckte in einem geschlossenen Anzug aus
wasserdichtem Segeltuch, der mit Ausnahme der Hände
den ganzen Körper bedeckte. Auf ein metallenes Brust-
stück mit Halskrause wurde ein Kupferhelm mit Glas-

fenstern aufgeschraubt; ein Schlauch sorgte für die Luftzufuhr. Durch ein Ausatemventil mit einer Federklappe
am Helm konnte der Taucher die verbrauchte Luft ablassen und gleichzeitig den Druck regulieren, denn im
Anzug und im Helm war ein „Kissen" aus komprimier-
ter Luft um den Taucher; der Anzug war stets etwas
aufgeblasen. Damit der Taucher aber im Wasser nicht
wie ein Ballon davonschwebte, trug er Bleiballast an
Brust und Rücken und schwere Bleischuhe.

Anzüge nach dem Prinzip August Siebes dienen,
technisch wesentlich verbessert, heute noch Tauchern
in aller Welt für Schwerarbeiten unter Wasser. Auch
August Siebe hatte schnell Abnehmer gefunden, denn
überall in der Welt warteten Schiffswracks auf Taucher,
mußten Unterwasserbauarbeiten erledigt werden. Einer
seiner ersten Kunden war Oberst Charles Pasley vom
Königlich-Britischen Pionier- und Minenlegerkorps, der
einen schwierigen Auftrag übernommen hatte: 1782 war
auf der Reede von Spithead das riesige Kriegsschiff
Royal George versunken, das Wrack hatte sich allen
Bergungsversuchen widersetzt, und selbst Sprengungen
von oben konnten das Hindernis für die Schiffahrt nicht
beseitigen. Nun wollte es Oberst Pasley mit Unterwasser-
sprengungen versuchen und dabei auch die 108 wertvollen Geschütze des Wracks bergen.

Mit einigen von August Siebes Tauchanzügen schaff-
ten Pasleys Taucher die gigantische Arbeit tatsächlich:
Nach sechs Jahren war die Reede von Spithead wieder
frei. Allerdings hatten die Pioniere die Erfahrung machen müssen, daß auch mit Siebes Anzug Tauchgänge
keine Spaziergänge sind. Eines Tages riß dem Pionier
John Williams der Luftschlauch. Er empfand plötzlich
„einen Stoß, durch den er wie gelähmt war, und dann
einen furchtbaren Druck, als werde er zu Tode gequetscht". Gerade noch rechtzeitig bemerkten seine Kameraden an Bord des Einsatzschiffes das Unglück und
zogen ihn empor. Williams' Gesicht und Hals waren
angeschwollen und blaugrau, die Kapillargefäße seiner
Augen waren gerissen, er blutete aus den Ohren und
erbrach geronnenes Blut. Zwar kam Williams mit dem
Leben davon, doch seine Gesundheit war zerstört: Er
hatte einen „Diver's Squeeze" erlitten.

Wie es dazu kommen kann, verdeutlicht die Betrachtung eines früher in der Medizin verbreiteten Behand-
lungsverfahrens, des Schröpfens mit dem Schröpfkopf.
Man nahm dazu ein kugelförmiges Glasgefäß mit einem
Hals. Die Luft in diesem Schröpfkopf wurde über einer
Spiritusflamme erhitzt, so daß sie sich verdünnte. Setzte
man nun die Öffnung des Glases dicht auf die Haut auf,
dann entstand beim Erkalten der Luft im Schröpfkopf
ein Unterdruck, denn bei sinkender Temperatur sinkt
der Druck eines Gases. Der Unterdruck bewirkte im
Schröpfkopf einen Sog, der die Haut in ihn hineinzog.

Ähnlich wirkt auch der starre Taucherhelm, wenn der
Taucher plötzlich einige Meter abstürzt und die Luft-

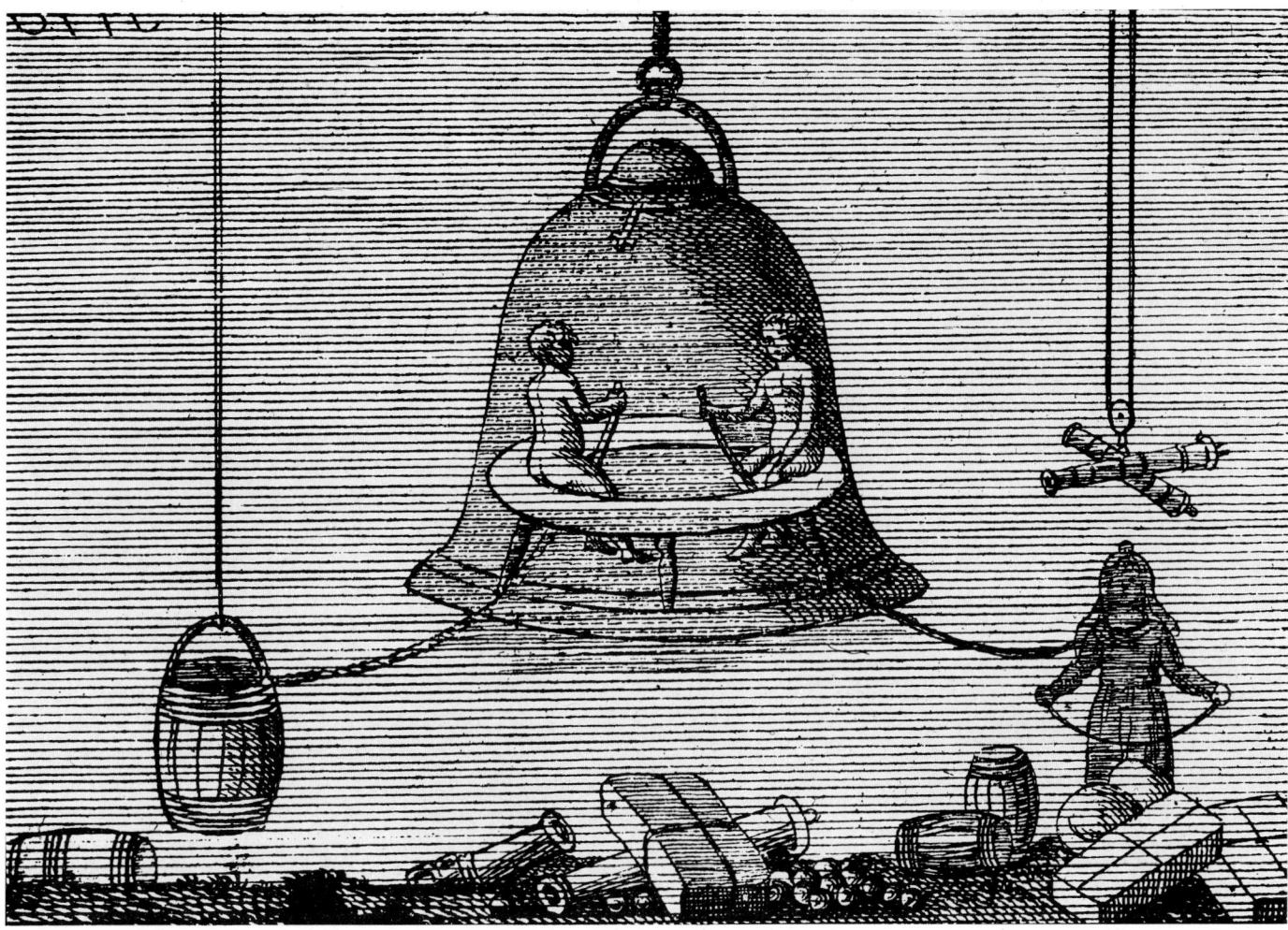

Diese gegen Ende des 17. Jahrhunderts in England entwickelte Taucherglocke, in die aus herabgelassenen Fässern frische Luft geleitet wurde, diente auch als Luftreservoir für Helmtaucher in primitiven Ausrüstungen. Mit dieser Vorrichtung konnte aus geringer Tiefe mancherlei wertvolle Ladung und Ausrüstung von gesunkenen Schiffen geborgen werden.

pumpe nicht sofort den Luftdruck im Helm verstärken kann. Die „Luftkammer" um den Körper des Tauchers wird zusammengepreßt. Wäre sein ganzer Anzug elastisch, könnte die Volumenänderung zur Angleichung des inneren Drucks an den Außendruck führen. Aber der Helm ist starr; in ihm herrscht ein Unterdruck, der „saugt". Ein Abreißen des Luftschlauches hat die gleichen Folgen: Luft strömt aus dem Helm ab, und der Luftdruck im Helm sinkt. Als in den Jahrzehnten nach Siebes Erfindung überall Bergungs- und Schwammtaucher mit Tauchanzügen in die Tiefe stiegen, starben viele von ihnen.

Einer der wenigen, der einen solchen Unfall miterlebt und authentisch geschildert hat, ist der amerikanische Taucher John D. Craig. Er hatte in den dreißiger Jahren hilflos mit ansehen müssen, wie ein japanischer Helmtaucher in seinem Anzug starb. Eine japanische Mannschaft sammelte damals vor Mexiko Seeohren, eine Meeresschneckenart. Sie wurden in Kalifornien konserviert und als Delikatessen in den Fernen Osten exportiert. In fünfundzwanzig Meter Tiefe gerieten ein Japa-

ner und Craig in eine starke Strömung. Craig kämpfte dagegen an, so gut es ging, aber sein Kamerad rutschte offensichtlich etwas aus. Craig erzählte später: „Plötzlich sah ich, wie der Japaner vor mir wie von einer unsichtbaren Riesenhand emporgezogen wurde. Die Strömung wirbelte ihn um einen Felsvorsprung. Hilflos im Wasser baumelnd, wurde er immer wieder gegen das Riff geschmettert. Sein Luftschlauch muß sich irgendwo verfangen haben, als die Strömung den Taucher erfaßte und hin und her riß. Ich sah, daß der Schlauch zerrissen war und in losen Schleifen zu uns herabtrieb. Da schien sich der Mann auf einmal zu verändern, zu verkürzen, zu einer zwerghaften Gestalt zusammenzuschrumpfen. Ein Wasserdruck von vielen Tonnen quetschte seinen Körper in den Helm. Sein Gesichtsfenster wurde zerschmettert. Ich sah, daß ihm etwas entströmte, was wie grauer Rauch aussah. Der graue Rauch war Blut." Als der Taucher an Bord gezogen wurde, war nur mehr ein breiiger Klumpen von ihm geblieben.

Oberst Pasleys Pioniere hatten nur in geringen Tiefen gearbeitet. Doch der Siebe-Anzug erlaubte auch Ab-

Schnorcheltauchen kann, mit ein bißchen Training, heute jeder. Wer es, wie hier die Australierin Eva Cropp, mit Haien und anderen gefährlichen Meerestieren aufnehmen will, braucht Erfahrung, Geistesgegenwart und – vor allem – Begleitung. Der Grundsatz aller Taucher, niemals allein zu tauchen, bewährt sich besonders bei Begegnungen mit Haien.

stiege in Tiefen von vierzig Metern und mehr. Ahnungslos gingen viele Taucher hinunter, arbeiteten fünfzehn, dreißig Minuten oder länger auf dem Grund und ließen sich dann schnell hochziehen. Ein starkes Hautjucken, das sie danach verspürten, nannten sie scherzhaft „Taucherflöhe". Aber oft wurden sie auch von einer rätselhaften Krankheit befallen. Wer Glück hatte, bekam nur heftige Schmerzen in den Gelenken, Krämpfe und vorübergehende Lähmungen. Bei vielen aber blieben die Lähmungen, und manche brachen sogar unmittelbar nach dem Auftauchen zusammen und starben.

Auch bei Arbeitern, die in preßluftgefüllten Senkkästen – einer Art Taucherglocke – Brücken- und Hafenbauten durchführten, beobachteten die Ärzte diese Krankheit, die sie nach den Senkkästen (Caissons) *Caissonkrankheit* nannten. Lange suchte man vergeblich nach ihrer Ursache, bis der Physiologe Robert Bert 1870 begann, das Verhalten des menschlichen Körpers beim Tauchen gründlich zu erforschen. Bert erkannte: Nicht die Tiefe, sondern der Aufstieg war gefährlich. Unter erhöhtem Druck löst sich der Stickstoff der Atemluft – etwa 78 Prozent der Luft sind Stickstoff – stärker als sonst im Körper, im Blut und im Gewebe auf. Je höher

der Druck und je länger der Taucher ihm ausgesetzt ist, um so größere Mengen des schweren, trägen Stickstoffgases dringen in den Körper, besonders in die Fettschichten und Knorpel, ein. Solange der Druck anhält, besteht keine Gefahr für den Taucher. Läßt er beim Auftauchen aber nach, so scheidet sich der im Körper gelöste Stickstoff in Form von winzigen Blasen aus. Je weiter der Druck abfällt, um so schneller dehnen sich diese Blasen aus und verstopfen erst die kleinen Blutgefäße, dann die Venen und Arterien. Taucht man ganz langsam auf, mit langen Pausen, dann wird der Stickstoff wieder aus dem Körper ausgeschieden, ohne Schaden anzurichten. Schießt der Taucher jedoch aus der Tiefe rasch zur Oberfläche, so geht es ihm wie einer Limonadenflasche, die plötzlich geöffnet wird. Wie die Limonade in der vom Druck befreiten Flasche beginnt das Blut in seinem Körper zu brodeln, und die sich ausdehnenden Gasblasen bringen es regelrecht zum Schäumen. Auch die „Taucherflöhe" sind eine Folge der raschen Druckverminderung: Die sich ausdehnenden Gasblasen suchen sich ihren Weg durch die Haut. Schlimmer sind freilich die Gasblasen in den Gelenken und im Blut, die Adern und Nervenstränge blockieren und die Caissonkrankheit verursachen. Stickstoffblasen im Körpergewebe der von der Caissonkrankheit befallenen Taucher führen zu Gewebszerstörungen durch Druck und Überdehnung. In den Gelenken treten bohrende Schmerzen auf. Viele Taucher erlitten damals Lungenembolien und erstickten; andere wurden durch herzinfarktähnliche Embolien getötet. Einige der so Verunglückten erlitten auch Lähmungen, und bei vielen endeten sie tödlich.

Da ein Anfall von Caissonkrankheit keine Krankheit im üblichen Sinne ist, helfen dem verunglückten Taucher auch keine Medikamente. Er muß vielmehr sofort wieder unter möglichst hohen Druck gebracht werden, der die Ausdehnung der gefährlichen Gasblasen im Körper stoppt und sie zwingt, sich wieder in den Geweben zu lösen. Dafür gibt es besondere Druckkammern, in denen Verunglückte oft stundenlang liegen müssen, bis sie ganz langsam wieder „ausgeschleust" werden können. Das „Ausschleusen" besteht in einer allmählichen Druckverringerung, der „Dekompression".

Die Zeit, die ein Taucher beim Aufstieg zum „Dekomprimieren" braucht, steigt mit zunehmender Tiefe und Aufenthaltsdauer dort unten sehr stark an. Eine verbreitete Dekompressionstabelle gibt beispielsweise an, daß man bei einer Tauchtiefe von 30 Metern und einer Aufenthaltsdauer von 35 Minuten in der Tiefe 5 Minuten auf den Aufstieg verwenden und dann 10 Minuten als Pause auf 3 Meter Tiefe verbringen muß. Wer aber auf 61 Meter Tiefe geht und ebenfalls 25 Minuten bleibt, braucht nicht etwa rund 10, sondern 60 Minuten für den Aufstieg. Er muß Pausen in 12, 9, 6 und 3 Meter Tiefe einlegen, bei 3 Metern sogar immer noch eine Pause von einer halben Stunde!

Der Traum vom „Fischmenschen"

Die Ausrüstung des Helmtauchers wurde ständig verbessert und durch die Verwendung haltbarer Materialien immer zuverlässiger. Aber einige Abenteurernaturen konnten sich nicht damit anfreunden, „mit gewaltig schweren Stiefeln mühsam ein paar Meter stapfend, von ... ‚Nabelschnüren' belästigt und den Kopf in einen metallenen Käfig gesperrt ..., ein wahrer Krüppel in einem unwegsamen Lande zu sein". So jedenfalls klagte Cousteau. Er war zu Beginn der dreißiger Jahre zu einer Gruppe unternehmungslustiger Männer gestoßen, die, ausgerüstet mit Schwimmflossen und Tauchmasken, an den Steilküsten der Côte d'Azur mit Dreizackspeeren, Schleudern und Degen mächtige Zackenbarsche und meterlange Muränen jagten.

Cousteau wollte jedoch mehr als Fische jagen. Er träumte davon, sich wie ein Fisch unter den Fischen zu bewegen, als „homo aquaticus" das Leben unter Wasser zu studieren und für Freitaucher kaum erreichbare Tiefen zu ergründen. Er begann mit einem handlichen Sauerstoffkreislaufgerät zu tauchen, das als Rettungsgerät bei Bergwerksunglücken schon seit der Jahrhundertwende in Gebrauch war. Auch viele U-Boot-Fahrer verdanken diesem Apparat ihr Leben; sie retteten sich damit aus ihren versunkenen Booten. Der Geschützmeister des französischen Kriegsschiffes *Suffren* baute seinem Kommandanten Cousteau ein solches Gerät aus einem Gasmaskenkanister, einem Stück Rohr von einem ausrangierten Motorrad, einer Sauerstoffflasche und einem Gummibeutel zusammen. Im Sommer 1938 konnte Cousteau endlich den Vorstoß in die Tiefe beginnen.

Mit kräftigen Ruderschlägen trieben Matrosen das Beiboot des Kreuzers zum Strand von Porquerolles an der französischen Riviera. Cousteau stand am Heck und musterte die Felsklippen. Dann hob er die Hand; die Matrosen warfen den Anker. Cousteau legte das Atemgerät an und stieg ins Meer. Ruhig stand eine Gruppe metallisch schimmernder Goldbrassen im Wasser und sah ihm neugierig zu. Etwas tiefer schwebte ein riesiger blauer Fisch. Cousteau näherte sich ihm, das Tier zog sich zurück. Cousteau folgte ihm weiter, bis in eine Tiefe von zwölf, vierzehn Metern. Doch plötzlich begannen seine Lippen zu zittern und seine Augenlider zu flattern. Mit einer heftigen Bewegung riß er noch den Bleigürtel ab, bevor er das Bewußtsein verlor. Die Matrosen sahen ihn an die Oberfläche treiben und holten ihn ins Boot.

Nur wenn ein Taucher sich bei seinen Abstiegen genau an die „Nullzeit" hält, d. h. an eine genau bestimmte Tauchzeit für jede Tiefe, kann er an die Oberfläche zurückkehren, ohne Dekompressionspausen einlegen zu müssen. Innerhalb der Nullzeit nimmt der Körper nur so viel Stickstoff auf, wie er beim Auftauchen rasch wieder ausscheiden kann. (Die Dekompressionslinie markiert diejenige Tiefe, in der der Taucher während der Dekompressionszeit verweilt.)

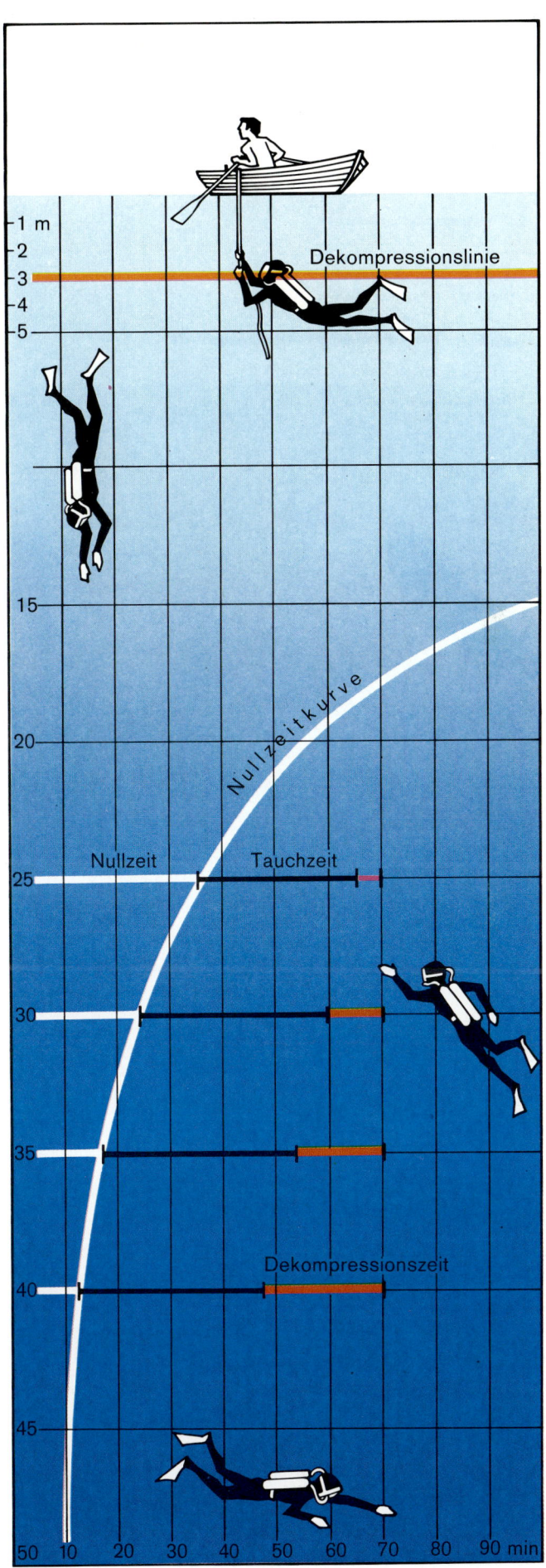

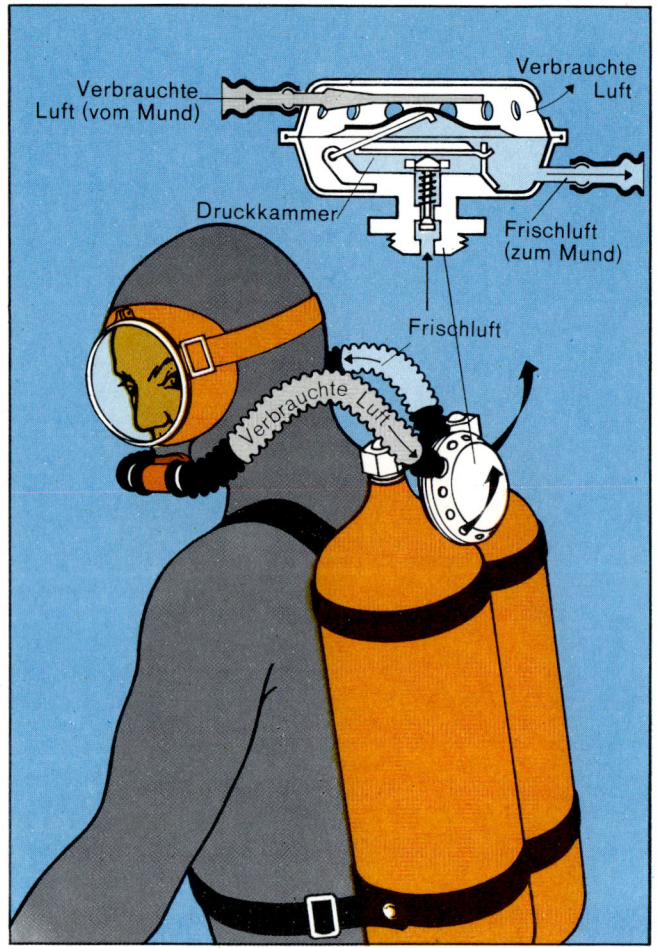

Verbrauchte Luft (vom Mund)

Verbrauchte Luft

Druckkammer

Frischluft (zum Mund)

Frischluft

Verbrauchte Luft

Die Wirkungsweise der Aqualunge beruht auf einem ausgeklügelten automatischen Ventil- und Drucksystem, das dem Taucher die benötigte Luftmenge über ein Mundstück zuführt und richtig dosiert. Auch die ausgeatmete Luft wird über das Ventilsystem abgeführt – daher die Blasen, die der Gerätetaucher hinter sich läßt.

Den ganzen Winter 1938/39 verbrachte Cousteau nun damit, sich ein verbessertes Sauerstoffgerät zu konstruieren. Im Sommer 1939 tauchte er wieder bei Porquerolles: zehn, zwölf, vierzehn Meter tief. Dieses Mal kamen die Krämpfe und Zuckungen noch rascher, und wieder mußten seine Matrosen ihn bewußtlos bergen: Cousteau war von jener Sauerstoffvergiftung befallen worden, die Taucher mit Sauerstoffgeräten manchmal schon in acht bis zwölf Meter Tiefe tötet. Das lebenswichtige Gas nämlich wirkt sich, wenn der Körper unter hohem Druck zu viel davon aufnimmt, verheerend auf die empfindlichen Hirnzellen aus; es kommt seltsamerweise zu ähnlichen Erscheinungen wie bei dem gefährlichen Sauerstoffmangel.

Viele Taucher ließen sich durch diese Gefahren trotzdem nicht abschrecken. Der Wiener Biologe Dr. Hans Hass unternahm bei mehreren Expeditionen lange und tiefe Streifzüge mit dem Sauerstoffgerät, bei denen er

die ersten seiner erfolgreichen Filme drehte, die zusammen mit seinen Büchern Millionen die Augen für die Schönheiten der Unterwasserwelt öffneten. Das Beispiel von Hans Hass lockte nach dem Zweiten Weltkrieg viele Sporttaucher in die Tiefe, der Rekord für Sauerstofftauchen kletterte auf 40, 50 Meter und mehr. Doch oft endeten diese Ausflüge tödlich, und heute wird das Sauerstoffkreislaufgerät eigentlich nur noch von Wissenschaftlern und Marinefroschmännern verwendet, weil es lautlos und unauffällig, ohne ständig aufsteigende verräterische Luftblasen arbeitet.

Cousteau gab das Sauerstofftauchen nach seinen ersten schlechten Erfahrungen auf, denn er hatte inzwischen andere Geräte erprobt. Mit einem dieser Apparate ließ Jules Verne die Helden seines berühmten Buches „20 000 Meilen unter dem Meer" in die phantastische Welt am Meeresgrund eindringen: Kapitän Nemo und seine Gefährten trugen einen kleinen Stahlzylinder mit Preßluft, aus dem Luft in eine Art Gasmaske strömte, wenn sie ein Handventil betätigten. Dieses Ventil setzte den Druck der Luft, der im Tank mehrere Atmosphären betrug, stets so weit herab, daß er dem Wasserdruck entsprach, der auf den Taucher einwirkte. Jules Vernes Leser hatten dieses Gerät für ein Phantasieprodukt des Autors gehalten, aber es existierte tatsächlich schon. Erfunden von den beiden Franzosen Rouquayrol und Denayrouze, war es unter dem Namen „Aérophore" seit 1865 in Gebrauch. Der französische U-Boot-Kommandant Yves Le Prieur griff später die Idee auf und verbesserte die Konstruktion. Cousteau konnte sich mit dem Apparat allerdings nicht anfreunden, denn ein Taucher mit dem Le-Prieur-Gerät mußte ständig mit der Hand das Luftventil betätigen und die Luftzufuhr dosieren. Er war nicht „frei" und verschwendete durch die ungenaue Betätigung des Ventils per Hand so viel Luft, daß der Vorrat einer großen Preßluftflasche nur für einen kurzen Tauchgang reichte. Damit konnte Cousteau seinen Traum vom „Fischmenschen" nicht verwirklichen.

Da wurde er 1942 in Paris zufällig mit Emile Gagnan bekannt, einem Ingenieur, der Fachmann für Industriegastechnik war. Aufmerksam hörte er Cousteau zu, dann legte er einen kleinen Mechanismus aus Bakelit auf den Tisch. „Meinen Sie vielleicht so etwas? Ich habe es für einen ähnlichen Zweck gebaut", sagte er. Benzin war im Kriegsjahr 1942 knapp. So hatte Gagnan ein Ventilsystem für die Versorgung von Automobilmotoren mit Gas konstruiert. Schon wenige Wochen später unternahmen die beiden Männer mit einem gemeinsam gebauten Atemgerät ihren ersten Tauchversuch in der Marne. Wie beim Le-Prieur-Gerät trug Cousteau den Luftvorrat in einer Stahlflasche. Doch über einen „Lungenautomaten", der aus Gagnans Gasregulator entwickelt worden war, wurde dem Taucher automatisch die nötige Luft zugeführt. Die ausgeatmete Luft strömte über dieses Ventilsystem ins freie Wasser und stieg in kleinen

Wie in einem verzauberten Märchenhain bewegt sich dieser amerikanische Taucher in einem großen Feld von Riesentangen der Gattung Macrocystis, das vor der kalifornischen Küste liegt. Mit einem modernen Atemgerät kann er lange Zeit in diesem Wald unter Wasser verweilen und seine Pflanzen und tierischen Bewohner beobachten.

Luftperlen auf. Aber die Enttäuschung war groß: das Gerät funktionierte nur dann, wenn man damit waagerecht schwamm.

Doch schon auf der Rückfahrt nach Paris schöpften die beiden Männer neuen Mut. Das Problem mußte zu lösen sein! Sie analysierten den Aufbau ihres Ventilsystems, die Druckverhältnisse unter Wasser — und ehe sie Paris erreicht hatten, war die Lösung gefunden. Nur eine kleine Änderung an der Konstruktion des Lungenautomaten war nötig. Und beim nächsten Versuch in einem Wassertank in Paris funktionierte er.

Im Juni 1943 konnte Cousteau mit seiner „Aqualunge" an der Côte d'Azur zur ersten Tauchfahrt aufbrechen. Mit leichten Flossenschlägen schwebte er in die Tiefe, vorbei an Gorgonen, Korallen und Fischschwärmen, die das merkwürdige Wesen neugierig musterten. Der entscheidende Durchbruch in der Eroberung der Unterwasserwelt war gelungen.

Cousteaus erster Aqualunge folgten zahllose ähnliche Geräte. Sporttaucher und Wissenschaftler folgten Cousteau und seinen Freunden, die sich tiefer und tiefer in die Tiefe vortasteten. Wo lagen die Grenzen des Aqualungentauchers? Im Oktober 1943 trafen sich Cousteau, Frédéric Dumas und einige weitere Männer in einem kleinen Fischerdorf am Mittelmeer zu ihrem ersten Tieftauchversuch. Cousteaus Freund Dumas, ein trainierter Sportler, ging an einem Seil hinunter. Als er wieder hochkam — aus 64 Meter Tiefe —, erzählte er: „Ich spürte ein sonderbares Glücksgefühl. Ich war wie betrunken und völlig sorglos ... Ich war nahezu am Einschlafen — aber ich konnte mit diesem Schwindelgefühl doch nicht schlafen."

„Rausch der großen Tiefe" nannten Cousteau und seine Freunde die seltsame Narkose, die den Taucher bei 60, 70 Metern, manchmal später, mitunter aber auch schon bei 30 bis 40 Metern überfällt. Cousteau kennzeichnet den Tiefenrausch so: „Er zerstört den Lebensinstinkt ... Intelligente Menschen werden rasch von dieser Trunkenheit erfaßt. Sie greift alle ihre Sinne an ... Das erste Stadium ist eine leichte Betäubung, nach der

Sport- und Bergungstaucher, Unterwasserphotographen, Meeresforscher und Aquanauten verdanken dem berühmten französischen Ozeanographen und Tauchpionier Jacques Yves Cousteau die „Aqualunge", ein Preßluftatemgerät, das heute — verbessert und in vielen Variationen — für Tausende von Tauchern der Schlüssel zur Tiefe ist

Im grünblauen Licht über dem Meeresboden der Karibischen See liegt, dem Gerippe eines Wals ähnlich, das Spantenwerk eines vor langer Zeit gesunkenen Schiffes. Wracks sind für Gerätetaucher fast immer lohnende Ziele, auch wenn sie selten Schätze bergen.

sich der Taucher wie ein Gott fühlt. Wenn er glaubt, ein vorbeischwimmender Fisch brauche dringend Luft, ist er in seinem Wahnsinn imstande, sich die Luftleitung aus dem Mund zu reißen und sie dem Tier großmütig anzubieten."

Jeder Taucher erlebt diesen Zustand ein wenig anders. „Schreckgestalten aus der Kinderzeit standen vor mir. Ich lag krank im Bett, gequält von der Vorstellung, alles in der Welt sei dick. Meine Finger waren Bratwürste. Meine Zunge war ein Tennisball. Meine Lippen schwollen, wenn ich zubiß, zu grotesker Größe an. Die Luft war Sirup. Das Wasser schien mich einzubetten wie Aspik. Ich hing wie abwesend am Tiefenlot, aber neben mir stand mein zweites Ich, ein lächelnder, selbstbewußter Mann, der mich armseligen Taucher hämisch angrinste. Während die Sekunden vertropften, zwang mich der selbstbewußte Mann unter seinen Willen. Er befahl mir, das Tiefenlot loszulassen und immer tiefer hinab zu tauchen . . ."

So schilderte Cousteau seinen ersten eigenen Tiefenrausch. Diese Erscheinung war bereits 1935 von dem amerikanischen Marinearzt A. R. Behnke bei Versuchen mit Tauchern in Überdruckkammern beobachtet worden. Behnke vermutete, der Tiefenrausch werde durch den Stickstoff der Luft verursacht, da dieser sich in Gehirnzellen ähnlich stark anhäufen kann wie die Narkosemittel Äther und Chloroform. Behnke konnte seine Theorie allerdings nicht beweisen. Auch andere Wissenschaftler fanden keine eindeutig nachweisbaren Ursachen des Tiefenrausches, und sie können den Tauchern auch kein Gegenmittel nennen. Tiefe Tauchfahrten mit der Aqualunge sollte man deshalb nie allein und möglichst nur entlang eines Sicherungsseiles unternehmen. Die Rekordleistungen aber stiegen: Mittlerweile liegt bereits der Preßlufttauchrekord für Frauen nahe bei der 100-Meter-Marke. Manche Unterwasserphotographen auf der Jagd nach guten Bildern von seltenen Tieren und italienische Korallentaucher auf der Suche nach den immer seltener werdenden dicken Edelkorallenästen geben Tiefen von 110 Metern und etwas mehr schon als Routine aus. Ihre Sterblichkeitsquote ist allerdings ziemlich hoch, denn in 90, 100 Metern Tiefe wird die Atemluft so dicht, daß sie fast so zäh fließt wie Öl. Der Körper muß ein Vielfaches der gewohnten Atemarbeit leisten, weil er mit jedem Atemzug ein Vielfaches der Luftmasse aufnimmt, die er an Land einatmen würde. Eine Folge ist eine gefährliche Anreicherung des Blutes und Gewebes mit dem giftigen Kohlendioxidgas, das nicht mehr ausreichend aus dem Körper abtransportiert werden kann.

Doch die Geheimnisse der Tiefe reizen die Forscher, die Schätze des Ozeans und des Meeresgrundes locken, und so wird unablässig weiter versucht, die Arbeitsmöglichkeiten der Freitaucher zu vergrößern. Der Gedanke lag nahe, den Stickstoffanteil der Atemluft teilweise durch Sauerstoff zu ersetzen, um wenigstens den Tiefenrausch zu verhindern, denn die Gefahr des Tiefenrausches nimmt mit wachsendem Stickstoffanteil zu. Es wurden Mischgasgeräte konstruiert, die den Taucher mit einem entsprechend der Tiefe wechselnden Gasgemisch versorgen. Bis höchstens 25 Meter Tiefe atmet der Taucher 60 Prozent Sauerstoff und 40 Prozent Stickstoff, bis höchstens 43 Meter Tiefe 40 Prozent Sauerstoff und 60 Prozent Stickstoff — und bei weiter zunehmender Tiefe entsprechend weniger Sauerstoff, denn sonst droht Sauerstoffvergiftung. Der schwedische Ingenieur Zetterström erprobte ein Wasserstoff-Sauerstoff-Gemisch. Er durfte dem Wasserstoff allerdings nur 4 Prozent Sauerstoff beimischen, denn Mischungen mit einem höheren Sauerstoffanteil reagieren chemisch: Es bildet sich Knallgas, und sie explodieren. Zum Abstieg und Auftauchen wollte Zetterström Preßluft verwenden. Der erste Teil

des Versuchs glückte. Zetterström kam auf 150 Meter Tiefe — frei von Tiefenrausch. Dann wurde eines seiner Signale auf dem Begleitschiff falsch verstanden, und die Begleitmannschaft zog ihn so rasch hoch, daß er keine Gelegenheit mehr hatte, während des Aufstiegs sein Mischgas- gegen ein Preßluftatemgerät auszutauschen; an Deck brach er zusammen und starb. Nun blieb nur noch die Möglichkeit, den Stickstoff der Atemluft durch ein chemisch neutrales Edelgas zu ersetzen. Der amerikanische Marinearzt Behnke hatte bereits aus seiner Tiefenrauschtheorie gefolgert, man könne den Stickstoff durch Helium ersetzen, um den Tiefenrausch zu vermeiden und die Gefahr einer Kohlendioxidanreicherung im Körper zu verringern, und Druckkammerversuche hatten ihm recht gegeben. Ein Taucher erreichte in der Druckkammer eine simulierte Tiefe von 150 Metern, ohne einen Tiefenrausch zu bekommen. Britische Wissenschaftler und Taucher wagten nach dem 2. Weltkrieg praktische Versuche: Der Marinemaat Wilfred Bollard erreichte mit einem Helmtauchanzug 162 Meter Tiefe und blieb dabei frei von Tiefenrausch und anderen Schädigungen. Während man in aller Welt noch mit Helm-

tauchanzügen arbeitete, setzte die französische Marine unter dem Einfluß Cousteaus und seiner Freunde auf das Freitauchen — ein Weg, der schließlich dazu führte, daß heute Tausende von begeisterten Sporttauchern überall in der Welt fast wie Fische unter Fischen im Meer herumschwimmen können und daß der Mensch beginnen konnte, sich die ersten Unterwasserhäuser auf den Meeresgrund zu stellen.

Berufstaucher in Krieg und Frieden

Das Nacktauchen mit oder ohne Schnorchel und das Freitauchen mit Atemgeräten sind in unserer Zeit zu populären Sportarten geworden. Allsommerlich ziehen Tausende von Menschen, meist Angehörige großer Taucherklubs, an die Küsten warmer Meere, um mit Kamera, Speer und Harpune in die fremde Welt unter dem Meeresspiegel einzudringen.

Darüber wird oft vergessen, daß die Taucherei mehr denn je ein für viele Zweige der Technik und Wissenschaft unentbehrlicher Beruf ist, harte Arbeit, die hohe

Anforderungen an diejenigen stellt, die diese Tätigkeit ausüben. Die Fortschritte, die es den Amateuren heute erlauben, sich relativ sicher im fremden Element zu bewegen, sind nicht zuletzt den Erfahrungen der Berufstaucher zu verdanken. Sie helfen, Wracks zu bergen, zu denen es bisher kaum einen Zugang gab; sie werden eingesetzt, um neue Ölfelder unter dem Meeresgrund zu suchen; sie spielen – als Froschmänner – eine bedeutende Rolle in der modernen Kriegführung. Die Meeresforscher, unter ihnen vor allem die Geologen und die Biologen, können die Beobachtungen der Taucher ebensowenig entbehren wie die Archäologen, die den versunkenen Zeugen alter Kulturen nachspüren.

Etwa 1000 größere Seefahrzeuge gingen während der letzten 150 Jahre durchschnittlich jedes Jahr unter; sie kenterten, strandeten auf Klippen oder Riffen, wurden torpediert, liefen auf Minen oder versenkten sich selbst. In Kriegsjahren verschwanden noch weit mehr Schiffe in den Wellen, und zur Zeit liegen die jährlichen Verluste bei 250–300 international registrierten Seefahrzeugen. Von den hölzernen Schiffen des letzten Jahrhunderts blieb, abgesehen von kostbaren Bronzekanonen, auf dem Meeresgrund nicht viel Wertvolles erhalten. Meist werden die Rümpfe binnen kurzer Zeit von Würmern zerfressen und von Fäulnisbakterien zersetzt.

Sogar dort, wo einst große Seeschlachten ausgefochten wurden, findet man selten mehr als etwa in der Bucht von Navarino (Peloponnes/Griechenland), wo der englische Admiral Codrington 1827 die Flotte des türkischen Heerführers Ibrahim Pascha vernichtet hatte, die zur Niederwerfung griechischer Freiheitskämpfer ausgelaufen war. Der Meeresboden bei Navarino ist übersät mit Gerümpel und Kanonenkugeln, doch von den Schiffen selbst ist nicht mehr viel zu sehen. Eisen bietet Tieren keine Angriffsmöglichkeiten, wird aber im Seewasser chemisch zersetzt. Nach einigen Jahrzehnten ist von einem Schiff nur noch ein verrostetes, mürbes Wrack übrig. Den verschiedenen Buntmetallegierungen kann das Meerwasser dagegen wenig anhaben. Kanonen kommen noch nach Jahrhunderten kaum beschädigt, antike Statuen nach mehr als zweitausend Jahren fast unversehrt und frühzeitliche Bronzestücke nach 3500 Jahren ebenfalls nur oberflächlich korrodiert aus der Tiefe. Blei bleibt vollkommen erhalten, ebenso Gold und hochwertiger Edelstahl, wie er seit der Jahrhundertwende zur Panzerung von Kriegsschiffen verwendet wird, und selbst manche Schiffsladungen überstehen lange Zeit auf dem Meeresgrund. Mehl in Säcken zum Beispiel bildet eine Kruste, die ein weiteres Eindringen des Wassers verhindert, und Kognak und Whisky in Flaschen gewinnen durch die

Seit 400 Jahren ruhen diese bronzenen Kanonenrohre bei den Bahamas auf dem Grund des Meeres. Wie im Mittelmeer oder in der Karibischen See warten auch in vielen anderen Meeren manche Zeugnisse der Vergangenheit darauf, gehoben zu werden.

Mit Bleischuhen und Gewichten beschwert, leisten Helmtaucher bei der Ausübung ihres Berufs täglich härteste Arbeit. Im Gegensatz zum Gerätetaucher bleibt der Helmtaucher über Luftleitungen und Sprechverbindungen immer mit der Oberfläche in Verbindung.

Lagerung auf dem Meeresgrund sogar noch: Australische Sporttaucher fanden in einem im 18. Jahrhundert gesunkenen Segler Whiskyflaschen, deren Inhalt noch genießbar war. Auch brisante Ladung überdauert Jahrzehnte: Granaten, Bomben, Torpedos, Minen können immer noch explodieren; manchmal hat die Korrosion die Explosionsgefahr sogar noch erhöht.

Mit der zunehmenden Verwendung teurer Buntmetalle und Edelstähle im Schiffbau blühte das Handwerk der Bergungstaucher, die neben verwertbarer Ladung diese wertvollen Materialien von den Wracks bergen. Auch einfacher Eisenschrott erzielt oft so hohe Preise, daß sich ein großer technischer Aufwand zur Hebung gesunkener Schiffe noch lohnt. Außerordentlich einträglich wird dieses Geschäft, wenn die Wracks ausgebessert und wieder gebraucht werden, wie beispielsweise solche von U-Booten, die aus fast rostfreiem Stahl gebaut sind. Unter der Flagge der deutschen Bundesmarine laufen heute zwei U-Boote aus dem Zweiten Weltkrieg, die jahrzehntelang auf dem Meeresgrund gelegen haben. In der dicht befahrenen Nordsee und in der Ostsee müssen Wracks meist sehr rasch beseitigt werden, ohne Rücksicht darauf, ob es sich lohnt. In diesen Meeren herrscht in einigen Fahrrinnen so reger Verkehr wie auf einer Autobahn, denn außerhalb der Rinnen ist ein Navigieren wegen gefähr-

licher Strömungen und aus dem Krieg zurückgebliebener Minenfelder ausgeschlossen. Große, verhältnismäßig tief liegende Wracks werden oft „ausgeraubt" — das heißt nach Buntmetallen abgesucht —, gesprengt und dann stückweise geborgen. Die Männer, die in Helmtauchanzügen an diesen Schiffen arbeiten, müssen schwerste Arbeit leisten und setzen immer wieder ihr Leben aufs Spiel, denn vor Überraschungen sind sie nie sicher. Das erlebten zum Beispiel der Hamburger Bergungskapitän Friedrich Harmstorf und seine Mannschaft, als sie 1963 in der Elbmündung ein völlig versandetes Wrack „Unbekannt I" bergen wollten. Die Taucher arbeiteten sich mit Spezialsauggeräten voran und stießen plötzlich auf 16 Torpedos und 60 Sprengköpfe, die Stück um Stück gehoben werden mußten.

Beim Ablösen einzelner Teile von alten Wracks versagt oft auch der stärkste der Unterwasserschneidbrenner, der mit einem Benzin-Sauerstoff-Gemisch arbeitet und die Arbeitsmöglichkeiten der Berufstaucher wesentlich verbessert hat. Doch eine Panzerplatte von einem Schlachtschiff zu trennen würde selbst mit diesem Gerät Stunden dauern. Eine Tauchermannschaft, die 1959 im Skagerrak am Wrack des deutschen Panzerkreuzers *Lützow* arbeitete, der dort in der Skagerrakschlacht des Jahres 1916 in 50 Meter Tiefe gesunken war, brauchte

In kürzester Zeit nehmen die Lebewesen des Meeres — die Algen, die Schwämme, die Hohl- und Krustentiere und die Fische — ein gesunkenes Schiff für sich in Anspruch. Bald ähnelt das Wrack mit seiner bunten Lebensfülle einem Riff — und es lockt jeden Taucher an.

Vorsichtig nähert dieser Schnorcheltaucher sich einem im Mittelmeer liegenden Wrack. Er weiß, daß ihn neben vielen erstaunlichen Eindrücken auch Gefahren erwarten können, z. B. von herabfallenden durchgerosteten Eisenteilen oder durchbrechenden Decksplatten.

jeweils 120 Kilogramm Sprengstoff, um eine einzige Panzerplatte von 30 Zentimetern Dicke und 3 mal 5 Metern Fläche loszubekommen. Dann wurden die Platten mit zentnerschweren Flaschenzügen hochgehievt. Sie zeigten nach über 40 Jahren auf dem Meeresgrund noch keine Rostspuren und brachten pro Stück einen Erlös von mehreren zehntausend Mark. Kriegsschiffe liefern den Bergungstauchern die reichste Beute. Allein 12 000 bis 13 000 Tonnen wertvoller Nichteisenmetalle und Panzerplatten schnitten und sprengten Taucher aus den muschelverkrusteten Rümpfen deutscher Schlachtschiffe in der Bucht von Scapa Flow. Dabei wurden bisher nur die kleinen Schiffe der in über 30 Meter Tiefe ruhenden Flotte und einige Kreuzer und Schlachtschiffe, die verhältnismäßig günstig lagen, von britischen Bergungsfirmen ausgewertet.

Sporttaucher finden in einem modernen Wrack nur selten etwas von finanziellem Wert; aber allein der Besuch eines Schiffes auf dem Meeresgrund ist ein faszinierendes Erlebnis. In einem Bericht der französischen Taucher René Arnault und Michel Eumont über einen Besuch bei dem gesunkenen walisischen 1200-t-Frachter *Llanishen,* der 1885 bei der italienischen Insel Panarea im Sturm auf ein Wrack gelaufen war, heißt es: „Als sich unsere Augen an das unwahrscheinlich kristalline Licht des Wassers gewöhnt haben, läßt sich eine dunkle Masse ausmachen. Die Umrisse der ungeheuren grauen Masse nehmen rasch Formen an: Da ist bereits der Bug, und jetzt fühlen wir auch den sandigen Boden unter den Füßen, der von wunderlich geformten Schrottstücken übersät ist. Es herrscht ein diffuses Licht, das von dem über und über bewachsenen stählernen Skelett auszugehen scheint. Plötzlich eine gähnende Höhle. Das ist das Leck, durch das sich 1885 das Wrack in die stählernen Flanken der *Llanishen* bohrte. Wir gelangen in die riesigen Laderäume. Ein ungewisses Halbdunkel umgibt uns. Wir schlängeln uns langsam durch ein enges Labyrinth verbogener Eisenteile und zerfetzter Zwischenwände, die scharf wie Dolche sind. Da taucht eine eiserne Steigleiter auf, die ins Leere führt und völlig von Algen und Riffkorallen überzogen ist... Zahllose winzige Fische flitzen in diesem stählernen Aquarium hin und her, wobei sie uns mit den Flossen streifen und uns dreist durch die Taucherbrille schauen... Dann kommen wir in den Teil des Schiffes, in dem sich die Kabinen und Speisesäle befanden. Von dort nehmen wir viele Trümmer mit: Bruchstücke aus Holz mit ein oder zwei darin eingelassenen Bullaugen, Bleirohre mit Hähnen daran, Eßgeschirr, Flaschen...“

Ein versunkenes Schiff zu finden ist nicht schwer, denn jede Seekarte gibt die Position zahlreicher Wracks an; aber nur erfahrene Sporttaucher sollten es wagen, sie zu betreten. Die stählernen Rümpfe der Schiffe bergen manche Gefahren, wie z. B. scharfe Kanten, gegen die starke Strömungen die Taucher treiben und die die

Luftschläuche abzuschneiden drohen, schwere Eisenteile, die plötzlich herabstürzen, und verborgene Sprengstoffe.

Bei Bergungs- und Bauarbeiten auf dem Meeresgrund löst der beweglichere und weniger gefährdete Freitaucher allmählich den Helmtaucher ab. Nur für gewisse Schwerarbeiten ist der Freitaucher nicht „standfest" genug. Dazu gehört unter anderem das traditionelle „Steintauchen" auf dem Ostseegrund, der übersät ist mit Blöcken aus hartem, von eiszeitlichen Gletschern herangetragenem Urgestein. Diese Steine eignen sich ausgezeichnet für Damm- und Hafenbauten und werden an den steinarmen Küsten Schleswig-Holsteins und Dänemarks so teuer gehandelt, daß sich das Aufsammeln vom Meeresboden lohnt. An den Ostseeküsten kann man jeden Sommer die Steinsammlerschiffe sehen, unter denen Helmtaucher auf dem Meeresgrund stundenlang dahinstampfen. Sobald sie auf gute Blöcke stoßen, geben sie ein Zeichen mit einer Signalleine und legen eine große, handgeschmiedete Steinzange aus Spezialstahl um einen Block, der dann langsam zum Schiff hochgehievt wird.

Die Taucherei ist ein aussichtsreicher Beruf geworden, seit man unter den Wellen reiche Vorkommen von Bodenschätzen entdeckt hat — Erdöl, Erdgas und Diamanten zum Beispiel. Manche Vorkommen, wie etwa die reichen Erdölfelder unter dem Eis Alaskas und einige Diamantenfelder unter der gewaltigen Brandung des Atlantiks vor Südafrika, sind vorerst noch unerreichbar, doch an vielen Küsten fließt bereits Erdöl aus dem Meeresgrund in Leitungen, und überall in der Welt sind Taucher dabei, neue Ölfelder aufzuspüren und Bohr- und Förderanlagen zu installieren.

Einer der ersten, der die Taucher für die Erschließung der Ölreserven unter dem Meeresgrund einsetzte, war Jacques Yves Cousteau. Eine britische Mineralölgesellschaft hatte im Persischen Golf bei Abu Dhabi an der Omanküste ein Konzessionsgebiet, das sich auch über große Flächen des Meeresbodens erstreckte. Alle Sondierungen mit herkömmlichen Mitteln waren gescheitert, denn der Grund war so hart wie Stahl; die Bohrkronen von 300 Kilogramm schweren Fallbohrern zerknüllten beim Aufprall wie Papier. Cousteaus Taucher setzten 1954 ihre Spezialmeißel ganz einfach in den von Bohrmuscheln ausgehöhlten Löchern an und brachen so 150 Gesteinsproben ab. Durch Untersuchungen der Proben fanden die Geologen die Stellen heraus, an denen der Einsatz einer künstlichen Bohrinsel Erfolg versprach, und 1962 verließ der erste Tanker mit Öl aus den mit Hilfe von Cousteaus Tauchern aufgespürten Vorkommen die Omanküste.

Moderne Berufsfreitaucher-Ausrüstungen unterscheiden sich freilich von den einfachen Ausrüstungen, mit denen die Sporttaucher die Unterwasserwelt durchstreifen. Die Luftversorgung erfolgt mitunter nicht durch Flaschen, die auf dem Rücken getragen werden und

Kaum eine moderne Armee verzichtet auf die Froschmänner, die lautlos und unsichtbar unter Wasser den Feind angreifen. Froschmänner verwenden bei ihren Einsätzen oft Sauerstoffatemgeräte, die zwar zu Vergiftungen führen können, aber den Vorteil haben, daß die Atemluft in ihnen in einem geschlossenen Kreislauf zirkuliert. Keine Luftblase entweicht und verrät den heimlichen Angreifer.

deren Luftvorrat für längere Arbeiten nicht ausreichen würde, sondern aus großen „Industrieflaschen" an Land oder auf einem Begleitschiff, von denen Schläuche zu den Lungenautomaten der Taucher führen. Die Unterwasserarbeiter können in versenkbaren Druckkammern rasten, ihre Geräte auswechseln und werden schließlich darin an Deck gehievt. Bei der Arbeit am Grund sind ihre Lungenautomaten oft durch Schläuche mit der Luftversorgungsanlage in den Druckkammern verbunden. Erfordern schwierige Aufgaben, etwa das Eindringen in Schiffswracks, ein freies Tauchen, so wechseln die Arbeiter in den Kammern auf dem Meeresgrund ihre Geräte aus. Heizbare Anzüge schützen die Taucher vor Auskühlung, denn die Kälte ist selbst in tropischen Meeren mit einer Oberflächentemperatur von über 35 Grad der schlimmste Feind des Tauchers, und in nördlichen Meeren sind selbst kurze Tauchfahrten ohne Kälteschutz nicht möglich. Angenehm warm sind bestenfalls nur die obersten Wasserschichten. Die Temperaturen sinken mit zunehmender Tiefe in allen Meeren rasch ab.

Sporttaucher tragen deshalb meist Naßtauchanzüge aus Neoprene, einem Gummimaterial, das aus einer glatten Innen- und Außenhaut und einer Schaumgummischicht dazwischen besteht. Die Millionen abgeschlossener Luftbläschen in dieser Schicht verringern die Wärmeabgabe vom Körper an das Wasser. Überdies liegt zwischen dem Anzug und dem Körper eine dünne Wasserschicht, die sich erwärmt und als zweite Isolierung wirkt. Helmtaucher sind noch besser geschützt. Sie tragen dickes wollenes Unterzeug und ein „Luftpolster".

Aufmerksam verfolgen die Marinekommandos in aller Welt die Fortschritte der Tauchtechnik. Denn kein Marinestab will riskieren, im Kriegsfall solche Überraschungen zu erleben wie 1918 Kapitän Vukovitch, der Kommandant des österreichischen Schlachtschiffes *Viribus Unitis,* das in Púla durch eine Haftmine zum Sinken gebracht wurde, und wie im Zweiten Weltkrieg die britische Mittelmeerflotte, der italienische Taucher empfindliche Schlappen beibrachten. Das Schicksal der *Viribus Unitis* war offensichtlich in den alliierten Marinestäben rasch in Vergessenheit geraten, denn die ersten Angriffe der Italiener aus der Tiefe trafen die englische Flotte völlig unvorbereitet.

Die italienische Kriegsmarine hatte im Äthiopienkrieg 1935 mit Zwergunterseebooten zu experimentieren begonnen, die nicht viel mehr waren als Torpedos, auf denen Froschmänner ritten. „Schweine" nannte man die kleinen Fahrzeuge. 1941 brachte das U-Boot *Scire* unter dem Kommando des Fürsten Borghese eine Gruppe Taucher in die Bucht von Algeciras in Spanien, die unter Wasser das von Land wie von der See aus uneinnehmbare Gibraltar angreifen sollten. Einige Versuche mißglückten; dann sprengten drei Taucherteams bei einem einzigen Angriff zwei Tanker und einen Frachter in die Luft. Wenige Monate später holten Borgheses Taucher zu einem noch größeren Schlag aus: Großbritannien hatte damals nur zwei Schlachtschiffe im Mittelmeer, die *Valiant* und die *Queen Elizabeth*. Von kleineren Schiffen bewacht und durch Balken-, Netz- und Minensperren gesichert, lagen die Schiffsriesen im Hafen von Alexandria. Die Taucher ritten auf ihren „Schweinen" hinter einfahrenden britischen Zerstörern unbemerkt in den Hafen, brachten Haftladungen an und sprengten riesige Lecks in die Schlachtschiffe, die auf den Boden des Hafenbeckens sackten und für Monate kampfunfähig blieben.

Später starteten die italienischen Froschmänner Angriffe auf Gibraltar von einem alten Tanker aus, der im Hafen von Algeciras lag. Ungesehen von den Beamten des britischen Konsulats in Algeciras, verließen sie mit ihren „Schweinen" den Tanker durch eine Luke unter der Wasseroberfläche; alle paar Nächte griffen die Froschmänner lautlos an, befestigten Haftminen an Schiffen und versenkten bis zum Fall Roms im Jahre 1943 insgesamt 43 000 Tonnen Schiffsraum. Nach den ersten Angriffen hatte auch die britische Flotte eine eigene kleine Froschmanntruppe aufgestellt, die aber zunächst weder genügend Atemgeräte noch Schwimmflossen besaß. Nacht für Nacht mußten die Männer die in Gibraltar liegenden Schiffe nach Haftminen absuchen, und nicht selten kam es dabei zu Messerduellen mit den italienischen Tauchern.

Zu einer gewissen Berühmtheit brachte es der britische Froschmann Leutnant Lionel K. P. Crabbe, der gut zehn Jahre später bei einem Staatsbesuch Chruschtschows einen geheimnisumwitterten Spionageeinsatz gegen den sowjetischen Kreuzer *Ordshonikidse* ausführte und dabei spurlos verschwand. Angeblich wurde Crabbe entdeckt, nach Rußland entführt und soll heute sowjetische Froschmänner ausbilden.

Die amerikanische Froschmanntruppe entstand während der Kämpfe im Pazifik. Bei der Invasion von Trawa, einer der Gilbert-Inseln, waren die Landefahrzeuge der Marineinfanterie nicht über ein Riff hinweggekommen; die Marinesoldaten hatten 500 Meter weit schutzlos durchs Wasser waten müssen, und innerhalb von drei Tagen waren fast 4000 Mann gefallen. Künftig wurden nun „Underwater Demolition Teams" (Unterwassersprengtrupps) eingesetzt. Wochen vor der Invasion einer Insel schwammen Mitglieder dieser Teams an die japanischen Sperren und Befestigungen heran, machten geeignete Durchfahrten für die Landungsfahrzeuge ausfindig und lieferten Kartenskizzen zur Planung des Angriffs. Einige Tage vor dem Angriff kamen sie mit großen Paketen wasserfesten Sprengstoffs auf dem Rücken wieder, schwammen und wateten unter dem Feuerschutz von Schiffsgeschützen zu den Riffs und Sperren und brachten ihre Ladungen an. Beschossen die Japaner die Taucher, so verrieten sie damit ihre Stellungen, die sofort von der amerikanischen Schiffsartillerie unter Feuer genommen und zerstört wurden.

Auch der alliierten Invasion in der Normandie mußten Taucher den Weg freisprengen, denn die deutschen Truppen hatten ein riesiges, minenbestücktes Sperrsystem errichtet, das bereits im Meer begann.

Heute hat jede moderne Armee und jede Kriegsflotte schwere Helmtaucher und freitauchende Froschmänner. Die Taucher der Landtruppen helfen beim Brückenbau und sprengen feindliche Anlagen — Brücken, Schleusen, Dämme. Froschmänner werden ausgebildet, um Landeunternehmen vorzubereiten, Docks, Häfen und Schiffe anzugreifen, eigene Anlagen und Fahrzeuge zu schützen und in Katastrophenfällen Menschen und Material zu retten. Als Einzelkämpfer sollen sie Hindernisse und Sperren unter Wasser umgehen, ungesehen hinter die feindlichen Linien gelangen und dort Sabotageakte durchführen. Schnellboote, U-Boote, Hubschrauber und Flugzeuge bringen heute die Froschmänner zum Einsatz; sie werden durch die Torpedorohre von U-Booten ausgeschleust oder aus Hubschraubern und Flugzeugen ins Wasser abgesetzt, und U-Boote oder Schnellboote nehmen sie auf hoher See wieder auf. Der Überraschungseffekt der Froschmänner macht sie zu gefährlichen Gegnern, denn Taucher, die wenig Metall am Körper haben — das überdies noch abgeschirmt werden kann —, sind selbst mit modernsten Radar-, Echolot- und Horchgeräten schwer zu entdecken. Deshalb hat auch auf dem Gebiet der Tauchtechnik ein Wettrüsten eingesetzt; die Froschmänner, die aus den größten Tiefen angreifen können, sind am schwersten zu entdecken und am unverletzlichsten.

Ein prächtiger Barrakuda ist die Beute dieses Unterwasserjägers. Die Jagd auf Meerestiere ist zweifellos ein aufregendes Abenteuer, aber vielerorts mußte sie strengen Beschränkungen unterworfen werden, denn schon gibt es an vielen Küstenstrichen kaum noch größere Fische und andere Meerestiere.

Bedrohte Paradiese

Die ersten Unterwasserjäger, die in den Jahren um 1930 an den Steilküsten der Côte d'Azur tauchten, trafen ein Jagdparadies an. An Felswänden saßen die Krebse wie Fliegen; armdicke, fette Muränen geiferten mit aufgerissenen Rachen aus ihren Spalten; Kraken hausten in ganzen Kolonien auf dem Meeresgrund, und in großen Höhlen wie in versunkenen Schiffen standen riesige Zackenbarsche, Merous, kapitale Tiere, wie sie selbst mancher alte provenzalische Fischer noch nie aus der Nähe zu sehen bekommen hatte. Manchmal stießen die Taucher auf Zackenbarsche von 80, 100 Pfund Gewicht. Diese Fische gingen fast nie in Netze, und wenn man sie an der Angel hatte, zogen sie sich in Felsspalten zurück, richteten ihre Rückenflossen auf und sperrten sich.

Den ersten Tauchern begegnete die Tierwelt teils mit Neugier, teils mit Gleichgültigkeit; doch bald lernten Fische und Kraken, sich außer Reichweite der Handspeere, Degen und Armbrustpfeile zu halten, mit denen in den dreißiger und vierziger Jahren noch gejagt wurde. Die Ausrüstungen wurden perfekter. Bald schossen nun lange Stahlpfeile aus Gewehren mit Feder- und Gummistrangantrieb; mit Luft- und Gasdruck betriebene Harpunen kamen auf, Schnellfeuerharpunen und Pfeile mit Explosivspitzen sowie Sprengstofflanzen, deren Spitze — eine aufgesetzte Sprengstoffpackung — explodiert, wenn man damit gegen einen Fisch stößt. Die Tiere an den viel von Sporttauchern besuchten Küsten wurden allmählich scheu, und heute sind an den Küsten des Westmittelmeeres die großen Geschöpfe fast ausgerottet.

Der Jäger muß kleine, bewegliche Fische überlisten oder aus einem Schwarm herumwirbelnder Tiere wie ein Raubfisch eines anpeilen und in schnellem Vorstoß treffen. Jeder flüchtende Fisch ist schneller als der Jäger, und stets hat der Fisch den Jäger durch sein empfindliches Seitenlinienorgan, sein Radarsystem, schon wahrgenommen, bevor er auf Schußweite heran ist, denn die Entfernung, auf die ein guter Schütze trifft, beträgt unter Wasser kaum mehr als zwei bis drei Meter. Nähert sich der Jäger einem Fisch aus einer Deckung heraus, so wartet das Tier fast immer, bis es den Störenfried im Gesichtskreis hat. Sekundenbruchteile ist dann Zeit, die Harpune in Schußposition zu bringen und abzudrücken.

Fliehende Fische werden im Laufe der Zeit unaufmerksam und schließlich die Beute des Jägers. Aber die Verfolgung und der Kampf mit dem Fisch sind anstrengend und können gefährlich werden, wenn der Taucher sich nur auf seine Lungen verläßt. Doch die Jagd mit dem Atemgerät ist bei Sporttauchern verpönt, da es für viele Fische, die von einem gut ausgerüsteten und bewaffneten Jäger verfolgt werden, kaum eine Chance gibt zu entkommen. Die Flucht ins freie Meer kennen die meisten der in festen Revieren am Grund oder an Felswänden lebenden Tiere nämlich nicht.

Viele Küstenländer haben daher die Jagd mit dem Atemgerät verboten, um die Tierwelt des Wassers vor Ausrottung zu schützen. Diese Beschränkungen kommen vielerorts allerdings zu spät, und sie werden auch nicht ausreichen, um bestimmte Tierarten zu erhalten. An der Côte d'Azur und an der italienischen Riviera gibt es schon seit vielen Jahren keine großen Fische und Kraken mehr, weshalb leidenschaftliche Unterwasserjäger ihre Beute im Ostmittelmeer, im Atlantik und in tropischen Meeren suchen. Als Dorado der Unterwasserjäger gilt heute das Große Barriereriff Australiens. In großen Höhlen spüren dort Sporttaucher den größten Barschfisch der Welt auf, den Giant Queensland Groper oder Riesenzackenbarsch, der rund zwei Meter lang und drei- bis vierhundert Pfund schwer wird. Ein vierhundertpfündiger Zackenbarsch kann ohne weiteres einen zweihundertpfündigen Fisch verschlingen. Diese mächtigen Tiere greifen Menschen zwar nicht an, doch sie allein durch Muskelkraft niederzuringen, wagt selten ein Taucher. Der Giant Queensland Groper wird deshalb mit Explosivgeschossen getötet.

Harpunierte Muränen dagegen greifen oft an. Erfahrene Jäger schießen daher selbst kleine Mittelmeermuränen mit dreizackigen Pfeilen. Steckt eine Muräne auf einem solchen Pfeil, so hat der Jäger sie wie auf einer Gabel und kann sie sich vom Leibe halten. Auf einem einfachen Pfeil, der durch ihren Körper hindurchgeht, rutscht die Muräne hoch, attackiert den Taucher und kann ihm schwere Bißwunden zufügen, in die sie Gift aus ihrer Gaumenschleimhaut fließen läßt. Tropische Muränen werden noch größer als Mittelmeerarten, sind angriffslustiger und entwickeln erstaunliche Kräfte.

„Es gab eine Art Detonation. Aus allen Löchern des Korallenstockes wirbelten... Mulmwolken hervor, und man hörte die dumpfen Schläge, mit denen der muskulöse Muränenkörper in der Höhle herumpeitschte", erzählt der Hamburger Biologe und Sporttaucher Gerhard Lauckner über eine Muränenjagd im Roten Meer. „Die an der Harpunenleine tobende Muräne war durch das Maul in den Kopf getroffen und zersprengte dennoch mit den Schlägen ihres Körpers den Korallenstock, so daß ein in der Nähe lauernder Hai erschreckt flüchtete."

Hat ein Unterwasserjäger am Riff einen Fisch harpuniert, der sich verletzt versteckt, so gerät die ganze Umgebung in Aufruhr. Aus ihren Höhlen kommen neugierige Fische, und bald lockt der Blutgeruch auch die Raubfische an, Makrelen, Barrakudas und Haie. Im Mittelmeer sind Haie zwar seltener als in den Tropen, meist aber hungriger, denn große Beute erwischen sie dort nicht mehr oft. Der Blutgeruch harpunierter Fische bringt sie in solche Freßraserei, daß sie Tauchern schon Fische vom Harpunenpfeil gerissen oder nach der Beute geschnappt haben, die sie am Gürtel hängen hatten.

Die Biologen, die sich die Tier- und Pflanzenwelt unter dem Meeresspiegel als Forschungsgebiet gewählt ha-

*Das Mittelmeer ist das bevorzugte Tauchgebiet der deutschen Sporttaucher. Lohnende Ziele gibt es fast überall
an seinen Küsten. Diese Karte zeigt Gebiete, in denen der Taucher mit besonders interessanten Pflanzen
und Tieren (grün) oder archäologischen Funden (rot) rechnen kann und in denen er Unterstützung durch
Tauchklubs und Tauchstationen finden wird.*

ben, und viele erfahrene Sporttaucher kämpfen erbittert
gegen die immer weitere Verbreitung der Unterwasserjagd. Besonders mißbilligen sie die jährlichen internationalen Unterwasserjagdmeisterschaften der „Confé-
dération Mondiale des Activités Subaquatiques", des
Weltverbandes der Sporttaucher, bei denen derjenige
Weltmeister wird, der in einer bestimmten Zeit am meisten Kilogramm Fisch erbeutet; denn diese Meister-
schaften regen zahllose Sporttaucher zur Nachahmung,
d. h. zum wahllosen Schießen an.

Für einige Küstenstriche wie die französische Mittel-
meerküste und den größten Teilen der italienischen Küsten kommen alle Warnungen zu spät; sie sind, vor allem in der Umgebung von Hotels, Campingplätzen und
Tauchschulen, schon leer geschossen. „Vor dem Hotel
war ... der größte Fisch, den man sehen konnte, 6 Zentimeter lang", bemerkte im Sommer 1968 der Präsident
des Verbandes Deutscher Sporttaucher sogar auf Ustica,
wo er die Unterwasserjagd-Weltmeisterschaft 1968 beobachtete — obwohl die Gewässer um Ustica zu den
fischreichsten ganz Italiens zählten. Das einst üppige
Tierleben der italienischen Küsten fiel einem regelrechten Kesseltreiben zum Opfer, an dem sich Fischer, die
sich mit immer feineren Netzen ausrüsteten und heute
schon Fischbrut fangen, sowie Dynamitfischer und Hunderttausende von Unterwasserjägern beteiligten. Fast
ausgerottet wurden in einigen Gegenden auch die als
Trophäen begehrten Tiere niedrigerer Ordnungen, vor

allem Muscheln, wie etwa die Steckmuschel, die armlang
werden kann und perlmuttern und orange bis dunkelrot
gefärbte Schalen liefert.

Die tropischen Küsten der USA und anderer Länder
sind hauptsächlich durch Berufstaucher gefährdet, die
einzelnen, als Delikatessen begehrten Tieren wie den
Seeohren nachstellen und sogar ganze Riffe sprengen,
um dem Andenkenhandel Material zu liefern.

Bei den gewaltsamen Eingriffen des Menschen in die
Unterwasserwelt ist es oft gar nicht nötig, größere Bestände zu zerstören. Kleine Veränderungen bringen das
biologische Gleichgewicht in der Tierwelt schon so
durcheinander, daß sie eine vernichtende Kettenreaktion
nach sich ziehen. In Australien zeigte sich dies am Wob-
begong-Hai. Dieser verhältnismäßig harmlose Grundhai,
der eine begehrte Trophäe liefert, wurde in den letzten
10 Jahren an der Küste rund um Sydney nahezu ausgerottet. Wobbegongs aber leben von Kraken, die wiederum die größten Feinde der Hummern sind. Also
haben sich die Kraken vermehrt, die nun die Hummern
ausrotteten. Folglich vermehrten sich die Beutetiere der
Hummern, und so weiter... Der Biologe kann eine ganze
Kette der Verwüstung nachweisen.

Wer tauchend ungestört noch nicht verschreckte Tiere
beobachten und mit der Kamera „jagen" will, muß allmählich immer weiter entfernte Küsten aufsuchen oder
in Tiefen gehen, die der Harpunenjäger ohne Atemgerät
nicht erreicht. Und vielerorts findet er selbst in großen

Tiefen keine ungestörten „Unterwasserparadiese" mehr, denn nicht in allen Ländern sorgt man streng dafür, daß das Verbot, mit Atemgeräten zu jagen, respektiert wird. Die Tierwelt des Meeres ist heute so gefährdet, wie es Afrikas Tiere waren, bevor die großen Reservate entstanden; nur erscheint die Vernichtung der Meerestiere noch viel sinnloser, weil bloß ein geringer Teil der getöteten Tiere als Nahrung benötigt wird.

Einige Tauchklubs und einzelne verantwortungsbewußte Leute propagieren deshalb einen „Ehrenkodex" für Unterwasserjäger, der nicht nur einen strikten Verzicht auf die Jagd mit Atemgeräten und mit Explosivgeschossen fordert, sondern auch, daß die Taucher nur genießbare Fische schießen sollen und nur so viele, wie sie essen können. Auf den Abschuß von Jungtieren und seltenen Arten soll ganz verzichtet werden. Doch nur ein kleiner Teil der vielen Taucher, die jeden Sommer durch die Küstengewässer des Mittelmeeres und vor Australien und dem Süden der USA pirschen, hält sich an diese Regeln. Außerdem werden manche Küsten schon so stark besucht, daß die Tierwelt bereits gefährdet wird, wenn jeder Taucher nur das schießt, was er selbst verzehren kann.

Das Freitauchen wird immer mehr zum Volkssport. Einige zehntausend Deutsche sind mit Atemgeräten ausgerüstet, Hunderttausende tauchen mit Maske, Schnorchel und Schwimmflossen — und, zu oft, mit Harpune. Noch begeisterter hängen die Franzosen und die Italiener, die Engländer, Amerikaner und Australier diesem Sport an. Allein in Australien sind über 300 000 Preßluftatemgeräte in Betrieb.

Tauchen ist heute kein kostspieliger Sport mehr. Grundausrüstungen sind für rund 50 Mark zu haben, Atemgeräte gibt es ab etwa 300 Mark. Nackttauchen ist schnell gelernt; ein kleines Lehrbuch und etwas Training genügen. Der Gerätetaucher kann unter Dutzenden von Tauchschulen am Mittelmeer und in den Tropen wählen oder sich einem Tauchklub anschließen, von denen es in der Bundesrepublik fast 80, in Österreich und der Schweiz jeweils an die 20 gibt. 14 Tage dauert in der Regel ein Gerätetauchkurs in einer dieser Schulen, die meistens von ihren Schülern nicht einmal verlangen, daß sie eigene Ausrüstungen mitbringen. Höhepunkte der Kursprogramme sind oft Tauchfahrten in 40 bis 45 Meter Tiefe. In einem Teil der Tauchschulen ist die Unterwasserjagd verpönt, in anderen wird sie sogar gelehrt und trainiert.

Die Fachleute sehen nur noch eine Möglichkeit, die Welt unter Wasser als „neuen Lebensraum" für den Menschen, als Raum für Ferienerlebnisse und Erholung zu erhalten: Die betroffenen Staaten müssen strenge Gesetze zum Schutz ihrer Küsten erlassen und die Einhaltung dieser Gesetze erzwingen. Hier und da gibt es schon Schutzgebiete. In den USA und in Israel sind Unterwasser-

Nationalparks entstanden, in denen Behörden darüber wachen, daß kein Tier getötet oder gefangen und keine Koralle abgebrochen wird. In Ägypten und Kenia wurden einige besonders schöne Riffgebiete unter Naturschutz gestellt; dort ist das Harpunieren und das Sprengen von Korallen verboten. Die Amerikaner verdanken ihren einzigartigen „Pennekamp-Korallenriff-Nationalpark" dem Einfallsreichtum und Kampfgeist eines Journalisten: des Chefredakteurs einer Zeitung in Miami, John Pennekamp. Der Park erstreckt sich über das Gebiet des einzigen lebenden Korallenriffes der Vereinigten Staaten, das bei Key Largo im Süden Floridas liegt und mit seinen Lagunen eine Fläche von 200 Quadratkilometern einnimmt.

In den dreißiger Jahren hatten Taucher begonnen, die Riffe systematisch nach den Häusern der Trompetenschnecke durchzukämmen, die gutes Schildpatt lieferten und bei der Andenkenindustrie sehr begehrt waren. Dann begannen sie, Korallen abzureißen und herauszusprengen. Diesen Berufstauchern folgten bald Scharen von Amateuren, und gegen Mitte der fünfziger Jahre war das Sterben des Riffes abzusehen.

Doch da begann Pennekamp, unterstützt von Biologen, mit einer Pressekampagne. Die aufgerüttelte Öffentlichkeit forderte den Kongreß auf, von der Bundesregierung einen Schutz des Riffes zu verlangen. Die Kampagne hatte Erfolg. Das Riff erholte sich allmählich. Verschreckte Tierarten kehrten zurück, fast ausgerottete vermehrten sich wieder; und heute bevölkern rund 1200 tropische Fischarten den Park. Große Meeresschildkröten ziehen durch die Lagunen, Delphinschwärme haben hier ihre Spielplätze, und der Besucher kann ohne Mühe Riesenrochen, Haie und Barrakudas beobachten. Der Nationalpark zählt inzwischen zu den bekanntesten Sehenswürdigkeiten der USA, und auch Nichttaucher besuchen ihn: Sie blicken von Booten mit gläsernen Böden aus in die Tiefe.

Israel hatte es gar nicht erst zu einer Gefährdung der Unterwassertierwelt an seiner Küste des Roten Meeres kommen lassen und sofort, als die ersten Harpunenjäger und Korallensammler dort auftauchten, das gesamte Riffgebiet bei Eilat zum Nationalpark erklärt. Heute lockt er Tausende von Touristen an.

Mit Kamera und Blitzlicht

Die Pioniere des Freitauchens, die Freunde Cousteaus und viele andere, die in den fünfziger Jahren anfingen, nach dem Vorbild von Cousteau und Hans Hass die „Schweigende Welt" zu erobern, haben längst die Harpune mit der Kamera vertauscht:

„Um meinen ungläubigen Freunden die Wunder zu beweisen, die ich mit eigenen Augen sehen durfte, als ich mit meinem Tauchgerät vor St.-Tropez tauchte, ging ich 1934 daran, wasserdichte Kameragehäuse herzustellen", erinnert sich der französische Seeoffizier Yves Le Prieur. Seine Experimente zählen zu den wichtigsten für die Entwicklung der Unterwasserphotographie, die heute kostbare Dokumente aus der Meerestiefe liefert.

Das alles begann mit den Spielereien, Experimenten und dem Forschungsdrang weniger Leute. 1882 war dem unternehmungslustigen jungen Louis Boutan, einem Zoologiedozenten an der Sorbonne in Paris, der Gedanke gekommen, die noch in den Kinderschuhen steckende Photographie für die Meeresforschung nutzbar zu machen. Er steckte eine Plattenkamera in ein ziemlich ungefüges, wasserdichtes Gehäuse und brachte in neun Meter Tiefe die ersten Unterwasseraufnahmen zustande. Schließlich baute er sogar eine Unterwasserblitzlichtvorrichtung, die jedoch — wie die ähnlichen, mit Magnesium arbeitenden Blitzgeräte der Überwasserphotographen seiner Zeit — die Eigenheit hatte, manchmal zu explodieren. Immerhin gelang es Boutan, mit seiner Kamera einige bis dahin unbekannte Lebensvorgänge verschiedener Meerestiere zu enträtseln. Boutans

erste Nachahmer hatten weit weniger Glück als er; es fehlte eben noch an leistungsfähigen Kameras und Beleuchtungseinrichtungen, die man unter Wasser hätte gebrauchen können.

Die nächsten Jahrzehnte mit ihren raschen Fortschritten in der Phototechnik brachten bald auch praktische Lösungen für die Probleme der Unterwasserphotographen: moderne Kameras und Blitzlichtgeräte in druck- und wasserfesten Gehäusen. Die Filme und Bilder, die Männer wie Cousteau und Hans Hass aus der Tiefe mitbrachten, machten die „Kamerajagd" populär.

Besonders für eine Gruppe von Tauchern wurde die Unterwasserkamera die wichtigste „Waffe": für die Meeresbiologen. Abenteuerlustige, neugierige Außenseiter unter ihnen gaben die ersten Anstöße; in wenigen Jahren trugen sie durch die Beobachtungen, Experimente, Photographien und Filme mehr Wissen über das Verhalten der Meerestiere zusammen, als ihre Kollegen in Jahrzehnten vorher hatten sammeln können. Zum erstenmal hatten sie Gelegenheit, Tiere, die sie vorher nur tot,

Wie leuchtende Edelsteine stehen bunte Fische vor der vielfarbigen Pracht der Korallenriffe. Der Zauber dieser fremdartigen und geheimnisvollen Welt reizt immer mehr Menschen, das Tauchen mit dem Schnorchel oder dem Atemgerät zu ihrem Lieblingssport zu machen und unter Wasser auf Photosafari zu gehen.

Der Unterwasserphotograph, der in größerer Tiefe seine Aufnahmen macht, sieht die farbige Schönheit der Meereswelt erst, wenn er seinen Farbfilm entwickelt und kopiert hat. Erst das Blitzlicht bringt die prächtigen Farben zum Leuchten (Bild rechts, mit Blitzlicht aufgenommen); sonst sehen Auge wie Kamera nur Blau, Grün und Schwarz. Die Rottöne verschwinden in der Tiefe (Bild links, ohne Blitzlicht aufgenommen).

dahingewelkt und mit ausgeblichenen Farben gekannt hatten, in ihrer natürlichen Umgebung zu sehen. Neue Unterwasser-Elektronenblitzgeräte erlauben nicht nur, unabhängig von den oft schlechten Lichtverhältnissen der Tiefe „Schnappschüsse" vom Tierleben unter Wasser aufzunehmen; sie bringen vor allem in größeren Tiefen Farben zum Leuchten, die noch nie ein Auge sah. Wasser ist nämlich ein kräftiger Filter, der nach und nach alle Spektralfarben des Sonnenlichts verschluckt. In einer Tiefe von mehr als einem Meter hat das Meer schon den Rotlichtanteil aus den Sonnenstrahlen fast ganz herausgefiltert. Orange gelangt etwa zehn bis fünfzehn Meter weit, Gelb und Violett dringen noch etwas tiefer vor; unterhalb der 20-Meter-Zone aber ist alles in monotones Blaugrün getaucht. Richtet nun der Taucher seine Lampe oder sein Blitzlichtgerät auf ein Riff, das schwärzlich im Blaugrün steht, so flammt es plötzlich in grellen Farben auf. Die Natur leistet sich den Luxus, die Tiere der Tiefe verschwenderisch mit Farben auszustatten, die meistens verblassen, wenn die Lebewesen an die Oberfläche geholt werden.

An vielen Forschungen waren und sind nicht zuletzt die Sporttaucher entscheidend beteiligt. Sie sind allerdings keine Amateure im üblichen Sinne, sondern eher die Nachfolger der Unterwasserpioniere — Männer, die öfter am und im Meer zu finden sind als an ihrem heimischen Arbeitsplatz und die teilweise sogar vom Meer leben, als Tauchlehrer, Schatz- und Bergungstaucher und Unterwasserphotographen.

Besonders viel Erfahrung, Geschicklichkeit und Ausdauer verlangt die Jagd mit der Kamera; denn alles schwimmt und treibt, und der Photograph selber findet keinen festen Standort. Wellen und Strömungen erfassen ihn, die leiseste Bewegung läßt ihn wegschweben. Nur Sekunden stehen die meisten Fische still, dann rühren sie schon wieder die Flossen und verändern ihre Stellung. Die Kamera in ihrem großen, druckfesten Gehäuse ist unhandlich, und schließlich gilt es, die optischen Besonderheiten des Wassers zu berücksichtigen: die Absorption der Spektralfarben, das mit zunehmender Tiefe insgesamt schwächer werdende Licht, die veränderte Strahlenbrechung und die Lichtstreuung. Auch im klarsten Wasser gibt es unzählige Planktontierchen, winzige Pflanzen und schwebende Sandpartikel, die das auftreffende Licht milchig streuen wie Nebel an Land. Nach 10 bis 25 Metern verliert sich die Unterwasserwelt des Mittelmeeres vor unseren Augen im dichten „Dunst"; im Roten Meer reicht der Blick bis zu 40 Meter, in der Nord- und Ostsee nur wenige Meter weit.

Die neugierigen Geschöpfe der See

Mit besonderer Neugier beobachten die Freitaucher die legendären Meeresungeheuer zahlreicher Abenteuerbücher: Kraken, große Muränen, riesige Zackenbarsche, Teufelsrochen, Haie und Meeressäugetiere wie die Seekuh, den Seeleopard und den Mörderwal.

„Es gibt kein schrecklicheres Schicksal, als von diesen acht feuchtkalten Totenarmen umschlungen zu werden, zu spüren, wie sie, sich windend und tastend, an einem entlangkriechen, als die eiskalte, klebrige Berührung der achthundert Saugnäpfe zu fühlen, die ihr unglückliches Opfer mit saugenden Fesseln umgeben, die keine Kraft lösen kann. Alle diese Mäuler zerren und fressen an ihrem Opfer, das bei lebendigem Leibe ausgesaugt wird." So hatte Victor Hugo das Schicksal der Menschen geschildert, die in die Fänge von großen Kraken geraten. Cousteau und sein Freund Dumas aber begegneten statt angriffslustigen meist recht scheuen Kraken, Tieren, die erstaunliche Intelligenz zeigten und verspielt wurden, wenn sie erst einmal zutraulich geworden waren. Dumas versuchte sogar, die Kraken zu dressieren. Er hielt die Tiere fest, spielte mit ihnen, ließ sie fliehen und fing sie wieder ein. Sobald sie genügend ermüdet waren, übte er Tanzfiguren mit ihnen. Allen Schauermärchen zum Trotz wurde bis jetzt noch niemals ein Taucher von einem Kraken verletzt, und es scheint, als hätten die Tiere eine große Scheu davor, Menschen mit ihren Saugarmen anzufassen.

Immer wieder beobachten die Taucher bei den Kraken eine merkwürdige Sammelleidenschaft und Vorliebe für glitzernde Dinge. Als eine italienische Expedition 1958 das Wrack eines römischen Frachtschiffes erforschte, das bei Spargi im Archipel von La Maddalena nördlich von Sardinien versunken war, freundeten sich die Männer mit einem mehr als zwei Meter langen Oktopus an. „Luigi", wie ihn die Taucher nannten, war geradezu elsternhaft diebisch. Einmal sammelte er nachts sämtliche weißen Plastikschildchen ein, die die Taucher an den gefundenen Krügen befestigt hatten, und versteckte sie in seiner Behausung. Als man ihm die Schildchen wieder wegnehmen wollte, setzte er sich darauf und zeigte schließlich durch raschen Farbwechsel seiner Haut — dieser ist das Mienenspiel der Kraken — seine Enttäuschung. Die Taucher schenkten ihm daraufhin verbrauchte, glitzernde Blitzlichtbirnchen — und Luigi zog zufrieden damit ab.

Unfreundlicher verlaufen dagegen meist Begegnungen mit Muränen. Diese unberechenbaren Raubfische nehmen zwar ohne weiteres Futter aus der Hand des Tauchers an: Frischfisch und, noch lieber, die Innereien eines gefangenen Seeigels — einen Köder, der so begehrt ist, daß man damit unter Wasser aus weitem Umkreis Fische anlocken kann. Doch manchmal beißen Muränen auch unerwartet. „Hinter dem Riff stieß ich auf eine besonders stattliche Muräne", schreibt der Unterwasserphotograph Sigi Köster in seinem Bericht über eine Expedition in das Tierparadies der Aldabra-Atollgruppe im Indischen Ozean. „Mit starren Augen glotzte sie aus dem Korallenstock. Ich hob die Unterwasserkamera, blitzte aus anderthalb Meter Entfernung. Die Muräne

begann zu geifern. Ich rückte auf einen Meter heran, knipste, dann auf achtzig Zentimeter und freute mich schon auf das Fischporträt. Doch plötzlich war das Tier aus dem Sucherbild verschwunden. Ich sah hoch. Wütend schoß die Muräne von oben auf mein Gesicht zu! Ich riß die Kamera hoch. Sie biß in den metallenen Stabilisierungsflügel des Kameragehäuses und zerrte daran. Ich zog auch. Und Zoll um Zoll gewann ich Gelände. Doch die Muräne ließ nicht los. — Mein Gott, was muß das Tier für Zähne haben! — dachte ich verblüfft. Das Kameragehäuse war aus gehärtetem Aluminium! Der Körper der Muräne quoll aus dem Loch: Das Tier war so dick wie ein Oberschenkel. Und immer mehr kam aus der Höhle. Eineinhalb Meter, zwei — und noch kein Ende! Fast drei Meter maß das Tier. Es schüttelte wütend die Kamera, glotzte mich böse an, spreizte die Flossen. Nun patschte ich ihm mit den Schwimmflossen auf die Augen — kräftig genug, um es unangenehm spüren zu lassen, doch nicht allzufest, um es nicht zum Angriff auf meine Beine zu reizen. Plötzlich ließ die Muräne los. Mit kräftigen Schwimmstößen setzte ich mich ab. Sie folgte mir langsam, wie unentschlossen, und kehrte schließlich um, als ich einige Meter Abstand vom Grund gewonnen hatte."

Der Manta, ein Bewohner der tropischen Meere, ist ein Planktonfresser und gar nicht in der Lage, einen Taucher zu beißen. Immerhin ist der Anblick dieses mächtigen Tieres selbst für den erfahrenen Taucher ein gewaltiges Erlebnis. Ludwig Sillner, ein deutscher Unterwasserphotograph, hatte während einer Expeditionsfahrt mit dem deutschen ozeanographischen Forschungsschiff *Meteor* bei der Koralleninsel Farsan im Roten Meer Gelegenheit, einen Manta aus der Nähe zu beobachten: „Wie ein Urvogel tauchte das riesige Tier plötzlich vor uns auf... Die flügelartige Bewegung der Flossen, die fast schwarze Oberfläche und das weiße Unterteil mit dem seltsam geformten Maul bieten einen unheimlichen Anblick. Und es läßt sich leicht erklären, daß die Eingeborenen den Manta als Teufelsrochen bezeichnen... Nun kam das riesige Tier auf mich zu, und ich tauchte unwillkürlich einige Meter ab. Der Manta wich aber kaum 3 m vor mir nach der Seite aus, beschrieb einen großen Kreis und kehrte wieder zurück. Im Vorbeischwimmen war sein großes hervortretendes Auge starr auf mich gerichtet, als wolle er sich genau vergewissern, was für ein Lebewesen da vor ihm auftauchte."

Solange sie noch nicht durch Harpunenjäger verschreckt sind, begegnen die meisten Meerestiere dem Taucher mit großer Neugier; sein Erscheinen an einem Korallenriff ist für die meisten Riffbewohner ein aufregendes Ereignis. Bunte Korallenfische eilen herbei, um sich den Eindringling aus der Nähe zu betrachten, Langusten trippeln aus ihren Höhlen und beobachten ihn. Doch die Aufregung legt sich schnell; die Tierwelt ak-

*Ulysses ist der berühmteste Zackenbarsch der Welt.
1955 schlossen Cousteaus Taucher Freundschaft mit ihm;
gut elf Jahre später begegnete er einem deutschen
Taucher so freundlich wie damals den Franzosen.*

*Kraken sind meistens viel harmloser und gutmütiger, als
manche Schauermär uns weismachen will. Immer wieder
berichten Taucher von Spielen mit den intelligenten
Mollusken und von ihrer Zutraulichkeit und Neugier.*

zeptiert den Taucher offensichtlich als großen, ungefährlichen Fisch. Das tun auch die Putzerfische, die überall im Riff auf „Kunden" warten, auf große Fische, die sie von lästigen Haut- und Kiemenparasiten befreien. Der Taucher merkt es manchmal an einem Zupfen an seinen Beinen: Putzerfische „säubern" seine Haut — das heißt, sie zupfen die Haare aus, die sie für Parasiten halten.

Selbst „persönliche Bekanntschaften" zwischen Tauchern und Fischen kommen zustande. Eines der berühmtesten Beispiele dafür ist die herzliche Freundschaft, die Cousteau und seine Mitarbeiter 1955 mit dem Zackenbarsch „Ulysses" schlossen. „Ulysses" scheint übrigens sehr alt geworden zu sein, denn gut elf Jahre nach Cousteau tauchte Sigi Köster bei Assomption, dem Ort der Begegnung, und erlebte folgendes:

„Ich war kaum im Wasser, als ein Zackenbarsch von über einem Meter Länge auf mich zuschoß, mit den Flossen wedelte und wie ein Hund schnappte und tänzelte. Ich mußte ihn zum Photographieren mit der Hand wegschieben, doch immer wieder drängte er sich an mich.

Auf dem Schoner, mit dem ich gekommen war, verkaufte mir ein Kreole ein Stück Fisch. Ulysses, denn er — der einzige zahme Zackenbarsch, dem ich jemals begegnet bin — war ohne Zweifel Cousteaus Ulysses, beschnüffelte es, wartete, bis ich ihm Streifen abschnitt, und riß mir nun das Fischfleisch Stück um Stück aus der Hand. Als nichts mehr vorhanden war, schien er sich eine Weile zu besinnen.

Er tänzelte ein wenig, sauste dann an den steilen Stufen des Riffabfalls vorbei auf rund 35 Meter Tiefe, blieb dort kurz stehen und kehrte wieder zu mir zurück. Als er das mehrmals getan hatte, folgte ich ihm. Nach einiger Zeit waren wir vor einer Höhle angelangt, in der er verschwand. Doch es dauerte nur wenige Sekunden, da kamen einige Schritte abseits aus einem anderen Höhleneingang zwei Zackenbarsche wieder heraus. Es war Ulysses mit einem rund ein Fünftel kleineren Tier. Der kleinere Fisch erschrak sichtlich vor mir und flüchtete sich in etwa zwölf Meter Sicherheitsabstand. Ulysses aber faßte ihn bei der Rückenflosse, dann bei einer Brustflosse, zupfte daran und schüttelte ihn leicht. Wollte er mir seinen Freund vorstellen oder seine Frau? Ich konnte es nicht mehr ergründen, der Schoner lichtete schon die Anker für die Rückfahrt."

Friedlich sind meist auch die Begegnungen von Sporttauchern mit den Säugetieren des Meeres. Solche Treffen sind selten, denn diese Tiere leben — mit Ausnahme der Robben — auf hoher See und nähern sich nur selten den Küsten; außerdem sind viele Arten schon fast ausgerottet. Zu den Glückspilzen unter den Tauchern darf sich zählen, wer im Mittelmeer eine Mönchsrobbe zu sehen bekommt, denn dort gibt es heute kaum mehr als 100 bis 200 dieser scheuen Tiere. Mönchsrobben halten sich gerne in Höhlen im Uferfels auf, die vom Meer aus gut zugänglich sind, und die Lageplätze von Robbenhöhlen sind „Geheimtips", die Sporttaucher nur an ihre besten Freunde weiterzugeben pflegen. Wenn Mönchsrobben durch zuviel Besuch beunruhigt werden, suchen sie sich nämlich sofort ein neues Revier.

Daß die Freitaucher sogar bisher unbekannte Tiere des Meeres entdecken würden, hatten die Zoologen anfangs bestimmt nicht erwartet, denn die Tierwelt der Küstenzonen schien bereits vollständig bekannt zu sein — durch Fänge mit Netz und Angel, durch tot angeschwemmte Exemplare und Entdeckungen von Helmtauchern.

Inzwischen wissen die Biologen, daß sie vor Überraschungen nicht sicher sind und in ihren Büchern künftig wohl noch manche Korrektur vornehmen müssen.

Viele zoologische Bücher, die zahlreiche neue Erkenntnisse über das Leben und Verhalten der Meerestiere enthalten und zu einem besseren Verständnis nicht nur der Meeresfauna, sondern auch der Entwicklung des Lebens und der Arten überhaupt beitragen, konnten nur geschrieben werden, weil seit den vierziger Jahren immer mehr Wissenschaftler tauchen und sich auf die Berichte von Sporttauchern stützen können. Tauchgeräte gehören heute zur Ausrüstung jedes meeresbiologischen Instituts.

Der Fang großer Meerestiere eröffnet der Wissenschaft zum ersten Mal die Möglichkeit tierpsychologischer Forschungen. Denn bei allen Geschöpfen, die im freien Ozean leben, können Beobachtungen durch Taucher im Meer nur selten zur Klärung vieler noch ungelöster Rätsel beitragen. Doch die Aqualunge eröffnet den Biologen auch in den Großaquarien ganz neue Forschungsmöglichkeiten. Tiere, denen sie im freien Wasser kaum begegnen, können ihnen im engen Raum des Aquariums kaum ausweichen und haben, isoliert von ihrem Schwarm und oft gelangweilt, auch viel mehr Interesse am Kontakt mit Tauchern. Das ist vor allem für die Erforschung der höchstentwickelten Meeressäugetiere, der Delphine und Wale, wichtig, da hier oft langwierige Experimente nötig sind. Selbst wirtschaftlich bedeutende Erkenntnisse der Fischereiforschung sind Tauchern zu verdanken. Dabei geht es den Zoologen wie den Fischereiforschern weniger darum, bisher noch nicht bekannte Tierarten zu entdecken, sondern um Informationen über das Vorkommen der einzelnen Arten an verschiedenen Küsten und über ihr Verhalten. Die Fischereiforscher interessieren sich besonders dafür, wie die Meerestiere auf die Annäherung der gebräuchlichen Fanggeräte reagieren, ob diese Fanggeräte zu Schädigungen der Vegetation und der Fischbrut führen und wie sich diese Geräte verbessern lassen.

In diesem dramatischen Zweikampf mit einem mächtigen Weißspitzenhai, der ihn in den Gewässern vor Florida angreift, wird der Taucher Sieger bleiben. Das „Hai-Gewehr“, ein Stock mit einer Patrone an der Spitze, hat sich als die wirksamste Waffe gegen die „Tiger der Ozeane“ erwiesen.

330

Archäologie unter Wasser

Die Geschichte der modernen Unterwasserarchäologie begann an einem Spätherbsttag des Jahres 1900. In der Nacht zuvor hatte sich ein griechisches Schwammtaucherboot vor einem Sturm in den Windschatten des Vorgebirges Glyphadia der Felsinsel Antikythera geflüchtet. Als das Unwetter im Morgengrauen abflaute, beschloß der Kapitän Demetrius Kondos, den Meeresgrund bei der selten von Schiffen besuchten Insel zwischen Kreta und dem griechischen Festland nach Schwämmen absuchen zu lassen.

Der Taucher Elias Stadiatis sprang ins Wasser und landete in gut 50 Meter Tiefe auf einem stark abschüssigen Hang. 50 Meter, das war zu tief für die Schwammsuche, und Stadiatis wollte schon das Signal zum Hochziehen geben, als er entsetzt zurückfuhr: Im Halbdunkel streckte sich ihm ein Arm aus dem Schlamm entgegen. Und dann sah er weitere Gestalten, Frauen und Männer, die bis zu den Hüften im Schlamm steckten, sogar ein Pferd. Mühsam atmend blieb Stadiatis stehen. Doch allmählich gewann er seine Fassung wieder. Er faßte den Arm, zog daran. Der Arm war aus Metall und ließ sich leicht aus dem Grund lösen. Die Figuren waren kostbare alte Statuen!

In Athen verursachte diese Entdeckung große Aufregung. Einige Archäologen glaubten sicher zu sein, daß der Arm von einer Bronzeplastik, einem Original aus der Werkstatt eines der großen Meister der klassischen Zeit Griechenlands, stammte. So beeilte sich die griechische Regierung, eine Expedition zu dem bei Antikythera versunkenen Schiff zu senden. In monatelanger Arbeit entrissen die Taucher — Kondos' Mannschaft — dem Meer nun eine Menge Marmorstatuen.

Doch die Enttäuschung war groß, als man feststellte, daß die Kunstwerke von Bohrmuscheln durchlöchert, manche bis zur Unkenntlichkeit zerfressen waren. Dann endlich wurden die Mühen der Taucher belohnt: Sie fanden das kostbare Bronzebildnis eines Philosophen, und schließlich kamen bronzene Gliedmaßen und weitere Teile einer Statue ans Tageslicht, zu der der vorher gefundene Arm genau paßte. Aus den Bruchstücken konnten Restauratoren bald wieder eine Plastik zusammenfügen: die überlebensgroße Statue eines athletischen jungen Mannes. Sie stellt wahrscheinlich den sagenhaften Heros Perseus dar, der die schreckliche Medusa besiegte, Andromeda gewann und Argos gründete. Viele Archäologen halten sie für ein Werk des Lysippos, des letzten großen Bildhauers im klassischen Griechenland, der über 500 Kunstwerke schuf — von denen kein einziges sonst erhalten ist.

Zur Freude der Forscher zogen die Taucher auch noch einige kleinere Kunstgegenstände aus der Tiefe. Mit einem verrotteten Bronzeklumpen, aus dem einige Rädchen und das Ende eines Zifferblattes herausragten, wuß-

Der kostbarste archäologische Fund, der bisher vom Meeresgrund heraufgeholt wurde, ist die Poseidon-Statue vom Kap Artemision bei der griechischen Insel Euböa. Im Goldenen Zeitalter der Hellenen wurde dieses bronzene Standbild geformt — noch weiß man nicht, von welchem Künstler.

ten sie allerdings nicht viel anzufangen. Bis es vor einigen Jahren dem amerikanischen Wissenschaftler Derek J. de Solla Price gelang, ihn zu zerlegen, ohne dabei den mürben Mechanismus zu zerstören, und das Gerät teilweise wieder zu restaurieren: Es war ein Astrolabium, ein Modell des Sonnensystems und Vorläufer der späteren Planetarien. Das Instrument hatte einen ausgeklügelten Mechanismus und mehrere Zifferblätter, die die scheinbare jährliche Bewegung der Sonne im Tierkreis und die Auf- und Untergangszeiten und Konstellationen der hellen Sterne für das ganze Jahr, die Mondbewegungen und die Bewegungen der Planeten anzeigten. Verblüfft besah sich de Solla Price die Einstellung der Räder und Skalen, rechnete nach und kam immer wieder auf das Jahr 80 v. Chr. Damals war die Sternenuhr zum letzten Mal benützt worden — und nun, zweitausend Jahre später, zeigte sie noch das Jahr des Schiffsuntergangs an.

Das Schiff von Antikythera blieb nicht das einzige. 1907 entdeckten griechische Taucher bei der Schwammernte vor der tunesischen Küste bei Mahdia ein anderes, und in vierjährigem Kampf mit der Tiefe hoben sie viele kostbare Kunstwerke. Eine ganze Galerie antiker Götter aus Marmor und Bronze gruben sie mit bloßen Händen aus dem Schlamm, nachdem sie mit ihren Dolchen die Balken des Schiffes aufgehackt hatten. Die Kunstwerke kamen meist so gut erhalten aus dem Meer, als hätten sie eben erst die Werkstatt eines antiken Bildhauers verlassen.

Jahrhundertelang wurden Statuen und Reliefs auf Handelsschiffe verladen, um in die reichen Städte Kleinasiens, zu nordafrikanischen Sammlern griechischer Kunst, vor allem aber nach Rom verschifft zu werden. Dazu kamen ganze Flotten, die Feldherren und Könige nach der Plünderung feindlicher Städte mit geraubtem Kunstgut hatten beladen lassen. Wieviel mochte davon statt im Bestimmungshafen auf dem Meeresgrund gelandet sein, nachdem die Schiffe in dunkler Nacht auf verborgene Riffe gelaufen oder von Stürmen gegen die Klippen geworfen worden waren?

Schwamm- und später Freitaucher rangen der Tiefe immer reichere Beute an Kunstschätzen ab. Fast alle griechischen Originalbronzen, die wir heute besitzen, und ein guter Teil der besten Marmorkunstwerke stammen aus dem Meer.

Die Fachleute glauben, daß noch weit mehr Wracks voll antiker Kunstschätze, als bis jetzt entdeckt wurden, auf dem Meeresgrund liegen. Trotzdem war eine systematische Suche bis vor kurzem sinnlos, denn selbst eine ganze Gruppe von Freitauchern würde Monate brauchen, bis einige Kilometer Küstenlinie abgesucht wären. Außerdem sind viele antike Wracks auf dem Meeresgrund kaum mehr zu erkennen. Deshalb konnten die Archäologen nur hoffen, daß möglichst viele Sporttaucher erlebten, was einigen Spaniern zustieß, die im Dezember 1964 vor dem Strand von Pinedo bei Valencia jagten: Im Seegrasdschungel sahen sie plötzlich einen Fuß aus dem Dickicht ragen. Erschrocken wichen sie zurück; sie glaubten, eine Leiche vor sich zu haben. Doch die „Leiche" war die Bronzestatue eines jungen Mannes, wahrscheinlich ein Werk von Praxiteles. Von einem versunkenen Schiff war nichts zu sehen. Die Statue muß wohl zur Deckslandung gehört haben und im Sturm losgerissen und über Bord gespült worden sein.

Seit Jahrhunderten heben die Schwammtaucher und Fischer der Mittelmeerküsten Tonscherben oder ganze zweihenkelige Krüge mit spitzen Böden: Amphoren. Die Scherben warfen sie meist kurzerhand wieder ins Meer, die Krüge verwendeten sie zuweilen, um Trinkwasser, Öl und Wein darin aufzubewahren. Auch die Archäologen maßen dem Tonzeug wenig Bedeutung bei, solange niemand ahnte, was auf dem Meeresgrund auf die Forscher wartete. Bei Ausgrabungen an Land freilich schätzten die Archäologen Amphorenfunde seit langem. Sie dienen zur Datierung, denn jede Zeit, jede Landschaft entwickelte in der Antike ihre speziellen Amphorentypen; aber als Kunstgegenstände galten sie nicht. Wozu also sollte man in die Bergung von Amphoren aus dem Meer Zeit und Geld investieren? Zu datieren gab es dabei ja wirklich nichts.

Doch als sich nach dem 2. Weltkrieg der Tauchsport auszubreiten begann und in den Diskussionen der französischen Tauchpioniere Ortsnamen wie Anthéor, Le Dramont, Albenga, Le Titan und Grand Congloué umherschwirrten, horchten die Archäologen auf. An diesen Orten hatte man zwar nur Amphoren gefunden, aber nicht einzelne Krüge, sondern stets Hunderte, mitunter mehr als tausend, die zum Teil fast aufrecht im Grund steckten, dicht nebeneinander, wie sorgfältig gestapelt. Bald waren die Wissenschaftler überzeugt: Dies mußten die Ladungen versunkener Schiffe, untergegangener Frachtsegler aus früheren Zeiten sein. Denn die Amphora war das universale Transport- und Lagergefäß der Frühzeit des Mittelmeerraums, der Antike und noch des frühen

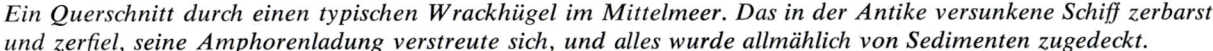

Ein Querschnitt durch einen typischen Wrackhügel im Mittelmeer. Das in der Antike versunkene Schiff zerbarst und zerfiel, seine Amphorenladung verstreute sich, und alles wurde allmählich von Sedimenten zugedeckt.

Mittelalters. Sie erfüllte die Aufgaben unserer heutigen Kisten, Fässer und Kartons. Ein antiker Frachtensegler hatte meist Tausende von Krügen mit Wein, Weizen, Öl, Honig, Pökelfleisch, Salzfleisch oder Delikatessen geladen. Aber auch wertvolle Handelsgüter, wie Weihrauch aus Arabien, Kosmetika, chinesische Seide und Bernstein von der Ostsee, wurden in Krügen auf Handelsschiffe verladen.

Zu Beginn der fünfziger Jahre verzeichnete Jacques Yves Cousteau immer mehr Fundorte von Amphorenfeldern auf seinen Seekarten. Der französische Archäologe Professor Fernand Benoît verfolgte die Meldungen mit ebenso großem Interesse. 1952 entschlossen sich Cousteau, Frédéric Dumas und Benoît zu einer gemeinsamen Expedition: Vor der Insel Grand Congloué, einem kahlen Fels vor einem Bergmassiv nahe bei Marseille, ließ Cousteau sein Forschungsschiff *Calypso* zur ersten Erkundung stoppen. Am Fuße der senkrechten Felswand fand er die „Krüge", von denen ein Taucher berichtet hatte. Tausende von Amphoren und gewaltige Mengen kampanischen Tafelgeschirrs ruhten in der

Um die meistens von Ablagerungen zugedeckten archäologischen Funde auf dem Meeresgrund schonend freizulegen, benutzen die Taucher einen Schlammsauger, der sanft Schicht um Schicht abträgt. Neugierig suchen bunte Fische nach aufgewirbelten Nahrungsbrocken.

Tiefe. Hier mußte ein großer Frachter von vielen hundert, vielleicht sogar tausend Tonnen versunken sein.

Cousteau und Benoît begannen mit der ersten systematischen archäologischen Ausgrabung unter Wasser: An der Felsinsel wurde eine Art riesiger Staubsauger, ein mit Preßluft betriebenes Saugrohr, in Stellung gebracht. Zwei Taucher führten am Grund seinen Rüssel, der sich langsam durch den Schlamm fraß und die Funde freilegte. Als die Forschungen 1960 zu Ende gingen, waren einige tausend Fundstücke und Reste des Schiffsrumpfs, Kiel-, Spanten- und Plankenteile, geborgen. Doch nun mußten die Forscher feststellen, daß es nicht möglich war, das Bild des römischen Schiffes aus den Funden wiederentstehen zu lassen. Man hätte unter Wasser mit ähnlich exakten Forschungsmethoden arbeiten müssen, wie sie die Archäologen auf dem Festland mit Erfolg anwenden.

Es gilt, den genauen Aufbau der Wrackhügel auf dem Meeresgrund zu erfassen und die Funde so zu bergen und zu konservieren, daß die Archäologen später in ihren Instituten genau erkennen können, wo was gefunden wurde — auf den Zentimeter genau. Ein gigantisches technisches Problem, wenn man bedenkt, welch eine große Masse ein durchschnittliches Amphorenwrack auf dem Meeresgrund darstellt. Hatte doch ein mittleres römisches Frachtschiff etwa 400 Tonnen Amphoren an Bord, eine Menge, die mit etwa 200 Tonnen Sand und Schlamm durchmischt ist. Das Wrack selbst wiegt runde 600 Tonnen. Das sind zusammen 1200 Tonnen — und oft mehr — in Tiefen, in denen Taucher meist nur eine halbe Stunde am Tag arbeiten können. Und Graben und Bergen allein genügen nicht einmal. Das Vorgehen der Forscher auf dem Meeresgrund und in den wissenschaftlichen Instituten muß dem von Kriminalisten gleichen, für die oft ein zerbrochener Kamm, ein Fetzen Papier zum wichtigen Glied einer Beweiskette wird.

Konnte man dazu nicht über den Fundstellen unter Wasser ebensolche Koordinatensysteme zur Vermessung anlegen, wie das bei Ausgrabungsstätten an Land üblich ist? 1957 hatte der deutsche Unterwasserforscher Gerhard Kapitän an einer versunkenen mittelalterlichen Wasserburg erfolgreich mit einem solchen System experimentiert. Er hatte die Fundstelle mit einem Quadratnetz aus Plastikleinen überzogen und die Lage jedes einzelnen Fundes in seinem Planquadrat genau vermessen und eingezeichnet. Kapitäns Erfolg regte Professor Lamboglia und den italienischen Journalisten Dr. Gianni Roghi an, ein Frachtschiff, das zwischen 120 und 100 v. Chr. bei der Secca Corsara bei Spargi im Archipel von La Maddalena an der Nordspitze Sardiniens gesunken war, ebenfalls mit Hilfe eines Planquadratnetzes zu erforschen. Das klare und tiefe Wasser erlaubte dem Expeditionsteam, jedes einzelne Planquadrat auch von oben zu photographieren und aus den Einzelphotos ein Gesamtbild des Wracks zusammenzusetzen, das die Aufzeichnungen und Meßdaten ergänzen sollte. Doch das Photomosaik des Wracks von Spargi nützte den Archäologen wenig. Sie wiesen nach, daß die Methode im Prinzip zwar viel versprach, aber weiterentwickelt werden mußte. Der Expeditionsmannschaft war es nicht gelungen, beim Photographieren exakte Positionen zu halten. Auch die Kartographierungsmethoden mußten verbessert werden, denn mit einem Planquadratnetz läßt sich nur die Lage der Funde in der Ebene erfassen. Es ist aber ebenso wichtig, die genauen Höhenpositionen und damit die Schichtungen eines Wrackhügels zu kennen.

Der Schiffsfriedhof von Yassi Ada

„Merkwürdige Leute gibt es doch!" Der türkische Schwammtaucherkapitän Kemàl Aras betrachtete den amerikanischen Reporter Peter Throckmorton und dessen türkischen Kollegen Mustafa Kapkin belustigt. „Ihr seid also hierhergekommen, um auf dem Meeresgrund alte Krüge zu suchen? Bei Allah, von dem Zeug kann ich euch mehr zeigen, als ihr jemals wegtragen könnt!" Kemàl Aras hielt Wort. Er steuerte seine Segelbarke vom Schwammtaucherstädtchen Bodrum in Anatolien aus zu den Karabagla-Inseln. Bei dem öden Felshügel Yassi sprangen ein Schwammtaucher und die beiden Journalisten ins Meer — und landeten mitten in einem gewaltigen Amphorenfeld. Dann stießen sie auf ein zweites, ein drittes und immer weitere. Hunderte großer Tonkrüge reckten überall ihre Hälse aus dem Boden. Als es dämmerte, hatten Throckmorton und Kapkin schon fast ein Dutzend Amphorenfelder in ihrer Seekarte notiert — Reste eines gigantischen Schiffsfriedhofs. Ein messerscharfes Riff in der Fahrrinne zwischen Insel und Festland war einer Reihe von Seglern vor vielen Jahrhunderten zum Verhängnis geworden.

1961 begann eine Forschergruppe der Universität von Pennsylvania/USA ihre Arbeit bei Yassi Ada. Als erstes Forschungsobjekt wählten die Archäologen ein Wrack aus der Zeit des byzantinischen Kaisers Heraklios (610 bis 641 n. Chr.) aus, denn die frühe Zeit des Byzantinischen Reiches, die Entwicklung seiner einzigartigen Kultur aus dem antiken Erbe, dem Christentum, aus germanischen und orientalischen Elementen gibt noch viele Rätsel auf. Die Datierung des Wracks war an Hand seiner kugeligen Amphoren gelungen. Als die Ausgräber später zur Kapitänskajüte des Schiffes vordrangen, fanden sie ihre Vermutung bestätigt: Die Taucher bargen 16 Gold- und 32 Kupfermünzen, die fast alle das Bild des „Basileus" Heraklios trugen.

Das Wrack lag in 36 Meter Tiefe, wodurch die tägliche Unterwasserarbeitszeit jedes Tauchers auf 43 Minuten begrenzt wurde. Sand und Schlamm hatten die Amphoren zum Teil begraben, Seegras hatte die ganze Ladung überwuchert und mußte mit bloßen Händen

ausgerissen werden. Während einige der Taucher mit Drahtbürsten die Amphoren reinigten, begannen andere mit dem Aufbau der Vermessungsvorrichtungen: Sie installierten über dem Amphorenhügel einen Metallrahmen, der es erlaubte, auch den Höhenaufbau des Wrackhügels genau zu erfassen. Schließlich ersetzte das Expeditionsteam die zeitraubende Handarbeit mit den Meßgeräten durch photogrammetrische Vermessung. Sieben Meter über dem Wrack wurde an einer Schiene eine Stereokamera aufgehängt, die nun genaue und plastische Bilder des Wracks lieferte. Die Höhenverhältnisse waren nun, ebenso wie die Abmessungen in der Fläche, genau berechenbar.

Für die Grabungsarbeit wurde ein Schlammsauger herangeschafft, und schließlich konnten die Taucher mit der Hebung der Ladung von 900 Krügen beginnen. Die Reste der Kajüte kamen zum Vorschein; man fand Tafelgeschirr und Kochtöpfe, Werkzeug, Waffen, Handwaagen, ein Weihrauchgefäß, ein Kruzifix und viele andere Gebrauchsgegenstände aus dem Alltag an Bord eines byzantinischen Kauffahrteischiffes. Selbst mit einzelnen

Die Unterwasserarchäologen haben eine praktische Einrichtung zum Transport von Amphoren an die Oberfläche gefunden: Luftballons in Netzen werden an den Krügen befestigt und mit Preßluft gefüllt, bis der Auftrieb groß genug ist, um die Last nach oben zu ziehen

Eine Rekordleistung der Unterwasserarchäologie vollbrachten amerikanische Forscher von der Universität von Pennsylvania bei Yassi Ada an der türkischen Küste. In vier Jahren – von 1961 bis 1965 – wurde bei 3575 Tauchgängen das Wrack eines byzantinischen Schiffes mit 900 Tonkrügen freigelegt und vermessen.

Mitgliedern der Besatzung wurden die Taucher bekannt: „Georgios, presbyteros naukleros" (zu deutsch etwa: Georg, der achtbare Schiffsführer) hatte der Kapitän in eine Waage eingravieren lassen. Ein Glasmedaillon hatte einem gewissen Theodor gehört, ein Bleisiegel einem Mann namens Johannes.

Aus einem bestimmten Grund hoben die Taucher auch jeden Steinbrocken: Alle eisernen Gegenstände des Schiffes waren vollkommen weggerostet, doch während sie rosteten, waren sie von Meeressedimenten verkrustet worden, die allmählich zu Kalksteinbrocken angewachsen waren. Schnitt man die Brocken auf, so brauchte man sie nur auszugießen wie Lebkuchenformen mit Teig, und man hatte wieder die Form des ursprünglichen Gegenstandes vor sich liegen. Sechs übermannshohe Steinklumpen im Bug waren einst Anker gewesen, ein siebter lag nicht weit davon. Dieser Fund erinnerte an den Vers 29 der Apostelgeschichte, wo es über den Schiffbruch des Apostels Paulus auf seiner Romreise heißt: „Weil sie nun fürchteten, wir möchten auf Klippen stoßen, warfen sie vom Heck vier Anker aus..." Weitere Anker wollten sie vom Bug auswerfen. Der Gebrauch so vieler Anker war später, in der mittelalterlichen und neuzeitlichen Seefahrt, ungewöhnlich. Die Ankerfunde von

Yassi Ada zeigen, daß der Verfasser der Apostelgeschichte auch bei so nebensächlichen Dingen wie der Ankertechnik der antiken Seefahrer ein scharfer Beobachter war.

Die Planken und Spanten des Schiffes waren mürbe, zerfressen und vom Sand zu Bruchstücken zusammengeschliffen, die nach der Freilegung jeden Augenblick von der Strömung weggetragen zu werden drohten. Würde man mit diesen spärlichen Überresten noch etwas anfangen können? Alle bezweifelten es, doch Frederick van Doornincks, der Rekonstruktionsspezialist der Gruppe, gab die Hoffnung nicht auf und bestand auf genauer Vermessung auch des letzten Splitters. Um zu verhindern, daß die Strömung die Bruchstücke forttrug, ehe ihre Fundposition vermessen und in Karten eingetragen war, erfanden die Forscher eine ebenso einfache wie wirkungsvolle Improvisation: Sie kauften in Bodrum 200 Fahrradspeichen, spitzten ihre Enden auf einem Schleifstein an und nagelten damit die Holzteile fest. Jedes Holzsplitterchen wurde in Fundlage gezeichnet, photographiert, anschließend gehoben und mit einem Spezialmittel konserviert. Diese Feinarbeit lohnte sich. Aus den unscheinbaren Wrackresten konstruierte van Doornincks in dreijähriger Arbeit den Rumpf eines

Schiffes, vom Kiel bis zu den Decksbalken und zum Kajütendach, das sich als ein wichtiges Bindeglied in der Geschichte des mediterranen Schiffsbaus erwies: Sein Unterteil war nach griechisch-römischer Art gezimmert; das Oberteil war moderner gebaut — aus einem Spantenskelett mit anschließend aufgezogenen Planken.

Die Arbeiten bei Yassi Ada dauerten vier Jahre; 3575 Tauchgänge mit insgesamt 1628 Unterwasserarbeitsstunden wurden in dieser Zeit geleistet. Zu den wichtigen Ergebnissen dieses Forschungsunternehmens zählen vor allem die neuen Techniken und Geräte, die der Expeditionsleiter George F. Bass und seine Freunde entwickelten, erprobten oder anregten — vor allem die *Asherah*, das erste archäologische U-Boot der Welt. Das Experiment mit den stereophotographischen Vermessungen war gerade geglückt, als die Taucher und Archäologen eines Abends in ihrem „Hauptquartier", einem ehemaligen Eselstall in Bodrum, zusammensaßen und einer vorschlug: „Bauen wir uns doch einen ‚Luftaufklärer' — ein U-Boot mit Luftaufklärungskameras in wasserdichten Gehäusen."

Viele hielten das für eine verrückte Idee; aber der Gedanke ließ die Archäologen nicht mehr los. Mit einem U-Boot konnte man die Vermessungsarbeit vieler Jahre in einigen Wochen erledigen und überdies zu versunkenen Schiffen in 90, 100 Meter Tiefe und in Bereiche vorstoßen, in denen kein Taucher mehr arbeiten konnte. Auch die Ingenieure der Schiffswerft von General Dynamics in Groton, Connecticut, USA, die die amerikanischen Atom-U-Boote baut, reizte die neue Aufgabe. Und am 24. Mai 1964 lief die *Asherah*, benannt nach einer phönizischen Seegottheit, vom Stapel.

Sie hat eine Länge von 4,80 Metern, wiegt 4,5 Tonnen, erreicht 4 Knoten Fahrt, ist wie ein Hubschrauber nach allen Seiten hin beweglich und taucht 180 Meter tief. Das Boot bietet Platz für zwei Mann und ist mit zwei Luftaufklärungskameras in wasserdichten Gehäusen ausgerüstet. Die Auswertung der Bilder erfolgt wie bei der Luftaufklärung durch Computer. Seit 1964 ist die *Asherah* vor der anatolischen Küste im Einsatz. Schon bei einer ihrer ersten Fahrten erfaßte sie in einer knappen Stunde einen ganzen Wrackhügel in 42 bis 45 Meter Tiefe. Die Auswertung der Bilder dauerte zwar weitere 56 Stunden, doch ein Dutzend Taucher und Archäologen hätten für die Arbeit viele Wochen gebraucht.

1967 wurde der *Asherah* eine neue Aufgabe übertragen. Sie sollte Schatzschiffe aufspüren helfen, Wracks voll antiker Kunstwerke. 1953 war an der anatolischen Küste eine bronzene Statue der Fruchtbarkeitsgöttin Demeter in einem Fischernetz hängengeblieben, 1963 wurde in der Nähe von Yassi Ada aus etwa 100 Meter Tiefe eine hellenistische Bronze, ein kleiner Negerjunge, aufgefischt. Stammen die beiden Kunstwerke aus Schatzschiffen, wie Archäologen vermuten? Da die Fischer versäumt hatten, die genaue Position der Fundorte fest-

zuhalten, mußten einige Dutzend Quadratkilometer Meeresgrund abgesucht werden. Die Archäologen setzten dazu Sonargeräte ein, die jede Unregelmäßigkeit am Meeresgrund anzeigen. Wochenlang ließen sie den Grund abtasten, wo die Statue des kleinen Negerjungen gefunden worden war, bis das Echolot in fast 100 Meter Tiefe einen Hügel anzeigte. Die *Asherah* tauchte: 80 Meter, 90 Meter. Die Fahrer, Donald Rosencrantz und Yüksel Egdemir, meldeten ruhig ihre Positionen. Dann rief Rosencrantz aufgeregt: „Ein Wrack, ein Wrack! Es ist das größte, das ich jemals gesehen habe!" Aber die Ernüchterung kam schnell: Das Wrack liegt für Taucher zu tief. Die Suche ging weiter. Das Echolot registrierte noch andere Erhebungen auf dem sonst flachen Meeresgrund; doch keine liegt in einer Tiefe, in der bis jetzt umfangreiche Arbeiten möglich sind. Die Archäologen hoffen nun auf weitere Fortschritte der Tauchtechnik. Sie erwarten, nicht nur Kunstwerke zu finden, sondern auch noch manches versunkene Schiff, das einst nur ganz alltägliche Güter über das Mittelmeer transportierte. Solche Ladungen sind für die Archäologen oft von größerem Wert als Kunstwerke, denn nach den wiederaufgefundenen Gegenständen des Alltags läßt sich das Leben in der Antike immer besser rekonstruieren.

Oft sind Anker die einzigen Überbleibsel versunkener Schiffe der Antike. Das Blei, aus dem sie gegossen wurden, widerstand der Korrosion durch das Seewasser, während Holz- und Eisenteile längst zerfallen sind.

Versunkene Städte

Die Segelhandbücher der Antike nennen Namen, die heute niemand mehr kennt. Diese Namen bezeichnen einst blühende Städte, mit Foren, Tempeln, Hafenanlagen, Zehntausenden von Einwohnern. An Land ist davon nichts mehr zu finden. Sind diese Städte im Meer versunken wie das sagenhafte Vineta und das ebenso legendäre Atlantis? Die Geologen halten es bei vielen antiken Hafenanlagen und Städten für wahrscheinlich, denn der Meeresspiegel ist allein in historischer Zeit um einige Meter gestiegen. Dazu kamen Bewegungen der Erdkruste in Zonen mit starker vulkanischer Tätigkeit; und fast der gesamte Mittelmeerraum zählt zum Erdbebengürtel der Erde.

Einen Hinweis auf das Schicksal vieler antiker Städte entdeckt der Besucher des kleinen Ortes Pozzuoli nördlich von Neapel, des antiken Puteoli, wenn er sich von einigen Gassenjungen zum „Serapeo", dem antiken Serapistempel, führen läßt.

Er steht vor einem düsteren, eingefriedeten Meerwassertümpel, aus dem halb unter Wasser stehende Säulen und Mauern aufragen. Bis weit über den heutigen Wasserspiegel ist der Marmor von Bohrmuscheln zerfressen — so weit war das Serapeum also einst versunken. Bei einem Ausbruch des heute erloschenen Monte Nuovo bei Pozzuoli im 16. Jahrhundert hat sich das Land wieder

gehoben. Die gesamte Bucht von Neapel ist unsicherer Boden. Von Sorrent bis zum Capo Miseno versanken seit der Antike breite Streifen des Küstensaumes.

In die Frühzeit Griechenlands führte 1967 eine Unterwasserexpedition des britischen Wissenschaftlers N. C. Flemming. Vor der Südküste des Peloponnes streifte er bei der Insel Elaphonisos in einigen Metern Tiefe durch Häuser aus der Zeit um 2000 – 1400 v. Chr. In manchen fand er noch Gräber dieser Epoche, in der man die Toten im Haus bestattete. Die Stadt versank wahrscheinlich beim Ausbruch des Vulkans Thera, der um 1500 v. Chr. die einst große Insel Santorin zersprengte und den gesamten Ostmittelmeerraum erschütterte. In noch frühere Zeiten tauchte der deutsche Archäologe Gerhard Kapitän hinab. Vor den Küsten Süditaliens und Ostsiziliens entdeckte er versunkene frühsteinzeitliche Siedlungen aus der Zeit um 4000 v. Chr. Kreisrunde Löcher im Fels, einst Vorratskammern, hatten ihn auf diese Siedlungen aufmerksam gemacht.

Die eindrucksvollste aller versunkenen Städte finden wir wenige Kilometer nördlich von Neapel: Unser Boot schaukelt über Baiae, zu Neros Zeiten eine Stadt, die sich mit keiner aus unserer Zeit vergleichen läßt. Denken wir uns die Villen von Hollywood, die Spielhöllen von Las Vegas und Roms Via Veneto nach Nizza verpflanzt; gäbe man noch den Montmartre dazu — es würde immer noch der Glanz fehlen, den die vielen Feste der

Von Algen überkrustet, liegen die Säulentrommeln eines Tempels von Baiae, dem Sündenbabel der römischen Kaiserzeit, in der Nähe von Pozzuoli auf dem Meeresgrund. Ein Ansteigen des Meeresspiegels in dieser geologisch sehr unruhigen Zone des Mittelmeers ließ Baiae unter den Wellen verschwinden.

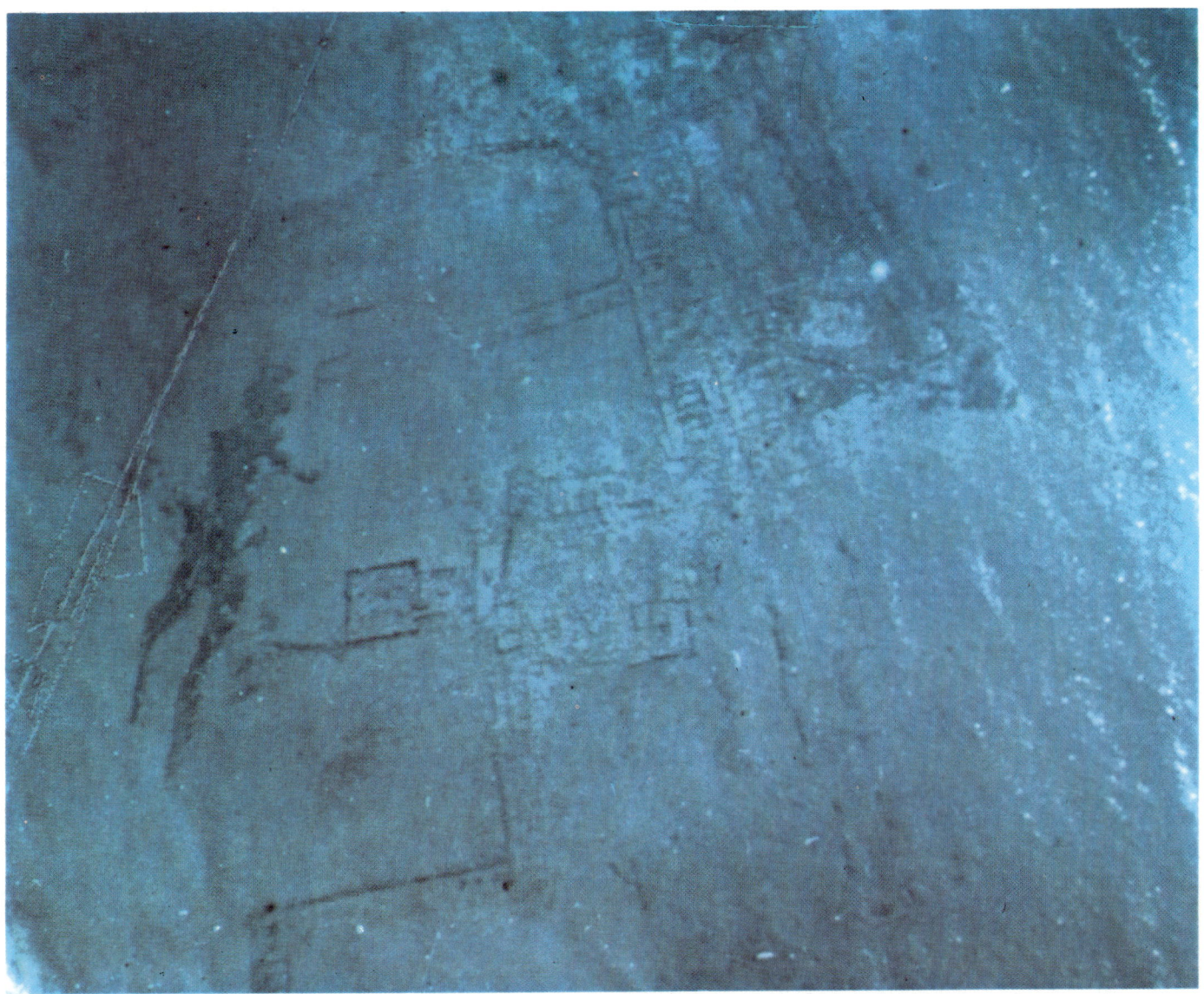

Wenn das Wetter klar und das Wasser in der Bucht von Pozzuoli einmal ungetrübt ist, sieht man aus dem Flugzeug auf Baiae, das „Pompeji auf dem Meeresgrund", hinab. Kilometerweit erstrecken sich die Straßenzüge dieser antiken Stadt unter den Wellen. Sie auszugraben, ist wegen der gewaltigen Schlammablagerungen, die ihre Mauern bedecken, nicht möglich, aber vielleicht steigt das Küstenland eines Tages wieder empor, wie es einst versank; Baiae stünde dann für Ausgrabungen zur Verfügung.

römischen Kaiser Baiae gaben. Deren Vorbild folgend, gab sich die vornehme Gesellschaft des Römerreichs in der einzigartigen Stadt den heilenden Thermalquellen, dem Luxus und dem Laster hin. Schlemmer und Müßiggänger, iberische Tänzerinnen, Dirnen, Musikanten, Komödianten und Literaten füllten die Salons der marmorgeschmückten Paläste, Hotels und Villen. Vier, sechs, manchmal acht Meter unter uns liegt eine gespenstisch anmutende Welt. Kilometerweit erstreckt sich die Stadt auf dem Meeresgrund. Immer neue Mauerzüge, Säulen, Stufen, Kanäle, die das Wasser zu den Thermalbädern brachten, Galerien und Unterkünfte tauchen vor unseren Augen auf; dazwischen der Altar eines Tempels. Wir gleiten über Hotels, in denen reiche Römer mit hübschen Sklavinnen aus Germanien oder dem Orient ihre

Ferien verlebten. In den Zimmersuiten haben sich kleine Kraken eingenistet; Langusten hocken in den Mauernischen. Durch die einstigen Geschäftsstraßen mit ihren exklusiven Läden, durch die Senatoren und Kaufleute ihre Gefährtinnen zum Einkaufsbummel geführt haben mögen, flitzen Fische. Es ist still geworden in diesen Straßen. Da und dort liegen Schlamm und Schutt auf den Pflastersteinen; dann wieder sind kostbare Mosaikfußböden in Villen so sauber wie frisch gefegt, als ob sich gleich eine ausgelassene römische Gesellschaft zum Fest einfinden wollte.

Viele Einzelfunde sind in Baiae nicht zu erwarten, denn die Stadt versank allmählich und war längst verlassen, als sie schließlich ganz im Meer verschwand. Mehr erhoffen sich die Archäologen von Helike und Bura: 373

v. Chr. gingen diese beiden Städte bei einem Erdbeben mit Mann und Maus im Golf von Korinth unter. Antike Schriftsteller berichten, daß nach dem Erdbeben viele Neugierige zum Golf gekommen seien, um bei ruhiger See die Städte auf dem Meeresgrund zu betrachten. Doch bald hatten die Ablagerungen zweier Flüsse die Städte bedeckt, und heute liegen sie unter meterdicken Sedimentschichten verborgen. Trotz jahrelanger Suche gelang es den Archäologen bis heute nicht, Helike und Bura wiederzufinden. Einen raschen Erfolg würden Probebohrungen auf dem Meeresgrund versprechen, aber die Hoffnung, daß in Helike und Bura mehr Originalkunstwerke aus dem 4. Jahrhundert v. Chr. und aus früheren Zeiten begraben liegen, als bis heute an allen anderen Stätten gefunden wurden, läßt die Archäologen zögern. Die Bohrer könnten kostbare Funde zerstören. Die Fachleute warten deshalb auf die Entwicklung leistungsfähiger Ortungsgeräte.

Schätze der nordischen Meere

Die kalten, düsteren Meere des Nordens mit ihren tückischen Strömungen und heftigen Stürmen locken nur wenige Sporttaucher an. Die meisten Wissenschaftler bedauerten es nicht, denn sie erwarteten nichts vom Grund dieser Meere, in denen Strömungen selbst eisernen Schiffen hart zusetzen, Stürme das Wasser bis zum Grund aufwühlen und moderne Wracks oft rasch eingesandet sind. Diese Gleichgültigkeit änderte sich, als Olaf Olsen, ein Wissenschaftler des Dänischen Nationalmuseums in Kopenhagen, der Sage vom „Schiff der Königin Margharete" nachging. Es sollte im Roskilde-Fjord, an der Nordwestküste von Seeland, Ende des 14. Jahrhunderts versenkt worden sein, um plündernden Seeräubern den Weg zur reichen Domstadt Roskilde zu versperren. Das Nationalmuseum rüstete eine Tauchexpedition aus, die unter Olaf Olsens Leitung von 1957 an im Roskilde-Fjord arbeitete. Die Dänen fanden nicht ein Schiff aus dem 14. Jahrhundert, sie fanden fünf viel ältere, Handelssegler der späten Wikingerzeit, die, mit Steinen gefüllt, neben- und übereinander versenkt worden waren, um die Zufahrt zur mächtigen Häuptlingsstadt Leje im Fjord zu schützen. Nun wußten die Wissenschaftler, daß die *Wasa* kein so einzigartiger Glücksfall war, wie man bis dahin angenommen hatte — daß vielmehr auch an geschützten Stellen der nördlichen Meere gesunkene Schiffe auf ihre Entdecker warten. Ein Glücksfall ist allerdings der gute Erhaltungszustand der *Wasa,* bedingt durch ihre eigenartige Geschichte:

Am 10. August 1628, einem warmen sonnigen Tag mit einem wolkenlos blauen Himmel über Stockholm, begann unter dem Jubel von Tausenden die Jungfernreise der *Wasa.* 1400 Bruttoregistertonnen maß der Segler, der, mit kostbaren Bronzekanonen bestückt wie eine Festung, mit prächtigen geschnitzten Skulpturen verziert wie ein Barocktheater und bemannt mit 300 Seesoldaten und 140 Matrosen, das schönste und größte Schiff des Schwedenkönigs Gustav Adolf war, bestimmt, Schwedens Vormachtstellung in der Ostsee zu festigen. Da geschah das Unfaßbare: Eine plötzliche, heftige Windbö drückte die *Wasa* auf die Seite; Wasserkaskaden stürzten durch die unteren Kanonenluken. Rasend schnell kenterte und versank das nagelneue Prachtschiff.

Das Achterkastell der *Wasa* lag nur wenige Meter unter der Wasseroberfläche, doch alle Bergungsversuche scheiterten. Lediglich 53 Bronzekanonen konnten mit Hilfe einer Taucherglocke gehoben werden; dabei wurden Masten und Achterkastell zerstört. Die *Wasa* war nun nicht mehr zu sehen; ihre Lage geriet in Vergessenheit. Die Wiederentdeckung verdanken die Historiker einem Amateur, dem schwedischen Ingenieur Anders Franzén, der jahrelang in Archiven und Bibliotheken Bücher, Protokolle, Briefe und Karten nach Hinweisen auf den Untergangsort des Schiffes durchstöberte und Sommer für Sommer den Meeresgrund um Stockholm mit einer Sonde abtastete. Sein Bemühen hatte Erfolg, die Bergung konnte 1961 beginnen.

Das Wrack war so gut erhalten, sein 333 Jahre altes Eichenholz noch so fest, daß man es, in Stahlschlingen hängend, in Ufernähe schleppen konnte. In 17 Meter Tiefe wurde der Rumpf von Tauchern abgedichtet, bevor man ihn auspumpen und heben konnte. Während noch die Pumpen arbeiteten, drangen schon mit Anders Franzén zusammen einige Wissenschaftler in die Schiffsräume ein, stießen immer tiefer in den mächtigen Schiffsbauch vor, gruben sich durch den Schlamm, der ihn ausfüllte. Wie es vor 300 Jahren gefallen war, so lag dort zwischen den Kanonen noch alles durcheinander: Seemannskisten, Geldstücke, Waffen und Küchengerät, lederne Stiefel, das Werkzeug des Schiffszimmermanns, Bierhumpen und Pulverkannen. Überrascht hob einer der Männer einen seltsamen Klotz hoch, kratzte daran, roch — es war Butter! Sie war allerdings ranzig. Zwischen den Kanonenlafetten fanden sie die Überreste von Opfern des Schiffsunterganges; zwölf Skelette von Ertrunkenen hatte der Schlamm begraben. Reiche Beute hielt der Meeresgrund rund um das Wrack bereit. Von Alter und Seewasser geschwärzt, doch vollständig erhalten, lag hier der Skulpturenschmuck des Schiffes, der abfiel, als die Nägel verrostet waren.

Die Konservierung der *Wasa* war ein Problem, denn Holz, das Jahrhunderte im Wasser lag, zerbröckelt beim Trocknen. Die Wissenschaftler installierten schließlich um und über dem Schiff eine automatische Sprühanlage, die das Holz regelmäßig mit Polyäthylanglykol überschüttete, einem Imprägnierungsmittel, das allmählich in das Holz eindringt, das Wasser verdrängt und seine Struktur festigt. Die Bergung und Konservierung der *Wasa* kostete über 10 Millionen Mark; doch das Schiff

Ein Triumph der Meeresarchäologen und der Tauchtechnik unserer Zeit war die Bergung des schwedischen Prachtschiffes WASA. Das Flaggschiff, das König Gustav Adolf hatte bauen lassen, war 1628, ein Jahr nach dem Stapellauf, gesunken und konnte 1961 als das älteste fast ganz erhaltene Großschiff der Welt geborgen werden.

ist nicht nur ein „aufgeschlagenes Buch der Geschichte" für die Wissenschaftler, sondern ebenso für die Besucher Stockholms, die in den Bauch des nun in der Wasawerft liegenden Veteranen steigen dürfen.

Die Entdeckung der *Wasa* spornte schwedische und deutsche Taucher zur Jagd auf weitere Wracks an. Sie fanden an der schwedischen Westküste das Kriegsschiff *Lovis Ulrika* (1790 gesunken), ein holländisches Kauffahrteischiff bei Stockholm (um 1730 untergegangen), mehrere noch nicht identifizierte Wracks bei Hiddensee in der Ostsee und vor Visby auf Gotland (Schweden) die Reste der großen dänisch-lübischen Armada von 1566, die dort nach einer siegreichen Seeschlacht gegen die schwedische Flotte im Sturm versunken war. Eine zweite *Wasa* suchen sie freilich bis heute vergeblich; alle Wracks waren zerbrochen und zerfressen. Die allmähliche Verbesserung der Tauch- und Bergungstechnik läßt jedoch hoffen, daß immer mehr Zeugnisse der Vergangenheit, vor allem der früheren Seefahrt, ans Licht kommen.

Millionen auf dem Meeresgrund

Einige Goldstücke, eine Handvoll Silbermünzen — mehr Schätze lieferte selten eines der von tauchenden Archäologen erforschten Schiffe. Trotzdem gibt es enorme im Meer versunkene Gold- und Silberschätze. „Ein Viertel alles je in der Welt zutage geförderten Goldes und Silbers liegt auf dem Meeresboden", schreibt der amerikanische Schriftsteller Thomas G. Buchanan. Nur haben die Archäologen nie danach gesucht, denn bei ihrer Arbeit geht es nicht um den Geldwert von Funden. Wer Schätzen nachjagt, darf nicht nach antiken Schiffen tauchen, denn ein durchschnittliches antikes Handelsschiff hatte nicht mehr an Bord als ein Tongefäß mit der meist bescheidenen Schiffskasse.

Viel aussichtsreicher ist die Suche nach Schiffen aus neuerer Zeit, vor allem nach einer der untergegangenen Galeonen der spanischen Gold- und Silberflotten, die vom 16. bis zum Ende des 18. Jahrhunderts Jahr für

Jahr Ladungen von Gold, Silber und Edelsteinen aus Süd- und Mittelamerika nach Europa schleppten. „Die Fahrensleute", so schreibt Peter Freuchen, „haben immer wieder von solchen Schätzen im Meer zu erzählen gewußt, und zur Zeit der Christlichen Seefahrt und der Windjammer gab es so manche Teerjacke, die behauptete, genau Bescheid zu wissen über dieses oder jenes Wrack oder gar eine Karte zu haben, auf der seine Lage genau eingezeichnet sei. Unermeßlich reich könnten sie werden, versicherten sie jedem, der es hören wollte, wenn sie nur jemand fänden, der ihnen Geld für die Kosten der Bergung vorschießen würde. Und da es in der Tat genug Männer gegeben hat, die dem Meer solche versunkenen Schätze entrissen haben, sind die Geschichten um die Gold- und Silberschiffe bis heute nicht verstummt."

Zu den erfolgreichsten Schatzsuchern, die unter den Wellen des Meeres auf reiche Beute gestoßen sind, gehört William Phips, der um die Mitte des 17. Jahrhunderts in Maine, damals britische Kolonie in der Neuen Welt, geboren wurde. Phips, der es vom Habe-

nichts zum wohlsituierten Werftbesitzer gebracht hatte, hörte um 1680 von spanischen Galeonen, die bei den Bahamas gesunken und bis an die Decksplanken mit Gold und Silber gefüllt sein sollten. Er nahm sich vor, diesen Schatz zu suchen und zu heben, und er gewann seinen König in London für seine Pläne. Mit einem Schiff und einer aus dem übelsten Gesindel zusammengesetzten Mannschaft machte er sich 1684 auf die Suche.

Bei der Insel Grand Bahama stieß Phips auf ein spanisches Wrack, das aber nur eine unbedeutende Silberladung enthielt und obendrein schon von einem anderen Schatzsucher beansprucht wurde, der seine Rechte mit Waffengewalt zu verteidigen drohte. Dieser Mißerfolg und eine Meuterei seiner ungeduldigen Mannschaft zwangen Phips, das Unternehmen abzubrechen und wieder nach Hause zu fahren.

Aber er ließ nicht locker und fand in England einen neuen Geldgeber, nachdem sein königlicher Gönner inzwischen gestorben war. Der Herzog von Albemarle, selbst am Rande des Ruins, konnte ein paar hundert Pfund zusammenkratzen, mit denen zwei kleine Schiffe

Die Gerüchte über ungeheure Schätze, die mit Schiffen der spanischen Gold- und Silberflotten vor den Küsten Südamerikas und in der Karibischen See auf den Meeresgrund sanken, haben Generationen von Abenteurern zur Schatzsuche im Meer angeregt. Manche dieser Gerüchte erweisen sich als Wahrheit, immer häufiger stoßen die modernen Schatzsucher im Meer auf reiche Beute.

Während eines Erdbebens im Jahre 1692 versank die Hafenstadt Port Royal auf der Insel Jamaika im Meer.
In drei Jahre dauernden Ausgrabungen legten Taucher und Archäologen große Teile der reichen Stadt
unter Wasser wieder frei. Bei diesen Arbeiten wurden die mit einem Schlammsauger fortgespülten Ablagerungen
an die Oberfläche gepumpt und nach wertvollen Funden untersucht.

und die notwendige Ausrüstung angeschafft wurden. Dieses Mal war Phips auch bei der Zusammenstellung seiner Mannschaften wählerischer, und so segelte er wieder nach den Bahamas. Und er hatte Glück: Nach wenigen Tagen der Suche mit einem indianischen Kanu entdeckten die Schatzsucher auf einem Korallenriff das Wrack einer spanischen Galeone, die in etwa zehn bis fünfzehn Meter Tiefe lag.

Eingeborene Nackttaucher begannen mit der Bergungsarbeit, während Phips an Bord eine primitive Taucherglocke zusammenzimmern ließ. Mit Hilfe dieser Glocke, die durch einen Luftschlauch mit der Oberfläche verbunden war, wurden innerhalb von drei Monaten enorme Mengen von Gold- und Silberbarren, Münzen und Geschirr heraufgeholt. William Phips konnte sich mit einer Ladung auf den Heimweg machen, die rund 300 000 Pfund Sterling wert war — damals eine astronomisch hohe Summe. Obwohl er mit seinem Geldgeber und der Mannschaft teilen und den zehnten Teil seines Gewinns an die Krone abführen mußte, war Phips ein gemachter Mann. Er wurde in den Adelsstand erhoben und zum Gouverneur von Massachusetts ernannt.

William Phips hat Tausende von Nachfolgern gehabt, aber nur ganz selten war einem von ihnen das Glück so hold wie ihm. „Seit jener Zeit", so schreibt James Dugan, „war unterseeisches Gold der Köder für Bauernfänger und Geldgeber, das Entzücken der Verfasser von Abenteuerromanen, der Alptraum der Spekulanten, und manchmal gab es Arbeitsgelegenheit für Taucher. Im September 1697 fuhr Phips mit seiner Beute in die Themsemündung ein, und ganz England wurde vom Goldfieber ergriffen. Bergungsexpeditionen verkauften Anteilscheine an illusorischen Schätzen. Einer der Reklametricks war ein Taucher, der in gepanzertem Anzug in der Themse Tauchvorführungen machte, während in einem Zelt am Ufer die glänzenden Aussichten für die Schatzsuche bei Speise und Trank gefeiert wurden. Alles in allem verloren die Spekulanten ein Vielfaches des Betrages, den Phips gewonnen hatte."

In den letzten Jahren mehren sich allerdings die Erfolgsmeldungen moderner Schatzsucher, die mit wissenschaftlichen Methoden die Liegeplätze fündiger Wracks ausmachen, mit einem großen Aufgebot technischer Hilfsmittel und oft mit dem Atemgerät an die Bergung

Die zahllosen Riffe in der Karibischen See wurden den Schiffen der Entdecker und der Gold- und Silberflotten nicht selten zum Verhängnis. Diese Luftaufnahme zeigt die St.-Anna-Bucht bei Jamaica, auf deren Grund 1968 zwei Wracks von Schiffen des Columbus entdeckt wurden.

herangehen. Vielleicht hat der Schatzsucher nach jahrelanger Arbeit in alten Archiven dann soviel Erfolg wie im April 1962 drei spanische Sporttaucher bei Sitges. Einer davon, Frederic Malagelada Benaprés, berichtet: „Mit unseren schon reichlich zerschundenen Händen wühlten wir im Sand herum, denn nach unseren Vermutungen konnte der Goldschatz nur in diesem Planquadrat liegen.

Plötzlich blieb mein Blick an einem kleinen Gegenstand hängen, der sich als ein rundes, grünliches Etwas vom Meeresboden abhob. Ich stürzte mich darauf... das mußte ein erstes Stück des Schatzes sein. Und tatsächlich — ein uraltes spanisches Geldstück! Augenblicke großer Freude — unmöglich, sich zu fassen! Und ich glaube, in diesem Moment hatte keiner von uns das Gefühl, über dem Meeresgrunde zu schwimmen. Der Taler der spanischen Monarchie! Er erschien uns eindrucksvoller als jemals zuvor mit seinen Schlössern und Löwen, die das Kreuz von Jerusalem umgaben.

Unser Atem ging schneller, und der Boden ringsumher war mit Luftbläschen, Sand, Steinen und Münzen übersät. Im ersten Augenblick gingen uns schier die Nerven durch: Die Geldstücke verschwammen vor unseren Augen — als ob das Ganze nur eine Sinnestäuschung wäre, um dann im selben Augenblick aber wieder vor uns zu erscheinen.

Mit einem Brecheisen beförderten wir noch ein letztes Hindernis beiseite: einen großen Felsbrocken, der über und über mit rostfarbenem Sand bedeckt war. Mehrere Sandschichten hatten wir bereits abgetragen — der

Boden war schon mit Geld übersät —, aber immer neue Münzen von verschiedenen Größen und Formen kamen zum Vorschein. Auf einigen konnte man ohne Anstrengung den Namen eines spanischen Monarchen lesen: PHILIPUS IV. Meine Kameraden wühlten noch immer im Sand, als ich — ganz in der Nähe — einen plattenförmigen Felsvorsprung sah, der glatt und ohne Spalten zu sein schien. Möglicherweise warteten hier weitere Schätze auf ihre Entdeckung. Ich fegte den Sand zur Seite, und wie ich erwartet hatte, breiteten sich auch hier die Kleinode der längst zur Legende gewordenen spanischen Monarchie in Massen aus. Der Kasten, der die Münzen enthalten hatte, war vom Meerwasser zerfressen, und allein der Rost hielt sie noch als Klumpen zusammen. Die Geldstücke aus der unerschöpflichen Ader trugen alle die königlichen Insignien eingeprägt. Dann füllte ich einen Sack mit ‚Reales de a ocho‘, typischen spanischen Münzen, deren Vorderseite die Löwen und Schlösser und deren Rückseite die Wappen der berühmtesten Könige des spanischen Reiches trugen.

Sardá kam mir zu Hilfe und nahm mir erst einige Kilo Münzen ab. Unsere Augen sahen nichts als Geld, sobald wir den Sand mit den Händen wegschaufelten. Wir entdeckten noch eine zweite Schatzgrube, nur wenige Meter vom ersten Fundort entfernt. Und auch hier war es dasselbe: Sobald wir den Sand beiseite brachten, sahen wir Geld, nichts als Geld, nur mit dem Unterschied, daß die Münzen hier kleiner waren. Unsere Säcke waren so schwer, daß wir kaum an die Oberfläche kamen.

Insgesamt hatten wir mehr als 3000 Münzen vom Meeresboden geholt. Sie stammten aus der Übergangszeit vom 15. ins 16. Jahrhundert; unter der Herrschaft

Gold- und Silbermünzen, die vor Jahrhunderten in die Tiefe sanken, sind häufig fest in allmählich zu Stein gewordene Ablagerungen eingebacken

Philipps IV. von Spanien (1621–1665) fanden in dieser Gegend einige Seeschlachten statt, und es ist mehr als nur eine Vermutung, daß der Schatz bei solch einer Schlacht im Meer versank."

Wieviel Glück, Zeit und Geduld nötig sind, um einen versunkenen Schatz zu finden und zu heben, zeigt die Geschichte des amerikanischen Architekten Kip Wagner. Sie begann mit einigen silbernen Acht-Reales-Stücken, die er nach einem Hurrikan an einem weißen Sandstrand in Florida fand, Münzen der spanischen Prägestätte in der Stadt Mexiko, alle 1715 und kurz vorher geschlagen.

Kip Wagner war überzeugt: Die Münzen mußten aus einem Wrack der großen Silberflotte stammen, die 1715 in einem Hurrikan vor Florida untergegangen war. Er wühlte sich durch alte Protokolle des „Archivo General" in Sevilla, dessen endlose Säle mit Akten aus der Konquistadorenzeit vollgestopft sind, setzte ein Sportflugzeug zur Suche aus der Luft ein, fand Reste eines Wracks und begann zusammen mit Freunden monatelange Grabungsarbeiten auf dem Meeresgrund. Hatte die See die Schätze des Wracks zerstreut, begraben?

Die Männer verbrachten vor Nervosität schlaflose Nächte — bis ihre Geduld schließlich belohnt wurde: Sie fanden Säcke voll Silber- und Goldmünzen sowie kostbares altes chinesisches Porzellan und wurden Millionäre. Inzwischen gräbt Wagners „Acht-Reales-AG" weitere Schatzschiffe der Flotte von 1715 aus.

Ähnliche Schatzschiffe wurden an vielen Küsten gefunden, unter anderem vor Freeport (Bahamas), vor Nordaustralien und bei den Scilly-Inseln. Dort suchte 1967 eine Tauchmannschaft der britischen Marine vergeblich nach dem 30-Millionen-Schatz des 1707 versunkenen Flaggschiffs *Association* des britischen Admirals Sir Cloudesly Shovell. Zwei Sporttaucher, der 31jährige Douglas Rowe und der 34jährige Geoffrey Upton, fanden ihn schließlich. Und noch immer warten das Gold der englischen Fregatte *Lutine* (1799 mit Goldbarren im Wert von über 45 Millionen Mark bei Terschelling versunken), die Schätze der *Lusitania* (1915 von U-20 vor Irland versenkt), Gold aus Troja (nach einer Legende bei Sile im Schwarzen Meer versenkt) und zahllose andere Schätze — über eine Million Kilogramm Gold und Silber, schätzen die Fachleute — auf ihre Entdecker.

Die Suche nach den Schätzen, die in gesunkenen Schiffen verborgen sein mögen, ist immer noch ein aufregendes Abenteuer, hat aber auch viele recht nüchterne Seiten. Nicht jeder Schatz, der in einem Wrack aufgestöbert wird, gehört automatisch dem Finder. Liegt das Schiff außerhalb der Hoheitszone des Landes, vor dessen Küsten es einst versank, kann sich der Taucher glücklich schätzen, denn unter diesen Umständen darf er den Fund als sein Eigentum betrachten. Liegt das Wrack aber zum Beispiel innerhalb der Dreimeilenzone, so gehört der Schatz der Regierung des betreffenden Landes. Der Taucher oder die Tauchergruppe, die auf wertvolle Funde stoßen, müssen diese melden und bekommen in der Regel nur eine Beteiligung und eine Prämie. Manchmal rechtfertigen solche Belohnungen kaum die Ausgaben, die nötig sind, um eine Bergung zu finanzieren. Manchem tauchenden Schatzsucher geht es allerdings weniger darum, auf einen Schlag ein reicher Mann zu werden, sondern um die Spannung, um die Erprobung seiner Kräfte und Fähigkeiten und um das Erlebnis. Das kann schon Lohn genug sein.

Viele Taucher träumen von einem Schatz auf dem Meeresgrund, und manche haben Erfolg mit der Suche. Nicht selten bleibt aber der Gewinn recht schmal.

Nicht nur Münzen, sondern auch Gebrauchs- und Kunstgegenstände – wertvolle Zeugnisse vergangener Kulturen – finden die modernen Schatzsucher

Wolfgang Schwoerbel

SCHIFFE FÜR DIE TIEFSEE

„Nautilus 90° Nord!" Als diese Meldung in den frühen Morgenstunden des 4. August 1958 um die Erde gefunkt wurde, war ein Ziel erreicht worden, das sich wagemutige Männer seit Jahrzehnten gesetzt hatten: die Eroberung des Nordpols mit dem Schiff. Denn „90° Nord" — das ist der Pol, und die Nachricht jenes Tages hieß: Ein Schiff, die *Nautilus*, hat den Nordpol erreicht.

Zweiundsechzig Jahre früher hatte Fridtjof Nansen seine vom Eis eingeschlossene *Fram* bis auf 85° 55′ 30″ nördlicher Breite driften lassen und war damit dem Pol bis auf etwa 450 Kilometer nahe gekommen. Der russische Eisbrecher *Georgij Sedow* hatte sich 1939, vom Polareis festgehalten und abgetrieben, dem Pol sogar noch weiter genähert. Aber diese Unternehmungen können nicht mit der Fahrt der *Nautilus* verglichen werden, denn sie führten durch treibende Eisberge und gefährlich sich übereinanderschiebende, pressende und ziehende, kilometerlange Packeisfelder.

Die neue Eroberung des Pols dagegen vollzog sich, gleichsam unsichtbar, unterhalb der gewaltigen Eisdecke der Arktis: *USS Nautilus* war das erste atomgetriebene U-Boot der amerikanischen Marine und damit für diese schwierige Aufgabe hervorragend geeignet.

Schon einmal war der Versuch gemacht worden, mit einem U-Boot den Nordpol zu erreichen; auch dieses Schiff hatte *Nautilus* geheißen. Der Engländer George Hubert Wilkins hatte es für den symbolischen Preis von einem Dollar von der amerikanischen Marine gekauft und ausgebessert, aber seine Fahrt im Jahre 1939 stand unter keinem guten Stern. Die Steuerung brach, und als sich bei der Kälte schließlich Eis im Boot bildete und Wilkins zu erfrieren drohte, gab er seine Pläne auf.

Auch Nansen und die anderen hatten mit Kälte, mit eisigen Winden und tückischen Eisspalten zu kämpfen gehabt; sie hatten Hunger gelitten und wären fast erfro-

Aus einem Instrument der Zerstörung — dem militärischen U-Boot — hat sich das moderne Tiefseefahrzeug entwickelt, mit dem der Mensch den Ozean erforscht und nutzbar macht. Das Tauchboot DOWB ist, wie viele andere, mit Greifarmen ausgerüstet, die so genau arbeiten, daß sie selbst kleine Muscheln vom Grund auflesen können.

ren. Die 116 Mann der Besatzung von *USS Nautilus* saßen dagegen wohlgeborgen bei 25 Grad Wärme in einem komfortablen Stahlgehäuse; es gab ausgezeichnetes Essen, eine Warmwasserdusche und eine Fülle von Zerstreuungen für die Freizeit: Kinovorführungen, Bücher, Musikautomaten. Und „unser Atomreaktor, die mächtige Energiequelle, die uns vorantrieb, leistete seine Arbeit still und majestätisch. Er versorgte uns auch mit Strom für Licht, zum Kochen und Rasieren. Die Wachen prüften das weitverzweigte Netz der Instrumente, von denen jedes einzelne berichten konnte, wie unser großartiges Schiff lief. Wir lebten in einer Welt des festen Vertrauens..." So erzählte später der Kommandant des Schiffes, William R. Anderson.

Dennoch gelang dieser Vorstoß ins Unbekannte nicht auf den ersten Streich. Im August 1957 fanden die ersten Probefahrten statt. Zusammen mit dem dieselgetriebenen U-Boot *Trigger* fuhr die *Nautilus* bis an den Rand der arktischen Eiskappe. Während die *Trigger* dort zurückblieb, startete die *Nautilus* zu einem ersten Ausflug. In 100 Meter Tiefe schob sich das Boot unter den Eisschild und drang etwa 180 km weit vor. „Wir konnten das Eis zwar nicht sehen", sagte Leutnant White, „aber wir hatten alle das Gefühl, uns in einem Sarg zu befinden, über den langsam ein dicker Deckel geschoben wird." Mit vorsichtig ausgefahrenem Sehrohr konnte der Kommandant später die Eiskuppel von unten her beobachten. Er sah sich in eine gläserne Grotte versetzt; nur gedämpftes Licht drang durch die unregelmäßigen Deckengewölbe und ließ Eiszapfen und grob gerippte Eisflächen gespenstisch leuchten. Es war „der Blick aus dem Innern eines Aquariums, das seit Jahren nicht mehr gereinigt worden ist".

Mit Hilfe eines Sonargerätes konnte die Eisdecke fortlaufend gemessen werden, und überraschenderweise war sie nur selten über 3 Meter stark. An einigen Stellen war sie sogar so dünn, daß sie vom U-Boot hätte durchbrochen werden können. Das beruhigte die Besatzung, obwohl für Notfälle Torpedos vorhanden waren, mit denen man ein Loch in die Eisdecke hätte schießen können. Sieben Stunden später endete dieser erste Ausflug unter dem Eis. Nach einer zweiten Probefahrt konnte man das Ziel endgültig in Angriff nehmen.

Im Juni 1958 begann das große Abenteuer. Geplant war, vom Pazifischen Ozean aus über die Aleuten durch die Beringstraße in das Nordpolarmeer vorzudringen und hier unter dem Eis den Nordpol zu erreichen. Ohne Zwischenfälle erreichte die *Nautilus* die Beringstraße. Nun aber, in der engen, vereisten Durchfahrt zwischen Sibirien und Alaska, ergaben sich unerwartete Schwierigkeiten. Riesige Eisblöcke ragten tief ins Wasser hinein, und das Wasser zwischen dem Eis und dem Meeresboden war nicht tief. 8 Meter unter dem Eis und nur 25 Meter über dem Meeresgrund versuchte Kommandant Anderson, das lange Boot zu manövrieren. Plötzlich tauchte eine 21 Meter dicke Eisschicht vor und über dem Schiff auf. Die *Nautilus* ging bis auf 7 Meter über dem Grund herunter und kam glücklich unter dem riesigen, 2 Kilometer langen Eisblock hindurch. William R. Anderson berichtet: „Ich war ständig auf den Zusammenprall von Stahl mit massivem Eis gefaßt ... Nie-

Diese Karte zeigt den Reiseweg des amerikanischen Atom-U-Bootes NAUTILUS, das im Jahre 1958 als erstes Tauchfahrzeug der Welt unter dem Eis des Polarmeeres den Nordpol passierte

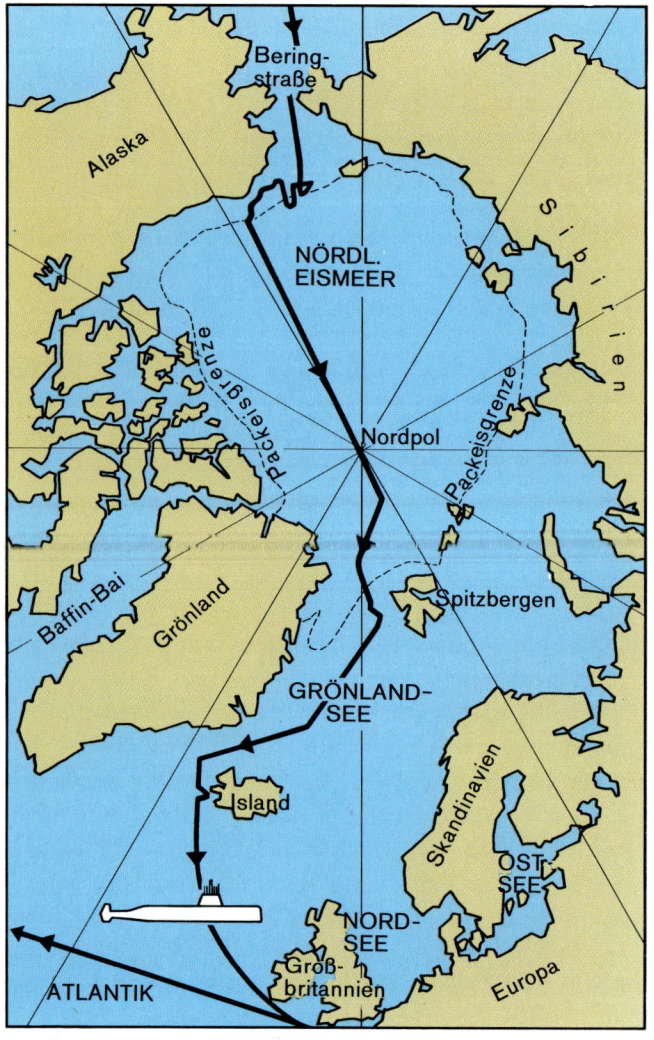

mand sprach ein Wort oder bewegte sich. Endlich wanderte der Zeiger wieder aufwärts. Der Abstand zwischen dem Eis und der *Nautilus* vergrößerte sich. Wir hatten es geschafft. Wir waren genau um anderthalb Meter an einem Eisblock vorbeigeglitten ...“ Und so ging es weiter, bis Anderson schließlich schweren Herzens das Unternehmen aufgeben mußte.

Ende Juli folgte schon der nächste Angriff auf den Pol. Bis zur Tschuktschen-See am Ausgang der Beringstraße ging alles glatt; in sechs Tagen waren über 5000 km zurückgelegt worden. Am 29. Juli stieß das Boot zum ersten Mal auf Packeis, und nun reichten die riesigen Eisschollen sogar 40 Meter tief hinab. Der Kommandant ließ die *Nautilus* tiefer gehen. „Während wir unter Wasser unseren Kurs festlegten, sagte ich mir: ‚Es ist soweit. Alles ist klar. Jetzt heißt es vorankommen, immer nur voran.‘ Durch das Periskop sah ich noch ein letztes Mal den Himmel. Es war ein herrlicher, klarer Morgen mit Vollmond. Die Sonne ging auf, und eine schwache, südliche Brise wehte“, erzählte Anderson.

Mit einer Geschwindigkeit von 35 Stundenkilometern glitt der stählerne Delphin dahin. Plötzlich verringerte sich die Wassertiefe von 3800 auf 900 Meter: Ein unbekanntes Unterwassergebirge wurde überquert. Schließlich war das Schiff kurz vor dem Ziel, nachdem es 62 Stunden lang unter dem Eisgewölbe der Arktis durch das kalte Wasser geglitten war. „In wenigen Minuten wird die *Nautilus* eine Aufgabe lösen, die schon lange ein Wunschtraum der Menschheit ist, nämlich den Nordpol mit einem Schiff zu erreichen“, teilte der Kommandant seiner Mannschaft mit. „Der Pol ist jetzt genau 0,4 Seemeilen entfernt.“ Etwas später, um 23.15 Uhr des 3. August 1958, war der Nordpol erreicht.

Die *Nautilus* hatte am 17. Januar 1955 als Schiff Nr. 571 der amerikanischen U-Boot-Flotte ihre Probefahrten begonnen. Es war nicht leicht gewesen, für dieses erste U-Boot, das von einem Reaktor angetrieben werden sollte, einen Atombrenner zu entwickeln, der klein genug war und doch zuverlässig arbeitete. Aber Admiral Hyman G. Rickover, von dem das Projekt des atomgetriebenen U-Bootes stammte, verfolgte hartnäckig sein Ziel, auch gegen den Widerstand maßgebender Sachverständiger. „Mit Kernantrieb unterwegs“ lautete der erste stolze Funkspruch der *Nautilus* nach dem Stapellauf. Damit war eine neue Epoche der U-Boot-Technik eingeleitet worden.

Inzwischen sind weitere U-Boote dieses Typs und noch modernere gebaut worden. Sie können monatelang unter Wasser bleiben und über 160 000 km zurücklegen, ohne aufzutauchen. Der Reaktor sorgt für alles. Destillieranlagen bereiten Süßwasser, Generatoren gewinnen aus dem Wasser Sauerstoff für die Atmung, und mehrere Elektronenrechner steuern das Boot sicher durch die weglosen Weiten der Meere.

Fast ein Jahr, nachdem USS NAUTILUS den Weg unter dem Pol hindurch gefunden hatte, konnte das amerikanische Atom-U-Boot SKATE am Nordpol auftauchen. SKATE war zu diesem Zweck mit einer besonderen Panzerung ausgerüstet worden. Am 17. März 1959 gelang, nach mehrmaligen Versuchen, das große Unternehmen: SKATE fand genau am Pol eine besonders dünne Eisdecke, tauchte auf und durchbrach das Eis. Sie war das erste Schiff, das sich auf dem „höchsten Punkt der Erde" befand.

Ein langer Weg

Der Weg von den ersten Anfängen der Tauchboottechnik bis zu diesen Pioniertaten war lang und beschwerlich. Er begann mit versenkbaren primitiven Holztonnen und führte über einfache Tauchschiffe zu den reaktorgetriebenen U-Booten der Gegenwart, die trotz ihrer Größe fast so beweglich wie Haie sind.

Vielleicht sind grönländische Eskimos die Erfinder des U-Bootes. Wenigstens behauptet der schwedische Erzbischof Olaus Magnus, er habe 1505 in der Kathedrale von Asloe (Oslo) zwei kleine Tauchboote gesehen, die König Haakon 150 Jahre zuvor von einem Feldzug nach Grönland mitgebracht habe. Mit den aus Seehundsfell gefertigten Booten hätten Seeräuber einlaufende Handelsschiffe unter der Wasserlinie angebohrt. An solchen Mißbrauch dachte wohl auch Leonardo da Vinci, als er über seine eigenen Tauchbootentwürfe schrieb, er habe sie zwar angefertigt, werde sie aber nie veröffentlichen; die Menschen würden ein unterseeisches Fahrzeug doch nur für üble Zwecke verwenden.

Kosakenstämme sollen schon im 17. Jahrhundert türkische Kriegsschiffe mit rudergetriebenen U-Booten an-

gegriffen haben, doch weiß man Genaueres erst über ein Unterwasserfahrzeug, das 1624 in England gebaut und nie zu kriegerischen Zwecken verwendet worden ist. Im Auftrag König Jakobs I. hatte der Holländer Cornelis van Drebbel, Erzieher am englischen Hof, ein U-Boot konstruiert, das in der Themse tauchte und vor allem dem Vergnügen, vielleicht auch wissenschaftlichen Zwecken diente. Es erreichte eine Tiefe von 3,60 Metern, wurde von 12 Riemen vorwärts getrieben, die in Ledermanschetten steckten, und bestand aus Holz, das van Drebbel mit eingefettetem Leder überzogen hatte. Besonders bemerkenswert an diesem Boot war, daß die Luft nicht nur durch einen Blasebalg und ein Lüftungsrohr, sondern auch auf chemische Weise erneuert wurde, vermutlich indem man das gefährliche Kohlendioxid durch Ätznatron auffing.

Zu Beginn des amerikanischen Unabhängigkeitskrieges (1775—1783) konstruierte der junge David Bushnell ein kleines Einmann-U-Boot, die *Turtle* („Schildkröte"), das er mit Unterstützung durch General Washington fertigstellen konnte. Im August 1776 wurde das Boot von dem Marinesergeanten Ezra Lee im Hafen von New York zum Angriff gegen *HMS Eagle*, das Flaggschiff des englischen Admirals William Howe, geführt. Aber dieser erste in allen Einzelheiten bekannte Angriff eines U-Bootes gegen ein feindliches Kriegsschiff schlug fehl, wie der amerikanische Taucher und Schriftsteller James Dugan zu berichten weiß:

„Eines schönen Abends wurde das Tauchboot an drei Kanus vertäut, die als Schlepper dienten. Sie glitten an Blackwell's Island vorbei, zwischen den friedlichen Farmen von Manhattan und dem Marschland von Newtown hindurch und sichteten endlich die hohen Masten der englischen Schiffe, die in der Mündung des East River vor Anker lagen. Sergeant Lee stieg von einem der Kanus in die *Turtle* über und schloß das Turmluk. Die Kanus warfen los und machten sich paddelnd auf die Fahrt nach New York. Lee flutete die Tanks, bis der winzige Beobachtungsturm nur noch gerade eben aus dem Wasser herausragte. Durch die verglasten Sehluken, die von den kleinen grünen Wellen fast überspült wurden, hatte er nur eine sehr mäßige Sicht.

Der Ebbstrom lief stark ab. Die Kanus hatten die *Turtle* so ausgerichtet, daß die Strömung sie gerade auf das Flaggschiff *Eagle* zu treiben mußte. Aber Sergeant Lee mußte die ganze Zeit mit Steuerruder und Handpropeller arbeiten, um die Abdrift zu korrigieren. Der Lärm seiner Maschinerie war weithin über das Wasser zu hören, und er selbst vernahm das Anschlagen der Stunden auf den Schiffen. In seinem zweieinhalbstündigen Kampf mit der Strömung hörte er viele Glocken, sah durch seine beschlagenen Scheiben die Laternen der *Eagle* und arbeitete sich bei zunehmender Dunkelheit immer näher heran. Im schwachen Schein der Lichter

Mit Handbetrieb vorwärts bewegt, ausgerüstet mit einer primitiven Flutungsanlage und Pumpen zum Leeren der Tanks, war die 1776 konstruierte TURTLE eines der ersten in einem Kriege eingesetzten Tauchboote

aus den mit Schnitzwerk verzierten Fenstern der Kapitänskajüte glitt er unter das Heck der *Eagle*. Über sich hörte er die Mannschaft herumlaufen und friedlich fluchen. Die Ebbströmung ließ nach, und der Mond ging auf. Er war nicht gesichtet worden.

Sergeant Lee band die Steuerpinne fest und griff nach der Kurbel der vertikalen Tauchschraube; er drehte und drehte und betätigte gleichzeitig die horizontale Schraube für die Vorwärtsbewegung, um unter das Flaggschiff zu tauchen. Die *Eagle* hatte über drei Meter Tiefgang, für die *Turtle* eine bemerkenswerte Tiefe. Als er unter dem Schiffsrumpf war, legte er die *Turtle* mit dem Beobachtungsturm dagegen. Der beabsichtigte Angriff war zeitlich gut abgestimmt: Die tote Zeit zwischen Ebbe und Flut hatte begonnen, und folglich lag die *Turtle* ganz still. Lee mußte nun den Bohrer in den Rumpf treiben und begann mit aller Kraft zu drehen.

Leider schien der Bohrer sich nicht in das Eichenholz einzuwühlen. Er hörte ein dumpfes Geräusch, und die *Turtle* schwankte etwas. Die *Eagle* war zum Schutz gegen Schiffswürmer mit schweren, neuen Kupferplatten beschlagen, und der größte Schiffswurm war Ezra Lee. Er rutschte verschiedentlich mit dem Bohrer ab, versuchte, ihn mit heftigen Schlägen in das Metall zu treiben, die man im Schiff sicherlich hören konnte. Aber es erfolgte noch immer kein Alarm. Er scheute keinen Lärm und keine Anstrengung, doch das Kupfer erwies sich als undurchdringlich. Nach stundenlangen Versuchen dachte er, vielleicht am Bug eine ungeschützte Stelle zu finden. Er bumste unter dem Schiffsrumpf entlang nach vorn und spähte dabei angestrengt nach einer Lücke zwischen den Kupferplatten aus. Unversehens verlor die *Turtle* dabei an Trimm und tauchte plötzlich an die Oberfläche empor. Sergeant Lee sah sich neben einem großen, vor Anker liegenden Schiff, das sich deutlich gegen die einsetzende Morgendämmerung abhob. Er tauchte wieder unter.

Er war jetzt wie ein Wild auf freier Wildbahn; der Morgen wurde immer heller, die Schiffsbesatzungen machten sich an ihr Tagewerk, Gigs und Marktboote begannen sich zu rühren. Der Hafen von New York war damals noch nicht durch Öl und Abwässer verschmutzt; das Wasser war grün und ziemlich klar.

In ein paar Fuß Tiefe war die *Turtle* leicht zu erledigen. Die beste Taktik, um sich und das Tauchboot zu retten, war der sofortige Rückzug. Lord Howes Flaggschiff konnte ebensogut an einem anderen Tag versenkt werden, wenn es ihm gelang, unbemerkt zu entkommen.

Lee setzte sich unter Wasser entschlossen in Bewegung und nahm Kurs auf die Spitze von Manhattan. Sein Kompaß funktionierte nicht, und er mußte auftauchen, um sich zu orientieren. Als er sich umsah, befand er sich unmittelbar unter den britischen Befestigungen von Governor's Island. Ein Soldat erspähte ihn und schrie Alarm. Neugierige Briten und Hessen rannten an die Brüstung und suchten zu erkennen, was für ein merk-

*Aus einem umgebauten Dampfkessel bestand die berühmte HUNLEY II, ein Tauchboot der Konföderierten,
das während des amerikanischen Bürgerkrieges 1864 im Hafen von Charleston das Panzerschiff HOUSATONIC
der Unionstruppen versenkte. Das sinkende Opfer riß allerdings auch die HUNLEY, deren Schraube durch
eine von mehreren Männern bewegte Handkurbel gedreht wurde, mit in die Tiefe.*

würdiges Ding da im Wasser herumschwamm. Sie setzten ein Boot aus und ruderten auf ihn zu. Es überstieg ihre Einbildungskraft, sich vorzustellen, daß die *Turtle* am Ende ein feindliches Fahrzeug sein könnte, aber es konnte nur noch sehr kurze Zeit dauern, bis ihnen diese Tatsache aufging.

Lee war ein störrischer Kopf. Er hatte keine Lust, sich zu ergeben. Mit einem Griff hinter sich setzte er die Pulvermine frei. Das Uhrwerk begann zu rasseln, und er löste auch den Bohrer über seinem Kopf und dachte sich, die Verfolger würden sich vielleicht genügend lange mit der Mine amüsieren, so daß er entkommen könnte, und möglicherweise explodierte sie sogar im geeigneten Moment. Das britische Boot war auf sechzig Meter heran, als seine Besatzung plötzlich sah, wie das sonderbare Unterwasserfahrzeug sich in zwei Teile teilte. ‚Vorsicht! Ein Yankeetrick!' brüllten die Ruderer und ruderten, so schnell sie konnten, nach Governor's Island zurück. Mochten ihre Offiziere sich die Köpfe darüber zerbrechen, was nun zu tun sei.

Sergeant Lee drehte seine Fortbewegungsschraube mit furchterfüllter Energie und kam glücklich bei den amerikanischen Stellungen an der Battery an. Er gab Erkennungszeichen, und man half ihm an Land. Als er steifbeinig aus der *Turtle* herausstolperte und sich im Gras niederließ, ging draußen mit prachtvollem Knall und großer Fontäne die Mine hoch; aber es war niemand in der Nähe."

Erst rund 80 Jahre später, während des amerikanischen Bürgerkrieges (1861–1865), gelang es tatsächlich einem U-Boot der Südstaaten, ein Kriegsschiff der Unionstruppen zu versenken. Um sich gegen die Flottenübermacht der Nordstaaten zu wehren, hatten die Konföderierten eine Reihe kleiner U-Boote auf Kiel gelegt, die sogenannten *Hunley-Boote*, deren dreiflügelige Schiffsschrauben über eine mit der Hand gedrehte Kurbelwelle angetrieben wurden. Mit einem dieser Boote, der *Hunley II*, versenkte nach mancherlei Mißerfolgen der Leutnant George E. Dixon am 17. Februar 1864 das schwerbewaffnete Panzerschiff *USS Housatonic* vor dem Hafen von Charleston. Das sinkende Schiff der Nordstaatler riß jedoch auch das Unterseeboot und seine Besatzung, von der niemand sich retten konnte, mit in die Tiefe.

Das Jahrhundert der Pioniere

Nach David Bushnell traten um die Wende zum neunzehnten Jahrhundert und in den folgenden Jahrzehnten ganze Scharen von U-Boot-Erfindern, von Phantasten und nüchtern rechnenden Ingenieuren auf den Plan. In Europa und in Amerika versuchten sich Konstrukteure am Schiff unter Wasser, hofften die Militärs auf eine brauchbare Lösung — die einen, um damit einen alten Menschheitstraum zu erfüllen, die anderen, um eine unschlagbare Waffe zu besitzen.

Der Amerikaner Robert Fulton — dessen 1807 erprobtes Dampfboot *North River* als das erste wirtschaftliche von Dampf getriebene Schiff der Welt gilt — versuchte, Napoleon Bonaparte vom kriegerischen Wert seiner *Nautilus* zu überzeugen. Das merkwürdige U-Boot wurde während der Überwasserfahrt durch ein Segel, unter Wasser durch eine handgetriebene vierflügelige Schraube vorwärts bewegt. Im Kriege eingesetzt wurde das Boot nie. Als Napoleon nach St. Helena verbannt war, machte in England ein berüchtigter Schmugglerkapitän namens Johnson von sich reden. Er hatte ein U-Boot konstruiert, mit dem er den großen Kaiser und Feldherrn aus der Verbannung holen wollte, aber auch daraus wurde nichts.

Ein Binnenländer, der Korporal der Bayerischen Leichten Kavallerie Wilhelm Bauer, baute das erste deutsche Unterseeboot. Es entstand in Kiel, hieß *Brandtaucher* und sollte während des deutsch-dänischen Krieges von 1848—1850 als Blockadebrecher eingesetzt werden. Bauer hatte mehr Glück als mancher seiner Vorgänger; bei seinem ersten Angriff im Jahre 1850 konnte

der *Brandtaucher* die feindlichen Blockadeschiffe schon durch seinen Anblick in die Flucht schlagen. Während eines Tauchversuchs in der Nähe von Kiel blieb das Boot aber eines Tages in einer Spalte des Meeresbodens hängen und konnte nicht mehr auftauchen. Immerhin gelang es Bauer, sich und seine beiden Begleiter zu retten. Es war das erste Mal, daß die Insassen eines gesunkenen U-Bootes mit dem Leben davonkamen.

Wilhelm Bauer hatte gegen allerlei Intrigen im eigenen Land und in anderen europäischen Ländern zu kämpfen und Mißerfolge hinzunehmen, ehe er 1856 im Hafen von Kronstadt den Russen sein zweites Tauchboot, den *Seeteufel*, vorführen konnte. Das Boot war 17 Meter lang, konnte 45 Meter tief tauchen und sollte eine dreizehnköpfige Besatzung tragen. Am Bug war eine Beobachtungskanzel angebracht, und durch eine Luftschleuse ließen sich Sprengminen an feindlichen Schiffen befestigen.

In 134 Tauchversuchen erforschte Wilhelm Bauer systematisch alle Bedingungen, mit denen beim Tauchen zu rechnen war, bis er 1858 schließlich begann, sein drittes U-Boot mit einem Preßluftmotor zu bauen, das 24 Geschütze tragen sollte. Intrigen in der russischen Admiralität zwangen ihn jedoch bald, das Projekt wieder aufzugeben.

Waren die meisten der bisher konstruierten U-Boote auch für militärische Zwecke bestimmt, so erkannte Wilhelm Bauer doch als einer der ersten U-Boot-Erfinder seiner Zeit die Bedeutung des Unterwasserschiffes für friedliche Zwecke. Bauer prophezeite: „Das Unterseeboot wird der Perlenfischerei, der Goldgewinnung, der

Der berühmteste deutsche U-Boot-Konstrukteur aus der Frühzeit der Tauchschiffe war Wilhelm Bauer (1822—1875). Sein BRANDTAUCHER, 1850 gebaut, wurde durch eine Art Tretmühle bewegt. Bei seinem ersten Einsatz während des deutsch-dänischen Krieges von 1848—1850 schlug der BRANDTAUCHER die Dänen allein durch seinen Anblick in die Flucht. Später sank das Schiff bei Tauchversuchen in der Kieler Förde. Bauer und seine Begleiter konnten sich jedoch retten.

John Philipp Holland (1840–1914) baute das erste mit einem Benzinmotor ausgerüstete U-Boot, die PLUNGER. Holland, hier während einer Probefahrt seines ersten Tauchschiffes HOLLAND auf dem Hudson-Fluß, hatte wie fast alle Tauchschiffkonstrukteure mit vielen Widerständen zu kämpfen. Er darf, zusammen mit seinem Landsmann Simon Lake, als einer der Väter des modernen U-Bootes gelten.

Mit Stehkragen und Melone blickt hier John Philipp Holland stolz aus dem Turmluk seines ersten U-Bootes. Die HOLLAND, 1878 fertiggestellt, konnte bereits mit einem beweglichen Tiefenruder manövrieren.

Telegraphie, dem Unterwasserbau und der wissenschaftlichen Erforschung der Tiefsee dienen."

Aber vorerst blieb es bei der Verwendung des U-Bootes als Kriegsschiff, und schon zur Zeit Bauers wurden in England, Frankreich und Spanien eine Reihe weiterer Kriegs-Tauchschiffe gebaut. Die französische *Plongeur*, 1863 von Simon Borgeois und Charles Brun fertiggestellt, war das erste wirklich brauchbare U-Boot. Das 42 Meter lange Fahrzeug, das einen Preßluftmotor besaß, diente Jules Verne als Vorbild für die berühmte *Nautilus* des Kapitäns Nemo in seinem Zukunftsroman *20 000 Meilen unter dem Meer*.

Neben der Versorgung mit frischer Luft gehörte damals der Antrieb zu den größten Problemen der U-Boot-Konstrukteure. Die Dampfmaschine hatte zwar begonnen, das Segel als Antrieb für Oberflächenschiffe zu verdrängen, konnte aber im U-Boot-Bau nicht gebraucht werden. Die Feuerung der Dampfmaschine hätte so viel Sauerstoff verbraucht, daß den Besatzungen keine Luft zum Atmen mehr geblieben wäre. Auch der Siegeszug der Elektrizität zu Ende des 19. Jahrhunderts führte nur zu vereinzelten Versuchen, sich vom primitiven Handantrieb zu lösen.

Immerhin bauten die beiden Engländer Andrew Campell und James Ash ein von elektrischen Akkumulatoren getriebenes U-Boot — wieder eine *Nautilus* —, das zwei 45-PS-Elektromotoren besaß, und auch in anderen Ländern wurden Elektroboote konstruiert. Sie alle hatten

Simon Lakes ARGONAUT lief im Jahr 1876 vom Stapel – im gleichen Jahr wie Hollands PLUNGER und auf der gleichen Werft in Baltimore. Das Boot hatte einen Benzinmotor und konnte nur so tief tauchen, wie sein Periskop und sein Lüftungsrohr lang waren.

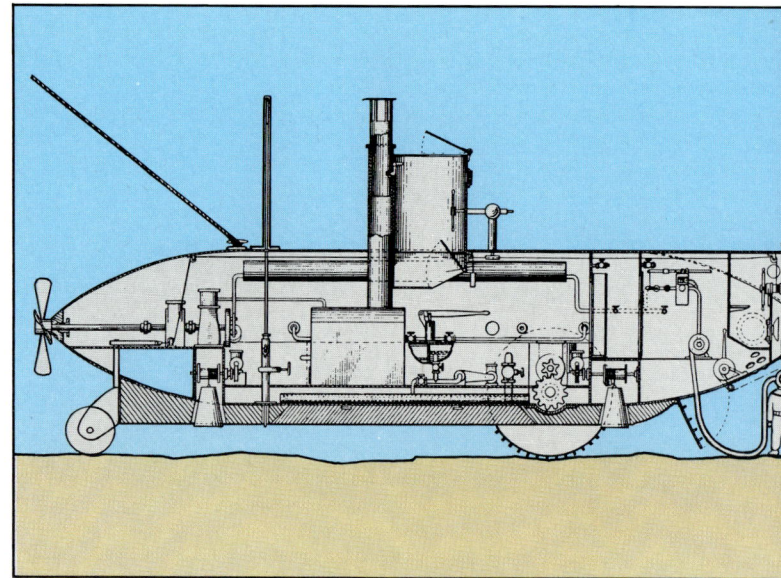

Eine Besonderheit der ARGONAUT – hier eine zeitgenössische Querschnittzeichnung – waren die großen Räder, auf denen das Boot über den Grund rollen konnte. Durch eine Luftschleuse konnten Taucher die ARGONAUT unter Wasser verlassen.

aber den Nachteil geringerer Reichweite — der Aktionsradius betrug etwa 130 Kilometer —, da die Batterien auf hoher See nicht neu aufgeladen werden konnten.

1888 gewann der zweifellos originellste aller U-Boot-Bauer, John Philipp Holland, bei einem Wettbewerb in den USA den 1. Preis; doch wurde sein Boot wegen eines Formfehlers der Schiffbaufirma disqualifiziert. Holland, ursprünglich Lehrer von Beruf, hatte 1872 seine irische Heimat verlassen und träumte nun als guter irischer Patriot in den Vereinigten Staaten davon, die englische Flotte durch U-Boote vernichten zu können. Sein 19-Tonnen-U-Boot *Fenian Ram* konnte auf 18 Meter Tiefe gehen, und ein Einmann-U-Boot war von ihm bereits mit einem Sehrohr ausgestattet worden.

1895 bekam Holland von der amerikanischen Regierung Geld zum Bau seiner *Plunger.* Das Boot sollte von einer Dampfmaschine angetrieben werden, doch sah sich Holland durch die immerfort veränderten Vorschriften der Marine veranlaßt, eine ähnliche Konstruktion — diesmal aber mit Benzinmotor — auf eigene Kosten bei einer zweiten Werft bauen zu lassen. Brauchbar war schließlich nur dieses Boot; es wurde 1900 von der Marine gekauft und als erstes U-Boot der Vereinigten Staaten in Dienst gestellt. Die ausführende Firma baute übrigens rund 60 Jahre später die atomgetriebene *Nautilus*, das Schiff, das den Pol unterquerte.

Der Stapellauf von Hollands *Plunger* war die eigentliche Geburtsstunde des modernen U-Bootes. Die Idee war nun verwirklicht und erprobt; es begann die Zeit der technischen Vervollkommnung. Besondere Verdienste um diese Entwicklung erwarb sich der Amerikaner Simon

Lake, über dessen Geschichte als U-Boot-Bauer James Dugan erzählt:

„In New Jersey las 1880 ein rotköpfiger Junge ein herrliches Buch, Jules Vernes *20 000 Meilen unter dem Meer.* Der Junge hieß Simon Lake, und nach dieser Lektüre dachte er kaum noch an etwas anderes als an U-Boote. Seine ehrgeizigen Pläne für ein gigantisches Tauchboot, das noch größer sein sollte als Vernes *Nautilus,* konnte er zunächst nicht verwirklichen.

So begnügte er sich vorläufig mit dem Bau der *Argonaut Junior*, eines bügeleisenförmigen Fahrzeuges von etwas mehr als vier Meter Länge. Sein Rumpf bestand aus zwei Kiefernholzlagen, zwischen die wasserdichtes Segeltuch gespannt war; die Schiffsschraube wurde von Hand getrieben, und das Boot hatte sogar Räder, auf denen es unter Wasser auf dem Grund fahren konnte.

Lakes netteste Idee war eine Luftschleuse im Schiffsboden, durch die die Besatzung das Boot verlassen, fischen oder auch Muscheln vom Boden aufsammeln konnte. 1894 holperte die *Argonaut Junior* über den Meeresboden, und im folgenden Jahr brachte Lake sie nach New York. Die ganze Stadt war begeistert; das neue Spielzeug wurde bald so populär wie Cornelis Drebbels Tauchboot in London im 17. Jahrhundert. Lake vergaß nie, wie nützlich eine gewisse Publicity für einen Erfinder sein kann.

Simon Lake gründete eine Firma und begann mit dem Bau seines großen Bootes, der *Argonaut.* Sie war aus Eisen, zehn Meter lang und mit zwei Meter hohen gußeisernen Rädern versehen; für den Antrieb sorgte ein Benzinmotor. Das Boot konnte nur so tief tauchen, wie sein Periskop lang war, denn durch zwei Rohre, die über die Wasseroberfläche emporragten, wurden der Motor mit Frischluft versorgt und die gefährlichen Auspuffgase abgeleitet.

Lake, der mehrere Male zehn Stunden lang unter Wasser blieb, nahm einmal in der Bucht von New York zwei Dutzend Reporter mit auf Unterwasserfahrt. Die Gäste hatten Sekt mitgebracht, und nach einigem Suchen trieb Lake einen schmierigen Becher für den ,vin d'honneur' auf. Die Reporter waren besonders von der Luftschleuse angetan, durch die sie Muscheln und allerlei Souvenirs vom Grunde des Hafenbeckens aufsammelten. Begeistert berichteten sie davon in ihren Zeitungen."

Weniger Begeisterung zeigten jedoch Marine und Wissenschaft für Lakes neues Boot. Alle Beweise für seine Verwendbarkeit fruchteten nichts, die Marine biß nicht an. Die einzige Anerkennung, die Lake für seine Leistung fand, bestand in einem Brief von Jules Verne.

Lake verbesserte später die Seetüchtigkeit der *Argonaut* und veranstaltete in Bridgeport im Staate Connecticut Vergnügungsfahrten. James Dugan schildert einen Ausflug einiger ehrenwerter Bürger der Stadt Bridgeport ins nasse Reich:

„Lake tauchte, so weit die Luftrohre reichten, und öffnete die Bodenschleuse. Den Gästen machte die Sache einen Heidenspaß; ein Jugendtraum, eine Fahrt mit Kapitän Nemo unter dem Meeresspiegel, war für sie in Erfüllung gegangen. Aber ihre lange Abwesenheit erregte an Land Unruhe und Besorgnis. Ein paar Beamte der Stadtverwaltung fuhren mit einem Schlepper hinaus und klopften ans Luftrohr der *Argonaut,* in der Lakes Gäste gerade im Chor ,Down went McGinty to the bottom of the sea' sangen und darum das Klopfen nicht hörten. Fest überzeugt, daß alle ertrunken seien, kehrten die Beamten an Land zurück und versprachen sich gegenseitig strengstes Stillschweigen bis zur Veröffentlichung der gräßlichen Nachricht, daß Bridgeports Elite vollzählig ertrunken sei. Sie bestellten in New York einen Schwimmkran, der das Grab heben sollte. Im Nu wußte natürlich die ganze Stadt davon, und die Bevölkerung versammelte sich am Wasser, um zuzusehen, wie der Kran den verrückten Erfinder und die Crème der Stadt aus dem Wasser fischte. Da begann sich plötzlich das Luftrohr der *Argonaut* immer höher aus dem Wasser zu schieben, das ganze Boot rauschte aus den Fluten empor, und an Deck versammelten sich zahlreiche schwankende Gestalten."

Der *Argonaut* folgte ein weiteres Tauchboot, die fast zwanzig Meter lange *Protector,* mit der Lake in Newport sogar einmal ein Experiment wagte, das sechzig Jahre später das Atom-U-Boot *Skate* unternahm: Lake tauchte unter die Eisdecke vor Newport und durchstieß sie beim Auftauchen. Eifersüchteleien zwischen der amerikanischen Marine und der Armee, der Lake sein Boot ebenfalls angeboten hatte, verhinderten, daß er endlich einen Serienauftrag bekam. Geldgeber und Gönner fand er schließlich in Rußland. Die *Protector* wurde heimlich nach Kronstadt verschifft, und Lake konnte dort seine Arbeit fortsetzen. Bei einer seiner Probefahrten hätte er dort das Boot beinahe verloren:

„Einmal hatte Lake während einer Probefahrt mit der *Protector* einen russischen Admiral an Bord. Die Wellen spülten über das Deck, und die Plattform des Kommandoturmes befand sich nur einen halben Meter über dem Wasserspiegel. Lake war im Turm und streckte den Kopf durch das Turmluk. Plötzlich ging die *Protector* unter Wasser. Lake konnte gerade noch im letzten Moment das Luk schließen. Der Admiral lachte, daß ihm die Tränen aus den Augen liefen. Er hatte einen kleinen Spaß machen wollen und das Tiefenruder unversehens auf ,Tauchen' gestellt . . ."

Simon Lake dachte weit voraus und sprach schon 1898 von der Verwendung von U-Booten für den Passagier- und Frachtverkehr. Als das deutsche Fracht-U-Boot *Deutschland* im Jahre 1916 die britische Blockade durchbrach, wurde dieses Projekt zum ersten Male verwirklicht, aber es geriet danach wieder in Vergessenheit. Erst in jüngster Zeit tauchen bei den Schiffbauern und Zukunftsplanern wieder Projekte für Unterwasserschiffe zum Transport von Frachten und Passagieren auf.

Eine gefährliche Waffe

John Philipp Holland und Simon Lake hatten als erste den neuen, benzingetriebenen Automotor in ihre Tauchboote eingebaut. Aber dieser Motor hatte erhebliche Nachteile: Er verbrauchte zuviel von dem ohnehin knappen Sauerstoff im Boot, und die Benzindämpfe bildeten eine beständige Explosionsgefahr, die durch den Funken der Zündanlage noch beträchtlich erhöht wurde. Die Benzinmotoren durften das Boot daher nur während der Überwasserfahrt antreiben; gleichzeitig wurden mit ihnen jedoch die Akkumulatoren aufgeladen, die während der Fahrt unter Wasser mehrere Elektromotoren mit Strom versorgten.

Die Erfindung des Dieselmotors gegen Ende des 19. Jahrhunderts brachte eine wesentliche Verbesserung dieses Systems. Da der Dieselmotor nicht durch einen Funken, sondern durch Kompression gezündet wird und sein Treibstoff wesentlich schwerer verdunstet, war er ein ideales Antriebsaggregat für U-Boote und sollte es rund fünfzig Jahre lang bleiben.

Bald nach der Jahrhundertwende entwickelte sich aus diesen Anfängen rasch ein neues Kriegsinstrument: die U-Boot-Waffe, die im Ersten Weltkrieg bewies, wie wirksam und gefährlich sie war. Am 14. Dezember 1906 wurde in Kiel das erste deutsche Unterseeboot der Marine in Dienst gestellt, ihm folgten bis zum Ende des Krieges im November 1918 noch weitere 372 U-Boote.

Die enorm rasche Entwicklung im U-Boot-Bau nach den Erfindungen gegen Ende des 19. Jahrhunderts brachte die U-Boot-Waffe hervor, ein neues Instrument der Kriegführung, das sich als äußerst wirksam und gefährlich erwies. 863 deutsche U-Boote wurden während des 2. Weltkriegs in den Kampf geschickt und versenkten zunächst viele gegnerische Schiffe. Hier ein U-Boot, das von britischen Flugzeugen angegriffen wird.

In den rund 52 Monaten des Ersten Weltkrieges vernichtete diese Waffe rund 6600 Handelsschiffe mit etwa 12 700 000 BRT und 92 Kriegsschiffe vom Panzerkreuzer bis zum Patrouillenboot. Auf 178 deutschen U-Booten fanden in den vier Kriegsjahren von 1914 bis 1918 rund 5000 Seeleute den Tod.

Obwohl viele Fachleute das U-Boot schon nach dem Ersten Weltkrieg für überholt hielten, wurde es weiter gebaut und technisch ständig verbessert. Neue Metalllegierungen und Baumethoden erhöhten die Druckfestigkeit der Rümpfe. Bessere Antriebsaggregate ließen schnellere Unterwassergeschwindigkeiten zu, und neue Frischluftanlagen erweiterten die Aktionsradien der U-Boote. Als während des Zweiten Weltkrieges in Deutschland der „Schnorchel" entwickelt wurde, ein ausfahrbares Belüftungsrohr, durch das in getauchtem Zustand auch die Dieselabgase aus dem Boot geleitet werden konnten, brauchten die Unterseeboote nicht einmal mehr aufzutauchen, wenn sie mit ihren Dieselmotoren die Akkumulatoren wieder aufladen wollten.

Aber trotz aller Verbesserungen der Technik forderte der U-Boot-Krieg des Zweiten Weltkriegs noch weit mehr Opfer unter den Besatzungen als der erste Krieg, in dem diese neue Angriffswaffe schon eine so bedeu-

tende Rolle gespielt hatte. Von den 1170 U-Booten, die in den Jahren von 1935 bis 1945 von der deutschen Kriegsmarine in Dienst gestellt wurden, fuhren 863 Boote zum Fronteinsatz aus. Sie zerstörten in mehr als 3000 Operationen 2840 alliierte Handelsschiffe mit rund 14 500 000 BRT sowie 148 Kriegsschiffe, darunter 5 Flugzeugträger; aber 630 deutsche U-Boote kehrten nicht zurück, und 27 212 Seeleute fanden den Tod. Die Verluste wuchsen rapide, als die alliierten Seestreitkräfte gegen Mitte des Krieges eine Abwehrwaffe besaßen, gegen die die „Grauen Wölfe der Meere" wehrlos waren: das aus dem Echolot entwickelte Schallortungsgerät SONAR oder ASDIC, wie die Engländer es bezeichnen. Jetzt war es leicht, die getauchten U-Boote aufzuspüren und sie so lange zu verfolgen, bis sie auftauchen mußten, wenn man sie nicht schon vorher mit Wasserbomben vernichten konnte.

Wieder verkündeten die Propheten das Ende der U-Boot-Zeit. Aber man baute neue; und sie wurden, besonders in den Jahren nach dem Zweiten Weltkrieg, noch schneller und noch größer. Sie konnten noch tiefer tauchen und sich damit gegen ihre Verfolger schützen. Während des Ersten Weltkriegs erreichten die U-Boote Tauchtiefen von höchstens 50 bis 60 Metern; zwanzig

Jahre später konnten die modernsten Typen rund 120 Meter tief hinuntergehen, und einige der modernen Atom-U-Boote brauchen selbst Tiefen von 300 und 400, ja vielleicht sogar 500 Metern nicht zu fürchten. Und hatten die *Hunley-Boote* der amerikanischen Konföderation, also vor rund 100 Jahren, eine Unterwassergeschwindigkeit von etwa 7 Stundenkilometern erreicht, so sind die U-Boote unserer Zeit so schnell wie Autobusse auf der Landstraße: Ihre Geschwindigkeiten liegen zwischen 60 und 70 Stundenkilometern, in einigen Fällen sogar darüber. Diese für ein Schiff enorme Leistung, die selbst vom schnellsten modernen Ozeanriesen, der *United States,* nicht erreicht wird, hat zwei Ursachen: den Antrieb durch Atomreaktoranlagen und eine neue, besonders strömungsgünstige Rumpfform.

Der größte Vorteil eines Atomreaktors besteht darin, daß das U-Boot für seinen Betrieb nur einige Kilogramm Uranbrennstoff braucht, um damit Strecken zurückzulegen, für die konventionelle U-Boote riesige Mengen von Dieselöl verbrauchen würden. Die *Nautilus* zum Beispiel, das erste Atom-U-Boot, das unter das Polareis tauchte, hat mit drei Uranstäben von zusammen fünf Kilogramm Gewicht in 10 Jahren eine Strecke von insgesamt 530 000 Kilometern zurückgelegt. Ein U-Boot mit Dieselantrieb hätte dafür fast 48 Millionen Liter Dieselkraftstoff gebraucht.

Der Reaktor des U-Bootes dient aber nicht nur dem Antrieb, sondern er versorgt auch die Heizungsanlage mit Wärme, er treibt die notwendigen Stromaggregate, eine Meerwasser-Entsalzungsanlage und in den modernsten Booten sogar eine Einrichtung, die das Bootsinnere mit Sauerstoff versorgt, indem sie das Meerwasser auf elektrochemischem Wege in seine Wasserstoff- und Sauerstoffmoleküle zerlegt.

Die großen Geschwindigkeiten der modernen Atom-U-Boote wurden aber nicht allein durch neue Antriebsanlagen erzielt. Selbst eine sehr starke Reaktorturbine hätte das Tempo nur unwesentlich verbessern können, wenn die Techniker für ihre neuen Schiffe nicht auch eine neue Rumpfform gefunden hätten. Bis in die fünfziger Jahre unseres Jahrhunderts hatte man den U-Booten die für Überwasserschiffe charakteristische „Fischform" gegeben, das heißt: lang, schlank und mit einem flachen Deck. Solche U-Boote konnten wegen des großen Wasserwiderstandes nur rund 40 Stundenkilometer fahren, und diese Geschwindigkeit ließ sich nur noch geringfügig erhöhen, wenn man Motorenkraft und Brennstoffverbrauch verdoppelte.

Fachleute stellten bei Versuchen mit Rumpfmodellen in einem Strömungskanal fest, daß man bei geringerem Treibstoffverbrauch die Geschwindigkeiten drastisch erhöhen konnte, wenn man für die Unterwasserschiffe eine Rumpfform wählte, die der Körperform einiger der schnellsten Schwimmer des Meeres ähnelt: der Form der Delphine oder Tümmler.

Die modernen U-Boote der USA, von Atomreaktoren angetrieben und großenteils mit Raketen bestückt, erreichen unter Wasser erstaunliche Geschwindigkeiten, die zum Teil durch die Delphinform des Rumpfes erzielt werden.

1953 bauten amerikanische Ingenieure das erste delphinförmige U-Boot zu Versuchszwecken: die 64 Meter lange *Albacore*. Erstaunlicherweise sah das Schiff viel plumper aus als alle anderen neuzeitlichen U-Boote. Es hatte einen runden, stumpfen Bug; der Rumpf war im Querschnitt fast kreisrund und lief in ein spitzes Heck aus. Abgesehen von dem seitlich zusammengedrückten Turm, der wie ein Messer durchs Wasser schnitt, wirkte die *Albacore* mit ihren flossenähnlichen Tiefenrudern am Heck und den seitlichen Stabilisierungsrudern in der Tat wie ein Delphin, und die enormen Vorteile dieser Form zeigten sich auf Anhieb. Bei Probefahrten lief dieses U-Boot, angetrieben durch konventionelle Dieselmotoren, unter Wasser über 70 Stundenkilometer!

Alle folgenden, von der Marine der Vereinigten Staaten gebauten U-Boote wurden fortan nach diesem Prinzip konstruiert und mit Atomantrieb versehen. Ihre besondere Form und ein ausgeklügeltes Steuerungssystem, das in einigen Booten von einem einzigen Mann bedient werden kann, machen diese Schiffe nicht nur sehr schnell, sondern auch besonders manövrierfähig. Wie ein Flugzeug über einen Steuerknüppel für die Höhenregulierung und über ein am Knüppel befestigtes „Lenkrad" für die Seitenfahrt gesteuert, kann ein solches Tauch-

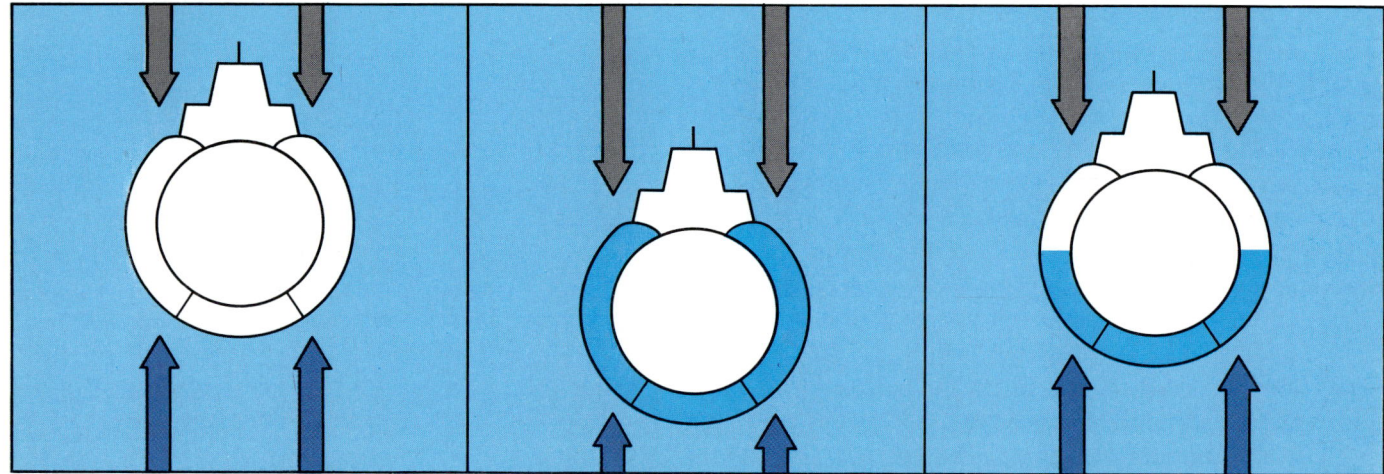

Ein modernes U-Boot ist eine druckfeste, hohle Stahlzigarre, die von den leichter gebauten Tanks umschlossen wird. Sind die Tanks leer, so verdrängt das Boot mehr Wasser, als sein Gewicht ausmacht; es schwimmt daher (Bild links). Werden die Tanks geflutet, d. h. mit Wasser gefüllt, so sinkt das Boot (Bild Mitte). Soll das Boot in einer bestimmten Wassertiefe schweben, werden die Tanks geflutet, bis Gewicht und Auftrieb gleich sind. Das Boot bleibt jetzt in einer bestimmten Tiefe und in horizontaler Lage stehen (Bild rechts).

schiff auch bei schneller Fahrt auf engstem Raum wenden und sogar hochgezogene Kehrtkurven fahren, während konventionelle U-Boote auch unter Wasser fast so schwerfällig wie Überwasserschiffe sind.

Für die enorme Reichweite dieser technisch hochgezüchteten Schiffe gab die 1959 in Dienst gestellte *USS Triton* ein eindrucksvolles Beispiel: Als das Schiff im Mai 1960 nach fast 60 000 Kilometern Nonstop-Unterwasserfahrt wieder an die Oberfläche kam, lag eine Fahrt um die ganze Welt hinter ihm, die 61 Tage gedauert hatte. Das von zwei Reaktoren getriebene Boot, auf dessen Innendecks 172 Mann arbeiten, hat einen Aktionsradius von 167 000 Kilometern. Es könnte theoretisch auf der Äquatorlinie viermal um unseren Globus fahren, ohne ein einziges Mal aufzutauchen, um seine Treibstoffvorräte zu ergänzen.

Die Kugel am Stahlseil

Gemessen an den tiefsten Abgründen der Weltmeere unterhalb der 10-Kilometer-Grenze oder auch nur verglichen mit der Durchschnittstiefe aller Ozeane, die bei etwa 3800 Metern liegt, bewegen sich die modernen U-Boote selbst bei ihren tiefsten Abstiegen nur in den obersten Zonen des ozeanischen Wasserraumes. Stellt man den Tiefenbereichen der Meere in einem spiegelbildlichen Vergleich die Höhenstufen der Kontinente gegenüber, so könnte man sagen, daß diese U-Boote in Tiefen tauchen, die den sanften Höhen unserer Mittelgebirge entsprechen. Die „Anti-Mount-Everests" der Erde, wie die gewaltigen Schlünde in den großen Tiefseegräben einmal genannt wurden, sind ihnen unerreichbar. Aber wie das Verlangen der Menschen nach Er-

kenntnis und Erfahrung Bergsteiger bis auf die höchsten Gipfel im Achttausender-Massiv des Himalaja getrieben hat, so spornte es auch die Ozeanforscher an, nach Wegen in die nie von menschlichen Augen gesehenen tiefsten Zonen des Meeres zu suchen.

Vor 40 Jahren, an einem sonnigen Junitag des Jahres 1930, begann dieser Traum Wirklichkeit zu werden. An diesem Tage schwenkte vor der Nonsuch-Insel bei den Bermudas ein Kran an Deck des alten Lastkahns *Ready* eine anderthalb Meter dicke Stahlkugel außenbords und ließ sie an einem Stahlseil zunächst 200 bis 300 Meter tief sinken. Zusammengekrümmt hockten zwei Männer im Innern der winzigen Kugel; den restlichen Platz beanspruchten Geräte. William Beebe, Zoologe und Initiator des ganzen Unternehmens, und Otis Barton, der Konstrukteur der Kugel, waren unterwegs.

William Beebe, ein großer, hagerer Mann, hatte Zoologie studiert und einige Arbeiten über verschiedene Tiere veröffentlicht, vor allem über Vögel, die er auf mehreren Forschungsreisen untersuchen konnte. Da entdeckte er zu Anfang der zwanziger Jahre sein Interesse für das Leben der Meerestiere. Er wollte sie in ihrem eigenen Lebensraum beobachten und machte sich deshalb daran, für einen Ausflug in die Tiefe einen druckfesten Zylinder zu bauen. Zufällig war ein Landsmann Beebes, der Ingenieur Otis Barton, um die gleiche Zeit mit dem Bau einer Tauchkugel beschäftigt. Als er durch eine Zeitungsnotiz von Beebes Vorhaben erfuhr, legte er ihm seine Entwürfe vor. Beebe und Barton beschlossen, gemeinsam das Wagnis vorzubereiten. Doch als die Tiefseekugel fertig war, mußte Barton bestürzt zur Kenntnis nehmen, daß keine der Winden des zur Verfügung stehenden Mutterschiffes ihre Last von 5

Tonnen heben konnte. Obwohl er sein ganzes Können als Konstrukteur, seine Zeit und viel Geld in dieses Unternehmen gesteckt hatte, ließ Barton die Kugel kurz entschlossen verschrotten und baute eine neue: 2,2 Tonnen schwer und 144 Zentimeter im Durchmesser. Das schaffte die Winde an Bord der *Ready*.

Drei runde Fensteröffnungen von etwa 20 Zentimeter Durchmesser waren angebracht worden; sie sollten mit 7,5 Zentimeter dicken Quarzgläsern verschlossen werden, mit „Brocken aus geschmolzenem Sand, die mich pro Stück 500 Dollar kosteten", wie Barton die Gläser beschrieben hat. Aber Quarz mußte es sein, denn dieses Material läßt Licht aller Wellenlängen gleich gut durch. Doch drei der fünf Quarzfenster zerbrachen schon bei der Montage. Die beiden übrigen bewährten sich gut, und die dritte Öffnung in der Kugel wurde mit einem Stahlklotz verschlossen. Die Kugel sah aus „wie ein riesiger aufgeblasener und leicht schielender Ochsenfrosch", erinnerte sich Barton. Beebe nannte sie „Bathysphäre", das heißt Tiefseekugel. Sie hatte eine Wandstärke von 3,2 bis 3,5 Zentimetern, einige Einrichtungen in ihrem Innern waren geradezu lächerlich primitiv, aber sie war stabil und sicher gebaut. Doch würden die beiden hoch-

gewachsenen Männer in diesem engen Verlies Platz finden, das sie in unbekannte Tiefen bringen sollte?

Am 6. Juni 1930 zieht der Schlepper *Gladisfen* das Mutterschiff *Ready* mit der Tiefseekugel ins offene Wasser vor der Insel Nonsuch. Nach einem zufriedenstellenden Probetauchversuch mit der leeren Kugel besteigen Beebe und Barton die Bathysphäre.

Durch eine 35 Zentimeter breite, kreisrunde Tür müssen sie sich ins Innere der Kugel zwängen und sich dort im Schneidersitz niederlassen. Dann wird mit einem Flaschenzug der über 160 Kilogramm schwere Deckel aufgesetzt und mit zehn Bolzen und Muttern festgeschraubt. Ein Ladebaum bringt die Kugel zu Wasser, der Abstieg kann beginnen.

Beebe und Barton sehen Schaum aus Gischt und Luftblasen über das Quarzglas fließen und bemerken, wie das Licht im Innern der Kapsel sich in ein „angenehmes Grün" verwandelt. Die einzige Verbindung mit der Oberwelt besteht jetzt nur noch über die Telephonleitung; zusammen mit einem Stromkabel für die Scheinwerfer wird sie mit der Stahltrosse ins Wasser gegeben und in bestimmten Abständen mit ihr verbunden, um

Mit dieser Stahlkugel, deren Wände rund dreieinhalb Zentimeter dick waren, ließen die Amerikaner Otis Barton und William Beebe (beide im Bild neben ihrer „Bathysphäre") sich im August 1934 fast einen Kilometer tief in den Ozean hinabsenken. Noch nie waren Menschen vor ihnen so tief in den Meeresraum vorgestoßen, noch nie hatten Menschen die Lebewesen der Tiefsee aus solcher Nähe beobachten können. Die Versuche mit der Bathysphäre markieren den Beginn der modernen Tiefseeforschung.

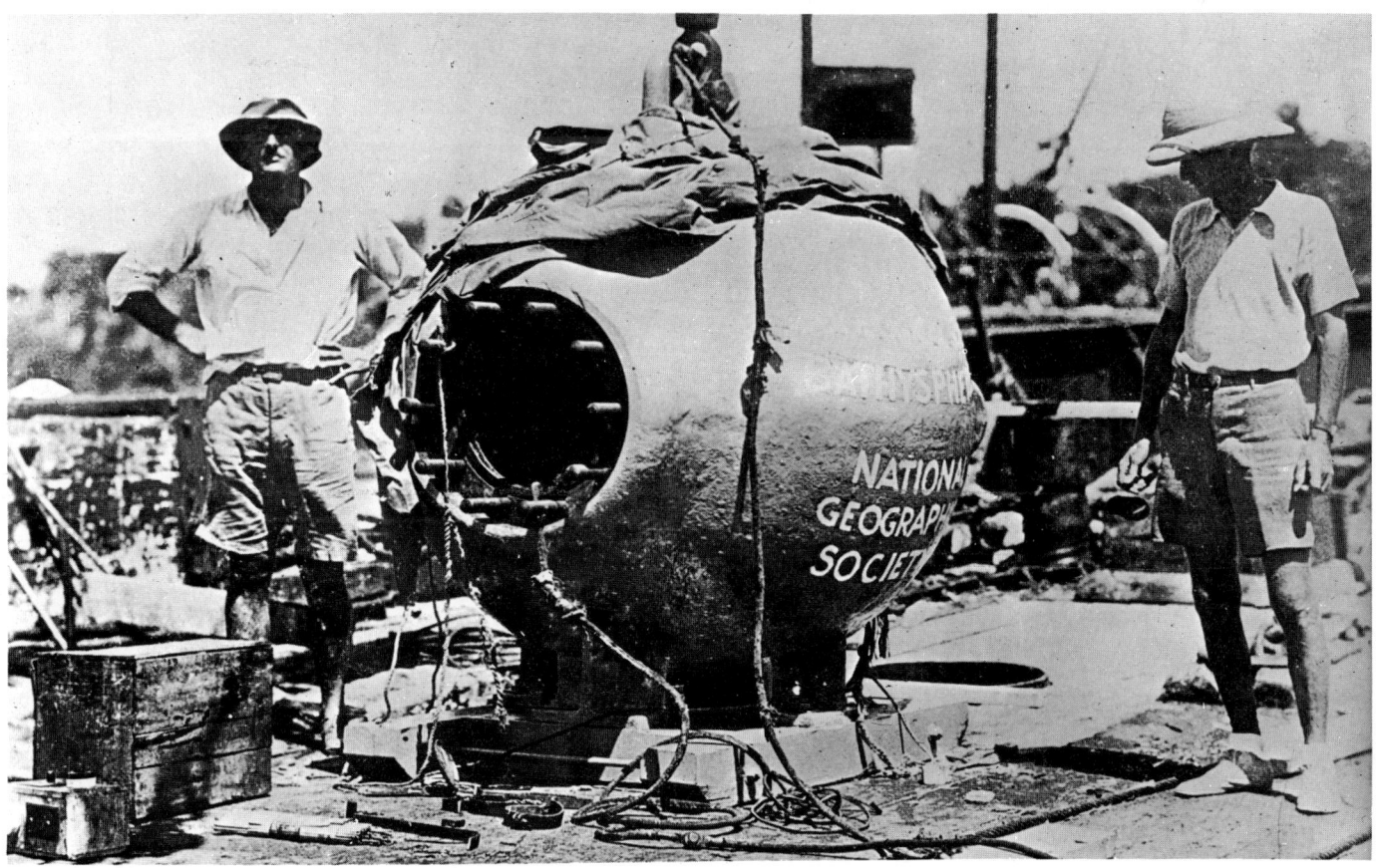

ein Reißen oder Verdrehen zu vermeiden. Ab 60 Meter beginnt das Grün des Wassers langsam in Blau zu verdämmern; scheinbar aufwärts ziehende, winzige Planktonorganismen verraten den Insassen der Kugel, daß sie immer tiefer ins Meer hinabsinken. „Von diesem Augenblick an vernachlässigten wir alle Sinne außer dem Gesicht. Wir wurden wie die Tiefseekugel selbst zu zwei riesigen Augen und schauten in eine Welt hinaus, die, kaum verändert, unzählige Jahrhunderte überstanden hatte", so beschreibt später ein anderer Taucher dieses Erlebnis.

Leise zischend strömt der Sauerstoff aus einer der beiden Stahlflaschen, deren Inhalt acht Stunden lang reichen soll; zwei Liter in jeder Minute genügen für die beiden Piloten. Gefährlich kann das ausgeatmete Kohlendioxid werden. Auf einem kleinen Drahtgestell im oberen Teil der Kugel steht deshalb eine Schale mit Natronkalk, der das Gas aufnimmt. Gegenüber befindet sich eine gleiche, mit Kalziumchlorid gefüllte Schale. Ihr Inhalt soll die Feuchtigkeit der Luft binden. Mit einem Palmzweig wedelnd, mischt Barton von Zeit zu Zeit die Luft in dem engen Raum.

Bei 90 Metern alarmiert er Beebe: Durch die Tür dringt ein schwaches Rinnsal in die Kapsel, ein halber Liter Wasser ist schon eingedrungen und bedeckt den tiefsten Teil der Kugel. Aber Beebe bleibt gelassen; telephonisch bittet er die Helfer auf der *Ready*, die Kugel schneller sinken zu lassen. Er hofft, daß die Tür durch den höheren Wasserdruck fester gegen die Kugel gepreßt wird und das Leck verschließt. In der Tat versiegt der Wasserstrom bei 120 Metern. Jetzt ist das Licht in ein geheimnisvolles Blau übergegangen.

200 Meter. Es wird immer dunkler, blauer, tiefblau. „Nur Tote sind tiefer gesunken", flüstert Beebe. Da plötzlich sprühen und spritzen Funken aus dem Lichtschalter. Es knistert beängstigend, doch bevor das Metall weiter verschmort, hat ein beherztes Umlegen des Schalterhebels den Zwischenfall behoben. Der Schreck vergeht. Bei 240 Meter Tiefe endet die erste Tauchfahrt schließlich. Die stählerne Kugel wird nach oben gehievt.

Aber schon ein weiterer Versuch führt in größere Tiefen. Bei 300 Metern wird das letzte Licht zu einem tintigen Dunkelblau. Nun schlägt die Tierwelt beide Beobachter in ihren Bann. Bleiche, schwarzgestreifte Lotsenfische passieren die Kugel, Schirm- und Staatsquallen treiben vorbei, „zart wie Spitzen", und Ruderschnecken, eingehüllt in eine hauchzarte Schale, flattern im Wasser wie Schmetterlinge. Beebe sieht Rundmäuler, Laternenfische und silbrige Bronzeaale vorbeischwimmen, Fische, die er bisher nur tot von Netzfängen her kennt. Saphirkrebschen, durchsichtige Garnelen geraten ins Blickfeld, Tintenfische und milchweiße Pfeilwürmer. Und nun, als es noch dunkler wird, als er weit hineingetaucht ist in die Tiefsee und inmitten ihrer Bewohner weilt, entdeckt er ihr großes Geheimnis: Es funkelt und

blitzt in hellen und farbigen Lichtern und Leuchtzeichen — Signale, mit denen die Bewohner dieses Lebensbereiches einander erkennen, locken oder warnen.

Noch nie hatte ein Mensch dieses Leben und seine erstaunlichen Erscheinungen direkt beobachtet. Beebe ist fasziniert; vor allem die große Anzahl der leuchtenden Tiere und ihre Pracht überraschen ihn aufs höchste. Laternenfische, die er grau und bleich in den Netzen an Deck hatte sterben sehen — hier findet er sie wieder in ihrem Element, glühend und funkelnd in der Pracht ihres leuchtenden Panzerschmucks. Er bittet Barton ans Fenster, und der ist ebenfalls überwältigt.

Ununterbrochen diktiert Beebe seine Beobachtungen über Telephon nach oben, wo seine Assistentin, Miß Hollister, an Deck der *Ready* schreibt, skizziert, notiert, was unaufhörlich aus dem Kopfhörer tönt. Beebe ist später erstaunt über die Fülle seiner Meldungen und noch mehr über die Begeisterung, die aus seinen Worten spricht.

Bei 320 Metern sieht er eine Reihe leuchtender farbiger Punkte, die sich langsam voranbewegen oder ruckweise vorüberzucken, im gleichen Takt und doch unabhängig. Er schaltet den Scheinwerfer ein, und im goldgelben Lichtstrahl erblickt er einen Schwarm zwei bis fünf Zentimeter langer goldener und silbriger Fischchen, die jetzt im Licht aufblitzen wie Rauschgold.

Bei 365 Meter entdeckt Beebe einen goldschwänzigen Schlangendrachen (Idiacanthus), einen Fisch, der an die 300 Leuchtorgane besitzt. Offensichtlich ist das Wasser in dieser Tiefe so kalt, daß die Quarzglasscheibe innen mit Feuchtigkeit beschlägt. So bindet sich Beebe ein Taschentuch dicht unter den Augen vors Gesicht. Und schon entdeckt er Neues. In einer Tiefe von 400 Metern blitzt es überall im Wasser, rundum funkeln Lichtpünktchen — das sind Ruderfüßer, winzige Planktontiere.

435 Meter: „Ich hockte da, Mund und Nase mit dem Taschentuch verstopft, die Stirn dicht ans kalte Glas gepreßt, das ein Stückchen der alten Erde war und so verläßlich 9 Tonnen Wasser von meinem Gesicht fernhielt... Ich werde nie mehr dieses Gefühl gänzlicher Abgeschnittenheit von der Oberfläche des Planeten Erde erleben, wie ich es verspürte, als ich zum erstenmal in einer hohlen Erbse an einem pendelnden Spinnwebfaden 400 Meter unter dem Deck eines mitten auf dem Weltmeer schaukelnden Schiffes baumelte...

Unter einem Druck, der — entfesselt — im Bruchteil einer Sekunde formloses Gewebe aus unseren Leibern machen mußte, saßen wir ganz seelenruhig da, atmeten die selbstbereitete Luft und jagten ein paar beruhigende Worte eine Kabellänge hinauf und hinunter — und mir war das Glück beschieden, hinauszuspähen und leibhaftig jene Lebewesen zu schauen, die sich in der Schwärze dieser blauen Mitternacht entwickelt hatten, der seit der Geburt des Meeres kein Morgen gefolgt war... Ich kam mir vor wie ein unendlich kleines Stäubchen, das im grenzenlosen Raum schwebt."

Zu den erstaunlichen Erscheinungen, die William Beebe und Otis Barton bei ihren Tauchfahrten in den dreißiger Jahren beobachten konnten, gehörten die zahllosen leuchtenden Tiefseetiere. Wie dieser Laternenfisch (etwa natürliche Größe) sind die meisten Geschöpfe der Tiefsee mit Leuchtorganen übersät. In ihrem dunklen Reich tragen sie ihr eigenes Licht mit sich.

Die 435-Meter-Marke ist der Endpunkt dieses Tauchunternehmens. Jetzt bittet Beebe Miß Hollister, die Kugel wieder hochziehen zu lassen. Auch während des Aufstiegs beobachtet Beebe fasziniert die leuchtenden Lebewesen, die die Kugel aufstört. Über 25 Mann sind unterdessen an Deck damit beschäftigt, die Bathysphäre richtig zu bedienen. Wehe, wenn das Stahlseil risse! Die Kugel fiele in die ewige Tiefe, wo der gewaltige Druck sie sicher zu einem einzigen formlosen Eisenklumpen zerquetschen würde.

Nach 43 Minuten durchbricht die Kugel den Wasserspiegel. „Das Emporkommen und das Durchbrechen der Wasseroberfläche war wie das Anstoßen an eine harte Decke; unwillkürlich duckte ich mich vor dem Stoß, aber es folgte nur ein Gequirl von Schaum und Luftblasen — und das übrige war dann Himmel!" erzählt Beebe später. Die Bathysphäre wird an Deck gehievt und die runde Stahltür langsam aufgeschraubt. Sie fällt ab, und jetzt erst merken die Insassen, daß sie lange in der Kälte auf dem nassen Eisen gesessen haben: Nur allmählich lösen sich ihre Glieder aus der Starre. Steif kriechen die Männer durch die enge Öffnung in den wärmenden Sonnenschein. Beebe hatte nicht bemerkt, daß er von seinem Kissen in einen Tümpel schmierigen Wassers am Grunde der Kugel gerutscht war und auf kaltem Stahl und Werkzeug gehockt hatte: „Noch tagelang trug ich den deutlichen Abdruck eines Universalschraubenschlüs-

sels mit mir herum!" So sehr hatten ihn die Lebewesen der Tiefsee gefangen...

Immer blieben diese Tauchunternehmen gefährlich. Einmal wurde ein vier Meter langes Stück des 2,5 Zentimeter dicken Telephon- und Stromkabels vom ungeheuren Wasserdruck durch die Stopfbüchse — das ist der Durchlaß für das Kabel, ein stets gefährdeter Punkt der ganzen Konstruktion — in die Kugel gepreßt. Wie ein langer Krakenarm ringelte sich das Kabel in der Kugel. Ein Glück, daß es sich schnell wieder verfing; es hätte in kürzester Zeit den spärlichen Innenraum ausgefüllt und die Insassen erdrückt!

Und dauernd bestand die Gefahr eines Seilrisses. Diese Gefahr ist deshalb besonders groß, weil die Kugel auf Grund der Elastizität des Stahlseils mehr oder weniger starke Auf- und Abschwingungen ausführt und andererseits das Trägerschiff von den Wellen gehoben oder gesenkt wird und dabei jedesmal an Seil und Kugel zerrt. Wenn diese beiden Schwingungen gegensinnig verlaufen und aufeinandertreffen, kommt es zu den gefürchteten „Peitschenhieben", bei denen sich das Seil plötzlich mit einem Ruck aufs äußerste spannt. Ist der Zug zu stark, zerreißt es knallend, und die Kugel ist mitsamt den beiden Beobachtern verloren.

Beebe und Barton spürten oft ein Gefühl von Einsamkeit und Verlorenheit in der unbegrenzten Weite

Diese Farbaufnahme von ALUMINAUT, dem ersten größeren amerikanischen wissenschaftlichen Tauchschiff, zeigt deutlich, was William Beebe vor rund vierzig Jahren feststellte: daß nämlich Rot in bestimmten Tiefen eine ideale Tarnfarbe ist. Die in einem kräftigen, lebhaften Rot gestrichene ALUMINAUT wird schon unterhalb der 20-Meter-Grenze zu einem mit der Umgebung verschwimmenden Schemen. Viele Tiere der Tiefsee sind deshalb aus Tarnungsgründen rot gefärbt.

des Meeres, wenn sie in ihrer winzigen Kugel am Ende des Stahlfadens saßen und ins dunkle Wasser hinausblickten. Beebe schrieb über diese Empfindungen: „Ich habe die Hitze geschmolzenen, glühenden Gesteins, das dem Herzen unserer Erde entquoll, gesehen und gefühlt; ich bin fünfeinhalb Kilometer den Himalaja hinaufgeklettert und habe im Flugzeug noch höher in den Lüften geschwebt; aber nirgends habe ich mich so vollständig einsam gefühlt wie in dieser Tiefseekugel, in der Schwärze der Meerestiefe. Ich empfand das ewiggleiche Alter meiner Umgebung; wir kamen uns vor wie ungeborene Keimlinge mit ungezählten erdgeschichtlichen Zeitaltern vor uns, ehe wir einmal auftauchen sollten, um unsere kleine Rolle in dem unwichtigen Hin und Her von ein paar Augenblicken Menschheitsgeschichte zu spielen."

Zu den gewagtesten Versuchen Beebes gehörte eine Tauchtechnik, die er in Anlehnung an die Fliegerei „Konturentauchen" genannt hatte. Dabei ließ er sich in der Nähe der riffreichen Küste dicht über den Boden ziehen, um Beobachtungen anzustellen. Tauchte eine Riffwand vor ihm auf, gab er das Kommando zum Hoch-

ziehen, und die Kugel hüpfte über das Hindernis. Wenn der Befehl einmal zu spät gekommen oder zu langsam ausgeführt worden wäre, hätte die Kugel sich im gezackten Riff verfangen, oder das Seil wäre durchgescheuert worden, und oft ist Beebe mit knapper Not einem solchen Unglück entronnen. Aber auf diese Weise war es ihm gelungen, bis in 100 Meter Tiefe den Meeresboden genauer zu untersuchen. Der sonst immer gelassene Beebe war bei diesen Unternehmungen besonders vorsichtig; er wußte genau, was ihm oben drohen konnte: „Die ständige Gefahr, an einer herausragenden Klippe aufgehängt und abgezwackt zu werden, verbietet ein blindes Drauflosstürmen. Bei ruhiger See dürfte es dereinst möglich sein, das bermudische Inselschelf ganz planmäßig zu vermessen."

Ihre tiefste Tauchfahrt wagten Beebe und Barton am 15. August 1934 etwas südöstlich der Nonsuch-Insel: 923 Meter tief hingen beide am Stahlfaden in ihrer Eisenkugel! Dabei sahen sie in 640 Meter Tiefe zwei stattliche Fische und bei 762 Meter einen 6 Meter langen Riesenfisch. Noch in 884 Meter Tiefe — in einer Region, in der nach Ansicht der meisten Zoologen wegen des

Nahrungsmangels im allgemeinen nur die kleinen Tiere der sogenannten „Liliputfauna" zu Hause sein konnten – fanden sie einen Fisch von fast einem Meter Länge.

Dabei muß man im Wasser beim Abschätzen der tatsächlichen Länge von Tieren sehr vorsichtig sein. Denn die Lichtstrahlen werden, wenn sie aus dem Wasser heraus durch das Quarzglas in die Atmosphäre der Tauchkugel eintreten, so abgelenkt, daß alle Lebewesen, die draußen vorbeischwimmen, viel größer erscheinen, als sie in Wirklichkeit sind. Ein zwei Meter langer Hai kann dann optisch auf fast drei Meter wachsen.

William Beebe entdeckte eine Fülle aufregender biologischer Tatsachen, von den vielen technischen Erfahrungen ganz abgesehen. Er stellte zum Beispiel fest, daß die Tiefsee, zumal in den oberen Bereichen, viel dichter bevölkert ist, als die vorangegangenen Netzfänge hatten erwarten lassen.

Die direkte Beobachtung der Tiefseeorganismen enthüllte, wie zahlreich leuchtende Arten in diesen Lebenszonen sind, und Beebe erkannte nach gründlichem Studium der Beleuchtungsverhältnisse unter Wasser auch, daß viele Meerestiere aus einem ganz bestimmten Grund kräftig rot gefärbt sind: Diese an Land so auffällige Farbe wird schon bei 20 Meter Wassertiefe zu einem tiefen Schwarz und damit zu einer hervorragenden Tarnung, weil das Wasser die roten Farbanteile des Sonnenlichtes dort fast ganz verschluckt hat. Viele Tiefseetiere, manchmal sogar ihre Eier, tragen also gleichsam eine „rote Tarnkappe".

Nun trifft man aber rote Meeresbewohner auch in Tiefen, in die überhaupt kein Licht mehr eindringt. Wozu also dort die rote Farbe? Sie hängt mit den Wanderungen an die Oberfläche zusammen, die viele Bewohner der Tiefsee nachts unternehmen. Oben wartet ein üppiges Mahl auf sie: Myriaden kleiner, grüner, einzelliger Algen haben dort tagsüber im Sonnenlicht Nahrung bereitet und den Tisch gedeckt. Im Wasser aber kann man sich nicht verstecken, Räuber lauern überall. Deshalb halten sich viele Meerestiere am Tage in tieferen Regionen auf und streben erst in der Dämmerung zur „Weide" an der Oberfläche, dem Blick ihrer Feinde entzogen durch ihre rote Tarnkappe.

Bevor Beebe als erster Mensch in die lichtlosen Zonen des Meeres hinabgetaucht war, hatten sich die Meeresforscher immer wieder gefragt, warum viele Tiefseetiere

Die Eroberung der Meerestiefen durch den Menschen: Der Freitaucher mit Schnorchel kann sich höchstens 30 Meter tief wagen. Der Gerätetaucher bringt es auf rund 100 Meter Tiefe, der Helm- oder Panzertaucher auf rund 200 Meter. Bartons Bathysphäre erreichte 1372 Meter, das moderne Tauchschiff ALVIN 1800 Meter Wassertiefe. ALUMINAUT ist für Tauchtiefen bis 5000 Meter konstruiert, am tiefsten aber kann der Bathyscaph vom Typ TRIESTE in den Meeresraum vordringen: Seine Reichweite beträgt rund 11 Kilometer.

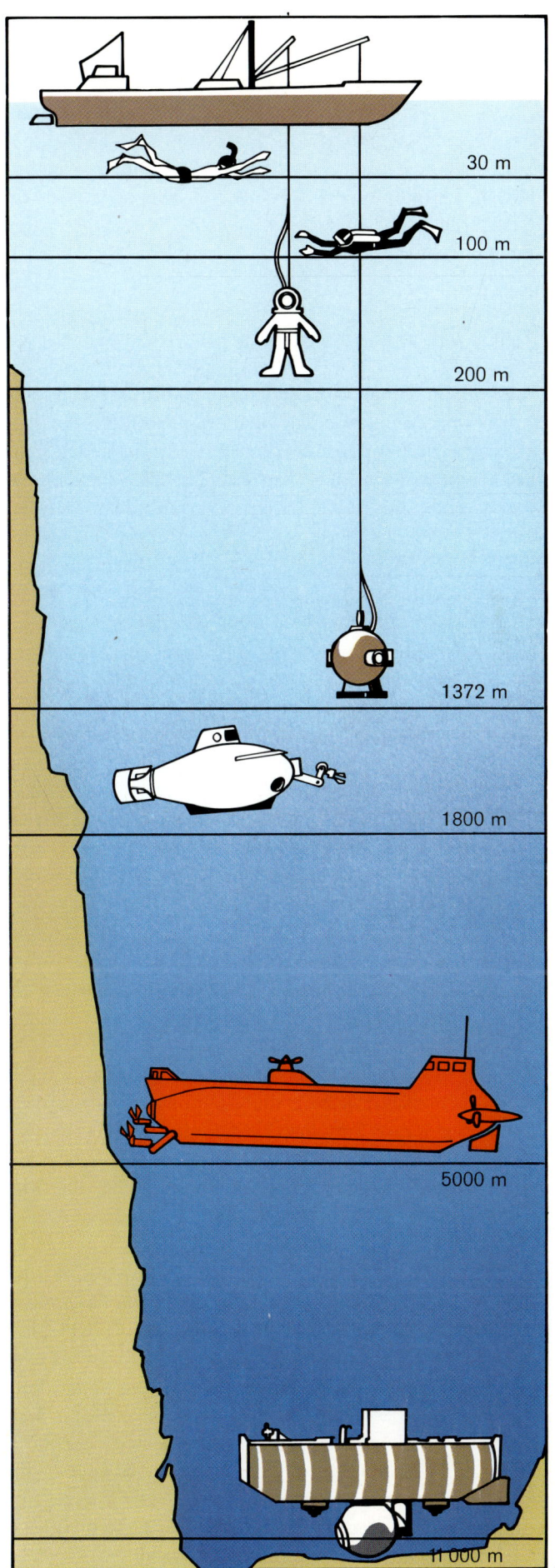

30 m
100 m
200 m
1372 m
1800 m
5000 m
11 000 m

gut ausgebildete und offenbar sehr sehtüchtige Augen besitzen. Wozu Augen, wenn es dort unten doch nicht den geringsten Lichtschimmer gibt?

Beebe bestätigte, was viele vor ihm nur vermutet oder behauptet hatten: Die Bewohner der Tiefsee besitzen eigene Lichtquellen, die sie füreinander sichtbar machen. Unterhalb der 600-Meter-Grenze ist dieses von den Tieren selbst erzeugte Leuchten die einzige Lichtquelle in ewiger Finsternis.

Der Tiefsee-Zeppelin

Einer der größten Nachteile der Tiefseekugel von Otis Barton war ihre Schwerfälligkeit. Beebe mußte die Anweisungen zu jeder gewünschten Positionsänderung über sein Telephon nach oben zum Trägerschiff geben, wo sie vom Kapitän nur mit Verzögerung ausgeführt werden konnten. Viel zweckmäßiger wäre es gewesen, wenn Beebe seine Bathysphäre selbst hätte lenken können, aber dann hätte er auch das Trägerschiff mit in die Tiefe nehmen müssen. Denn die dick gepanzerte Tauchkugel war so schwer, daß sie unbedingt von einem Schwimmkörper hätte getragen werden müssen, wenn sie ohne Seil tauchen sollte.

Ein solcher Schwimmkörper muß viel leichter sein als Wasser, damit sein Auftrieb ausreicht, die Kugel zum Auftauchen nach oben zu ziehen. Im Prinzip ähnelt diese Anordnung einem Luftschiff: Die gepanzerte, schwere Tauchkugel wird wie eine Gondel vom leichten, luftschiffförmigen Gasraum getragen. Doch hier steht man vor einem neuen Problem: Damit der Schwimmkörper beim Tauchen dem gewaltigen Druck standhält, müßten seine Wände sehr dick sein, und dann wäre er selbst so schwer, daß er samt seiner Kugel unaufhaltsam in die Tiefe sinken würde.

Dieses Problem hat der berühmte Schweizer Physikprofessor Auguste Piccard durch einen genialen Einfall gelöst. Tatsächlich haben die Metallwände eines von ihm konstruierten Schwimmkörpers nur eine Dicke von wenigen Millimetern, so daß ihr Gewicht gering ist, und trotzdem halten sie dem Druck stand und tragen die Kugel bis in die tiefsten Tiefen. Wie ist das möglich?

Professor Piccard hat den Schwimmkörper für die Tauchkugel als dünnwandigen Zeppelin aus Eisenblech konstruiert, der auf der Unterseite mit „Poren" versehen ist. Als Füllung benutzte er Benzin, das beinahe halb so leicht wie Wasser ist und für den nötigen Auftrieb sorgt. Außerdem mischt sich Benzin nicht mit dem Wasser, das bei entsprechender Tiefe durch die „Poren" in den Schwimmkörper eindringt; deshalb wird beim Auftauchen normalerweise auch wieder nur Wasser abgegeben. Die Menge der Flüssigkeit im Innern ist also variabel und hält dem Wasserdruck von außen in jedem Augenblick die Waage. Ein poröser, benzingefüllter und zeppelinförmiger Schwimmkörper, an dem als Gondel die druckfeste Tauchkugel hängt — das ist das Tiefseeboot Professor Piccards: der „Bathyscaph" (Schiff für die Tiefe).

Als erster Bathyscaph wurde die *FNRS-2* („Fonds National de la Recherche Scientifique") in Angriff genommen; *FNRS-1* hatte ein nach ähnlichem Prinzip konstruierter Stratosphärenballon geheißen, mit dem Piccard 1932 in fast 17 000 Meter Höhe aufgestiegen war. Gerade als der Guß der schweren Tauchkugel gelungen war, brach der Zweite Weltkrieg aus. So konnte der Bau der *FNRS-2* erst 1948 beendet werden. Vor der westafrikanischen Küste fand unter Mitwirkung der französischen Marine die erste Erprobung statt.

Die *Scaldis* hatte den Bathyscaph dorthin gebracht. Beim ersten Versuch ließ man die *FNRS-2* unbemannt tauchen; ein Mechanismus, der aus einer Weckeruhr entwickelt worden war, sollte sie eine halbe Stunde später wieder auftauchen lassen. Vor aller Augen — die Mannschaft war vollzählig an Deck erschienen — verschwand der Bathyscaph in den Fluten. „Ich habe während des Krieges viele Schiffe sinken sehen, genauso wie Ihre *FNRS-2* jetzt untergeht", bemerkte der Kapitän der *Scaldis* zu Piccard, mit dem er von der Brücke aus das Manöver beobachtete; „nicht eines davon ist an die Oberfläche zurückgekommen!" Piccard blieb unbeeindruckt, aber unruhig glitten die Blicke der Männer an Deck immer wieder über die Wasseroberfläche. Mit jeder Minute, die der Zeiger auf die 30-Minuten-Grenze vorrückte, wurden die erwartungsvollen Gespräche gedämpfter; dann erstarben sie ganz. Würde der Bathyscaph zurückkehren? Absolute Stille auf der *Scaldis* — und dann ein Schrei: „Da ist er!" Piccard nickte nur. Die *FNRS-2* hatte funktioniert, seine Konstruktion war brauchbar, wie er es erwartet hatte.

Aber nur die Tauchkugel bestand alle folgenden Tests. Der Schwimmkörper bewährte sich weniger gut; er war so leicht konstruiert worden, daß der Bathyscaph nicht geschleppt werden konnte, sondern in einer Halterung auf dem Mutterschiff mitgeführt werden mußte. Die Piloten mußten schon an Bord des Mutterschiffes die Kammer besteigen; dann erst wurde das Fahrzeug ins Wasser gelassen und mit Benzin gefüllt, und der Abstieg konnte beginnen — ein langwieriges und gefährliches Verfahren.

Beim Auftauchen mußten die Beobachter wiederum so lange warten, bis das Benzin herausgepumpt und ihr Fahrzeug an Bord des Mutterschiffes gehievt worden war. Bei schwerem Seegang war das ein gewagtes Manöver, und tatsächlich wurde der Schwimmkörper dabei schließlich zertrümmert.

Doch die französischen Forscher waren von der Aussicht auf erfolgreiche Tauchunternehmen mit Tiefseeschiffen dieser Art begeistert. 1951 gelang es dem unermüdlichen Cousteau, die belgische und die französische Regierung zum Abschluß eines gemeinsamen Vertrages zu bewegen. Danach sollte, mit belgischem Geld und mit französischer technischer und wissenschaftlicher Unterstützung, ein verbesserter Schwimmkörper für die bewährte Tauchkugel der *FNRS-2* gebaut werden. Der neue Bathyscaph erhielt den Namen *FNRS-3*, und Piccard wurde zum Berater des Unternehmens ernannt.

Die französische Marine arbeitete jedoch so gründlich — Piccard nannte es langsam —, daß der Professor ungeduldig wurde und das Angebot einflußreicher Bürger Triests annahm, einen weiteren Bathyscaph auf der dortigen Werft zu bauen. So kam es, daß im Jahre 1952 an zwei verschiedenen Orten zwei verschiedene Tauchboote gebaut wurden, und natürlich gab es gewisse Rivalitäten zwischen beiden Gruppen. Wer würde zuerst fertig sein? Am 3. Juni 1953 stellte die französische Gruppe die *FNRS-3* fertig, aber schon am 1. August hatte auch Piccard die *Trieste* im Wasser. Am 11. August begannen die Tauchversuche. Südlich der Insel Ponza im Golf

von Gaeta vor der italienischen Küste erreichte die *Trieste* bei einem Abstieg eine Tiefe von 3120 Metern.

Inzwischen hatte Georges Houot das Kommando über das französische Forschungsschiff *Elie Monnier* und damit auch über die *FNRS-3* übernommen. Zusammen mit dem Ingenieur Pierre Willm nahm er vor Toulon die ersten Prüfungen vor. Auch er war — wie Beebe und Jacques Piccard, der Sohn von Auguste — einen Meter neunzig groß und hatte Mühe, seinen Körper für den geringen Raum in der Tauchkugel zurechtzufalten. Anschließend schickte man die *FNRS-3* mit einem Frachter nach Dakar vor der afrikanischen Westküste. Dort wagten Houot und Willm am 15. Februar 1954 ihren längsten Tauchversuch. 4050 Meter erreichten sie — tiefer war bis dahin nie ein Mensch gekommen.

Inzwischen hatte Piccard zusammen mit seinem Sohn Jacques, der am Bau der *Trieste* maßgeblich beteiligt war, der amerikanischen „National Science Foundation" den Einsatz seines Tiefseeschiffes angeboten; die Amerikaner zeigten jedoch wenig Interesse, bis Robert S. Dietz, ein

23. Januar 1960: Die tiefste Reise in der Geschichte der Menschheit ist glücklich beendet. Strahlend grüßen Jacques Piccard und Don Walsh nach dem Abstieg in das Challengertief im Marianengraben und nach dem Wiederauftauchen zum Mutterschiff WANDANK herüber. Die TRIESTE hat ihre härteste Probe bestanden — sie hat, nach einer Tauchreise von fast neun Stunden Dauer, in 10 916 Meter Tiefe den Boden des Ozeans berührt.

Wissenschaftler der amerikanischen Marine, Jacques Piccard besuchte und sich von ihm die *Trieste* vorführen ließ. Dietz war von der technischen Ausrüstung der Tauchkugel tief beeindruckt: „Ich kam mir vor, als sei ich in das Werk einer riesigen Schweizer Uhr hineingeraten." Schließlich kaufte das amerikanische ONR (Office of Naval Research, d. h. Forschungsamt der Marine) die *Trieste,* und Jacques Piccard wurde als Pilot unter Vertrag genommen. Der Weg war frei für viele bedeutsame Erkundungsreisen dieses Schiffes. Der *Trieste* war es vorbehalten, die tiefste bekannte Stelle des Weltmeeres zu erreichen.

Für diesen Vorstoß wurde die alte Tauchkugel der *Trieste* durch eine neue ersetzt. Bei Krupp in Essen aus Chrom-Nickel-Molybdän-Stahl geschmiedet, besteht sie aus drei Teilen, die mit Hilfe von sechs Metallbändern zu einer Kugel mit einem Durchmesser von 218 Zentimetern zusammengesetzt wurden. 13,5 Tonnen wiegt die Tauchkammer an Land, immer noch 8 Tonnen im Wasser; die Wandstärke beträgt 12 bis 18 Zentimeter. Für die Fenster konnte weder gewöhnliches Glas noch Quarz verwendet werden, denn beide Materialien wären unter dem hohen Druck zersplittert. Die Konstrukteure entschieden sich für Plexiglas, das selbst bei extremer Belastung noch elastisch bleibt. Diese Fenster wurden stark konisch zugeschliffen; ihr Außendurchmesser betrug 40 Zentimeter, der Innendurchmesser nur 6 Zentimeter. So paßten sie haargenau in die kegelförmigen Öffnungen, die direkt in die Kugel eingefräst worden waren, und der Druck der Tiefe preßte sie nur noch fester in ihre Lager.

194 Zentimeter beträgt der Innendurchmesser der Tauchkugel, das sind 57 Zentimeter mehr als in Beebes Bathysphäre. Trotzdem bleibt wenig Platz für die beiden Piloten, denn Film- und Photokameras, ein Unterwassertelephon, Schalter für die Motoren, für die Scheinwerfer und andere Geräte beanspruchen einen großen Teil des Kabinenraumes.

Wer einen Bathyscaph in die Tiefe und wieder an die Oberfläche steuern will, braucht eine Menge physikalischer Kenntnisse. Wenn das Boot unter die Wasseroberfläche taucht, wird seine Sinkgeschwindigkeit immer größer, weil Benzin stärker zusammendrückbar ist als Wasser und dadurch schwerer wird, je mehr der Druck zunimmt. Außerdem tritt Wasser in die Benzintanks ein. Die niedrige Temperatur in den unteren Wasserschichten beschleunigt diesen Vorgang noch. In 11 000 Meter Tiefe hat die Dichte des Wassers um 5,3 Prozent, die des Benzins um 13 Prozent zugenommen. Um dem immer schnelleren Sinken entgegenzuwirken, wird zum „Bremsen" alle 900 Meter 1 Tonne Eisenschrot abgegeben. Während der Rückkehr nach oben verlaufen diese Vorgänge umgekehrt: Der Aufstieg wird schneller, je näher das Tauchboot an die Wasseroberfläche kommt. Jetzt muß man durch Benzinabgabe bremsen.

Schwierig wird es, wenn sich der Bathyscaph dem Meeresgrund nähert; auf keinen Fall darf er hart aufsetzen oder tief in den Bodenschlamm einsinken. Um weich zu landen oder um sich einige Meter über dem Meeresboden zu halten, trägt das Boot eine Führungskette, die wie das Schleppseil eines Freiballons arbeitet. Sie wiegt etwa 150 Kilogramm und hängt 10 Meter lang herab. Berührt sie den Meeresgrund, so wird das Schiff um das Gewicht jedes Kettengliedes leichter, das bereits aufliegt — und die Tiefseefahrt wird langsam abgebremst. Damit kein Unglück geschieht, falls sich die Kette einmal an Steinen verfangen sollte, ist sie über einen Elektromagneten mit dem Boot verbunden und kann durch einen Hebeldruck abgeworfen werden.

Manchmal gerät der Bathyscaph beim Tauchen aus einer warmen Wasserschicht in eine kältere. Da die kältere Schicht schwerer und damit dichter ist als die wärmere, schwimmt der Bathyscaph auf der kalten Schicht und sinkt nicht weiter. Nun muß der Pilot in der Tauchkugel entweder Benzin ablassen, damit das Boot schwerer wird, oder er muß abwarten, bis sich das Benzin so weit abgekühlt hat, daß durch seine Volumenverringerung mehr Wasser in den Schwimmkörper eindringt. Außerdem muß der Pilot wissen, daß sich das Benzin beim Tauchen durch den zunehmenden Druck erwärmt, während es beim Aufsteigen allein durch die Ausdehnung kälter und damit schwerer wird. Auch diese Wirkungen müssen sorgfältig durch Abgabe von Ballast oder Benzin ausgeglichen werden. Jeder Fehler kann eine schwere Katastrophe bedeuten.

Unternehmen Nekton

Am 23. Januar 1960 erreichten Jacques Piccard und der amerikanische Marineleutnant Don Walsh mit dem Bathyscaph den Meeresboden an der tiefsten bis dahin bekannten Stelle im Pazifischen Ozean, dem Challengertief im Marianengraben.

Bei heftigem Seegang hatte das Mutterschiff *Wandank* von der Pazifikinsel Guam aus die *Trieste* zur Challenger-Tiefe geschleppt. Noch am Morgen des 23. Januar wurden vom begleitenden Zerstörer *USS Lewis* Sprengladungen gezündet, um durch seismische Lotungen die tiefste Stelle am Tauchort zu ermitteln.

Andreas Rechnitzer, der wissenschaftliche Direktor des Tiefseetauchprojekts „Nekton", stand an Deck des Zerstörers mit umgehängtem Kopfhörer; in der Hand hielt er die Stoppuhr. Das schwere Schiff hob und senkte sich in der unruhigen, schäumenden See. Leutnant Walsh, der Piccard begleiten sollte, wich nicht von Rechnitzers Seite. Gespannt starrten beide auf die Stoppuhr ... Über 800 Tonnen Sprengstoff waren an den vorhergehenden Tagen in kleinen Portionen im Wasser zur Explosion gebracht worden; erwartungsvoll hatten die

Über 140 000 Liter Benzin faßt der gewaltige schiffsförmige Schwimmkörper des Bathyscaphs TRIESTE, der wie ein Zeppelin im Ozean senkrecht auf- und absteigen kann. Raum für Menschen bietet nur die kleine Stahlkugel, die unter dem Schwimmkörper hängt. Sie wiegt 13,3 Tonnen, ihre aus Chrom-Nickel-Molybdän-Stahl bei Krupp in Essen geschmiedeten Wände sind zwischen 12 und 18 Zentimeter dick.

Männer an Bord der *Lewis* die Laufzeit der vom Meeresboden zurückkehrenden Echos gemessen. Je länger sie dauerte, desto besser; denn desto tiefer lag der Grund. Eben hatte „Andy" Rechnitzer wieder auf den Startknopf seiner Stoppuhr gedrückt — der dumpfe Knall im Wasser verebbte. Wann würde das Echo zurückkommen? Der Zeiger sprang von 10 Sekunden auf 11, 12, 13... Da hallte es leise im Kopfhörer. Rechnitzer stoppte die Uhr: 14 Sekunden! Das waren — Salzkonzentration, Schwerkraft, Kompression, Temperatur mit eingerechnet — fast 11 000 Meter! Triumphierend wandte er sich an Leutnant Don Walsh: „Das ist ein Loch für euch. Also los!"

Das „Loch" war ein schmaler Spalt von zwei mal sieben Kilometern innerhalb des Challenger-Tiefs, und ganz genau dorthin mußte die *Trieste* treffen.

Trotz schweren Seegangs faßten Piccard und Walsh den Entschluß, den lange geplanten Tauchversuch endlich zu wagen. Er würde die *Trieste* auf einer Fahrt von 22 Kilometern zum tiefsten Grund des Meeres und wieder zurück führen. Noch tanzte der Bathyscaph auf den hoch gehenden Wogen wie eine leere Kunststoffflasche, und die Insassen der Tauchkugel wurden hin und her geworfen. Unten würde es ruhiger sein...

„Mir lag nur eines im Sinn", berichtet Piccard. „So schnell wie möglich in die friedliche Tiefe tauchen. Ich sah auf meine Armbanduhr. Es war jetzt 8.15 Uhr.

Plötzlich hörte um 8.23 Uhr das Schaukeln auf, und die Kugel kam zur Ruhe... Wir waren auf dem Weg nach unten. Die große Fahrt hatte begonnen.

Langsam sanken wir bis zu 104 Meter hinunter. Dort wurde der Abstieg um 8.35 Uhr gebremst. Tatsächlich wurden wir langsam sogar um einige Meter gehoben. Das rührte natürlich von der Hauptinversionsschicht her, in der die Temperatur umschlug und das dichtere, kalte Wasser durch Vergrößerung der Tragkraft des Benzins unserem Vordringen Widerstand leistete ... Das übliche Verfahren beim Tauchen war für mich, zu warten, bis sich das Benzin genügend abgekühlt hatte, und dann durch die Sperrzone weiter vorzudringen. Bei dieser Tauchfahrt aber hatten wir keine Zeit zu verlieren, wenn wir vor Einbruch der Nacht wieder an die Oberfläche kommen wollten. Ich öffnete daher das Ventil und ließ etwas Benzin abfließen. Wieder fingen wir an zu sinken – doch nur kurz. Bei 113 Metern wurden wir erneut aufgehalten. Ich öffnete das Benzinventil noch einmal. Bei 128 und 157 Metern wurden wir wiederum von dem hartnäckigen Widerstand der Inversionsschicht zurückgeworfen. Noch nie zuvor war ich bei all meinen 65 Tauchfahrten auf so viele und so starke Temperaturschranken gestoßen.

Wertvolle Zeit wurde vergeudet. Um 9.00 Uhr waren wir lächerliche 244 Meter getaucht ...

Nun begann der Bathyscaph ernstlich zu sinken ... Wir sanken jetzt mit einer Geschwindigkeit von fast 1 Meter pro Sekunde.

9.20 Uhr. Tiefe 731 Meter. Außerhalb völlige Finsternis. Wir blendeten unsere Kabinenlampen so weit ab, daß wir gerade noch unsere Instrumente abzulesen vermochten. Wir wollten unsere Augen an die Dunkelheit gewöhnen, um beobachten zu können. Nun waren wir in die zeitlose Welt ewiger Dunkelheit eingedrungen. Nachdem wir die Inversionsschichten durchstoßen hatten, war die Wassertemperatur unvermittelt gefallen. Die Kälte drang in die Kugel ein. Wir kamen uns vor wie zwei Männer, die man in einen Eisschrank gesperrt hatte.

9.29 Uhr. 1280 Meter.

9.37 Uhr. 1752,6 Meter ...

11.30 Uhr. 8230 Meter, genau nach Fahrplan. Ich hatte bereits sechs Tonnen Ballast abgeworfen, um zu verhüten, daß unsere Abstiegsgeschwindigkeit sich über 90 Zentimeter pro Sekunde beschleunigte. Es wurde Zeit, unsere Geschwindigkeit weiter zu mäßigen und uns darauf vorzubereiten, daß wir uns dem Boden näherten.

11.44 Uhr. 8860 Meter. Jetzt sind wir so tief unter dem Meer, wie der Mount Everest darüber hinausragt.

12.00 Uhr. 9450 Meter. Ich knipste das Echolot an und suchte nach einem Echo, das es auf seiner bis zu 183 Meter geeichten Skala anzeigen konnte. Kein Echo kam zurück; vermutlich lag der Grund noch über 183 Meter entfernt.

12.06 Uhr. 9875 Meter.

10 360 Meter. Noch kein Grund ... 10 670 Meter. Nur Wasser und noch mehr Wasser ... 10 970 Meter.

12.56 Uhr ... Plötzlich sahen wir schwarze Echos auf dem Anzeigegerät erscheinen. ,Es ist da, Jacques. Es sieht aus, als hätten wir ihn gefunden!' Ja, wir hatten endlich den Grund entdeckt, nur 77 Meter unter uns. Während ich durch das Fenster spähte und mich darauf vorbereitete, auf den Boden aufzusetzen, rief Walsh mir die Werte zu, die das Echolot anzeigte: ,66 Meter, das Echo kommt schwach zurück – 59 – 51 – 46 – 44 Meter, nun erhalten wir eine deutliche hübsche Zeichenspur. Wir gehen geradenwegs hinunter. 11 Meter. Wir verlangsamen die Fahrt. Wir könnten jetzt zum Stehen kommen ... Sie sagen, daß Sie ein kleines Tier gesehen haben, möglicherweise eine rote Garnele, etwa 2,5 Zentimeter lang? Wundervoll, wundervoll! 5,5 Meter – Sie können den Grund durch die Luke sehen? Gut – wir haben es geschafft!' ...

Das Manometer zeigte 11 278 Meter Wasserdruck an. Es war jetzt 13.06 Uhr.

Als wir die letzte Strecke zum Grund zurücklegten, erblickte ich etwas Wundervolles. Genau unter uns lag auf dem Boden ein Plattfisch. Er ähnelte einer Seezunge, war etwa 30 Zentimeter lang und 15 Zentimeter breit. Genauso, wie ich ihn sah, erspähten seine zwei runden Augen am Kopfende uns ... Langsam, außerordentlich langsam schwamm dieser Plattfisch davon. Er bewegte sich am Grund entlang, teils im Schlamm, teils im Wasser, und verschwand in der Nacht. Walsh und ich schüttelten einander die Hand.

Walsh betätigte viermal den Summer; das war das vereinbarte Signal ,Wir sind auf dem Grund'. Wir nahmen an, daß wir weit außerhalb des Bereichs lagen, in dem man sich mit der Stimme verständigen konnte. Einfach gewohnheitsmäßig und vielleicht, weil es ihm Spaß machte, ein Selbstgespräch zu führen, rief Walsh über die Sprechleitung: ,Wandank, Wandank. Hier ist *Trieste*. Wir befinden uns auf dem Grund des Challenger-Tiefs bei 6300 Faden. Ende.' Wir waren vollkommen verblüfft, als wie aus dem Nichts gezaubert eine Stimme zu uns hereinklang: ,Trieste, Trieste. Hier ist *Wandank*. Ich höre Sie schwach, aber klar. Wollen Sie Ihre Tiefe wiederholen? Ende.' Walsh gab die Zahl nochmals an. Dann sagten wir: ,Unsere Ankunftszeit an der Oberfläche ist 17.00 Uhr. Ende.' Die Stimme antwortete voll Begeisterung: ,*Trieste*, hier ist *Wandank*. Ich habe verstanden. Sechs – drei – null – null Faden. Ende.'

Die Worte, die wir mit den Freunden getauscht hatten, feuerten uns an; wir machten uns eiligst ans Werk, unsere Beobachtungen durchzuführen.

Als sich die Trübung, die wir beim Landen aufgewirbelt hatten, zu klären begann, erblickte ich eine schöne rote Garnele. Es war keine Zeit zu verlieren. Um 13.26 Uhr schaltete ich den Stromkreis des Elektromagneten 30 Sekunden lang aus und gab 363 Kilogramm Ballast ab. Langsam hob die *Trieste* ihren wuchtigen Rumpf von 120 Tonnen vom Grund hoch. Die 11 Kilometer lange Rückreise zur Welt der Menschen begann.

Die von Jacques Yves Cousteau entworfene „Tauchende Untertasse", offiziell als DS-2 bezeichnet, ist eines der beweglichsten und zugleich eines der frühesten modernen Tiefseefahrzeuge. Es wurde 1957 zum ersten Mal zu Wasser gelassen und hat seitdem in vielen Tauchfahrten der Meeresforschung wertvolle Dienste geleistet.

Während wir hochstiegen, dehnte sich das Benzin im Schwimmkörper aus und preßte das Salzwasser hinaus. Ihrer Last ledig, stieg die *Trieste* immer schneller empor. Unsere Geschwindigkeit erhöhte sich von etwas über 30 Zentimeter pro Sekunde bei 7300 Meter auf eine ‚raketenartige' Schnelligkeit von 90 Zentimeter pro Sekunde.

16.02 Uhr. Tiefe: 3960 Meter. Die Kugel stieg weiter aufwärts. Aus der Nacht wurden wir emporgetragen in die graue Dämmerung, es war genau umgekehrt wie beim Abstieg. Immer schneller jagten wir nach oben, dem Tageslicht entgegen.

Um 16.56 Uhr, fast auf die Minute zur angekündigten Zeit, tauchte die *Trieste* über dem Wasserspiegel auf. Das Schaukeln der Kugel verriet uns, daß wir auf die wogende See zurückgekehrt waren. Unsere 11 Kilometer lange ‚Aufzugsfahrt' war beendet."

Nie wieder ist seitdem ein Mensch so tief getaucht, und wahrscheinlich wird es auch in den nächsten Jahren niemand versuchen. Der Beweis, daß man Tauchapparate auch für die tiefsten Stellen des Meeres bauen kann, ist erbracht, aber die Meeresforschung konzentriert sich heute auf leichter erreichbare Regionen des Meeres. Dennoch blieb auch für die *Trieste* noch manches zu tun.

Trieste sucht Thresher

Am 29. August 1963 tauchte die *Trieste*, geführt von Korvettenkapitän Donald Keach, um einen traurigen Auftrag auszuführen. Als sie nach einer Reihe von Fahrten in die Tiefe wieder an die Oberfläche kam, meldete Keach erschüttert: „Dieses Trümmerfeld da unten können Sie sich nicht vorstellen. Die Bruchstücke und Einzelteile liegen über Hunderte von Metern verstreut."

Die Trümmer in 2560 Meter Tiefe waren die Reste des damals modernsten U-Bootes der Welt, der *USS Thresher*, und die *Trieste* sollte sie suchen.

Die *USS Thresher* war am 9. Juli 1960 vom Stapel gelaufen und am 3. August 1961 in der Marinewerft von Portsmouth (New Hampshire) in Dienst gestellt worden. Sie hatte etwa 180 Millionen DM gekostet, war 83 Meter lang und hatte eine Wasserverdrängung von rund 3700 Tonnen. Dieses atomgetriebene Unterseeboot fuhr so schnell wie kein anderes zuvor und konnte lautlos in die Tiefe absteigen. Mit 85 Stundenkilometer Geschwindigkeit raste das Schiff durchs Wasser — das sind fast 24 Meter in der Sekunde. Seine Tauchtiefe betrug vermutlich vierhundert Meter, und hochwirksame Sonargeräte waren am stumpfen Vorschiff installiert worden, das auf diese Weise zur akustischen Spürnase des ganzen Bootes wurde. Denn die *Thresher* sollte feindliche U-Boote aufspüren und mit Raketen vernichten, die wie Torpedos unter Wasser abgefeuert werden, dann aber die Wasseroberfläche durchbrechen und durch die Luft bis ins Zielgebiet fliegen, wo sie wieder eintauchen und das gegnerische U-Boot ansteuern und zerstören.

Die *Thresher* selbst mußte dabei möglichst unentdeckbar bleiben; ihr Rumpf war mit einer schallschluckenden Schicht überzogen worden. Außerdem war das Schiff unglaublich wendig. Überall waren deshalb in den Innenräumen Haltegriffe für die Besatzung angebracht. Jedem Verfolger hätte sich das U-Boot, dessen komplizierte Technik von hundert Mann bedient wurde, hakenschlagend entziehen können.

Nach einem längeren Aufenthalt in der Werft von Portsmouth hatte die *Thresher* am 9. April 1963 den Hafen zu neuen Testfahrten verlassen. 129 Mann, darunter siebzehn Zivilisten, die als Spezialisten beim Probetauchen dabeisein wollten, befanden sich an Bord. 350 Kilometer vor der Küste sollten Tieftauchversuche durchgeführt werden. An einer vereinbarten Stelle war auch die *Skylark* erschienen, ein Rettungs- und Betreuungsschiff für U-Boote, an deren Bord eine Tauchglocke für den Ernstfall bereitlag.

Am frühen Morgen des verhängnisvollen 10. April kam um 6.35 Uhr die *Thresher* noch einmal auf Periskoptiefe an die Wasseroberfläche heran. In diesem Augenblick sah der Kommandant, Korvettenkapitän John W. Harvey, der am Gerät stand, zum letzten Mal das Sonnenlicht.

Um 7.52 Uhr meldete die *Thresher* über das Unterwassertelephon, daß sie eine Tauchtiefe von 120 Metern erreicht hatte. Um 8.35 Uhr kam die Nachricht, daß sich das Schiff hundert Meter über der vereinbarten — aus Gründen der Geheimhaltung nicht bekanntgegebenen — äußersten Tiefenmarke befand. Bis 9.12 Uhr bestand normale Sprechfunkverbindung zwischen der *Skylark* und der *Thresher*. Dann schienen Schwierigkeiten aufzutreten. Eine Anfrage Korvettenkapitän Heckers bei der *Thresher* blieb unbeantwortet. Um 9.17 Uhr hörte Oberleutnant zur See James D. Watson, der als Navigationsoffizier das Telephon bediente, noch eine verstümmelte Meldung der *Thresher* — dann nichts mehr ...

Am frühen Abend erschienen auf der Wasseroberfläche ein großer Ölfleck, Korkstücke, Kunststoffteile, später auch eine verkohlte Kunststoffplatte, rot-gelbe Handschuhe und zwei Kapokfüllungen einer Schwimmweste. Kein Zweifel war mehr möglich — aber auch keine Hoffnung: Das modernste U-Boot der Welt war vom ungeheuren Wasserdruck zerschmettert worden.

Um Aufschluß über den Hergang des Unglücks zu erhalten, wurden sofort Kriegs-, Forschungs- und Spe-

zialschiffe an die Unglücksstätte beordert. Fehlendes Gerät und qualifizierte Techniker und Wissenschaftler aus Woods Hole brachte der Zerstörer *Hazelwood* herbei. Ein Tanker versorgte die stattliche Flotte mit Treibstoff.

Es galt zunächst, die Sinkstelle der *Thresher* genau zu ermitteln. Tiefseekameras wurden bis in zweieinhalb Kilometer Tiefe hinabgelassen, die den Meeresboden systematisch photographierten, und Sonargeräte tasteten den Grund akustisch ab. Das Ergebnis war anfangs entmutigend. Dann gelang das Photo einer Sauerstoffflasche auf dem Meeresgrund, und ein Netz brachte 19 Päckchen mit Neopren-Dichtungsringen an die Oberfläche, die eindeutig von der *Thresher* stammten. Aber weitere Teile des gesunkenen U-Bootes konnten nicht gefunden werden.

Erst der Einsatz der *Trieste* führte weiter. Zwischen dem 23. und 30. Juni ging der Bathyscaph fünfmal in die Tiefe. Am 27. Juni, beim dritten Tauchversuch, sahen Korvettenkapitän Donald Keach und der Wissenschaftler Kenneth Mackenzie, die beide in der Stahlkugel saßen, am Meeresgrund einen gelben Überziehstiefel mit den Kennbuchstaben „SSN-5"; der Schuh war so gefaltet, daß die beiden Männer die Zahl (593) nicht weiter entziffern konnten.

Am 24. August — nach einer Überholung des Tauchbootes — begann eine zweite Serie von Tauchfahrten mit der *Trieste*. Und jetzt, am 29. August, entdeckte Kapitän Keach das Trümmerfeld in 2560 Meter Tiefe ... „Der Meeresboden sah an dieser Stelle aus wie ein Autofriedhof", sagte er später.

Es war gefährlich, inmitten der zerrissenen und gezackten Stahlteile mit der *Trieste* herumzuschwimmen. Der dünnwandige, benzingefüllte Schwimmkörper des Bathyscaphs hätte verletzt werden, die Beobachtungskugel sich im Stahlgewirr verfangen können. Trotzdem gelang es Keach, mit einem Robotgreifarm ein aufgerissenes Messingrohr aus den Trümmern zu lösen und an die Wasseroberfläche zu bringen. „593 Boat" war in dieses Werkstück eingeritzt worden — die Kennummer von *USS Thresher*.

Vor einem Untersuchungsausschuß wurden alle Tatsachen im Zusammenhang mit dem Untergang, das an der Wasseroberfläche geborgene oder von der *Trieste* aus der Tiefe geholte Material und sämtliche Photos der unterseeischen Aufschlagstelle des Schiffes zusammengetragen. Dennoch ergab sich kein klares Bild.

Von Bedeutung waren die letzten Meldungen des verunglückten Schiffes: Um 9.12 Uhr befand sich das U-Boot etwa in 330 bis 350 Meter Tiefe. Kurz darauf, noch vor 9.13 Uhr, kam eine Nachricht nach oben: „Haben geringfügige Schwierigkeiten." Genau um 9.13 Uhr dann: „Anstellwinkel positiv. Versuchen anzublasen." Der erste Teil dieser Meldung besagt, daß der Bug des Bootes nach oben gerichtet ist, so daß das Schiff — sofern die Tiefenruder entsprechend eingestellt sind — schräg nach oben fährt.

Drei moderne Forschungs-U-Boote sehr verschiedener Bauart: Die ALVIN, fast 7 Meter lang, besteht aus einem innenliegenden Druckkörper, in dem 2 Mann Platz finden, und der weißen Fiberglashülle. Sie kann 1800 Meter tief tauchen (Bild oben). Die NEKTON gehört zu einer Reihe von kleineren Tauchschiffen, die vor allem für die Suche nach Bodenschätzen eingesetzt werden (zweites Bild von oben). Das Bild unten zeigt die ASHERAH, eines der ersten Forschungs-U-Boote der USA, bei archäologischen Forschungen vor der türkischen Küste.

Dies aber war anscheinend nicht der Fall, denn sonst hätte der Kommandant nicht in solcher Tiefe versucht, anzublasen, das heißt, das Wasser aus den Tanks zu pressen. Normalerweise geschieht das erst weiter oben bei geringerem Druck, weil in großer Tiefe die Kraft der Preßluft dazu kaum ausreicht.

Als zwei Minuten später keine weitere Durchsage von der *Thresher* bei der *Skylark* eingetroffen ist, fragt Kapitän Hecker um 9.15 Uhr viermal hintereinander bei der *Thresher* an: „Haben Sie das Boot unter Kontrolle?" Keine Antwort. Da kommt, um 9.17 Uhr, eine verstümmelte Nachricht von unten. Sie endet: „. . . üb . . schr . .-ten zulässige Tauchtiefe . . ."

„Dann", sagte Oberleutnant Watson, „hörte ich ein Geräusch, als breche ein Schiff auseinander, dessen wasserdichte Schotten eingedrückt wurden." Und von da an war nichts als Stille.

Fachleute stellen sich den Ablauf des Unglücks etwa so vor: Das Wasserröhrensystem eines modernen U-Bootes ist kilometerlang. Jede Verbindung zweier Rohrteile stellt einen heiklen Punkt dar, auch wenn die Röhren mit Silber statt mit Blei zusammengeschweißt werden. Als sich die *Thresher* der vorgeschriebenen Tiefe näherte — jedes U-Boot ächzt dabei beängstigend, Stahlplatten verschieben sich gegeneinander, metallene Nieten knirschen in ihren Halterungen —, muß etwas gebrochen sein; vielleicht eine Rohrleitung, die Meerwasser zur Kühlung in das Boot führte. Ein solches Leck muß allerdings noch nicht unbedingt verhängnisvoll sein; möglicherweise bezog sich die Meldung: „Haben geringfügige Schwierigkeiten" um 9.12 Uhr auf ein solches Ereignis. Das mit einiger Gewalt sprühende und einströmende Salzwasser hat vermutlich zu einem Kurzschluß in der elektrischen Anlage geführt, und das Schiff machte keine Fahrt mehr. Ohne Antrieb aber beginnt ein modernes U-Boot, das immer ein wenig schwerer gehalten wird als das umgebende Wasser, zu sinken; denn erst bei guter Fahrt führt der Auftrieb, den das aufgestellte Tiefenruder erzeugt, das Boot nach oben.

Jetzt blieb dem Kommandanten nichts anderes übrig, als zu versuchen, durch Anblasen der Tauchtanks Auftrieb zu gewinnen. Aber die Kraft der Preßluft reichte offenbar nicht aus — oder auch diese Anlage funktionierte durch Kurzschluß nicht mehr. Jedenfalls sank das Boot vermutlich tiefer, überschritt dabei die zulässige Tauchtiefe — das würde zur letzten Meldung der *Thresher* passen — und geriet nun unter so großen Druck, daß der Schiffsrumpf irgendwo in der Mitte eingedrückt wurde und aufbrach. Wie Spielzeug mußten Männer und Geräte von der einbrechenden Wasserlawine in Sekundenbruchteilen in die beiden Bootsenden geschleudert worden sein. Das Schiff knickte in der Mitte durch und zerbarst. Trudelnd sanken die zerquetschten Bootshälften in die Tiefe und verstreuten dabei das zerschmetterte Gerät über den Meeresgrund.

Es ist eng in den Innenräumen eines Tiefseebootes. Die Männer, die in ihnen in den Ozean vordringen, müssen oft stundenlang liegend das Fahrzeug steuern, durch winzige Fenster die von starken Scheinwerfern beleuchtete Umgebung beobachten oder mit innengesteuerten Greifern Bodenproben sammeln, Tiere vom Meeresgrund aufpicken oder andere Arbeiten verrichten.

Das kostbare gelbe Ei

Bei einem seiner Tauchausflüge mit der Aqualunge hatte Jacques Yves Cousteau wie so oft jene 70-Meter-Grenze erreicht, die er auch mit diesem Atemgerät unter keinen Umständen überschreiten durfte. Er sah hinunter in die Tiefe des Roten Meeres und entdeckte weit unter sich ein herrliches Riff, das übersät war von Schwämmen, Korallen und Tieren aller Art. Magisch zog diese Welt ihn an, aber er durfte nicht hinunter. Er besann sich...

„Ich stahl mir noch eine Minute, hielt mich an einer weißen Seefeder fest und blickte sehnsüchtig hinunter. Und ich wußte, daß ich mich schon mit diesem Riff verabredet hatte. Ich schwor mir, Arbeitsgeräte zu entwerfen und zu bauen, die mir die tiefer liegenden Bergketten der schweigenden Welt ausliefern würden."

Cousteau hat seinen Schwur gehalten. Von ihm entworfen und in Marseille gebaut, wurde 1957 bei Cassis ein sonderbares Fahrzeug in das Wasser des Golfs von Lyon hinabgelassen: die erste *Tauchende Untertasse*.

Cousteau hat später über die aufregenden Stunden dieses ersten Versuchs berichtet: „Der Rumpf des Fahrzeugs hatte einen Durchmesser von zwei Metern und war einen Meter fünfzig hoch. Es besaß zwei Fenster und eine Einstiegluke. An jenem Tage wollten wir das Gerät unbemannt sechshundert Meter tief hinablassen, und wir hofften, daß es eine Tauchtiefe von neunhundertundfünfzehn Metern überstehen könne. Diese Tiefe hatte Émile Gagnan als die Grenze errechnet, unterhalb derer es vom Druck zermalmt werden würde.

Maurice Léandri ließ sechshundert Meter Kabel von der Winde laufen. Fünfzehn Minuten lang ließen wir den Rumpf unten, dann zogen wir ihn wieder hoch.

Laban beugte sich über den Bug und meldete: ‚Es kommt dreißig Meter unter dem Meeresspiegel in Sicht.' Er runzelte die Stirn. Mistral lag in der Luft, und eine Dünung kam auf, die man an den wechselnden Umlaufgeschwindigkeiten des Windenmotors spüren konnte.

‚Langsamer, Léandri!' rief er und ließ seinen Arm sinken. ‚Halt! Jetzt ist es noch viereinhalb Meter unter Wasser.' Falco kletterte mit einem Kabel und einem Haken die Tauchleiter hinab, an dem er den hängenden Ballast befestigte, damit der Schiffsrumpf leichter war, wenn er an Bord gehievt wurde.

Eine stärkere Welle hob das Deck der *Calypso*. Als sie in das Wellental zurückfiel, wurde das Hebekabel schlaff und sprang von der Rolle. Das Schiff hob sich, und das Kabel riß wie eine Geigensaite. Das lose Ende schnellte zu dem Mann an der Winde zurück. Falco tauchte ins Meer und sah, wie unser kostbares gelbes Ei verschwand. Die See war hier über tausend Meter tief.

Glücklicherweise war Léandri durch das zurückschnellende Kabel nur leicht verletzt worden. Henri Plé schaltete seine Radargeräte ein und bestimmte durch Peilungen unseren genauen Standort. Niedergeschlagen fuhren die Calypsoianer ohne ihr Tiefseeboot nach Hause.

In Marseille richtete man bereits ein Schwesterschiff her, aber jetzt konnten wir kaum mit Schiff 2 weitermachen, ehe wir nicht die zerquetschten Überreste von Nr. 1 heraufgeholt und festgestellt hatten, welcher Teil zuerst nachgegeben hatte. Ich war bereit, die Summe für zwei Schiffe und ein besonderes Kabelschleppnetz zu zahlen, aber zuerst schickte ich Laban mit der *Calypso* hinaus. Er sollte den Suchbooten eine genaue Vermessung eines sechsundzwanzig Quadratkilometer großen Gebietes liefern. Der Mittelpunkt dieses Gebietes war die Stelle unseres Verlustes.

Als Laban seine Echogramme brachte, bemerkte ich auf den Registrierblättern eine dicke schwarze Stelle, gut neun Meter lang — also war unser Fahrzeug nicht zerstört worden, sondern trieb in etwas über tausend Meter Tiefe vor Anker! Wir konnten mit Schiff 2 weiterarbeiten, ohne das andere heraufholen zu müssen. Ich zeigte auf den schwarzen Punkt und sagte zu Laban:

,Chef, eines Tages werden wir mit einem ähnlichen Boot, das noch tiefer tauchen kann, dem unglücklichen Baby einen Besuch abstatten.' "

Das zweite, schon bald nach diesem Unfall fertiggestellte „kostbare gelbe Ei" erregte unter Fachleuten großes Aufsehen, und es bekam gleich mehrere Namen. Wegen seiner Form, die zwei aufeinandergestülpten Tellern ähnelt, nennen die Franzosen es „La soucoupe plongeante" (Tauchende Untertasse). Von „DS-2" sprechen die Amerikaner, was zwar sehr technisch klingt, aber nichts anderes ist als die Abkürzung für „Diving Saucer", also ebenfalls Tauchende Untertasse. Und die Männer, die mit dem Fahrzeug arbeiten, nennen es zärtlich „Denise". Ein amerikanischer Forscher sagte, als er die DS-2 zum ersten Mal sah: „Sie sieht eigentlich aus wie eine Muschel, allerdings wie eine sehr wissenschaftliche Muschel."

Wie enorm beweglich die DS-2 ist, bewies Cousteaus Tauchgefährte Albert Falco schon bei der zweiten großen Versuchsfahrt mit dem Boot: „Falco nahm Fahrt auf und glitt über eine Kante. Er schob den Hebel für den Quecksilberballast nach vorn, und die Untertasse glitt an der Böschung entlang nach unten; sie war um fünfunddreißig Grad nach vorn geneigt und bewegte sich

dicht über dem Grund. In der totalen Finsternis leuchtete im Licht der Positionslampen ein rosa Eberfisch auf, der zurückprallte wie ein Insekt, das im Dunkeln einem Auto begegnet. Wir kamen an Reihen von roten und weißen Würmern vorbei, die vom Grunde aufragten wie Kakteen. Falco setzte seine Düsen stärker in Betrieb, damit wir uns ungefähr einen halben Meter über der Festlandsböschung in der Schwebe halten konnten. Die Untertasse streifte den Grund, und ein paar Schlammklumpen rollten den Abhang hinunter.

Falco war in gehobener Stimmung und beschloß, seine Fähigkeiten als Steuermann der *Tauchenden Untertasse* zu beweisen. Er schaltete die Düsen auf höchste Schubkraft und schwebte direkt auf einen Felspfeiler zu. Mit den Düsen zusammen ließ er auch die Quecksilberpumpe arbeiten. Er übersprang den Pfeiler und glitt auf der anderen Seite wieder in einen schmalen Cañon hinunter. Er sagte: ,Haben Sie bemerkt, wie die DS mehrere Meter, nachdem man eine Wendung gemacht hat, schlingert? Nun, ich habe eine Möglichkeit gefunden, Kurven zu fahren.' Und er schoß auf einen Felsen zu.

Als er fast auf ihm angelangt war, machte er eine Drehung von hundertachtzig Grad: Der Stoßdämpfer am Heck berührte den Felsen und gab uns einen so starken Gegendrall, daß wir uns jetzt auf dem entgegengesetzten Kurs befanden. Falco begann, diesen Billardeffekt für Wendungen im spitzen Winkel auszunutzen. Ich war ganz aufgeregt bei der Vorführung dieses Tricks, den die Fahrer bei Autorennen mit alten Serienwagen anwenden und den ich nun in hundertfünfzig Meter Tiefe erlebte."

Die *Tauchende Untertasse* ist so leicht, daß sie zusammen mit dem Gerät, dem Ballast und der zweiköpfigen Besatzung genausoviel wiegt wie die Wassermenge, die sie verdrängt. Sie kann daher im Wasser schweben, was besonders vorteilhaft für die Arbeit mit der Filmkamera ist. Cousteau hat eine Menge wertvoller Filme drehen können — nicht nur für die Wissenschaftler. Seine beiden Unterwasserfilme „Die schweigende Welt" und „Welt ohne Sonne" haben Millionen von Menschen in der ganzen Welt begeistert.

Die H-Bombe auf dem Meeresgrund

Einige Meilen vor Villaricos, einem kleinen Ort an der spanischen Südostküste, war an einem windigen Januartag des Jahres 1966 der Fischer Francisco Simó Orts auf See, um wie jeden Tag seine Netze auszuwerfen, als er am Himmel plötzlich zwei Fallschirme entdeckte. Über Sprechfunk benachrichtigte er seinen Vetter Alfonso, der in einiger Entfernung auf einem anderen Kutter fischte, und bat ihn, er solle sich um den einen der Fallschirme kümmern, der — anscheinend mit einem Menschen an den Gurten — weit abgetrieben wurde. Francisco selbst steuerte mit voller Kraft auf den zweiten Schirm zu, an dem kein Mensch, sondern eine blanke, große Metallzigarre hing. Aber Francisco kam zu spät. Er sah das Ding aus Metall noch auf die See aufschlagen, doch als er an der Stelle ankam, war es verschwunden. Immerhin nahm der Fischer eine Peilung vor und merkte sich so den ungefähren Ort des Aufschlags, eine Maßnahme, die sich bald als ungeheuer wichtig erweisen sollte.

Das „Ding" nämlich, das Francisco gesehen hatte, war eine amerikanische Wasserstoffbombe gewesen. Am 17. Januar war um 10.22 Uhr ein amerikanischer Atombomber des Strategischen Luftwaffenkommandos SAC beim Auftanken in der Luft mit dem Tankflugzeug zusammengestoßen. Beide Maschinen waren in Flammen aufgegangen, und ein Regen von flüssigem Metall, Wrack- und Einzelteilen, Menschenleibern — und vier Atombomben waren aus einer Feuerkugel von 150 000 Litern entflammten Düsentreibstoffs zur Erde gefallen. Darüber waren an orangefarbenen Fallschirmen die wenigen Besatzungsmitglieder herabgeschwebt, denen ein Absprung noch geglückt war.

Von den vier Atombomben, die sich an Bord der B-52 befunden hatten, fand man drei bald auf spanischem Boden. Sie waren nicht geschärft; die Gefahr einer Explosion bestand nicht. Wo aber war die vierte Bombe geblieben? Francisco Simó Orts wußte, wo sie ungefähr lag; er hatte sie niedergehen sehen. Dennoch kam für die Suche nach dem gefährlichen und kostspieligen „Ding" eine Fläche von 80 Quadratkilometern in Frage, unter der sie auf dem Meeresgrund liegen mußte.

Damit wurde die Suche nach der Wasserstoffbombe zu einer Angelegenheit der Marine. Konteradmiral William S. Guest, der Befehlshaber der US-Seestreitkräfte in Europa, erhielt am 23. Januar den Auftrag, den gefährlichen Sprengkörper im Wasser aufzuspüren und so schnell wie möglich zu bergen.

Man fing an, die Bombe mit Sonargeräten zu suchen. Fünf „akustische Fische", spezielle Schallsonden, wurden über den Meeresgrund gezogen. Aber der Boden war so zerklüftet, daß nach kurzer Zeit zwei der Geräte verlorengegangen waren. So wurden Unterwasserexperten zu Hilfe gerufen, die bei der Suche nach dem verunglückten U-Boot *Thresher* Erfahrungen gesammelt hatten. Ein Forschungsschiff begann, den Meeresboden systematisch zu vermessen.

Bis in vierzig Meter Tiefe konnten Froschmänner eingesetzt werden, die eine Menge verdächtiger Objekte, doch keine H-Bombe fanden. Sie mußte tiefer liegen. Was man brauchte, waren modernste Tauchfahrzeuge, und die Marine schaffte es, rasch eine ganze Flotte solcher Spezialschiffe an die spanische Küste zu bringen: zwei *Deep Jeeps,* kleine U-Boote, die *Perry-Cubmarine,* ein Fahrzeug, das Unterwasserarchäologen der Universität Pennsylvania für ihre Zwecke hatten bauen lassen, das neue Tiefseeforschungsboot *Alvin,* die berühmte

Aluminaut, das erste echte Tiefseeschiff der USA, und schließlich noch ein unbemanntes, ferngesteuertes Suchgerät, das man *Curv* nannte.

Am 14. Februar begann *Alvin* zu tauchen. William Rainnie und Marvin McCamis waren die Piloten; Valente Wilson leitete sie von der Wasseroberfläche aus. Bis auf 540 Meter Tiefe gingen sie am ersten Tag.

Kapitän Art Markel befehligte die *Aluminaut.* Bei einem Tauchversuch blieb sie fast im Schlamm am Meeresboden hängen; aber man entdeckte schon in den ersten Tagen einen großen Teil des B-52-Rumpfes.

Am 1. März fand *Alvin* eine breite Schleifspur im Schlamm, die von einem unterseeischen Hügel abwärts führte. Doch Admiral Guest blieb unbeeindruckt und setzte das Boot am folgenden Tag in einem entfernten Suchgebiet ein.

Aber die Piloten wollten nicht von ihrer Beobachtung lassen. Am 15. März, beim neunzehnten Tauchversuch der *Alvin,* verfolgten sie die Schleifspur bis in 735 Meter Tiefe den ganzen schlammigen Abgrund hinunter — und fanden einen Fallschirm: „Dahin ist diese Stinkbombe also gewandert!"

Sie vermuteten richtig, daß die Bombe in ihren Fallschirm eingewickelt war. Damit der Fundort auf keinen Fall verlorengehen konnte, riefen sie die *Aluminaut* zu Hilfe. Aber noch acht Stunden lang mußte die *Alvin* neben der Bombe Wache halten, bis die Männer durchs Bullauge die *Aluminaut* herankommen sahen. Für die nächsten 22 Stunden würde dieses Schiff die Wache bei dem tödlichen Fundstück übernehmen.

Jetzt konnte die *Alvin* auftauchen. Sie wurde an der Wasseroberfläche darauf vorbereitet, unten am klippenreichen Boden neben der Bombe einen von Jon Lindbergh, dem Sohn des berühmten Flugpioniers Charles Lindbergh, entworfenen Anker am Leitseil eines starken Einholkabels zu befestigen. Das glückte zunächst auch, doch dann brach der Anker.

Eine Woche später versuchte die *Alvin* mit Hilfe eines Spezialgerätes an den Fallschirmtauen Leinen zu befestigen, an denen man die Bombe emporziehen wollte. In zwei Taucheinsätzen gelang es, sechs Leinen zu verknoten, und in der nächsten Nacht sollte die Bombe vom Zerstörer *Mizar* hochgehievt werden. Nachdem die Winde schließlich dreißig Meter aufgespult hatte, schnellte die Leine hoch — die Bombe war abgefallen und erneut verlorengegangen.

Erst am 2. April wurde sie wiederentdeckt, 110 Meter vom ersten Fundort entfernt. Diesmal aber lag sie in 840 Meter Tiefe. Jetzt wurde *Curv* eingesetzt, das über Kabel ferngesteuerte Unterwasserfahrzeug. Am 6. April konnte es mit seinen Robotarmen zwei Seile am Fallschirm befestigen, verfing sich selbst aber so im Fallschirmtuch, daß es unbeweglich geworden war. Beim Versuch, *Curv* freizubekommen, wurden die Leinen irrtümlich zu weit eingeholt. Plötzlich merkte man, daß die

Bombe bereits 120 Meter hoch über dem Meeresboden schwebte — nur an zwei dünnen Nylonseilen befestigt.

Aber nun gab es kein Zurück mehr. Die Bombe wurde am Donnerstag, dem 7. April, kurz vor der Morgendämmerung zwei Stunden lang mit äußerster Vorsicht nach oben gezogen. Als *Curv* samt der Bombe die Wasseroberfläche neben seinem Mutterschiff erreichte, ließ Admiral Guest zunächst die Bombe mit Stahlseilen sichern; dann wurde *Curv* entfernt und der Fallschirm abgeschnitten. Um 8.45 Uhr lag die Wasserstoffbombe an Deck des Mutterschiffes. Admiral Guest, der dieses Unternehmen mit der nächtlichen Suche nach einer Konservendose verglichen hatte, die in einem großen, zerklüfteten Gelände und mit zugehaltenen Augen unternommen werde, konnte nach Washington erfolgreichen Abschluß melden.

Tiefseeschiffe – die erste Generation

Im Unterschied zu den Bathyscaphs wie *Trieste* oder *Alvin,* die aus einem leichten Schwimmkörper und einer gepanzerten Kugel bestehen, ist die *Aluminaut* gewissermaßen ein weiterentwickeltes „normales Unterseeboot"; bei ihr gibt es keine Trennung von Druck- und Schwimm-

körper, sondern sie besteht aus einem einzigen Schiffsrumpf, dessen Tanks geflutet und leer geblasen werden können. Allerdings sind die Tauchtiefen dieser Art von Tiefseebooten beschränkt.

Die Bauweise der *Aluminaut* und mittlerweile hinzugekommener ähnlicher Fahrzeuge macht begreiflich, warum sie nicht die tiefsten Gründe des Meeres erreichen können. Wollte man den Rumpf nämlich druckfest genug machen, würde er viel zu schwer. Außerdem bedürfte es ganz neuer Konstruktionen, um in mehr als 5000 Meter Tiefe Preßluft gegen den Druckwiderstand des Wassers in die Tanks zu blasen.

Verglichen mit den Verhältnissen in Beebes und Bartons Tauchkugel, bietet das Innere der *Aluminaut* beinahe üppigen Komfort: In dem 10 Meter langen und über 2,10 Meter breiten Innenraum können drei Mann Besatzung sich aufhalten, arbeiten und schlafen. Ein Speiseschrank, eine Kaffeemaschine, Trinkwasserbehälter, eine chemische Toilette und andere Einrichtungen stehen ihnen zur Verfügung und erlauben es ihnen, notfalls tagelang unter Wasser zu bleiben. Angetrieben wird die *Aluminaut* von einem Propeller am Heck, der dem Boot eine Höchstgeschwindigkeit von 4,5 Stundenkilometern gibt; zwei Horizontalpropeller unterstützen das Ab- und Auftauchen. Durch zwei kegelstumpfförmige Fenster können die Beobachter hinaussehen. Am Rumpf sind zwei Robotgreifarme montiert, die vom Innern des

So funktioniert ALVIN: Das Boot taucht, indem mehrere Hauptballasttanks, die die innere Druckkugel umgeben, geflutet werden. Der steigende Wasserdruck preßt Öl aus einem Gummibehälter in Metallgefäße; das Schiff verdrängt damit weniger Wasser als bei gefüllten Gummibehältern und sinkt deshalb. Wenn ALVIN wieder aufsteigen soll, wird das Öl in die Gummibehälter zurückgepumpt. Quecksilber und Öl können in einem Röhrensystem hin- und hergepumpt werden und halten das Fahrzeug in der gewünschten Lage; luftgefüllte Kugeln und Plastikschaum sorgen für den Auftrieb.

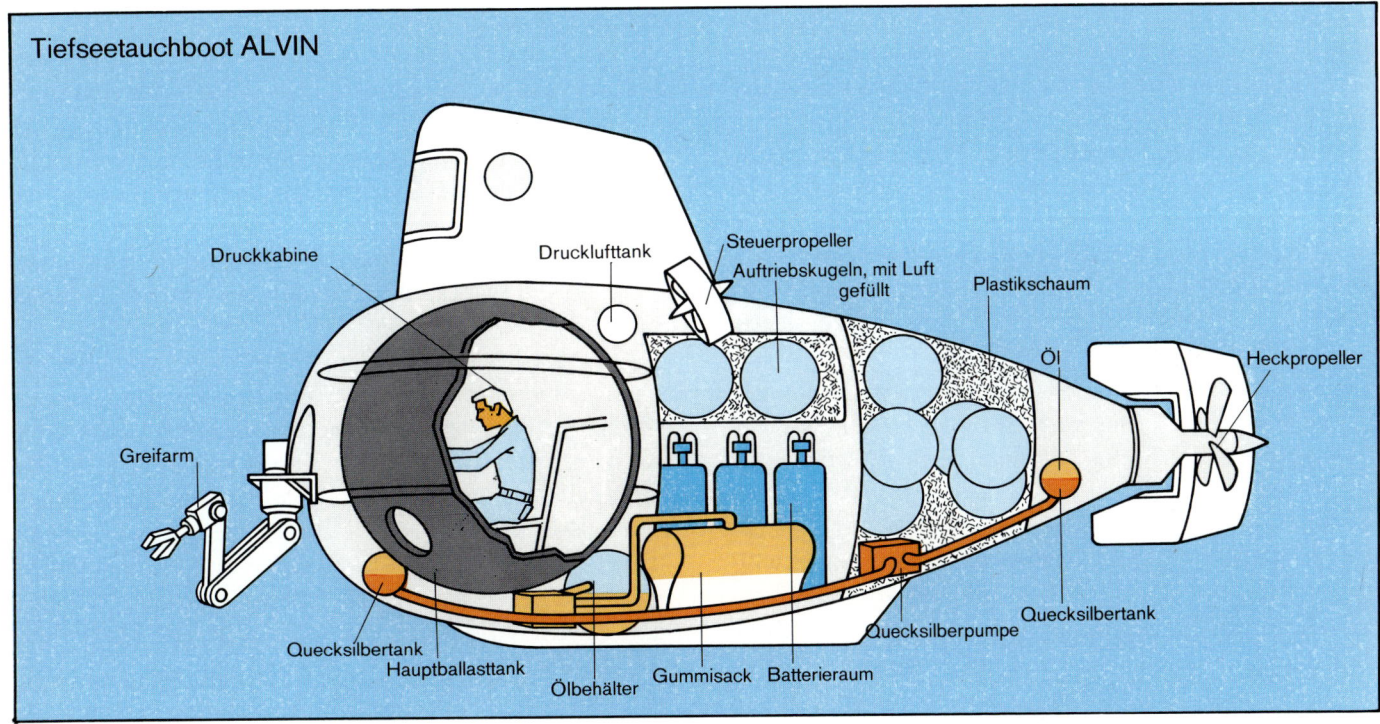

Tiefseetauchboot ALVIN

Druckkabine · Drucklufttank · Steuerpropeller · Auftriebskugeln, mit Luft gefüllt · Plastikschaum · Öl · Heckpropeller · Greifarm · Quecksilbertank · Hauptballasttank · Ölbehälter · Gummisack · Batterieraum · Quecksilberpumpe · Quecksilbertank

Bootes her bedient werden. Wie ein normales U-Boot sinkt die *Aluminaut*, sobald die Tanks geflutet werden. Zum Auftauchen aber läßt der Bootsführer nicht etwa das Wasser wieder ab, sondern er setzt aus einem großen Silo Ballast frei — im besonderen Notfall sogar einen großen, stählernen Ballastbarren, der an der Unterseite befestigt ist; erst an der Wasseroberfläche bläst Preßluft das Wasser aus den Tanks.

Neben *Alvin* und *Aluminaut* war die *Perry-Cubmarine* das dritte Tiefseeboot aus Amerika, das sich an der Suche nach der verlorenen Wasserstoffbombe beteiligte. Die Archäologen der Universität Pennsylvania, die dieses Boot hatten bauen lassen, legen weniger Wert auf große Tauchtiefe als auf Geschwindigkeit. Sie wollen mit einem Boot über den Meeresgrund fahren können und versunkene Altertümer aufspüren, und so erreicht die *Cubmarine* bei der relativ geringen Tauchtiefe von 70 Metern eine Unterwassergeschwindigkeit von 18 Stundenkilometern. Besonders wendig ist die von zwei Schrauben getriebene *Asherah*, ebenfalls ein für archäologische Zwecke konstruiertes Boot, das bis in eine Tiefe von 180 Metern vorstoßen kann. Beide Fahrzeuge sind verhältnismäßig klein (Länge der *Perry-Cubmarine*: 6 Meter; Länge der *Asherah*: 5 Meter) und gedrungen und daher widerstandsfähiger gegen den Wasserdruck als große Boote; ihre Rumpfwände konnten deshalb auch leichter gebaut werden.

Lautlose Tauchfahrt im Golfstrom

Schon Anfang der fünfziger Jahre hatte Professor Auguste Piccard ein Tiefseeschiff geplant, das ungefähr 1500 Meter tief tauchen, leicht gebaut sein und wie ein Hubschrauber durch Propellerantrieb auf- und absteigen sollte. Unter Wasser sollte ein solches Boot in horizontaler Richtung antriebslos und gewissermaßen schwebend von einer Strömung weitergetragen werden.

Im Sommer 1969 wurde dieser Plan durch Piccards Sohn Jacques verwirklicht. Das von ihm entworfene 15 Meter lange Tauchboot *Ben Franklin* trieb von einem Punkt querab von Palm Beach in Florida in einer Tiefe von 200 bis 600 Metern dreißig Tage lang mit dem Golfstrom rund 2400 Kilometer weit, bis etwa auf die Höhe von New York.

Außer Piccard selbst, dem Leiter des Unternehmens, befanden sich noch fünf weitere Leute an Bord, Techniker und Wissenschaftler, darunter auch ein Mann von der NASA, der amerikanischen Raumfahrtbehörde, die in absehbarer Zeit unter anderm ein großes Raumlaboratorium auf eine Umlaufbahn um die Erde bringen will. So hatte sie nun einen Vertreter entsandt, der beobachten sollte, wie Menschen an Bord einer solchen abgeschlossenen Station leben, wie Krankheitskeime sich hier auswirken und was dergleichen Fragen mehr sind.

Das eigentliche Ziel dieses Unternehmens war die Erforschung des Golfstromes, jenes großen „Flusses im Meer" also, der für das Wetter wie für die Schiffahrt, für das Klima ganzer Länder wie für die Ozeanographie und die Fischindustrie von so großer Bedeutung ist. Da die *Ben Franklin* sich relativ zum Wasser nicht bewegte, sondern von ihm mit einer Geschwindigkeit von etwa 3 Kilometern pro Stunde fortgetragen wurde, stellte sie eine ideale Forschungsplattform dar. Schweigend, antriebslos, regungslos gegenüber ihrer Umwelt, glitt sie dahin, und die Tiere näherten sich diesem offenbar ungefährlichen Ding ohne Furcht.

Einmal allerdings wurde das Fahrzeug von einem gut eineinhalb Meter langen Schwertfisch angegriffen — wie vor ihm bereits das amerikanische Tauchboot *Alvin*. Das Tier stürmte, als Piccard gerade hinausblickte, gegen ein Bullauge an und verfehlte es nur um Zentimeter. Dann schwamm es eine Weile bei dem Boot im Kreis herum und kehrte schließlich zu einem Gefährten zurück, der im Hintergrund wartete.

Im übrigen hat die Besatzung des Bootes festgestellt, daß es im Golfstrom nur überraschend wenige Tiere gibt. Vor allem bekam sie auch nicht, wie erhofft, jene berühmte „Tiefenstreuschicht" zu Gesicht, die von Echoloten immer wieder im Meer registriert wird und die aus Plankton, Garnelen, kleinen Fischen, mitunter auch aus Staatsquallen besteht. Des weiteren wurden insgesamt mehr als 5 Millionen Messungen der verschiedensten Art vorgenommen. Der Golfstrom, so erkannte Piccard, ist keineswegs eine einheitliche Strömung, sondern zusammengesetzt aus mehreren unterscheidbaren, wirbelnden, verschlungenen, miteinander kollidierenden Wassermassen, die sich nordwärts wälzen. Auch gibt es innerhalb des Golfstroms Wellen, die eine Länge von 20 bis 35 Metern haben.

Wenn das Tauchboot in einem solchen Gebiet war, machte es diese Bewegungen mit; die Aquanauten mußten dann ständig den Tiefenmesser beobachten, um rechtzeitig die Ballasttanks fluten oder durch Preßluft entleeren zu können, sobald das Boot der Meeresoberfläche oder dem Meeresgrund zu nahe kam. Einmal allerdings geschah es doch: Der Golfstrom drückte das Boot an die Oberfläche, und das Begleitschiff *Privateer* mußte es in die Mitte der Strömung zurückschleppen.

Was die Meereskunde zu leisten vermag, sogar auf einem so speziellen Gebiet wie dem der Unterwassernavigation, das demonstrierte am vierten Tag der Golfstromreise der Ozeanograph Frank Busby. Das Begleitschiff gab wie üblich die erreichte Position durch. Busby warf einen Blick auf die Karte, einen weiteren auf sein Thermometer, das die Wassertemperatur auf ein fünfzigstel Grad genau maß, und behauptete dann: „Die haben sich geirrt. Wir können nicht dort sein. Die Temperatur spricht dagegen." Und tatsächlich, auf eine Rückfrage hin wurde die Positionsangabe korrigiert.

*Mit diesem „Mesoscaph", einem geräumigen Tauchschiff, das in bestimmten Wassertiefen mit der Wasser-
strömung ohne eigenen Antrieb dahinschweben kann, unternahm Jacques Piccard im Sommer 1969 seine
„lautlose Tauchfahrt" im Golfstrom. Das Boot wurde nach dem berühmten amerikanischen Naturforscher und
Staatsmann Benjamin Franklin benannt.*

Häuser auf dem Meeresgrund

Am 14. September 1962 schaukelte auf den leichten
Wellen in der Bucht vor Marseille ein merkwürdiges
Floß. Die *Calypso,* das berühmte französische Forschungsschiff, und die *Espadon* hatten eine Ponton-
barkasse in ihre Mitte genommen und waren mit ihr
vertäut. Um zwölf Uhr verabschiedeten sich zwei mit
Aqualungen ausgerüstete Taucher an Deck dieser
schwimmenden Plattform liebevoll von ihren Angehörigen, als stünde eine längere Trennung bevor; dann stiegen sie über eine Tauchleiter in die Tiefe.

Dem Abschied folgte tatsächlich eine längere Trennung: Zum ersten Mal sollten Taucher eine Woche lang
auf dem Meeresboden wohnen: in einem Unterwasserhaus, das in zehn Meter Tiefe stand. *Précontinent I*
oder *Conshelf I* nannten die Franzosen ihre erste
Unterwasserstation. Wieder lag das Kommando der
Forschergruppe in den Händen des berühmten Kapitäns
Jacques Yves Cousteau, und wieder ging einer seiner
alten Träume in Erfüllung.

Die beiden Taucher Albert Falco und Claude Wesly
fanden ihre ungewöhnliche Behausung schnell. Es war
eine Tonne, in der sie leben sollten wie einst Diogenes
in seinem Faß. Und nach ihm wurde dieser fünf Meter

lange und zweieinhalb Meter hohe Stahlzylinder auch
von Falco benannt.

Aber es war eine sehr ungewöhnliche Tonne. Sie war
über Preßluftschläuche mit einer Station an Land verbunden, von der aus sie ständig mit frischer Luft unter
einem Druck von zwei Atmosphären versorgt wurde.
Auf diese Weise herrschte außen im Wasser und innen
in *Conshelf I* immer der gleiche Druck (im Wasser: 1 at
Luftdruck + 1 at Wasserdruck = 2 at Gesamtdruck).
Der Einstieg auf der Unterseite des Zylinders brauchte
deshalb nicht verschlossen zu werden, da das Wasser ja
nicht eindringen konnte. Durch diese „flüssige Tür" betraten die Taucher die Station, und schon waren sie aus
dem kalten Wasser in die Wärme und Trockenheit ihres
Wigwams gelangt.

Conshelf I war zwar etwas eng, aber recht komfor-
tabel eingerichtet. Infrarotstrahler sorgten für Wärme,
Schaumgummiverkleidungen an den Wänden für Trocken-
heit, Telephon, Plattenspieler, Radio und eine kleine
Bibliothek für Zerstreuung während der „Freizeit". Die
Stirnseite der Wohntonne war zu einer Werkstatt aus-
gebaut worden, und die Taucher konnten sogar eine
Heißwasserdusche benutzen. Das Wasser kam über ein
Plastikrohr von der *Espadon* an der Wasseroberfläche,
während Elektrizität und Luft von einer Landstation

geliefert wurden, denn bei Seegang hätten die Mutterschiffe abgetrieben werden können. Beide Taucher wurden zur Sicherheit bei allen ihren Verrichtungen im *Conshelf* von zwei Fernsehkameras beobachtet und von oben überwacht. Sechzig Mann sorgten für das Wohlergehen der beiden ersten Unterwassermenschen. Fünfzehn Taucher arbeiteten als Kuriere zwischen den Schiffen und *Conshelf;* in Spezialkanistern brachten sie auch das Essen nach unten. Täglich zweimal wurden die Taucher von Ärzten in ihrer Wohnung untersucht. „Diogenes war eine riesige Aqualunge, in die sich Falco und Wesly zum Aufwärmen, zum Essen, zum Schlafen und zur Erholung zurückzogen", sagte Cousteau.

Beide Taucher hatten den Auftrag, täglich etwa fünf Stunden lang in 24 Meter Tiefe zu arbeiten. Sie kamen mit den ungewöhnlichen Verhältnissen außerhalb der Kapsel sehr gut zurecht. Wichtigen Tauch- und Laufstrecken gaben sie originelle Namen, so zum Beispiel dem „Seegurkenweg", den sie häufig zurücklegten. Beide waren glücklich, wie Fische leben und sich wie sie bewe-

Cousteaus „Tauchende Untertasse" bei der Einfahrt in ihre Unterwassergarage. Das kleine Unterwasserhaus, das auch Aquanauten für kurze Zeit Aufenthalt gewähren konnte, gehörte zur Station PRÉCONTINENT II.

gen zu können. Falco schrieb: „Wir fangen an, das Wasser in den Griff zu bekommen ... Es ist das erstemal in meinem zwanzigjährigen Taucherleben, daß ich wirklich Zeit zum Beobachten habe. Das Meer ist von intensivem Leben erfüllt, besonders nachts, wenn die Seepferdchen herumschwimmen, die Anemonen sich entfalten und Krabben und Fische ihre Eier ablegen. Wir haben bereits der Geburt Hunderter von Fischen beigewohnt. Und es gibt Fische, die uns begleiten; es sind seltsamerweise immer dieselben."

Dieser sorglose, glückliche Zustand dauerte jedoch immer nur so lange, wie sich die beiden Aquanauten außerhalb ihrer Unterwasserwohnung befanden. Im Innern ihrer Behausung, zu zweit auf engem Raum, versorgt mit Luft, Licht und Wärme von einer Station weit außerhalb ihrer Reichweite und unter ständiger Beobachtung des „Großen Bruders" an der Wasseroberfläche — in dieser völligen Abhängigkeit von der Oberwelt und dennoch isoliert von ihr geschah das, was man von diesen beiden körperlich und geistig völlig gesunden Männern eigentlich kaum erwartet hatte: Sie „zeigten Nerven".

In Hochstimmung hatten sie ihr Quartier bezogen und mit herausfordernden Grimassen in das elektronische Auge der Fernsehkamera geblickt; vor dem Schlafengehen musizierten sie einträchtig miteinander auf ihren Harmonikas. Doch schon am dritten Morgen sprachen sie kaum miteinander und waren gereizt. Vor allem Falco, der in zahlreichen vorausgegangenen Tauchunternehmen immer einen unerhörten Mut und ruhige Besonnenheit gezeigt hatte, litt unter den Bedingungen dieses Aufenthaltes auf dem Meeresgrund. Er schlief unruhig, stand nachts auf und überprüfte die technischen Einrichtungen in *Conshelf,* als habe er große Angst. Seinem Logbuch hat er anvertraut, wie es um ihn stand:

„Ich hatte seit Jahren nicht geträumt, aber ich machte den Verlust durch einen Alptraum wieder wett, den ich nie vergessen werde. Bedrängnis, Beklemmung, Pein und Panik. Eine Hand würgt mich. Ich muß raus. Ich muß wieder zurück an die Oberfläche. Ich erwache und blicke zum Loch. Alles ist normal. Claude schläft ruhig. Ich gehe wieder ins Bett, aber ich kann nicht schlafen. Ich fühle mich vollkommen verlassen, isoliert und wie in einer Falle.

Wir sind dazu verurteilt, eine Woche unter Wasser zu bleiben. Wir sind nicht von der Oberfläche befreit. Wir können den Stickstoff im Blut nur mit Hilfe von oben loswerden. Ich habe Angst, große Angst.

Um mich zu beruhigen, denke ich an meine Kameraden dort oben. Sie haben jede Vorsichtsmaßnahme getroffen. In diesem Augenblick beobachten sie mich. Ich bin von einer lächerlichen Vorstellung besessen: Was geschieht, wenn der Luftdruck fällt und das Wasser hereinkommt? Mit welchem Tempo wird es kommen? Natürlich wird sich oben in der Kammer immer noch so

*Über das Dach der „Unterwassergarage" hinweg blickt man hier auf PRÉCONTINENT II, die zweite
französische Unterwasserstation, in der im Juni 1963 fünf Aquanauten einen Monat lang in 10 Meter Tiefe
lebten. Von diesem und einem benachbarten Stützpunkt aus drangen mehrere Taucher bis in 110 Meter Tiefe vor.*

viel Luft zusammendrängen, daß wir Zeit haben, unsere Aqualungen umzuschnallen und rauszukommen. Und dann? Wir können nicht direkt zur Oberfläche auftauchen. Wir müssen unten bleiben, bis sie eine Möglichkeit zur Druckentlastung für uns finden.

Das Geräusch, mit dem die Luft ins Wasser entweicht, ist infernalisch, und es ist viel deutlicher als am Tag. Es ist ein unaufhörliches Brodeln von Blasen wie in einem gigantischen Kessel. Oder wie das Geräusch von Kieselsteinen, die bei schlechtem Wetter von der Brandung auf den steinigen Strand geworfen werden. Ich bringe es nicht fertig, mich wieder schlafen zu legen. Claude ist vollkommen weg und völlig blind gegenüber meinen Sorgen."

Mit Recht sagte Cousteau dazu: „Die Tatsache, daß Falco zum erstenmal in seinem Leben das Opfer von Angst, von Alpträumen, von eingebildeten Gefahren geworden war und uns darüber nie eine Andeutung machte, war ein Maßstab für den Mut der Männer."

Nach einem Aufenthalt von einer Woche gelangten Falco und Wesly wohlbehalten wieder an die Oberfläche. Sie hatten bewiesen, daß der Mensch mit Hilfe einer entsprechenden technischen Ausrüstung tagelang am Meeresboden leben und arbeiten kann, auch wenn er während der ganzen Zeit unter doppeltem Luftdruck steht. Er muß nicht einmal besonders trainiert sein.

Der neue Weg für die Eroberung des Kontinentalschelfs war gefunden worden. Die ersten, noch zaghaften Schritte ließen das Ziel deutlicher erkennen. Weitere Versuche und gewagtere Unternehmen würden folgen.

Knapp ein Jahr später war es soweit. Im Juli 1963 fuhr die *Calypso* wohlausgerüstet von Port Sudan zum rund vierzig Kilometer entfernten Riff Sha'ab Rumi im Roten Meer. Fünf Taucher bezogen in zehn Meter Tiefe eine Behausung aus mehreren Zylindern, die mit ihren Stirnseiten an einem Mittelhaus befestigt waren und sternförmig nach außen standen. „Seesternhaus" nannten die Taucher ihre komfortable Wohnung, die offiziell *Précontinent II* oder *Conshelf II* hieß und in der sie einen Monat lang aushalten sollten. In unmittelbarer Nähe stand eine Unterwassergarage für die Tauchende Untertasse *Denise*, mit der zwei Männer jederzeit weite Ausflüge bis in 300 Meter Tiefe unternehmen konnten, um das Riff zu erforschen und Gesteins- und Korallenproben zu sammeln. Am Grund des Riffhanges war in

„Herr, unser SPID ist so klein, und Dein Meer ist so groß", betete der belgische Taucher Robert Stenuit, als er dieses erste, aus Gummi bestehende Unterwasserzelt auf dem Meeresgrund bei den Bahamas betrat

Die Tauchkammern, mit denen die Aquanauten bei Unternehmungen in größerer Tiefe hinabgelassen und wieder an die Oberfläche zurückgeholt werden, sind oft, z. B. bei Haigefahr, sichere Zuflucht für die Taucher

26 Meter Tiefe eine weitere Kabine eingerichtet worden, in der zwei Taucher sieben Tage verbrachten und von der aus sie mehrere Male bis in 110 Meter Tiefe hinabtauchten. Da sie ohnehin ständig unter einem Druck von 3,6 Atmosphären lebten, konnten sie die Rückkehr aus diesem Bereich in ihren Wigwam ohne Gefahr vornehmen; ihre Ausrüstung bestand nur aus einer Aqualunge.

Auch dieses Unternehmen — wiederum von Cousteau geleitet — belohnte die Forscher mit wertvollen neuen Erkenntnissen. So stellte es sich heraus, daß auch solche Menschen, die keine geschulten Taucher waren, gut einige Zeit unter Wasser verbringen konnten.

Ihr sicherlich imponierendstes Tauchunternehmen starteten die Franzosen im September 1965. *Précontinent* oder *Conshelf III* wurde im Mittelmeer in der Höhe von Kap Ferrat in 100 Meter Tiefe errichtet. Drei Wochen lang wohnten sechs Taucher in dieser zweistöckigen, kugeligen Unterwasserstation. Der Druck des Gasgemisches im Kugelhaus betrug 11 Atmosphären — wie der äußere Wasserdruck —, und die Aquanauten schwammen mit ihren Aqualungen täglich zur Arbeit an einer Ölpumpe in 123 Meter Tiefe. Die Rückkehr von dort in die Station war mit einer Druckminderung von 13,3 auf 11 Atmosphären verbunden; das ist nicht schlimmer, als würde ein Taucher aus zwei Meter Tiefe an die Meeresoberfläche zurückkehren. Ganz deutlich zeigt sich ein wichtiger Vorteil der Unterwasserstationen: Ein Taucher kann von ihnen aus größere Tiefen aufsuchen und dann in ihnen ausruhen, ohne mit der gefährlichen Caissonkrankheit rechnen zu müssen.

Fische vor dem Fenster

Während Cousteau und seine Männer am 6. September 1962 die letzten Vorbereitungen für den Start ihres ersten Conshelf-Unternehmens trafen, bestieg — am gleichen Tag und nur rund 150 Kilometer vom Versuchsort der Franzosen bei Marseille entfernt — der belgische Taucher Robert Stenuit unter Wasser eine fast vier Meter lange Aluminiumröhre, die amerikanische Wissenschaftler von Bord der *Sea Diver* vor dem Rivieraort Villefranche ins Mittelmeer gesenkt hatten.

Diese Röhre, in der Stenuit trocken und sicher auf einem Stuhl vor einer kleinen Schreibplatte saß, um auf 70 Meter Tiefe hinabgelassen zu werden, war eine Erfindung des amerikanischen Ozeanforschers Edwin A. Link. Jahrelang hatte Link sich mit der Frage beschäftigt, wie man Taucher in größere Tiefen absenken, sie dort längere Zeit arbeiten lassen und schließlich ohne großen Zeitverlust und ohne Gefahr für ihr Leben wieder an die Oberfläche zurücktransportieren könne. Die einfachste Lösung war eine Aluminiumröhre, genannt

SDC („Submersible Decompression Chamber", zu deutsch: Tauchfähige Dekompressionskammer). In dieser Kammer werden die Taucher in die Tiefe gebracht; sie bleibt stets trocken, weil ihr Innendruck laufend dem Außendruck des Wassers angepaßt wird – das Wasser kann nicht eindringen –, und in ihr wird der Taucher nach erfülltem Auftrag wieder hochgezogen und an der Oberfläche langsam dekomprimiert. Dieses Verfahren setzt allerdings voraus, daß die Taucher etwas anderes atmen können als die normale Oberflächenluft, deren Stickstoff unter Druck in die Gewebe eindringt und zu Vergiftungen führt.

Aber auch dieses Problem war inzwischen gelöst. Einer von Edwin A. Links Kollegen, der amerikanische Marinearzt George F. Bond, geradezu ein Tauchfanatiker, hatte zusammen mit Cousteau und anderen Experten das richtige Gas gefunden und erprobt: Helium. So saß nun Robert Stenuit unter 8 Atmosphären Druck in seiner Röhre, die mit der *Sea Diver* nur durch einen Luftschlauch und eine Strom- und Telephonleitung verbunden war. In ihrem Inneren atmete er ein Heliumgemisch. Dieses befand sich auch in den Vorratsbehältern seiner Aqualunge, die er bei seinen Ausflügen in die nasse Umgebung brauchte. 24 Stunden lang wechselten kurze Aufenthalte in der Röhre mit Arbeiten im freien Wasser ab, zu denen auch gehörte, daß Stenuit sich seine Verpflegung aus einem am Seil herabgelassenen Kanister holte. Die Nacht verbrachte er mit dem Bemühen, trotz der Kälte im Innern der Röhre und auf dem Stuhl sitzend, ein wenig Schlaf zu finden.

Obwohl dieses erste Experiment des Unternehmens *Man in the Sea* (Mensch unter Wasser) eigentlich 48 Stunden dauern sollte, ließ Link unter einem Vorwand die Röhre mit dem einsamen Taucher darin schon nach 24 Stunden wieder an Bord der *Sea Diver* holen. Stenuit war davon gar nicht erbaut, aber während er noch ein paar Stunden lang in der an Deck stehenden *SDC* ausharren mußte, bis der Innendruck von 8 Atmosphären auf den normalen Oberflächendruck von 1 Atmosphäre gesenkt und sein Körper von den aufgenommenen Gasen frei war, zeigte ihm jemand eine Zeitung. Stenuit erfuhr, daß ein Transport von Heliumbehältern verlorengegangen und er selbst in Lebensgefahr gewesen war.

Zwei Jahre später, am 30. Juni 1964, wurde die *SDC* bei den Bahamas wieder einmal ins Meer hinabgesenkt, dieses Mal mit zwei Insassen: Robert Stenuit und Jon Lindbergh. In 130 Meter Tiefe verließen beide ihre Kammer und schwammen zu einem sonderbaren Ge-

Die erste Tauchkammer der Welt wurde von dem Amerikaner Edwin A. Link konstruiert. In dieser Kammer saß der Taucher, von oben mit Luft und Strom versorgt, sicher und trocken. Innen herrschte stets der gleiche Druck wie außen, so daß durch die geöffnete Luke am Boden kein Wasser eindringen konnte.

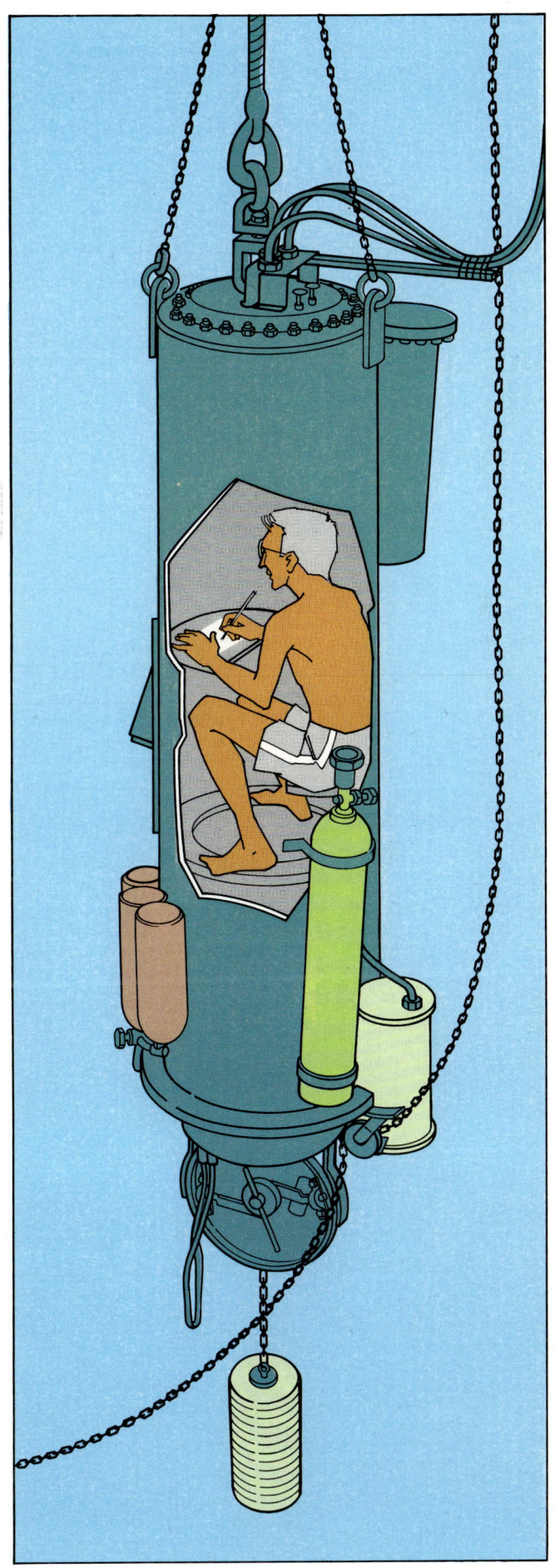

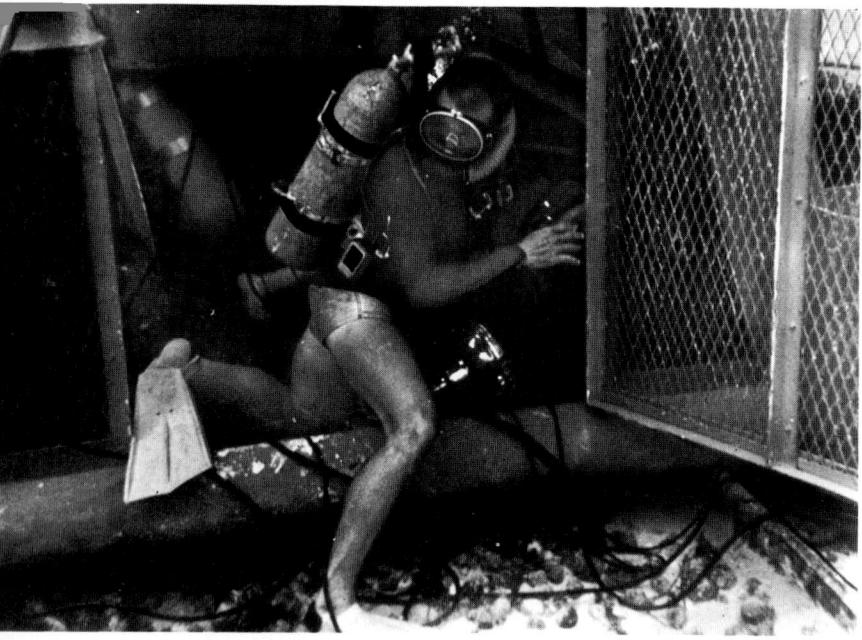

In den warmen Gewässern, in denen die ersten SEALAB-Versuche stattfanden, mußten die Taucher oft auf der Hut vor Haien sein. Aufmerksam sichernd verläßt ein Aquanaut den schützenden Käfig vor SEALAB II (Bild oben). Den Technikern der SEALABs kommt es vor allem darauf an, etwas über die Arbeitsmöglichkeiten unter Wasser zu erfahren. Die Taucher mußten deshalb täglich eine Reihe von genau festgelegten Aufträgen ausführen (Bild unten).

bilde von etwa 2,40 Meter Länge und 1,20 Meter Durchmesser, das im grünblauen Wasser auf dem Meeresgrund stand: Es war eine Art Gummizelt.

Der unermüdliche Link hatte die schweren und schwerfälligen Stahlkonstruktionen nie besonders geschätzt. Er wollte etwas anderes, ein Gehäuse, das zwar verläßlichen Schutz bot und gegen Druck und Meerwasser unempfindlich, aber auch leichter zu handhaben war. Und er fand wieder eine Lösung, nämlich *SPID* („Submerged Portable Inflatable Dwelling", zu deutsch: Versenkte, tragbare und aufblasbare Behausung), das Zelt auf dem Meeresboden.

In gefaltetem Zustand war diese „Gummiwurst" zu Wasser gebracht und auf die gewünschte Tiefe abgesenkt worden. Dann wurde sie fortlaufend mit einem Heliumgemisch gefüllt, so daß der Luftdruck immer dem äußeren Wasserdruck entsprach. Obwohl in 130 Meter Tiefe ein Druck von 14 Atmosphären auf den durch ein Gerüst versteiften Gummiwänden lastete, wurden sie doch nicht eingedrückt, und Stenuit und Lindbergh konnten ihre Behausung durch eine „flüssige Tür", d. h. eine einfache Öffnung an der Unterseite, betreten.

Die *SDC*-Tauchkammer hingegen, in der die beiden Aquanauten zunächst einmal auf den Meeresboden hinabgelassen wurden, war durch eine doppelte Luke verschlossen. Als Stenuit sie öffnete, erschien zu seinen Füßen ein runder blauer Fleck: der Atlantik.

Stenuit läßt sich ins Wasser gleiten und blickt sich um. Haie? Nicht zu sehen. Zwei Scheinwerfer senden smaragdfarbene Strahlen in das Zwielicht, das hier unten herrscht und in dem man dreißig Meter weit sehen kann. Obwohl das Wasser immerhin eine Temperatur von 22 Grad hat, fühlt es sich kalt an. Wenn irgend etwas ernstlich schiefgeht, können die Aquanauten von hier aus eigener Kraft nicht mehr lebend an die Oberfläche kommen. Aber sie haben ja die Tauchkammer.

Und ganz in der Nähe, nur fünf Meter entfernt, wartet nun *SPID* — eine winzige Blase in der fremden Unendlichkeit des Ozeans. Ein altes Stoßgebet der Seeleute kommt Stenuit in den Sinn; er wandelt es ein wenig ab: „Herr, unser *SPID* ist so klein, und Dein Meer ist so groß." Dann schwimmt er zu dem Gummizelt hinüber.

Die Einstiegöffnung von *SPID* sieht von unten aus wie ein flüssiger, silbriger Spiegel. Stenuit strebt nach oben, stößt in den Spiegel hinein und betritt über eine Leiter die Behausung.

Das Gas im Innern schmeckt wie reine Gebirgsluft. Ist es einwandfrei? Gasprüfer an die Batterien anschließen! Meßinstrumente zeigen jetzt die Menge des vorhandenen Sauerstoffs und Kohlendioxids an: alles ist in bester Ordnung.

Das Unterwasserzelt enthält Schlafkojen, Absorptionsgeräte für die verbrauchten Atemgase und eine Fernsehkamera, mit deren Hilfe die Aquanauten von

SEALAB II wurde zum ersten Mal im September 1965 vor der kalifornischen Küste in 60 Meter Tiefe auf den Grund gesetzt. In dem etwa 17,5 Meter langen Druckzylinder mit einem Durchmesser von 3,65 Metern lebten und arbeiteten nacheinander 28 Aquanauten in drei Gruppen 30 Tage lang. Der frühere Astronaut Scott Carpenter blieb als einziger die ganze Zeit über im Unterwasserhaus.

der Wasseroberfläche aus ständig beobachtet werden. Außen am Zelt sind Stahlflaschen mit Heliumgas sowie eine Ballastplattform angebracht, auf der in druckfesten Behältern Sonargeräte, Kameras, Arbeitsmaterial, Trinkwasser und Lebensmittel liegen. Das alles muß nun zunächst ausgepackt und aufgestellt werden.

Jetzt taucht auch Jon Lindbergh auf. Gemeinsam schließen die beiden Männer eine Reihe von Kabeln an. Eine Glühbirne flammt auf — und erlischt nach fünf Sekunden. Im Licht der Unterwasserhandlampe arbeiten die Aquanauten weiter.

Plötzlich ein Knall! Der hohe Druck der Atmosphäre im Zelt hat die Lampe eingedrückt. Die Wände des *SPID* sind mit Splittern übersät. Taschenlampen her! Jetzt müssen die Infrarotstrahler, die für Wärme sorgen sollen, in Betrieb genommen werden. Doch auch sie versagen. Kurz darauf gibt es einen weiteren Zwischenfall, diesmal einen lebensgefährlichen. Ein Teil des Geräts,

das die Luft vom ausgeatmeten Kohlendioxid reinigen sollte, ist nicht in Ordnung. Zwar kann *SPID* über seine „Nabelschnur" von der *Sea Diver* mit Atemluft versorgt werden, aber das giftige Kohlendioxid muß innerhalb des Gummizeltes vernichtet werden. Bei ihrem Bemühen, den Schaden zu beheben, strengen sich die Taucher so sehr an, daß der Kohlendioxidgehalt ihrer Luft erst recht ansteigt. So sind sie bald gezwungen, *SPID* zu verlassen und in der Tauchkammer *SDC* zu warten, bis von der *Sea Diver* ein Ersatzgerät an langer Leine herabgelassen wird. Schließlich aber klappt alles.

Um 19.30 Uhr sind Robert Stenuit und Jon Lindbergh endlich im *SPID* eingerichtet, und sie bereiten sich ein Abendessen aus Konserven. Der Druck hat die Dosen völlig zusammengedrückt, doch sind die darin enthaltenen Nahrungsmittel genießbar geblieben. Nach dem Essen bereiten die Männer sich auf ihre erste Übernachtung auf dem Meeresgrund vor.

Die Nacht verbrachten die beiden Taucher, indem sie abwechselnd wachten oder unruhig schliefen, dabei immer vom wachsamen Auge der Fernsehkamera beobachtet. Am nächsten Tage rief Ed Link ihnen über das Telephon ein paar ermutigende Worte zu: „Ihr seid die ersten Menschen, die in 130 Meter Tiefe einen ganzen Tag verbracht haben. Ich gratuliere!"

Noch einmal vierundzwanzig Stunden blieben Stenuit und Lindbergh unten, und neben der harten Arbeit und oft gefährlichen Aufträgen gab es mancherlei Abwechslung. Sie sammelten Bodenproben, Steine und Tiere, von denen das Wasser rings um *SPID* wimmelte.

Einmal knabberte ein dicker Zackenbarsch an den Schwimmflossen der Männer und ließ sich streicheln. Nachts erschienen Scharen von Sardinen in der „flüssigen Tür", um die Planktonlarven und Krebschen zu fressen, die vom Licht angezogen wurden. In der zweiten Nacht wurde die Behausung der beiden Aquanauten durch einen so heftigen Stoß ins Wanken gebracht, daß die Insassen sich an ihren Betten festhalten mußten: Ein großer Zackenbarsch hatte Sardinen verfolgt und war in seinem Jagdeifer gegen die herabhängende Luke geprallt. Das wiederholte sich in der gleichen Nacht noch einige Male.

Nach zwei Tagen rief Ed Link die beiden Männer wieder nach oben. Sie bestiegen die *SDC*, die hochgezogen und an Bord der *Sea Diver* an eine Spezialkammer angeschlossen wurde. Unter ärztlicher Aufsicht begann nun die Dekompression, die erst 92 Stunden später, 24 Stunden nach dem Einlaufen der *Sea Diver* in den Hafen von Miami, abgeschlossen war. Eine lange Zeit, aber man wollte alle Risiken vermeiden, wie Robert Stenuit berichtet: „Wir hatten in der Tiefe gelebt, in fraglichem Komfort, aber wenigstens in Sicherheit. Wir waren hinausgeschwommen und hatten gearbeitet. Um ganz sicherzugehen, haben wir uns zwei ‚tiefe Tage' mit vier Tagen Dekompression erkauft. Aber auch wenn wir uns zwei Wochen oder zwei Monate dort unten aufgehalten hätten, wäre die Dekompressionszeit dieselbe gewesen."

Ein Stahlzylinder auf Stelzen

Was die meisten Menschen vor einem Menschenalter noch für ausgeschlossen gehalten hätten, wovon selbst Fachleute noch vor zehn Jahren nur zu träumen wagten – plötzlich war es in kurzer Zeit Wirklichkeit geworden: Menschen wohnten und arbeiteten auf dem Grund des Meeres. Die großen Pioniere, unter ihnen Bond, Cousteau und Link, haben bewiesen, daß ihre Träume in die Tat umgesetzt werden können.

Neue Unterwasserbehausungen wurden gebaut oder geplant. Schon bald nach dem Unternehmen *Man in the Sea* wurde Kapitän George F. Bond die Leitung einer neuen Versuchsreihe übertragen: des Unternehmens

Sealab (Abkürzung für „Sea Laboratory", zu deutsch: Meereslaboratorium).

Am 18. Juli 1964 wurde eine große, knallrot gestrichene, stählerne „Zigarre" von 12 Meter Länge und drei Meter Durchmesser bei den Bermudas zu Wasser gelassen und in 58 Meter Tiefe auf den Grund gestellt. Vier Marinetaucher, unter ihnen ein Arzt, ließen sich in ihrem „Fahrstuhl" hinabbringen und betraten *Sealab I*, das für 10 Tage ihre Unterwasserwohnung, ihre Werkstatt und ihr Laboratorium sein sollte. Die vier Männer fanden ihre Unterkunft durchaus behaglich und glaubten sogar, für alle Zeit dort unten aushalten zu können, wie einer der Aquanauten nach oben meldete.

Ihre Arbeit bestand vor allem darin, Ultraschallgeräte auf dem Meeresgrund zu installieren, die als Orientierungshilfen dienen sollten, zu photographieren, zu filmen, akustische und optische Haiabwehrvorrichtungen zu erproben. Haie ließen sich allerdings während der ganzen zehn Tage nicht blicken.

Kein klares, sondern durch Schwebstoffe und aufgewühlte Sedimente sehr trübes Wasser und außerdem die für längere Aufenthalte unter Wasser äußerst niedrige Temperatur von 20 Grad Celsius, das waren die Bedingungen, unter denen die Männer des zweiten *Sealab* arbeiten mußten. Wieder war Kapitän Bond für das ganze Unternehmen verantwortlich, als im September 1965 ein 400 Tonnen schwerer Stahlzylinder von der amerikanischen Marine vor La Jolla (Kalifornien) auf den Boden des Pazifiks gesetzt wurde.

Sealab II, auf stählernen Stelzen ruhend und bei einem Durchmesser von 4 Metern rund 19 Meter lang, war 45 Tage ununterbrochen in Betrieb. In Arbeitsschichten von jeweils fünfzehn Tagen stellten drei zehnköpfige Gruppen aus Wissenschaftlern und Technikern ausgedehnte physiologische und psychologische Versuche an, erprobten neue Materialien und Geräte, erledigten biologische Forschungsaufträge.

Zum erstenmal waren diese Männer durch geheizte Anzüge vor der Kälte ihrer Umgebung geschützt; zum ersten Male gab es in einem Unterwasserhaus ein richtiges WC, natürlich eine Küche, Schlafräume und Laboratorien, die mehr Bewegungsfreiheit boten als ein konventionelles U-Boot. Als Ein- und Ausstieg diente wieder eine flüssige Tür, durch die gar nicht selten verwunderte Meeresbewohner die Eindringlinge musterten. Als eines Morgens auch ein neugieriger Seelöwe seinen Kopf zur Tür hereinstreckte, war das Erstaunen allerdings auf seiten der Aquanauten.

Einer der Männer blieb sogar dreißig Tage lang ununterbrochen in der Tiefe: Scott Carpenter, der ehemalige Astronaut und neue Kommandant von *Sealab II*. Einer der Höhepunkte während dieses Lebens unter Wasser war ein Funkgespräch zwischen Carpenter am Meeresgrund und seinem Kollegen Gordon Cooper, der in der Raumkapsel *Gemini 5* gerade um die Erde

Kälte und Nässe machten den ersten Aquanauten in ihren Unterwasserstationen sehr zu schaffen. Gummianzüge mit einer isolierenden Schaumstoffschicht sollen sie während ihrer Arbeit außerhalb der SEALABs schützen.

Während ein Wissenschaftler im SEALAB II von einem Außenthermometer die Wassertemperatur abliest und notiert, drängen sich Schwärme von scheinbar neugierigen Fischen vor seinem Fenster. Die Tiere werden vom Licht der Station angelockt.

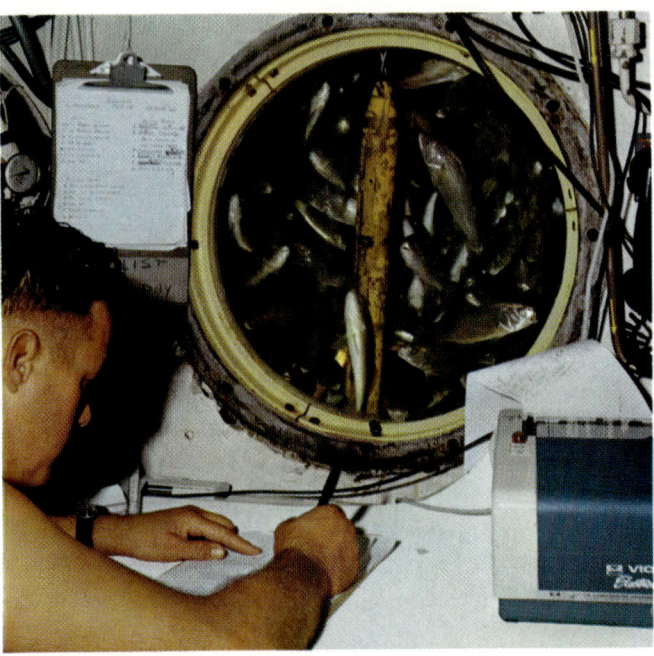

kreiste. Auch mit Cousteau und seinen Leuten, die zur gleichen Zeit im Mittelmeer im *Conshelf II* saßen, kam eine Verbindung von Meeresgrund zu Meeresgrund zustande – über 6000 Seemeilen Entfernung.

Die Sowjetunion, auf allen Gebieten der Ozeanographie der schärfste Konkurrent der Vereinigten Staaten, hat die Bedeutung der Unterwasserstationen wie viele andere Länder ebenfalls erkannt. 1966 wohnten drei russische Aquanauten eine Woche lang in einem derartigen „Haus", das vor der Krimküste in elf Meter Tiefe auf dem Boden des Schwarzen Meeres stand. In der Konstruktion aus Stahl und Kunststoff gab es drei Räume: ein Laboratorium, einen Schlafraum und eine Küche. Über eine Fernsehanlage stand die Station nicht mit einem Mutterschiff, sondern mit einer Landstation in Verbindung. Dieser Tauchversuch wurde 1967 noch einmal wiederholt. Seine Ziele waren Studien über den Gasstoffwechsel, das Hormonsystem und die nervliche Belastbarkeit des Menschen unter diesen Bedingungen.

Zahlreiche Nationen beteiligen sich inzwischen an dem Wettlauf um die Eroberung und Besiedelung des Meeresgrundes. Selbst solche Länder, die keine eigenen Küsten haben, wie zum Beispiel die Tschechoslowakei, experimentieren mit Unterwasserstationen vom einfachen aufgeblasenen Zelt vom Typ *SPID* bis zu mehrstöckigen „Gebäuden" aus verschiedenen Materialien und in sehr unterschiedlicher Bauart. Natürlich gibt es in dieser Entwicklung nicht nur Erfolge, sondern auch Fehlschläge. Das Unternehmen *Sealab III*, das zu Anfang des Jahres 1969 von der amerikanischen Marine vor der kalifornischen Küste gestartet werden sollte, mußte zum Beispiel abgebrochen werden, weil der Taucher Berry Cannon bei Reparaturarbeiten unter Wasser ums Leben kam. Die Todesursache hatte mit dem Laboratorium selbst nichts zu tun: Man hatte vergessen, Atemkalk in das Sauerstoffgerät des Tauchers zu füllen.

Immer länger werden die Zeiten, die Aquanauten in den Häusern auf dem Meeresgrund verbringen. Während des *Tektite-I*-Programms, das im Frühjahr 1969 vor der St.-John-Insel in der Karibischen See durchgeführt wurde, wohnten und arbeiteten vier Männer 59 Tage lang in einem Unterwasserlabor, das aus zwei Türmen mit je zwei Stockwerken bestand. Und im April 1970 begann ein zweites *Tektite*-Experiment, bei dem 17 verschiedene Tauchergruppen nacheinander in 30 Meter Wassertiefe forschten und selbst als Forschungsobjekte beobachtet wurden. Bei diesem Unternehmen, das etwa 11 Millionen Mark kostete, waren zum ersten Male auch fünf Frauen mit von der Partie.

Auch in Deutschland erkannte man die Notwendigkeit, eine Arbeitsbasis direkt in der See einzurichten. „Die Erforschung der lebenden und leblosen Schätze des Meeres", sagte Prof. Otto Kinne, der Direktor der Biologischen Anstalt Helgoland, „kann nicht nur von der Wasseroberfläche aus betrieben werden. Der moderne

Das bisher teuerste und größte Unterwasserexperiment sollte im Februar 1969 mit dem Absenken von SEALAB III bei San Clemente, Kalifornien, beginnen. Die Station, ebenso groß wie ihre Vorgängerin, war dazu bestimmt, für fünf Aquanautenteams mehrere Wochen lang Stützpunkt und Wohnung zu sein. Das Unternehmen mußte abgebrochen werden, weil der Aquanaut Berry Cannon bei Reparaturarbeiten ums Leben kam. Man hatte vergessen, Atemkalk in sein Sauerstoffgerät zu füllen.

Meeresforscher muß auch ins Meer, und zwar nicht nur als Gast, sondern als Bewohner." So wurde in Lübeck für mehr als eine Million Mark das erste deutsche Unterwasserhaus gebaut: ein starker, neun Meter langer und 60 Tonnen schwerer Zylinder.

Am 27. Juli 1969 senkte man das Laboratorium, das den Namen *Helgoland* erhielt, ungefähr drei Kilometer südöstlich der Felseninsel auf den Meeresgrund ab. Zwar steht es dort „nur" in einer Tiefe von 23 Metern, also in flacherem Wasser als etwa die amerikanischen *Sealabs*; doch befindet es sich nicht in einer geschützten südlichen Bucht, sondern mitten in einem kalten Meer, das als besonders unruhig gilt. Amerikanische Kollegen wußten das zu würdigen. „Bislang", so sagten sie, „ist kein Unterwasserprojekt in Angriff genommen worden, das so kühn wäre wie das der westdeutschen Wissenschaftler in den rauhen Gewässern der Nordsee."

Überdies hat das deutsche Laboratorium allen früheren eine wichtige Eigenschaft voraus. Es ist von einem Versorgungsschiff wie auch vom Festland weitgehend unabhängig und kann deshalb nicht nur einige Wochen, sondern praktisch das ganze Jahr über, ja sogar viele Jahre lang durchgehend benutzt werden. Um dies zu ermöglichen, hat man eine große Versorgungsboje kon-

struiert, die an der Wasseroberfläche schwimmt, aber an drei je sechs Tonnen schweren Platten auf dem Meeresgrund fest verankert ist. Von dieser Boje aus wird die Station mit elektrischem Strom und mit Luft — vielmehr: mit Atemgas — versorgt. Überdies ist in der Nähe des Labors ein „Unterwasser-Iglu" aufgestellt, eine Hilfsunterkunft, die zwei Mann für einige Zeit aufnehmen kann und ein Reservetauchgerät sowie ein Sprechfunkgerät enthält.

Die Hauptstation besteht aus einem Arbeitsraum mit Küche, Dusche und WC sowie einem kleinen „Dekompressionsraum", in dem die Besatzungsmitglieder, bevor sie wieder an die Wasseroberfläche zurückkehren, langsam den normalen Luftdruckverhältnissen angepaßt werden. Ferner enthält das Unterwasserhaus Lebensmittel und Süßwasservorräte, Notbatterien für elektrischen Strom und Flaschenbatterien, die mit Atemgas für etwa zwei Wochen gefüllt sind.

Von dieser Station aus wurden alsbald verschiedenartige Forschungsvorhaben durchgeführt: Temperaturmessungen, Untersuchungen der Wasserströmungen, Analysen von Sinkstoffen sowie Beobachtungen an Tieren — vor allem an wirtschaftlich wichtigen Fischen, Krebsen und Muscheln. Schließlich erkundete man noch bestimmte biologische Prozesse am Grund und in bodennahen Wasserschichten. Dreimal täglich verließen die Taucher für eine Stunde ihr Haus und gingen im Wasser ihren Aufgaben nach. Alle zehn Tage wurde die Mannschaft abgelöst.

Auch die medizinische und psychologische Beobachtung der Forscher, die hier unten wirkten, gehörte zu dem umfassenden Arbeitsprogramm: Wie reagieren Menschen auf die Abgeschlossenheit, auf das Zusammenleben in solcher Enge? Wie steht es mit ihrer körperlichen und geistigen Leistungsfähigkeit in der fremden Umgebung? Die Erfahrungen der ersten vier Wissenschaftler, die diese Station bewohnten, waren ermutigend: Der Raum sei zwar knapp gewesen und man

habe sich gegenseitig „auf die Füße getreten", aber man habe sich keineswegs eingesperrt gefühlt. Auch sei nie Streit aufgekommen. „Wir sind als bessere Freunde aufgetaucht, als wir es vorher waren."

Die rasche Entwicklung, die die Unterwassertechnik in den letzten zehn Jahren durchlaufen hat, wird sich noch weiter beschleunigen. Und vielleicht erlebt die Welt morgen schon, was Robert Stenuit voraussagt:

„Unsere Nachfolger werden länger in der Tiefe weilen, immer länger. Sie werden den Meeresboden besiedeln und seine Schätze pflegen, anstatt sie nur auszubeuten. Morgen schon wird der Siedler seinen Grund und Boden durch die Bullaugen der Küche seiner Unterwasser-Ranch überblicken."

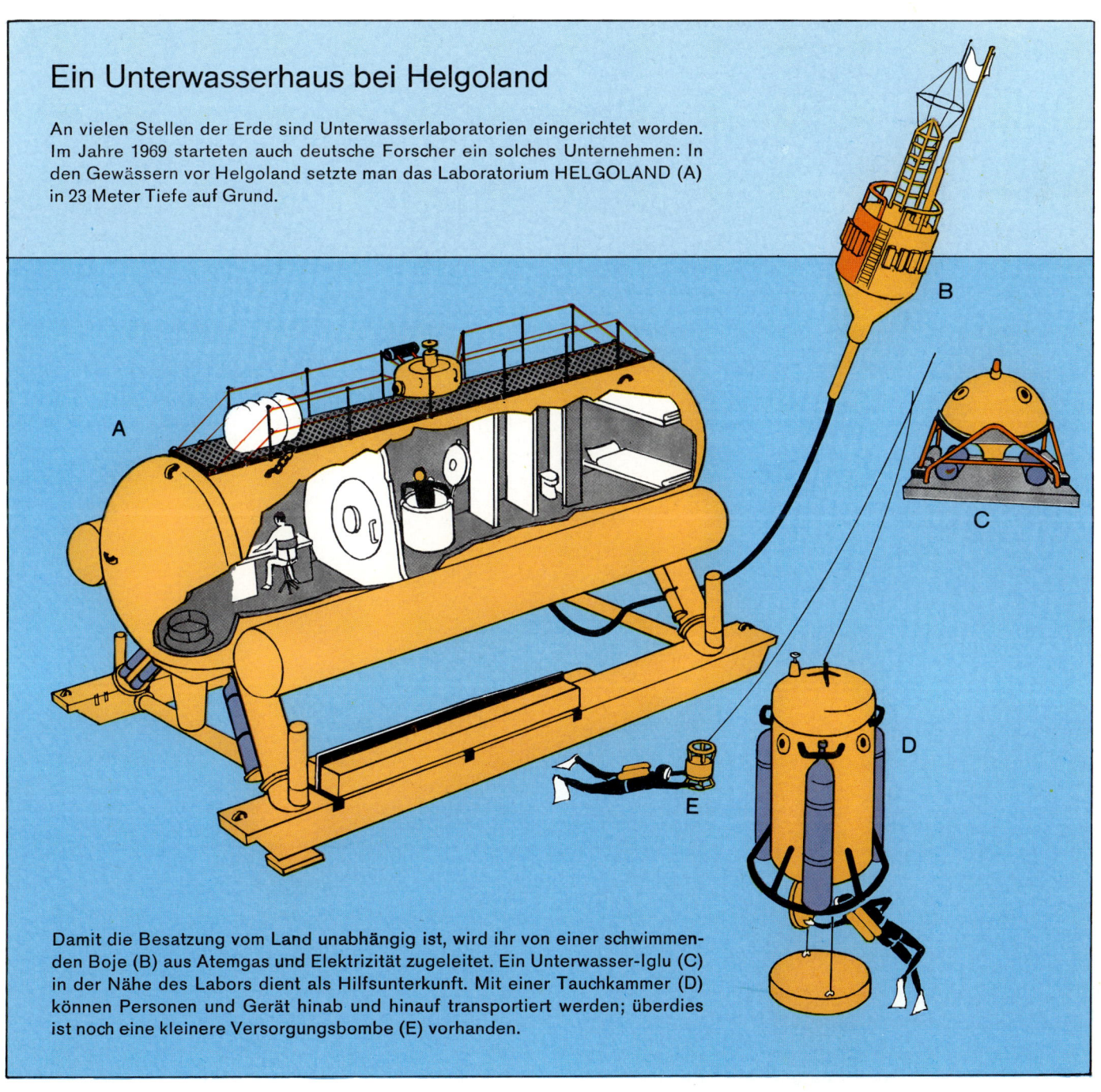

Ein Unterwasserhaus bei Helgoland

An vielen Stellen der Erde sind Unterwasserlaboratorien eingerichtet worden. Im Jahre 1969 starteten auch deutsche Forscher ein solches Unternehmen: In den Gewässern vor Helgoland setzte man das Laboratorium HELGOLAND (A) in 23 Meter Tiefe auf Grund.

Damit die Besatzung vom Land unabhängig ist, wird ihr von einer schwimmenden Boje (B) aus Atemgas und Elektrizität zugeleitet. Ein Unterwasser-Iglu (C) in der Nähe des Labors dient als Hilfsunterkunft. Mit einer Tauchkammer (D) können Personen und Gerät hinab und hinauf transportiert werden; überdies ist noch eine kleinere Versorgungsbombe (E) vorhanden.

Cord-Christian Troebst

ZUKUNFT UNTER WASSER

Der „Alltag" der Aquanauten in den Unterwasserlabors, die in den vergangenen Jahren in der Nordsee, in der Karibischen See, im Pazifik, im Schwarzen Meer, im Mittelmeer und an vielen anderen Stellen des Ozeans erprobt wurden, ist trotz all der ausgeklügelten technischen Systeme noch voll von überraschenden Schwierigkeiten und mancherlei Gefahren.

Der Druck und die speziellen Gasgemische in den Stahlkammern zeigten merkwürdige Wirkungen: Beispielsweise klangen die Stimmen der Männer, wenn sie sich in ihren Behausungen unterhielten, als wären sie allesamt Geschöpfe aus Walt-Disney-Filmen. Man vernahm nur ein sonderbares Quäken, weil die Schallwellen in der Heliumatmosphäre schneller wandern als in der Luft und weil auch die Kehlkopfwände rascher schwingen als an Land. Diese Erscheinung erschwerte vor allem den Fernsprechverkehr mit den Mutterschiffen an der Wasseroberfläche oder mit den Versorgungs- und Kontrollstationen an Land, aber inzwischen gelang es, durch Kehlkopfmikrophone die Schallschwingungen wieder auf normale Frequenzen zu bringen.

Ein weiterer Nachteil der Heliumluft besteht darin, daß sie Wärme sehr rasch ableitet. Da es in größerer Wassertiefe ohnehin schon ungemütlich kalt ist, froren die ersten Aquanauten oft erbärmlich. Seitdem wurde das Problem durch besser isolierte Quartiere und durch Infrarotstrahler an Decken und Wänden gelöst. Bei den neuesten Unterwasserhäusern werden Heizspiralen gleich in die einzelnen Bauelemente eingelassen. Ihre Bewohner tragen geheizte Drillichanzüge mit Elektrobatterien im Gürtel. Unter Heißwasserduschen können sie sich nach jedem Ausflug ins Freie wieder aufwärmen, und nachts hüllen sie sich in elektrisch geheizte Bettdecken.

In den ersten submarinen Stationen bewirkte der Druck auch, daß das Helium in die empfindlichen elektronischen Geräte eindrang. Die Lebensdauer teurer Fernsehröhren schrumpfte auf wenige Tage zusammen,

Als einen „Fahrstuhl für den Meeresraum" könnte man diese moderne Tauchkammer bezeichnen. In ihr werden die Aquanauten in die Meerestiefe hinabgelassen, wo sie Forschungs- und Arbeitsaufträge erfüllen, in ihr kehren sie an die Oberfläche zurück.

und Armbanduhren versagten den Dienst. Die Unterwasserbehausungen der „zweiten Generation" sind deshalb mit Geräten ausgestattet, die gegen Druck genauso unempfindlich sind wie die Aquanauten, die sie benutzen und bedienen.

Tatsächlich macht der Druck nur noch wenigen Tauchern zu schaffen, und auch ihnen nur in den ersten Tagen ihres Unterwasserlebens. Einige leiden beim Liegen in den Ruhepausen gelegentlich an Kopf- und Stirnhöhlenschmerzen, die aber beim Aufstehen verschwinden. Bei anderen Aquanauten traten nach Ausflügen in die nasse Umwelt anfangs schmerzhafte Ohrenentzündungen auf, bis einer der Taucher durch Zufall ein Gegenmittel fand: Er pinselte sich vor und nach jedem Tauchausflug die Ohren mit Alkohol aus.

Noch unangenehmer war in den ersten Unterwasserhäusern die große Feuchtigkeit. Sie hatte bei vielen Aquanauten schon nach wenigen Tagen die gleiche Wirkung wie eine nasse Babywindel: Die Männer bekamen einen leichten Hautausschlag. Entfeuchtungsanlagen, wie sie auch an Bord amerikanischer Raumkapseln verwendet werden, sorgen neuerdings für relativ trockene Luft.

Doch nicht alle Begleiterscheinungen von hohem Druck und Heliumatmosphäre werden sich ausschalten lassen. Pfeifen ist zum Beispiel nicht möglich. Wer es dennoch versucht, wird nur durch gespitzte Lippen pusten, ohne daß ein Ton entsteht. Wegen des Drucks und des geringen Sauerstoffanteils der Luft kann keine offene Flamme brennen und keine Zigarette glimmen. Schon aus diesem Grunde wird es in den Kantinen und Küchen künftiger submariner Siedlungen nur elektrische Kochplatten geben. Und die Köche werden nach „drucksicheren" Rezepten kochen müssen. Pfannkuchen zum Beispiel werden stets mißraten, denn sie gehen unter Druck nicht auf, sondern bleiben klebrig wie Tapetenkleister. Und Wasser erreicht erst bei weit über 100 Grad den Siedepunkt.

„Zwei Dinge sind es vor allem, an die sich die Pioniere der Tiefsee gewöhnen müssen: Dunkelheit und Kälte", erklärte ein Aquanaut von *Sealab II* nach seiner Rückkehr an die Oberfläche. „Davor hatten wir in der ersten Zeit Angst." Das Wasser um *Sealab II* in 65 Meter Tiefe hatte eine Temperatur von nur wenigen

Graden über Null, und die Männer konnten höchstens 7 Meter weit sehen. Wenn auch die Temperatur mit zunehmender Tiefe nicht weiter als knapp unter den Nullpunkt absinkt, so nehmen doch Helligkeit und Sichtweite rapid ab. Schon bei 120 Metern erkennt das menschliche Auge nur noch bläuliche Schatten, bei 240 Metern herrscht ein tiefes Blauschwarz, und in Tiefen von mehr als 360 Metern dringt überhaupt kein Sonnenlicht mehr ein. So ist es kein Wunder, daß ein Aquanaut der Mannschaft von *Sealab II* erklärte: „Unsere größte Sorge war, daß wir uns verirren könnten. Denn weil wir ja nicht genug Atemluft für eine Dekompression mitführen konnten, hätten wir im Notfall nicht einmal auftauchen können, ohne den sicheren Tod vor Augen zu haben."

Geheizte Gummianzüge schützen die Taucher jetzt auch bei ihren Ausflügen ins freie Wasser vor der Kälte. Die elektrischen Batterien trägt der Taucher dabei entweder in einem Gürtel um den Bauch oder in einem kleinen Behälter zwischen den Lufttanks auf dem Rükken. Und die gleiche amerikanische Firma, die auch die Raumanzüge für die Mondpiloten entwickelt, konstruierte einen Taucheranzug, der mit Hilfe von Radioaktivität geheizt wird. Die Batterie mit dem radioaktiven Material befindet sich, durch Bleisohlen gegen den Körper des Tauchers abgeschirmt, unter seinen Füßen.

Starke Quecksilberlampen durchdringen die Dunkelheit in der Umgebung der Unterwasserhäuser, und wie Bergleute vor Ort tragen die Aquanauten kleine Lampen vor der Stirn, um wenigstens die nähere Umgebung zu erhellen oder sich auf größere Entfernungen gegenseitig zumindest als Lichtpünktchen erkennen zu können.

Die Männer von *Sealab II* mußten sich noch mit primitiven Orientierungsmitteln behelfen: Um sich nicht zu verirren, hatten sie im Umkreis ihrer Behausung Führungsseile auf dem Meeresboden ausgespannt, an denen sie sich zur Wohnröhre zurücktasten konnten.

Haustiere des Meeres und andere Hilfsmittel

Von unschätzbarem Wert für die Arbeit unter Wasser wird das erste „Haustier des Meeres" sein, das Aquanauten in ihren Dienst genommen haben, nachdem ihnen die ersten Schritte in die neue Welt gelungen waren.

Tuffy heißt der Delphin, den die amerikanische Marine für das *Sealab-II*-Experiment „abkommandiert" hatte und der wegen des hervorragenden Gehörs, durch das sich alle Delphine auszeichnen, darauf dressiert war, auf bestimmte Alarmsignale der Aquanauten zu achten. Wenn die Männer mit einem Metallstück an ihre Atemluftröhren klopften, hörte das Tier den Ton in mehr als 100 Meter Entfernung, schwamm zu den Aquanauten, die so einen Notfall simulierten, geleitete sie sicher zur Unterwasserwohnung zurück und schleppte manchmal sogar ein Rettungsseil in seinem Maul herbei.

Ermutigt durch den Erfolg mit *Tuffy*, versuchen Fachleute, einige seiner Artgenossen auch für andere Auf-

Tuffy, der erste Delphin, der von Menschen in Dienst genommen wurde, erwies sich als williger und intelligenter Bote und Helfer der SEALAB-II-Aquanauten. Die Meeresforscher hoffen, künftig die Hilfe der klugen Meeressäuger bei vielen Operationen in Anspruch nehmen und sie für verschiedene Zwecke ausbilden zu können. Auch mit kalifornischen Seelöwen, einer sehr intelligenten Robbenart, wurden schon ähnliche Versuche angestellt.

gaben zu dressieren. Man will sie nicht nur als „schwimmende Bernhardinerhunde", das heißt zur Rettung von Menschenleben, verwenden, sondern auch als „Meldehunde des Meeres". Schon *Tuffy* hatte Werkzeuge und wasserdichte Behälter mit schriftlichen Botschaften von der Oberfläche zu den Bodenstationen und zurück befördert. Delphine sind nämlich auf Grund ihres besonderen Körperbaus in der Lage, auch größere Tiefen- und Druckunterschiede in wenigen Minuten zu überwinden, während ein Taucher wegen der notwendigen Dekompression Stunden braucht. „*Tuffy* hat unseren Leuten viel Zeit gespart", erklärte Captain Bond. „In späteren Versuchen wollen wir Delphine zum Transport von Werkzeugen und leichtem Baumaterial zwischen Stützpunkten in verschiedenen Meerestiefen einsetzen."

Wenn man einmal bei dem Vergleich mit dem treuesten und ältesten Haustier des Menschen, dem Hund, bleibt, so läßt sich vielleicht in Zukunft erreichen, daß vom Delphin noch eine ganze Reihe anderer Hundepflichten übernommen werden: Als „Wachhunde" könnten sie arbeitende Aquanauten vor Haien warnen oder diese sogar abwehren; als „Jagdhunde" werden sie vielleicht Fischschwärme in Netze und andere Fangvorrichtungen treiben oder als „Hütehunde" große Schwärme zusammenhalten. Zu hoffen bleibt allerdings, daß die Intelligenz und Anpassungsfähigkeit dieser Tiere niemals auf eine Weise ausgenützt wird, von der auch schon gesprochen wurde: Delphine als Minenträger oder lebende Torpedos gegen feindliche Schiffe einzusetzen.

Die Hilfeleistungen, die man von den Tieren erhofft, könnten den Aquanauten ihre Arbeit sehr erleichtern, denn die ist schwerer, als man vor Beginn der ersten Versuche erwartet hatte. Wie die Astronauten beim Verlassen ihrer Raumfahrzeuge im Weltraum entdeckten, daß jede Bewegung ohne einen festen Punkt unter den Füßen trotz der verminderten oder aufgehobenen Schwerkraft große Kraftanstrengungen erfordert, merkten auch die Aquanauten bald, daß bestimmte Aufgaben im „inneren Weltraum" nicht so einfach zu bewältigen sind. Zwar lassen sich schwere Lasten im Wasser oft mit geringer Muskelkraft bewegen, weil der Wasserauftrieb ihr Gewicht verringert; doch kann der Taucher diesen Auftrieb praktisch nur ausnutzen, wenn er auf dem Meeresboden steht oder sich sonst auf einen festen Punkt stützt. Sobald er schwimmt und das Wasser unter seinen Flossen nachgibt, ist jede Arbeit ein langwieriger und anstrengender Kraftakt. Die ersten Aquanauten waren denn auch nach Ende jeder Schicht viel erschöpfter, als sie es bei gleicher Arbeit auf dem Festland gewesen wären.

In den zukünftigen Unterwassersiedlungen wird es deshalb eine ganze Reihe von mechanischen „Arbeitssklaven" geben. Jetzt schon benutzen Sporttaucher sogenannte „Unterwasserschlitten": torpedoähnliche

Zu den technischen Hilfsmitteln, derer die Unterwasserforschung sich bedient, gehört der „Unterwasserschlitten", ein torpedoähnliches Gerät, das durch Elektromotoren angetrieben wird, dem Taucher viel Kraftaufwand erspart und besonders für schwieriges Gelände sehr nützlich ist

Schwimmkörper mit einem oder mehreren batteriegetriebenen Propellern. Der Taucher hängt sich an dieses Gefährt oder legt sich bäuchlings darauf, um sich selbst fortzubewegen oder eine Last zu ziehen; dabei braucht er nur noch mit den Beinen zu steuern.

Mit dem „Mensch-Verstärker", der im Auftrag der amerikanischen Marine entwickelt wird, sollen Aquanauten selbst schwerste Gewichte am Meeresgrund bewegen können. Dieses Hilfsgerät ist eine Art stählernes Skelett, in das der Taucher hineinschlüpft. Alle Bewegungen seiner Arme und Beine werden dabei von Sonden „erspürt" und durch Elektromotoren verstärkt, die in die Arm-, Hand-, Hüft- und Kniegelenke des Stahlskeletts eingebaut sind.

Arbeitskapseln, in denen ein Mann sitzt und für viele Stunden mit Atemluft und Nahrung versorgt ist, und größere Fahrzeuge für mehrere Mann Besatzung werden für die Tiefsee gebaut und mit Kranarmen, Greifern, Zangen, Hämmern und Schweißbrennern ausgestattet.

Freilich brauchen die Aquanauten dabei nicht immer gegen ihre feuchte Umwelt abgeschirmt zu werden. Sie können — je nach Wassertiefe — oft auch frei auf ihrem „Sattel" sitzen. Am Ende der Schicht steuern sie das Fahrzeug in eine Garage ihres Unterwasserstützpunktes, stellen es ab und kehren in ihr Haus zurück.

Fachleute der Meeresforschung sind überzeugt, daß das Leben in submarinen Siedlungen einfacher sein wird als das Dasein in künftigen Mondsiedlungen. Vielleicht wird es ähnlich aussehen wie in den militärischen Stützpunkten der Arktis und Antarktis: In ihren Behausungen werden die Aquanauten von der feindlichen Umwelt wenig merken, und im Freien schützt eine ausgeklügelte Technik sie vor den Gefahren und ermöglicht Leistungen, die man vor kurzem noch für undenkbar hielt.

Mit weiterentwickelten Modellen solcher „Mensch-Verstärker", Apparaturen, die die Bewegungen und Muskelreflexe des Menschen auf Elektromotoren übertragen, sollen Taucher in die Lage versetzt werden, auch unter Wasser schwere Arbeit zu leisten

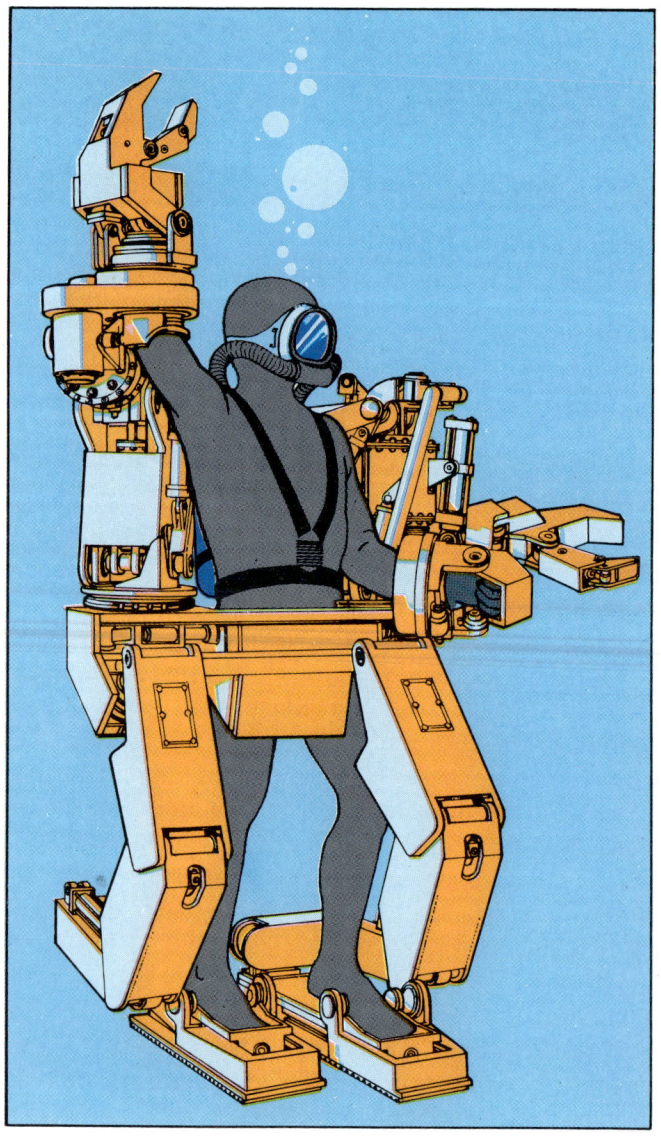

Nach den Ergebnissen und Leistungen der *Sealab*- und *Conshelf*-Versuche erscheinen selbst einige sehr kühne Projekte und Voraussagen für die Besiedlung des Meeresbodens nicht länger utopisch. Der Aufenthalt der Wissenschaftler und Aquanauten in den bisher erprobten Unterwasserstationen konnte seit Beginn der Versuche in den fünfziger Jahren immer mehr verlängert werden. Robert Stenuit und Jon Lindbergh hatten nur 24 Stunden in ihrem Unterwasserzelt *Spid* verbracht; die Männer im ersten *Conshelf* (oder *Précontinent*) hingegen hatten es schon eine Woche ausgehalten, die *Sealab-II*-Besatzungen jeweils fünfzehn Tage, und die Aquanauten von *Tektite I* waren sogar 59 Tage lang in ihrer Behausung im Meer geblieben.

Druckkammerversuche, bei denen man künstlich die Lebensbedingungen von 200 Meter Wassertiefe erzeugte, haben gezeigt, daß Menschen in solchen Tiefen durchaus leben und arbeiten können. Beim Einatmen eines besonderen Gasgemisches, das zum großen Teil aus Helium bestand, wurden sogar Tiefen von 330 Metern simuliert. Weil aber in diesen Bereichen schon die Gefahr einer Heliumnarkose besteht, die ähnliche Folgen hat wie ein Alkoholrausch, experimentieren britische Wissenschaftler mit dem geruch- und geschmacklosen Neon, das durch die Neonleuchtröhren bekannt ist. Dieses Edelgas ist viel billiger als Helium, steht in großen Mengen zur Verfügung und wird Aquanauten den Aufenthalt in noch größeren Tiefen ermöglichen.

Frank White, ein Tauchexperte der amerikanischen Marine, erklärte Ende 1967: „Aquanauten werden eines Tages in der Lage sein, in Tiefen bis zu 1800 Metern frei wie Fische zu leben." Frei, das heißt unbelastet durch Atemluftgeräte und, natürlich, außerhalb irgendwelcher Fahrzeuge oder Behausungen. Wie man sich die Lösung des Atmungsproblems denkt, beschreibt der amerikanische Marinebiologe Dr. John Bardach:

„Es gibt einen Weg, der es Menschen erlauben dürfte, zu ‚Fischen' zu werden: Die Luftröhre des Tauchers wird mit einem kleinen Einschnitt versehen, und seine Lungen werden mit einer Flüssigkeit gefüllt, die in der Lage ist, große Mengen hochkomprimierten Sauerstoffs aufzunehmen." Mit Hilfe dieser Methode sollen Taucher bis zu einer Tiefe von 3600 Metern hinabschwimmen, dort für eine oder zwei Stunden arbeiten und beim Auftauchen auf jede Dekompression verzichten können.

Dazu John Bardach: „In Tierversuchen wurde die technische Durchführbarkeit dieser Methode bereits nachgewiesen, und obwohl vorläufig noch keine Pläne bestehen, sie auf menschliche Versuchsobjekte auszudehnen, handelt es sich nur um einen geringfügigen chirurgischen Eingriff, der die normale Luftatmung beim Aufenthalt an der Oberfläche nicht beeinträchtigt. Es ist in der Tat sehr wahrscheinlich, daß man in der Zukunft Freiwillige finden wird, die bereit sind, diese Methode zu erproben, und daß sie den Erfolg zeigen wird, den Cap-

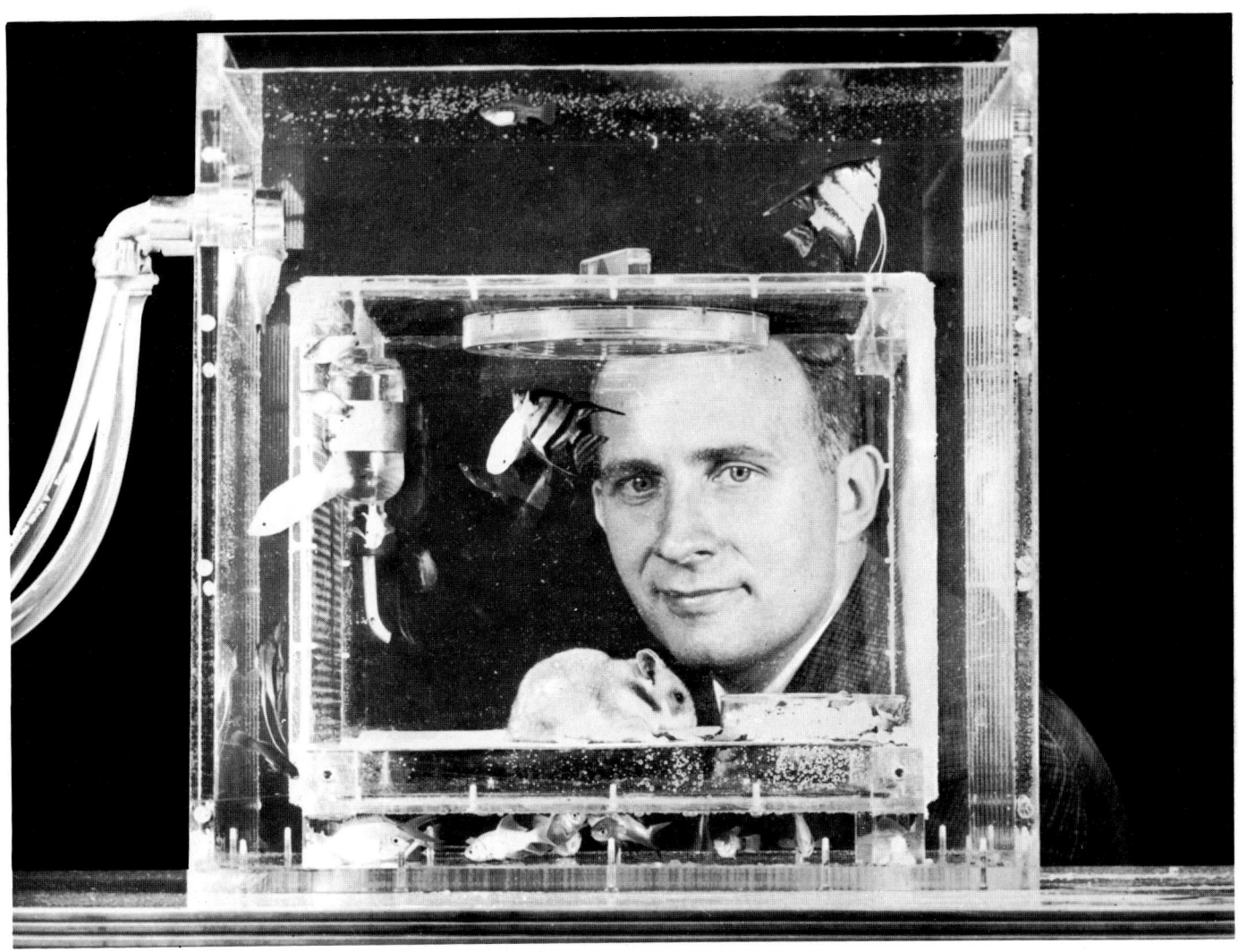

Dieser Hamster lebt unter Wasser und atmet den Sauerstoff des Meerwassers. Eine Membran, die sein Gehäuse umschließt und aus einer besonderen synthetischen Folie besteht, läßt den Sauerstoff in den Käfig eindringen, der im übrigen trocken bleibt. Dr. Walter L. Robb, der amerikanische Erfinder dieser „künstlichen Kiemen", hofft, damit einen Weg gefunden zu haben, den Sauerstoff des Meerwassers auch für Menschen nutzbar zu machen. Künftige Aquanauten könnten damit auf die Sauerstoffversorgung von der Oberfläche verzichten.

tain Bond ihr prophezeit. Mit ihrer Hilfe würde der Mensch sich wahrhaft ‚freischwimmen' können, um in den Gewässern über dem Kontinentalschelf und in größeren Tiefen zu wirken."

So unglaublich solche Voraussagen auch klingen mögen — der Holländer Johannes Kylstra, der an der Duke University in Nordkarolina experimentiert, geht noch einen Schritt weiter. Kylstra glaubt, daß auch Lungenatmer den Sauerstoff dem Meerwasser direkt entziehen können, ähnlich, wie es die Fische mit ihren Kiemen tun. Verblüfften Besuchern führte er Hunde, Mäuse und Ratten vor, die in seinem Laboratorium am Boden eines mit Salzwasser gefüllten Aquariums hockten. Ihre Lungen hatten sich mit Salzwasser gefüllt — und entzogen ihm genügend Sauerstoff, um die Tiere am Leben zu erhalten. Eine Maus überlebte am Boden des Tanks fast 18 Stunden. Die einzige Schwierigkeit dieser Tauch-

methode: Bei der Rückkehr an die Oberfläche muß das Salzwasser wieder aus den Lungen entfernt werden. Aber auch das gelang Kylstra. Ein Hund lebte nach Beendigung des Versuches mit normaler Lungenatmung weiter.

Siedlungen für tausend Menschen

Den Anstrengungen der Mediziner und Tauchexperten wollen die Techniker nicht nachstehen. „Schließlich müssen wir ja bereit sein, die Behausungen und Fahrzeuge zu liefern, sobald die Taucher der Marine bereit sind, sie zu benutzen", erklärte ein Ingenieur.

Wie es eines Tages auf dem Meeresgrund aussehen könnte, schilderte Professor Ulrich Roll, Präsident des Deutschen Hydrographischen Instituts, bereits auf der Ausstellung „Interocean 70" in Düsseldorf, wo sich

700 Experten aus 22 Ländern zu Fachgesprächen getroffen hatten.

„Riesige Förderanlagen werden den Meeresgrund nach Rohstoffen wie Eisen, Gold und Uran durchwühlen. Automatische Meßstationen und ferngelenkte Unterwassersonden werden bis in die tiefsten Tiefen vordringen. Auf dem Meeresboden werden mit Hilfe von Robotern Städte entstehen, die das überbevölkerte Festland entlasten.“

Und weiter: „Es ist allerhöchste Zeit. Wir stehen bereits unter Zwang. Schon heute läßt sich absehen, wann unsere Reserven auf dem Festland erschöpft sind.“

An praktischen, aber noch mehr an theoretischen Vorbereitungen fehlt es nicht. Schon im Jahre 1970 gab ein amerikanisches Unternehmen bekannt, daß es innerhalb weniger Jahre eine submarine Wohn- und Arbeitssiedlung für Tiefen bis 500 Meter entwickeln könne. Ein anderer Konzern hat im Auftrag der US-Navy umfangreiche Untersuchungen für eine „Unterwasserstadt“ für annähernd tausend Aquanauten in Angriff genommen. Der Tauchexperte Frank White erklärt dazu:

„Die besten Bauplätze wären geeignete Stellen auf dem Kontinentalschelf, aber auch Bodenschwellen im mittleren Atlantik, submarine Berggipfel oder Unterwassergebiete in der Umgebung von Atollen oder Inseln. Wir denken zunächst an 300 Meter Wassertiefe. Später, wenn sich die Aquanauten dort sicher fühlen, könnten diese ‚Hütten‘ auch in 600 Meter abgesetzt werden.“

Von derartigen Häusern hat man schon recht genaue Vorstellungen. Die kleineren sind kompakt, vollständig eingerichtet und so leicht, daß sie von Schiffen auf See hinausgeschleppt und dann mit einem Kran auf den Meeresboden hinabgelassen werden können.

Je nach Größe und Tiefe einer solchen Behausung, so meint White, soll sich eine Besatzung darin 30 Tage bis ein Jahr lang aufhalten. Je mehr Aquanauten eine solche Station bewohnen, desto größer muß sie natürlich sein. Die größeren werden dann freilich nicht als Ganzes in die Tiefsee abgesenkt werden können, sondern man müßte sie am Meeresboden aus vorgefertigten Teilen zusammensetzen.

Aquanauten in „Mensch-Verstärkern“ und Froschmänner in Arbeitskapseln werden die Einzelteile der Stationen auf hydraulischen Stützen montieren. Auch dafür hat man sich eine kraftersparende Arbeitstechnik ausgedacht: An den Fertigteilen angebrachte Kunststoffsäcke werden mit Preßluft gefüllt, die in Stahlzylindern zum Meeresboden hinabgelassen wurde. Die Säcke werden so weit aufgeblasen, daß sie die Hausteile eben vom Meeresboden abheben und in der Schwebe halten; die Teile lassen sich dann ebenso leicht und einfach verschieben, als hingen sie an einem Baukran.

Ist das Haus fertig zusammengebaut und sind alle außenliegenden Verbindungsstellen der Fertigbauteile abgedichtet, dann muß das Haus bewohnbar gemacht, das

Eines der zahlreichen Modelle künftiger Wohn- und Arbeitsstationen für den Meeresgrund. Einer Mondfähre nicht unähnlich, bietet dieses mehrstöckige Unterwasserhaus den Aquanauten beträchtlich mehr Komfort als die bisher erprobten Stationen und Labors.

heißt vom Wasser befreit werden. Von einem Versorgungsschiff an der Wasseroberfläche läßt man Zylinder mit dem Heliumatemgemisch herunter, oder ein Tauchboot, dessen Lufttanks mit dem Gasgemisch gefüllt sind, legt am Haus an. Aquanauten sorgen dann dafür, daß das Gas durch Anschlußventile in die Behausung hineingepumpt wird. Das einströmende Gas drückt nun allmählich das Wasser in der Station durch die Einstiegluke im Boden hinaus. Dann können die Aquanauten ihre Unterkunft betreten und sich ihrer Ausrüstung entledigen. In „Verpflegungsbomben“ — großen, wasserdichten Stahlzylindern — werden von Versorgungsschiffen schließlich die notwendigen Ausrüstungs- und Einrichtungsgegenstände zum Meeresboden hinabgelassen. Diese Behälter sinken an Stahlseilen in die Tiefe, werden abgehakt und in das Haus hineingeschafft. Geleert und mit Abfällen, Post und so weiter gefüllt, wandern sie danach am Leitseil wieder nach oben.

Natürlich wäre es möglich, auch den Strom für den Betrieb einer solchen Siedlung durch Unterwasserkabel heranzuführen. Das aber war nur bei den *Sealab*- und *Conshelf*-Versuchen notwendig. Größere Siedlungen werden ihre eigenen nuklearen Kraftwerke besitzen.

Ein amerikanischer Industriekonzern entwickelte vor Jahren ein derartiges Kraftwerk, das ohne jede Wartung auf dem Meeresgrund zwei Jahre lang Energie für den Betrieb einer kleineren, unbemannten Station liefern kann. Es arbeitet ohne bewegliche Teile, wandelt die radioaktive Strahlung direkt in Elektrizität um und wird durch Meerwasser gekühlt. Ein Werksingenieur erklärte dazu: „Wir können auch größere Reaktoren mit entsprechend höheren Leistungen bauen, die ausreichen würden, um kleine Unterwassersiedlungen mit dem notwendigen Betriebsstrom zu versorgen."

Tatsächlich ist es das Ziel aller Planer, die Stationen von der Oberfläche so unabhängig wie möglich zu machen, denn nur dadurch würde ja eine echte Kolonisierung der Tiefsee erreicht. Dazu gehört auch, daß die Aquanauten sich selbst verpflegen können. Durch Entsalzungsanlagen, die mit den submarinen Atomreaktoren gekoppelt werden, können sie zum Beispiel Meerwasser in das unentbehrliche Süßwasser verwandeln. Die Atom-U-Boote der amerikanischen Marine beweisen seit Jahren, daß es möglich ist, mit Hilfe eines Atomreaktors nicht nur Schiffe mit genügend Betriebs- und Antriebsenergie zu versorgen, sondern pro Tag auch noch rund 40 000 Liter Frischwasser, genug zur Kühlung des Reaktors und zur Versorgung von über 100 Mann Besatzung, zu gewinnen. Ein ebenfalls mit Atomstrom betriebener Generator spaltet außerdem Meerwasser in Sauerstoff und Wasserstoff auf. Der Sauerstoff wird in die Kabinen gepumpt, der Wasserstoff über Bord geschickt.

Der Reichtum des Meeres an eßbaren Tieren wird es den Aquanauten erlauben, sich selbst mit frischer fleischlicher Nahrung zu versorgen. In erster Linie wird es sich dabei um Fische handeln, die sie nicht wie die Sporttaucher mit Flossen, Gesichtsmaske und Harpune jagen müssen, sondern sie werden sie in „Ställen" halten, genauso, wie es die Landwirte auf dem Festland mit Schweinen, Rindern oder Hühnern tun. Bei Bedarf brauchen die Köche sich den frischen Fisch nur aus diesem Bestand auszusuchen. Daß das möglich ist, hat Cousteau bewiesen: Vor der Küste von Monaco senkte der französische Tiefseeforscher große, hohle und zum Teil mit Kammern und Gängen versehene Betonblöcke in die Tiefe. Innerhalb kurzer Zeit hatten sich in diesen *Biotrons* die verschiedensten Meeresbewohner angesiedelt. „Das hatten wir erwartet", erklärte Cousteau. „Wir hatten ja immer wieder beobachtet, daß verschiedene Fischarten und auch Krebse Hohlräume als Aufenthaltsort bevorzugen. Nicht von ungefähr wimmelt es in den Wracks gesunkener Schiffe von Meerestieren. Sie fühlen sich darin offensichtlich geschützt und geborgen."

Cousteaus Erfahrungen wurden im Jahre 1972 vor der Küste Floridas praktisch genutzt: Man versenkte haufenweise Autowracks, ausrangierte Kühlschränke, Herde und Waschmaschinen vor dem Festland. Auf diese Weise entstanden, zum Wohl der Fische wie der Fischer, innerhalb kurzer Zeit über 100 künstliche Riffe. Floridas Gouverneur Woodburn äußerte: „In den künstlichen Riffen haben sich Fische angesiedelt, die an diesen Stellen zuvor nicht aufgetreten waren. Aber auch Meeresbewohner, die durch Abwässer aus ihren angestammten Laichgebieten vertrieben worden waren, kehren immer zahlreicher wieder zurück."

Der Meeresforscher Hayward Mathews berichtete Mitte 1973, daß bereits Millionen von Barschen und Makrelen ein vor der Stadt Clearwater angelegtes künstliches Riff bevölkerten.

Andere Vorschläge gehen dahin, ein bestimmtes Gebiet in der Nähe einer Unterwassersiedlung mit Netzen einzuzäunen, um darin größere Fische wie in einer Koppel zu halten. In einer Informationsschrift des deutschen Bundesministers für Bildung und Wissenschaft wird gesagt: „Im Rahmen der gegenwärtigen Forschungen ist es von besonderem Interesse, die Grundlagen für eine marine Aquakultur in deutschen Küstengewässern zu erarbeiten. Unter dem Begriff ‚marine Aquakultur' versteht man die Züchtung, Auslese und Aufzucht von Meerestieren und -pflanzen in Seewasserbecken, Netzgehegen und abgegrenzten Meeresgebieten, insbesondere von hochwertigen Fischen, Muscheln und Krebsen.

Führend auf diesem Gebiet der Aquakultur ist heute Japan. Die in solchen ‚Gärten' gewonnenen Meerestiere — dazu gehören z. B. Muscheln, Krebse und Fische — und Algen ergeben größere Erträge als der Jahresgesamtfischfang der Bundesrepublik."

Die Japaner mästen beispielsweise Seefische in großen, schwimmenden Netzbeuteln. Irgendwann, in nicht zu ferner Zukunft, mag auch diese Methode vielleicht schon als antiquiert gelten. Der britische Schriftsteller Arthur C. Clarke beschreibt in einem futuristischen Roman das Leben auf einer Unterwasserfarm: Taucher machen in

Folgende Doppelseite: Zukunft auf dem Meeresgrund

Die rasch voranschreitende Entwicklung der ozeanologischen Technik rückt die Vision dieser Industrielandschaft unter Wasser in greifbare Nähe. Zwischen Ölbohrstellen (linke Seite), Arbeitsstationen, die mit der Oberfläche in Verbindung stehen (Mitte vorn und Hintergrund), Wohnhäusern und Docks (Mitte und Hintergrund) bewegen sich Unterwasserbusse, Unterwassertransporter und kleinere Arbeitskapseln mit Greifarmen; Rohr- und Kabelleitungen verbinden die Anlagen miteinander. Aquanauten und ihre Helfer, die Delphine, gehen ihrer Arbeit in dieser Umgebung nach (Vordergrund rechts). Eine besondere Einrichtung ist die Fischzuchtanlage (Vordergrund rechts). Fischkäfige sind wie Fahrstuhlkörbe in einem Rahmengestell aufgehängt, in dem sie auf- und abwärts bewegt werden. Damit können die Fische im Wechsel von Tag und Nacht ihrer Nahrung, den auf- und absteigenden Plankton- und Kleintierschwärmen, folgen.

Klein-U-Booten Jagd auf Wale. Jungtiere werden von den „Whaleboys" schon kurz nach der Geburt mit Peilsendern versehen, so daß es Jahre später relativ einfach ist, die inzwischen erwachsenen Wale in der Weite der Tiefsee aufzuspüren.

Da aber selbst dem größten Fischliebhaber nicht jeden Tag Barsch, Kabeljau oder Scholle zugemutet werden können, wird man in der Kost der Aquanauten für Abwechslung sorgen müssen. Auch hier gibt es schon Erfahrungen und Vorschläge: In größeren Hallen unter Wasser will man die gleichen Tiere halten wie auf dem Festland. Der Druck wird ihnen ebensowenig ausmachen wie den Aquanauten, und füttern will man sie mit Algen und Fischmehl; beides wird heute auch schon an Land als Viehfutter verwendet. In submarinen Gewächshäusern will man Gemüse ziehen; unter künstlichem Licht werden die Pflanzen in Nährlösungen schwimmen, zu denen die Tiefe die notwendigen Chemikalien im Überfluß liefern kann. Diese sogenannte Hydroponik-Kultur wollen die Weltraumforscher in der ersten Mondkolonie einführen — warum also nicht auch in der Tiefsee? Ein typisches Mittagessen am Meeresgrund könnte ähnlich „normal" aussehen wie heute an Bord von Atomunterseebooten.

Arbeiten auf dem Meeresgrund

Die meisten der ersten Unterwasserbehausungen werden vorläufig noch reinen Forschungszwecken dienen, aber auf den Reißbrettern vieler Konstrukteure in aller Welt entstehen schon die ersten Pläne von Stationen und Stützpunkten für Unterwasser-Arbeitstrupps, die auf dem Meeresgrund verschiedene Aufgaben erfüllen sollen.

Amerikanische Ozeanographen haben beispielsweise dem Kongreß der Vereinigten Staaten Vorschläge unterbreitet, wie man bestimmte plankton- und fischarme Gebiete des Ozeans „düngen" könnte. Große Atomreaktoren auf dem Grunde solcher „Meereswüsten" sollen das Wasser in ihrer Umgebung erwärmen, das dann, leichter geworden, nach oben steigt. Dabei entsteht ein Sog, der lebenswichtige Mineralstoffe an die Oberfläche transportiert. An solchen Stellen im Meer würde rasch ein üppiges Planktonwachstum einsetzen, das natürlich zahlreiche Fische anlocken müßte.

Um die Nährstoffe vom Meeresboden hochzuwirbeln, könnte man auch riesige Quirle ins Meer setzen, die vom Grund bis dicht unter die Oberfläche ragen. Richard Vetter, Leiter des amerikanischen Komitees für Ozeanographie, erläutert diesen Vorschlag: „Die Quirle müßten

In den nächsten Jahrzehnten werden die Ölvorräte der Festländer allmählich zur Neige gehen. Das ist der Grund, warum gerade die Ölförderung aus dem Meeresgrund besonders vorangetrieben wird. Die heutigen Bohrinseln sollen von Unterwasserbohranlagen abgelöst werden, das geförderte Öl wird dann in Tanks auf dem Ozeanboden gesammelt und später von besonderen Unterwassertankern zur Raffinerie transportiert.

Dieser Unterwassertanker, der bisher nur im Entwurf existiert, ist 270 Meter lang und könnte rund
170 000 Tonnen Öl auf einmal transportieren, unabhängig vom Wetter und von den Wellen, ja sogar unter dem
Eis des Nordpols hindurch. Solch ein Transport-U-Boot wäre z. B. von größtem Wert für die Ausbeutung der
gewaltigen Ölvorkommen in Alaska, deren Nutzung bis jetzt noch erhebliche Transportprobleme entgegenstehen.

dort stehen, wo es Tiefseeströmungen gibt — etwa zwischen Miami und Kuba in der sogenannten Florida-Strömung. Die Kraft des Wassers würde die flügelartigen Arme des Quirls in Umdrehung versetzen und damit einen vom Boden bis zur Oberfläche reichenden Sog erzeugen." Da der Florida-Strom ein Teil des Golfstroms ist, würden die Nährstoffe in andere, nährstoffärmere Meeresgebiete getragen werden und dort für die Vermehrung von Plankton sorgen. Die Montage und Instandhaltung der Reaktoren und Quirle sollten von Aquanautentrupps besorgt werden.

Angesichts der schwindenden Rohstoffvorräte einiger Kontinente wird die Erschließung neuer Erz- und Erdöllagerstätten immer dringender. Allein die amerikanische Erdölindustrie gibt jährlich über 3 Milliarden Dollar für die Suche, Erforschung und Erschließung neuer Ölfelder aus. Daß am Boden der Tiefsee vor den Kontinenten noch riesige unentdeckte Vorräte liegen, halten die meisten Fachleute für sicher. So hat das amerikanische Bergwerksbüro (Bureau of Mines) mehrere große Firmen dafür gewonnen, ein Forschungsprogramm für den submarinen Bergbau zu entwickeln. Schon in naher Zukunft sollen Aquanauten von ihren Stützpunkten aus als „Unterwasserprospektoren" Streifzüge in die nähere

Umgebung ihrer Behausungen unternehmen, um nach abbauwürdigen Lagerstätten zu suchen. Für Abstecher in entlegenere Gebiete lief in Groton im US-Staat Connecticut ein erstes „geophysikalisches U-Boot" vom Stapel, das mit Geigerzählern, Magnetometern und anderen Spezialgeräten ausgerüstet ist. Eine besondere Eigenschaft dieses Forschungs-U-Bootes: Wie einst Simon Lakes *Argonaut* kann es auf Rädern über den Meeresboden rollen.

Wenn die Aquanauten fündig werden, dann sollen sie an den betreffenden Stellen „Arbeitssiedlungen" errichten, von denen aus Erz- oder Erdöllager abgebaut werden. Große Saugbagger könnten den Rohstoff an die Meeresoberfläche pumpen; er könnte aber auch in die Laderäume von Unterwasserschiffen verfrachtet werden. Mit solchen Fahrzeugen, die riesigen Unterseebooten ähneln, haben verschiedene Werften in Japan, Großbritannien und den USA vor einiger Zeit schon Modellversuche angestellt.

„Mit entsprechenden Anlagen", so heißt es in einer amerikanischen Fachzeitschrift, „wäre es möglich, das Rohöl in große, zeppelinförmige Kunststoffschläuche zu pumpen, die halbstarr oder völlig elastisch sein und von U-Booten zum Festland gezogen werden können."

Der Bau solcher Behälter, von denen jeder, prallgefüllt bis zu 16 Millionen Faß Öl aufnehmen könnte, wäre technisch durchaus möglich. Die US Rubber Company entwarf submarine Ölbehälter von über 100 Meter Länge und 6 Meter Durchmesser. Ein Unterseetanker, selbst bis auf den letzten Tank gefüllt, könnte drei dieser Kunststoffsäcke, von denen jeder eine Ladung von etwa 720 000 Liter Erdöl aus einer Unterwasserquelle aufnimmt, hinter sich herziehen. Selbst starke Stürme würden einem solchen Geleitzug unter Wasser wenig anhaben, wenn er über ein hervorragendes Stabilisierungssystem verfügt. Mit den Arbeitsunterseebooten, die heute von verschiedenen Industriekonzernen entwickelt werden, wäre wahrscheinlich auch das „Abgrasen" der Manganlager auf dem Tiefseeboden viel einfacher als von der Wasseroberfläche aus.

Solche Schiffe oder Geleitzüge brauchten nicht einmal bemannt zu sein. Computer könnten die Steuerung und Wartung der Antriebsanlagen übernehmen, Sonarbojen die Schiffe sicher bis zu ihrem Bestimmungshafen auf Kurs halten. Solche Sonarbojen wären in bestimmten Abständen unter Wasser verankert, und mit Hilfe von Hydrophonen brauchte ein Schiff seinen Kurs nur nach den Schallwellen auszurichten, die von den einzelnen Sonargeräten ausgestrahlt werden. Das Schiff steuerte gewissermaßen von Boje zu Boje. Für den Fall einer Panne — den Ausfall einer Maschine etwa — wäre jedes Schiff mit einer Einstiegsschleuse versehen. Dort könnten Techniker von einem Reparatur-U-Boot aus einsteigen, um den Schaden zu beheben.

Die meisten in der Tiefsee gewonnenen Rohstoffe werden eines Tages — so glauben jedenfalls einige Fachleute — in den Unterwasserstützpunkten auch verarbeitet. In der angesehenen britischen Zeitschrift *New Scientist* erklärte der Direktor des Forschungslabors für Meeresvorräte vom Portsmouth College of Technology Anfang 1968: „Auf den ersten Blick mag die Vorstellung von chemischen Fabriken auf dem Meeresgrund ziemlich weit hergeholt erscheinen, aber es lohnt sich, darüber einmal gründlich nachzudenken."

Morgan hält den Bau von Fabriken am Meeresgrund aus mehreren Gründen für lohnend. Es gibt in der Tiefsee genügend Rohstoffe; die Bodenpreise für Fabrikgelände auf dem Festland steigen ständig — den Meeresboden aber gibt es praktisch umsonst; die Häfen sind zum Teil überlastet, und Lagerplätze auf dem Festland werden knapp und teuer. Zur Luftverpestung auf dem Festland würde eine Unterwasserfabrik kaum beitragen. Ihre Abgase könnten an die Meeresoberfläche geleitet werden, ohne bewohnte Gebiete in Mitleidenschaft zu ziehen. Hinzu kommt, daß die Schwerindustrie gewaltige Wassermengen braucht, die im Meer ja vorhanden sind.

An vielen Stellen der Ozeane liegen Werte auf dem Meeresboden, die mit den Mitteln der künftigen Unter

wassertechnik gehoben werden könnten: gesunkene Schiffe. Bisher scheiterte die Bergung oft noch sehr wertvoller und reparierbarer Wracks sowie der Schätze, die mit ihnen auf den Grund sanken, mit wenigen Ausnahmen daran, daß die Schiffe für Taucher zu tief liegen. Lange Dekompressionszeiten würden Monate harter Arbeit unter Wasser erfordern, deren Kosten in keinem Verhältnis zu der erhofften Ausbeute stünden.

Mehrere Versuche, den am 25. Juli 1956 vor der Küste von Nantucket nach einem Zusammenstoß gesunkenen italienischen Luxusdampfer *Andrea Doria* zu heben, sind an den hohen Bergungskosten gescheitert, obwohl allein der Schrottwert des Schiffes auf rund 3 Millionen Dollar geschätzt wird, ganz zu schweigen von solchen Werten wie der Ladung und den in Tresoren aufbewahrten Schmucksachen, Wertpapieren und Geldmitteln an Bord.

Wie Aquanauten dem Meer solche Wracks entreißen, das stellt sich George F. Bond so vor: „Wir werden ein fahrbares Unterwasserhaus bauen, in dem der gleiche Druck herrscht wie in der Tiefe, in der es kreuzen muß. Es soll 33 Mann Besatzung aufnehmen, mit Arbeitsräumen und Werkzeugen ausgestattet sein und von größeren submarinen Stützpunkten aus Vorstöße in gleich tiefe Meeresgebiete unternehmen."

Ein solches ideales Bergungs- und Wohnboot könnte zum Beispiel auch die *Andrea Doria* anlaufen. Es würde in der Nähe des Wracks stationiert, und schon wenige Tage später könnten sich die Aquanauten in mehrstündigen Schichten den Weg ins Innere des Wracks bahnen und ihre Arbeit beliebig lange fortsetzen. Dazu Bond: „Taucher, die versuchten, von der Oberfläche aus die Schätze der *Andrea Doria* zu bergen, mußten schon nach 15 bis 20 Minuten Aufenthalt im Wrack die Arbeit abbrechen, um in ihren Atemtanks noch genug Sauerstoff für den langsamen Aufstieg zu behalten."

Einen ersten, teilweise erfolgreichen Schritt in diese Richtung unternahmen im August 1973 zwei amerikanische Unterwasserspezialisten, die sich in einer Taucherglocke zur *Andrea Doria* hinabließen, um dort eine Woche lang in der Tiefe des Wracks zu leben und zu arbeiten. Es gelang ihnen, sich mit Schneidbrennern bis zum Zahlmeisterbüro vorzuarbeiten. Der Versuch, die Tresore zu heben, mußte jedoch aufgegeben werden, da sich einer der Taucher verletzt hatte. Immerhin bewies das Experiment, daß derartige Bergungsmethoden Erfolg versprechen.

Ein Bergungsboot, wie es Bond beschreibt, wird auch dazu dienen, größere, in Stürmen oder nach Zusammenstößen gesunkene Schiffe in Küstennähe wieder zu heben. Die Aquanauten sollen am Schiffsrumpf große Kunststoffsäcke befestigen, die mit Luft gefüllt werden und das Schiff so weit anheben, daß man Bergungstrossen unter seinen Rumpf legen und es mit Hebeschiffen in flache Gewässer schleppen kann.

Das Schlachtfeld der Zukunft

Das alte Wort vom Krieg als Vater vieler Dinge gilt leider auch für die Eroberung der Meerestiefen. Die wissenschaftlichen Projekte zur Nutzung der Tiefsee würden kaum so schnell verwirklicht, wie ihre geistigen Väter es erhoffen, wenn nicht militärische Überlegungen den Vorstoß in den „inneren Weltraum" beflügelten.

Es ist kein Zufall, daß die amerikanische Marine und natürlich auch die Seestreitkräfte der Sowjetunion in den letzten Jahren immer mehr Geld und Kraft in die Meeresforschung gesteckt haben. Amerikanische Marineexperten wie Admiral Momsen haben die Tiefsee schon kurz nach dem Zweiten Weltkrieg als „Schlachtfeld der Zukunft" bezeichnet, und ein hoher U-Boot-Offizier sagte: „Wir müssen sie kennen wie unsere eigene Westentasche — oder wir werden darin umkommen." Im Rahmen ihrer „Strategie der Abschreckung" bemühen sich die Seemächte dementsprechend, einem möglichen Gegner mit der Erkundung und Beherrschung dieses submarinen Schlachtfeldes zuvorzukommen.

John P. Craven, der Leiter des Amtes für Tiefseeprojekte der amerikanischen Marine, zählte einige der militärischen Erfordernisse bei der Nutzung der Meere für die Verteidigung auf:

„Wir müssen in der Lage sein, bemannte, feste Stützpunkte auf oder sogar im Meeresboden selbst zu errichten. Wir müssen in der Lage sein, Menschen als freie Schwimmer in Tiefen bis zu 330 Metern einzusetzen. Und wir müssen in der Lage sein, einen Austausch von Menschen und Material zwischen Stützpunkten und Fahrzeugen im Meeresbereich vor den Küsten vorzunehmen."

Die schwedische Kriegsmarine begann schon 1945, zum Schutze ihrer Schiffe riesige Höhlen in die steilen Felsküsten des Landes zu sprengen. In diesen Höhlen gibt es Dock- und Wartungsanlagen, Quartiere für Bedienungsmannschaften, Vorratsräume für Verpflegung, Ausrüstungsgegenstände und Munition. Schiffe, die in solchen granitüberdachten Zwerghäfen liegen, können selbst einen Wasserstoffbombenangriff auf Schweden unbeschädigt überstehen, meinen die Fachleute.

Admiral Momsen ging in einem Artikel gleich einige Schritte weiter. „Warum", so fragte er, „soll man solche Höhlen nicht unter die Wasseroberfläche verlegen? Amerika hat viele Küsten, wo die Felsen vom tiefen Meeresboden emporsteigen — etwa in Alaska, in Oregon oder in Kalifornien. Sie bieten sich für solche Unterwasserhäfen geradezu an." Der Bau eines solchen Stützpunkts wäre zwar teuer, aber beim heutigen Stand der Technik kein großes Problem.

Auf dem Festland werden zunächst mehrere Schächte einige hundert Meter senkrecht in den Felsboden getrieben. Von deren Sohlen aus werden dann riesige Gewölbe aus dem Fels geschlagen und zu vollständigen Dockanlagen ausgebaut. Dann erst erfolgt der Durchstoß zum

Meer: Ein Tunnel, groß genug für ein Unterseeboot, wird von jedem Dock aus seewärts vorangetrieben. In jeden Tunnel baut man zwei wasserdichte Schleusen ein, zwischen die bequem ein großes Unterseeboot paßt. Bei geschlossenen Schleusen wird dann vom Meer her unter Wasser am Tunnel weitergebaut.

Von Tiefseebaggern und Arbeitsbooten unterstützte Taucher sprengen einen waagerechten Stollen in den Küstenfelsen, bis sie auf das Ende des im Festland gebohrten Tunnels treffen; damit ist die Verbindung zu den unterirdischen Dockanlagen hergestellt. Durch die Schleusen läßt man nun gerade so viel Wasser in Tunnel und Dockanlagen einströmen, daß ein U-Boot in aufgetauchtem Zustand darin schwimmen kann.

Ein U-Boot, das in einen solchen unterirdischen Hafen einlaufen will, fährt unter Wasser in den Tunnel und in die offene Schleusenkammer ein, die dabei natürlich ebenfalls voll Wasser läuft. Nun wird die äußere Schleuse geschlossen und das Wasser zur Hälfte aus der Kammer gepumpt, wobei das Boot auftaucht. Erst dann wird die innere Schleuse geöffnet, und das Boot läuft sein Dock an, genauso, als befände es sich in einem normalen Oberflächenhafen. Der Verbindung zum Festland für Besatzungen und Nachschub dienen Fahrstühle, die in die senkrechten Schächte eingebaut sind.

Der amerikanische Ingenieur Dr. Carl Austin hat diese Vorschläge Momsens aufgegriffen und sie gleich mit den Projekten zukünftiger Unterwassersiedlungen kombiniert. „Unterirdische Häfen bieten gegenüber den heutigen Anlagen für unsere U-Boote zwar einen hervorragenden Schutz. Sie wären aber noch immer ein Teil des Festlandes und deshalb von einem Gegner viel leichter zu orten als ein echter Unterwasserhafen, der irgendwo am Boden der Tiefsee versteckt ist." Austin arbeitete, allerdings nur auf dem Papier, ein Projekt aus, das er „Rocksite" (Felsplatz) nennt:

„Etwa 60 Prozent des tiefen Meeresbodens bestehen aus gewachsenem Fels. Vor der Küste Kaliforniens, auf dem flachen Kontinentalsockel also, sind es etwa zehn bis fünfzehn Prozent. Je nach der unseren Booten erreichbaren Tauchtiefe wählt man eine solche Felsebene für den Bau des Unterwasserhafens aus."

Zunächst wird für die Aquanauten, die den Hafen bauen sollen, eine Unterwassersiedlung errichtet — falls der Hafen nicht sowieso am Rande eines schon bestehenden Unterwasserstützpunktes entstehen soll.

„Anschließend", so meint Austin, „senken die Aquanauten wie bei einem Bergwerksbau einen Schacht in den Meeresboden, sagen wir 40 oder 50 Meter tief. Der Schacht wird mit Schleusen verschlossen, vom Meerwasser freigepumpt und mit Luft gefüllt, die von da an natürlich ständig erneuert werden muß. Nun können die weiteren Arbeiten gewissermaßen im Trockenen verlaufen. Die Aquanauten, ihrer Tauchanzüge ledig, senken den Schacht nun weiter bis auf eine Tiefe von 80 Metern ab. Dort wird die erste große Höhle für ein Atomkraftwerk ausgesprengt."

Nach Ansicht Austins kann der Schacht bis in eine Tiefe von 300 Metern unter den Meeresboden geführt werden, um völlig angriffssicher zu sein. An seiner Sohle können die Arbeiter damit beginnen, den eigentlichen militärischen Stützpunkt auszubauen, dessen Größe keine Grenzen gesetzt wären. Die Festung unter dem Meeresboden würde Quartiere für die Besatzung enthalten, die es an Geräumigkeit mit jeder modernen Kaserne aufnehmen können; die Computer, Alarmanlagen und Schaltpulte in den Kommandoräumen würden an die Befehlszentralen des Festlandes angeschlossen sein und ständig mit allen Schiffen der Kriegsmarine Verbindung halten. Hinzu kämen ein Krankenhaus, Werkstätten und große Höhlen als Trinkwasserspeicher. „Wenn notwendig, werden wir auch Viehställe, Gärten, Turnhallen, Kinos und dazwischen unterirdische Verbindungsstraßen für kleine Elektroautos und Transportfahrzeuge anlegen können. Der größte Vorteil einer solchen Festung unter dem Meeresboden aber", so meint der phantasiebegabte Austin, „wäre die Möglichkeit, darin den gleichen Luftdruck zu schaffen wie an der Erdoberfläche. Wir brauchten also keine trainierten Aquanauten, sondern jeder Matrose, jeder Infanterist könnte darin Dienst tun."

Wie aber soll der Kontakt zu den Unterseebooten, der Austausch von Besatzungen, die Versorgung der Boote mit Nachschub vor sich gehen? Auch daran hat Austin gedacht:

Über einigen Schächten, die zu der Festung hinabführen, sollen etwa 15 bis 20 Meter hohe Hohltürme errichtet werden; Personen- und Frachtfahrstühle fahren darin zur Schachtsohle hinab. U-Boote, die den Stützpunkt anlaufen, sollen an den Türmen festmachen wie ein Luftschiff an einem Landemast. Hat ein Boot angelegt, dann schiebt sich von einem Turm teleskopartig ein Gang über eine Ausstiegsluke am U-Boot-Rumpf, saugt sich gewissermaßen daran fest, und man kann die Luke öffnen. Die U-Boot-Besatzung kann aussteigen und nun zur Festung hinunterfahren, um dort von Ersatzmannschaften abgelöst zu werden; oder sie steigt durch einen anderen Turm in ein wartendes Transportunterseeboot um, das sie für den Heimaturlaub zum Festland bringt.

Raketen vom Meeresgrund

Zu den technisch kühnsten Plänen der „nassen Kriegführung" gehört das Projekt *Orca*: am Meeresgrund stationierte Fernraketen. Die für dieses Unternehmen notwendigen Voraussetzungen haben sich, wenn auch in anderem Zusammenhang, längst bewährt. Amerikas Fernraketen stehen seit Jahren in großen, unterirdischen Betonsilos auf dem Festland, und Fernraketen vom Typ

Polaris sind die wichtigste Waffe der amerikanischen Atomunterseeboote. Sie werden durch einen gewaltigen Preßluftstoß aus dem getauchten Boot bis über die Wasseroberfläche gejagt, dann zündet automatisch ihr Triebwerk und trägt die Raketen viele tausend Kilometer weit bis an ihre Ziele.

An Land untergebrachte Raketen aber können bei einem Überraschungsangriff vernichtet werden, bevor sie in der Luft sind, und U-Boote können nur eine begrenzte Zahl von Raketen (16 pro Boot) tragen. Warum, so fragten sich deshalb die Waffentechniker, soll man Raketen nicht am Meeresboden stationieren und sie im Ernstfall auch von dort starten? In der riesigen Weite der Ozeane wären sie für einen Gegner nur schwer zu finden, und die fünfzig, achtzig und gar mehrere hundert Meter starke Wasserdecke über ihnen würde sie besser schützen als der stärkste Betonsilo an Land.

„Wir könnten solche Raketen einzeln vor unseren Küsten oder weit draußen im offenen Meer stationieren. In automatischen Abschußstellungen am Rande submariner Siedlungen könnten auch mehrere Dutzend zusammen aufgestellt werden", erklärte ein Fachmann. „Die unbemannten Stellungen müßten nur regelmäßig von Aquanauten in Wartungsbooten besucht werden."

Wegen des zu großen Wasserwiderstandes wird es nicht möglich sein, in großer Meerestiefe stehende Raketen mit Preßluft an die Oberfläche zu jagen, um ihre Triebwerke erst über Wasser zu zünden. Auch hier macht man sich schon ernsthaft Gedanken über die beste Startmethode: Im Frühjahr 1960 erprobten Techniker und Ingenieure der amerikanischen Marine den Start von Flüssigkeits- und Feststofftriebwerken unter Wasser. Sie hängten immer größere Raketen zwischen Bojen auf, wobei sie die Triebwerke immer tiefer in die Wellen eintauchen ließen; die Meeresoberfläche diente dabei als billige Startbühne.

Eine andere Startmöglichkeit für Raketen vom Meeresgrund: Das Projektil wird mit seinem Schutzbehälter automatisch vom Meeresboden abgelöst und treibt nach Abwurf von entsprechendem Ballast an die Wasseroberfläche. Ein Gleichgewichtssystem richtet es senkrecht auf, dann erst startet sein Triebwerk.

Die Militärs denken überdies an atomgetriebene Ferntorpedos, die aus submarinen Stellungen starten, hundert, zweihundert oder noch mehr Kilometer weit in der Tiefe durch das Wasser jagen und sich dann auf ihr Ziel stürzen. Der italienische Ingenieur Glauco Partel glaubt, daß solche Waffen Unterwassergeschwindigkeiten

Unterseeboothäfen, deren Einfahrten weit unter dem Meeresspiegel liegen und die tief in den Felsen des Kontinentalabhangs hineingebaut werden sollen, sind nach Ansicht mancher militärischer Fachleute eine Garantie für den Schutz der kostspieligen und komplizierten Atom-U-Boot-Flotten von morgen

von mehreren hundert Kilometern pro Stunde erreichen werden. „Andere Torpedotypen", meint Partel, „werden sich bis an die Küste eines gegnerischen Landes heranschleichen. Erst dann steigen sie aus der Meerestiefe in die Stratosphäre auf, um ihr Ziel anzusteuern."

Als Partel 1958 diese Prognose stellte, war die amerikanische Marine dabei, unter strengster Geheimhaltung die ersten Geräte eines besonderen Unterwasserradars zu erproben. Jede dieser Anlagen ist im Grunde genommen ein hochempfindliches Sonargerät, eine Art submarines „Hörrohr" mit einer Reichweite von 40 bis 60 Kilometern. In diesem Umkreis macht es selbst die schwächsten Geräusche unter Wasser vernehmbar: das Quietschen eines Delphins zum Beispiel, einen Schwarm Garnelen, der lärmt wie brutzelnde Spiegeleier in der Pfanne, oder die Stimme eines Wals, dessen Laute an das Kreischen eines rostigen Scharniers erinnern. Vor allem aber hört es die Schraubengeräusche eines heranschleichenden Unterseebootes.

Ziel dieses Projektes ist es, den gesamten nordamerikanischen Kontinent mit einer lückenlosen Kette solcher Sonargeräte zu umgeben. Sie sollen viele hundert Kilometer weit vor den Küsten im Meer verankert werden. Kabel für die Übermittlung der aufgefangenen Geräusche verbinden sie mit Kommandozentralen auf dem Festland — und eines Tages auch mit militärischen Unterwasserstützpunkten. In diesen Zentralen werden alle von den Sonargeräten übermittelten Schallwellen von Computern analysiert. Schon jetzt legt die amerikanische Marine ein umfangreiches Archiv aller nur denkbaren Meeresgeräusche an, um später mit seiner Hilfe „fremde", also möglicherweise gefährliche Geräusche besser zu erkennen. Sonarfachleute sind sogar überzeugt, daß jedes Unterseeboot eine nur ihm eigene, typische „Stimme" besitzt. Wenn das Projekt verwirklicht ist, so meinen sie, wird es nicht nur möglich sein, auf Grund der aufgefangenen Schraubengeräusche zwischen eigenen und gegnerischen Booten zu unterscheiden, sondern auch genau zu sagen, um welchen feindlichen Bootstyp und sogar um welches einzelne Boot es sich dabei handelt. Angesichts solcher Schutz- und Abwehranlagen, die ja auch eine gegnerische Seemacht entwickeln kann und wird, ist es kein Wunder, daß die amerikanische Marine zudem ihre Unterseeboote immer weiter verbessern will; die Parole der Techniker und Planer in den verschiedenen Entwicklungszentren lautet deshalb: Unsere Boote müssen größer werden, tiefer tauchen, schneller fahren.

Die Unterseeboote des Zweiten Weltkrieges besaßen eine Tauchtiefe von 200, höchstens 300 Metern. In diesen Bereichen knackte es schon gefährlich in den Druckkörpern. Die Tauchtiefe der modernen amerikanischen Atom-U-Boote wird streng geheimgehalten, doch man vermutet, daß sie 800 bis 900 Meter erreichen können.

Aber selbst das ist wenig, wenn man bedenkt, daß sie damit nur einen Bruchteil der Tiefenräume der Ozeane für ihre Operationen ausnützen können; nur rund fünf Prozent des Meeresbodens liegen oberhalb der 900-Meter-Grenze.

Im Frühjahr 1968 forderte deshalb die amerikanische U-Boot-Führung vom Pentagon energisch die Entwicklung neuer Fahrzeuge mit größeren Tauchtiefen. Hauptargument: Je tiefer ein Boot tauchen kann, desto schwerer wird es zu finden und zu vernichten sein.

Nicht mehr Stahl wird als Werkstoff für den Bau dieser Boote dienen, sondern eine ganze Reihe „exotischer Metalle" wie etwa Titan oder Niob und Kunststoffe, Glasfasern und keramisches Material. David Divine, Korrespondent der angesehenen Londoner *Times,* schrieb 1967: „Die amerikanische Marine tritt in eine neue Ära der Unterwasserkriegführung ein, in der Tiefseetauchboote, mit den Nachfolgern der heutigen *Polaris*-Raketen bestückt, in ständiger, gleichmäßiger Fahrt am Boden der tiefsten Meere entlangschleichen werden, unsichtbar und unauffindbar durch jede heute vorstellbare Ortungsmethode. Dieser neue Bootstyp, möglicherweise aus Glas oder keramischem Material gebaut, Werkstoffen, die der Weltraumtechnologie entstammen, wird wahrscheinlich so vereinfachte und perfekte Antriebsanlagen besitzen, daß man sie einfach in einer ölgefüllten Kammer, vollständig getrennt von der Besatzung, im Schiffsrumpf unterbringen kann; die Raketen werden in einer anderen Kammer stehen. In druckfesten, kugelförmigen Räumen im Innern des Rumpfes soll die Besatzung leben und für mindestens sechs Monate auf See bleiben. Das Fahrzeug wird den Austausch seiner Besatzung tief unter Wasser vornehmen, und in Tiefen bis zu 900 Metern wird es kaum zu finden sein."

Daß die amerikanische Marine tatsächlich solche Tauchtiefen für möglich hält, erhärten im Jahre 1963 durchgeführte Versuche: Man senkte große Hohlkugeln aus Glas und keramischem Material mehrere tausend Meter tief ins Wasser; die Kugeln überstanden den ungeheuren Wasserdruck unbeschadet.

Glauco Partel ist überzeugt, daß es zum Bau immer größerer Unterwasserkriegsschiffe in Form von raketentragenden Großbooten und sogar Flugzeugträgern kommen wird. Noch vor wenigen Jahren hätten Marineleute sich angesichts solcher Prophezeiungen wahrscheinlich an die Stirn getippt, aber die Entwicklung auf diesem Gebiet scheint Partel heute schon recht zu geben.

Im Zweiten Weltkrieg gab es ein deutsches U-Boot, das sein eigenes Flugzeug mitführte, den sogenannten „Schlepptragschrauber Bachstelze". Ein Rahmengestell mit einem Sitz für den Beobachter war mit einem Rotor versehen, der, wenn das U-Boot mit voller Kraft zog, durch den Fahrtwind in Umdrehung versetzt wurde und das Gestell an einem 300 Meter langen Schleppseil mit dem Beobachter in mehr als 100 Meter Höhe trug.

Glas – ein Werkstoff für die Tiefsee. So widerspruchsvoll das auf den ersten Blick erscheinen mag: Glas hat eine Eigenschaft, die es für die Tiefseetechnik besonders wertvoll macht; unter hohem Druck erhöht sich seine Festigkeit immer mehr. Künftige Unterseeboote, ob für militärische Zwecke oder im Dienst der Forschung, könnten mit solchen Glaskuppeln oder -kugeln ausgerüstet werden, aus denen die Besatzung eine bessere Sicht nach allen Seiten hat als durch die Bullaugen der jetzigen Tiefseefahrzeuge.

Damit sollte der Sehbereich der U-Boot-Besatzung erhöht werden, denn der Beobachter konnte über ein Telephon mitteilen, was er „hinter dem Horizont" erblickte. Die Amerikaner brachten nach dem Krieg an Bord einiger ihrer U-Boote Flugkörper vom Typ *Regulus* unter, unbemannte Fernlenkwaffen von der Größe eines kleinen Sportflugzeuges.

„Dies sind die Anfänge, aus denen die zukünftigen submarinen Flugzeugträger entstehen werden", schrieb eine amerikanische Zeitschrift in einem utopischen Bericht über die Unterwasserflotten von morgen. „Sie werden riesigen Mutterschiffen ähneln, mit eingebauten Kammern, in denen kleinere Unterwasserfahrzeuge bis an den Einsatzort mitgeschleppt werden."

Ähnliche, zu riesigen Versorgungstransportern ausgebaute Mutterschiffe würden auch militärische und zivile Unterwasserstützpunkte mit Nachschub versorgen, und für U-Boote, die irgendwo im riesigen Weltmeer auf Schleichfahrt sind, könnten sie den Nachschub in unbemannten Vorratslagern deponieren.

„Einige unserer futuristischen Träumer sprechen schon davon, daß sämtliche Flotten der Welt unter den Wellen verschwinden werden", sagte der amerikanische Vizeadmiral Bernard Austin beim Stapellauf des atomgetriebenen U-Bootes *Triton* im Jahre 1959. In der Tat beschäftigen sich die Schiffbauingenieure verschiedener seefahrender Nationen mit solchen Plänen. 1959 begann der durch den Bau seiner Riesentanker bekannte japanische Mitsubishi-Konzern, submarine Frachtermodelle im Golf von Kobe zu erproben. Ein Jahr später erfuhr die Welt von Mitsubishi-Plänen, einen atomgetriebenen Unterwasserfrachter mit 35 000 BRT zu bauen; allerdings blieb es bisher bei der Idee.

Die amerikanische Firma General Dynamics entwarf einen durch Atomkraft angetriebenen Unterwassertanker. Dieses Fahrzeug könnte bei einer Länge von 270 Metern 170 000, in noch größerer Ausführung sogar 300 000 Tonnen Öl transportieren. Es wäre geeignet, das neu entdeckte Öl Alaskas zur Ostküste der Vereinigten Staaten zu bringen. Diese „Nordwestpassage" ist ja weitgehend zugefroren. Sonar-, Radar-, Radio- und andere Navigationsanlagen würden nun dem Unterwassertanker eine sichere Fahrt auch unter dem Eis ermöglichen. Besondere „Sensoren" sollen laufend die Abstände zum

Boden und zur Wasseroberfläche, beziehungsweise zum Eis melden und überdies eventuelle Hindernisse — Eisberge oder Höhenzüge auf dem Meeresboden — anzeigen.

Die Navigations-, Arbeits- und Aufenthaltsräume sind bei diesem Schiff in einer besonderen, druckfesten Schale im Zentrum des Rumpfes untergebracht. Die Öltanks liegen darum herum, so daß die Besatzung bei ihren Überfahrten rings von Öl umgeben wäre.

Der große Vorzug von Unterwasserschiffen liegt darin, daß sie wesentlich schneller fahren können als Oberflächenschiffe, weil die bremsenden Bug- und Heckwellen fehlen. Die amerikanische Marinebehörde schätzt, daß ein Tanker von 40 000 Tonnen unter Wasser 40 Knoten erreichen würde, fast doppelt soviel wie an der Oberfläche. Nur ein Beispiel: Der Ozeanriese *Queen Mary* konnte mit einer Maschinenanlage von 150 000 PS rund 30 Knoten fahren. Um diese Geschwindigkeit zu verdoppeln, wären jedoch Antriebsanlagen von 1,5 Millionen PS und fünfmal mehr Treibstoff notwendig gewesen. Niemandem fällt es ein, ein solches Schiff zu bauen, weil der mitzuführende Treibstoff zuviel Nutzraum wegnehmen würde. Ein Untersetanker von 80 000 BRT dagegen könnte 60 Knoten erreichen und würde nur ein Drittel der Treibstoffmenge eines gleich großen Oberflächenschiffes verbrauchen.

Für Unterwasserhandelsschiffe spricht auch, daß ihnen in entsprechender Wassertiefe selbst die stärksten Stürme nichts anhaben können. Die modernen Ozeanriesen müssen bei hohem Wellengang und ungünstigem Wetter ihr Tempo oft stark vermindern und verlieren kostbare Zeit bei ihrer Atlantiküberquerung, von den Unannehmlichkeiten für die Passagiere ganz zu schweigen. Einem U-Schiff aber könnte selbst ein Wirbelsturm nicht schaden, und da unter Wasser jede Überfahrt ruhig verläuft, ließe sich auch die Besatzung verringern.

Navigation in der Tiefsee

Große Unterwasserflotten brauchen natürlich andere Navigationshilfen als Überwasserschiffe, um sicher ihren Weg von Kontinent zu Kontinent und von einem Hafen zum anderen zu finden.

Computeranlagen und stabilisierte Kreiselplattformen steuern die Atom-U-Boote nach dem gleichen Prinzip, nach dem auch die Weltraumraketen gelenkt werden. Sehr vereinfacht ausgedrückt: Wenn das Boot seinen Heimathafen verläßt, wird die exakte Position einschließlich der Meeresspiegelhöhe gewissermaßen im Gedächtnis des Computers vermerkt. Komplizierte Meß- und Rechenanlagen, in einem Block von der Größe eines Schreibtisches zusammengefaßt, registrieren während der Fahrt jede Geschwindigkeits-, Kurs- und Tiefenänderung des Bootes. Der Computer verarbeitet diese Werte, vergleicht sie laufend mit der in seinem elektro-

nischen „Gedächtnis" aufgezeichneten Ausgangsposition und kann jederzeit darüber Auskunft geben, an welcher Stelle des Weltmeeres das U-Boot sich gerade befindet.

Schon die *Nautilus* hatte eine solche *Navdac*-Anlage an Bord, denn ohne sie wäre die Fahrt unter dem Eis kaum möglich gewesen. Kommandant Anderson sagte: „Nach siebzig Stunden unter dem Eis hatte ich eine bessere Vorstellung davon, wo ich mich befand, als etwa nach wenigen Minuten Autofahrt im Herzen der Großstadt London."

Navdac wurde und wird im Laufe der Zeit durch andere Sonargeräte ergänzt, die keine andere Aufgabe haben werden als die, ein ständiges Reliefbild des Meeresbodens unter dem Schiff aufzuzeichnen. Die Tiefseelandschaft steckt voller markanter „Verkehrszeichen": tiefe Schluchten und Gräben, kleine und große Erhebungen und riesige Gebirgszüge. Mit sogenannten Magnetometern lassen sich überdies bestimmte, für das jeweilige Gebiet typische magnetische Kraftfelder feststellen, und wenn erst einmal genaue Karten sämtlicher Tiefseeböden angefertigt sind — eine Arbeit, die die US-Marine mit großem Eifer vorantreibt —, dann werden die Kommandanten submariner Schiffe mit Hilfe der Computer, Sonargeräte und Magnetometer ihren Weg durch das finstere Weltmeer genauso sicher finden, wie ein Pilot sich bei schönem Wetter nach der unter ihm liegenden Landschaft orientieren kann.

Ein Netz elektronischer Verkehrszeichen wird diese Orientierung weiter erleichtern. Athelstan Spilhaus prophezeit: „Auf dem Festland haben wir Netze von Radaranlagen, die den Weg jedes Flugzeuges verfolgen, um Kollisionen zu verhindern und Eindringlinge zu entdecken. Es wird nicht lange dauern, bis wir das Gegenstück zu diesen kreuz und quer gespannten Netzen auch im Meer besitzen werden: submarine Leuchtfeuer sozusagen, die ihre Schallwellen zur Leitung von Unterwasserfahrzeugen genauso ausstrahlen wie die Leuchttürme ihre Lichtsignale, die dazu dienen, Oberflächenschiffe sicher über die Meere zu steuern. Schallwellenempfänger müssen zu einem riesigen Unterwassernetzwerk mit Millionen von Kabeln verbunden werden, um — wie unsere Radargeräte für den Luft- und Weltraum — genau über das Leben und Treiben in diesem riesigen Raum Buch führen und dabei jeden Fremden in unserer Mitte herausfinden zu können..."

Auch eine Funkverständigung beziehungsweise Nachrichtenübermittlung zwischen den Fahrzeugen und Bodenstationen dieser phantastischen Unterwasserwelt von morgen wird dann möglich sein, genauso gut, wie sie heute an der Erdoberfläche funktioniert. Bis vor wenigen Jahren zweifelte man noch daran, denn es schien unmöglich, einen Sender zu bauen, dessen Radiowellen vom Festland bis in die größten Meerestiefen hinabdringen können, da Salzwasser die Eigenschaft hat, Radiowellen normaler Länge zu „verschlucken". Nur

DSRV (Deep Submergence Rescue Vehicle, zu deutsch: Tieftauchrettungsfahrzeug) nennt die US-Marine dieses kleine U-Boot, das bis zu 1500 Meter tief tauchen kann und die Mannschaften gesunkener U-Boote retten soll. Das DSRV wird von U-Booten, besonderen Trägerschiffen oder Flugzeugen an den Unfallort transportiert, taucht hinab und macht auf dem gesunkenen U-Boot fest. Durch eine Luke steigen die Schiffbrüchigen in das Rettungsfahrzeug um.

Wellen mit äußerst niedriger Frequenz können die Meeresoberfläche durchdringen; sie lassen sich aber nur mit erheblichem Energieaufwand erzeugen.

Aber schon im Jahr 1939 hatten deutsche Funktechniker einen solchen starken Sender entwickelt, eine Tatsache, die erst nach dem Kriege einigermaßen bekannt wurde. Während die alliierten U-Boote damals noch bis unter die Wasseroberfläche auftauchen und eine Antenne ausstrecken mußten, wenn sie die Befehle ihrer Hauptquartiere empfangen wollten, konnten die deutschen U-Boote ihre Befehle sehr häufig auch in getauchtem Zustand aufnehmen.

In der Nähe von Magdeburg (also nicht einmal in Küstennähe) stand ein Riesensender mit dem Codenamen „Goliath". Auf einer Wellenlänge von mehr als 27 Kilometern wurden zu bestimmten Stunden des Tages Befehle an alle deutschen U-Boote auf See ausgestrahlt. Sie brauchten dazu lediglich auf die sogenannte „Programmtiefe" zu gehen — etwa 10 bis 12 Meter unter der Wasseroberfläche — und konnten die Befehle dort empfangen, ohne große Gefahr, von Aufklärungsflugzeugen oder gegnerischen Schiffen entdeckt zu werden. Nach dem Kriege begann die US-Marine an der Atlantikküste bei Maryland einen eigenen „Goliath"-Sender aufzubauen, der 1961 zum ersten Male probeweise in Betrieb genommen wurde.

Noch viel interessanter aber sind andere Versuche, Nachrichten unter Wasser zu übermitteln, um über große Entfernungen hinweg die Verständigung zwischen submarinen Stützpunkten und einzelnen Fahrzeugen zu ermöglichen: Das Wasser selbst oder genauer: bestimmte „Schallkanäle" des Ozeans (siehe Seite 40) sollen dabei als Medium dienen.

Von den Eigenschaften der Schallkanäle ausgehend, entwickelte die Marine ihre Signalmethode *SOFAR* (von Sound Fixing and Ranging), und sie ist dabei, dieses Verfahren zu verfeinern, das helfen soll, in Not geratene U-Boote zu finden. Bereits die ersten amerikanischen Astronauten trugen in ihrer Seenotausrüstung eine kleine Sprengkapsel, die im Falle einer Notlandung im Meer ins Wasser geworfen werden und in einer bestimmten Wassertiefe detonieren sollte. Durch eine Sonarpeilung hätte man von Land aus den Explosionsherd und damit den Wasserungsort der Astronauten ziemlich genau bestimmen können.

Rettung aus der Tiefsee

Was aber soll geschehen, wenn in einer dicht befahrenen und besiedelten Tiefsee Katastrophen eintreten? Selbst die besten U-Boote können sinken, ein Unterwasserstützpunkt kann leckschlagen, Unterwasserschiffe können zusammenstoßen, ein Forschungsboot kann unter Wasser „steckenbleiben". Das geschah zum Beispiel im Juni 1973 vor der Küste Floridas: Die Taucher Clayton Link, ein Sohn des Konstrukteurs der ersten dekompressionsfähigen Tauchkammer, Edwin A. Link, und Albert Stover hatten sich mit ihrem fahrbaren Unterwasserlabor *Sea-Link* im Wrack eines gesunkenen Zerstörers verheddert. Als es nach Stunden endlich gelang, ihr Fahrzeug zu befreien, waren beide durch Sauerstoffmangel erstickt.

Hätte *Sea-Link* einen genormten Notausstieg besessen wie die Unterseeboote der amerikanischen Marine, so hätte man beide Männer sehr wahrscheinlich mit Hilfe eines jener Rettungsfahrzeuge bergen können, wie sie seit 1971 der amerikanischen U-Boot-Flotte zur Verfügung stehen.

Innerhalb weniger Stunden können diese Rettungsboote von ihrem jeweiligen Standort auf dem Luftwege praktisch an jeden Punkt des Weltmeers gebracht werden, wo sich eine U-Boot-Besatzung in Gefahr befindet. Die Entwicklung solcher Rettungsfahrzeuge wurde nach dem im vorigen Kapitel erwähnten Verlust des Atom-U-Bootes *Thresher* in Gang gebracht. Der Untergang der *Thresher* vor Cape Cod im Jahre 1963 hatte der amerikanischen Marine klargemacht, daß sie zwar ihre U-Boote ständig verbessert, deren Tauchtiefe und Manövrierfähigkeit erhöht hatte, aber keinerlei Hilfsmittel besaß, um Besatzungen aus Tiefen von mehr als 120 Metern zu retten. Dann kam im Januar 1966 die Katastrophe von Palomares, als beim Zusammenstoß zwischen einem Lufttanker und einem Bomber eine Wasserstoffbombe im Mittelmeer versank. Um sie zu finden und aus 840 Meter Tiefe zu bergen, brauchte man drei Monate. Dutzende von Schiffen, Unterwasserfahrzeugen und Flugzeugen, Tausende von Menschen und Millionen von Dollar mußten für die schwierige Suchaktion eingesetzt werden. Die Fachleute zogen daraus eine bittere Lehre. In den folgenden Monaten wurden versenkte Gegenstände in Übungen von unbemannten ferngesteuerten Fahrzeugen, aber auch von bemannten Kleinst-U-Booten aus Tiefen bis zu 1000 Metern geborgen. Vor allem aber wurde ein Entwicklungsprogramm aufgestellt, um geeignete Rettungsfahrzeuge zur Bergung gesunkener U-Boot-Besatzungen zu bauen.

Dieses Programm trägt den Namen DSRV (von Deep Submergence Rescue Vehicle, zu deutsch: Tieftauchrettungsfahrzeug). Der erste Bootstyp, mit drei Mann Besatzung, kann eine Tauchtiefe von 1500 Metern erreichen, um die Besatzung in Not geratener U-Boote zu bergen. Ihm soll ein sogenanntes DSSV-Fahrzeug folgen (Deep Submergence Search Vehicle), ein Suchboot, das in Tiefen bis zu 6000 Metern operieren und mit seiner Besatzung bis zu 30 Stunden unter Wasser bleiben kann. Ein dritter Bootstyp, mit sieben Mann Besatzung und angetrieben von einem kleinen Atomreaktor, soll 30 Tage unter Wasser bleiben. Seine Tauchtiefe wird geheimgehalten, aber vermutlich werden es ebenfalls 6000 Meter sein.

Das DSRV-Boot wiegt rund 30 Tonnen und ist nur 15 Meter lang, damit es nicht nur von größeren Schiffen, sondern auch von den riesigen Transportmaschinen (Typ C 141) der amerikanischen Luftwaffe mitgeführt werden kann. Sogar U-Boote sollen es im „Huckepackverfahren" schnellstens zum Einsatzort – also in die unmittelbare Nähe eines gesunkenen Schwesterbootes – bringen können.

Natürlich wird es nicht genügen, lediglich zur Rettung von Aquanauten geeignete Fahrzeuge zu entwickeln.

Man wird Boote brauchen, die selbst große Bauteile oder ein vollständiges, auf Grund liegendes U-Boot bergen können. Denn wenn ein Boot erst einmal stark genug ist, um dem Wasserdruck in großen Tiefen standzuhalten, wäre es kurzsichtig, nicht auch Bergungsfahrzeuge zu entwickeln, die es heben können.

Wie das Unglück der *Sea-Link* zeigt, ist es aber vor allem notwendig, überall in der Welt die vorhandenen oder zumindest die künftigen Unterwasserfahrzeuge mit einheitlichen Notausstiegen zu versehen, damit ihren Besatzungen im Notfall von DSRV-Booten geholfen werden kann.

Touristen im Ozean und Meeresstädte

Als der bekannte Forscher und Taucher Hans Hass kurz vor dem Eintritt Amerikas in den Krieg seine ersten Unterwasserjagden in der Karibischen See unternahm, sprach er enthusiastisch davon, daß es eines Tages einen „Unterwassertourismus" geben werde. Er meinte damit Besichtigungsreisen, bei denen Landratten mit Tauchmasken, Flossen und Photoapparaten die Schönheiten der Meereswelt erleben sollten. Nun, diese Prophezeiung hat sich längst erfüllt. In Florida gibt es schon einen „Unterwasserpark", dessen Besucher mit Tauchmaske und Atemgerät die Regionen unter Wasser erforschen können. Der Tauchsport hat heute in aller Welt Hunderttausende begeisterter Anhänger und zieht immer mehr Menschen an.

Viele seiner Leser hielten Hans Hass dennoch für einen Abenteurer, dem es so leicht keiner nachtun würde. „... Um so verwunderlicher ist es, daß heute immer noch Menschen daran zweifeln, daß wir eines Tages einen echten Unterwassertourismus haben werden, wie man ihn seit einem halben Jahrhundert auf dem Festland kennt: mit Besichtigungs-U-Booten, mit submarinen Hotels, ja sogar mit Erholungsstätten auf und unter den Wellen", erklärte ein *Sealab*-Techniker.

Auch das mag klingen, als sei es an den Haaren herbeigezogen. Aber schon gibt es, vor allem in Japan, eine ganze Reihe von kleineren Unterwasserfahrzeugen, die nun nicht militärischen Zwecken oder der Forschung dienen, sondern auch dem reinen Vergnügen einer Reise in eine fremde Welt. Wenn heute schon von organisierten Gesellschaftsreisen zum Mond gesprochen wird, so ist ebenso kaum daran zu zweifeln, daß Jacques Piccards *Mesoscaph*, mit dem bei 580 Fahrten 38 000 Schaulustige 150 Meter tief auf den Grund des Genfer Sees tauchten, bald andere, vielleicht ähnliche „Unterwasserbusse" für Touristen folgen werden.

„Wir wissen noch gar nicht, was auf diesem Gebiet noch alles auf uns zukommen wird", erklärte der Leiter eines deutschen Reiseunternehmens. „Die Kontinente werden immer voller, die Ferienorte immer überfüllter. Warum soll es für gut zahlende Gäste nicht eines Tages Unterwasserfahrten von Kontinent zu Kontinent geben, mit Tauchexkursionen, die im Preis inbegriffen sind? Unterwegs könnte man in Meereshotels Station machen, in Häusern, die in Buchten oder im offenen Meer liegen."

Pläne für den Bau eines solchen „Hotels im Meer" stellte Hans Hass im Sommer 1973 der Weltöffentlichkeit vor. Wenig später begannen am Kap Gata in der Nähe der südspanischen Stadt Almeria bereits die Bauarbeiten.

Das U-Hotel gestattet seinen Gästen, in der feuchten Tiefe zu wohnen und gewissermaßen vom Schlafzimmer aus die Welt der Fische zu beobachten. Genaugenommen handelt es sich bei dem Bauwerk um eine vierteilige, große Taucherglocke. Sie wird in einer zehn Meter tiefen Bucht von Froschmännern unter Wasser montiert und besteht aus einem Klubzimmer für etwa zwölf Personen, einem Einstiegs- und Umkleideraum, einem Versorgungsteil und einem Schlafteil, wie man ihn etwa in

einer Skihütte vorfindet. Als Hotelgäste werden vorläufig allerdings nur erfahrene Sporttaucher aufgenommen werden — und auch sie nur zur Unterwasserphotojagd. Durch die Schleusenkammer werden sie jederzeit hinausschwimmen können, um im Taucheranzug die Umgebung zu erkunden. Hans Hass sieht in seinem U-Hotel nur einen Vorläufer künftiger Hotelkolonien auf dem Meeresgrund. Er meint: „Ein Boom sondergleichen kommt auf uns zu."

Häuser — also nicht nur Forschungs- und Arbeitsstätten für Spezialisten, sondern regelrechte Wohnhäuser im oder auf dem Meer? Nun, daß Menschen auf dem Wasser leben, ist in vielen Teilen der Welt keine Seltenheit — man denke an die oft riesigen Ansammlungen von Haus- und Wohnbooten in Asien, zum Beispiel in Singapur oder Hongkong. Dort haben zahlreiche Menschen wegen des Raummangels an Land den Weg bereits beschritten, den Fachleute in vielen Ländern für einen Ausweg aus den beengten Verhältnissen in küstennahen Großstädten halten. Und nicht zufällig stammen einige Planer, die recht konkrete Vorstellungen von künftigen

Ein Bungalow im Meer, unerfüllbarer Traum oder mögliche Wirklichkeit? Manche Ozeanologen halten es nicht für ausgeschlossen, daß es in naher Zukunft Häuser unter der Meeresoberfläche auch für Menschen geben wird, die nicht ausgebildete Aquanauten sind. In vielen Gegenden der Welt, in Japan zum Beispiel, wird der Lebensraum an Land so eng, daß man daran denkt, ins Meer hinauszubauen.

Meeresstädten entwickelt haben, aus den Inselländern Japan und Großbritannien.

Der technischen Wirklichkeit von heute kommt wohl ein Projekt am nächsten, das von einer Arbeitsgruppe britischer Architekten Anfang 1968 vorgeschlagen wurde. Es handelt sich dabei um eine Art „Lagunenstadt", die etwa 23 Kilometer vor der englischen Küste in der Nordsee errichtet werden soll. Diese *Sea City*, von der bereits ein in allen Einzelheiten ausgeführtes Modell existiert, könnte nach Ansicht ihrer geistigen Väter schon in etwa 50 Jahren bezugsfertig sein. Sie würde auf einem Baugelände stehen, das praktisch nichts kostet, und rund 30 000 Menschen beherbergen.

Jede größere Bucht ist für die *Sea City* ebenso geeignet wie das offene Meer, sofern man die Stadt mit einem entsprechenden Schutzwall umgibt. Sie soll, auf Pfählen errichtet und im Grundriß einem ovalen Sportstadion ähnlich, etwa eineinhalb Kilometer lang und ungefähr einen Kilometer breit sein. Eine fast 60 Meter hohe Mauer, eine Art riesige Badewanne, schützt den Innenraum vor Stürmen, sorgt für relative Windstille und ein günstiges Klima. Auf der Seeseite der Mauer sollen mächtige Pontons als schwimmende Wellenbrecher angelegt werden, die zugleich größeren Schiffen als Anlegeplätze dienen.

Die Innenseite der Mauer, die auf dicken, in den Meeresgrund gerammten Betonpfählen steht, verbreitert sich von ihrer Krone bis hinab zum Wasserspiegel in der „Badewanne". Auf den schrägen Wänden werden nun Terrassenhäuser für die Bewohner von *Sea City* aufgehängt. Wie Schubladen ragen sie aus der Mauer-

fläche heraus, und zwar so, daß der Garten einer jeden Wohnung sich auf dem Dach der darunterliegenden Wohnung befindet. Auf diese Weise türmen sich zwischen dem Wasserspiegel und der Mauerkrone 16 Wohngeschosse übereinander. Die unteren Geschosse sollen als Ladengeschäfte, Lagerhallen und Arbeitsräume für handwerkliche und kleinindustrielle Betriebe genutzt werden, während die oberen Stockwerke ausschließlich dem Wohnen vorbehalten bleiben, wobei man an Wohnungsgrößen bis zu sechs Zimmern denkt.

Fahrstühle im Innern der Mauer bringen die Menschen bis zu einer Promenade, die vier Meter über dem Wasserspiegel rings um die Innenseite der Mauer läuft und alle Wohnungen miteinander verbindet. Auch kleine Elektrofahrzeuge können diese Promenade befahren, während Wasserbusse, die quer über die innere Wasserfläche von einer Seite der „Badewanne" zur anderen fahren, den Hauptverkehr bewältigen. Natürlich soll auch die Wasserfläche von *Sea City* genutzt werden. Kleine Inseln, die ebenfalls auf Pfählen stehen und durch Stege miteinander verbunden sind, bieten Raum für alle Bauten, die eine Stadt braucht: für Restaurants, Schwimmbäder, Theater, aber auch für Fabriken und Parkanlagen. Hotels mit Hubschrauberlandeplätzen auf ihren Dächern werden Besuchern vom Festland zur Verfügung stehen.

Ein größeres Hafenbecken im Innenraum von *Sea City* wird kleineren Schiffen bei Sturm Zuflucht bieten und außerdem zu jeder Art von Wassersport Gelegenheit geben.

In der großen Umfassungsmauer liegen alle Maschi-

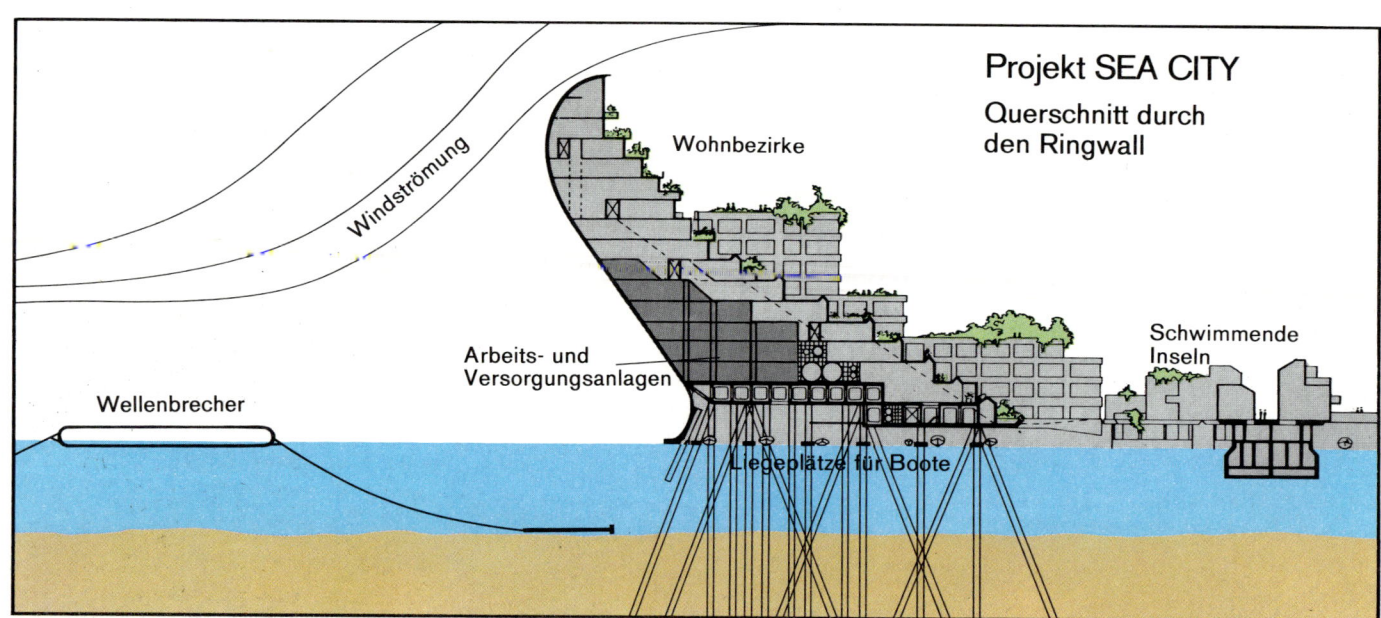

Projekt Sea City: Die Zeichnung zeigt einen Querschnitt durch den Hauptringwall, der gewissermaßen eine künstliche Lagune bildet. Tief im Inneren des großen Ringwalles liegen Industrie- und Versorgungsanlagen (z. B. Kraftwerke); an seiner inneren Böschung gibt es Wohn- und Ladenterrassen. Ein ringförmiger Wellenbrecher schützt den Pfahlbau vor der Gewalt der Nordsee.

*Britische Architekten und Ingenieure befassen sich ernsthaft mit dem Plan, eine Meeresstadt (Sea City)
in die Nordsee hinauszubauen. – Die „Luftaufnahme" von Sea City (Modell) gibt einen Eindruck von der
mächtigen, für rund 30 000 Menschen geplanten Gesamtanlage. In der „Lagune" der Stadt im Meer liegen
Inseln mit Geschäftsbetrieben, öffentlichen Einrichtungen, Sportanlagen und so weiter. Versorgt wird Sea City
über einen außenliegenden Hafen; den übrigen Verkehr besorgen Hubschrauber und Wasserbusse.*

nenanlagen für die Versorgung der Stadt: Ein Gezeiten-kraftwerk liefert den Strom, eine Entsalzungsanlage verwandelt das Seewasser in Trinkwasser, und verschiedene Fabriken verarbeiten die Rohstoffe des Meeres, Fische, Algen, Muschelkalk und so weiter. Je nach Bedarf wird die ganze Stadt von einer zentralen Anlage aus geheizt oder gekühlt.

Parallel zu solchen reinen Wohninseln werde die drohende Energiekrise auf unserem Erdball auch den Bau mehrerer tausend schwimmender Atomkraftwerke notwendig machen, meinen amerikanische Experten. Der Schutz der Umwelt auf dem Festland ließe keine andere Wahl, als auf das Meer auszuweichen. Dort stünden auch die gewaltigen Kühlwassermengen, die von solchen Kraftwerken gebraucht werden, ausreichend zur Verfügung.

Im Jahre 1973 erfuhr die Welt von Plänen, die angeblich von Wissenschaftlern des amerikanischen Atomforschungszentrums Oak Ridge entworfen worden waren: „Sie wollen", so heißt es in einer deutschen Veröffent-

lichung, „den Erdball mit einem dichten Netz von Kernenergie-Tankstellen ausrüsten, mit Superkraftwerken auf der Basis von Atomreaktoren ... vor den Küsten der Kontinente auf künstlichen Inseln ..."

Eine derartige mehrstöckige Atominsel wäre mit einem Flugplatz und einer kleinen Wohnsiedlung versehen. Sie besäße Ausstiegsluken für Taucher, Garagen für Unterwasserfahrzeuge und die notwendigen Arbeitsquartiere.

Welche Chancen haben nun solche Projekte? Bardach meint: „Es gibt Platz genug auf dem Meer, und die Luft ist nicht von Abgasen verpestet. Warum also sollte man dort nicht auch leben? Der Hauptgrund, warum das Meer noch nicht von Menschen bewohnt ist, liegt einfach darin, daß dazu bislang noch keine zwingende Notwendigkeit bestand. Ein anderer Grund ist vielleicht das Wetter. Aber seit es Kunststoffe gibt, Tragflächenboote und Luftkissenfahrzeuge, seegängige Bohrplattformen für Öl und Bergwerksarbeiten — und vor allem erste Unterwasserbehausungen —, kann man ernsthaft an größere Meeressiedlungen denken."

Das Weltmeer – eine Kloake?

Den optimistischen Projekten all derer, die im Ozean neuen Lebensraum und die künftige Quelle zusätzlicher Nahrung und Energie sehen, droht in jüngster Zeit Gefahr.

Die gleichen Leute, die erkannt haben, daß das Meer für die Zukunftssicherung der Menschheit immer wichtiger wird, wissen auch, daß die zunehmende Umweltverschmutzung auf den Festländern bereits auf einige Binnenmeere und weite Küstenstreifen übergegriffen hat. Der Mensch ist auf dem Wege, die letzte große Rohstoffquelle der Erde zu vernichten; das Meer droht zur Mülltonne zu werden.

Jahrhundertelang wurden feste und flüssige Abfallstoffe in die Festlandgewässer geleitet. Im Industriezeitalter schwoll diese Kloakenbrühe zu einem gewaltigen Strom an, und in den letzten drei, vier Jahrzehnten gelangten solche Massen von giftigen Stoffen in die Binnengewässer, daß viele von ihnen total verseucht sind und seitdem den Meeren, in die sie münden, Tausende und aber Tausende von Tonnen giftiger Salze und Chemikalien zuführen. Hinzu kommen gewaltige Restmengen von Kunstdüngern, die von unseren Feldern über die Flüsse bis in die Meere gespült werden.

Ein Pinguin, der in eine auf dem Wasser schwimmende Ölschicht geraten ist. Erdöl gehört zu denjenigen Stoffen, die das Meer verschmutzen und die Tierwelt gefährden.

Doch damit nicht genug: Wo den großen Industrieunternehmungen durch Gesetze verboten wurde, ihre Abwässer in die Flüsse zu entlassen, umgeht man diese Verbote auf legale Weise, indem man die festen und flüssigen Abfälle schiffsladungsweise ins Meer kippt: Chemikalien, radioaktiven Müll, Autowracks, alten Hausrat und ausrangierte Kampfstoffe. Schon 1959 war in der amerikanischen Zeitschrift Newsweek zu lesen: „In Amerika packt man seit Jahren alle besonders delikaten Gegenstände, deren die Regierung sich entledigen will, in eine Kiste, schnürt sie zu und versenkt sie in die tiefe, blaue See."

Solche Stimmen wurden anfangs kaum ernst genommen. Die Gefahren wurden verharmlost, denn das Weltmeer schien ja groß genug. Es könne, so hieß es, alle Fremdstoffe durch die natürliche Wasserumwälzung „leicht absorbieren". Und wenn einmal ein Tanker leck schlug und dann Photos von ölverschmierten, sterbenden Seevögeln durch die Weltpresse gingen, horchte die Öffentlichkeit wohl kurz auf, aber am nächsten Tag war das Ereignis meist schon wieder vergessen. Und niemand nahm die Klagen einiger Mittelmeertouristen über Öl und Abfälle an südlichen Stränden recht ernst. Der Sonne wegen würden die Urlauber schon wiederkommen.

Als schließlich besonders verschmutzte Strände an der Adria und anderswo von den Touristen gemieden wurden, glaubten einige Länder, das Problem einfach dadurch lösen zu können, daß sie die Abfälle in die offene See transportieren und möglichst außerhalb der Dreimeilenzone — am besten vor der des Nachbarlandes — abladen ließen.

Nun kam der Protest nicht mehr nur von den Touristen, sondern auch von Fischern, die ihre Fanggründe und damit ihre Existenz bedroht sahen. Im Frühjahr 1973 protestierten zum Beispiel fast alle korsischen Fischer gegen einen italienischen Chemiekonzern, der in ihren Fischgewässern giftige Abwässer ablud. Die Fischer behaupteten, die Chemikalien vertrieben nicht allein die Fische, sondern vernichteten auch das Plankton — die Nahrung der Fische — und den Laich.

Die Fischer hatten recht, denn selbst ungiftige Stoffe wie etwa Kunstdüngerrückstände können nachteilige Folgen haben. Die Chemikalien führen, da sie düngende Wirkung auch im Meer haben, zu einer enormen Vermehrung des Planktons. Die Planktonvermehrung aber läßt im betreffenden Seegebiet den Sauerstoff knapp werden. Totes Plankton sinkt ab, und am Meeresboden entstehen aus ihm große Mengen von Schwefelwasserstoff. Auf diese Weise sind mehrere Süßwasserseen bereits „gestorben" — und nun drohen auch Meere schon zu ähnlichen Kloaken zu werden.

Was vor Korsika geschah, ist nämlich kein Einzelfall. So pumpte im gleichen Jahr eine dänische Arzneimittelfabrik ihre Abwässer zunächst in der Nähe von Helgoland ab und dann — nach deutschen Protesten — vor der

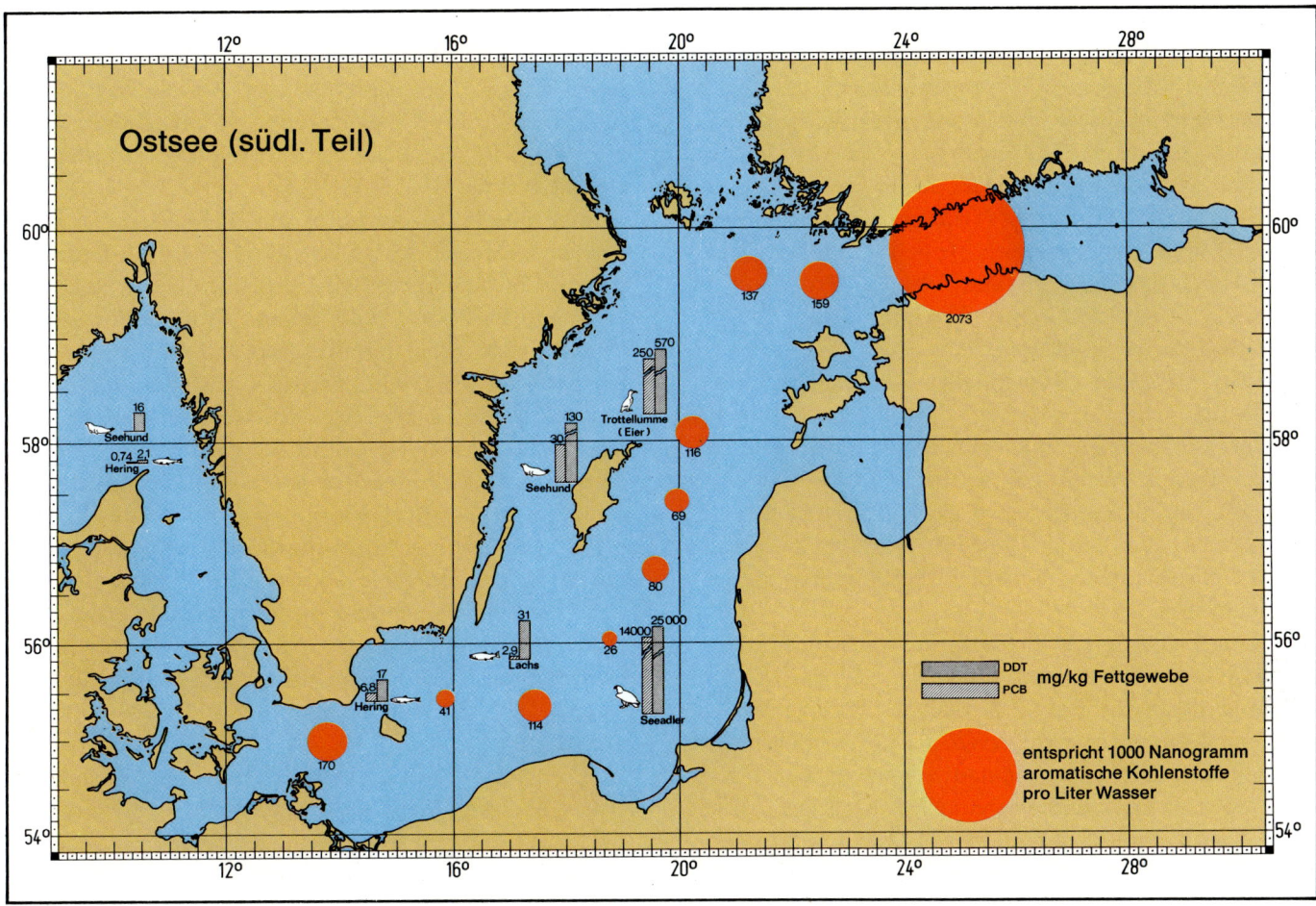

Den Lebewesen in der Ostsee drohen ernste Gefahren durch bestimmte, vom Menschen hergestellte oder verbrauchte Stoffe. Dazu gehören aromatische Kohlenwasserstoffe – die auf Erdöl hinweisen –, ferner das Insektenvertilgungsmittel DDT und sogenannte Polychlorierte Biphenyle (PCB). DDT und PCB stammen vom Festland her und werden in den Tierkörpern angereichert – umso mehr, je weiter oben ein Tier in der Nahrungskette steht. DDT und PCB werden besonders im Fettgewebe gespeichert. Mehr als 10 000 Milligramm (mg) pro Kilogramm Fettgewebe sind für Seeadler tödlich. DDT schädigt den Kalziumhaushalt besonders von Seevögeln schwer. Das führt dazu, daß die Schalen der Eier zu dünn werden und zerbrechen, sobald ein Elterntier zu brüten versucht. Es kann dann also kein Nachwuchs mehr aufgezogen werden. Die Karte zeigt, in welchem Maße verschiedene Tierarten bereits von den Giften verseucht sind. Ferner ist zu erkennen, wieweit das Binnenmeer Ostsee durch Erdöl verunreinigt ist – angezeigt durch das Vorkommen von aromatischen Kohlenwasserstoffen (schwarze Punkte). Nicht verunreinigtes Wasser enthält nur 10 Nanogramm pro Liter (1 Nanogramm = 1 milliardstel Gramm).

dänischen Küste, ausgerechnet in einem fischreichen Gebiet. Nun fürchteten die dänischen Fischer um ihre Existenz. Sie rechneten aus, daß im Laufe weniger Jahre der Dorsch, den man dort fängt, in der ganzen Nordsee ausgestorben sein wird, wenn die Lauge weiter ins Meer läuft. Einhundert dänische Fischer legten sich im Juni 1973 mit ihren Booten in das Gebiet vor Hvidesande, wo ein Schiff seine gefährliche Last abladen wollte.

In Japan fürchten die Thunfischer um ihre Zukunft. Ende Juni 1973 protestierten über 12 000 Fischer in zwölf Präfekturen des Landes gegen die Verschmutzung der See durch quecksilberhaltige industrielle Abwässer und andere Chemikalien, nachdem die Regierung Japans die Bevölkerung vor zu starkem Fischverzehr gewarnt hatte, da der Fisch gesundheitsschädlich geworden sei.

Von der Ostsee, einem „geschlossenen Meer", sagen

Fachleute, daß sie, unrettbar verunreinigt, fast schon im Sterben liege. Von allen Meeren der Welt ist sie am meisten verschmutzt. Ihr Salzgehalt nimmt mit beängstigender Geschwindigkeit zu, und die ersten Folgen sind bereits registriert:

Im September 1973 trieben Zehntausende von verendeten Fischen in der Kieler und der Eckernförder Bucht. Die Ursache war sauerstoffarmes Wasser, das aus den tieferen Wasserschichten der Ostsee nach oben strömte. Professor Grasshoff vom Kieler Institut für Meereskunde sprach von einem „Alarmsignal für den Zustand der Ostsee".

Weil der Sauerstoffmangel im tiefen Wasser die Fische vertrieben hat, ist die traditionelle Schleppnetzfischerei in der Ostsee bereits eingestellt worden; heute fischt man in den oberen Wasserschichten. Aber auch diese Nahrungsquelle kann bald versiegen, wenn mit zunehmender Versalzung des Wassers durch Chemikalien Plankton und Fischbrut in Mitleidenschaft gezogen werden.

In mehreren Küsten- und Mündungsgebieten an der schwedischen Ostseeküste enthalten die gefangenen Fische so viel Quecksilber, daß die Fischerei teilweise gesetzlich verboten wurde. Vielerorts, besonders vor den Großstädten an der Ostsee, steigt die Verschmutzung des Wassers von Jahr zu Jahr. Über 80 Prozent aller industriellen und städtischen Abwässer werden ungeklärt in die Ostsee abgelassen.

Weitere Gefahren zeichnen sich ab. Mit großer Sorge werden die Tanker beobachtet, die zwischen Göteborg und Helsinki pendeln und Rohöllasten von jeweils 30 000 Tonnen tragen. Wenn ein solcher Tanker strandete, wären die betroffenen Küstenstriche auf Jahre hinaus mit Öl verseucht, denn in der Ostsee ist nicht damit zu rechnen, daß ausgelaufenes Öl in den offenen Ozean hinausgetragen würde.

Aber selbst wenn das möglich wäre — auch das offene Meer ist schon verschmutzt genug. Die Tanker der Ölflotten verlieren jährlich auf See mindestens eine Million Tonnen Öl. Fischeier und Larven, die mit dem Öl in Berührung kommen, gehen daran zugrunde; bei Fischembryonen treten Mißbildungen auf. Nach seiner Atlantiküberquerung mit dem Papyrusfloß „Ra" erklärte Thor Heyerdahl im Jahr 1971: „Auf der ganzen Strecke von Afrika nach Amerika fanden wir nicht eine Stelle, die frei von den Zeichen der Zivilisation war: Öl, zu kleinen Klumpen geballt."

Man kann sich leicht vorstellen, daß auch die Aufnahmefähigkeit des offenen Meeres für Öl Grenzen hat. Und doch werden für den Transport des „Schwarzen Goldes" bereits Tankergiganten von 700 000 bis 1 Million Bruttoregistertonnen geplant.

Die Verschmutzung der Meere gefährdet neben den Fischen auch die Pflanzen des Meeres, auf die die Mediziner und Arzneimittelhersteller seit kurzem große Hoffnungen setzen. Aus Meerespflanzen lassen sich nämlich neue, wirksame Medikamente und Heilmittel entwickeln. Nach Ansicht vieler Fachleute können viele der rund 13 500 Pflanzenarten der Meere biochemische Stoffe in einem Umfang liefern, der sich noch gar nicht abschätzen läßt.

Zu der Verschmutzung weiter Meeresgebiete, die die Fischbestände gefährdet, kommt die sogenannte Überfischung: Ein ständig steigender Fischbedarf des Menschen und eine rasch zunehmende Verknappung der Fische kann eines Tages dazu führen, daß der Fisch zu einer raren Delikatesse wird, wenn nicht rechtzeitig etwas zu seinem Schutz geschieht. Für Heringe, das weiß jede Hausfrau, muß heute schon viel mehr gezahlt werden als noch vor ein paar Jahren. Länder, die fast ausschließlich vom Fischfang leben, schützen ihre Einkommensquellen, indem sie ihre Hoheitsgewässer eigenmächtig ausdehnen.

Island zum Beispiel hat die Grenzen seiner Hoheitsgewässer zunächst von drei auf zwölf Seemeilen hinausgeschoben und schließlich auf einen Abstand von 50 Seemeilen von der Küste erweitert. Fangschiffe anderer Nationen, die diesen Ring durchbrachen, wurden mit Gewalt vertrieben.

Im Frühjahr 1973 kam es auf diese Weise zu regelrechten Gefechten zwischen isländischen Küstenschutzbooten und englischen, von britischen Marineeinheiten eskortierten Fischereifahrzeugen. Auf diplomatischer Ebene wurde der Streit fortgesetzt: Island drohte den USA mit der Kündigung des US-Luftwaffenstützpunktes Keflavík, wenn die amerikanische Regierung Großbritannien nicht dazu bewege, die neue 50-Meilen-Zone zu respektieren. Außerdem erwog die isländische Regierung den Abbruch der Beziehungen zu Großbritannien.

Da Islands Wirtschaft weitgehend vom Fischfang abhängig ist, erscheinen die Selbstschutzmaßnahmen berechtigt. Das meinen jedenfalls die Wissenschaftler der deutschen „Gruppe Ökologie", der unter anderem auch Professor Bernhard Grzimek angehört. Sie forderte im August 1973 die Anerkennung der isländischen Schutzmaßnahmen.

„Die Nordsee ist leergefischt. Die Fischbestände der Ostsee sind vergiftet und werden bald für Mensch und Tier ungenießbar sein. Im bedeutendsten Fanggebiet des Atlantiks, den Gewässern um Island, wird ein unverantwortlicher Raubbau getrieben. Das muß zu einer Katastrophe führen, wie sie vor der peruanischen Küste bereits passiert ist." So charakterisiert Dr. Schwab, ebenfalls Mitglied der „Gruppe Ökologie", die Lage und fügt hinzu, daß bis zu 80 Prozent der heute angelandeten Dorsche noch nicht laichreif seien. Dabei kommt ein Dorsch heutzutage nur noch einmal in seinem Leben zum Laichen. Früher konnte er zwei- oder dreimal laichen.

Internationale Abkommen — ähnlich dem über die jährlichen Walfangquoten — sind also notwendig, um die restlichen Fischbestände in den Meeren zu schützen und, wenn möglich, wieder zu vergrößern. Ebenso sind Abkommen erforderlich, die die weitere Verschmutzung der Meere verhindern. Beide Maßnahmen hätten aber nur dann Sinn, wenn ihre Einhaltung strengstens überwacht würde.

Hoffnung dafür besteht. Am 2. November 1973 haben Delegationen aus 79 Ländern nach längeren Verhandlungen einem internationalen Abkommen zum Schutz der Weltmeere vor der Verschmutzung durch die Schifffahrt zugestimmt. Schon am 14. September 1973 hatten die Regierungen der sieben an die Ostsee grenzenden Staaten in Danzig einen Vertrag geschlossen. Er sieht unter anderem vor, daß alle Staaten gemeinsam Fischfangquoten festsetzen, Fangmethoden, Fangebiete und Fangzeiten vorschreiben, die Fauna und Flora schützen und die wissenschaftliche Forschung vorantreiben.

Namen- und Sachverzeichnis

Quellenverzeichnis

Aus folgenden Werken und Zeitschriften wurde mit Genehmigung der Verleger und Autoren zitiert:

Bücher

Alpers, Antony *Delphine – Wunderkinder des Meeres* Alfred Scherz Verlag, Bern 1962

Beebe, William *923 Meter unter dem Meeresspiegel* F. A. Brockhaus, Leipzig 1940

Beebe, William *Wundersame Küstenfahrt* F. A. Brockhaus, Wiesbaden 1951

Berrill, Norman John *Atlantische Wunderwelt* Biederstein Verlag, München 1953

Carson, Rachel L. *Geheimnisse des Meeres* Biederstein Verlag, München 1952

Clark, Eugenie *Lebensrätsel des Meeres* Verlag Ullstein GmbH, Berlin 1955

Cousteau, Jacques-Yves *Das lebende Meer* Verlag Kiepenheuer & Witsch, Köln 1964

Cromie, William J. *Exploring the Secrets of the Sea* Prentice Hall Inc., Englewood Cliffs, N. J. 1962

Cromie, William J. *The Living World of the Sea* Prentice Hall Inc., Englewood Cliffs, N. J. 1966

Czibulka, Alfons von *Die großen Kapitäne* Drei Masken-Verlag GmbH, München 1923

Dugan, James *Forscher und Taucher im Meer* Diana-Verlag GmbH, Konstanz 1960

Eibl-Eibesfeldt, Irenäus *Galápagos* R. Piper & Co. Verlag, München 1960

Eibl-Eibesfeldt, Irenäus *Haie* Franckh'sche Verlagshandlung Stuttgart 1965

Eibl-Eibesfeldt, Irenäus *Im Reich der 1000 Atolle* R. Piper & Co. Verlag, München 1964

Fairbridge, Rhodes (Hrsg.) *Encyclopedia of Oceangraphy* Reinhold Publishing Corp., New York 1966

Freuchen, Peter *Das Buch der sieben Meere* Droemersche Verlagsanstalt Th. Knaur Nachf., München 1958

Heyerdahl, Thor *Kon-Tiki* Verlag Ullstein GmbH, Berlin 1949

Idyll, C. P. *Abyss* Thomas Y. Crowell Company, New York 1964

Miller, Robert C. *Das Meer* Droemersche Verlagsanstalt Th. Knaur Nachf., München 1969

Piccard, Jacques *Zur tiefsten Tiefe* F. A. Brockhaus, Wiesbaden 1962

Rackl, Hanns-Wolf *Tauchfahrt in die Vergangenheit* Carl Ueberreuter Verlag, Wien 1964

Soule, Gardner *The Ocean Adventure* Hawthorne Books, New York 1966

Soule, Gardner *Undersea Frontiers* Hawthorne Books, New York 1968

Villiers, Alan *Auf blauen Tiefen* Bertelsmann Sachbuchverlag, Gütersloh 1967

Villiers, Alan *Wilder Atlantik* Verlag Ruetten & Loening, Bern und München 1963

Wendt, Herbert *Quellen, Ströme, Meere* Albert Müller Verlag, Rüschlikon – Zürich 1965

Zeitschriften

Das Beste aus Reader's Digest:

Heft Nr. 4/1954 – Aus: James Dugan, Das große eiserne Schiff

Heft Nr. 1/1955 – Aus: Edwin Muller, Läßt sich der Ozean bewirtschaften?

Heft Nr. 5/1959 – Aus: Marsue Fernandez, Von der Flutwelle erfaßt

Heft Nr. 11/1967 – Aus: Sir Francis Chichester, Mit der Gipsy Moth IV um die Welt

Natural History, Vol. LIII, No. 8, 1944 – © 1944 by American Museum of Natural History

Oceanus, Vol. XIII, No. 2, 1967 – Aus: Egon T. Degens und D. A. Ross, Hot Brines and Heavy Metals in the Red Sea. Mit Genehmigung der Woods Hole Oceanographic Institution, Woods Hole, Massachussetts

Sea Frontiers, Vol. 13, No. 2, 1967 – Aus Robert S. Dietz, More about Continental Drift. Mit Genehmigung der International Oceanographic Foundation, Miami, Florida

Skin Diver Magazine, Vol. 17, No. 10, 1968 – Aus einem Interview mit Scott Carpenter. Mit Genehmigung der Petersen Publishing Comp., Los Angeles

Stern, 21. Jahrg. Heft 14, 1968 — Aus: Ortwin Fink und Ulrich Mack, SOS – Bergungsschlepper im Atlantik. Mit Genehmigung von Gruner & Jahr GmbH., Hamburg

Bildquellen

P. Almasy / Bavaria (220)
Prof. Dr. R. Altevogt (107 links)
Altonaer Museum, Hamburg (235)
Giancarlo Annunziata (135, 193, 300 oben, 342 unten, 343)
APN (285)
Michael Bässler (271 unten)
Hans Hvide Bang (55)
Peter Barlow (247)
Ron Bazewick (78, 137 rechts unten)
Heinrich C. Berann (20–21, 24–25)
Kurt Bitterling (291, 293)
Ramion Bravo (167 links und rechts oben)
British Petroleum Comp. Ltd. (256)
Dennis Brokaw (81, 113)
John de Bry (375)
Klaus Bürgle (394–395, 399)
Antje Buhtz (89, 101, 103 links)
Bulloz (222, 224 unten)
Bundesministerium für Verteidigung, Bonn (319)
Jane Burton / Photo Researchers (116, 160 unten links, 161 oben, 186)
James F. Calvert (347)
Camera Press (303 links und rechts, 321)
Mick Church (39, 69, 151, 296, 344, 370, 384)
Ron Church (73, 143 oben, 169, 176, 189 oben rechts, 316 links, 359, 369 Mitte, 401)
Ben Cropp (129 links, 131, 133, 167 links und rechts unten, 300 unten, 310)
Delius, Klasing & Co. (Aus: Der Segelschiffe große Zeit) (219, 225, 229)
Deutsches Hydrographisches Institut, Hamburg (261)

Deutsche Luftbild GmbH. (51, 74–75, 262, 263)
Deutsches Museum, München (215, 218, 223, 227, 248, 269, 350)
dpa (76, 117 rechts, 253, 270, 273, 391, 410)
Dow Chemical Company (65)
James W. Dutcher (154 unten, 160 links und rechts oben)
Dr. Harold Edgerton (145)
Irenäus Eibl-Eibesfeldt (166, 326)
FAO, Rom (177)
Douglas Faulkner (105, 110 links, 121 links unten, 121 rechts unten, 123 von oben nach unten, 148 links, 153 rechts, 157 links)
Florida Development Commission (197 unten)
Florida Light & Power Company (200)
Fotosub, R. Maltini und P. Solaini (195)
Roberto Fabbri (136 von oben nach unten)
Frankfurter Werbe- und Verlagsgesellschaft mbH. (59)
Werner Frei (17)
General Dynamics (351, 393, 397)
General Motors (396, 406)
Gesellschaft für Kernenergie, Hamburg (252)
Sven Gillsater / Bruce Coleman Ltd. (184, 185 rechts oben)
Jerry Greenberg, Photograph copyright 1970 (126, 314–315, 329, 378 oben, 389)
Herta Grøndal (183)
Helmut Grubbe (239)
Herman Gruhl (153 links, 325)
Haase (271 oben)
John Harding (130, 156)

Egon Heinemann (242)
Historia-Photo (308, 309)
Thomas Höpker (224 oben)
Bart Hofmeester (274, 283)
Institut für Auslandsbeziehungen, Stuttgart (63)
Institut für Meereskunde, Kiel (411)
Horst v. Irmer (273 links)
Dr. Hans Jesse (187 rechts unten)
Gerhard Kapitän (336)
K. Kempter / Bavaria (211)
Keystone (354)
Prof. Dr. A. Keil (112)
Russ Kinne / Bruce Coleman Ltd (121 Mitte, 129 rechts, 168, 187 links oben, 188 links unten)
Fredy Knorr (83 rechts unten, 90–91, 93, 96, 97 Mitte, 100, 108, 124, 139, 144, 152 links, 162–163, 172–173, 175 rechts unten)
Siegfried Köster (82 oben, 83 oben, 92 oben, 102 links oben, 111 von oben nach unten, 114 unten, 121 links oben, 147 links unten, 149 rechts, 152 rechts, 313 unten, 328, 333)
Peter Kopp (92 unten, 98 rechts, 128 rechts, 147 links oben und Mitte, 154 oben, 157 rechts, 201)
Peter Krause (143 unten, 148 rechts)
Friedrich Krupp AG (365)
Dr. Kügler / Schapowalow (41, 165 unten, 190)
James W. LaTourette (137 unten, 175 oben, 175 links unten)
Dr. Sigrid Lechner-Knecht (181 links unten)
Franz-K. Frh. von Linden (29)
Wolfgang Lummer (187 rechts oben)
Ulrich Mack (280)
Thomas E. Mahnken jr. (10, 57)
Robert Marx (213 oben, 221, 340, 341, 342 oben links)
Anthony Mercieca (155 links und rechts, 164, 185 rechts unten)
Dr. Jürgen Meyer (243)
W. Meyerhoff (171, 174, 178, 179)
D. Middleton / Bruce Coleman Ltd. (188 rechts oben und unten)
Mittet Foto A/S (192)
Mondadori Press (14, 208, 213 unten, 214, 240–241, 337)
H. Moosleitner (95 links, 102 rechts unten)
NASA mit Genehmigung von USIS (12, 38, 54)
National Geographic Society / James Calvert 347
National Maritime Museum Greenwich (204, 232, 250, 288)
Dr. Conrad Neumann (15 Mitte unten)
D. Newlands / Black Star (286)
Norddeutscher Lloyd (254, 267 unten, 276–277)
Omnia / Bavaria (304)
Orion-Press (8, 197 oben, 202, 251)
Walter Othmar / Bavaria (279)
Klaus Paysan (94, 99 rechts, 138)

Peabody Museum, Salem (233, 237)
Alain Perceval (53, 77, 203)
Pilkington Brothers Ltd. (407, 408)
John Powell (48, 49)
Andres Pruna (83 links unten, 147 rechts unten, 313 oben, 360, 378 unten, 386)
Georg Quedens (37, 107 rechts, 122 links oben, 187 Mitte links)
Hanns-Wolf Rackl (209 rechts, 302, 316 rechts, 330, 335, 340, 355)
Peter Reiserer / Bavaria (97 oben, 132)
Les Requins Ass. (367, 376, 377)
Rijksmuseum Amsterdam (231)
Rizzoli (332)
Hal Roth (207 oben, 245)
Phedon Salou (270 unten)
Kurt F. Scholz (238, 249, 268, 289)
Flip Schulke (334, 369)
Marion Schweitzer / Camera Press (303 links und rechts)
Science Museum, London (230)
Scripps Institution of Oceanography (199)
Sergio-Larrain / Magnum (185 unten links)
Kurt Severin (189 links oben)
John Shoup (15 Mitte oben, 95 rechts, 104 rechts, 110 rechts, 12, 143 Mitte, 165 oben)
Staatsarchiv der Freien und Hansestadt Hamburg (217)
Submarine Force Library and Museum (349, 352)
Süddeutscher Verlag (357)
H. Stellrecht (99 links, 103 rechts, 185 Mitte)
William M. Stephens (106, 114 oben, 117 links, 137 oben rechts und links, 147 rechts oben, 177 links)
Ron Taylor (114 Mitte, 119, 128 links, 134, 189)
Valerie Taylor (82 unten, 149 links)
Dietrich Hans Teuffen / Bavaria (209 links)
Barrie Thomas / Bruce Coleman Ltd. (185 links oben)
Tre Tryckare (216)
United States Navy (363, 380, 381, 383, 388, 405)
Dr. W. L. van Utrecht (181 rechts unten, 182)
Verlag Das Beste (260)
Westinghouse Corporation, Undersea Division (II)
Widerøe Foto (141)
Hed Wiesner (61)
D. P. Wilson (84, 85, 87, 88, 104 links, 118 links und rechts, 121 rechts oben, 137 Mitte, 137 links unten, 159, 161 rechts unten)
Wometco Miami Seaquarium / LaTourette & Witt (170)
Woods Hole Oceanographic Institution (15 oben und unten, 18, 68, 71, 369 oben)
Württembergische Landesbibliothek (212)
ZFA (189 rechts unten, 207 unten, 228, 253 rechts, 267 oben)
E. Zimbelman (97 unten, 98 links, 109, 160 rechts unten)

Literaturverzeichnis

Baker, W. A. *Vom Raddampfer zum Atomschiff* Verlag Delius, Klasing & Co., Bielefeld 1965
Bardach, John *Harvest of the Sea* Harper & Row Publishers, New York 1968
Buchsbaum, Ralph / Milne, Lorus J. *Knaurs Tierreich in Farben – Niedere Tiere* Droemersche Verlagsanstalt Th. Knaur Nachf., München 1960
Calvert, James *Aufgetaucht am Pol* Gerhard Stalling Verlag, Oldenburg 1961
Carlisle, Norman *Riches of the Sea* Sterling Publishing Co. Inc., New York 1967
Chapin, H. / Smith, F. G. Walton *Der Golfstrom* Verlag Ullstein GmbH., Berlin 1954
Coker, R. E. *Das Meer – der größte Lebensraum* Verlag Paul Parey, Hamburg 1966
Cousteau, Jacques-Yves *Die schweigende Welt* Lothar Blanvalet Verlag, Berlin 1956
Cowen, Robert C. *Frontiers of the Sea* Doubleday & Comp., Inc. New York 1960
Deacon, G. E. R. (Hrsg.) *Die Meere der Welt* Christian Belser Verlag, Stuttgart 1963
Defant, A. *Physical Oceanography* Vol. I and II, Pergamon Press, Oxford, London, New York, Paris 1960
Defant, A. *Ebbe und Flut des Meeres* Springer-Verlag, Berlin 1953
DeHaas, Werner / Knorr, Fredy *Was lebt im Meer?* Franckh'sche Verlagshandlung, Stuttgart 1966
Dietrich, Fred *Schiffe, Meere, Häfen* Aries-Verlag, München 1963

Dietrich, Günter / Kalle, Kurt *Allgemeine Meereskunde* Gebrüder Borntraeger, Berlin 1965
Dietrich, Günter / Ulrich, Johannes *Atlas zur Ozeangraphie* Bibliographisches Institut, Mannheim 1968
Dietrich, Günter *Ozeangraphie* Georg Westermann Verlag, Braunschweig 1959
Dugan, James / Cowen, Robert C. / Barada, Bill / Marden, Louis / Crum, Richard M. *World Beneath The Sea* National Geographic Society, Washington D. C. 1967
Engel, Fritz Martin *Das Meer* Verlag Hallwag, Bern 1964
Ericson, David B. / Wollin, Goesta *The Everchanging Sea* Alfred A. Knopf, New York 1967
Fraser, James *Treibende Welt* Springer-Verlag, Berlin 1962
Herald, Earl S. *Knaurs Tierreich in Farben – Fische* Droemersche Verlagsanstalt Th. Knaur Nachf., München 1960
Idyll, C. P. (Hrsg.) *Exploring the Ocean World* Thomas Y. Crowell Comp., New York 1970
Jobé, Joseph (Hrsg.) *Der Segelschiffe große Zeit* Verlag Delius, Klasing & Co., Bielefeld 1967
Kenyon, Ley / DeHaas, Werner *Tauch mit!* Albert Müller Verlag, Rüschlikon – Zürich 1959
Lewis, Edward V. / Brien, Robert *Schiffe* Life – Wunder der Wissenschaft Time-Life International (Nederland) N. V. 1967
Lindemann, Hannes *Allein über den Ozean* Verlag Heinrich Scheffler, Frankfurt am Main 1957
Mero, John L. *The Mineral Resources of the Sea* Elsevier Publishing Company, Amsterdam, London, New York, 1965

Mielke, Otto (Hrsg.) *Das Große Buch der Seefahrt* Ensslin & Laiblin, Reutlingen 1958

Mondo Sommerso – Jahrg. XI, No. 1–12, Jahrg. XII, No. 1–4 – Etas-Kompass Pubblicitá S. P. A., Mailand 1969–1970

Muus, B. J. / Dahlström, P. *Meeresfische* Bayerischer Landwirtschafts-verlag, München 1968

Norman, J. R. / Fraser, F. C. *Riesenfische, Wale und Delphine* Verlag Paul Parey, Hamburg 1963

Oceans – Vol. I, No. 1–5, Vol. 2, No. 1–4, Oceans Publishers, Inc., San Diego, Calif. 1969

Oceanus – Vol. VIII, No. I, Vol. IX, No. 2, Vol. XI, No. 1, 3, 4, Vol. XII, No. 3, 4, Vol. XIII, No. 4, Vol. XIV, No. 1, 2, Woods Hole Oceanographic Institution, Woods Hole, Massachusetts 1961–1968

Prager, Hans Georg *Kurs Persergolf* Franckh'sche Verlagshandlung, Stuttgart 1957

Pedersen, Alwin *Der Eisbär* Neu Brehm-Bücherei Nr. 201, A. Ziemsen Verlag, Wittenberg 1957

Portmann, Adolf *Meerestiere und ihre Geheimnisse* Verlag Friedrich Reinhardt AG, Basel (o. J.)

Runcorn, S. K. (Hrsg.) *Continental Drift* Academic Press, New York, London 1962

Schwoerbel, Wolfgang *Geheimnisvolle Tiefsee* Spectrum Verlag, Stuttgart 1965

Scientific American – *The Oceans* Vol. 221, No. 3, Scientific American, Inc., New York 1969

Sea Frontiers – Vol. 12–15 The International Oceanographic Foundation, Miami, Florida, 1966–1970

Slijper, E. J. *Riesen des Meeres* Springer-Verlag, Berlin 1961

Stenuit, Robert *The Deepest Days* Coward-McCann, Inc., N. Y. 1966

Stenuit, Robert *The Delphin – Cousin to Man* Sterling Publishing Co., Inc., New York 1968

Stephens, William M. *Our World Under Water* Lantern Press, New York 1962

Thorne, Jim *The Underwater World* Thomas Y. Crowell Comp., New York 1969

Troebst, Cord-Christian *Der Griff nach dem Meer* Econ-Verlag, Düsseldorf 1960

Wegener, Alfred *Die Entstehung der Kontinente und Ozeane* Friedr. Vieweg & Co., Braunschweig 1962